# 宏观审慎政策
# 治理架构的逻辑

马新彬◎著

The Logic of
Macroprudential Policy Institutional Arrangement

中国金融出版社

责任编辑：王雪珂
责任校对：刘　明
责任印制：程　颖

## 图书在版编目（CIP）数据

宏观审慎政策治理架构的逻辑/马新彬著. —北京：中国金融出版社，
2020.7

ISBN 978 – 7 – 5220 – 0546 – 1

Ⅰ.①宏…　Ⅱ.①马…　Ⅲ.①金融政策—研究—中国　Ⅳ.①F832.0

中国版本图书馆CIP数据核字（2019）第039187号

宏观审慎政策治理架构的逻辑
HONGGUAN SHENSHEN ZHENGCE ZHILI JIAGOU DE LUOJI

出版
发行　**中国金融出版社**

社址　北京市丰台区益泽路2号
市场开发部　（010）66024766，63805472，63439533（传真）
网上书店　http://www.chinafph.com
　　　　　　（010）66024766，63372837（传真）
读者服务部　（010）66070833，62568380
邮编　100071
经销　新华书店
印刷　保利达印务有限公司
尺寸　169毫米×239毫米
印张　32.75
字数　508千
版次　2021年3月第1版
印次　2021年3月第1次印刷
定价　96.00元
ISBN 978 – 7 – 5220 – 0546 – 1
如出现印装错误本社负责调换　联系电话（010）63263947

# 面向未来，我们需要一个什么样的宏观审慎？

宏观审慎的引入是2008年危机后全球金融治理和金融监管的一次深刻变革。这是一场涉及理念、方法和政策的深远革命，对各国金融监管和金融治理产生了深刻的影响。危机以来，在二十国集团（G20）、金融稳定理事会（FSB）等的推动下，宏观审慎以其自身所具有的系统性、整体性和宏观性成为改进全球金融治理的核心内容，并且成为各国完善金融监管架构最积极的推动因素。当前，按照国家治理体系和治理能力现代化战略目标，以供给侧结构性改革为主线，我国正着力建设现代中央银行制度，健全货币政策和宏观审慎政策双支柱调控框架。在此过程中，如何将宏观审慎统一性经验和差别化实践与我国国情紧密结合，走出一条符合我国金融业发展的宏观审慎道路，有许多问题需要再审视和再思考。

## 一、宏观审慎是对各类金融稳定政策的"扬弃"

宏观审慎作为顶层设计被引入金融稳定制度体系，这是一次方法论上的革命。2008年全球金融危机被视为两种截然不同的市场监管理念的分水岭，危机前的发展是一部关于金融主体如何实现自由化和全球化的过程史，而危机的发生则使"自由市场是促进成长和稳定最佳方式"的传统认识受到重大挑战。目前来看，宏观审慎的提出和实施，代表了金融监管理念和政策的变革趋势。以此为发端，中央银行目标开始从价格稳定转向价格稳定与金融稳定并重，并且尤其突出金融稳定目标的重要性；倡导事前干预无效论的"格林斯潘原则"被人所诟病，以前瞻性、逆周期调节为主要特征的宏观审慎被更多地运用；关注单个金融机构稳健性的微观审慎监管开始发生内变，个体稳健基础上的整体稳健越发重要。防范和化解系统性金融风险成为宏观审慎的当然目标，作为微观审慎监管基石的"巴塞尔之塔"（Tower of Basel）也在多轮修订之中，打上了深深的宏观审慎烙印。

2008年金融危机是全球金融监管漏洞的总暴露，坚持问题导向是危机以来各国推动金融监管改革的主要方法论，对危机教训的深刻反思，被视为宏观审慎提出的当然逻辑。一方面，危机表明，仅仅依赖微观审慎监管不足以维护金融稳定和经济增长，因为以个体稳健为目标的微观审慎将系统性风险视为外生，却忽视了金融机构行为本身的系统性内涵。以资本监管为主要内容的微观审慎监管软弱无力，很多情况下也往往流于形式，银行机构先做大规模、后补充资本，面多了加水、水多了加面，资本监管很多时候沦为"一纸空文"，更多是监管指标上的达标，但却难以真正落地，也谈不上推动银行发展、防范风险的有效约束。2009年5月"美国金融与经济危机起因调查委员会"发布的《金融危机调查报告》对金融危机进行了深刻反思，其中最主要的结论就是，金融监管存在的系统性缺陷是金融稳定的破坏源。另一方面，传统货币政策框架所认为的实现了物价稳定就实现了金融稳定与实际情况并不相符。较为常见的情况是，物价稳定同时，资产价格大幅波动，金融不稳定性增加，最终反而使得物价稳定成为一种奢望。实践也表明，以单一目标、单一工具为主要特征的货币政策作用范围太过宽泛，不能有效而低成本地处理个别部门泡沫或风险，同时货币政策工具也不是和处理应对金融失衡和风险的最好工具。在这种情况下，就需要寻找"第三条道路"来进行修补，于是人们将目标转向了更具系统整体性和跨界特征的宏观审慎。

宏观审慎是2008年全球金融危机应对措施的集大成者。宏观审慎因危机而生而兴，旨在防范系统性金融风险，克服微观审慎监管和货币政策之不足。也正是以系统性风险为核心目标，在应对危机过程中，人们不断将各类政策工具"补充"到宏观审慎中，形成了限制系统性风险的政策体系。危机中，宏观审慎被更多地用来"在线修复"；危机后，则更多地被视为一种防范和降低系统性风险的"良药"。目前，经过长期沉淀，宏观审慎政策框架已基本形成，除了关注金融体系顺周期外，截面维度的交叉性和关联性、"大而不倒"、系统性风险识别应对、重要基础设施管理等问题均被纳入，传统货币政策在应对金融周期方面的不足也得到了重视。实践表明，宏观审慎政策框架是一个综合性的多元体系，本身包含着丰富内涵，除了概念、目标、工具以及如何进行评估，还涉及如何进行风险分析、如何实施政策工具、如何进行检查以及由谁来检查等等一系列问题，特别是如果监测到金融机构存在危及金融稳定的行为或漏洞时，还涉及监管上要不要"长牙齿"的问题。

然而，也必须看到，宏观审慎并非对现有金融监管体系推倒重来，更多是从宏观审慎视角对传统监管体系和金融稳定政策的"扬弃"，是危机应对措施的系统化和集成化。金融业发展的历史表明，金融危机周期性发生是金融业发展变化的永恒特征。金融的跨期交易属性，决定了人们必须在风险管理中博取未来，而金融风险累积、发生和爆发的必然性，又决定了危机发生是一个概率事件。这就注定，金融不稳定乃为常态。实际上，金融稳定是个多维度、多层面立体型，其本身状态取决于可持续的经济增长环境、良性的经济金融关系、完善的金融市场体系、有效的金融治理以及监管能力等等一系列约束条件。不仅如此，金融稳定作为经济金融运行的一种动态状态，是金融体系处于稳定状况的综合反映，维护金融稳定是各类政策的共同责任，多种政策从不同角度发力，形成了互为补充、相互协同的金融稳定框架。因此，宏观审慎政策以防范系统性风险为主要目标，并不意味着系统性风险与其他政策无关，也并不意味着在维护金融稳定过程中彼此可以替代。

归而言之，宏观审慎政策是一种实践理性，是兼具统一性、差异性与多样性的认知活动。目前可以认为，宏观审慎既是一种监管理念，也是一种监管视角，更是一种政策体系。不仅如此，宏观审慎已成为与货币政策、财政政策并行独立的政策选项，是宏观金融调控的"第三种"选择，三者相对独立又互为补充。一旦宏观审慎政策与其他政策互补协同关系得到确定，那么问题关键就在于尽可能把握各自职能边界，防止政策效果叠加或抵消，而根本又在于构建一个有效的宏观审慎政策框架。

## 二、宏观审慎政策应装备自己的"工具箱"

### 宏观审慎工具以逆周期为显著特征，与系统性金融风险两维度相一致

宏观审慎工具服务和作用于防范化解系统性金融风险这一鲜明指向，最显著的特征是逆周期性，即当经济处于上升周期和金融风险聚集时，加大监管调节力度；当经济处于下降周期和信贷萎缩影响金融稳定时，适当放宽监

管要求。目前，在大量实践的基础上，宏观审慎工具体系已基本形成，与系统性金融风险"两分法"相一致，包括时间和结构两个维度。其中，时间维度的工具，旨在考虑风险的时间变化特征和非线性影响，采用逆周期调控手段，提高危机承受的弹性、限制顺周期性方面的脆弱性，包括广义上的资本类工具（如逆周期资本缓冲、动态拨备要求）、针对特定部门的工具（如贷款价值比、债务收入比）、流动性工具（如流动性覆盖率、净稳定资金比例）；结构维度的工具，旨在通过提高系统重要性金融机构（SIFIs）的可拆分性和降低在金融体系中交叉性，提高风险抵御能力，降低风险传染性，包括针对"大而不能倒"的机构工具、对经营活动范围的限制和问题机构退出机制等。

**现有宏观审慎工具多是其他工具的"拿来"与"改良"**

危机以来的大量实践表明，宏观审慎工具是一种"新事物"，专属类的较少，大量存在的是"宏观审慎化"的工具。在应对危机的应急状态下，各方将原本属于货币政策、财政政策等范畴的工具宏观审慎化，赋予特定的宏观审慎目标和含义，从而使得一些原本不属于宏观审慎范畴的工具，也被视为具有宏观审慎属性。从实际情况看，纯粹和单纯的宏观审慎工具并不存在，宏观审慎工具也并非是完全独立于现有工具体系的"全新之器"，而是财政税收、货币政策、审慎监管乃至宏观调控工具和措施的调整、整合、优化、叠加和组合的产物。不仅如此，很多情况下，宏观审慎工具由不同的机构掌握和使用，有效性也往往建立在不同政策的当局有效协调之上，否则，不仅发挥不了各类工具合力的优势，而且还会产生意想不到的政策冲突和扭曲。

**金融危机的突发性和破坏性要求宏观审慎当局未雨绸缪，提前装备自己的"工具箱"**

金融危机的周期律表明，金融风险总会暴露，金融危机也总会发生，维护金融稳定没有"万全之策"。近年来的危机教训也反复提醒我们，必须更加警惕金融风险积累，并事先准备好各类预防措施和工具，使我们有机会降低和避免灾难性冲击。因此，面对金融风险的极大不确定性，当局需要准确识变、科学应变、主动求变，提前开发和建设自己的工具箱，并有针对性地将工具与目标匹配，发挥工具引导预期、稳定信心的"软效力"。不仅如此，鉴于宏观审慎政策本身具有跨界、跨业、跨市场的显著特征，加之现有宏观审慎工具多为危机中的应急之举和"拿来主义"，当局自身实际上并不掌握太多的"专属"工具，同时建立和研发工具箱又需长时间讨论、辩论乃至博弈方能取得共识，因而工具的推出是个漫长过程。

但金融危机属于偶然事件，突然爆发，冲击巨大，让人惊慌失措。当危机来袭时，金融机构就像车灯前受惊的小鹿，它们没有能力也不可能为这样的突发事件做好预案，因此措手不及。为尽可能防止这种情况发生，要求当局在系统脆弱性暴露之前就应"装备"自己的工具箱和弹药库，并使之保持一定的开放性和动态性，根据风险状况和危机应对及时调整和搭配。

目前，就工具来源，有两种思路可供参考：一是原有工具的改良，将财政税收、审慎监管、会计财务等工具引入宏观审慎政策框架，赋予宏观审慎的视角和用途，将之作为"引入类工具"；二是新工具的研发，在现有基础上，总结实践经验，研究开发专属于宏观审慎管理的工具，运用于特定的政策目标和范围，将之作为"专属类工具"。实际运用上，按照"桥归桥、路归路"思路，明确各类工具适用条件和范围，并设定清晰透明的运用规则。

**宏观审慎工具的运用应与目标良好匹配，能够获得明确的政治支持**

为提高宏观审慎工具的针对性，在具体要求上至少应体现"三个匹配"。一要保持风险状况与政策力道相匹配，既要避免政策力道过猛导致的政策超调，也要避免力道不足带来的政策无力无效。二要实现风险影响与政策效力相匹配，应对冲击面较广的脆弱性，需要作用和效果相对宽泛的工具；相反，当风险暴露和脆弱性来源较为确定，此时就应"精确导航"，采取有效工具直指病根。三要基于规则与相机抉择相结合，基于规则最大优势在于，一旦规则制定并运用，则无须证明其合理性和正当性，但基于规则也会带来套利和不确定性，从而导致一些意想不到的结果；相反，相机抉择能够避免基于规则的内在不足，不确定情况下可以完善针对特定风险的宏观审慎政策。实践中，宜将政策判断与指标分析结合起来，尽可能准确把握不同工具的传导机制和相互作用，并根据实际情况相机抉择。

拉长危机的视角，可以看到，面对日益复杂的金融风险变化，宏观审慎工具的范畴将无比广泛，不仅包括逆周期资本缓冲（CCyB）和增加风险权重等供给侧工具，也包括贷款价值比（LTV）和贷款收入比（LTI）等需求侧措施，还应将本属于货币政策、财政政策的工具"拿来"使用。然而，无论怎样，在大多数情况下，我们都需要确保包括中央银行在内的宏观审慎部门之间协调有效，政策实施和工具运用能够获得明确的政治支持和法律支撑。而尤为重要的是，要加快构建完善一个符合金融业发展实际、有力有效、保持弹性的宏观审慎政策治理架构。

## 三、宏观审慎政策应有一致性的法律制度支持

周期性进化是社会历史变化和自然界的本质特征，金融危机在漫长的历史周期中总是表现出明显的反复与轮回。同时，金融监管滞后是常态，大多数时候，往往尾随于金融危机之后亦步亦趋。面对这种情况，我们或许会问，为什么人们总是习惯于诸葛亮式的事后补救？为什么事先的干预总是软弱无力？

**以逆周期为特征的宏观审慎管理往往面临着较大阻力和利益牵绊**

通常，事前的干预和早期的逆风向调节多属改革范畴，往往会动人奶酪、损人利益，甚至被视为发展的"阻力"或"成本"。因此，在缺乏统一有效的法律制度支撑下，这些逆风向调节，要么胎死腹中，要么难以真正落地。对此，伯南克、盖特纳和保尔森有着精彩论述①，他们认为"任何金融危机的矛盾之处在于，能阻止金融危机的必要政策在政治上多是不受欢迎的"，而尤为致命的是，"如果这种不受欢迎推迟或阻碍了强有力的应对，经济损失就会变得更大。因此需要确保未来的金融消防员拥有他们所需的紧急权力，以防止下一次危机形成燎原之势。随着人们对危机的记忆逐渐淡化，我们还必须抵制取消保障措施的呼声。对于那些努力保持金融体系韧性的人来说，敌人就是遗忘。"

在这种情况下，宏观审慎政策以逆周期、前瞻性为主要特征，必然需要与风险和危机赛跑，逆风向而行，早识别、早发现、早处置。然而，很多情况下，宏观审慎部门发现了风险苗头，也希望进行早期纠正和逆周期调节，但却发现政策实施和工具运用面临很大的阻力和困难。常见的情况是，理论上各方都认为宏观审慎政策重要且必要，但实际执行中却又不得不面对各种

---

① 《纽约时报》，2018-09-07。

巨大的立场差异和利益牵绊，从而使得宏观审慎逆周期管理"雷声大雨点小"。这里有个例子，2007—2009年金融危机期间，欧美主要国家对系统重要性银行（SIBs）的大规模救助遇到了很大的政治阻力，以至于危机后，监管当局的首要任务变成了解决系统重要性银行（SIBs）"大而不能倒"的问题，通过增强它们的韧性，让"自救"成为"救助"之外的一个可靠选择。

事实证明，大多数宏观审慎措施实际上并不受市场主体欢迎，逆周期调节在政治上不受"待见"也是常态。本次危机的实践也表明，宏观审慎政策具有较大的社会敏感性，当局的决策独立性很容易受到政治干扰和攻击。究其原因，一方面，金融监管职能过于分散，宏观审慎政策治理架构并不完善，短时间内整合和优化监管资源较为困难；另一方面，在早期探索阶段，宏观审慎职能缺乏统一有力的制度和法律支撑，使得宏观审慎管理往往有责"无权"或行权无据。为从根本上改变这一状况，减少宏观审慎逆周期调节阻力，就需要建立有效的宏观审慎政策治理架构，强化宏观审慎当局与其他部门的有效协调，而最根本的是要通过统一的法律制度安排来明确宏观审慎决策部门的权责，尽可能减小政策实施的摩擦和阻力。

**有效的宏观审慎政策要求统一的法律授权和明确的制度宣示**

从建立科学有效的治理体系角度出发，在危机应对的早期阶段，迫于危机冲击的巨大压力，宏观审慎当局可以采取多种"临时之举"乃至"非常措施"，但当潮水退去而回归常态时，就应考虑将这些"即兴之作"制度化、体系化，推动职责履行常态化，通过制定和完善法律规则将相关职责、工具和措施固化下来，纳入制度框架。尤其是危机以来，随着中央银行维护金融稳定角色的不断强化，以及宏观审慎成为金融调控的"第三种"选择，首要的就是要尽快完善宏观审慎政策实施的制度基础，补齐降低顺周期和系统重要性的制度短板，而根本又在于统一政策规则、明确政策权限，既要防止授权不足导致政策软弱无力，也要避免监管协调不足形成监管真空。经验表明，一个健全的宏观审慎政策框架，应该具有统一坚强的法律授权和明确的制度宣示，形成明确的行为预期，引导市场主体前瞻性地调整好自身行为，对违法行为形成足够震慑，对守法行为给予切实保护，发挥好制度规则的"示范效应"。

从国际经验看，主要经济体完善宏观审慎政策治理的过程实际上都是一个不断健全宏观审慎制度基础的过程。如美国2010年出台的《多德—弗兰克法案》强化了美联储系统性风险防范和系统重要性金融机构（SIFIs）的监管职能，并通过设立跨部门的金融稳定监督委员（FSOC）强化政策协调，为宏观审慎管理职责履行提供了法律保障。又如英国通过《2009年银行法案》《2012年金融服务法》等确立了英格兰银行负责货币政策、宏观审慎管理与微观审慎监管的"超级央行"模式，为英国宏观审慎管理与微观审慎监管新"双峰"架构提供了法律支撑。另外，除了政策框架外，很多经济体还不断健全完善了宏观审慎政策风险监测、工具运用和逆周期调节的制度基础，如欧盟通过修订《资本要求指令（CRD Ⅳ）》《金融市场工具指令（MiFID Ⅱ）》等，明确了各类宏观审慎工具的实施条件；通过出台《银行业单一处置机制法案》《存款担保计划指令》等，为建立欧洲银行业联盟（Banking Union）单一处置机制（SRM）搭建了有力的制度框架。

**加快建立支撑我国宏观审慎政策实践的法律制度体系**

整体上，我国现阶段的金融法律体系和监管制度是与分业经营、分业监管相适应的一种体系。但近年来，随着我国金融混业经营趋势的不断加快，金融业态的结构和模式发生了很大变化，风险传染和冲击也表现出了与以往完全不同的复杂特征，"奈特不确定性"（Knightian Uncertainty）显著加大。在此情况下，如果我们的法律制度不及时做出调整，那么不仅会使得市场主体无所适从，而且可能会导致更多的法律漏洞和监管真空，从而引发更大的风险问题。从另一方面来看，一段时期以来我国金融市场乱象丛生、各类"系"风险和中小银行风险多发，也反映了我国金融监管规则不健全、不完善和存在漏洞的客观事实。更有甚者，在较长一段时期，我国金融监管的"牙齿"不够锋利，金融监管整体上宽、松、软，如处罚标准过低而脱离金融业交易金额巨大的实际，无法起到应有的监管震慑作用；又如面对金融市场不断冒出的所谓金融创新，明知可能违规，也判断出存在较大风险隐患，但却没有足够有效的法律制度依据进行有效管理和处置。此外，有的法律规定过于原则，自由裁量权过大，规则透明度不足，也容易导致市场主体无所适从，难以形成稳定预期。

目前，我国国务院金融稳定发展委员会统筹抓总、金融委办公室协调落实，人民银行统筹货币政策和宏观审慎政策双支柱调控框架，银保监会和证监会分别负责银行保险业、证券业微观审慎监管和行为监管的"一委两会"金融监管架构已经形成。在此框架下，坚定不移推动金融改革，扩大金融开放，加强宏观审慎、货币政策、财政政策之间的协调，建立中央与地方金融监管和风险处置以及信息共享协调机制，压实各方金融监管和风险处置责任，推动监管部门信息互联互通，这些都是亟需完成的重点任务。为保证新的监管框架有效运转，高质量履行各项职责，首要的是尽快完善我国的金融法律制度，如加快推进《人民银行法》《商业银行法》《证券法》《公司法》《刑法》等的修订，制定地方金融监督管理、金融机构风险处置等规定，推动出台期货、处置非法集资、私募投资基金管理等方面的规则办法。同时，尽快健全宏观审慎管理规则，弥补监管短板，使宏观审慎政策有"理"有"据"。

## 四、宏观审慎政策应保持一定弹性与张力

2008年国际金融危机以来，全球金融监管改革发生了深刻革命，根本在于，从更多关注单个机构偿付能力的传统监管方式向旨在确保整个金融体系韧性的监管模式转变，监管目标也不再仅仅只是保护金融机构的所有者、贷款方和管理者免于损失甚至破产，而是更多地聚焦于金融体系应该有足够韧性，以确保其核心支付服务和信贷供给在遭受巨大冲击时仍可持续。上述理念在实践中的直接体现就是，以更具前瞻性、富于弹性的宏观审慎管理补充和代替原有的"僵化无力"的监管模式，建立包容性更强的宏观审慎新框架。

**宏观审慎应适应金融发展和技术变革大势，保持一定弹性**

立足于制度设计和制度变迁，如何在稳定与效率之间求得平衡，如何构建一个稳健且自负盈亏的金融体系，一直以来都是金融制度尤其是金融监管制度进化变迁的核心命题。金融发展的历史表明，金融监管制度的深刻变革，背后无一例外都闪现着重大技术变革的影子。19世纪70年代以来，主要经济体经历了由重大技术变革周期推动的两次完整经济长周期，随着技术推动增长的空间和效力不断弱化，在经济长周期由盛转衰而又兴起接力的过程中，全球金融监管也呈现出跌宕起伏的适应性状态。技术变革的永恒性推动着经济周期的永续变化，从而必然要求金融监管保持相应的动态性和适应性，并在与经济增长和金融发展的"自洽"中不断完善和蜕变。按照上述逻辑，金融监管改革最大的挑战即在于，如何更好、更有效、前瞻性地适应金

融综合经营和混业经营的发展趋势，其本质要求是金融制度如何更好地适应技术变革带来的市场变化，如何更好地适应创新驱动下的经济转型升级。

从监管的历史来看，通过对金融机构及其金融活动"严加看管"，来实现防范金融风险意图的监管模式也始终存在。例如，在每次重大危机爆发之后，狭窄银行（Narrow Bank）模式都被当成解决金融脆弱性问题的灵丹妙药。通常，极端形式的狭窄银行（Narrow Bank）全额持有准备金，其他形式还包括对投资对象和投资领域的严格限定，如要求银行只能投资短期安全证券。但是，实际上，狭窄银行（Narrow Bank）并不能消除流动性转换和金融脆弱性，只是将银行的脆弱性风险转移到别处，并没有真正解决金融安全网想要解决的基本问题，即银行脆弱性对私人部门信贷供给所造成的不利影响和负外部性。因此，从狭窄银行（Narrow Bank）实践来看，管得"太死"、看得"太严"式的监管，未必是"好"监管，也未必能够有效实现监管意图。

从长远来看，创新发展是金融业的内在需求，而如何更有效地管理风险则是金融业的永恒主题。只要存在金融体系的内在创新需求，则必然为金融体系注入新的"破坏性"因素，当这种破坏性创造积累到一定程度，势必会引发金融不稳定，乃至金融危机，这就是熊彼特（Joseph Schumpeter）的"创新性破坏"。创新与风险相互强化，必然要求金融监管不断升级，这就是金融发展与金融治理循环往复、不断进化的逻辑。面对这种情况，金融监管仅仅进行应激性反应和后视性补救已远远不够，只进行局部修正和即兴调整也已不能从根本上应对危机，更重要的是使宏观审慎政策框架更具前瞻性、包容性，适应技术变革和经济转型升级的大趋势。

**宏观审慎应具有一定包容性，能够与其他政策实现良好配合**

实践表明，逆周期的宏观审慎政策有助于维护金融稳定，并减少产出波动性，尤其是逆周期资本要求可以使中央银行通过小幅度利率调整实现物价稳定的目标。因此，宏观审慎往往被视为是危机以来解决金融失衡或不稳定等问题的首要选择。然而，面对系统性风险爆发和金融不稳定的危险局面，中央银行并不是唯一的决策者，宏观审慎或许是主要力量却也不是唯一选择。

事实证明，很多情况下，仅有宏观审慎政策是不够的，货币政策等在防范系统性金融风险中也要发挥支持性作用。因为，仅仅依靠宏观审慎来解决时间维度的金融不稳定会使政策实施成本过高，并可能导致不堪重负的情形。只有宏观审慎政策与其他政策有效配合才能取得更好的监管绩效，才能减缓金融加速器的作用和进程，并且如果政策之间未能紧密配合，将可能产生冲突乃至扭曲。

目前，在金融稳定框架下，宏观审慎政策与货币政策、财政政策、微观审慎监管之间既相互区分又彼此协调的紧密关系已经确定。危机以来，宏观审慎被更多地用来关注跨周期和跨市场的风险波动问题，以增强金融体系抗击负面冲击的稳健性，并且在整个动态过程中，宏观审慎与货币政策等的协调关系都是最重要的问题。近年来，宏观审慎政策与货币政策等紧密融合的趋势不断强化，特别是在推动传统货币政策转型、重构金融调控框架的过程中，一些中央银行将宏观审慎因素引入货币政策框架，逐步丰富并形成了货币政策与宏观审慎政策"双支柱"调控框架的内涵。代表性的如，英国将货币政策、宏观审慎和微观审慎监管职责集于英格兰银行一身，在货币政策委员会（MPC）之外，设立了金融政策委员会（FPC）负责宏观审慎管理；欧盟也逐步建立了以欧洲央行（ECB）为核心、各成员国监管当局共同负责的宏观审慎政策框架，将宏观审慎与货币政策等更加紧密地结合在一起。

总而言之，系统性金融风险具有永续变化的特点，动态发展的金融市场的一个鲜明特征即在于，要求政策实施保持适当的灵活度和弹性，同时金融的顺周期特性和风险冲击的常态化，也决定了宏观审慎必然是一个不断发展的政策框架。这就注定，宏观审慎政策框架本身是个缓慢的试错过程，形成一个条理分明、目标清晰的宏观审慎政策框架需要时间的检验和实践的积累。从更深远的意义来说，宏观审慎管理的本质性要求在于，随着金融创新、金融市场的发展和系统性风险的不断演变，应真正建立一个防范风险、维护金融稳定的新框架，体现适应性、动态性和前瞻性。

**宏观审慎应体现包容审慎，在创新与风险中求得平衡**

当前，金融科技（FinTech）的浪潮来势猛烈，已日益成为解构传统金融机构和金融监管的重要力量，同时也俨然成为触发系统性金融风险新的爆点。目前，金融科技（FinTech）对金融稳定的影响方式和程度如何尚不确定，金融科技（FinTech）对传统金融的影响是温和式改进还是颠覆式变革仍不清楚。与此同时，监管科技（RegTech）也正在引发监管模式和理念的深

11

刻变革。面对这种情况，中长期内，我们必将面临一个无法回避的问题，那就是，面对金融科技（FinTech）和监管科技（RegTech）的重塑力量，如果监管部门落后于私人部门，那么监管规避和监管套利必然大量产生，隐藏其后的金融风险也必然累积蔓延乃至爆发。

实践表明，完善的宏观审慎政策框架的一个显著特征就是平衡、协调系统性金融风险防范中的各方政策和力量，在统一的框架下实现金融稳定目标。因此，宏观审慎以系统性金融风险为目标，实际上危机后各方对于引发系统性金融风险的主要因素上都给予了密切关注。面对金融科技（FinTech）的快速发展及其所引发的一系列深刻变革和不确定性，宏观审慎管理也面对着"如何看"和"如何办"的问题。其中最重要的是，完善监管框架，保持宏观审慎政策的弹性，秉持包容、审慎和友好的监管态度，在创新与风险之间寻求平衡。

事物的矛盾法则，即对立统一的法则，是唯物辩证法最根本的法则。未来，随着宏观审慎政策治理架构的完善，宏观审慎政策必将在逆周期管理和风险缓释调节中发挥越来越多的作用。然而，无论怎样，作为应对危机的集大成者，宏观审慎政策保持一定的弹性至关重要，既要适应不断发展的技术创新和金融风险变化要求，也要实现不同政策之间的良好配合。

## 五、健全宏观审慎政策治理架构是推进国家治理体系和治理能力现代化的内在要求

金融危机是一种"集体记忆的缺失"。经过历次危机的洗礼，人们已然认识到，克服记忆的缺失，不能单靠制度的修修补补，而应从根本上加强金融监管、完善金融治理。实际上，危机以来，各国普遍对现有的监管治理体系进行了重新审视和深刻反思，并着手进行了一系列监管规则完善和治理架构调整。目前来看，最重要的变革即在于宏观审慎政策治理架构的建立与完善。

放宽历史的视角，某类政策须在特定的组织架构基础上由特定的主体组织实施，这一点早已被社会发展进程所证明。危机以来的实践也表明，如果不明确一个职责清晰、权责分明的宏观审慎主体，那么宏观审慎政策框架的实施就可能一直停留在事实上的分散状态。因此，作为一种应对危机的政策响应，是否有利于完善宏观审慎政策框架，已成为各国推动金融监管体制改

革十分重要的出发点和推动力。从实践看，宏观审慎在各国金融体制改革中已有了不同程度的体现，而且宏观审慎职责应以何种方式与现有监管机构和做法联系起来，如何与特定的监管传统和监管体制融合对接，在不同的国家有不同的选择和处理方式。实践上，许多国家先后通过新设机构、赋予已有机构新职能等方式构建宏观审慎政策治理架构，不同程度地强化了宏观审慎管理。引人注目的是，相当多的国家还将维护金融稳定作为中央银行一项核心职责，不断强化中央银行宏观审慎管理职能，并使得中央银行在宏观审慎政策中牵头抓总成为普遍共识。

目前，大量的实践表明，宏观审慎政策治理架构因地而异，深受一国政治经济、法律传统和历史惯性的影响，也与一国的监管文化息息相关。归结来看，各国宏观审慎政策治理架构的设立方式包括了"破"与"立"两种主要做法。所谓的"破"，是个存量概念，即将宏观审慎政策职责赋予现有机构，打破原有职能边界，扩展新职能；所谓的"立"，是个增量概念，即新设专门机构来承担宏观审慎职能，具体又包括委员会模式、中央银行模式等。在"破"与"立"的矛盾对立中，各方在不同阶段形成了多种认识。

目前，可以确定的是，完善的治理架构是实现宏观审慎政策目标的重要依托，是宏观审慎管理发挥有效作用的重要基础，是防范化解系统性金融风险的重要制度安排；一国的宏观审慎政策治理架构既要与本国实践对接，也要遵循国际规则；有效宏观审慎政策治理架构的一个显著特征在于目标明确、权责相当，同时要求辅以结构多元的协调机制、有效的政策沟通和健全的工作机制作为治理架构运行的根本保障。

纵观大国崛起的纵横捭阖，一个现代化强国必然是金融强国，也必然有着与之相应的高质量金融治理能力。当前，中国特色社会主义进入新时代，我国社会的主要矛盾发生了根本性转变，我国经济由高速增长阶段进入高质量发展阶段。推动高质量发展，根本性的要求就是，要建立与之相适应的金融治理体系和监管框架。同时，将推动供给侧结构性改革作为经济工作的主线，最关键的在于推动体制机制改革，体现在金融监管上最主要的是，不断健全我国宏观审慎政策治理架构。更为重要的是，金融改革属于制度供给范畴，金融供给侧结构性改革是供给侧结构性改革"棋眼"，构建我国宏观审慎政策治理架构体现了改革"一盘棋"的内在要求，也是推进国家治理体系和治理能力现代化的重要内容。

当前，我国正处于中华民族伟大复兴战略全局和世界百年未有之大变局。2020年以来的新冠疫情全球大流行加速了这个变局，对国际自由秩序构成了新挑战，其强度及可预见的持续时间构成了一种"战略意外"。大危机所分配的不只是一国的财富，而且是国家之间实力的对比，危机的再分配效应无法抗拒，背后治理能力此消彼长的重塑力量尤其不可忽视，全球金融治理秩序已经并且必将继续发生稳步而不可逆转的重大变革。

进入新的发展阶段，面临新的发展格局，面对更多逆风逆水的外部环境，我们必须做好应对一系列新的风险挑战的准备。当前，按照党中央、国务院决策部署，我国正加快推进现代中央银行制度建设，健全货币政策和宏观审慎政策双支柱调控框架，探索构建矩阵式管理的宏观审慎政策框架，逐步扩大宏观审慎政策覆盖领域，将更多的金融活动、金融市场、金融机构和金融基础设施纳入宏观审慎管理，更好地发挥有效防范系统性风险与逆周期引导功能。在维护金融稳定、守住不发生系统性金融风险底线的总过程中，人民银行作为金融调控和综合协调的"总枢纽"，货币政策要把好流动性的"总闸门"，宏观审慎政策要把好金融风险的"总关口"。

世界进入动荡变革期，我国金融业发展面临复杂的形势，马新彬博士的研究和思考可谓正逢其时，为推进我国宏观审慎政策框架的建立提供了有价值的参考。未来，随着我国金融改革发展深入推进，货币政策和宏观审慎政策双支柱调控框架不断完善，金融助力"双循环"新发展格局过程中，宏观审慎政策必然发挥越来越重要的作用，新的问题也将不断出现。希望马新彬博士始终保有好奇心，将探究精神保持下去，思考问题、分析问题、解决问题，不断为我国金融业发展改革贡献新的思想。

是为序。

国家外汇管理局副局长　中国经济50人论坛成员

# 写在前面的话

宏观审慎是2008年全球金融危机应对措施的集中响应,是触发各国金融监管改革最活跃的因素,是推动传统金融调控框架转型最直接的力量。金融发展的周期律告诉我们,在大危机的循环往复中,总会产生某种新理念或者新政策。在"大萧条"的长尾效应中,凯恩斯理论应运而生,总需求管理从此载入了当局的政策字典。二十世纪七八十年代欧美银行业危机的跨境冲击,使得以"巴塞尔之塔"为代表的审慎监管理论逐渐成型,并成为主导今后金融监管的主流框架。在本轮大危机应对和反思的过程中,宏观审慎以"即兴演出"的方式进入人们的视野,诱发了国际金融监管自"大萧条"以来最为深刻、最为广泛的变革,背后也隐约闪现着理论创新的影子。

## 一、为什么写这本书

写本书的缘由,主要基于2008年金融危机以来的一系列新变化,以及我国"新常态"下变化的逻辑。金融危机是一种"集体记忆的缺失"。这场发端于美国的金融危机,打破了多年来全球经济增长的"大缓和"状态,并对国际金融治理和金融监管提出了现实而迫切的变革要求。危机伴随着机遇和挑战,酝酿着多种变化,对传统政策框架和监管体系形成了差异化和非对称的影响。时至今日,经过历次危机的洗礼,人们已然认识到,克服记忆的缺失,不能单靠制度的修修补补,而应从根本上加强金融监管变革、完善金融治理。波澜壮阔的危机演进,危机应对过程的一波三折,这一切都激发了著者探求"危机之道"的好奇心和使命感。

事实证明,宏观不审慎是2008年全球金融危机发生的重要原因。宏观审慎经过20世纪70年代短暂的讨论及较长时间的蛰伏后,在本次危机"互相指责的游戏"中重获新生。从发生发展的逻辑来看,宏观审慎因危机而兴而起，旨在防范系统性金融风险，克服传统金融稳定机制和审慎监管之不足的弊端，同时又在危机救助中与中央银行职能角色转变相呼应，并与货币政策框架转型、监管升级、金融治理完善等一道成为各国金融监管改革最为亮丽的风景线。

随着危机蔓延和应对的不断深入，在丰富多彩的探索实践中，"宏观审慎"的内涵得到了进一步扩展，除对金融体系顺周期性问题的关注外，截面维度上的系统重要性金融机构（SIFIs）、"大而不倒"（Too Big To Fail）、系统性风险识别应对、重要基础设施管理、金融与宏观经济间的相互关联等问题均被纳入到了宏观审慎范畴之中，尤其是货币政策在应对金融周期方面的不足也得到了重视。目前，以防范系统性金融风险为当然目标，宏观审慎政策框架已基本形成，包括"两分法"下时间与空间维度的目标、政策工具、治理架构、协调机制等一系列内容。不仅如此，一个综合多元的宏观审慎政策框架已经形成，除了概念、目标、工具以及如何进行评估，还涉及如何进行风险分析、如何实施政策工具、如何进行检查以及由谁来检查等一系列问题，特别是如果监测到金融机构存在着危及金融稳定的行为或漏洞，还涉及监管上要不要"长牙齿"等等。

实践中，一个广泛的宏观审慎工具库已经建立，一个以中央银行为主导的宏观审慎政策治理架构模式渐成主流，许多国家先后通过新设机构、赋予已有机构新职能等方式构建完善宏观审慎政策框架，不同程度地强化了宏观审慎管理。在中央银行监管职能"回潮"和强化的逻辑中，相当多的国家将金融稳定作为中央银行的核心职责，并明确增加了中央银行宏观审慎管理职能。全球中央银行角色和职能的这种显性变化，使央行与宏观审慎政策在逻辑上互为补充、相互融合，成为推动各国金融监管改革最重要的触发因素。本书的写作，正是试图了解、认识和廓清宏观审慎政策框架的形成逻辑，并摸清中央银行职能角色变化与宏观审慎政策的相互影响。

从我国来看，新常态下经济金融背后的"变的逻辑"为本书研究提供了最好的注脚。一方面，2015年以来的股市波动、债市风波、影子银行风险、互联网金融风险等种种乱象，表明我国沉淀多年的金融风险水落石出，以安邦系、明天系、华信系等巨无霸为代表的"系风险"更是增强了金融风险的复杂性。特别是，全球范围内经济增长与政策周期的非同步性，与我国经济发展的结构性矛盾相互交织，使得我国金融综合经营非均衡性推进与金融风险"显性化"特征更加明显。为此，党的十九大确定了打好防范化解重大风险攻坚战的任务，防范系统性金融风险成为一段时期我国金融发展的主题。宏观审慎以系统性风险为当然目标，自然不能对此视而不见。另一方面，危机以来，完善金融监管体系、弥补监管漏洞成为各方共识，而宏观审慎是推动金融监管改革最主要也是最活跃的触发因素。按照第五次全国金融工作会议部署，我国金融监管改革加快推进，国务院金融稳定发展委员会的建立以及后续的机构改革标志着我国金融监管进入一个新的历史阶段。在推动改革过程中，金融监管与中央银行职能如何体现宏观审慎、如何弥补监管漏洞，是各方较为关注的问题，亟需作出回答。

尤其是，进入新时代，我国社会主要矛盾发生了深刻变化，经济已由高速增长阶段转向高质量发展阶段。新发展阶段，以供给侧结构性改革为主线，建设现代经济体系，根本性的要求在于深化金融体制改革，不断提高我国金融业的竞争力和抗风险能力。在上述大逻辑下，"十三五"规划确定了"三个统筹"的目标指向，全国金融工作会议提出要推进构建现代金融监管框架，党的十九大报告强调要"健全货币政策和宏观审慎政策双支柱调控框架"，十九届四中、五中全会进一步提出了建设现代中央银行制度、完善现代金融监管体系的目标任务。这一系列历史变化，激发了著者研究我国宏观审慎政策框架的强烈好奇心，并希望通过探究纷繁复杂变化背后的规律，使我们的工作获得更多的主动性。

## 二、缺口分析、问题导向与实践的逻辑

第一，缺口分析的方法论。本书起初着眼于分析2008年全球金融危机背后的原因及深刻变化，以期取得可供借鉴的经验和认识。但随着研究的逐步深入，著者的兴趣不断提升，关注点由危机的表象逐渐切入到危机背后的机理和深刻的变革，并希望通过比较总结各国宏观审慎政策差异化的实践和统一性模式，进而剖析危机发生发展背后"本然"与"应然"、金融改革机理逻辑"当然"与"必然"之间的缺口，并最终寻找缺口背后的原因与解决方案。

研究过程中，著者发现，在危机应对的动态发展变化中，客观上形成了

诸多认识与实践的缺口。例如，理性人假说和有效市场假定并不完全符合危机中的金融市场真实状况，对于传统货币政策框架和中央银行角色的认识也并不能完全解释危机以来的一系列深刻变化，这样一来，传统认识与实际情况之间就出现了巨大的缺口。又如，系统性金融风险顺周期性和交叉感染的特征与传统个体性、局部化的监管手段之间存在着巨大的治理缺口，引发了人们对非系统性监管的深刻反思，并要求人们寻找更加系统性的解决方案。再如，我国金融混业趋势强化轮回的趋势与长期遗留形成的监管割裂、监管空白之间存在着巨大的监管缺口，这种状况亟需抓住有利的"窗口期"以改革的方法推动解决。另外，危机后全球政治经济格局的深刻变化与全球治理无序、能力不足之间存在着巨大缺口，要求我们以全球视角和宏大胸怀，研究提出改进全球金融治理的"中国方案"。可以说，危机暴露出的深层次缺口和矛盾，为我们理解问题、分析问题和解决问题做好了所有准备。然而，所有的问题终需在实践中寻找答案，解决问题的根本要诀即在于深化改革。

第二，实践的观点。宏观审慎自提出以来，就具有浓厚的实践性、历史性和时代性，也是颇具差异性的认识与实践活动的统一。马克思经典作家早已证明，"一切社会变迁和政治变革的终极原因，不应当在人们的头脑中，不应当在人们对永恒的真理和正义的认识中去寻找，而应当在生产方式和交换方式的变更中去寻找"。因此，从实践的本质出发，本书的研究，希望尽可能体现"格物"与"致知"的统一，实现认识理性与实践理性的良好结合。同时，著者也认为，在新的复杂形势下，研究宏观审慎问题，揭示宏观审慎背后运行的规律性，也需要运用马克思主义的矛盾观与方法论。

例如，宏观审慎鲜明的实践性特征，要求我们按照马克思主义的实践观，坚持实践导向的方法，努力从差异化的探索中寻找"动"的差别与"静"的趋势，总结出统一性的规律和认识。又如，2008年国际金融危机以来，各国金融监管差别化的实践表明，宏观审慎政策治理架构因地而异，深受一国政治经济、法律传统和历史惯性影响，也与该国的监管文化息息相关。同时，各国差别化的实践在反映宏观审慎政策治理架构矛盾性同时，也揭示了矛盾性背后隐含的共性规律，即所谓的统一性。再如，宏观审慎政策自提出以来，就伴随着争论与分歧，其治理架构的实践背后也孕育着统一性与差别化的对立共生，并沉淀着同质性的经验规律。从各国治理架构的设置方式来看，"破"与"立"两种做法之间孕育着对立统一平衡，所谓的"破"，是个存量概念，即将宏观审慎职责赋予现有机构，打破原有职能边界，扩展新职能；所谓的"立"，是个增量概念，即新设专门机构来承担宏观审慎职能。

第三，问题导向与目标导向并重。宏观审慎自提出以来，就体现出强烈的问题意识和鲜明的目标导向。坚持问题导向是危机后各国金融监管主要的方法论。因此，研究中，本书一以贯之地坚持了问题导向和目标导向并重的方法论。鉴于宏观审慎是本书分析问题、研究问题和解决问题的核心要素，因此在研究的整个过程中，著者始终紧紧围绕"宏观审慎（Macro-prudential）"这个关键词，从分析"是什么"、"包含哪些要素"、"形成了哪些观点"、"确立了什么模式"、"体现什么要求"、"坚持什么原则"、"解决什么问题"等内容着手，努力寻找和构建宏观审慎政策治理架构的理论基础、条件机制、基本框架和实践模式，并在上述分析的基础上，提出了建立我国宏观审慎政策框架的"伴生性"渐进思路与方案，为我国宏观审慎政策治理架构"画像"。

不仅如此，本书认为，要理解宏观审慎，还需要紧紧抓住"宏观审慎"这个关键词，按照"变化—变革—问题—挑战—方案"的逻辑思路，准确把握危机以来的一系列新变化和新特征，尽可能全面揭示和回答危机以来宏观审慎的一系列重大问题。例如，如何认识系统性金融风险新变化对现有政策和监管框架的影响？货币政策、宏观审慎政策、微观审慎监管以及财政政策在防范系统性金融风险中的职能边界如何划分？中央银行与宏观审慎的关系怎样，各自在宏观审慎政策实施中扮演何种角色？金融监管如何体现危机以来的宏观审慎要求？另外，目前金融科技正在对现有金融格局形成巨大的解构和重塑力量，宏观审慎政策框架如何看待和适应这种挑战？等。本书认为，寻找问题答案的坎坷过程，正是一个不断认识问题、解决问题的精彩过程。本书的研究，既希望尽可能全面展示宏观审慎政策治理架构实践的生动画卷，更希望以此来推动人们对于宏观审慎的认识由"必然王国"向"自由王国"迈进。

第四，系统观念与方法。考虑到宏观审慎所具有的系统性和整体性特征，著者认为从一开始就需要把宏观审慎放在我国经济金融改革整体布局中去考量。一方面，治理是个综合系统，需要系统化的方法。系统性思路的核心就在于分清问题的主次，摆布好目标的优先次序，稳步推进。2008年危机以来的实践也表明，宏观审慎政策治理架构是一个包含决策、协调、问责、处置等组织关系和法律关系的综合体系。面对这样一个复杂体系，通过短期运动式的改革难以实现所有目标，更不可能毕其功于一役，而需要在防控重大风险、高质量发展和全面建成小康社会等战略目标的约束下，摆布好宏观审慎政策框架中长期的各项目标任务。另一方面，社会发展目标决定宏观审慎政策的建立目标，并决定了改革的路径和方式选择。未来30多年我国社会的奋斗目标，即全面建成小康社会和全面建设社会主义现代化国家目标已经确定，为进一步推进和深化我国金融改革提出了总要求。进入新的发展阶段，完善金融监管框架、构建宏观审慎政策治理架构需要"伴生"和服务于我国社会发展的总目标，并且在未来的一段时期要通过健全货币政策与宏观审慎政策"双支柱"调控框架，为实现我国经济社会发展战略目标至少争取15年至20年的宝贵时间。

## 三、本书的内容安排

本书内容共分八章，第一章是缘起，从2008年大危机引发的巨变入手，探讨在"大危机"和我国经济"新常态"双重压力下的金融治理变革逻辑，并对本书的研究方法和整体框架进行阐述。第二章是入题，紧紧围绕"宏观审慎"这个关键词，从历史和现实结合的视角，深入阐述宏观审慎从认识到政策的演变逻辑和历史必然。第三章为破题，重点解决宏观审慎政策治理架构的理论支撑和评价标准问题，并从既有的经济学理论和金融监管框架探讨中央银行担负宏观审慎政策治理架构职责的必然性和必要性，认为宏观审慎未必是货币政策的事，但一定是中央银行的事。第四章是比较，从差别化和统一性两个维度，考察危机以来宏观审慎政策治理架构的实践，从矛盾的普遍性与差异性比较中寻找普遍规律，总结良好的实践经验和共识，以更好地指导实践。第五章是落题，考察我国金融稳定框架的建立和金融监管制度的变迁，意在发现问题、分析问题，找到制约我国金融监管协调和防范风险问题的症结，为构建我国的宏观审慎政策治理架构寻找目标。第六章是求证，建立实证回归模型对有效宏观审慎政策进行验证，分析有效宏观审慎政策治理架构的条件机制和制约因素，从实证角度为构建我国宏观审慎政策治理架构做好储备。第七章是发越，在充分吸收差别化和统一性经验的基础上，分析构建我国宏观审慎政策治理架构面临的总要求、总约束和总考虑，考察现有金融监管架构改革的模式，研究提出构建我国宏观审慎政策治理架构的"伴生性"创新思路以及四梁八柱。第八章是前瞻，快速变化的新世界给宏观审慎带来了新挑战和新机遇，面对大数据、金融科技、监管科技和极不确定的内外部风险形势，宏观审慎积累了诸多分歧和矛盾，也必将在挑战和发展中给出答案。至此，完成本书的研究任务。

需要强调的是，我国改革开放四十多年历程中，有一宝贵经验贯穿其中，那就是，始终注重将国际原则、标准和做法"引进来"，提炼吸收后与我国实践紧密结合，并最终转化为提升国家治理能力的强大动力。而今，这一点依然没有改变。十八届三中全会将"推进国家治理体系和治理能力现代化"明确为我国全面深化改革的总目标。十九届四中全会围绕这一总目标，提出了建立现代中央银行制度的历史任务。近年来，在借鉴国际统一性规律和差别化经验基础上，我国宏观审慎管理框架逐步完善，成为金融调控的"另一支柱"。本书的全部内容，即在于希望以我国宏观审慎实践的永恒视角，更清晰地考察我国宏观审慎政策治理架构的当下及可能的无限未来。

## 四、不是结论的结论

对于一个有型有状的物体，描述其边界颇为容易，但对于"宏观审慎"这样一个探索中的理念认识和政策框架，我们往往对于其边界内涵处于一种"只可意会不可言传"的模糊状态。鉴于宏观审慎在本次危机以来方真正走向政策前台，时间的跨度并不够大，实践的历史沉淀也不够深，所以本书的研究在特定的时期并不足以发现太多历史的重复现象或者相似之处。同时，由于本书的研究对象和政策实施本身又极为宏观，背景极其宏大，可以用于翻阅资料和进行数据比较的时间也十分有限，所以试图科学合理廓清"是什么""为什么"和"怎么样"的问题就十分困难。

加之，金融危机以来，描述危机过程、探究危机原因的文献汗牛充栋，观点之杂让人应接不暇，探索之多让人"难识庐山面目"，尤其是面对宏观审慎这样一个"新鲜事物"，很多时候不知其边界，也难以说清其理论基础和政策框架。幸好，学术研究始终都是一个猜测与反驳的过程。正如《两次全球大危机的比较研究》一书所提到的，"在一些自然科学领域，理解和判断往往在实验室进行，而社会科学没有研究实验室，当统计数据不充分、研究对象又十分泛化时，替代的研究方式可能是进行历史比较"。

然而，我无法阅读所有材料，相信也没有人能够做到这一点，尤其是在处理宏观审慎如此宏大的问题时，肯定会遗漏一些重要信息，当然也会失之偏颇。因而，本书的研究称不上尽善，也可能瑕疵不断。当然，就本书而言，书中所体现出来的创新和价值归所有为之倾注了热情的人所共有，而书中的不足和缺点仅仅属于我个人。

周期性是历史变化和自然界的本质特征。实践也早已证明，金融危机是一个永恒现象（Kindleberger，1989），在较长的历史跨度内总是表现出明显的反复与轮回，而危机后的监管治理变革更是一个近乎看不到尽头的曲折之旅。查尔斯·达尔文在其划时代著作《物种起源》中那段有关"丛林法则"的经典论述，同样适用于宏观审慎，"存活下来的物种，不是那些最强壮的种群，也不是那些智力最高的种群，而是那些对变化做出最积极反应的物种"。未来，在金融稳定框架动态优化的过程中，宏观审慎需要思考和解决的问题必然不少。在这个永恒的探索之旅中，我们需要看到，最重要的事情并不是预知未来，而是清醒地知道每次危机后如何针对当前最突出的问题做出积极合理的回应。从这个角度来说，本书的研究只是探究宏观审慎的开端。

历史告诉我们，揭示危机背后的机理原因绝非易事，稳妥消除潜藏于金融市场的风险更不容易。这一点在本次危机十二年后依然不会改变。而今，当我们再次回首危机，最大的悲哀莫过于接受老调重弹：无人可以预测危机到来，所以我们无能为力。幸好，事物的矛盾法则，即对立统一的法则，是唯物辩证法最根本的法则。作为矛盾的亲历者和见证者，本书的研究，正是希望改变人们这样的论调，从而尽可能降低危机再次降临的几率。从这个意义出发，这就注定，本书的研究具有鲜明的探索性和时代性，既是对理论与实践的一种总结，也期望是推动更深入研究和探索的一种发轫。

周虽旧邦，其命维新。这是我们这一代人共同的责任，如果想要得到不同的结果，那你我就必须作出抉择。

如此，著者无憾！

# 目 录

CONTENTS

## 第一章　缘起:"大危机"与"新常态"

# 第二章　宏观审慎：从认识走向政策

# 第三章　宏观审慎政策治理架构：理论逻辑与条件机制

## 第六章　宏观审慎政策治理架构有效性分析

## 第七章　健全我国宏观审慎政策治理架构："伴生性"渐进思路

## 第八章　多重挑战下的宏观审慎

# 第一章

缘起:"大危机"与"新常态"

2008年国际金融危机影响深远。这场发端于美国的金融危机，打破了多年来全球经济增长的"大缓和"（the Great Moderation）[1]状态，并对国际金融治理和金融监管提出了现实而迫切的变革要求。危机伴随着机遇和挑战，酝酿着多种变化，对各国形成了差异化和非对称性的巨大影响。几乎与大危机（Great Financial Crisis）同步，我国经济进入了"新常态"（New Normal）。复杂的形势，日趋增多的两难多难问题，激发了我们研究危机后金融监管和治理问题的强烈好奇心，并希望通过探寻纷繁变化背后的规律，使我们的工作获得更多的主动性。

---

　　[1] Great Moderation一词最早见于哈佛大学经济学家James Stock在2002年发表的论文"Has the Business Cycle Changed and Why？"，意指20世纪银行系统的发展促成了GDP、工业生产、以每月工资基础统计的就业和失业率等主要经济变量波动性的下降。有人认为"大缓和"产生的原因是政策改善、生产率和商品价格方面的有利条件以及其他一些偶然出现的有利条件。哥伦比亚大学经济学家Richard Clarida认为，"大缓和"的阶段是1987—2007年，特点是政策具有可预见性、低通胀和温和的商业周期。斯坦福大学教授泰勒则认为，联邦政府以规则为基础的经济政策带来了大缓和。

# 第一节 危机以来的新变化

周期性是历史变化和自然界的本质特征,金融危机在较长的历史周期跨度内总是表现出明显的反复与轮回。2008年金融危机被认为是"大萧条"(the Great Depression)以来最严重的全球危机,给各国带来了巨大的冲击和成本[1]。时至今日,危机爆发已有十二年之久,全球经济产出水平依然处于低位,金融危机"长尾效应"(the Long Tail Effect)仍然突出,甚至"余威与记忆将可能伴随整整一代人"[2]。这是一场涉及理念、认识、实践的深刻变革,不仅促使各方重新全面反思和审视金融稳定及其政策,而且诱发了国际金融监管自大萧条以来最为深刻、最为广泛的改革,而触发反思和改革的动因正是源于危机以来的一系列深刻变化。

## 一、从放松监管到再监管化

二十世纪六七十年代以前,在新凯恩斯主义(New-Keynesian Economics)和结构主义思潮[3]影响下,政府当局通过多种政策来管理和调控经济,对经济干预较多。但随着西方经济进入"滞胀"(Stagflation)阶段,高通胀与经济增长停滞并存,凯恩斯主义的主张开始失去市场,各国开始回归传统,强调减少政府干预。二十世纪八九十年代盛行的新自由主义思潮(Neoliberalism)对六七十年代的结构主义思潮进行了反思与批判,认为结构主义对经济干预过多,不但无助于提高市场效率,还造成了市场扭曲。为此,他们反对政府在经济结构变迁中发挥积极作用,而应实行自由市

---

[1] 如有研究表明,本轮危机给英国和欧元区造成的机会成本至少是一个世纪以来最严重的(Aikman、Haldane et al.,2017)。美联储主席本·伯南克曾在2009年11月宣称,"2008年9月、10月爆发的金融危机是有史以来最严重的一次,其严重程度甚至超过了大萧条"。

[2] 美国金融与经济危机起因调查委员会在其《金融危机调查报告》的"金融危机调查委员会的结论"中写道,"这场危机已经对个人与社会造成了实实在在的巨大损害。余威与记忆将可能伴随整整一代人"。

[3] 关于"结构主义思潮"和"新自由主义思潮"的说法,引自2016年5月18日《人民日报》文章"林毅夫:中国经验对新兴经济体的启示"。

场，无为而治。新自由主义思潮所奉行的假设前提就包括"有效市场假说"（Efficient Market Hypothesis）和理性人假定，后来的许多金融市场和风险管理理论实际上也都建立在这些假说之上。

有效市场假说认为，市场价格信号包含了所有必要的信息，也包含了微观决策所需要的所有信息。因此，无论金融市场如何波动，市场获得的信息总会比政策当局要多。即便在衍生品等复杂的金融市场，有效市场假说也仍然认为，只要市场池子足够大、有深度，就会有各种交易主体活跃其中，尽管他们有不同的判断，行为模式可能也各不相同，但最后形成的均衡结果会把所有有效信息都反映在价格之中。因此，该假说的结论是，既然市场是有效的，那么就没有必要对市场主体的行为过多干预，况且人为干预也并不会改进市场效率。

理性人假定则认为，经济主体都是理性的，投资者总会作出理性判断，公众对通货膨胀的预期也具有理性特征。尽管可能因为信息不充分、信息量太大而难以准确处理以及受信息处理能力所限等，个体投资者会出现非理性行为，但市场上起主导作用的是机构投资者，而机构投资者往往具有足够的能力来获取并处理信息。因而，只要大力发展机构投资者，就能够弥补散户之不足，从而就可以预防市场非理性问题。故而，常态化的理性之下，市场出清（clearing）是自然之事。

可惜现实情况并非如此。2008年全球金融危机实际上打破乃至颠覆了人们的一些理念主张。从危机以来的变化看，首先，市场并非总是有效，尤其是在危机爆发和蔓延时期，金融市场瞬息万变，信号传导不畅，市场价格并不能总是及时、全面、有效地反映市场信息，金融体系与实体经济之间也存在巨大的信息鸿沟，市场供求关系得出的市场价格与实际情况往往存在着较大偏差，导致金融市场局部失灵甚至无效。因此，面对失灵和无效的市场，为防止危机蔓延乃至系统性风险爆发，宏观审慎管理和救助成为必然选择。其次，理性人假定本身也备受争议。危机以来，收敛性的看法是，经济主体进行理性判断的前提在于市场的池子要有充分且对称的信息。但在金融市场剧烈震荡，尤其是危机蔓延和爆发时期，市场信号紊乱且"冰冻"特征明显，信息实际上并不充分，也并不对称。即便在正常时期，不同业态的金融业务交叉互联，多头信息真假难辨，信息的不对称也总会不同程度地客观存在。

另外，行为金融学的研究也表明，危机中人们的行为并不总是符合理性人假设，相关模型和理论应该考虑金融市场的非理性行为①。如当市场出现问题，"追涨杀跌"行为增多，可能会引发恐慌情绪，此时就会出现典型的"羊群效应"（Herd Behavior）问题。在恐慌情绪蔓延之下，即便一些原本看起来健康的金融机构也会很快将现金消耗殆尽，并陷入困境。这就表明，多变的金融市场并不总是能够通过定量的金融理论来科学化和标准化，当局必须考虑金融行为的非理性特征。

既然本次危机②以来的实践已经表明有效市场假说和理性人假定并不总是合理有效，那么其所奉行的放松监管和不救助政策就必须做出改变。也正因此，作为对原有理念的修正，危机以来全球金融"再监管化"（Re-regulation）的趋势越发明显，很多国家已经开始放弃或改变自由放任理念，转身走向了积极干预和主动救助，尤其更加注重发挥中央银行在宏观审慎管理和危机救助中的积极作用。

## 二、从个体风险到系统性风险

本轮危机前的很长一段时期，监管当局在实践中一直秉持"个体健康就是整体健康"的理念，认为只要制定好监管规则、加强单个机构监管，并且个体机构严格按照监管规则运营，那么就无须过多担心金融体系的稳健性。在此情况下，当局往往将微观个体的健康状况视为防治的重点，而在主客观上却忽视了系统性风险，尤其是放松了对金融创新、衍生品交易、影子银行等引发或放大风险的市场行为监管。

近年来，在科技进步和金融创新的推动下，金融机构之间业务、产品的交叉程度越来越高，跨界跨业跨市场行为渐成常态，衍生品的期限转换、币种转换和风险转换功能使得金融领域的关联性显著提升，单个金融机构尤其是系统重要性金融机构（Systemically Important Financial Institutions，SIFIs）出现问题并引发整个金融体系发生危机也不再只是理论假设。

---

① 这里有个例子，1998年，默顿和斯科尔斯两位诺贝尔经济学奖获得者和顶级期权专家所执掌的美国长期资本管理公司（LTCM）轰然倒闭，从另一个侧面反映了金融市场的复杂性和不可尽知性。

② 如无特别说明，书中"本次危机""本轮危机"的表述均指2008年全球金融危机。为行文方便，书中进行了简化。

即便在危机处置领域，受有效市场假说影响，由于监管部门并不认为金融机构会引发危机，即便个别机构出现了问题也不会影响到整个金融市场平稳运行，因而监管者往往主观上并不准备、客观上也并不具备救助的"充足弹药"。然而，随着本次危机应对过程的深入，人们越来越意识到，无论是金融风险的来源、形成方式，还是监管部门面对的形势以及危机产生的影响均发生了深刻的变化，以往对于金融风险的认识、监管理念和方式已经不再适应危机后的一系列新变化。

在所有的变化之中，最突出的一点是，面对系统性风险，仅仅依靠微观审慎手段已不足以保证单个机构的健康运行，更无法防范和处置单个机构出现问题所引发的系统性风险。在艰难而漫长的探索过程中，识别、防范和处置系统性风险越来越成为各国的工作重点，中央银行的目标和职能也越来越多地与系统性风险联系到一起。实践表明，系统性风险具有明显的宏观风险特征和影响，且具有极强的外部性，不会只停留在一国或一个行业或部门内，而是会迅速传染蔓延，并扩张到全球金融体系，带来金融系统大幅波动，极端情况下甚至导致金融服务中断和市场瘫痪。

本次危机后，面对不断变化的金融风险，各方开始更多地从宏观整体视角来认识和理解风险本身，并把危机的爆发和应对看作一个完整的链条，强调宏观审慎政策在危机发生发展的各个阶段都应发挥相应的作用。事前监测阶段，金融创新的快速发展和个体风险的复杂化，导致金融风险很难预测，获取市场信息的成本提高，市场变得局部有效或无效，个体风险极易传染和蔓延成为区域、系统性风险。在此情况下，要求宏观审慎当局必须加大风险的监测、识别和分析，而不能坐等市场自发出清（clearing）。事中监管方面，危机的交叉性和传染性使个体健康并不等于整体健康，同时巴塞尔协议（Convergence of the Basel）①等监管规则本身也存在着顺周期性特征，二者

---

① 1975年2月，G10在英格兰银行的提议下成立了"银行监督管理委员会"（The Committee on Banking Regulations and Supervisory Practice），后改名为巴塞尔委员会。1975年9月，针对跨国银行监管问题，巴塞尔委员会发布了首份文件《对银行境外机构监管的报告》，后被称为《巴塞尔协定》（The Concordat）。此后，巴塞尔委员会制定出台了一系列监管协议和规则，如1988年7月通过的《巴塞尔协议Ⅰ》（BaselⅠ），2004年6月通过的《巴塞尔协议Ⅱ》（BaselⅡ），2017年12月通过的《巴塞尔协议Ⅲ》（BaselⅢ）等，俨然成为全球银行业监管标准的主要制定者。

叠加也就意味着监管部门仅仅通过加强监管并不足以保证金融体系的整体稳健，而是要求当局应从宏观整体视角来关注整个金融体系的运行，对于潜在风险早发现、早介入。事后处置方面，危机应对过程表明，中央银行充当"最后贷款人"（Lender of Last Resort）角色，很多情况下也必须承担起问题金融机构的救助、清算与处置职责，尤其当系统性风险的防范与应对已经超出了单个部门的有效性边界时，此时就需要中央银行统筹货币政策与宏观审慎管理，发挥流动性供给、支付体系建设以及金融市场参与者的职责和优势，果断进行救助和处置。

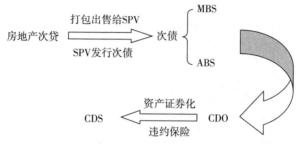

注：MBS为住房按揭支持证券，ABS为资产支持证券，CDO为债务担保凭证，CDS为信用违约互换，SPV为特殊目的机构，CDOs产品通常被分为高级层（senior trench）、中间层（mezzanine trench）以及权益层（equity trench）三个层级，出现损失时，先由权益层持有者承担损失，再由中间层承担损失，最后才由高级层承担损失，因此高级层相对最为安全，所获评级级别也最高。从衍生关系来看，次贷是房贷资产证券化的基础和起点，MBS和ABS是发放次级住房抵押贷款的金融机构为了获得流动性，将次贷打包出售给具有风险隔离功能的特殊目的机构（Special Purpose Vehicle，SPV），SPV又将这些次贷组成资金池，通过真实出售、破产隔离和信用增级等技术发行的证券化产品。CDO是以MBS为基础资产并嵌入ABX指数等虚拟资产的证券化产品，CDS则是对CDO的违约保险。

资料来源：马新彬（2010），"本次危机主要经济体应对措施比较分析及对若干问题的思考"，人民银行沈阳分行重点课题组。

**图1-1 美国次贷衍生链条和资产证券化**

## 三、由单一目标转向多元目标

自中央银行制度建立初始，中央银行自身就始终面临着角色和目标的变化问题。实际上，回顾中央银行演进的漫长历史，世界上最早的几家中央银行，如英格兰银行（Bank of England）和法兰西银行（Banque de France），成立的初衷本是帮助提供战争融资。而在其他大部分时期，随着时间的推移，中央银行的角色目标总是不断在物价稳定与金融稳定之间进行着动态平衡和转换。

20世纪90年代至本次危机前，强调中央银行单纯的通货膨胀目标制或单一目标制的主张一度占据上风。许多经济学家和中央银行家多年来一直试图将中央银行的目标简单化为单一目标，即主张中央银行应该且只需对通货膨胀目标负责。即便对于多目标，单一目标制者也认为，多目标在很大程度上是相互重叠的，因而可以合一。这一主张的主要理由在于，单一目标更有利于让公众理解政策目标，更有助于与公众沟通和引导预期。

实践上，危机前很多发达国家和新兴经济体普遍采用了通货膨胀目标制，即把维持一定的通货膨胀目标作为中央银行的唯一职责，避免再关注其他目标从而分散中央银行的注意力。一些没有明确选择通货膨胀目标制的国家实际上也把维持一定的低通货膨胀目标作为中央银行的最主要职责。从效果来看，单一目标制在一段时期内效果很好，被认为是发达经济体保持长期低通胀、高增长"大缓和"（the Great Moderation）的重要原因之一。

2008年金融危机对中央银行传统货币政策提出了挑战和冲击[①]。危机以来，人们对中央银行单一利率工具是否能够承担通货膨胀和金融稳定双重目标进行了探讨和反思，即货币政策能否在稳定通货膨胀及其预期的同时，逆向调节资产价格与信贷周期波动。在此基础上，对于中央银行传统货币政策框架是继续实行单一通胀目标制，还是应该转为多重目标的问题，人们的争论越来越多。

目前，归结起来，各方争论的焦点主要集中在通货膨胀目标制的有效性方面。一是通货膨胀目标制本身的有效性。这方面收敛性的认识是，通货膨胀目标制的观点通常建立在一些假设基础之上，如假设货币政策的传导机制有效，政策利率能够有效传导至长期利率，较低的长期利率又可以鼓励投资，投资推动经济增长并由此促进就业。因此，理想的状态是，只要中央银行能实现低通货膨胀目标，就可以推动经济增长和充分就业。但实际中，这些假设并不完全符合现实。如"金融脱媒"（Financial Disintermediation）现象使传统货币政策传导的作用机制发生了很大变化，货币政策传导又往往存在着时滞，商业银行在面临危机时的目标诉求也多与政策当局不一致，严重

---

[①] 2008年危机后，货币政策主要面临着如何应对利率下限问题、如何发挥维护金融稳定的作用以及央行是否应缩减资产负债表规模等三方面挑战（Blanchard、Summers，2018）。

的信息不对称更是会扭曲政策意图。二是单一目标制能否有效兼顾其他目标。危机表明，中央银行秉持通货膨胀目标制，将多元目标尤其是将金融稳定目标排斥在目标函数之外，也并不意味着就能很好地实现经济增长和充分就业。尤其是，随着系统性风险来源、影响和冲击的复杂化、多元化，越来越多的人开始认识到，单纯的价格稳定并不足以保证整个金融体系的稳定，而没有金融体系的稳定也就根本谈不上价格稳定乃至于经济增长。

既然金融稳定与价格稳定是不同的概念，二者既有区分又有联系，并且出现了相互融合发展的趋势，那么货币政策目标就应将金融稳定纳入分析框架，对金融体系发展动态和风险的监测分析也应该更好地融入货币政策制定执行之中。实际上，危机以来一些实行通胀目标制的中央银行已经开始强调其他目标，特别是突出了金融稳定目标的优先性和重要性，宏观审慎终于开始登上属于自己的历史舞台。

### 四、价格稳定与金融稳定：渐远走向渐近

本次危机前，一方面，受有效市场假定影响，人们认为金融市场是有效的，金融机构之间处于充分竞争状态，单个机构或金融市场局部出现问题，并不会对整个金融系统运行产生太大影响。另一方面，人们出于保持中央银行独立性考虑，认为中央银行价格稳定职能可能会与自身其他职能产生冲突，从而维护价格稳定就需尽可能地避免承担与之相互冲突的职能，以减少干扰。上述认识的实质，是将中央银行价格稳定与金融稳定目标[①]对立并分割开来，认为二者非此即彼、不可兼得。

还有观点认为，既然巴塞尔协议等监管标准已经为各国提供了完备的规则遵循，各国当局也制定了有效的监管制度，因此只要监管部门施以强有力的监管，确保个体机构在微观上符合审慎标准，那么就能够保证金融系统的整体健康。在上述两方面认识的支配下，中央银行的角色往往被局限于参与

---

① 德国联邦财政部（2019）认为，"金融稳定"被定义为一种状态，在此状态下金融系统可履行其在经济中适当的功能，特别是在不可预见的情况发生、经济面临压力或正在进行结构转型的时候。这些功能包括匹配金融资源和风险以及处理支付交易。金融体系必须保持稳定，才能适当发挥它的经济功能，并促进可持续增长。因此，金融稳定的概念应涵盖整个金融系统，而不仅仅包括银行和保险公司等单个实体的稳定。

金融监管标准和规则的制定，而并不主张也不需要发挥其他更多作用。

按照上述逻辑，可以有如下结论：其一，既然强调中央银行要保持独立性，同时不管过去还是现在，价格稳定目标都是中央银行最重要的政策目标，那么在职能上就自然会主张将价格稳定与金融稳定目标分开，防止其他目标对价格稳定目标产生影响。其二，在通货膨胀目标制和央行独立性要求下，既然市场是有效的，市场主体总是能够理性作出决策，价格稳定与金融稳定又被认为存在着内在的冲突性，并且中央银行实行通货膨胀目标制能够保持价格稳定，那么当市场出现危机或金融机构出现问题时，中央银行就没有太大必要也不应参与危机救助。其三，中央银行以控制通货膨胀预期为重点，意味着中央银行的政策对象、工作内容较之以前都会发生很大变化。其中，最为显著的一点，就是把货币政策的侧重点放在了金融和经济发展之上，而金融稳定常常不是中央银行所考虑的主要问题。

上述认识和结论互相强化，带来了一个显而易见的变化，那就是危机前的一段时间，中央银行维护金融稳定的作用一度被弱化，中央银行"去监管化"趋势明显，体现在制度安排上就是将监管职能从中央银行剥离，由新成立的监管机构负责，而中央银行专门行使货币政策职能。

然而，一场大危机（the Great Financial Crisis）改变了一切。危机以来，大量的事实表明，中央银行着眼于保持价格稳定，实际上并不足以保证金融稳定，而且更重要的是，金融稳定一旦出现了问题，价格稳定也就无从谈起。因为，价格稳定并不是一个孤立的现象，它与许多问题紧密相关，特别是在危机时期价格稳定与监管行为和市场行为等密切相关，没有金融稳定下的价格稳定往往很难实现，可谓镜中之花。严峻的危机形势下，传统救助措施的无力、无效，迫使各国纷纷打破中央银行与金融稳定若即若离的认识定式，转而努力推动中央银行角色不断变化。在此情况下，人们开始重新审视中央银行价格稳定与金融稳定的关系，并越来越多地主张中央银行应在实现价格稳定目标的同时，尽可能兼顾金融稳定[①]。

---

① 2008年危机以来，围绕货币政策是否可以作为维护金融稳定第二道防线的讨论，主要围绕货币政策应逆风向而行（leaning），通过加息抑制信贷和资产泡沫，还是在泡沫破灭后清理残局（clearing）展开（Blanchard、Summers，2018）。

实践上，发达国家和新兴经济体均出现了价格稳定与金融稳定职能趋于统一的趋势。不过略有差别的是，发达经济体市场机制比较健全和相对完善，但由于深受本次危机冲击，因而尤其强调中央银行要在危机时期发挥救助、处置和稳定作用。而新兴经济体和发展中国家由于面临着较重的发展和稳定任务，因而始终强调中央银行在经济金融运行的正常和危机时期都要承担起金融稳定职能，如危机前需要有足够的监管能力为危机发生做好准备，危机期间需要做好"在线修复"，包括救助和处置问题机构等。

既然危机一再表明市场不总是有效，市场主体也并非总是理性，金融风险又始终伴生于金融发展和金融创新，危机的救助也已经远远超出了单个监管部门的能力范围，金融创新和金融行为的复杂性、交叉性以及其所具有的跨业跨界特征更是使系统性风险防范成为各国监管部门的工作常态，而宏观审慎又恰恰以防范系统性风险为主要目标，那么，这样以来，要求中央银行在宏观审慎管理中发挥牵头抓总作用就顺理成章。国际清算银行[①]（BIS，2008）和IMF（2010b）的调查表明，危机后约有90%的中央银行已经承担起了维护金融稳定和监督金融体系之责，且比例仍在上升；约有三分之二的中央银行已经以法律形式明确了自身维护金融稳定的职责。这一切都预示着中央银行职责正在迎来深刻变革。

## 五、从微观审慎转向宏观审慎

2008年金融危机以来，金融风险的深刻变化促使人们的风险管理理念和角色发生了深刻转变，对于系统性风险认识的不断强化，也引发了各方对微观审慎监管的再反思和再审视。危机前，主流监管理论的基础即在于，假定金融系统是一个自我调节的均衡体系，系统性风险被排除于该体系之

---

① 国际清算银行（Bank for International Settlements, BIS）成立于1930年5月17日，总部设在瑞士巴塞尔，并分别在中国香港和墨西哥城设有代表处。BIS有三个决策机构：成员中央银行的股东大会、董事会、管理委员会。BIS的资本由各成员中央银行持有，目前有55家中央银行或货币当局派代表出席股东大会并享有投票权。BIS现有来自50个国家的550名工作人员。作为国际组织，BIS的主要作用是促进国际货币与金融合作，并为中央银行提供银行服务。BIS通过承担以下活动实现其宗旨：为各中央银行和国际金融、监管当局提供促进交流和便利决策的论坛；作为经济和货币研究中心；作为中央银行金融交易的主要交易对手；在国际金融交易中发挥代理人和受托人的作用。

外，微观审慎监管的唯一基础也集中于摒弃恶人或管理不佳金融机构的破坏性行为（Jan Kregel，2014）。从这一假设出发，规制（Regulation）和监管（Supervision）流程的制定只需评估单个银行的业务活动，而无须考察机构间的关联性以及机构与其所处整体环境之间的关系。与这些理论认识一脉相承，巴塞尔委员会（BCBS，1997）所倡导的微观审慎监管也旨在保证单个机构的稳健性。因而，很长一段时期内，个体稳健等于系统稳健被视为当然。

但实际上，早在20世纪80年代末美国储贷协会（Savings and loan Associations，S&L）①危机②后，人们就意识到机构与市场相互作用在形成系统性冲击中的重要性。2008年金融危机更是暴露出了微观审慎监管的非系统性缺陷和弊端③。实践也表明，单纯的价格稳定并不足以保证宏观经济稳定和金融稳定，对单个金融机构的监管也并不能很好地保证整个金融体系的稳定，在货币政策与微观审慎监管之间存在着系统性风险防范的空白，亟须寻找新的政策框架进行弥补。

---

① 美国储贷协会（Saving and Loads Association，S&L）是20世纪30年代大危机后美国为推行"居者有其屋"的住房政策而组建的政策性金融机构。当时联邦政府鼓励储贷协会发放长期固定利率抵押贷款，以满足国内购房者的资金需求。为保证其稳健运行，联邦政府成立了联邦住宅贷款银行（FHLB）作为其最后贷款人，授权联邦住房贷款银行委员会（FHLBB）作为储贷协会成立审批机构，并成立联邦储贷保险公司（FSLIC）为其提供存款保险。

② 美国储贷协会经历了近30年的黄金发展时期，但其制度设计上存在着明显的资产负债期限错配缺陷，负债主要吸收居民短期存款，而对外贷款却是15~30年的长期固定利率贷款，因而蕴含着巨大的利率风险。20世纪70年代，储贷协会风险开始暴露，利率的提高使得储贷协会的固定利率贷款遭受损失，货币市场基金的出现使得储贷协会廉价的存款资金来源大大减少。至1980—1982年，第一次大规模的储贷危机爆发，大批储贷协会亏损严重，濒临危机，政府以储贷协会经营自由化来应对，但却增加了道德风险。1980年中期，随着市场利率再度上扬，油价下跌引致美国西南部经济普遍衰退，房地产价格也急剧下降，储贷协会的投资无法收回，贷款损失陡增，资产质量恶化，而政府通过鼓励金融机构兼并以解决财务困难的措施并未奏效，储贷危机全面爆发。20世纪80年代即将结束时，越来越多的美国储贷协会相继破产，健全机构、制定有关法律已刻不容缓。面对这种情况，美国政府全面改变政策，出台了一项大规模救市法案《金融机构改革、复兴和实施法案》，对存款保险和监管功能也进行了改组，组建了金融机构监管办公室（OTS）、储蓄机构保险基金（IAIF）和受联邦存款保险公司（FDIC）管辖的重组信托公司（RTC），并解散了储贷资源枯竭的FSLIC，将储蓄和贷款机构的存款保险责任转移给FDIC。

③ 人们通常简单地认为，资本要求足够高就能够确保主要机构乃至整个金融体系的稳定（Blanchard、Summers，2018），但研究表明，金融机构发生危机乃至倒闭时的资本充足率高低与其"存活"概率之间不存在直接的关联性。

正是在这种情况下，"沉寂"多年的宏观审慎（Macroprudential）重获新生，并在本次危机中"登堂入室"成为各国维护金融稳定的重要选择。尤其是，系统性风险防控集约化[①]与中央银行金融稳定职能再强化二者相互交织融合，推动宏观审慎出现了前所未有的发展新趋势。

现在来看，宏观审慎是各国应对危机的集大成者，并以其本身所具有的系统性、整体性和宏观性成为危机后改进全球金融治理的核心内容，且成为金融监管研究中最为活跃的因素之一。危机中，实践与认识相互强化，各方更加注重促进宏观审慎管理与微观审慎监管在系统性风险防范方面的区分与融合，更加重视发挥中央银行在宏观审慎管理中的主导作用。

目前，以防范系统性风险为目标，宏观审慎已经形成了包括政策实施、工具选择、治理架构等一系列内容的框架体系。实践中，许多国家先后通过新设机构、赋予已有机构新职能等方式构建宏观审慎政策治理架构，不同程度地强化了宏观审慎管理。相当多的国家还将金融稳定作为中央银行的核心职责，并明确增加了中央银行宏观审慎管理职能。BIS（2008）和IMF（2010b）的调查表明，危机后全球各国成立了30多个跨部门宏观审慎政策委员会，其中中央银行通过加入或主导委员会，明确承担起了基于宏观审慎考虑的金融稳定职责。显然，全球中央银行角色的这种显著变化，使得中央银行与宏观审慎在逻辑上互为补充、相互融合，并成为推动各国金融监管改革最为重要的触发因素。

# 第二节 "新常态"下的深刻变革

迄今为止，虽然2008年国际金融危机并未对我国造成严重冲击，但却并不意味着我国经济金融体系能够独善其身。危机以来，全球范围内经济增

---

① 著者认为，2008年金融危机以及此后陆续爆发的各种风险乱象，使得政策当局强烈意识到，单一化的应对之举已不足以防控和降低金融风险，风险的复杂化和交叉化要求集中和整合各种监管资源以应对之。于是，伴随着宏观审慎管理的强化，在各国的金融监管改革中，监管资源集中化趋势成为显著特征。

长与政策周期的非同步性与我国经济发展的结构性矛盾相互交织，使我国金融综合化经营"非均衡性"推进与金融风险显性化特征更加明显，在加剧系统性风险复杂性的同时，也为我国金融监管职能的调整与优化提供了广阔空间。

## 一、我国经济发展"新常态"

在本次全球危机自我拓展尚未达到新的平衡点之际，我国经济步入了"新常态"（New normal）。经过改革开放四十二年的高速发展，我国经济增长所依赖的出口导向、投资拉动、资源驱动的传统模式开始表现出明显的后劲乏力特征。2013年以来，随着我国经济发展面临的环境保护约束日益严峻，人口红利、改革红利、制度红利不断下降，我国经济运行呈现出增长速度换挡期、结构调整阵痛期、前期刺激政策消化期"三期叠加"的明显特征，经济下行压力加大，调结构、消化过剩产能的转型需求十分迫切，经济转型发展的要求较强。

面对复杂严峻的形势与挑战，2014年中，习近平总书记首次提出了"新常态"，在年末的中央经济工作会议上又从消费需求、投资需求、生产要素相对优势等九个趋势性变化作了深入阐述，并提出"认识新常态、适应新常态、引领新常态，是当前和今后一个时期我国经济发展的大逻辑"[1]。

新常态下，我国仍然处于"转型+转轨"时期，在前进的道路上面临的两难多难问题增多，长期积累的一些结构性、体制性、素质性矛盾和问题依然存在。这些突出矛盾和问题一段时期主要表现为"四降一升"，即经济增速下降、工业品价格下降、实体经济盈利下降、财政收入增幅下降，经济风险发生概率上升[2]。必须看到，这些问题不是周期性问题，而是结构性问题。在危机冲击模式下，国际市场增长放缓，此时仅仅依靠刺激国内需求难以从根本上有效解决结构性问题，而必须加快转变经济发展方式，加快调整经济结构，加快培育形成新的增长动力，实现可持续和更高水平发展。

---

[1] 参见2014年12月9日至11日召开的中央经济工作会议新闻通稿。

[2] 参见人民日报文章"七问供给侧结构性改革——权威人士谈当前经济怎么看怎么干"，2016年1月4日。

当前，我国经济已由高速增长阶段转向高质量发展阶段，正处在转变发展方式、优化经济结构、转换增长动力的攻关期。为解决"新常态"下的发展困境，2015年12月召开的中央经济工作会议又进一步提出了"推进供给侧结构性改革"的历史任务，并明确了去产能、去库存、去杠杆、降成本、补短板"三去一降一补"的任务要求。2017年底召开的党的十九大进一步对"新常态"下我国经济发展战略进行了全面部署，提出要贯彻新发展理念、建设现代化经济体系，坚持质量第一、效益优先，以供给侧结构性改革为主线，推动经济发展质量变革、效率变革、动力变革，着力加快建设实体经济、科技创新、现代金融、人力资源协同发展的产业体系，着力构建市场机制有效、微观主体有活力、宏观调控有度的经济体制，不断增强我国经济的创新力和竞争力。

## 二、新常态下"新变革"

2013年以来，面对世界经济复苏乏力、局部冲突和动荡频发、全球性问题加剧的外部环境，我国经济发展迈入了"新常态"。在一系列深刻变化之中，我们每个人都由衷感受到了一种新的变革紧迫性。

从改革的视角来看，我国创新驱动发展战略大力实施，区域发展协调性增强，开放型经济体制逐步健全，供给侧结构性改革深入推进，全面深化改革取得重大突破，主要领域改革主体框架基本确立[1]。我国提出了一系列新理念新思想新战略，出台了一系列重大方针政策，推出了一系列重大举措和部署，推动各项事业发生了历史性变革。中共十八届三中全会通过的《中共中央关于全面深化改革若干重大问题的决定》提出了一揽子包括政治、经济、社会等的总体改革任务，部署了15个领域改革，共提出了336项重点改革任务，其中直接跟经济有关的就有200多项[2]。

---

① 参见中国共产党第十九次全国代表大会报告。

② 资料来源：吴敬琏，"改革不能一蹴而就，这六方面必须抓紧进行"，载于中国经济50人论坛丛书《中国经济改革新方位：如何走出增长困境》，中信出版社。

中央全面深化改革领导小组①成立以来，开展了一系列重大改革试点，探索了一批可复制可推广经验，发挥了对全局改革的示范、突破、带动作用。至2018年4月，召开了40次中央全面深化改革领导小组会议，审议了近400个重要改革文件，推动各方面共出台1 500多项改革实施举措②。2018年3月，中央全面深化改革领导小组改为中央全面深化改革委员会，同时深化党和国家机构改革也全面启动，标志着我国全面深化改革进入了一个全新阶段。

当前，中国特色社会主义进入了新时代，我国社会主要矛盾已经转化为人民日益增长的美好生活需要和不平衡不充分的发展之间的矛盾。党的十九大确立了我国今后一段时期全面建成小康社会、基本实现社会主义现代化和建成社会主义现代化强国的战略目标，提出要坚决打好防范化解重大风险、精准脱贫、污染防治的攻坚战，确定了供给侧结构性改革的经济主线，并提出要加快建设创新型国家。

在这种形势下，我们更加深切地感受到，我国金融发展改革的条件和环境已经发生了很大变化。特别是，我国社会主要矛盾的变化是关系全局的历史性因素，对我国经济发展和金融改革提出了前所未有的新要求。我国社会发展战略目标蓝图的绘就，成为各项工作的历史性前提，为推进金融监管改革、维护金融稳定赋予了新内涵。

新时代孕育着新变革，新变革要求破解新问题。这些体现在金融领域最主要的就是，围绕我国主要矛盾和战略目标，在继续推动发展的基础上，着力解决好金融发展不平衡不充分的问题，大力提升金融发展质量和效益，通过深化金融体制改革，健全金融监管框架，不断推动我国国家治理体系和治理能力的现代化。

---

① 中央深改组下设经济体制和生态文明体制改革、民主法制领域改革、文化体制改革、社会体制改革、党的建设制度改革、纪律检查体制改革6个专项小组。主要职责是，研究确定经济体制、政治体制、文化体制、社会体制、生态文明体制和党的建设制度等方面改革的重大原则、方针政策、总体方案；统一部署全国性重大改革；统筹协调处理全局性、长远性、跨地区跨部门的重大改革问题；指导、推动、督促中央有关重大改革政策措施的组织落实。

② 数据来源：《人民日报》，2018年4月18日7版，穆虹，"建立健全党对重大工作的领导体制机制（深入学习贯彻习近平新时代中国特色社会主义思想）"。

### 三、新变革下"新方位"

概念是思想的载体，包含着丰富的背景和内涵。就此意义而言，"新常态"就不单单是个概念的转换和惯用的词语，而是对进入新阶段我国经济社会发展特征的深入认识和全新概括。

新常态下，我国经济发展的条件、动力、机制等变量都相应发生了很大改变，金融改革开放的方向、节奏、部署和要求也必然会做出相应调整。新常态下，需要我们用新的眼光、新的视角和新的方法看待我国的发展问题。

新常态下，一面是我国日趋加快的金融业综合经营趋势，另一面是我国长期存在的监管割裂及中央地方金融监管权责不对等的矛盾。这种状况下，防控重大风险尤其是防控金融风险的巨大缺口要求我们必须深化金融改革，加强监管协调，统筹货币政策、宏观审慎政策与微观审慎监管，牢牢守住不发生系统性风险的底线。

新常态下，我国金融创新和发展日新月异，金融风险来源、产生、传染的方式和机制日趋多元、交叉和复杂，这一切都要求我们对风险的认识、识别和监测应主动适应风险的新变化。新常态下，我国金融乱象暴露更加明显，金融风险的交叉性和复杂化对金融监管提出了更高标准，要求监管目标应由个体性风险向系统性风险转变，监管视角应由微观审慎向宏观审慎转变，监管手段应由机构监管向功能监管、行为监管和综合监管转变。新常态下，分散化、单打独斗式的风险处置机制已不能适应我国金融风险发展的变化需要，而要求我们建立更加有效的监管协调机制和风险处置机制，进一步健全完善我国宏观审慎政策框架。

金融改革属于制度供给范畴，构建完善我国宏观审慎政策框架体现了供给侧结构性改革的内在要求[①]，也是推进我国国家治理体系和治理能力现代化的重要内容。我国改革开放四十多年的实践表明，金融改革与其他领域的改革具有较强的耦合性和协同性，特别是其他领域的改革离不开金融市

---

① 供给侧结构性改革的关键在于体制机制改革，要处理好"五大关系"，即政府与市场的关系，公有制与市场经济的结合，党的领导与企业经营等的关系，中央政府与地方政府的关系，政府、企业和居民的关系。转引自中央党校教授施红，"深化供给侧结构性改革"，在2017年人民银行党校春季班上的课件。

场配置资源的基础性和决定性作用。因此，新常态下的"新变化"和"新变革"，必然要求我们在金融改革方面做出积极有效而有力的回应。

风起于青萍之末①。新常态下的这些新变化，蕴含着浓郁的变革韵味，迫切要求我国的金融改革做出新的选择。也正鉴于此，我国《国民经济和社会发展第十三个五年规划纲要》提出了要加强金融宏观审慎管理制度建设，改革并完善适应现代金融市场发展的金融监管框架，构建货币政策与审慎管理相协调的金融管理体制，并提出了"统筹监管系统重要性金融机构、金融控股公司和重要基础设施，统筹金融业综合统计，强化综合监管和功能监管"的目标指向。第五次全国金融工作会议明确提出，要围绕服务实体经济、防控金融风险、深化金融改革三项任务，创新和完善金融调控，健全现代金融企业制度，推进构建现代金融监管框架。党的十九大进一步规划了未来一段时期我国金融改革的历史任务，特别强调要"健全货币政策和宏观审慎政策双支柱调控框架"，"健全金融监管体系，守住不发生系统性风险的底线"。2018年以来新一轮中央和国家机关机构改革，又进一步强化了人民银行宏观审慎管理和系统性风险防范职责。党的十九届四中全会提出，要不断健全金融宏观调控机制，建设现代中央银行制度，健全具有高度适应性、竞争力、普惠性的现代金融体系。

这一切均表明，随着我国全面深化改革进入攻关阶段，强监管、防风险一定程度上已成为我国金融工作的主基调，并要求我们必须抓住有利时机，不断健全我国宏观审慎政策框架。实际上，目前健全我国宏观审慎政策框架的"新方位"已经明确，即要逐步扩大宏观审慎政策覆盖领域，探索构建矩阵式管理宏观审慎政策框架，发挥有效防范系统性风险与逆周期引导功能；要探索将更多的金融活动、金融市场、金融机构和金融基础设施纳入宏观审慎政策框架。

---

① 战国宋玉在其名篇《风赋》中说道，"夫风生于地，起于青苹之末，侵淫溪谷，盛怒于土囊之口"，后来意指细微之处、微小变化孕育着巨大的变化和风险。

# 第三节　研究方法与逻辑

理解大危机（the Great Financial Crisis）是金融监管理论与实践的圣杯（the Holy Grail）[①]。面对危机，著者始终相信，“研究历史虽不能提供我们即学即用的操作手段，但历史教训是类比的，可帮助我们了解类似的情形可能有什么结果，而且每一世代必须自行决定，哪些情形确实可与历史相类似”[②]。然而，任何社会活动在本质上都具有实践性，想要从历史中准确找到前进的密码，需要我们秉持正确的方法论，而问题导向的实践观即为根本之法。因而，从实践的本质出发，本书的研究，希望尽可能体现“格物”与“致知”的统一[③]，实现认识理性与实践理性的良好结合。同时，著者也认为，在新的复杂形势下，研究宏观审慎问题，揭示其背后的规律性，还离不开马克思主义的矛盾观与方法论。

## 一、新常态下的重大变革是研究问题的大前提

2008年全球金融危机以来的新变化和我国“新常态”下的新变革，构成了本书研究宏观审慎问题的最大前提。从前者来看，20世纪30年代“大萧条”（the Great Depression）以来最严重的金融危机带来了广泛而深刻的变化。这一变化体现在多个方面，对金融治理和金融变革提出了多方面的要求。

---

① 1929年的大萧条是一次特殊的历史事件，关于其原因的讨论至今没有停止。美联储前主席、声誉卓著的理论经济学家伯南克在1995年曾经写道：“在宏观经济学领域，对于美国‘大萧条’的解析属于这门学科中的‘圣杯’”，但是，“我们尚未找到任何途径染指这座圣杯。”他进一步指出：“美国‘大萧条’不仅使宏观经济学作为学术研究的一个重要分支得以问世，同时……20世纪30年代的诸多经验教训，一直以来都在持续不断地影响着宏观经济学家们的信条、政策建议，以及研究方向。”转引自辜朝明（Richard C. Koo）《大衰退：宏观经济学的圣杯》序言。本书借用了“圣杯”这一说法。

② 基辛格，《大外交》，第一章，19页，海南出版社，2001年5月。

③ 《大学》中提出“八条目”，即“古之欲明明德于天下者，先治其国。欲治其国者，先齐其家。欲齐其家者，先修其身。欲修其身者，先正其心。欲正其心者，先诚其意。欲诚其意，先致其知”。又说“致知在格物，物格而后知至，知至而后意诚，意诚而后心正，心正而后身修，身修而后家齐，家齐而后国治，国治而后天下平”。

例如，监管理念的重大变革，要求当局从"放手"和"无为"转向"干预"和"有为"；系统性金融风险产生、来源和影响的复杂性和多元化，将宏观审慎推向了历史的前台；传统货币政策框架由单一目标制转向多元化目标，也促使中央银行与金融稳定职责渐行渐近、紧密结合；货币政策的整体性特征和微观审慎监管的个体性视角，决定了二者在系统性风险新变化新挑战面前无力、无效。这一系列"机缘巧合"同向叠加，催逼宏观审慎应运而生，并成为各国应对危机、加强监管的最主要成果。

就后者而言，进入新常态，一系列深层次、根本性变化为深化我国金融改革与开放开启了新的征程。党的十八大以来，我们既承担着打好全面建成小康社会决胜期三大攻坚战任务，也肩负着基本实现社会主义现代化和把我国建成社会主义现代化强国的奋斗目标。在此光荣而艰辛的历史过程中，无论是贯彻新发展理念、建设现代化经济体系的要求，还是以供给侧结构性改革为主线，推动经济发展质量变革、效率变革、动力变革的历史任务，这些都为著者研究问题、解决问题提供了鲜明的约束条件和明确的目标导向。

## 二、缺口分析的方法论

波澜壮阔的危机过程，危机应对的一波三折，这一切都激发了著者探求问题答案的好奇心和使命感。本书的研究，起初着眼于分析2008年国际金融危机背后的制度原因及其带来的深刻变化，以期取得可供借鉴的经验和认识。但随着研究的逐步深入，著者的兴趣不断提升，关注点由危机的表象逐渐切入到危机背后的机制和深刻的变革，并希望通过比较总结各国宏观审慎政策治理架构差异化的实践和统一性的模式，进而剖析危机发生发展背后"本然"与"应然"之间、金融改革机制"当然"与"必然"逻辑之间的缺口，最终找到缺口背后的原因和解决方案。

在整个研究过程之中，著者发现，在危机应对的动态发展变化中，客观形成了诸多认识与实践之间的缺口。目前来看，主要包括认识缺口、目标缺口、治理缺口和监管缺口等。例如，理性人假说和有效市场假定并不完全符合危机中的金融市场真实状况，对于传统货币政策框架和中央银行角色的认识也并不能完全解释危机以来的一系列深刻变化，这样一来，传统认识与实际情况之间就出现了巨大的缺口。

又如，系统性金融风险顺周期性和交叉感染的特征与传统个体性、局部化的监管手段之间存在着巨大的治理缺口，引发了人们对非系统性监管的深刻反思，并要求我们寻找更加系统性的解决方案。再如，我国金融混业趋势强化轮回的趋势与长期以来形成的监管割裂、监管空白之间存在着巨大的监管缺口，这种状况亟须我们抓住有利的变革"窗口期"，以改革的方法推动解决。另外，危机后全球政治经济格局的深刻变化与全球金融治理失序、能力不足之间存在着巨大缺口，要求我们以全球视角和博爱①的胸怀，研究提出改进全球金融治理的"中国方案"，贡献"中国智慧"。

缺口即矛盾，矛盾即问题。危机暴露出的深层次缺口和矛盾，为我们理解问题、分析问题和解决问题做好了所有准备。然而，所有的矛盾终需在实践中寻找答案，解决问题的根本要诀即在于深化改革，这构成了本书的最大方法论。

### 三、问题导向与目标导向并重的逻辑路径

宏观审慎自提出以来，就具有强烈的实践性、历史性和时代性，也是颇具差异性认识与实践的统一。因此，在研究过程中，著者一以贯之地坚持了问题导向与目标导向并重的方法论，并致力于揭示问题背后的规律性，从历史中寻找前进的方向。

然而，历史是真正的诗人和戏剧家，人们只能尽可能地还原历史，但却无法回到历史本身。鉴于此，本书从一初始就身怀使命感，希望通过深入研究和比较分析，尽可能全面地揭示危机暴露出的监管理念、监管模式、政策框架、治理能力等方面的缺陷，并通过比较总结各国宏观审慎政策治理架构差异化的实践，揭示我国金融监管架构的固有弊端，尽可能准确描述我们所面临问题的鲜活特征，进而为我国宏观审慎政策治理架构"画像"。在此过程中，著者心怀强烈的问题意识和鲜明的目标导向，总结借鉴国际统一性普适经验，探索性地提出了构建我国宏观审慎政策治理架构的思路方案，旨在

---

① "博爱"源于韩愈《原道》，原文为"博爱之谓仁，行而宜之之谓义，由是而之焉之谓道，足乎己无待于外之谓德"。

将问题与目标紧密对接。

问题导向的方法论确定后，关键的问题就是确定以什么问题为导向。按照"变化—变革—问题—挑战—方案"的逻辑思路，著者认为，研究宏观审慎问题，当务之急在于准确把握危机以来一系列变化变革的特征，并尽可能全面准确地揭示和回答当前关于宏观审慎的一系列重大问题。例如，如何认识系统性金融风险的新变化及对现有政策和监管的影响？货币政策、宏观审慎政策、微观审慎监管三者在防范系统性金融风险中的职能边界如何划分？中央银行与宏观审慎的关系怎样，各自在宏观审慎政策实施中扮演何种角色？金融监管如何体现危机以来的宏观审慎要求？在健全宏观审慎政策治理架构的过程中，如何处理宏观审慎管理同质性经验与差异化实践之间的关系？等等。著者认为，通过研究寻找问题答案的坎坷过程，也是一个不断认识问题、解决问题的精彩过程。

鉴于宏观审慎是我们分析问题、研究问题和解决问题的核心要素。因此在研究的整个过程中，本书都始终紧紧围绕"宏观审慎"（Macroprudential）这个关键词，从分析"是什么""包含哪些要素""形成了哪些观点""确立了什么模式""体现什么要求""坚持什么原则""解决什么问题"等内容着手，努力寻找和构建宏观审慎政策治理架构的理论基础、条件机制、基本框架和实践模式，并在上述分析的基础上，提出了推动我国改革的"伴生性"渐进思路与方案。

总之，某种意义上，本书的研究，既希望尽可能全面地展示宏观审慎政策治理架构实践的生动画卷，更希望以此来推动人们对于宏观审慎的认识由"必然王国"向"自由王国"①迈进。

---

① 按照《现代汉语词典》（第5版），必然王国是指"哲学上指人在尚未认识和掌握客观世界规律之前，没有意志自由，行动受着必然性支配的境界"。自由王国是指"哲学上指人在认识和掌握客观世界规律之后，自由地运用规律改造客观世界的境界"。

## 四、历史终要不断向前

人生所能遇到的最大幸运，莫过于在他的人生中途，即在他想象力丰富的壮年与一场百年难遇的危机相逢，并发现自己的人生使命[①]。然而，正如《两次全球大危机的比较研究》一书所提到的，"在一些自然科学领域，理解和判断往往在实验室进行，而社会科学没有研究实验室，当统计数据不充分、研究对象又十分泛化时，替代的研究方式可能是进行历史比较"。因而，在整个研究过程中，鉴于宏观审慎在本次危机以来方真正走向政策前台，时间的跨度并不够大，实践的历史沉淀也并不够深，所以本书的研究在特定的时期并不足以发现太多历史的重复现象或者相似之处。同时，由于本书研究的对象和政策实施本身又极为宏观，背景极其宏大，可以用于翻阅资料和进行数据比较的时间也十分有限，所以试图科学合理廓清"是什么""为什么"和"怎么样"的问题就十分困难。

世界银行前首席经济学家林毅夫曾说，"经济理论的作用就像一张地图，地图不是真实世界本身，而是帮助我们了解周遭的环境以及下一步如果往前、往后、往右或者往左会遇到什么样的新景象"[②]。在此意义上，本书的研究，也正是在努力涂抹一幅宏观审慎政策治理架构的"地图"。当然，在种种限制和诸多约束之下，"画家"或许学艺不精，调色或许不匀，这幅地图或许难免失真，所涂抹的改革图景也难免富于想象。但无论怎样，著者身具强烈的改革情怀和赤子之心，因而始终希望也一直相信，这幅地图能够对于人们了解宏观审慎问题、理解金融改革的逻辑，乃至激发人们的忧患意识和改革热情有所裨益。如此，著者无憾，善莫大焉。

然而，历史早已证明，揭示危机背后的机理原因绝非易事，稳妥消除潜藏于金融市场的风险更不容易。这一点在本次危机十二年之后依然不会改

---

① 斯蒂芬·茨威格在其著作《人类的群星闪耀时——十四篇历史特写》中写道，"人生最大的幸运，莫过于在他的人生中途，即在他想象力丰富的壮年发现了自己的人生使命"。著者较为认同这一说法，并认为，百年难遇的金融危机，为我们直面危机提供了难得的机遇，这是人生的大幸运。

② 世界银行前首席经济学家林毅夫在其著作《解读中国经济》中如是说，北京大学出版社，2014年。

变①。而今，当我们再次回首危机，"最大的悲哀莫过于接受老调重弹：无人可以预测危机到来，所以我们无能为力"。②

幸好，事物的矛盾法则，即对立统一的法则，是唯物辩证法的最根本的法则③。作为矛盾的亲历者和见证者，本书的研究，正是希望改变人们这样的论调，从而尽可能降低危机再次降临的概率。从这个意义出发，这就注定，本书的研究具有鲜明的探索性和时代性，既是对理论与实践的一种总结，更期望是推动深入研究和探索的一种发轫。

这是我们这一代人共同的责任，如果想要得到不同的结果，那我们就必须作出抉择。

---

① 日本《读卖新闻》2018年8月17日文章"雷曼危机已经过去了吗"，作者有光裕。

② 美国金融与经济危机起因调查委员会在其《金融危机调查报告》的"金融危机调查委员会的结论"中如此描述，引起了著者强烈的共鸣。

③ 1937年8月，毛泽东写下了著名的哲学论文《矛盾论》。此文是继《实践论》之后，为了同一目的，即为了克服存在于中国共产党内的严重的教条主义思想而写，曾在延安抗日军事政治大学作过讲演。该句话即为《矛盾论》开篇第一句话，也是此文的核心思想所在。

# 第二章

# 宏观审慎：从认识走向政策

宏观不审慎是2008年国际金融危机发生的重要原因。宏观审慎（Macroprudential）经过20世纪短暂的讨论及较长时期的蛰伏后，在本次危机"互相指责的游戏"中重获新生。危机爆发以来，尤其是2010年二十国集团（G20）首尔峰会明确提出"宏观审慎管理"的目标任务[1]以来，宏观审慎在理论层面和实践层面均取得了显著进展，形成了多方面的认识，并最终完成了从认识向政策的伟大蜕变。

---

　　[1]  At the meeting in Seoul in November 2010，G20 leaderd asked the FSB，the IMF and the BIS to undertake further work on macroprudential policy. See FSB-IMF-BIS（2011a、b, 2016）for summaries of this work.

# 第一节　宏观审慎的演进与逻辑

　　要全面认识宏观审慎政策，就必须回到宏观审慎本身，从本次危机前宏观审慎发生、发展的演进与逻辑出发，寻找危机以来宏观审慎政策的趋势与方向。事实上，关于宏观审慎的理论与实践进展，自本次危机以来，在不同的阶段各方已经进行了多方面总结。目前，主流的看法是，应以2008年危机为界，相应将宏观审慎划分为"危机前"与"危机后"两个阶段，并尤其突出危机以来的沉淀。鉴于危机以来宏观审慎的惊艳表现，本书基本认同此种划分方式。尽管如此，由于危机的本质从来都不曾有过大的改变，特别是那些浓缩着全部精彩的重要历史时刻尤其让人回味悠长，因而本书的研究，在体现两阶段论的同时，也力求刻画一些特殊历史时点的重要意义。

## 一、宏观审慎的发展与演进

　　宏观审慎政策是一种实践理性[①]，是兼具差异性与多样性的认识活动。经过危机前较长一段时间的酝酿，2008年危机爆发后，国际社会对危机成因进行了深入的讨论和反思，在此基础上形成了对宏观审慎的重新认识，并不断强化了宏观审慎作为全球金融治理和金融监管改革核心内容的重要地位。这一刻，宏观审慎的登堂入室恰逢其时。

　　（一）危机之前的"若隐若现"

　　"宏观审慎"（Macroprudential）一词的起源可追溯到20世纪70年代末库克委员会（Cooke Committee）[②]一份未发表的会议纪要以及英格兰银行的文

---

　　① 实践理性是道德哲学和政治哲学中的一个重要概念。所谓实践理性，就是指与我们的行动和选择有关的理性。所以，实践理性首先与我们对行动的理由和动机的理解相关。

　　② 库克委员会（Cooke Committee）是巴塞尔委员会的前身（The Cooke Committee, the Precursor of the Present Basel Committee on Banking Supervision），在有关国际银行贷款到期转换的数据收集问题讨论会上，该委员会提出了"宏观审慎"这一概念。

件（Crockett，2000；Clement，2010）[1]，当时主要关注的是对发展中国家贷款快速增长所带来的金融风险，而背后反映的监管理念则意在强调"审慎监管"（Prudential Measure）需要一个更为系统性的宏观视野（Gabriele Galati and Richhild Moessner，2011），也即认为以前对微观问题关注过多，而应当也侧重关注宏观问题。

实际上，20世纪80年代初，美国宾州广场银行（Penn Square）、伊利诺伊大陆银行（Continental Illinois）和西雅图第一银行（Seattle First）等机构的风险积累，就已经引起了人们对于"大而不倒"问题的关注，人们越来越多地意识到机构与市场相互关联作用在系统性冲击形成中的重要性。此后，为弥补非系统性监管的弊端，监管部门开始探索建立一套新的监管框架。然而，即便如此，当时新的监管仍将重点放在了对单个机构的检查上，而不是着眼于整个金融体系的系统性影响（Jan Kregel，2014）。

面对这一局面，时任国际清算银行（BIS）经济顾问兼欧洲货币委员会主席莱姆法鲁西（Alexandre Lamfalussy）在1979年的一份报告中再次主张由微观审慎监管转向宏观审慎监管，并强调应更多地关注和防范系统性金融风险。同年10月，英格兰银行发布的一份关于银行业创新项目的背景材料中，也提出了"宏观审慎"的概念。然而，不幸的是，在此之后，较长一段时期内，宏观审慎只是偶尔在一些公开场合被提及，其含义也并不十分明确，而只是更多地被用来阐述审慎监管本身所具有的宏观性缺陷。

诚然，社会现象最让人着迷之处，即在于它本身的极大不确定性。经过漫长的等待，直到1986年，"宏观审慎"一词才在公开文件中正式出现。BIS在一份欧洲货币常设委员会（ECSC）的研究报告"当前国际银行业的创新"（Recent Innovation in International Banking）部分章节中提到了"宏观审慎政策"（Macroprudential Policy）的概念，并将其定义为"广泛的金融体系和支付机制的安全性和稳健性"，这反映出了宏观审慎所具有的系统性和整体性属性。随后几年，"宏观审慎"一词近乎销声匿迹，仅出现在BIS一些内部文

---

① See Crockett（2000）.Clement（2010）traces the term "macroprudential" back to a submission of the Bank of England to the Cooke Committee, the precursor of the Basel Committee on Banking Supervision. Borio（2003）sought to clarify its contours more precisely.

件中，且主要为ECSC所使用。进入20世纪90年代末，特别是1997年亚洲金融危机爆发后，宏观审慎的含义不断得到拓展，重要性不断得到提升。IMF在1998年一份名为《迈向一个健全的金融体系框架》（*Toward a Framework for Financial Stability*）报告中强调了宏观审慎管理的重要性，并首次将宏观审慎理念纳入金融监管框架之中，奠定了采用宏观审慎指标（MPI）评估金融体系脆弱性的基础。自此，宏观审慎开始被更多地适用于维护金融系统稳定性的范畴。

进入新世纪，宏观审慎迎来了发展里程中最重要的历史时刻之一。2000年，时任BIS总经理Crockett（2000）在一次"银行监管者国际会议"的演讲中，对宏观审慎进行了开创性阐述，并将金融稳定划分为微观审慎和宏观审慎两个层面[①]，与此对应的是两种监管方法，即以单个机构稳健性为目标的微观审慎监管和以整个金融体系稳定为目标的宏观审慎管理。在上述基础上，Crockett（2000）还对微观审慎与宏观审慎进行了深入对比，认为二者最主要的区别不在于为实现不同目标所使用的工具差异，而在于不同的目标本身以及影响经济运行的机制，同时在政策实施中，当局最大的挑战是如何在宏观审慎与微观审慎之间取得平衡，并使二者有机结合。Crockett的开创性阐述被BIS和后来的诸多国际组织、学者所接受，以IMF为代表的国际机构也陆续展开了对宏观审慎的研究，并在多个工作文件和出版物中反复使用（BIS，2001、2002、2008、2009；Knigh，2006；White，2006；Caruana，2009）。

在此期间，尤为引人注目的是，Borio（2003）在Crockett（2000）阐述的基础上，进一步对微观审慎与宏观审慎的关系进行了开创性研究，更加清晰地提出了二者在政策目标、作用方式、风险暴露、衡量标准等方面的差别与区分，这为后来的研究提供了重要的视角和方法。自此，宏观审慎"化蛹成蝶"，逐渐进入了各国维护金融稳定的政策范畴。

---

[①] 德国财政部（2019）认为，金融稳定被定义为一种状态，在此状态下金融系统可履行其在经济中适当的功能，特别是在不可预见的情况发生、经济面临压力或正在进行结构转型的时候；这些功能包括配置金融资源以及处理支付交易；金融体系必须保持稳定，才能适当发挥它的经济功能，并促进可持续增长。因此，金融稳定的概念涵盖了整个金融系统，而不仅仅包括银行和保险公司等单个实体的稳定。

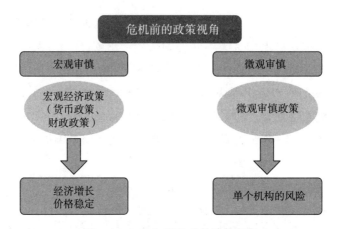

图2-1　2008年危机前的政策视角

（二）危机以来的"集大成者"

正如历史上所有那些扣人心弦的时刻都需要等待一个恰当的登场时机，2008年全球金融危机恰恰为宏观审慎的登堂入室提供了绝佳的历史机遇。2008年以来，随着危机的不断蔓延和危机应对的不断深入，在丰富多彩的探索实践中，"宏观审慎"（macroprudential）的内涵得到了进一步扩展，除对金融体系顺周期性（Procyclicality）问题的关注外，截面维度上的系统重要性金融机构（SIFIs）[①]、"大而不倒"（Too Big To Fail）、系统性风险识别应对、系统重要性基础设施建设管理、金融与宏观经济间的相互关联等问题均被纳入了宏观审慎的范畴之中，尤其是货币政策在应对金融周期方面的不足也得到了重视。这一时期的探索，因问题导向和危机导向，各方更加注重理论与实践紧密结合，逐渐形成了对宏观审慎的系统性认识，并不断将宏观审慎上升为与财政政策、货币政策并列的"第三种"政策选项。

2009年，BIS首次对"宏观审慎"（Macroprudential）进行了定义，并提出可以用宏观审慎政策来解决危机中的"大而不倒"、顺周期性、监管不足和标准不高等问题。此时，宏观审慎政策的主要目标集中于解决两个外部性

---

① 按照FSB标准，系统重要性金融机构是指那些由于规模性、复杂性、系统关联性，其无序破产将会对更广范围内的金融体系与经济活动造成严重冲击的金融机构，又包括全球系统重要性金融机构（G-SIFIs）和国内系统重要性金融机构（D-SIFIs）。巴塞尔委员会对纳入全球系统重要性金融机构名单的银行提出了1%~3.5%的资本金要求，且附加资本必须完全由普通股权益构成。

以抑制系统性风险，一个是解决金融系统的顺周期性，另一个是解决金融机构之间的互相影响和普遍存在的风险敞口（BIS，2009）。此后，包括BIS在内的国际组织也都将宏观审慎的目标确定为维护整个金融体系的稳定性，并围绕该目标不断拓展其内涵和外延（Hannoun，2010；Caruana，2010）。

二十国集团（G20）[①]匹兹堡峰会（2009）最终形成的会议文件《关于加强金融体系的声明》开始正式引用"宏观审慎管理"和"宏观审慎政策"等提法，G20首尔峰会（2010）则进一步形成了宏观审慎管理的基础性框架。各成员国首次在国际层面对"宏观审慎"达成共识，即"宏观审慎政策"（Macroprudential Policy）主要是利用审慎性工具防范系统性金融风险，从而避免实体经济遭受冲击的政策，这标志着人们对于宏观审慎的认知进入了一个新阶段。2010年巴塞尔委员会发布的巴塞尔协议Ⅲ则标志着，在全球监管制度层面微观审慎与宏观审慎相结合的监管模式得以确立，从此"宏观审慎"犹如一股春风吹遍大江南北。

此后，实践层面，各国按照G20（2010）共识要求，纷纷将宏观审慎政策运用到危机管理和系统性风险防控之中，并在治理架构层面多有体现；研究层面，各方越来越重视宏观审慎的经验总结，此时对于宏观审慎的目标、政策属性、内涵要求、模式架构等认识也更加清晰和明确。如三十人小组[②]

---

① 1999年9月，西方七国集团财政部长和中央银行行长同意建立由主要发达国家和新兴市场国家组成的二十国集团就国际金融问题进行磋商。12月16日，G20财政部长和央行行长在柏林举行G20创始会议。会议强调，G20是国际货币基金组织和世界银行框架内非正式对话的一种新机制，旨在推动国际金融体制改革以及发达国家和新兴市场国家之间就实质性问题进行讨论和研究，以寻求合作并促进世界经济的稳定和持续增长。成员包括八国集团成员国以及中国、阿根廷、澳大利亚、巴西、印度、印度尼西亚、墨西哥、沙特阿拉伯、南非、韩国、土耳其和作为一个实体的欧盟。G20以非正式的部长级会议形式运行，不设常设秘书处，主席采取轮换制。该集团财长和央行行长会议每年举行一次。2008年金融危机爆发前，G20仅举行财长和央行行长会议，就国际金融货币政策、国际金融体系改革、世界经济发展等问题交换看法。危机爆发后，G20提升为领导人峰会。2009年9月举行的匹兹堡峰会将G20确定为国际经济合作的主要论坛，标志着全球经济治理改革取得重要进展。目前，G20机制已形成以峰会为引领、协调人和财金渠道"双轨机制"为支撑、部长级会议和工作组为辅助的架构。

② G30成立于1978年，由国际金融领域的知名人士组成，主要宗旨是探讨当前世界经济金融发展中的重大问题，如国际规则的制定、国际金融机构及有关国家当局的经济决策等，并促进成员加强交流、达成共识。G30每年召开两次全体会议，春季全会通常于每年5、6月在美国之外召开，由成员所在的财政部或中央银行承办，秋季全会通常于每年12月初在纽约举行，由纽约联邦储备银行承办。

（G30，2010）研究提出了宏观审慎政策的四部分内容，即对整个金融体系进行政策反映、增强抗风险能力和限制系统性风险的工具及政策措施、政策框架和协调机制。金融稳定理事会（FSB）[①]、IMF和BIS（2011a）等在给G20的报告中，也对政策的内容和边界进行了进一步拓展。

尤其是，随着认识的不断深入，宏观审慎在实践与研究层面开始出现两种明显的趋势。一种是泛化趋势，即将危机以来大部分政策都归结为带有宏观审慎属性或者体现出了宏观审慎特征，并将宏观审慎与系统性金融风险紧密联系在一起。如，G30（2010）的报告提出，宏观审慎政策意味着新的监督机构有着广泛、但看起来不那么具体的职责，泛指那些不仅仅关注特定市场和特定机构的监管方法。另一种是收敛性趋势，即将宏观审慎目标与系统性风险紧密相连，并主张在金融监管框架内准确划分宏观审慎、货币政策、微观审慎监管之间的政策边界。如，时任BIS总经理Caruana（2011）提出，宏观审慎的概念不应过于宽泛，它并非涵盖所有影响系统性风险和金融稳定的工具与政策，同时宏观审慎政策也不应被视为总需求管理工具，它与财政政策、货币政策以及其他经济政策的关系更多是互补而非替代。

2016年8月，时逢本次危机八周年之际，IMF、FSB和BIS（2016）联合发布了《有效宏观审慎政策要素：国际经验与教训》报告，对危机以来宏观审慎政策的研究与实践进行了全面总结，梳理了宏观审慎政策框架所包含的目标、工具、政策实施、治理架构、协调机制等要素，并将宏观审慎最终收敛到运用宏观审慎工具防范顺周期性和跨部门跨市场系统性风险，维护货币和金融体系整体稳定的政策范畴，这标志着人们对于宏观审慎的认识逐步走向成熟。

---

① 金融稳定理事会(Financial Stability Board，FSB)成立于2009年6月，前身是金融稳定论坛（FSF）。FSF是七个发达国家（G7）为促进金融体系稳定而成立的合作组织，后成员扩展至包括所有20国集团的主要经济体。FSB是协调跨国金融监管、制定并执行全球金融标准的国际组织，任务是制定和实施促进金融稳定的监管政策和其他政策，解决金融脆弱性问题。在中国等新兴市场国家对全球经济增长与金融稳定影响日益显著的背景下，2009年4月2日伦敦举行的G20金融峰会决定，将FSB成员扩展至包括中国在内的所有G20成员国。2009年5月我国加入FSB，在参与国际金融监管标准制定和推进国内金融监管改革方面作出了积极贡献，人民银行、财政部、银监会、证监会、保监会等部门通过多种形式参与理事会工作。

历史的脚步行进至此，在各方力量的共同推动下，宏观审慎政策已然成为各国应对危机最重要的成果。当前，无论人们对于宏观审慎的发展阶段做出何种划分，"宏观审慎"都表示与宏观经济相联系的一种调控和监管导向（Borio，2009），关注的焦点也先后经历了从发展中国家的超额借贷、金融创新与资本市场发展到金融系统顺周期性、系统重要性金融机构（SIFIs）影响等方面的不断演进。时至今日，在理论与实践的双重推动下，"宏观审慎"也逐步超越了金融监管手段的范畴，最终形成了"宏观审慎政策框架"（Macroprudential Policy Frameworks），并广泛指应对系统性风险的各种政策考量以及与宏观经济和金融稳定相互作用的所有相关主题。至此，宏观审慎"破茧成蝶"，近乎完成了自身的伟大蜕变。

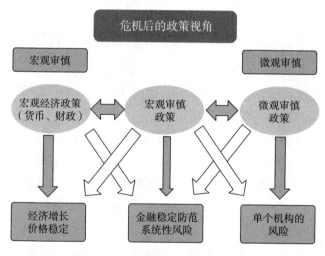

图2-2 2008年危机后的政策视角

## 二、宏观审慎的概念之争

回归事物的本源，宏观审慎政策尽管是一个新概念，但绝非新鲜事物，其中许多内容其实并不陌生。以2008年危机为发端，各方对宏观审慎的认识上升到了历史性的新高度。危机后，人们把一些应对危机的改进政策进行归纳所形成的新提法放进了"宏观审慎政策框架"之中，逐渐成为各方共识（周小川，2011）。

（一）概念之争的实质

一段时间以来，在反复争论和实践过程中，围绕宏观审慎先后出现了"宏观审慎监管""宏观审慎管理"和"宏观审慎政策"等多种提法。然而，实际上，当人们在不同场景使用宏观审慎的不同提法术语时，很多人其实并不十分清楚这些术语所表示的含义有多大差异（Fischer, 2013）。因为，这些概念形式类似，但含义有别，很容易混淆，一旦形成共识还会上升到政策层面，产生很大的实际影响，因而有必要加以厘清。同时，既然宏观审慎是推动监管体制改革的一个主要原因，因而也需要对宏观审慎的基本概念做出明确的区分和界定，以防止出现有些人连基本概念都没有完全弄清楚，就在讲宏观审慎政策治理架构应该怎么改革、怎么设计的问题。

危机以来，在宏观审慎讨论与实践的泛化趋势中，实际上始终存在着"宏观审慎监管""宏观审慎管理"和"宏观审慎政策"三者的概念之争。可以认为，概念之争，表象是文字表述之争，实质上是认识、立场和主张之争，背后的根本逻辑机制在于，微观审慎监管应以何种方式纳入宏观因素，以及应以何种方式与货币政策和宏观审慎对接，也在于非系统性的监管方式如何适应系统性的风险变化要求。

从概念提出发展的逻辑看，微观经济学与宏观经济学有着某种类比[①]，但微观与宏观的划分本身在理论上又存在着多种争议。因此，国际上最初并没有使用宏观审慎这个概念。"宏观审慎"的提法是随着人们对微观审慎不足和系统性风险危害的认识不断发展而来，几经调整才最终确定下来。

（二）概念之争的逻辑

在宏观审慎提出的早期阶段，监管者立足于改进微观审慎之不足，引入宏观审慎因素，将宏观审慎视为与微观审慎相对应的监管手段并加以强化，逐渐形成了"宏观审慎监管"的提法和认识。"宏观审慎监管"（Macroprudential Supervision）概念的倡导者认为，可以通过引入宏观审慎

---

① 宏观经济学的产生源于凯恩斯革命，所关注的是整个经济的结构、表现和行为，宏观经济学家的主要任务就是分析并理解那些主要经济总趋势的决定因素，涉及商品和劳务的总产量、失业率、通货膨胀率和国际收支差额。宏观经济学研究的主要目的，就在于尽可能全面系统地理解经济的运行方式、经济对特定的经济政策的反应方式，以及可能造成经济不稳定的、来自需求和供给两方面的各种外来冲击。

视角，扩大监管覆盖面，推动微观审慎监管（Microprudential Supervision）的"宏观审慎化"，从而达到弥补微观审慎监管非系统性缺陷之目的。同时他们也不认为"宏观审慎监管"是一种独立的监管手段或政策措施，而更多的是一种全局性视角和理念。因此，在提法上，微观审慎监管者往往将"宏观审慎监管"与"微观审慎监管"相对应。由此来看，从"宏观审慎"到"宏观审慎监管"概念的演变，更多地体现了监管立场和监管视角的变化。

有趣的是，危机的愈演愈烈最终推动着人们的认识不断深入，乃至几经反转。在危机应对过程中，随着风险的变化，各方开始逐渐将宏观审慎视为维护金融稳定的重要手段，并在与货币政策、财政政策等传统政策反复比较的过程中，从宏观经济政策立场出发，形成了"宏观审慎管理"（Macroprudential Management）和"宏观审慎政策"（Macroprudential Policy）的提法。在很多语境和场景下，"宏观审慎管理"是"宏观审慎政策"的具体化，是制定政策并实施政策的总称。概念上，"宏观审慎管理"与监管行为相对应，"宏观审慎政策"与政策体系相对应，二者提法不同，但含义相同，故而经常混用。

现在看来，"宏观审慎政策"和"宏观审慎管理"概念的进一步强化，是人们应对危机和防控系统性风险认识与探索不断深化的结果。后来，进而演变成为维护金融稳定的政策体系，并主张立足于宏观调控视角和立场，除了强调弥补微观审慎监管之不足外，还要侧重于发挥宏观审慎在防范系统性风险、维护金融稳定方面的优势和作用。

（三）"宏观审慎"渐成共识

研究表明，与"宏观审慎监管"（Macroprudential Supervision）相比，"宏观审慎政策"（Macroprudential Policy）意味着新的监管机构有着广泛、但看起来不那么具体的职责（G30，2010）。不仅如此，宏观审慎政策还被视为一个包括政策目标、评估、工具、传导机制与治理架构等一系列组合的总称，与货币政策并列，而监管只是这一框架中涉及具体执行的一个环节。因此，宏观审慎政策的内涵要远大于一般意义上的监管，"宏观审慎监管"的表述并不准确和全面（李波，2016）。

从监管广视角来看，无论是风险识别，还是整个金融市场的全面监管，乃至对新监管体制变化和金融机构的评估，这些都属于监督的总体范畴。这些范畴会对监管带来影响，但其本身却不一定意味着监管权力（Volcker，2010），也与微观审慎监管有别。正因为此，采用"宏观审慎政策"的提法更能涵盖和体现上述范畴。

实践表明，宏观审慎既是一种监管理念，也是一种监管视角，更是一种政策体系。宏观审慎政策既不是单纯的监管或管理，也不单纯是一种宏观政策，其本身包含着规制（Regulation）和监管（Supervision）两方面含义[①]，前者是规则、标准和制度要求，属于规则范畴；后者是实施这些规则、标准和要求的方式和手段，属于行为范畴。

时至今日，围绕三者的概念之争日渐明朗，国际上普遍使用"Macroprudential Policy"这一表述，各方也更加倾向于"宏观审慎政策"的提法，并在日常操作中更多地将"宏观审慎政策"与"宏观审慎管理"等同起来，将宏观审慎政策视为与货币政策、财政政策等并行的"第三种"调控政策（Blanchard，2013a、2013b）。当前，有一点已经确定，也即无论宏观审慎采用何种表述，都需要采取一种不仅仅关注特定市场和特定机构的监管视角和监管方法（Volcker，2010）。

图2-3　从宏观审慎到宏观审慎政策

## 三、宏观审慎"崛起"的逻辑

从发生发展的逻辑来看，宏观审慎因危机而生而兴，旨在防范系统性金融风险，克服微观审慎监管之不足，同时又在危机救助中与中央银行职能角色的转变互相呼应，并与传统货币政策框架的转型、监管的升级一道成为各国金融监管改革中最为亮丽的风景线。

---

① Jacques de Larosière在2009年《欧盟金融监管高层报告》中区分了金融"规制"与"监管"的概念。

（一）对危机的再反思

回头来看，对2008年金融危机的深刻反思，这是宏观审慎提出的最大逻辑。反思是一种良好的品质，能够为我们不断前行提供永恒的动力。而在危机反思的过程中，特别值得注意的是，2009年5月，美国国会组建的"美国金融与经济危机起因调查委员会"[①]发布的《金融危机调查报告》（*Financial Crisis Inquiry Report*），深刻反思了金融危机，主要结论是：监管上，金融规制与监管失败是国家金融稳定的破坏源；主体上，系统重要性金融机构（SIFIs）风险管理缺陷是危机的重要原因；金融行为上，过度借贷、高风险投资和透明度缺失将金融体系推向了危机；处置上，政府危机应对准备不足、管控政策前后不一致增加了金融市场的不稳定性和恐慌。这一反思颇具代表性，其中金融监管存在系统性缺陷的结论尤为引人注目，分析的结果实际上也最终指向了宏观审慎[②]。

其他方面，河合正弘和迈克尔·波默里诺（2008）从金融监管缺陷、货币政策在控制金融不平衡方面的失误及脆弱的全球金融架构三方面分析了危机原因，间接地说明了正是宏观审慎政策的缺失导致了危机发生。Lo（2009）也认为，全球金融危机表明，仅仅依赖微观审慎监管不足以维护金融稳定和经济增长，因为微观审慎监管将经济波动视为外生风险，而忽视了金融机构行为本身的系统性内涵。沃尔克（2010）从危机产生的原因入手提出了宏观审慎的逻辑，他认为[③]，金融危机表明，以特定机构和特定市场为重点的监管方法未能或未能充分意识到新市场和新融资技术快速增长的变化，这些技术计算过程复杂、缺乏透明度，对整个金融体系的安全和稳定产生了严重的影响。因为复杂技术和定量模型支撑下的证券化和金融衍生过程拉长了债务和风险链条，使得参与者相互依赖日趋紧密，风险交叉感染日益

---

① 该委员会是依据2009年5月国会批准、由总统签发生效的《反欺诈执法和复苏法案》（公法111–21）成立，由10名在住房、经济、金融、市场监管、银行和消费者保护等领域具有丰富经验的委员组成，6位由国会民主党指派，另外4名由共和党指派。委员会成立的目的是，"调查现阶段美国金融和经济危机的成因"。

② 更多分析结论，可以参见美国金融与经济危机起因调查委员会：《金融危机调查报告：美国金融与经济危机起因调查委员会最终报告》，社会科学文献出版社，2013年3月。

③ 参见2010年9月保罗·A.沃尔克（Paul A.Volcker）关于"维护全球金融市场稳定"的演讲。

加剧，并成为系统性风险的潜在重要来源。

实际上，危机的复杂过程表明，即便识别到这些风险，各国之间或国际层面也缺乏充分的监管工具和方法来解决潜在的风险问题。特别对于监管当局而言，2008年危机前的一段时期，宏观审慎职责的承担主体实际上长期缺位，没有哪个或哪几个机构被认为有明确责任监督整个金融体系，这也是这次危机带给人们的最主要启示之一。

目前，仔细梳理各方面对危机的反思，我们至少能够得到以下三点认识。其一，正是由于缺乏从宏观、逆周期的视角采取有效措施，忽视了风险的跨市场跨行业传播，从而导致了金融体系和市场剧烈波动，这也成为触发危机的重要原因（李波，2016）。其二，微观审慎监管体系下存在着"对系统性风险监管缺失"和"对顺周期无能为力"两大盲点（巴曙松等，2010），正是这些盲点造成了系统性风险积累和金融危机爆发，而实践表明宏观审慎政策则能有效地弥补这些盲点。其三，在货币政策与微观审慎监管之间，存在着系统性风险防范的职能空白，而传统政策却无法解决这些缺陷和空白，亟须从宏观和整体的角度来观察和评估。于是，多重因素叠加之下，宏观审慎的呼之欲出就自然而然。

（二）对系统性风险的再认识

对宏观审慎进行理解，本质上必然涉及如何看待系统性风险的问题。系统性风险（Systemic Risk）是宏观审慎提出的逻辑起点，宏观审慎政策以应对和防范系统性风险为当然目标。

从宽泛的描述性定义来看，系统性风险又称全局性金融风险，是指波及全局的、系统性的金融动荡或导致金融体系陷入支付危机、货币贬值危机以及广大投资者信心丧失的金融风险。它通常涉及整个金融体系，且不能通过资产多样化来分散和回避，是一种不可分散风险。

危机前，系统性风险一般只是作为政策的一个关注点而非主要目标。很多情况下，人们往往将系统性风险视为外部随机冲击的结果。格林斯潘（Alan Greenspan）也认为系统性风险是异质非理性行为（如欺诈）的产物。因而一段时间以来，人们对于危机根源的反思往往倾向于货币错配、期限错配等，从而也就认为无须将系统性风险纳入监管范围。

尽管如此，也并不代表人们并不关注或不了解系统性风险。实际上，欧洲央行（ECB，2000）很早就对系统性风险做了一定的基础研究[①]。BIS（2001，2009）等也对系统性风险的定义和防范进行了深入分析，并率先区分了系统性风险产生的时间维度和空间维度。本次危机的爆发蔓延，进一步突出了系统性风险防范的重要性。作为一种政策响应，危机以来，美联储（Bernanke，2008）、英格兰银行（2009）、IMF（2010）等监管当局和国际组织普遍加强了对系统性风险的研究和应对。

事实上，系统性风险极强的传染性和破坏性，以及它所掀起的金融海啸也使得人们对此不可能视而不见。危机以来，经过长期的痛苦挣扎，各方对于系统性金融风险的认识上升到了一个更高层次。目前，在大量研究的基础上，共识性的观点是，系统性金融风险是金融系统局部或整体功能受损从而导致整个金融服务中断的风险（IMF、BIS和FSB，2009），该风险会对实体经济带来严重的负面冲击，通常表现为大量金融机构违约导致金融体系在整体范围内运转失灵（IMF，2009）。诱发因素方面，系统性金融风险产生有其内在条件和外在因素，其中集中度、关联性和流动性是内生条件，外部市场环境则是风险的触发条件。另外，还有研究总结了系统性风险发生发展的来源及阶段性规律（赵净等，2014）[②]，丰富了人们对于系统性风险的认知。

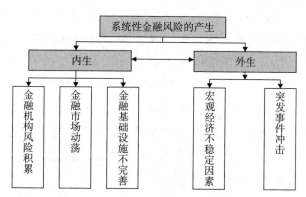

资料来源：《中国金融稳定报告（2008）》，中国金融出版社。

**图2-4 系统性金融风险的产生途径**

① 如，De Bandt, O and Hartmann, P（2000），Systemic Risk: A Survey, ECB Working Paper No.35.

② 更多分析参见赵净，王宇哲，张明等."开放经济体面临的三类系统性风险：文献综述"，社科院世经政所网站，2014年6月9日。具体而言，三类系统性风险包括：私人部门导致的系统性风险，主要是金融脆弱性；公共部门的系统性风险，主要是高主权债务；对外部门的系统性风险。

归结来看，系统性风险之所以成为宏观审慎政策的主要目标，除了该风险本身所具有的巨大破坏性外，还在于金融市场自身无法或无意克服系统性风险的固有特点，以及其他政策面对系统性风险时的无效无力。

其一，按照外部性理论，市场主体往往着眼于其自身利益的最大化，而不会主动限制自己的冒险行为以减少对其他机构的风险传导，更不会把整个金融体系的利益作为自己的行为目标，这就使得个体稳健与整体不稳健的"合成谬误"（Fallacy of Composition）[①]成为常态。其二，金融市场效率和市场公平所具有的公共产品属性，使得市场上"搭便车"（Free Rider）行为普遍存在。通常，市场主体本能上想尽可能充分利用金融市场提供的资源和便利，实现自我利益和市场效率的最大化，但却没有足够动力降低和内化风险成本。其三，从国际范围看，许多危机的发生都带有明显的周期性，但大多市场参与者实质上不具有金融危机冲击的经历。在经济运行良好时期，市场上"乐观情绪"蔓延，市场参与者就会大大低估系统性风险发生的可能性，但却不会敏锐地意识到风险的巨大冲击和危害，从而狂热的投机心理推动风险泡沫越吹越大。其四，从政策属性和特点来看，微观审慎具有难以防范系统性风险的先天不足；货币政策以价格稳定为核心，其本身难以兼顾系统性风险；财政政策存在显著的滞后性，本身又不以防范系统性风险为目标，也极易引发道德风险。这样一来，就出现了系统性风险防范的空白。于是，在人们的呼唤中，着眼于系统性风险目标的宏观审慎就走到了历史的前台。

目前，无论人们对于系统性风险的概念采取何种表述，趋同性的认识均指向了系统性风险所具有的冲击和影响（IMF，2013）。不仅如此，关于系统性风险来源、形成等方面时间与空间"二元维度"的划分也已成为普遍认识。而尤为重要的是，系统性风险的巨大危害让人们意识到，只有采取更具系统性的金融监管方式方为进退之道。

（三）对传统监管的再审视

20世纪80年代以来，主张新自由主义的"华盛顿共识"（the Washington

---

[①] 合成谬误（Fallacy of Composition）由萨缪尔森提出，是指微观主体最优行为的加总，在宏观上并不一定是最优的。结论就是，微观的推理也许会导致宏观上的错误结论，即使这种推理貌似适合微观层面的目标。

Consensus）[①]（John Williamson，1989）成为各国的主流思潮。受其影响，所谓"最少的监管就是最好的监管"一度甚嚣尘上，迅猛发展的金融创新也模糊了传统金融行业的界线，并引发了不同国家、不同行业的"监管竞次"（Race to the bottom）[②]和"监管俘获"。

从那以后，特别是自1997年巴塞尔委员会（BCBS）发布《有效银行监管的核心原则》（*Core Principles for Effective Banking Supervision*）以来，金融监管的主要研究和政策方向多集中于微观审慎监管方面[③]，其内在的假定是，单一个体的安全稳健能够确保金融体系的整体稳定（Lehar，2005；Brunnermeier，2009）。而在当时，传统货币政策框架也认为，实现了物价稳定，就实现了经济金融稳定，因而货币政策对资产价格波动和金融风险要么关注不多，要么无力关注。

2008年国际金融危机的爆发表明，自由放任的金融监管理念并不完全成立，货币政策所说的物价稳定等于金融稳定也与实际情况很不相符。实际上，较为常见的情况是，物价稳定的同时，金融资产价格大幅波动，金融不稳定性增加，最终反而使得物价稳定成为一种奢望。危机以来，轻触式监管（Light Touch Regulation）[④]下金融体系的脆弱性明显超过了微观层面的风险管理能力和宏观层面的监管能力界限，这被认为是危机爆发的重要原因（徐忠，2017）。面对危机的巨大冲击和危机应对的现实需要，各方面普遍对轻触式监管和传统货币政策框架进行了反思和修正，宏观审慎管理的重要性逐渐成为共识，人们对中央银行与金融稳定的关系也有了新的认识。

---

① 1989年，约翰·威廉姆森（John Williamson）在华盛顿为拉美主要经济决策者召集的一场会议上，就拉美经济改革提出建议。会议上，他发现，对于拉美如何进行改革，包括世界银行、IMF、拉美各国决策者和美国政府不同经济部门给出的建议几乎趋同。威廉姆森把这一改革议程称为"华盛顿共识"。后来这一术语很快流行开来，而且有了生命力，反映了一种要把拉美经济体从政府监管的桎梏中解放出来的冲动。不仅如此，"华盛顿共识"还提出了一种普适药方，包括了稳定化、私有化、自由化三方面特征要求，它假定发展中国家都很相似，都受类似病症的困扰。后来，"华盛顿共识"也因为上述药方而备受指责，它试图把发展中国家变成自由市场经济的教科书范例，而却忽视了市场经济深层的制度基础。

② 即各监管主体竞相采取降低监管要求的方式以追求本国金融机构的相对竞争优势。

③ 也有说法认为，巴塞尔核心原则并没有明确区分微观审慎和宏观审慎政策。

④ 即在有效市场假说和理性人假定的支配下，认为市场能够自发地通过自身调整和优化来化解风险，而不需要政府等外力干预，并主张"最少的监管就是最好的监管"。

追根溯源，宏观审慎政策之所以重要，恰恰在于其能够弥补原有金融管理体制上的重大缺陷（李波，2016）。沿着这一逻辑认识，一段时期以来，各方对金融监管的必要性有两种分析路径。第一种，在新古典经济学（Neo-classical economics）分析框架①下引入外部性和信息不对称，认为外部性、信息不对称和竞争不足造成了市场失灵，而政府监管能够纠正市场失灵。巴塞尔委员会（BCBS，2010a、2010b）的研究也表明，将资本充足率提高1%并满足流动性风险监管要求，银行危机的可能性将从20年一遇下降为40年一遇，由此避免的损失为GDP的1.4%。由此可见，加强金融监管能够改进金融福利。第二种，借助行为金融学的分析方法和视角②，一方面引入心理学关于认知和偏好的研究，说明个体行为不一定满足经济人假设；另一方面研究套利不充分使证券价格达不到理性均衡水平，从而说明有效市场假说不一定成立（Barberis and Thaler，2003）。于是，两方面叠加，加强监管就是自然结论。

既然货币政策和微观审慎监管对于防范系统性风险要么无力无效，要么鞭长莫及，那么就必须寻找以系统性风险为目标的政策新选项和新视角。也正是在这种情况下，宏观审慎因其所具有的整体视角和系统性风险防范优势，成为各国政策优先考虑的范畴。

（四）金融市场"负向叠加"效应与央行救助

通常，金融具有明显的顺周期性。但大部分情况下，价格大幅波动又并非金融市场的常态。相反，很多时候，金融机构稳健运行、物价稳定、经济增长，金融资产价格保持稳定，金融市场风平浪静，并不存在显著的风险波动。但一旦影响市场信心的"黑天鹅事件"（Black Swan Event）③发生，市

---

① 20世纪70年代期间，新古典宏观经济学从货币主义经济学演化出来。新古典学派框架包括三个假说，即理性预期假说、持续市场出清假说和总供给假说。新古典方法通常被当作小罗伯特·卢卡斯成果的代名词，另外一些主要的代表人物包括托马斯·萨金特、罗伯特·巴罗以及爱德华·普雷斯科特和尼尔·华莱士等。

② 行为金融学研究个体行为的非理性以及市场的非有效性。

③ 自纳西姆·尼古拉斯·塔勒布（Nassimilate Nicholas Taleb）的《黑天鹅：如何应对不可预知的未来》（*The Black Swan: The Impact of the Hightly Improbable*）出版以来，"黑天鹅"的概念就广为流传。"黑天鹅事件"是指低概率一旦发生又会产生巨大冲击的事件。后来，人们又提出了"白天鹅式危机"，即高概率、影响小的事件。

场就会发生急剧反转。

不仅如此，随着金融市场波动加大，市场信心更加不足，在明斯基和金德尔伯格提出的"乐队车效应"（Bandwagon Effect）[1]推动下，跟风行为导致的市场抛售加剧，市场恐慌演变为更加剧烈的价格崩溃，金融机构资产价格急剧下跌，金融资产急剧缩水，市场流动性出现枯竭，货币和金融的波动进而影响实体经济，并产生实体部门和虚拟经济的正反馈（Positive Feedback）影响，金融危机开始演变为经济危机，这就是金融市场的"负向叠加"效应，且与羊群效应、"追高杀跌"等行为在金融市场客观存在[2]。另外，从投资者角度，现代金融市场上，机构投资人有相似的投资策略、相似的定价模型、相似的投资组合、相似的风险管理政策（止损要求），从而客观上发生"共振"的可能性很大，这也会引起金融市场大幅波动（吴晓灵，2007）[3]。

金融市场"负向叠加"效应和"共振"的客观存在，使经济受到系统性危机冲击并陷入衰退时，金融机构发生挤兑的可能性大大增加，并使金融市场的流动性迅速枯竭，金融体系功能受到严重损害。面对这种情况，存在着危机应对的黄金二十四小时，此时越及时果断救助，政策效果就越好（Carlson, et al., 2015）。但由于微观审慎监管和货币政策对于这种市场现象往往无能为力，从而就要求中央银行该出手时则出手。

本次危机的惨痛教训也表明，在危机前，事实上并没有任何一家机构以整体金融稳定视角，采用宏观审慎政策来真正负责系统性风险防范（陆磊，2016）。各国的实践也揭示出一个明显的事实，那就是正是由于中央银行没有掌握足够的监管信息，且无法在事前有效介入，也无法在事后及时开展救助，从而很大程度上导致了危机局面的进一步恶化。

综观各国中央银行在本次危机中的表现，就会发现，作为"最后贷款

---

[1] 该效应描述了金融市场集体行为的非理性导致的过度投机对资产价格的影响。当经济繁荣推动股价上升时，幼稚的投资者开始涌向价格的"乐队车"，促使市场行情飙升，直至股票价格上升到无法用基础经济因素来解释的水平，此时股市预期就会发生逆转，价格崩溃。

[2] 科学家牛顿在南海股票上投机输惨时曾感言，"我能精确计算天体的运动，却不能计算人类的疯狂"，这反映了人们非理性行为的难以计量性。

[3] 吴晓灵，"次贷危机引发的金融稳定思考"，2007年12月，人民银行学术讲座。

人"的中央银行，拥有传统流动性工具并能够灵活进行政策创新，且决策过程更加顺畅，因而在危机救助中有着天然的优势（Fischer，2016），很好地发挥了稳定市场的作用，美国央行在危机中的作用就很好地说明了这一点。在本轮危机发生早期，随着次贷危机的恶化，美联储除了通过传统贴现窗口为金融机构提供流动性支持外，还创新了大量政策工具向不同市场参与者提供流动性支持，并果断协调市场或直接参与系统重要性金融机构（SIFIs）救助，最终成功消除了市场恐慌情绪（Domanski，et al.，2014）。

总之，正反两方面的逻辑表明，既然金融市场的"负向叠加"和"共振"总会发生，各方也总会要求中央银行承担危机救助职责，中央银行本身又具有最后贷款人的天然优势，那么赋予中央银行宏观审慎管理职责不仅必要，而且必然。

## 第二节　宏观审慎的广角度

回首2008年危机以来走过的十二载，我们从中汲取的最为重要的教训或许是，金融危机属于"罕见"的复杂事件，需要且只有通过综合运用宏观审慎、货币政策、财政政策和金融监管等多种政策方能加以应对（Blanchard、Summers，2018）。同时，在负重前行的过程中，我们也深切地认识到，宏观审慎是个变化中的综合性概念，有着丰富的弹性和内涵边界，需要在动态中不断拓展其内核和外延。而这一切的前提，都需要我们拥有一个更加宽广的思考视角。

### 一、"二元"维度

从危机以来的金融监管实践来看，各国监管改革体现出一个显著的特征，那就是，各方面基本上认为金融监管框架应体现"二元维度"的要求，即金融监管应由"宏观审慎"与"微观审慎"两部分组成，离开其中任何一方都难以确保金融稳定目标的实现。其中，前者关注金融系统与宏观经济的联系性以及金融系统内部风险暴露的相互关联，目标是防范系统性风险；后者关注的是单个金融机构的风险性，目标是避免单个金融机构倒闭对存款人等消费者利益产生冲击和影响。

一段时期以来，各方对于宏观审慎的研究，也基本上沿袭了上述"二元维度"的划分方法，主要从宏观审慎与微观审慎的区别与联系展开。例如，BIS（2001）、Borio（2003）等认为，"宏观审慎"与"微观审慎"代表了两种政策视角，宏观审慎政策主要通过应对系统性风险来维护金融稳定，而微观审慎监管则主要防范单个金融机构的风险，并不过多考虑对整体经济的影响。换言之，宏观审慎主要关注金融体系的宏观层面，而微观审慎则主要考虑单一金融主体的微观行为。

进一步来看，微观审慎认为，如果单家金融机构实现了稳健经营，则作为集合总体的金融体系应该是稳定的，因而金融监管只需关注如何实现微观层面的稳健运行。与此相对，宏观审慎认为，系统性风险产生的成本不可能通过单个机构的风险管理内生化，单个金融机构不倒闭并不能保证整个金融市场和金融体系不出问题。因而，监管当局有必要从经济活动、金融市场以及金融机构行为之间相互关联的角度，即从系统上评估金融体系风险，并在此基础上健全金融制度设计、做出政策响应。一言以蔽之，宏观审慎不仅要求在更广阔的范畴上对其中的相关内容进行讨论，而且其目标的实现更需要其他宏观经济政策的配合（Caruana，2011）。

危机以来，对宏观审慎的认识引领着实践的探索，而危机的应对又更加深化了人们对于宏观审慎的认知程度。目前，在比较的基础上，各方的观点逐渐趋于收敛，趋势性的看法是，与系统性风险的两个维度相对应，宏观审慎也涉及两个维度，一个是时间维度上的整体状态，另一个是截面维度上的网络稳定程度（Crockett，2000）。换言之，宏观审慎政策旨在解决两个维度范围的风险：一是风险的时间演进，即时间维度；二是给定时点上风险在金融体系中的分布，即跨行业维度（FSB，2011a）。

表2-1　宏观审慎与微观审慎之区别与联系

| | 宏观审慎 | 微观审慎 |
|---|---|---|
| 直接目的 | 防范系统性风险爆发 | 防范单个金融机构危机爆发 |
| 最终目标 | 避免造成宏观经济损失 | 保护消费者（投资者、存款人） |
| 风险性质 | 内生 | 外生 |

|  | 宏观审慎 | 微观审慎 |
|---|---|---|
| 金融机构之间的相关性与共同风险暴露的关系 | 这种联系存在，且需要重视 | 金融机构间的共同风险暴露被认为没有联系 |
| 审慎控制的衡量标准 | 以整个系统范围为单位实行自上而下的衡量方法 | 以单个金融机构为单位实行自下而上的衡量方法 |

资料来源：Borio（2003）。

## 二、多重内涵

宏观审慎因危机而兴，其内涵也在危机应对的曲折过程中不断拓展。在危机爆发的初期，宏观审慎的内涵更多地与危机暴露出的问题联系在一起，并逐步与系统性风险相对接。如BIS（2009）将"宏观审慎"与危机中"大而不能倒"、顺周期性、监管不足和标准不高等问题相关联，主要关注顺周期和风险交叉感染。G20（2010）则将"宏观审慎政策"定义为，防范系统性金融风险、避免实体经济遭受冲击的措施。此后，随着实践的沉淀和认识的累积，主流的主张均认为宏观审慎旨在降低系统性风险（Knight，2006；IMF，2011a；FSB、IMF、BIS，2011a），并将宏观审慎的内涵更多地与系统性风险联系在一起。

随着实践的深入，人们对于宏观审慎内涵的理解更加深入。代表性的如，FSB、IMF和BIS（2011a）认为，宏观审慎政策主要运用审慎工具来防范系统性或系统范围的金融风险，由此防止可能对实体经济造成危害的关键金融服务领域的动荡[①]。这一颇具总结性的阐述实质上包含着宏观审慎政策的多层内涵：目的层面，维护金融稳定和防范系统性风险是其责任；范围层面，包括整个金融体系及其与实体经济的相互作用；工具层面，包括传统审慎工具和宏观审慎工具等。

2011年，FSB、IMF和BIS（2011b）在联合提交给G20的一份总结报告[②]

---

[①] 2011年2月14日，为落实G20首尔峰会呼吁要求，FSB向G20财长和央行行长提交了名为《宏观审慎工具和框架》报告，总结了国际和各国层面有关宏观审慎政策框架的工作进展。

[②] 2011年10月27日，FSB、IMF、BIS根据G20要求在2011年初《宏观审慎工具和框架》报告基础上，向G20提交了《关于宏观审慎工具和框架的最新进展报告》。

中，首次概括性地对宏观审慎政策的内涵进行了整合，认为宏观审慎政策应至少包括三方面内容，即目标是防范系统性金融风险，实施范围包括整个金融体系，主要运用审慎性政策工具，也可运用非审慎性工具，但工具的使用应以系统性风险防范为目标。2016年8月，IMF、FSB和BIS又联合发布了《有效宏观审慎政策要素：国际经验与教训》报告，进一步正式明确了宏观审慎政策的内涵，即旨在减缓由金融体系顺周期波动和跨机构、跨市场的风险传播对宏观经济和金融稳定造成的冲击，目的是防范系统性风险，维护货币和金融体系的整体稳定。这一系列富于现实意义的阐述表明，随着经验的积累，各方对宏观审慎内涵的认识已趋于成熟。

时至今日，随着认识的深入和实践的推进，宏观审慎已逐渐成为各国弥补监管缺陷、加强金融监管改革的核心内容之一，其内涵更加密切地与各国的实际结合在一起，并尤其体现为如下四个方面的认识。

第一，宏观审慎政策是与微观审慎监管相对应的监管手段和方法，主要以防范系统性金融风险为初衷（Crockett，2000；FSB、IMF、BIS，2011b；IMF，2013）。它将金融体系视作一个整体，通过定量定性分析以及早期预警、宏观压力测试等手段，研究金融体系与宏观经济的联系以及金融体系内部的相互关联性，从而监测评估金融体系的脆弱性（CGFS，2010），识别金融风险在金融体系的跨行业、跨市场分布状况以及金融体系顺周期性对金融风险的放大，并有针对性地对监管准则、标准或指标进行调整，以维护金融稳定并确保经济平稳发展。

第二，宏观审慎政策包含多层次要求，既要针对系统性风险监测、识别和防范制定规则标准，也要为实施这些规则标准设计相关的制度安排、机制和监管要求，以保证政策当局所制定的政策标准能够得到有效执行。

第三，宏观审慎政策融合了金融管理和金融监管[①]，在目标上具有宏观系统性，在政策措施上具有微观审慎性（马新彬，2015），实施上既要考虑标准的恰当性，还要考虑确保金融机构遵循这些标准。

---

[①] 金融管理（Regulation）指规定金融机构行为的法规和标准，金融监管（Supervision）指对于法规的执行及设计制度确保其被正确执行。

第四，视角上，宏观审慎政策将金融体系作为一个整体来管理，通过监测、评估和采取相应政策工具来控制和舒缓系统性金融风险，确保金融体系有能力抵御宏观经济冲击并阻止金融风险向实体经济溢出（IMF、BIS、FSB，2009）。

## 三、多层次目标

宏观审慎是一个动态的概念，在发展过程中逐渐确立了以系统性风险为核心的多层目标体系。事实上，早在本次危机之前，Borio（2003）就在其开创性的研究中对宏观审慎的目标进行了详细界定，认为宏观审慎侧重于防范系统性金融风险，并以此来避免金融危机对宏观经济造成破坏。危机以来，随着认识和实践的深入，宏观审慎的目标更加明确，即旨在阻止或降低单个银行引发的系统性风险，以及这种风险给金融体系带来的负外部性（Perotti and Suarez，2009），同时被认为可用来限制那些带来严重宏观经济损失的系统性风险（Borio and Drehmann，2009）。

随着时间的推移，宏观审慎的目标更加清晰明确，BIS在2017年发布的《宏观审慎政策框架、实施及与其他政策的关系》报告中就曾直言不讳地总结道，宏观审慎政策的首要目标是预防金融风险、维护金融稳定，而不是在风险出现时进行管理。

直至今日，宏观审慎政策的主要目标更加聚集，收敛性的认识是，聚焦于时间维度和空间维度的具体目标（IMF，2011a；FSB、IMF和BIS，2011），旨在监测和防范系统性风险，更多地关注金融不稳定对金融体系和宏观经济的冲击和影响，主要特征是建立更强、体现逆周期性的政策体系（周小川，2011）。并且，围绕主要目标，又包括若干关联的子目标，如时间维度上提高金融体系对系统性冲击的承受力、降低整个金融体系的脆弱性，空间维度上降低金融系统因交叉性和"大而不能倒"所带来的结构性脆弱等（IMF，2013a）。

从目标的层次来看，宏观审慎政策的目标又可以划分为最终目标、直接目标和操作目标。目前，较为明确的是，宏观审慎政策的最终目标是维护金融稳定，避免或减少由于金融不稳定造成的宏观经济成本（BIS、G20 et al.，2011）；直接目标是防范和应对系统性风险，只不过不同研究在强调系统风

险的来源上有所差别。在这方面比较有代表性的是，Borio（2003）在Crockett
（2000）的基础上对宏观审慎与微观审慎目标所进行的详细区分，提出宏观
审慎的直接目标是防范金融系统的系统性风险，最终目标是避免金融体系的
风险给实体经济带来破坏[①]。法国中央银行原副行长让·皮尔·拉多（Jean
Pierre Landau，2010）也提出，宏观审慎的主要目标是应对系统性风险，即
针对整个金融体系而不是单个金融机构，从而增强金融体系的稳健性[②]，同
时宏观审慎当局应警惕机构与市场间的相互关联，并将之视为一个整体来评
估其稳健性。

显而易见，无论人们对于宏观审慎目标的层次划分持有何种观点，核心
的认识都指向了系统性风险的防范。也即，换言之，在危机上升和经济萧条
期间积极发挥逆周期调节和补偿作用（Brunnermeier et al.，2009）。

另外，在政策实践的整个过程中，各方还在积极寻找宏观审慎政策的
操作目标[③]。如Caruana（2010）将宏观审慎的目标描述为"通过处理金融机
构共同暴露及其与金融周期的相互联系以降低系统性风险"，体现了目标的
可操作性。英格兰银行（BOE，2009）也认为，宏观审慎应着眼于通过金融
中介服务的稳定性，如支付系统、信贷中介、风险保险来保持经济的健康运
行，避免金融危机期间信贷和流动性供给失衡所带来的循环动荡周期，同时
宏观审慎政策不应被作为抑制泡沫和不平衡的工具，因为泡沫的生成很多时
候与银行的信贷供给并非紧密相关。此外，Caruana（2011）、Shim（2007）
等还强调了金融失衡与金融周期波动作为宏观审慎操作目标的重要性。

---

[①] 微观审慎的直接目标是防范单个金融机构的破产风险，最终目标主要着眼于对投资人或存款
者保护。

[②] 2010年9月，芝加哥联邦储备银行与IMF联合举办了第十三届银行业年度国际研讨会
（International Banking Conference），主题为"宏观审慎监管政策：通向金融稳定的新道路"。
让·皮尔·拉多在会上作了关于"宏观审慎政策——对中央银行的再认识"的演讲。

[③] The operational objectives of existing macroprudential frameworks have been to strengthen the
resilience of financial systems and dampen the financial booms and busts at the heart of much of the financial
instability seen historically. For more details, see FSB–IMF–BIS（2011a、b，2016）.

表2-2 维护金融稳定的政策目标及工具

| 政策 | 目标 | 工具举例 |
|---|---|---|
| 微观审慎政策 | 防范单个机构风险 | 资本质量或数量要求，杠杆率 |
| 宏观审慎政策 | 防范系统性风险 | 逆周期资本缓冲 |
| 货币政策 | 价格稳定 | 政策利率、standard repos |
| | 流动性管理 | 基准利率、policy corridors |
| | 消除金融失衡 | 外汇储备缓冲、存款要求 |
| 财政政策 | 总需求管理 | 税收、自动稳定器、逆周期措施 |
| | 财政缓冲 | 降低债务水平政策、征收金融特定税 |
| 资本管制 | 降低系统性资本错配 | 外汇资产类型管制、外汇 |
| 基础设施政策 | 加强金融体系基础设施抗系统性风险能力 | Move derivative trading on exchanges |

资料来源：FSB、IMF、BIS（2011）and Gabriele and Richhild Moessner（2011）。

总而言之，完善的宏观审慎政策框架一个显著的特征就是平衡、协调系统性风险防范中各方政策和市场力量，在统一的政策框架下实现金融稳定目标。在此过程中，既要避免单个部门或单项政策的"超调效应"，在缓解某领域风险的同时又制造其他风险，或在化解一种不确定的同时又制造新的不确定，又要防止加强金融监管的同时制造了新的监管真空。也正是以系统性风险防范为核心目标，在应对危机的过程之中，人们不断将各类工具补充到宏观审慎框架中，将宏观审慎政策逐渐升级为限制系统性风险的政策体系（FSB、IMF、BIS，2011；IMF，2013）。

## 四、职能与定位

通常，某种政策的职能定位往往涉及该类政策"是什么"、能够"做什么"以及"怎样做"等一系列复杂问题。目前，各方对于宏观审慎政策是属于一种独立的政策，还只是引入了系统性视角的监管政策延伸，仍存在着不少争论。可以认为，关于宏观审慎政策定位的争论，既涉及各方对于宏观审慎的认识问题，实质上也反映了人们对于宏观审慎与微观审慎、货币政策等功能划分的分歧。

当前，对于宏观审慎政策的定位之争，又可概括称为"措施论"与"政策论"之争。其中，"措施论"认为，宏观审慎只是微观审慎框架引入系统性分析视角和针对系统性风险的工具措施（CGFS，2010），本质上是一种特定的政策工具[①]。同时认为，宏观审慎政策本身并不具备完整的理论和政策体系，而更多是危机应对措施的组合，其本身的理论和实践均有待深入，政策效果也存在着较大的不确定性。

与此相对，"政策论"认为，宏观审慎是一种与货币政策、财政政策并行独立的政策选项，三者相对独立、又互为补充（IMF，2013a），一并构成了宏观经济政策调控框架（BIS，2011）。由于货币政策本身所具有的整体性特征，难以解决结构性失衡和风险，财政政策存在着明显的时滞且受政治影响较大，所以就应发挥宏观审慎政策的系统性和逆周期调节作用（Blanchard等，2013a）。同时，维护金融稳定必须在一个责任共担的全球金融稳定框架下进行，而宏观审慎当局正是金融稳定框架的组成部门之一（Caruana，2010）[②]，主要目标是维护金融稳定、防范系统性金融风险（周小川，2011）。

实际上，宏观审慎政策本身就是各国应对危机、防范危机的最大共识。危机以来，宏观审慎已经成为各国金融监管改革的核心内容之一。在推动改革的过程中，正是鉴于对宏观审慎职能定位的差异性认识，各国金融监管改革在方向和模式选择上表现出了诸多差别。但无论持有何种立场，选择何种模式，毋庸置疑的是，宏观审慎政策并不是对现有金融监管体系的推倒重建，而更多的是从宏观审慎视角对既有监管体系的"扬弃"。

从更深远的意义上来说，宏观审慎职能定位的本质性要求在于，随着金融创新、金融市场的发展和系统性风险的不断演变，为了维护金融稳定，各国监管当局应真正树立起一种防范系统性风险的新理念、新视角和新框架，

---

[①] 参见2010年海岬金融集团欧洲区原总裁托马索·帕多阿·斯基奥帕在芝加哥联邦储备银行与IMF联合举办的第十三届银行业年度国际研讨会（International Banking Conference）上"全球宏观审慎监管"的演讲。值得一提的是，此次会议后不久，当年12月，斯基奥帕去世。此次演讲也成为他的绝唱。本书引述其观点，也同时意在表示纪念和致敬。

[②] 参见Jaime Caruana（2010）在芝加哥联邦储备银行与IMF联合举办的第十三届银行业年度国际研讨会（International Banking Conference）上"宏观审慎决策的挑战：由谁来按下哪个按钮"的演讲。

并体现适应性、动态性和前瞻性。

## 第三节　宏观审慎政策框架

　　2008年国际金融危机中，宏观审慎政策更多地被用来进行"在线修复"；危机后，宏观审慎政策则更多地被认为是降低和防范系统性风险的"良药"。令人欣喜的是，在危机应对的曲折过程中，围绕危机暴露出的问题，宏观审慎政策已经逐渐形成了包括目标内涵、风险识别、工具运用、协调机制等要素在内的完整框架。

　　我国在危机爆发初始就对宏观审慎的基本要素进行了总结，并提出了初步框架①。目前，较为明确的是，经过危机以来近十二年的沉淀，宏观审慎政策框架的内容已趋向一致，所含要素基本形成，内容包括系统性风险识别监测、政策选择、工具运用、制度安排、协调机制等，又涉及对银行资本、流动性、杠杆率、拨备（provisioning）等审慎要求，以及对系统重要性金融机构（SIFIs）的额外资本要求及会计标准、信用评级、衍生产品交易集中清算、影子银行监管②等。实践也表明，宏观审慎政策框架是一个综合性的多元体系，本身包含着丰富的内涵，除了概念、目标、工具以及如何进行评估，还涉及如何进行风险分析、如何实施政策工具、如何进行检查以及由谁来检查等一系列问题，特别是如果监测到金融机构存在着危及金融稳定的行为或漏洞，还涉及监管上要不要"长牙齿"的问题。但无论怎样，宏观审慎政策框架并非完全重建一种新的政策体系，而更多的是对现有政策的整合和融入，是危机以来风险应对措施的系统化和集成化。

---

　　① 人民银行在2010年发布的《中国金融稳定报告（2010）》中，首次开辟一章"宏观审慎管理"，专门对宏观审慎进行了分析，自此以后历年的稳定报告均将"宏观审慎"作为主要内容。2010年的金融稳定报告，将宏观审慎管理框架基本要素概括为：宏观审慎分析、宏观审慎政策选择、宏观审慎工具运用三部分。

　　② 2018年10月，金融稳定理事会（FSB）通过官网宣布，鉴于"影子银行"（Shadow Banks）容易使人们产生负面解读，今后FSB将使用"非银行金融中介"（Non-bank financial intermediation，NBFI）来代替"影子银行"这一称谓。2019年2月4日，FSB发布了最新的《2018年全球非银行金融中介监测报告》。

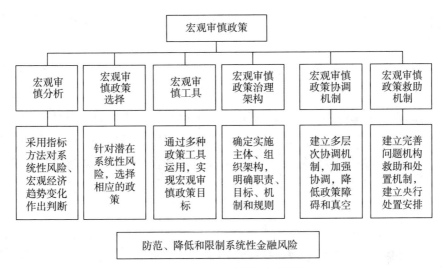

图2-5 宏观审慎政策框架及要素

## 一、宏观审慎分析

宏观审慎分析是宏观审慎政策实施的重要前提，也是宏观审慎政策治理架构有效运行之基础。所谓宏观审慎分析，即一般运用定量定性的方法，借助大量指标和工具，对金融体系和金融机构的数据信息进行筛选分析，定期对风险及经济周期变化、趋势进行跟踪判断，发现风险变化规律和风险线索，掌握系统性风险苗头，为宏观审慎决策提供有效支持。实际运行中，宏观审慎分析是一个通过建立完善的统计指标体系、研究开发风险预警指标、采用压力测试等多种监测方法，对宏观经济的周期性变化趋势及金融体系风险状况进行分析判断的全链条过程。

研究表明，在宏观审慎分析过程中，完善的指标设置、监测统计口径和监测方法选择至关重要。同时，宏观经济运行数据和金融体系风险信息的质量和可得性对于政策分析也十分关键。本轮危机也反复提醒我们，缺乏对系统性风险的准确识别与判断，也就根本谈不上政策的有效实施与危机的有效处置。因此，建立健全完善的系统性金融风险监测、分析与防控体系，对于提高宏观审慎政策的有效性和针对性至关重要。

就职责定位而言，宏观审慎政策以防范和降低系统性风险为当然任务。既然如此，为完成这一任务，就需要对系统性风险进行尽可能准确、全面的识别和评估。目前，围绕系统性风险分析监测目标，各方面形成了三个维度的认识，又可称之为宏观审慎分析的"三大定律"。

定律一，应通过设定一系列风险预警指标来评估金融系统的脆弱性。如BIS研究提出了"信贷—GDP缺口"（Credit-to-GDP Gaps）指标，作为信贷总量超发的预警指标（BCBS，2010d）；共同风险暴露方面，提出了流动性和汇率风险指标（CGFS，2012；IMF，2014）。IMF（2011c）建立了结构性宏观金融风险模型，涵盖实体经济与金融体系各类指标，并通过研究不同指标在不同形式危机冲击前后的表现，来评估各指标在识别系统性风险方面的有效性。

定律二，预警指标与其他指标应互为补充、共同作用，以提高评估的弹性、宽度和深度。实践表明，任何单一预警指标都只是从某一方面对风险状况进行估算，因而只有将一系列指标综合在一起才更有利于得出系统性风险脆弱性相对客观的结论。

定律三，应尽可能避免"唯指标论"。一些国家的经验表明，预警指标只是为宏观审慎当局[①]提供了一种风险参考，实际上很大程度上也并不代表系统性风险的真实状态。因此，政策当局需要在各类指标的基础上，进行综合判断，避免"指标选择依赖"和简单机械运用（IMF，2013b）。

## 二、宏观审慎政策选择

系统性风险状态和规律识别判断出来以后，需要有针对性地选择相应的宏观审慎政策措施和工具加以应对。各国的实践表明，政策的选择是一种平衡的艺术，其实质在于，在特定的政策资源和条件约束下，宏观审慎政策相关方综合各类信息进行风险判断和政策决策的总过程。

从实践经验来看，宏观审慎政策应围绕导致系统性金融风险的主要因素采取有针对性的对策。例如，针对各类顺周期（Procyclicality）因素导致的系统性风险累积以及宏观经济整体性风险，应采取有针对性的逆周期行动，实施逆周期（Countercyclicality）调节政策；针对跨行业、跨领域、跨产品金融

---

[①] 本书中的"宏观审慎当局"与"宏观审慎政策当局"均被认为，被赋予在管辖范围内进行宏观审慎政策操作的责任机构或部门（理事会、委员会、董事会）。

风险，以及针对金融机构和金融市场的交叉性、关联性所积累的风险及其对系统性风险的影响，应通过确定系统重要性金融机构（SIFIs）、金融市场和基础设施的范围、标准及监管要求，从而制定严格的监管规则；针对金融体系的自身结构特点，应从金融体系整体风险出发，研究限制风险承担和增强金融体系抗风险能力的措施，如紧急资本要求，制定控制金融业规模、集中度、金融机构业务范围的竞争政策，影响杠杆率的税收政策等。

此外，宏观审慎政策的选择，除了受到政策目标和实施条件的约束外，一国的监管文化、监管传统和政治体制等也会对其产生积极影响。更为重要的是，在金融稳定框架之下，宏观审慎政策与货币政策、财政政策、产业政策等之间的有效协调对于政策选择也十分关键，同时还必须充分考虑政策的外溢效应和交叉影响。

### 三、宏观审慎政策工具的运用

宏观审慎政策实施包括政策选择和工具的运用两个方面，其中，政策工具的选择与运用关乎宏观审慎政策的有效落地。危机以来的大量实践表明，宏观审慎政策工具并非一种完全独立于现有工具的"全新之器"，而是财税会计、货币政策、审慎监管、宏观调控工具和措施整合、调整、优化、叠加或组合的产物。不仅如此，在工具运用的过程中，各方还形成了一系列经验性认识。如完善的工具体系是宏观审慎目标的重要保证，能够着眼于时间维度和结构维度的脆弱性（CGFS，2010；CGFS，2012；IMF，2013a；IMF，2014a）。全球金融体系委员会（CGFS）[1]的调查也表明[2]，宏观审慎政策工具最显著的特征是逆经济周期性，即当经济处于上升周期和金融风险开始聚集时，加大监管力度；当经济处于下降周期和信贷萎缩影响金融稳定时，适

---

① 全球金融体系委员会（CGFS），是中央银行间的合作委员会，负责监督全球金融市场和金融体系发展，协助中央银行分析和应对全球金融市场和金融体系面临的威胁、维护货币和金融稳定。2008年国际金融危机爆发后，CGFS成为金融稳定理事会（FSB）成员，重点关注国际银行业融资、宏观审慎工具和金融市场变化等议题，成为央行讨论危机应对技术性问题的重要平台。2009年12月，人民银行正式受邀加入CGFS。

② 参见CGFS论文"宏观审慎工具和框架：问题和经验的盘点"，2010年第38号。

当放松监管标准（CGFS，2010）。

目标上，宏观审慎政策工具直接服务于防范和限制系统性金融风险这一鲜明指向。就实施机构而言，宏观审慎政策工具在不同的模式下由不同的决策机构掌握运用，如在中央银行主导模式下，主要由中央银行具体实施和运用；在委员会模式下，分属于不同的委员会成员，此时只有多种工具互相配合才能达到最大效力。鉴于宏观审慎政策工具的上述特性，同时工具本身不具全新性、独立性和特殊性，从而体现在运用上，也就不必将现有政策规则完全推倒重来。

2008年金融危机以来，在广泛运用和反复实践基础上，按照用途、特点和作用对象等，各方对宏观审慎政策工具进行了多维度分类。如BIS（2010）针对影响金融体系脆弱性的杠杆、流动性或市场风险、相互关联度三个方面，对宏观审慎政策工具进行了划分；IMF（2011a）将宏观审慎政策工具分为专属类工具和校准类工具；Blanchard等（2013b）将宏观审慎政策工具分为影响贷款人行为、借款人行为和资本流动管理三类，等等。

表2-3　宏观审慎政策工具

| 工具（Tools） | 风险维度 | |
|---|---|---|
| | 时间维度 | 空间维度 |
| 类别1：专属类工具（Instruments developed specifically to mitigate systemic risk） | | |
| | ○逆周期资本缓冲<br>○Through-the-cycle valuation of margins or haircuts for repos<br>○系统重要性流动性附加<br>○特定部门风险敞口权重逆周期调节<br>○系统重要性流动性附加动态调整（Time-varying） | ○系统重要性附加<br>○系统重要性流动性附加<br>○非核心债务税<br>○对不通过中央对手方结算的交易征收高资本附加 |
| 类别2：校准类工具（Recalibrated instruments） | | |
| | ○动态调整的LTV、DTI和LTI上限<br>○货币错配和风险敞口的时间限制（Time-varying limits currency mismatch or exposure）<br>○对存贷比动态限制<br>○信贷量、信贷增长上限的动态调整<br>○动态拨备<br>○Stressed VaR to build additional capital buffer against market risk during a boom<br>○Rescaling risk-weights by incorporating recessionary conditions in the probability of default assumptions（PDs） | ○分拆或制止金融机构系统性风险的行为<br>○对衍生品交易资本附加<br>○对系统性风险的存款保险风险溢价<br>○业务范围限制（如对系统重要性银行自营交易的限制） |

资料来源：IMF（2011a）。

目前，在大量研究实践基础上，人们逐渐认识到，宏观审慎政策工具的设计、分类和运用应保持与系统性风险"二元"维度相一致，即相应从时间维度和结构维度进行划分。具体而言：

第一个维度，即时间维度的工具，旨在考虑风险的时间变化特征和非线性影响，采用逆周期调控手段，提高危机承受的弹性、限制顺周期性方面的脆弱性（CGFS，2012；ESRB，2014；IMF，2014a）。该类工具包括：一是广义上的资本类工具，包括动态拨备要求（Dynamic Provisioning）[①]、逆周期资本缓冲（Counter-cyclical Capital Buffers，CCyB）等；二是针对特定部门的工具，包括贷款价值比（LTV）上限、债务收入比率（DTI）上限和针对特定部门的风险权重；三是流动性工具，包括巴塞尔协议Ⅲ（BCBS，2017）提出的流动性覆盖比率（LCR）[②]和杠杆率工具[③]、存贷比、差别存款准备金（Differential Reserve Requirements Ratio）等。

表2-4 宏观审慎政策工具——英格兰银行的经验

| 工具 | 类别 | 主要优点 | 主要缺点 |
|---|---|---|---|
| 逆周期资本缓冲 | 影响金融机构资产负债表的工具 | 能直接影响损失吸收能力，减弱周期波动；简单易沟通 | 无法针对特定对象，甚至可能鼓励冒险；如果风险权重计算不精确则无效 |
| 行业资本要求（可变风险权重） | | 早期能有针对性地解决问题；比逆周期资本缓冲可提供更有力的激励；根据风险权重调整信贷流量可在繁荣期抑制贷款并在衰退期鼓励借贷 | 可能给体系内的其他部分带来风险，如产生水床效应；确保对资产负债表的一致执行方面存在挑战；对数据的要求高 |
| 最高杠杆率 | | 和基于风险的工具相比，不易产生套利和风险错误衡量 | 对风险没有惩罚，因此可能鼓励高风险承担 |

---

① 拨备（Provisioning）是资产损失准备的简称，通常被视为财务会计问题，即按照收入与支出配比的原则，及时将可确认的损失列入当期费用中，以准确反映当期的经营成果。动态拨备就是具有动态特征的贷款拨备，关键是如何体现"动态"。按照我国《商业银行贷款损失准备管理办法》要求，银行业监管机构设置贷款拨备率（2.5%）和拨备覆盖率（150%）指标考核商业银行贷款损失准备的充足性。

② LCR主要用来衡量银行短期流动性水平，其核心是测算各项负债的净现金流出与各项资产的净现金流入之间的差额，要求银行拥有更充足的高质量流动性资产以应对短期内资金流压力。

③ 2008年危机以来，巴塞尔委员会引入全球一致的杠杆率要求，作为资本充足率要求的补充。杠杆率是银行一级资本占其表内资产、表外风险敞口和衍生品总风险暴露的比率。

续表

| 工具 | 类别 | 主要优点 | 主要缺点 |
|------|------|---------|---------|
| 动态拨备 | 影响金融机构资产负债表的工具 | 能提早对预期的贷款损失提供保障 | 与逆周期资本缓冲和基于风险权重的工具有较多重叠 |
| 限制分红 | | 有效限制信贷供给恶化的风险，衰退时更有用 | "一刀切"的做法对健康银行不公平；与资本比率相关的分配上限可能导致去杠杆化 |
| 动态流动性缓冲 | | 直接影响银行的流动资产和期限错配，提高抗风险能力；平滑信贷周期 | 流动性要求方面的国际经验有限；微观审慎标准仍在开发中 |
| 贷款价值比（按揭比例）和贷款收入比 | 影响贷款和其他金融交易条款工具 | 直接限制高风险贷款，提高抵抗房地产风险的能力；不容易出现外国分支机构的漏损 | 难以精确地平衡金融稳定收益、经济活力和房屋所有者权益的关系 |
| 保证金要求 | | 降低流动性囤积和资产贱卖的风险；提高融资市场的抗风险能力 | 容易产生不同国家、市场之间的套利和无担保贷款的漏损；在增强银行抗风险能力方面，资本要求和流动性要求可以起到相同的作用 |
| 中央对手方的使用 | 影响市场结构的工具 | 简化网络关联性，降低风险传染；风险集中管理；透明度更高 | 增加了基础设施的系统重要性；导致风险规避（如使用不同的工具或将业务转移至海外） |
| 交易场所的设计和使用 | | 有助于防止流动性急剧减少，降低价格极端波动 | 可能会限制市场参与，降低流动性；导致风险规避，如将业务转移至海外 |
| 信息披露要求 | | 降低信息传染的可能性；强化市场纪律 | 流动性风险的披露会影响市场稳定，并可能降低缓冲的作用 |

注：水床效应是指类似于水床一样"此消彼长"的现象。
资料来源：英格兰银行，《宏观审慎政策工具（讨论稿）》，2011。

第二个维度，即结构维度的工具，旨在通过提高系统重要性金融机构（SIFIs）的可拆分性和降低其在金融体系中的交叉性，来提高风险抵御能力，降低风险传染性（Borio，2010；FSB、IMF和BIS，2011a；FSB，2011d；IMF，2013a）。该类工具包括：一是针对"大而不倒"（Too Big To Fail）机构的工具，如系统重要性资本附加（BCBS，2013）和额外损失吸收要求（FSB，2015）；二是对经营活动许可范围的限制，代表性的如"沃尔克规则"（Volcker Rule）①要求将自营交易②与商业银行业务分离，禁止银行利用参加联邦存款保险的存款进行自营交易、投资对冲基金或私募基金；三是退出机制，包括恢复和处置计划（Recovery and Resolution Plan，RRP）、应急资本机制③、存款保险安排、问题机构处置等。另外，旨在解决非银行活动（如影子银行）和金融市场基础设施关联性风险问题的工具也已得到广泛运用，如中央对手方机制（Central Counterparty，CCP）④。

**表2-5 宏观审慎政策工具及监测指标**

| 类型 | 工具 | 监测指标 | |
|------|------|------|------|
| | | 收紧 | 放松 |
| 一般性工具 | 逆周期资本缓冲（CCyB） | 信贷/GDP缺口 | 资产负债表承受压力下高频指标，如银行CDS息差扩大；贷款利率/利差扩大；信贷增长放缓；违约率和不良贷款上升；贷款调查显示信贷供给恶化。 |
| | 杠杆率 | | |
| | 动态贷款损失拨备（DPR） | | |
| | 信贷增长上限 | | |
| 住户部门工具 | 增加对该部门的资本要求 | 住户贷款增长率；住房价格上涨（名义和实际增速）；房价/租金比和房价/可支配收入比；住户部门贷款占总贷款比重上升。 | 房价下降；房地产交易减少；住户贷款利差增加；抵押支持证券价格下降；净住户贷款增长放缓；新住户贷款增长放缓；住户不良贷款上升。 |
| | 贷款价值比（LTV） | | |
| | 偿债收入比（DSTI） | | |

① 2010年，美国总统签署《多德—弗兰克华尔街改革与消费者保护法案》，其中第619条即为所谓的"沃尔克规则"（Volcker Rule），该规则得名于其提出者、前美联储主席、现任美国经济复苏咨询委员会主席沃尔克，核心内容是限制银行从事自营交易和拥有对冲基金或私募股权基金，旨在更好地控制银行业风险。

② "沃尔克规则"所限制的"自营交易"指，运用自有资金交易证券、衍生品等工具，其中包括禁止对政府债券的交易，但该规则通过引入豁免条款区别对待了本国和外国政府债券，即允许银行交易美国政府（包括州和地方政府）债券、国有企业债券，但禁止银行交易外国政府债券、股票和衍生品等工具。

③ 应急资本机制的核心是应急可转债（CoCos）安排，应急资本机制包括应急资本（Contingent Capital）和自救债券（Bail-in Debt）等应急形式。

④ 目前，G20提出的中央对手方清算（FSB，2010）已经得到了广泛应用，旨在提高中央对手方的风险应对能力和恢复能力、处置能力（FSB、BCBS、CPMI、IOSCO，2015）。FSB、BCBS等进一步提出了提高系统重要性中央对手方（CCPs）的应对与处置能力要求（FSB、BCBS、CPMI、IOSCO，2015）。

续表

| 类型 | 工具 | 监测指标 | |
|---|---|---|---|
| | | 收紧 | 放松 |
| 企业部门工具 | 企业贷款的风险权重 | 企业贷款增长率；企业贷款占总贷款比重的增长；商业不动产价格上涨；商业房地产信贷增长；外汇存款占比上升。 | 公司信用违约掉期息差，债券收益率等高频指标；贷款利率/利差增加；公司贷款增长放缓；公司违约率/不良贷款上升；贷款调查显示出信贷供给不断恶化。 |
| | 贷款增长上限 | | |
| | 贷款集中度限制 | | |
| 流动性工具 | 流动性缓冲要求 | 贷存比增长情况；非核心融资占总负债比重上升。 | 银行间利率与掉期利率的利差扩大；零售市场融资成本上升；对中央银行流动性窗口的依赖增加；本币与外币掉期利率；总资本流入逆转。 |
| | 稳定来源资金要求 | | |
| | 流动性费用 | | |
| | 准备金要求 | | |
| | 外汇头寸限制 | | |
| | 外币资金限制 | | |
| | 针对非银行机构的工具 | | |

注：①一般性、住户部门、企业部门等工具强调在经济上行期通过增加资本要求、限制贷款规模或控制债务人偿付能力等措施，增强银行体系抗风险能力，应对过度放贷所引发的系统脆弱性。流动性工具强调通过持有足够流动性资产、限制银行通过非核心负债为非流动性资产融资等措施，避免资金市场对银行体系流动性造成冲击。②在紧缩阶段或系统性风险降低时，监管当局放松相关宏观审慎政策工具，打破恶性循环或维护金融平衡，但放松时需考虑审慎监管的底线，以确保系统面对未来冲击时仍具有一定抗风险能力。

资料来源：IMF，《宏观审慎政策指引》，2014年。

## 四、宏观审慎政策治理架构

所谓宏观审慎政策治理架构（Institutional Arrangements for Macroprudential Policy），就是在特定的金融监管框架下，以何种组织方式、政策规则和运行机制来实现宏观审慎政策目标，又包括政策实施主体、组织架构、运行机制和运行方式等内容，涉及权限划分、激励约束、透明度要求、决策机制、协调机制、议事规则等方面。

可以认为，宏观审慎政策治理架构是宏观审慎政策框架的核心内容，它与风险识别监测、政策实施、工具运用、政策协调、问题机构处置等环环相扣、紧密相关。实践表明，有效的治理架构，能够通过多样的方法和渠道获得有效的风险信息，并在对风险识别的前提下，依据有效的规则进行政策选择，推动政策实施，实现防范化解系统性风险目标，增强金融体系和经济运行的整体稳定性。

通常，在政策治理范畴，宏观审慎政策须在特定的组织架构基础上由特定的主体组织实施，这一点早已为历史所证明。危机以来的实践也表明，如果不明确一个职责清晰、权责分明的宏观审慎主体，则宏观审慎政策框架就可能一直停留在事实上的分散状态（巴曙松，2010）。危机的惨痛教训也告诉我们，为确保宏观审慎政策有效发挥作用，也要求建立一个强有力的治理框架（FSB，2011a）。

目前，随着全球金融监管改革的不断深入，各国宏观审慎政策主体已经逐渐浮出水面，并在趋势上更加注重宏观与微观的结合。在宏观审慎政策框架内，宏观调控部门[①]和金融监管机构是宏观审慎政策的执行者和实施者，各类金融机构[②]是宏观审慎政策的具体落实者。在此过程中，尤为引入注目的是，中央银行因其具备识别、监测和处置系统性风险的天然优势，且在制定宏观审慎政策过程中具有相对独立性，很多情况下能够在政策制定实施中发挥重要作用，因而逐渐成为宏观审慎政策的天然担当者。不仅如此，随着实践推进，宏观审慎政策治理架构的基本要素也已基本确定（FSB、IMF和BIS，2016）。

要素一，权责职能界定与划分。宏观审慎当局（policymaker）的权力范畴，包括必要的信息获取权、对微观审慎当局及其行为的建议权、认定系统重要性机构及调整监管范围权等。针对不同的治理架构模式，当局的权力可以是直接的"硬性"（hard/direct）权力，也可以是正式提出建议式的"半硬性"（semi-hard）权力，还可以是一种"软性"（soft）权力，即能让政策制定者表达意见或提出建议，但不设置"要么遵守、要么解释"（complay or

---

① 主要是中央银行，其他包括财政部门、发展改革部门等。

② 包括商业性金融、开发性金融、政策性金融、合作性金融。利益分配和损失分担是区分各类机构的核心标准，商业性以利率覆盖风险；合作性不以营利为目标，追求服务；开发性和政策性主要依靠财政信誉和财政补贴，包括担保、贴息、补贴等。

explain mechanisim）的选择性机制。

要素二，目标和问责。以目标为导向，通过建立问责机制和框架，有助于将政策当局的目标与其所承担的责任紧密挂钩。实践表明，一个明确的目标层，不仅有助于划分宏观审慎与其他政策的边界，可在时间和结构上明确界定宏观审慎当局的责任范围，而且可以有效防范政策工具滥用的风险。此外，危机的应对过程也表明，目标及为实现目标所设定的问责机制保持适当的透明度至关重要。因此，除了明确的目标外，问责框架还需引入政策策略的公布、会议记录和定期报告等沟通机制。

要素三，职责的承担主体。从制度经济学角度，缺乏明确的实施主体往往会使政策实施陷入"都有责但都不负责"或"都负责但都无力负责"的尴尬局面。另外，在"集体行动的逻辑"（奥尔森，1965）困境之下，个体理性通常也并不总是等于集体理性，因而确定政策或制度的主导者也十分关键。这样一来，为强化行动意愿，将宏观审慎职责授予某人、某机构或委员会就十分重要。

要素四，协调机制（Consistency mechanism）。宏观审慎政策是一个多维的政策体系，涵盖了多层次目标、多元化参与主体和多维度关联网络。通常，多层次的目标需要指派多元化的政策工具。然而，实际运用中，由于宏观审慎政策工具多由不同的主体掌握并实施，政策制定者与实施者相对分离才是常态，因此当局之间的有效协调就成为治理架构有效运转的重中之重。

## 五、多层次协调机制

人类的团结总是在面对真正的生死考验时方能实现。在金融危机爆发十二周年之际，回首各国在全球金融市场处于峭壁边缘时刻的合作[①]，我们可以确定地说，"如果当时没有各国立场坚定而紧密合作的关系，今天的世

---

① 亨利·保尔森曾担任美国第74任财政部长，在其任上，正逢2008年金融危机严重之时，可以说保尔森几乎组织和参与了美国政府应对金融危机的全过程。卸任后，保尔森根据自己的经历，对危机的应对进行回忆，撰写了《峭壁边缘：拯救世界金融》一书。

界经济和金融市场局面会大不一样"①。实际上，政策当局之间的协调问题是个老生常谈而又常谈常新的重要话题。就宏观审慎政策而言，其本身所具有的多维度特征决定了协调机制的多层特性，其内在的协调机制在大危机（Great Financial Crisis）背景下也有着多重驱动因素。

从内向视角看，一方面，系统性金融风险防控目标本身涉及多个部门、多种工具；另一方面，宏观审慎政策治理架构无论采取何种模式也都包含多个成员，实现金融稳定目标还需要统筹货币政策、金融政策等协同发力。因此，在当前的情况下，政策当局的协调比什么都重要。毫不夸张地说，离开了协调，政策当局什么事也办不好、办不成。

从跨境角度看，加强宏观审慎政策协调的主要动因在于，各国政策的外溢效应（cross-border effects）、金融风险交叉感染的全球化以及金融中介服务全球化的趋势等。跨境条件下，同一国家内的不同交易双方许多金融交易实际上在别国完成，金融监管套利正是源于全球化金融体系这一显著特征。此外，2008年金融危机的一个突出教训是，在一个易受传染的全球化金融体系中，一国放松监管，就可能从另一国引入金融业务，从而相应造成风险外溢（Spillovers）。鉴于此，就有必要加强政策协调尤其是跨境协调，以限制监管套利所引发的风险传染，保证监管公平，避免全球范围内系统性风险的积累。

通常，政策协调本身包含着丰富的内容和意义，而本次危机以来各国政策有效性边界的拓展又赋予了其新的内涵。目前来看，宏观审慎政策协调已经形成了包括协调内容、程度、规则、形式等在内的多层次体系。

协调的内容方面，包括宏观审慎政策工具的协调、政策立场的协调（目标）等，也包括宏观审慎政策的跨境协调（Cross-border coordination）与遏制和解决危机的协调，如改进监管主体的信息交流与合作、加强政策制定和问题金融机构处置的协调等。协调的程度方面，原则上，政策协调应该归结为宏观审慎政策立场的协调，但由于难以一致地衡量宏观审慎政策立场，所以实践中的协调可能仅仅只是局部性的，协调的内容也可能仅限于某些方面或某些领域。协调的规则方面，有基于规则（rules-based）的协调和基于相机

---

① 亨利·保尔森，保尔森基金会主席及美国第74任财政部部长，2019年1月7日在彭博创新经济论坛上的讲话。

抉择（discretionary）的协调之别，二者应该尽可能平衡，既强调明确清晰指导方针的重要性，同时鉴于宏观审慎评估的不确定性又不可避免地要求使用相当程度的相机抉择。

协调的形式方面，可以是双边、国家间的，也可以是多边、全球的。但无论采取何种形式，有一点显而易见，也即越多的国家参与协调，规则协调的优势就越大；从双边协调向全球协调过渡的越多，通过制定规则而非相机抉择来进行协调的内容就会越丰富。

## 六、恢复和处置机制

在宏观审慎政策框架内，恢复和处置机制（Recovery and Resolution Schemes）旨在解决"大而不倒"（Too Big To Fail）问题，目的是使系统重要性金融机构（SIFIs）由"不能倒"变成"能倒"，而且"倒得有序"，对市场的冲击可控。目前，恢复和处置机制包括系统重要性金融机构（SIFIs）出现危机时的恢复安排和恢复失败后的处置安排两个方面。

研究表明，恢复和处置问题的核心是，明确损失承担主体，划分损失承担责任，在股东、债权人、政府等之间确定合理的损失承担顺序。按照这个核心要求，在恢复和处置过程中，宏观审慎政策框架内的各方尤其应加强救助工具的使用和监管合作。目前，主要的原则包括：明确规定各类救助工具的使用范围；加强不同出资机构的沟通和协调，提高处置效率；在宏观审慎政策框架内，中央银行应在潜在宏观审慎政策工具使用频率和期限、可用工具、交易对手和抵押品范围方面保持高度灵活，以应对危机处置和救助的特殊需求。

从国际经验来看，危机以来金融机构的恢复和处置机制建设受到了高度重视，并被纳入了宏观审慎政策框架。如美国针对大型金融机构处置提出了"生前遗嘱"（Living Wills）安排，要求符合条件的金融机构定期向监管当局提交报告，描述该机构在遭遇金融困境和破产背景下如何快速、有序处置，避免大型复杂金融机构（无序破产）引发系统性风险并迫使政府救助。英国则在《2009年银行法》中创设了针对银行类机构的"特别处置机制"（Special Resolution Regime），并明确了英格兰银行作为处置当局以及其与监管部门、财政部门的分工合作机制。

# 第四节　放宽宏观审慎的视界[①]

系统性风险具有永续变化的特点，动态发展的金融市场一个鲜明的特征即在于，始终要求政策实施保持适当的灵活性和弹性。同时，金融的顺周期特性和风险冲击的常态化，也决定了宏观审慎必然是一个动态发展的政策框架。当前，全球经济增长不平衡特征仍然较为明显，各国经济复苏两难多难局面下政策的取舍进退，客观上都要求我们放宽宏观审慎政策的视界，在日趋激烈的多重博弈中寻找宏观审慎本身的定位和方向。

## 一、"退而求其次"的宏观审慎[②]

实践与认识沉淀至今，人们对于宏观审慎的认识早已由感性认识上升为伦理认识[③]。目前，可以认为，宏观审慎是同质性与多样性的辩证统一，其本身具有"抓大放小"的特征，本质上也体现了一种"退而求其次"的理念和主张。

所谓"退而求其次"，其根本逻辑在于，金融风险是现代金融体系永恒的特征，金融乱象总会发生，在此定律之下，宏观审慎当局不能也无须将所有的金融风险都纳入政策范畴，而根本要义在于"抓大放小"，即以防控化解重大风险为要务，既防"黑天鹅"（Black Swan），也防"灰犀牛"（Gray Rhino）[④]，守住不发生系统性风险的底线，但允许局部或个体风险事件的暴

---

① 2001年1月，三联书店出版了黄仁宇的作品《放宽历史的视界》。作者以其一贯提倡的大历史观点，用长时间、远距离、宽视界的条件重新检讨历史，使得过去许多看似不合理的事迹，获得前因后果连贯的合理性。本书借用了黄仁宇先生的这一说法，意在提倡要用宏大的视角来看待和理解宏观审慎。

② 本部分内容发表在2019年第1期《金融市场研究》。

③ 毛泽东在其1937年撰写的伟大著作《实践论》中，对感性认识和伦理认识进行了详细阐述，本书在后文中也会再次提到。

④ 米歇尔·渥克（Michele Wucker）在其著作《灰犀牛：如何应对大概率危机》中对"灰犀牛"危机进行了描述。"灰犀牛"危机是指高概率、高影响的事件，是我们本来应该看到但却没有看到的危险，又或者是我们有意忽视了的危险。

露或发生，最终实现金融体系的整体稳健安全。换言之，宏观审慎当局无须"纠正"每一种市场失灵，而只需要关注大的风险危机。

宏观审慎以系统性风险为当然目标，决定了其职责定位就在于"抓大放小"，同时，"退而求其次"的理念要求，本质上也与宏观审慎的政策属性相吻合。现在看来，宏观审慎政策这种"退而求其次"的属性，产生的逻辑在于金融市场"变"与"不变"之间的矛盾反差。所谓的"变"，主要体现为金融创新及其背后的驱动力、快速变化的金融行为以及所带来的风险表现。所谓的"不变"，主要体现在金融业所具有的风险乱象、信息不对称和监管滞后等固有属性特征。

回归政策层面，准确把握宏观审慎"退而求其次"的内涵要求，根本在于分清问题的主次、把好政策的操守，合理划分货币政策、财政政策和宏观审慎等不同政策的职能边界，做好政策的统筹协调与区分，避免陷入"门户之见"与"部门之争"，而忽视了我们需要防范的重大风险，甚至忘记了我们需要实现的根本目标。

（一）不稳定为常态，稳定乃例外

现代金融市场条件下，客观存在着多种必然发生的规律或现象，我们称为"常态"。种种常态之中，孕育着"变"与"不变"的辩证理性，构成了宏观审慎"退而求其次"的当然逻辑之一。概括来看，这些逻辑鲜明地体现为金融市场上的"五种常态"。

其一，金融创新是常态。金融创新是金融业永恒的主题，也是人类经济发展永恒的推动力。从这个意义上讲，一部人类工业革命史，就是一部金融创新史[①]；一部金融发展史，就是一部金融创新史。穿过金融发展的迷雾，我们会发现，金融主体总是会通过眼花缭乱的"创新"来突破监管栅栏，同

---

[①] 学术界的观点认为，人类社会过去的三次工业革命和正在进行的第四次工业革命，背后有四次金融创新的浪潮支撑。第一次工业革命是靠商业银行制度的创新来支持实现，大资本支持大工业。第二次工业革命是依靠中央银行制度的创新来实现，中央银行制度解决了金融系统特别是商业银行创新后，实践中出现的重大的流动性风险等问题。第三次工业革命的背后是依靠投资银行制度的创新，资本市场的发展、行业的并购整合是依靠投资银行制度的创新，资本市场的发展、行业的并购整合让新一代科技革命和产业创新推动实体经济保持着非凡活力。第四次工业革命是以新信息革命为代表，背后的金融科技的创新可能是第四次金融创新浪潮在支撑。

时金融创新也从来都具有两面性或多面性。单就负面影响来论，金融创新必然增加金融体系的风险性，降低金融体系的稳定性，还可能降低金融监管的有效性，并不断制造出新的监管真空，因而不可忽视。

其二，金融风险是常态。金融的表象是资金融通，内核是风险管理。通常意义上，风险无所谓好坏，不涉及价值判断，但却必然会带来诸多不确定的影响。因而，对于风险，我们无法回避，只能应对，由此也就产生了风险管理的现实问题。实践表明，真正的风险管理只能通过金融机构自身的公司治理来实现[①]，而监管永远无法以规制（Regulation）和监督（Supervision）替代之。

其三，信息不对称是常态。该命题始终是经济理论史上各流派纷争的焦点话题。此种常态下，监管当局只能始终走在缩小信息缺口的路上，但却永远无法从根本上克服信息不对称难题，因而也就不可能彻底杜绝信息不对称所产生的投机行为和金融冒险。于是，监管套利随之而生，并成为常态。Stiglitz和Weiss（1981）的研究就表明，与产品市场和要素市场相比，金融市场更是一个信息不对称的市场。

其四，成本约束是常态。金融监管本身是一种约束行为，也是一种稀缺的制度供给。因而，很多时候监管当局既面临着监管资源的优化配置问题，也必然要面对包括机会成本在内的监管成本考量，还必须要解决监管激励和监管动力不足的难题。面对永恒的市场变化，如果监管成本过高，而监管者的激励和动力又不足，那么监管滞后和"监管竞次"（Race to the bottom）往往就会发生，监管不为或乱为也会不时出现。

其五，监管滞后是常态。随着移动互联网、大数据、人工智能（AI）等技术的快速发展，金融创新日趋活跃化、复杂化。这种情况下，监管滞后在理念、技术、方式和模式等各方面都会明显地体现出来。这样一来，一快一慢之间，一进一退之余，监管真空就会出现，突破金融监管的冒险冲动总会发生，金融乱象也成自然之态。

---

[①] 金融机构的治理结构会影响金融运行的风险控制和经验效率，治理架构包括股东背景、股权结构，董事会、监事会、党委会、经理层，机构的经营目标及社会责任等。

正是因为金融市场多种"常态"的客观存在且相互交织，美国后凯恩斯主义经济学家明斯基（1977）认为，稳定性本身就是趋于不稳定的，经济稳定性的最大威胁来自繁荣，经济的不稳定是常态，稳定才是例外。朱格拉周期（Juglar Cycle）的提出者克莱门特·朱格拉（1862）也认为，"萧条的唯一原因就是繁荣"[①]。

既然如此，面对这样一个急剧变化的动态局面，种种常态之下，宏观审慎当局自然的选择就是"退而求其次"，集中"优势兵力"，抓大放小，关注系统性风险。在此过程中，尤其需要处理好宏观审慎与其他政策既协调又有区分的复杂关系。

（二）永恒的金融顺周期

金融业具有典型的顺周期特性（procyclicality）[②]。我们之所以将宏观审慎视为一种"退而求其次"的政策框架，根本原因还恰恰在于金融体系的这一顺周期性显著特征。2008年全球金融危机以来，金融体系的顺周期性被越来越多的人所关注，各方对于顺周期的产生因素也多有讨论，并形成了普遍共识。厘清这些因素，方能更好地理解宏观审慎"退而求其次"的政策属性。

因素之一，金融市场典型的买涨卖跌特征。通常，金融机构的行为很容易受到"羊群效应"（herd behavior）、"动物精神"（Animal Spirit）[③]和"乐队车效应"（Bandwagon Effect）等的影响，市场价格走高和乐观情绪相互推动也极易发生，从而就容易推动危机前形成躁动型的资产泡沫。而一旦由于某种原因引起资产价格下跌，恐慌情绪迅速蔓延就会使大家竞相抛售，进而导致资产价格持续暴跌，进一步加剧危机。这一点已经被本次危机所充分证实。

---

① 1862年，克莱门特·朱格拉出版了《论德、英、美三国经济危机及其发展周期》，首次清楚地论述了经济周期的原因源于内在的不稳定现象。

② For an early in-depth analysis of the concept of procyclicality and its implications, see Borio et al（2001）.

③ 凯恩斯（1933）将金融市场上非理性的心理和行为定义为一种"动物精神"（Animal Spirit），并认为动物精神是导致宏观经济波动和经济危机的根本原因。

因素之二，公允会计准则（Fair value accounting）和评级机构评级。在市场上涨时，盯市原则（Marking to market）进一步美化资产负债表，评级机构也会上调评级，这都可能会导致金融机构过度风险承担[①]。而在市场下跌时，盯市原则又会导致资产负债表急剧恶化，此时评级机构往往也会迅速下调评级，从而助推下跌，加剧顺周期震荡。

因素之三，金融机构顺周期性的激励机制。很多情况下，金融机构倾向于实行与市场行情挂钩的薪酬机制，鼓励交易者进行高风险高收益的操作，但责任和收益却很不对称，也即交易人员在市场好的时候能够获得高额的工资奖金，而在市场下跌时却不承担相应责任[②]。还有一些金融机构自我炮制了许多只在金融体系内部自我循环并增长的产品，由于其风险衡量主要参考评级，同时绩效考核中又大量应用公允会计原则，二者叠加共振必然导致金融机构薪酬奖金也会出现顺周期性。

因素之四，程序化交易的共振效应。随着技术的发展，海量信息环境下出现的程序交易也会造成投资行为高度一致，从而极易引起市场"共振"。例如，2016年10月7日发生的英镑闪崩事件中，在关键价位上执行止损订单和头寸平仓的自动操作助推了英镑在短时间内迅速下跌。此外，随着金融科技（FinTech）的快速发展，过于应用同类别、同算法的人工智能（AI）和机器学习技术，也可能放大关联风险（Correlated Risk），导致"羊群效应"（herd behavior）并放大金融冲击。

（三）永恒的话题：面对危机，我们需要怎样的宏观审慎

桥水公司创始人瑞·达利欧（Ray Dalio）曾写道，生活中的大多数东西都不过是"同类情况的重演"。金融危机反复发生的事实也早已证明了这一点。2008年全球金融危机十二周年之际，也恰逢美国量化宽松政策（QE）

---

① 评级机构的影响力非常大，对此，托马斯·弗里德曼在其著作《世界是平的》中曾有经典评论，他说，我们生活在两个超级权力机构，即美国和穆迪债券评级公司，美国可以投炸弹摧毁一个国家，而穆迪可以降低债券资信评级摧毁一个国家。

② 例如，雷曼兄弟前总裁理德·福尔德在2000年至2007年获得的报酬共计4.85亿美元，其中股权收益部分占了整个收入的78%，而雷曼兄弟却在2008年9月宣布倒闭，直接引发了2008年的大危机。美林的CEO斯坦利·奥尼尔在四年中获得了7 000万美元报酬，虽然他领导的衍生品交易导致美林巨亏，但辞职时仍获得高达1.6亿美元的离职补偿金。

启动十一周年。金融危机冲击的余波未了，却也反复给我们提出一个根本问题，那就是，面对永恒的金融乱象，人们想要一个专注于危机爆发后收拾残局的被动而为者，还是在金融风险引发危机之前就对风险进行抑制的主动作为者？对于这一问题的回答，本质上涉及宏观审慎的职能定位，以及在金融稳定框架下与货币政策的职能划分。

看上去，无须争论，答案自明。实际上，某种程度，危机以来宏观审慎的实践已对此作出了回应。但是，尽管如此，这一问题的争论却也始终伴随着危机应对的整个过程。因此，无论是危机应对的"非常时期"，还是危机后的"平常岁月"，面对常态化的金融风险和顺周期，宏观审慎当局都必须以前瞻性的姿态示人。

拉长历史的视角，关于危机前干预还是危机后救助的论争，实际上是自监管理论诞生以来的惯有话题，并由此产生了中央银行救与不救、如何去救、责任如何划分等诸多问题。通常，在危机严重的时候，各方面都希望宏观审慎当局主动一些；而危机的潮水退去之时，却又希望宏观审慎当局应该被动而为乃至消极不为，这可称为"宏观审慎管理悖论"。貌似矛盾选择的背后，涉及监管的适应性问题，但实质上根本还是一个需要什么样的监管、如何更好地监管以及监管往哪里去的问题。

但无论怎样，既然金融乱象始终存在，信息不对称也是金融市场的常态，金融顺周期行为本身又很难克服，金融创新还往往涉及严重的激励机制问题，监管动力不足更是经常出现的情况，那么宏观审慎当局就应秉持系统性思维，面对复杂的风险问题，进退有据，有所为、有所不为。

## 二、关于宏观审慎政策的实施

无论从哪一角度，政策实施都是一个极具程序性和规则性的复杂过程，宏观审慎也不例外。宏观审慎政策实施，首先要针对风险状况确定政策目标，精准定位；其次围绕政策目标选择政策措施和工具，良好搭配；再次选择特定的规则和时机，运用工具；最后根据政策效果和市场变化，预调微调。

目前，从各国的实践来看，操作层面，宏观审慎政策实施主要体现为系统性风险的监测识别（Identifying and Monitoring of Systemic Risk）和宏观审慎工具运用（Exertion and Establishing of Macroprudential Policy Tools）两个方面，又包含着溢出效应和成本约束等多方面的内涵要求。

（一）系统性风险监测识别层面

系统性风险监测识别（Monitoring systemic risk）方面，为防止系统性风险暴露和危机爆发的巨大冲击，宏观审慎当局必须在系统性风险演化为危机前就要及时识别、发现风险，收集和分析风险数据，发布前瞻性和预见性指引，妥善管理、引导和化解风险。在这一方面，有许多鲜活的例子可供借鉴，如IMF（2009）提出了四种测量金融机构之间相互关联度的方法，即网络模型、关联风险模型、困境相关矩阵模型和违约强度模型。英国金融政策委员会（FPC，2009）总结提出了宏观审慎分析应重点监测的五个方面风险[1]。另外，还有许多国家也都把系统性风险的监测识别视为政策实施的头等大事，并指定专门机构（主要是中央银行）来实施。

资料来源：IMF（2013a）。

图2-6　宏观审慎政策实施"五步骤"

---

[1] 即金融系统对实体经济的信贷供给、信贷定价、借款人杠杆程度的影响；期限转化而产生的流动性风险；资产价格与其均衡水平的偏离问题；金融系统的杠杆率水平；影子银行（如对冲基金）对系统性风险的影响。

（二）工具运用层面

工具运用（Operationlising the use of tools）是宏观审慎政策实施的另一个核心内容。也正因此，宏观审慎政策被定义为运用审慎工具限制系统性风险的政策体系（Crockett，2000；FSB、IMF、BIS，2011a；IMF，2013a、b）。目前，在宏观审慎政策工具运用过程中，有四个方面的要求需要把握：

其一，风险状况与政策力道相匹配。当预警指标已反映出风险暴露或风险急剧上升，此时就需要采取更为直接有效的工具来应对风险。相反，如果监测指标反映风险状况存在苗头但并不剧烈，此时就可以采取"温火渐进式"政策措施。但总的原则是，既要避免政策力道过猛导致的政策超调，也要避免力道不足带来的政策无力。

其二，风险影响与政策效力相匹配。一般来说，应对冲击面较广的脆弱性，需要作用和效果相对广的政策工具，如限制资本和流动性方面的工具。相反，当风险暴露和脆弱性来源较为确定，此时就应精确导航，采用有效工具直指病根。

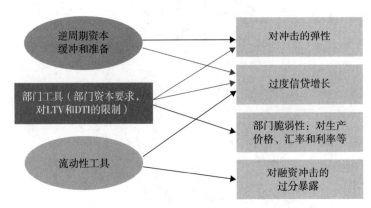

资料来源：IMF（2013a）。

图2-7　宏观审慎工具与目标映射图：时间维度

其三，单一性与多元化相匹配。外溢效应的客观存在，使得单一政策工具的边际效益呈递减状态。因此，为发挥宏观审慎政策工具的最大合力，一种思路就是运用补充性工具来解决上述问题（CGFS，2012；IMF，2013）。实践中，许多国家往往会采用综合性的政策组合工具，即将单一工具与多元化工具配合起来运用。

其四，基于规则与相机抉择相匹配。事实证明，良好的规则（Rules）是自动稳定器和有效平衡器，能够降低非理性行动。基于规则（rules-based）的最大优势在于，一旦规则确定并运用就无须证明其合理性和正当性（CGFS，2010）。但是规则也会带来套利行为和不确定效果，从而导致一些意想不到的结果（Borio，2010），有时政策规则意图还会因为缺乏可靠的指标而受到制约。相反，相机抉择（Discretionary）能够避免基于规则的内在不足，可以克服规则调整的黏性和滞后性，不确定情况下还可以完善针对特定风险的宏观审慎政策。危机以来，许多国家采取了"引导式选择"（Guided Discretion）方法，将政策判断与指标分析结合起来，尽可能准确把握不同政策范畴下不同工具的传导机制与相互影响，并根据实际状况相机抉择（IMF，2014），就很好地体现了二者的配合。

（三）政策实施的成本和溢出问题

除了风险监测和工具运用方面的内容外，宏观审慎政策实施还需要考虑成本和溢出问题。目前，对于监管当局而言，有三种成本需要权衡。

一种是金融机构的调整成本（Adjustment costs）。宏观审慎政策工具的运用，实质上是政策当局为金融机构的资产负债表和业务经营所设置的门槛和栅栏。因此，为达到监管要求，金融机构必然要对自身业务和管理做出相应调整，从而就会产生调整成本。如果调整成本过高，金融机构就会缺乏动力，不愿或无意调整，这反而又易引起道德风险，使得政策流于形式。因此，为避免该种情况的发生，当局在工具运用前就应尽可能考虑降低调整成本。这里面，方法有二，一是管理和形成政策预期，做好金融机构行为引导（IMF，2014a），消化一部分调节成本；二是设定明确的时间周期，为金融机构调整留有一定缓冲。

一种是效率成本（Efficiency costs）。与其他政策一样，宏观审慎政策实施也会给飞速运转的经济轮子撒上"一把沙子"[①]，甚至带来效率损害。因

---

① 1972年，诺贝尔经济学奖获得者、著名经济学家詹姆斯·托宾（James Tobin）在普林斯顿大学演讲中首次提出了"托宾税"的概念，是指对现货外汇交易课征全球统一的交易税，也称金融交易税，主要是为了缓解国际金融流动，尤其是短期投机性资金流动规模急剧膨胀造成的汇率不稳定。托宾将征收交易税戏称为"往金融市场飞快运转的轮子里撒把沙子"，本书借用了这一说法。

此，为减少政策实施的效率损失，在政策推出之前就应做好解读和引导，尽可能提前对市场参与者的行为进行影响。

一种是产出成本（Output costs）。从长期来看，尽管随着政策效应的逐渐显现，政策实施的负面效应会逐渐减弱或被抵消（BIS，2010；IMF，2013d）。但各国的实证研究也表明，一些资产或流动性工具会在短期内对经济增长产生负面冲击。不仅如此，政策的这种短期负面效应还充满了不确定性，有时还会因危机和经济状况或大或小，从而给经济增长带来不同程度的影响。

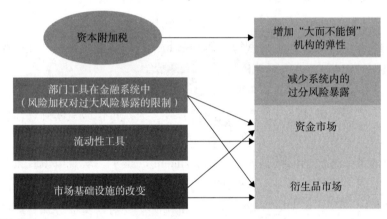

资料来源：IMF（2013a）。

图2-8　宏观审慎工具与目标映射：结构维度

## 三、宏观审慎政策与其他政策的关系

退一步去看，宏观审慎政策以系统性风险为主要目标，并不意味着其他政策与系统性风险无关，也并不意味着在维护金融稳定过程中彼此可以相互替代。在金融稳定框架内，各种政策尽管目标和工具各有侧重，但又紧密联系、互相协同。一旦宏观审慎政策与其他政策互补协同的关系得到确定，那么问题的关键就在于尽可能准确把握各自的职能边界，防止政策效果的叠加或抵消。目前，除了与货币政策之间功能划分与联系这一主要方面外，宏观审慎还与财政政策、资本流动政策等也存在着密切的互动关系。

（一）与货币政策的划分与协调

迄今为止，在所有的政策关系中，鉴于中央银行及其货币政策操作在本次危机中的"惊艳"表现，加之宏观审慎的登堂入室，因而货币政策与宏观审慎二者之间的关系往往被视为所有政策中最重要却也是最复杂的关系。不仅如此，二者之间的有效协调也是反思金融危机教训、进一步完善宏观调控体系最重要的内容（张晓慧，2010）。实际上，二者的区别与联系还最容易混淆，这也是我们对此着墨较多的原因所在。

金融稳定框架下，宏观审慎与货币政策有着既相互区分又彼此协调的紧密关系。2008年国际金融危机以来，随着宏观审慎政策日益成为宏观经济政策调控框架的"第三支柱"，在传统货币政策框架"有意""无意"的转型过程中，二者的划分和联系日益引人瞩目。

一般来说，在经典经济学理论和中央银行政策框架中，货币政策与宏观审慎等金融政策①有着各自的内涵和外延，二者往往是并列的，且更加强调货币政策的独立性。但在实践中，货币政策与金融政策在政策目标、政策工具、调节方式和作用范围等多方面都存在明显差别和区分。李波（2016）曾对货币政策与宏观审慎政策的功能区分有过精彩描述，如他认为，货币政策主要以物价稳定和促进经济增长为目标，而宏观审慎政策则主要以维护金融稳定为目标；货币政策主要用于调节总需求，而宏观审慎则更多针对加杠杆行为；货币政策以利率等作为工具，宏观审慎则主要调整资本要求、杠杆水平、首付比（LTV）等；货币政策通过利率、信贷、汇率等进行传导，而宏观审慎则更多影响资产价格，通过资产价格渠道进行传导。

---

① 研究认为，金融政策是政府为了实现金融稳定和发展目标而制定的一系列管理政策，包括宏观审慎政策、信贷政策、金融市场政策、危机管理和风险处置政策以及金融发展规划等，侧重于防范系统性风险，促进金融稳健发展。金融政策工具既包括逆周期资本缓冲和贷款价值比（LTV）等间接调控的宏观审慎工具，也包括信贷政策导向效果评估等一些结构性指导工具，还包括一些政府直接干预的政策，如财政注资、流动性救助、强制性拆分与重组等。不同于总量政策，金融政策主要通过行政性政策直接发生作用，可以针对某个信贷周期、某一具体领域甚至某一类系统重要性机构或产品采取措施。值得注意的是，目前，在一些研究和政策表述中，出现了"货币政策"与"金融政策"不分乃至等同的现象，有的还往往把货币政策看做金融政策的一部分，容易引起一些误解和不良后果，因而有必要加以区分。

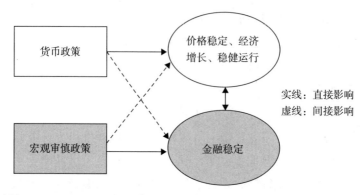

资料来源：Kerstin af Jochnick（2013）。

**图2-9　宏观审慎政策与货币政策的有效性边界**

从二者相互协调的角度来看，虽然宏观审慎政策以维护金融稳定为主要目标，但仅有宏观审慎也不足以实现金融稳定（Blanchard等，2010），只有与货币政策形成有效配合，才能更好地维护金融稳定，促进经济增长。在这方面，较为明确的是，宏观审慎政策的引入恰恰为中央银行提供了维护金融稳定的手段，在此过程中尤其需要二者相互协调配合，形成合力。

总之，目前对于二者关系总体性的认识是，货币政策与宏观审慎政策都是逆周期的宏观管理工具，虽然在作用范围和着力点上有所差异，但完全可以相互补充、互相强化（李波，2016）。在维护金融稳定的过程中，货币政策和宏观审慎政策既拥有独立运作的空间，互相不可替代，同时又彼此关联。在职能边界划分上，货币政策仍然要以价格稳定为核心目标（IMF，2010），但同时也要关注资产价格变动，承担维护金融稳定之责[①]；而宏观审慎则直接作用于金融体系的顺周期性和风险传播，主要目标是维护金融体系的安全和稳定（张晓慧，2010）。

（二）与财政政策的功能划分

宏观审慎政策与财政政策的区分，目前更多地体现在危机处置阶段二者的功能职责划分方面。危机前，占据主导位置的是"事后干预"理论，又

---

① IMF（2012b、c）认为，货币政策影响金融稳定的渠道主要有五个渠道，即借款人资产负债表（违约）渠道、风险承担渠道、风险转移渠道、资产价格渠道、汇率渠道。

称"格林斯潘原则"（Greenspan's law），即认为处置危机的最佳时机是在事后而非事前，因为事前干预不仅难以识别风险，而且政策效果存在较大不确定性且成本较高。这种情况下，属于"事后干预"范畴的财政政策备受青睐。

然而，2008年国际金融危机打破了人们的固有看法。危机以来，宏观审慎作为一种"事前预防性"政策范畴被引入，并被赋予了防控系统性风险的重要目标。因为事后干预往往会引发较大的道德风险，且会导致过度风险承担。从风险处置的整个链条看，当系统性风险发展到一定程度濒临危机爆发之时，此时就需要财政措施登场，通过救助手段来控制风险。事实证明，宏观审慎的"事前预防"与财政政策的"事后干预"是化解系统性风险的两个重要环节，二者相辅相成，缺一不可。危机后，在英国金融机构特别处置机制（Special Relution Regime）框架①下，英格兰银行与财政部门通过签署《危机管理谅解备忘录》，明确了危机中各自职责以及在制订实施处置计划时的协作分工，就是这方面的典型代表。

此外，人们对于宏观审慎与财政政策关系的讨论，往往还涉及二者在政策实施过程中的协调与博弈。通常，宏观审慎政策实施离不开财政部门的支持。可以从两个方面来看，狭义层面，宏观审慎政策作为国家治理体系的一部分，其机构运转、决策协调、工具运用和政策评估等均离不开强有力的财政支持，这在一定程度上也构成了监管成本。广义层面，从职能来看，要实现金融体系整体稳定，也需要一定规模的赤字以创造额外的政府支付手段（Jan Kregel，2014），也即财政资金"弹药"的支出运用。多种迹象也表明，政府保持一定的财政赤字非常必要，如果没有赤字，金融体系将出现通货紧缩，进而导致宏观审慎管理的额外问题。

---

① 2007年国际金融危机爆发时，由于英国没有专门的银行特别处置机制，英国政府不得不通过紧急立法采取临时国有化等措施处置问题银行，维护金融稳定，这直接导致了《2009年银行法案》的出台。这部产生于危机中的法律创设了针对银行类机构的"特别处置机制"（Special Resolution Regime，SRR），明确了英格兰银行作为处置当局以及其与监管部门、财政部门的分工合作机制，将问题机构的处置机制扩大到投资银行。2014年，英国又按照《银行业恢复与处置指令》对特别处置机制进行了强化。

资料来源：IMF（2013a）。

**图2-10 宏观审慎政策与其他政策的关系**

（三）与资本流动管理政策的协调

长期以来，IMF和发达国家基于市场自由化理论，力促各国开放资本项目。但是1997年亚洲金融危机和2008年全球金融危机中，资本流动大幅波动掀起的惊涛骇浪的危害开始显现。同时，发达国家此起彼伏的量化宽松政策更是加剧了跨境资本无序波动风险。面对这种新情况，新兴经济体因受到资本大进大出的冲击，纷纷采取了资本流动管理措施，一些发达国家的政策制定者也开始反思放任资本自由流动是否恰当。形势所逼之下，IMF也开始正视资本流动管理措施在特定条件下的合理性，并承担起协调和监督各国资本项目管理政策之责。

危机以来，在反思的过程中，除了传统的资本管制手段外，宏观审慎政策也被作为一种资本流动管理的重要选项，并与其他政策一道构成了资本流动管理的政策框架。在这个框架下，资本流动管理措施（Capital flows managements，CFMs）和宏观审慎措施往往被认为是类似的，但其主要目标不一定重叠。资本流动管理措施（CFMs）往往是基于价格或行政性的，旨在通过影响资本的规模和构成来限制资本流动，甚至完全消除资本流动。而宏观审慎措施是以限制系统性金融风险和维护金融体系稳定为主要目标的审慎工具，旨在限制和降低资本流动所带来的系统性风险积累，包括但不限于因汇率波动引起资本流入流出所带来的脆弱性，不论这些风险是国内还是跨境风险。例如，对某种特定的跨境资本流入征税是一种资本流动管理措施，可能仅会对金融稳定产生间接影响。另外，要求具有系统重要性的金融机构持有更多资本或进行逆周期性拨备，就是一种宏观审慎措施，对资本流动只有间接影响。

然而，在一些情况下，资本流动管理措施与宏观审慎措施是重叠的。研究表明，两种政策手段目标不同，但又存在互补的可能性（FSB、IMF、BIS，2011a；IMF，2013a、b；OECD，2015）。当宏观审慎政策着眼于限制资本流动所引发的系统性风险时，二者尤其具有高度重合性[①]，此时资本流动管理措施可以作为宏观审慎政策来运用。解决这些风险所用的工具既可被视为资本流动管理措施，也可被视为宏观审慎措施。例如，流入银行部门的资本导致国内信贷和资产价格高涨。此时，对银行的境外借款实行限制，如通过对银行外汇资金流入征税，或对银行外汇负债实行法定准备要求，其目的是限制资本流入，减缓国内信贷和资产价格的上涨，并降低银行的流动性和汇率风险。这种情况下，采取这些措施是为了限制资本流入，也是为了降低系统性金融风险，因此既是资本流动管理措施，也是宏观审慎措施。

（四）与竞争政策的协调

各国金融发展的实践表明，鼓励金融机构竞争的政策与维护金融稳定目标之间往往存在一定矛盾，这里有三方面的场景需要考虑。

场景一，过度降低金融机构市场准入和设立分支机构的门槛，银行放贷标准也会随之放松，由此就会使金融机构风险承担上升，危机发生的概率就会大大增加。场景二，鼓励金融机构之间过度并购会带来产业集中，并使得规模庞大、结构和业务类型复杂的金融机构可能成为"大而不能倒"（Too Big To Fail）机构，从而加剧金融不稳定。场景三，鼓励非银行金融机构过度"铺摊设位"，在增加融资渠道的同时，客观上也会进一步加剧信贷市场的恶性竞争，从而增加系统性风险。例如，自2011年实施支付业务许可以来，我国共核准271家非银行支付机构从事支付业务。这些机构在带来支付便利

---

① 此方面更多讨论，可以参见Juan Pablo Medina and Jorge Roldós（2014）. Monetary and Macroprudential Policies to Manage Capital Flows, IMF Working Paper, WP/14/30. Anton Korinek and Damiano Sandri（2015）. Capital Controls or Macroprudential Regulation?, IMF Working Paper, WP/15/218。

的同时，一定程度上也存在着同质化严重、恶性竞争和增大金融风险等问题。经过近几年互联网金融风险专项整治，我国支付业务秩序得到了很大改善①。

鉴于竞争政策与金融稳定之间的不确定性，因而需要在促进市场竞争与降低系统性风险目标之间进行平衡，避免只考虑行业竞争而忽视金融稳定的倾向，也要避免监管与行业发展互相捆绑强化，而出了问题却由宏观审慎政策兜底接盘的情况。

## 四、宏观审慎与微观审慎的区别与联系

随着金融监管理论和实践的发展②，人们逐渐区分了系统性风险和非系统性风险，并采取差异化政策应对（陆磊，2016）。后来，在以审慎监管和消费者保护并重为特征的"双峰监管"（Twin Praks）理念中，审慎监管又以系统性金融风险与非系统性金融风险为界，分为宏观审慎和微观审慎③。研究表明，系统的微观审慎监管主张最早源于1997年巴塞尔委员会（BCBS）发布的《有效银行监管的核心原则》④。20世纪90年代以来，也开始关注系统

---

① 2010年6月，人民银行发布了《非金融机构支付服务管理办法》，明确将非金融机构从事网络支付、银行卡收单、多用途预付卡发行与受理等支付业务纳入监管。2016年互联网金融风险专项整治以来，人民银行通过整合牌照资源、退出风险机构等方式，累积退出33家非银行支付机构，截至2019年3月共有238家。其中，具有网络支付业务许可的机构115家，具有银行卡收单业务许可的机构61家，具有预付卡发行与受理业务许可的机构143家，这些支付机构分布在除青海、宁夏、西藏外的31个省、自治区和直辖市。

② 监管政策可以分为审慎性政策和限制性政策，而审慎政策又可分为宏观审慎和微观审慎。

③ 王兆星（2000）认为，审慎监管的实质是，以审慎会计原则为基础，真实、客观、全面反映金融机构的资产价值和资产风险、负债价值和负债成本、财务盈亏和资产净值以及资本重组情况，从而真实、客观、全面地判断和评估金融机构的实际风险，及时监测、预警和控制金融机构的风险。

④ 1997年制定的核心原则共有七个方面25条，从不同方面体现了审慎监管的要求，主要关注单个金融机构的健康程度，通过资本充足率、拨备覆盖率、不良贷款率等指标的分析，评估单个金融机构存在或者可能存在的，由于自身经营不善、管理失误等原因引发的金融风险，以确保各个金融机构的稳健运行。后来，BCBS又分别于2006年、2012年先后组织对核心原则进行了修订，尤其是2012年版将25条核心原则扩充为29条，体现了金融危机以来金融监管的新进展。目前，核心原则不仅是各国监管机构评估监管质量、改进监管实践所依赖的标准，而且IMF和世界银行运用到金融部门评估规划（the Financial Sector Assessment Programme，FSAP）中。

性的风险和问题。本次危机则彻底将微观审慎与宏观审慎的区分推到了历史前台，以至于各方对宏观审慎的研究，几乎都是从与微观审慎的比较方面展开（BIS，2001；Borio，2003）。

（一）二者根本之别在于对系统性风险的认识

现在看来，对于系统性风险的差别性认识，是区分宏观审慎与微观审慎的逻辑起点。微观审慎认为，系统性风险外生于金融机构，单个机构既不影响整体的资产价格和实体经济，机构之间也不存在相关关联和影响。因而，自然而然的逻辑是，个体理性能够保证整体的理性，单个机构稳健之和等于金融体系整体稳定。响应到政策上，就应着眼于加强单个金融机构监管，通过设计和引进良好的监管标准来引导金融机构遵守"良法"、完善管理，最终实现单个机构的"善治"。

与此相对，宏观审慎则认为，金融体系的系统性风险是内生的，金融机构基于自身利益、自发的理性行为会影响资产价格进而冲击实体经济，而实体经济出现问题又会通过反馈机制给金融体系带来负面影响。不仅如此，受利润追逐、风险管理和监管规避等因素驱动，突破业务和产品界限的金融创新快速发展，金融机构之间大量的交叉性行为使得各自的资产负债表和金融交易相互关联，风险呈网状分布。加之，无意识的同向行为叠加也会产生巨大的"共振效应"，这些都加速了单个风险能量波的振荡扩散，使得共同风险暴露的概率显著上升。

金融发展的历史表明，金融体系是个进化的系统（Charles Taylor，2010），进化既意味着不稳定，又包含着同质性、复杂化、正向反馈、相互依赖加剧等特征。这一切都使得立足于金融体系整体看待金融风险成为必然。于是，宏观审慎由此而生。

（二）监管视角和方式之别

微观审慎坚持微观视角，将自身视为单个金融机构的"守护人"，从单个机构或市场来审视金融体系，侧重于关注单个机构的风险暴露和资本状况以及背后的管理，以确保投资者和存款人的利益不被损害。分业监管模式下，微观审慎带有显著的分业特征和行业标识，监管者负责监管各自行业的金融机构，无须也无权监管自身行业以外的机构，面对跨界、跨业、跨市场风险往往"鞭长莫及"。既然微观审慎以单个机构为监管对象，那么微观审慎规则（Rules）也就必须通过对单个机构的监管来发挥效力，从而单个机构对监管标准的遵循性也就决定了微观审慎监管的有效性。从这个角度讲，微观审慎需要自下而上实施（Borio，2003）。

宏观审慎秉持整体视角，从系统稳定角度审视金融机构行为及由此产生的风险，侧重于识别、防范金融体系的整体风险，主要通过解决金融机构之间的相互作用和共同的风险敞口以及金融系统的顺周期性（Procyclicality）来降低系统性风险（Caruana，2010）。在监管对象上，宏观审慎以是否引发系统性风险为标尺，将能够引发系统性风险的对象均纳入政策范畴。尤其是，随着互联网技术、移动支付、人工智能（AI）等快速发展，金融机构跨界跨业跨市场交叉性行为日益增多，成为系统性风险的重要源头，这一切均成为宏观审慎的关注对象。既然宏观审慎旨在防范系统性风险，那么在行为逻辑上就必须作用于与系统性风险相关的目标，既要监管单个机构尤其是系统重要性机构的经营活动，也要关注机构、市场之间的关联性和交叉性，研判其中隐藏的风险，自上而下实施监管（Borio，2003）。

（三）二者的互补性

目前，有一点已经明确，即作为一对矛盾体，宏观审慎与微观审慎既相互区别，又存在着密切关联。宏观审慎离不开微观审慎，微观审慎是宏观审慎的基础；微观审慎也离不开宏观审慎，宏观审慎政策本身包含着与微观审慎协调的方面，能够为微观审慎监管的有效运行提供保证。从实践来看，二者的界限也并不总是泾渭分明，尤其在经济体量较小的国家，如瑞典和加拿大，由于金融部门由几个具有系统重要性的大银行主导，因此针对个别金融机构的微观审慎政策对整个金融系统也产生了影响，从而产生了"微观审慎政策宏观审慎化效应"。

第一，二者目标一致，都是为了防范风险。宏观审慎管理与微观审慎监管的最终目标都是防范风险、维护金融机构的稳健运行。以银行为例，对于银行的信用风险敞口，微观审慎监管会关注银行信贷资产的集中度和相关房贷政策，而宏观审慎管理则会关注银行业整体的信贷规模及其与相关资产价格的关系，并据此判断银行体系是否正在积累信用风险。

第二，二者作用对象相同，很大程度上存在交叉，都主要是金融机构。微观审慎监管的主要对象是无差别的金融机构，而宏观审慎管理则重在应对系统性风险，维护整个金融体系的稳定，因此在作用对象上侧重"抓大放小"，主要针对系统重要性金融机构（SIFIs），还包括那些可能引发系统性风险的非金融机构。

第三，二者工具交叉。很多时候，微观审慎和宏观审慎的工具重叠，两者的界限不是很清晰。许多微观审慎工具，如对资本、流动性的要求等，也适用于宏观审慎管理需要，只是宏观审慎和微观审慎当局会从不同角度来运用这些工具[1]，对金融机构提出各自的要求。例如，就资本监管而言[2]，微观审慎监管要求金融机构需具备一定的资本充足水平，以应对未来风险带来的潜在损失；宏观审慎管理要求的资本充足水平则主要取决于广义信贷[3]增速和目标GDP、CPI增幅，并体现了巴塞尔协议Ⅲ资本框架中逆周期资本缓冲（CCyB）、系统重要性附加资本（Systemic capital surcharges）等要求。

第四，二者信息共享。微观审慎部门需要向宏观审慎部门传递个体金融机构层面的信息，宏观审慎部门在这些信息的基础上，对金融系统可能产生的系统性风险进行分析判断，再通过风险预警的方式将信息反馈至微观审慎监管部门，并对其政策制定进行指导。

第五，二者传导过程互相促进、相辅相成。宏观审慎政策的有效传导依赖于有效的微观审慎监管，而微观主体的稳健也依赖于宏观环境的稳定。因而，宏观审慎政策目标的实现必然以微观审慎工具为基础，宏观审慎政策的有效实施也离不开微观审慎监管的巩固和改善。只有宏观审慎政策与微观审慎监管相互补充、有机结合，才能真正确保金融调控的有效性。

总之，既然宏观审慎与微观审慎彼此难以完全分开，同时区分是为了更

---

① Non-prudential instruments needs to be specifically targeted at systemic and inderpined macropurdential. See FSB–IMF–BIS（2011b）.

② Indeed, some of the measures used for macroprudential purposes, for instance some credit restrictions, were originally introduced to allocate credit.

③ BIS是较早开展广义信贷理论和实践研究的国际机构，并对外发布了广义信贷的概念、涵盖范围。按照BIS的定义，从金融工具上看，广义信贷包括了贷款（即狭义贷款）和债务证券两大类金融工具；从机构部门上看，广义信贷的资金提供方包括非金融公司、金融公司、广义政府、住户、为住户服务的非营利机构（NPISH）和国外部门，资金融入方主要包括境内非金融机构，即非金融公司、广义政府、住户和为住户服务的非营利机构（NPISH）。

好地实现二者的协调配合，那么在实践中就应注重发挥两者的不同功能，坚持"两个拳头"打人。既不能将二者简单对立，也不应强调区分多一些、协调少一些，尤其要避免宏观审慎被赋予实现其本身并不适合的目标（CGFS，2012；IMF，2013a、b）。

## 五、宏观审慎政策协调机制的逻辑

从宽泛的意义上讲，宏观经济政策协调的根本出发点在于，通过加强宏观经济政策的综合协调，实现宏观调控目标制定和政策手段运用的机制化和制度化，增强宏观调控的针对性、前瞻性、灵活性和协同性，使多重目标之间平衡联动，其背后又有着丰富的理论逻辑和实践逻辑。

（一）理论之逻辑

首先，理性预期与有效市场假定的局限性要求有相应的协调机制安排作为补充。理性预期理论认为[①]，在形成对某一变量的预期时，人们不仅能够根据所能获得的所有信息进行选择，而且总会能够根据新的信息变化对预测作出迅速调整。在这种情况下，人们的预期应与利用所有可得信息做出的最优预测相一致。同时，按照有效市场假定，市场价格充分反映了所有应该得到的信息，也即所有价格都是正确的，并且反映了市场基本面，因而市场出清（clearing）[②]是常态。在理性预期和有效市场假定下，放松金融监管、减少政策干预是自然的政策主张，政策协调的必要性不大。

但实践表明，由于包括政策当局在内的市场主体难以获得所有可能获得的信息，而只能根据有限信息作出有限选择，因而信息不对称和有限理性

---

① 理性预期假说是新古典宏观经济学基础性的核心信条之一。这一假说与约翰·马思（1961）有关微观经济学的成果有关，后来卢卡斯、萨金特以及另外一些主要的新古典经济学家才将这一假说吸收到他们的宏观经济模型中。该假说分为弱假说和强假说两种形式，前者是指经济当事人能够按照效用最大化行为理性地形成预期，后者是指经济当事人对经济变量的主观预期将同这些变量的真正或客观数学条件期望相一致。

② 经济中的所有市场会持续出清是新古典学派的第二个核心假说，这一假说与瓦尔拉斯传统（walrasian equilibrium）一脉相承。市场出清的含义是，无论是短期还是长期，经济被认为处于一种持续均衡状态。在每一个时点上，所有观察到的结果都被看做"市场出清的"，而且也是当事人按照他们所察觉的价格作出的最优供求反应的结果。持续市场出清假说是构成新古典分析基础的最关键假说，也是最有争议的假说。

才是市场的常态。尤其在风险蔓延、危机爆发之际，"羊群效应"与"负向叠加"并存，市场信心动摇，各类信息难以证伪，使得市场割裂和"信息冰冻"加剧（马新彬，2016）。在此逻辑下，必须通过建立有效的协调机制来弥补政策当局之间信息不对称和有限理性的不足。

其次，目标多元性与政策工具单一性之间的错配要求建立协调机制。国家干预理论诞生之始[①]，政府的政策干预就面临着政策目标与干预工具的选择与搭配问题。在政策实施中，很多情况下，不同的政策工具实际上掌握在不同的决策者手中，如货币政策是中央银行的权限，财政政策则由财政部门掌管。如果决策者不能紧密配合协调这些政策而只是独立决策的话，就不能达到最佳的政策目标，甚至导致政策冲突和效果抵消。

鉴于宏观审慎政策本身所具有的多元属性和特征，其制定和实施均要涉及多重目标和多个工具，也会相应涵盖多个部门和多个行业，因此为解决目标与工具不匹配的缺口问题，就要求通过有效的协调机制安排来实现政策目标与政策工具的优化搭配，以保证政策实施的针对性、有效性和及时性。

最后，"集体行动的困境"为协调机制建立提供了问题指向。一般认为，由具有相同利益个人形成的集团，拥有进一步追求或最大化其集团利益的内在倾向和冲动（奥尔森，1965）。但实践表明，上述观点是不全面的。实践中，最为常见的情况是，在一个集团范围里，集团利益是公共性质的，集团中的每个成员都能共同且均等地分享这种利益，而不管该成员为利益付出了什么成本。集团利益的这种性质促使集团的每个成员热衷于"搭便车"（Free Rider）而坐享其成。除此之外，集体行动还存在成本问题。一般而言，集体规模越大、成员越多，集体行动的协调成本就越高，从而集体行动的一致性就越难，做出共同选择和决策就越难，这就陷入了"集体行动的困境"（奥尔森，1965）。

多方面信息表明，无论宏观审慎政策治理架构采取何种模式，如"委员

---

① 一般认为，正统的国家干预从凯恩斯主义开始。20世纪"大萧条"后，由于古典模型无法很好地解释30年代产量和就业的暴跌，从而为凯恩斯革命铺平了道路，并逐渐形成了宏观经济学领域中的一个重要学术传统，即凯恩斯传统。凯恩斯传统提出，以需求管理形式进行的政府干预能够显著改善经济表现，积极的财政政策和货币政策能够克服市场经济的总体不稳定性。

会模式"抑或是"中央银行模式",也都面临着个体与整体的博弈问题。因此,为减少宏观审慎当局行动的困境,就需要在控制机构规模的同时,通过建立完善的协调机制来最大限度地降低信息成本和协调成本,保证政策收益大于成本。

（二）实践之逻辑

逻辑之一:宏观审慎政策与其他政策之间的兼容性与冲突性要求相应的协调机制安排。从政策的公共产品属性来讲,宏观审慎政策与货币政策、财政政策、审慎监管等都属于宏观经济政策范畴。尽管各自维护经济金融安全、稳健运行的目标一致,但各自的政策目标和立场又存在着较大差异。正是由于宏观审慎政策和其他公共政策所具有的潜在协同与冲突效应,因此构建宏观审慎政策框架最主要的挑战,恰恰就在于如何建立一种有效的协调机制,以实现宏观审慎当局与其他政策之间的协同一致性。实践表明,不同政策的兼容性与冲突性体现到协调机制上,必然要求政策框架内各成员在目标一致的前提下,在治理架构、职责边界和作用机制等方面,尽可能留出宏观审慎政策与其他政策相衔接的更多空间,避免各类目标相混淆、相冲突。

逻辑之二:中央银行具有与其他金融监管部门协调合作的天然优势。随着宏观审慎实践的深入,目前各方逐渐形成一种共识,即尽管扩大中央银行的职权并不必然能保证政策协调的有效性,但扩大中央银行职权却必然能够促进政策协调与合作。监管实践表明,由于大量的信息产生于监管部门与被监管部门之间的日常行为,因此通过赋予中央银行一定的现场和非现场监管权,或是让中央银行在宏观审慎政策中发挥积极作用,不仅有利于金融稳定部门、金融监管部门与市场机构之间有效的信息沟通,营造良好的沟通协调氛围,而且可以推动各部门风险认识的一致性,从而能够降低政策制定和实施成本。同时,实施和解读政策时的"建设性模糊"（Constructive Ambiguity）策略尽管是必要的,但加强政策沟通对于实现政策目标更为重要。

逻辑之三:金融危机暴露出的监管漏洞和政策调控要求进一步强化协调。经验表明,识别系统性风险、有效应对金融危机皆依赖真实、有效、完整的数据和信息。但在权力分散的监管体制下,各行业数据分割、信息共享不充分、协调合作不顺畅,中央银行与监管部门之间的沟通协调成本大量增加，中央银行难以及时、准确、全面地获取信息，最终影响了对危机形势的准确判断和救助措施的及时出台。同时，伴随着金融风险交叉传染和金融中介服务全球化加速，各国政策也往往存在着很强的"外溢效应"。强外溢之下，必然要求强化政策协调，降低风险的外部感染。党的十九大报告提出要"健全财政、货币、产业、区域等经济政策协调机制"，逐力建立部门、中央和地方、国际三个层面的沟通机制，实质上就是体现了堵塞漏洞、加强协调的要求和趋势。

## 六、宏观审慎政策跨境协调

全球化背景下，金融危机和金融风险所具有的全球传染特征使得任何一个国家都无法以一己之力应对冲击，同时宏观审慎政策的目标属性和自身所具有的跨界、跨市场特征也要求各国加强跨境协调与合作。事实证明，宏观审慎政策有效实施之难不在于无策可施，而在于信息割裂与协调不畅。同时，大部分情况下，信息共享往往也不是技术问题，而更多是法律问题和制度安排问题。

### （一）跨境协调的多重驱动

宏观审慎因危机而发，跨境协调也因政策外溢和冲突而势在必行。危机以来，经济周期错位导致的政策周期相悖，导致各国宏观经济变量出现差异。而各国宏观经济变量差异的长期化和无序化（李扬，2015），又为国际投机和风险蔓延提供了合适的温床，并引发国际金融市场动荡加剧。

动因一，缺乏国际协调的政策实施，存在着监管套利的"流水效应"。一国宏观审慎政策收紧会对该国机构的盈利能力产生直接影响，从而引起强烈的规避行为，金融机构往往就会选择把其机构和业务转移到监管较松的国家或地区。但就整体而言，风险在国际范围内并未消除。这种业务和风险从"强监管"流向"弱监管"的套利行为客观存在，形成了风险敞口传染在压力下寻找"监管洼地"的"流水效应"（马新彬，2016）。

动因二，缺乏国际协调的政策实施，加快了风险的跨境传染。在经济全球化和金融一体化推动下，金融风险的传染突破了国家界限。松紧不均的监管不仅是不公平的，它实际上可能引起系统性风险的积累，同时"以邻为壑"（Beggar-thy-neighbor）的监管政策会导致双方竞相降低监管标准的双输局面（Goodhart，2010），引起全球系统性风险的增加[①]。

动因三，缺乏国际协调的政策实施，会带来较大的溢出效应。通常，各国的政策外溢客观存在，只不过溢出的渠道存在贸易、资本流动之别。同时，政策实施的外溢效应和回馈影响决定了跨境协作的重要性，尽管这种跨境溢出效应（Cross-border effects）未必总会出现，也并非总是负面。跨国溢出效应的客观存在，要求宏观审慎当局在实现国内目标时应尽可能考虑对他国的影响，争取将这种外部影响降到最小（IMF，2014）。

动因四，缺乏国际协调的政策实施，会带来高额的"全球性成本"。在应对危机的过程中，"先救自己、再考虑别人"是普遍的行为模式，不同国家总是基于本国实际设定政策目标和工具，应对和处置危机的即时干预政策也往往基于本国的政策立场和监管利益。因而，国家间的政策冲突和监管冲突不是例外而是常态。如果各国自行其是、各自为政，必然形成"一家受益、全球受损"的局面。因而，强化政策的跨境协调十分必要。

（二）跨境协调的"多内涵"与"广维度"

危机以来，政策协调的内涵得到了极大拓展，体现在协调的广度和深度等多个方面。尤为突出的是，新兴市场国家与发达经济体之间的跨境协调发生了深刻变化。从协调的广度和程度看，政策协调本质上是各方立场的协调，但由于难以一致地衡量宏观审慎政策立场，所以实践中跨境协调可能仅仅只是局部而非全面，且更多地表现为政策技术层面的沟通。

目前来看，在各国政策分化严重的情况下，跨境协调往往更多地体现为一种理念、认识上的"务虚"，而不会涉及实质性的内容。从协调的形式看，跨境协调可以是双边的，也可以是多边的。实践表明，越多的国家参与协调，规则协调的优势就越大，因为越多的国家接受协调共识，就会越有利于降低政策溢出和协调成本。

就协调的规则而言，应实现基于规则（Rules-based）与相机抉择（Discretionary）相平衡。一般而言，跨境协调应建立在基本的规则框架和清

---

[①] 典型的例子，如1930年，美国出台的《斯穆特—霍利关税法案》，将应税商品的平均关税提高到前所未有的53.2%，这种以邻为壑的政策，迅速引爆了整个西方世界，各国纷纷仿效，采取报复性保护措施，形成了一个全球贸易保护主义的浪潮。

晰的指导方针之上，同时由于风险的高度不确定和政策评估难题，所以不可避免地要使用相当程度的相机抉择（CGFS，2010）。

协调的内容方面，包括广义上的政策实施、危机应对和市场预期的协调等，也包括狭义技术层面的协调，具体又包括信息交流、问题机构跨境处置、系统重要性金融机构（SIFIs）跨境监管等一系列内容①。

---

① 2009年4月，FSB发布的《危机管理跨境合作原则》，提出了15条跨境危机管理原则，涵盖了危机的防范、应对以及最终的风险处置。

第三章

宏观审慎政策治理架构:
理论逻辑与条件机制

自宏观审慎（macroprudential）提出以来，各方就在努力寻找和构建这一新政策框架的理论基础，并试图建立起与政策实施相称的条件机制与衡量标准。目前，各方主要从传统经济学的观点中寻找宏观审慎的理论支撑，并引入了心理学、政治学等交叉研究成果。传统福利经济学也开出了能够带来政策效益改进就是帕累托最优（Pareto Optimality）的药方，并提出了效率与公平的"二元"评价标准。本章，将坚持适应性和包容性并重的原则，既尝试从传统经济学理论中寻找和构建宏观审慎政策治理架构的理论基础，也试图梳理总结危机以来的各方观点认识，并努力以数学规划的方法建立最优宏观审慎政策的条件机制。

# 第一节　从经典理论中寻找宏观审慎政策治理架构的逻辑

与传统货币政策框架相比，宏观审慎政策从提出伊始就不具备完整的理论基础。也正因此，在构建宏观审慎理论基础的过程中，各方认识的差别性较大，并产生了"政策论"与"措施论"等诸多争论。经济危机的历史表明，大危机（Great Financial Crisis）往往倒逼出重大的理论创新，"大萧条"（the Great Depression）后世界在绝望之中迎来了凯恩斯革命（Keynes revolution）即为实例。2008年国际金融危机以来，尽管重大的理论创新尚未出现，但作为危机应对政策的集大成者，宏观审慎政策在曲折多样的实践探索中实际上已经沉淀了一系列深刻的认识和经验，并在历史与现实的徘徊中酝酿着理论创新的影子。

## 一、构建宏观审慎政策治理架构的主要考量

从公司起源的逻辑来看，组织成本内部化是背后的主要驱动力。但政策机构的设立，除了考虑机构的运行成本之外，降低政策的负外部性、减少信息不对称、防止逆向选择和道德风险等也均是主要因素。此外，作为经济学永恒问题的理性预期与有限理性之争，以及金融市场不稳定的内在特性，也都为加强宏观审慎管理提供了理论依据。

（一）克服金融负外部性

目前，阐述宏观审慎政策必要性的主流理论大都基于金融外部性（Pecuniary externalities），通过在阿罗—德布鲁框架中引入各类摩擦和市场不完善来说明金融外部性产生的根源及其对效率的影响，进而说明加强宏观审慎管理的必要性[1]。

---

[1] 例如Hart（1975）、Stiglitz（1982）、Geanakoplos和Polemarchakis（1985）、Geanakoplos（1990）、Woodford（2011）、Korinek（2011）、Emmanuel和Iván（2016）。

毫无疑问，外部性（Externality）或许是经济学最难界定的概念之一。马歇尔（1890）在其《经济学原理》、庇古（1912）在其《福利经济学》中都对外部性有过经典阐述，后来科斯、萨缪尔森等也进一步完善了外部性理论。根据Mas-Colell等（1995）的研究，外部性是指经济主体的行为可通过价格机制之外的渠道直接影响其他消费者福利或其他厂商生产能力的一种社会现象。换言之，外部性就是在提供一种产品或服务时，社会成本与社会收益、私人成本与私人收益之间存在偏差[①]。

金融市场上，外部性现象也普遍存在。当市场不完善并且存在至少一种商品时，无论在何种假设状态下，资产的重新分配都会引起现货市场相对价格的变动。而这种相对价格变动反过来又会影响各类资产的跨期属性，进而导致金融外部性。如果这种金融外部性未被私人部门充分考虑，则最终的均衡将是无效率的，此时就需要政策干预来修正。

在大部分新兴经济体和发展中国家，金融市场还不成熟，银行业占主导地位，金融外部性情况会更加明显，并且突出地体现在银行机构的外部性方面。由于银行机构的外部性更容易引发系统性风险，因而也必然成为宏观审慎政策的主要目标。

研究表明，银行机构通常主要有三种负外部性：一是信用风险的负外部性。银行破产会通过银行间贷款和衍生品合约等直接金融联系渠道对其他金融机构产生负面影响（Taylor，2009），并使其他业务或风险状况类似的银行遭受挤兑，同时银行破产又会危害存贷款和支付结算功能，进而使银行与企业之间的一些特定信息流失，最终加大了企业获得贷款的难度（Brunnermeier，2009）。二是流动性风险的负外部性。如果银行因清偿能力或流动性不足遭到挤兑，与该行盈利模式或融资模式类似银行遭到挤兑的可能性就会大大增加。[②]三是信贷供给量的负外部性。信贷扩张速度应与经济

---

① 一般来说，外部性可以分为正外部性和负外部性，当外部性为正时，均衡时的外部性收益高于社会最优水平，反之亦然。

② 这里又包括两种情形：银行发生流动性危机后，如果在金融市场上减价抛售资产，会对持有类似资产的金融机构产生负面影响；如果收回拆给其他银行的资金，就会影响资金拆入行的融资流动性，进而导致流动性争夺（Mishkin，1995）。

发展合理需求相一致，但当经济中信贷总量的扩张速度超过经济发展的合理需求时，银行的信贷供给就会产生负外部性。

鉴于负外部性总会出现，为防止多重负外部性引发的叠加共振，尤其为避免负外部性可能引发的系统性风险和恐慌，就需要引入外部矫正力量[①]，加强宏观审慎管理。实践表明，危机以来宏观审慎政策在降低负外部性方面已经有所作为。从本次危机来看，一些宏观审慎工具和措施实质上就旨在克服金融负外部性。如巴塞尔协议Ⅲ（BCBS，2017）的资本监管要求就是一种限额约束，IMF提出的对单个金融机构征收系统性风险税和对短期批发性融资征税等则是庇古税的再运用。

操作上，宏观审慎工具纵向上覆盖了外部性对应的三个目标，即扩张期的互补性策略外部性、收缩期的资产抛售与信贷收缩外部性，以及相互关联外部性，其中前两类体现了金融顺周期性，第三种针对截面维度风险；横向看则包括了五类可行的工具，分别为基于资产、负债、资本、税收及制度性的相关工具。

总之，着眼于外部性因素，在宏观审慎政策治理架构的选择上，无论采取何种模式、遵循何种政策规则，最终目标都应着眼于通过最大限度地降低金融市场的负外部性来促进市场的有效运转。实际上，在治理架构设计、运作实施的整个过程和所有环节，立法机构和政策当局都应当充分考虑各方的政策立场差异及可能的外部效应。

（二）降低信息不对称、逆向选择和道德风险

1961年，芝加哥学派代表人物施蒂格勒（George Joseph Stigler）在其论文《信息经济学》中，首次将信息问题引入经济学领域，从而突破了传统经济学的理论基础——完全信息假设，并由此掀起了一场革命。按照信息经济学的经典定义，在金融市场上，交易一方对另一方缺乏充分的了解，以至于无法作出正确的决策，这种不对等的状态被称为信息不对称（Asymmetric Information）。信息不对称必然产生逆向选择（Adverse Selection）和道德风

---

① 目前来看，方法有四：一是限额约束，规定外部性行为的最高水平或最低水平；二是对外部性征收庇古税（Pigou，1920），即负外部性时征税抑制，正外部性时补贴激励；三是利益相关者通过谈判决定外部性行为的数量和补贴机制；四是引入外部交易市场（Arrow，1970）。

险（Moral Hazard）。通常，市场交易合同签订之前，信息不对称所导致的问题是逆向选择；市场交易合同签订之后，信息不对称所导致的问题是道德风险。

一直以来，各方面就十分关注金融领域的信息不对称所引起的逆向选择和道德风险问题，以及由此导致的金融风险。因为，金融市场中的信息不对称往往意味着投资者可能面临逆向选择和道德风险问题，从而阻碍金融市场的有效运行。

究其原因，背后的逻辑在于，一方面，道德风险引起金融不稳定且尤以信贷市场为甚，道德风险的存在降低了贷款偿还的可能性，考虑到可能的损失，贷款人可能决定停贷惜贷。另一方面，高风险企业或产品急于向忽于防范的投资者推销产品，由此导致的逆向选择问题可能导致投资者不愿涉足金融市场。多种因素推动之下，信息不对称就成为阻挠金融市场正常运行的巨大障碍，并可能导致金融机构的大范围倒闭，严重的甚至可能引发金融恐慌。

目前看来，人们之所以强调信息不对称问题，恰恰在于该理论为宏观审慎政策提供了逻辑上的合理支撑。现代金融市场，信息不对称是常态，逆向选择和道德风险问题也客观存在，并会引发金融恐慌和金融风险。对此，著名经济学家米什金（Frederic S. Mishkin）在其经典著作《货币金银学》中有过生动描述，他写道，"所谓金融危机就是一种逆向选择和道德风险问题变得太严重，以至于金融市场不能有效地将资源导向那些拥有最高生产率的投资项目，而导致的金融市场崩溃"。[1]因此，为降低信息不对称，减少逆向选择行为，避免道德风险的发生，就需要政策当局对金融市场进行有效监管，以帮助投资者获取更多的信息，保证金融市场健康运行。

从实践来看，宏观审慎政策正是降低信息不对称、防范逆向选择的最佳选择。从广义来看，准入限制、信息披露、资产和业务活动的限制、存款保险、对竞争的限制和利率管制等监管措施都是降低逆向选择的"良药"。事实上，这些措施有的本身就属于宏观审慎政策范畴。此外，在确定宏观审慎政策目标和治理架构时，也应尽量避免政策实施加剧市场参与者的逆向选择

---

① 米什金. 货币金融学[M]. 北京：中国人民大学出版社，2013.

和道德风险行为，尤其是救助系统重要性金融机构（SIFIs）所产生的道德风险，往往易成为政策失效的主要诱因。因而，有必要给予特别关注。

（三）弥补理性预期与有效市场假说之缺陷

理性预期理论认为，人们在形成对某一变量的预期时，不仅能根据过去的信息得出有效预期，而且总会根据新的信息对预测做出迅速调整。在这种情况下，人们的预期往往与利用所有可得信息做出的最优预测（Optimal Forecast）相一致，尽管该预测结果并非完全精确。

通常，理性预期理论有两个常识性的含义：一是如果某一变量的运动方式发生变化，那么对该变量预期形成的方式也要随之改变；二是预期的预测误差平均为零，且无法预知。相应地，导致预期不合理的原因也有两种，要么人们了解所有可得信息，但不愿意费力将自己的预期变成最好的估计；要么人们不了解某些可能信息，对未来的最好估计并不准确。

将理性预期应用到金融市场中，就是有效市场假定。有效市场基于的假设条件是，金融市场中的价格反映了所有可得信息。换言之，有效市场的另一种表述是，在市场中所有未被利用的盈利机会都会被消除。该表述旨在说明有效竞争对于实现有效市场均衡的重要性，即在有效市场中，市场主体的有效竞争和理性决策能够实现市场均衡。总之，有效市场假定之下，唯一的结论是，所有价格都是正确的，并且反映了市场基本面（Market Funamentals）。因而，放松监管、减少政策干预就是自然的政策主张。

然而，理论与现实并非总是同步。2008年危机引发的股票市场崩溃以及金融市场剧烈动荡均表明，在日益复杂的金融市场中，理性预期是相对的、局部的，市场主体并非总是理性竞争的，市场不仅受市场主体行为、市场信息等基本面影响，而且市场基本面以外的因素也能够影响股票市场，诸多市场失灵的存在也使有效市场假定并不总是成立，因而有效市场无效或者局部有效才是常态。因此，以经营风险为主要特点的金融业，离不开有效的监管，尤其是离不开以系统性风险为目标的宏观审慎管理。同时，金融创新的复杂性和两面性，金融资源配置的全球化以及金融风险的交叉蔓延，这些也都要求必须突出政府理性和政策的有效性。

（四）"金融不稳定假说"与宏观审慎管理

2008年危机以来，美国后凯恩斯主义经济学家海曼·明斯基（Hyman

Minsky）的"金融不稳定假说"（Financial Instability Hypothesis）因其对危机的准确预测和良好解释而受到广泛关注，日渐成为人们理解危机、强化危机管理的重要理论支撑。[①]

按照这一假说，金融体系从稳定到不稳定，再到危机是个缓慢但必然的运动过程。危机的唯一理由即在于繁荣。经济长时期稳定可能会导致债务增加、杠杆率上升，进而从内部滋生爆发金融危机和去杠杆化周期的风险。因为，在经济增长的时候，投资者往往倾向于承担更多风险，"打着灯笼找收益"。随着经济向好的时间不断推移，投资者承受的风险水平越来越大，直到超过收支不平衡点而崩溃，最后导致经济陷入紧缩。从另一个角度看，这一现象的微观逻辑在于，稳定时期鼓励了最终导致不稳定的信贷市场的繁荣[②]，在投资者"搜寻收益"（Search for yield）的时候，短期的低利率可能鼓励他们接受其他时期不愿意冒的更大风险。

而最为关键的是，这种不稳定是无法根除的。只要存在商业周期，金融业的内在不稳定就必然演化为金融危机，并将整体经济进一步拉向危机。在商业周期上升阶段，内在危机会被经济增长所掩盖，但是一旦经济步入停滞甚至下降周期，矛盾便会迅速激化，甚至隐性矛盾显性化。此时，高风险的金融主体就会变卖资产来偿还债务，从而引发资产价值崩溃式下跌。这一刻，市场繁荣与衰退之间迎来了转折点，这就是所谓的"明斯基时刻"（Minsky's Moment）。

实际上，明斯基（1986）及后来的研究表明，金融体系天然存在着从稳定到不稳定的内在缺陷，金融市场的脆弱性与投机性投资泡沫内生于金融市场，导致金融体系在稳固与脆弱之间摇摆。而这一摇摆过程是产生金融周期所不可或缺的组成部分，并且构成了经济的基本特征。从长期看，无论中央银行家多么睿智灵敏、机智应变，金融行为主体的投机性和创新性特征最终

---

① 该假说解释了经济中的周期性行为和系统性互动，揭示了金融不稳定或金融危机的内生性特征，揭示了金融体系风险积累、爆发的内在逻辑以及金融危机爆发的必然性，从而为宏观审慎管理提供了逻辑合理性。

② Hyman P. Minsky, "The Financial-Instability Hypothesis: Caitalist Processes and the Behavior of the Economy", in Financial Crises: Theory,History, and Policy, ed. Charles Kindleberger and Jean-Pierre Laffargue（Cambridge University Press,1982）.

都会形成导致不稳定的金融实践和金融关系（Minsky，1986）。

此外，金融不稳定假说还解释了金融监管滞后的原因。按照明斯基（1982）的说法，市场行为主体普遍存在着正常的逐利活动，这些逐利活动会带来两方面的结果：即客观上，会带来创新，从而创造新的利润来源；但同时，也会驱使行为主体规避或适应监管，从而使现有监管滞后不断暴露。

通常，监管滞后之下必有监管缺口，监管缺口之下金融乱象必生。因此，为适应金融市场"有序—失序—有序"的恶性循环，就有必要经常对金融监管活动进行再评估，使之与金融发展和金融结构演进保持一致（Minsky and Campbell，1988），并进而保持金融监管的动态性和有效性。

既然危机起源是系统性的，危机发生也具有内生性，那么政策当局就应着眼于解决这些系统性问题。正是金融体系的这种不稳定特性和"明斯基时刻"（Minsky's Moment）的存在，客观上要求各国建立有效的宏观审慎政策框架，加强宏观审慎管理。

## 二、如何实现目标与工具的良好搭配

从国家干预理论诞生伊始，政府的"干预之手"就面临着政策目标与干预工具的选择与搭配难题。20世纪50年代以来，关于政策配合的"丁伯根原则"（Tinbergen's Rule）与政策指派的"有效市场分类原则"等理论的出现，为化解政策目标与工具选择之间的矛盾提供了新思路。

（一）"丁伯根原则"与目标工具搭配

荷兰经济学家丁伯根（Tinbergen）最早提出了将政策目标和工具联系在一起的正式模型，认为要实现几种独立的政策目标，至少需要相互独立的几种有效的政策工具。以线性函数来表达，假定存在两个目标$T_1$、$T_2$（如就业与通货膨胀），两种工具$I_1$、$I_2$（如货币政策与财政政策），政策调控追求的$T_1$和$T_2$的最佳水平为$T_1^*$和$T_2^*$。从而，设定目标是工具的线性函数：

$$T_1 = a_1 I_1 + a_2 I_2 \qquad ①$$
$$T_2 = b_1 I_1 + b_2 I_2 \qquad ②$$

①、②式表明，只要决策者能够控制两种工具，且每种工具对目标的影响是独立的，决策者就能通过政策工具的配合达到理想的目标水平。从数学表述上看，只要两个政策工具线性无关，即$a_1/b_1 \neq a_2/b_2$，就可以求解出达到最

佳目标水平$T^*_1$和$T^*_2$时所需要的$I_1$和$I_2$的水平，即：

$$I_1 = (b_2T^*_1 - a_2T^*_2) / (a_1b_2 - b_1a_2) \qquad ③$$

$$I_2 = (a_1T^*_2 - b_1T^*_1) / (a_1b_2 - b_1a_2) \qquad ④$$

③、④式表明，当$a_1/b_1 = a_2/b_2$时，两种工具对两个政策目标有着相同的影响，也即决策者只有一个独立的工具却试图实现两个目标，那是不可能成功的。将结论推广开来，如果一个经济具有线性结构，决策者有$N$个目标，只要有至少$N$个线性无关的政策工具，就可以实现这$N$个目标。这意味着，只运用支出增减政策，如财政政策和货币政策，通过调节支出总量的途径同时实现内外均衡目标是不够的，必须寻找新的政策工具并进行合理配合。

显而易见，丁伯根原则（Tinbergen's Rule）为宏观审慎政策框架内多部门之间的目标与工具搭配提供了方法借鉴。但也有观点认为，"工具与目标匹配"的分类治理方法难以从根本上协调各种利益关系和目标，更难以形成政策合力[1]。只有进一步加强经济工作的集中统一领导和协调，才能超越部门局限，突破市场失灵与政府失灵的双重约束，促进经济社会持续健康发展。

（二）蒙代尔的"政策指派"原则

有效市场分类原则（the Principle of Effective Market Classification）是1999年诺贝尔经济学奖获得者蒙代尔（Robert A. Mundell）教授于20世纪60年代提出的关于政策指派（Policy Mix Theory）的原则。在经济运行中，很多情况下不同的政策工具实际上掌握在不同的决策者手中，如货币政策是中央银行的权限，财政政策则由财政部门掌管。这种情况下，如果决策者不能紧密配合协调而是独立决策的话，就达不到最佳的政策目标。

针对上述情况，为解决政策工具的协调问题，蒙代尔提出了政策指派方法，即如果每一种工具被合理地指派给一个目标，并且在该目标偏离最佳水平时按规则及时进行调控，那么分散决策情况下仍有可能达到最佳调控目

---

[1] Joseph E. Stiglitz在2013年9月IMF"重新思考宏观经济政策Ⅱ"的研讨会上，在题为"北大西洋危机对经济理论和政策的教训"的演讲中提到，丁伯根的分析基于一个非常简单并且有着非常严格假设的模型，从他的洞见中得到的结论显然没有重视这些假定的关键性，并且在更加一般的背景中，结果甚至几乎是错误的。

标。同时，对于每一工具应如何指派给相应目标，蒙代尔提出了"有效市场分类原则"，即每一目标应指派给对该目标具有相对最大影响力、在影响决策目标上有相对优势的工具。如果在指派问题上出现错误，那么调控或干预就会使目标出现不稳定性且距均衡点越来越远。

总之，归结来看，宏观审慎政策所具有的多维属性和特征，决定了其制定和实施必然涉及多个部门、多个市场以及多重目标和工具。故而，为保证政策实施的有效性和及时性，就必须尤其注意政策目标与工具的匹配性，最大化地发挥各部门的政策合力，特别是要强化中央银行防范系统性金融风险的职能作用。如果金融风险暴露超出了宏观审慎当局的应对权限和能力，此时就要加强政策的有效供给，设置"特殊权力"和风险处置的"绿色通道"，保证当局有足够弹药应对和处置。

### 三、应秉持何种政策规则

近年来，随着宏观经济政策传导、作用所面临的条件机制和环境约束日趋复杂，各方开始更多地讨论政策实施的运行方式，即政策规则问题。通常，政策当局的政策规则包括相机抉择（discretionary）与固定规则（rules-based）两类，中间又包括两种折中情形。其中，相机抉择政策（Discretionary Policy）认为，经济通过自身的调整实现自我纠错机制是一个漫长的过程，因此应根据经济发展状况、风险变化而相应采取应对政策，如当失业率较高时就应采取降低失业率的政策。

但反对者认为，如果政府不采取相机抉择（discretionary）政策来降低失业率，经济状况反而会有所改善。为此，他们提出，应引入预期因素来调节，因为预期对于政策发挥作用和风险调整过程会产生重要影响。如果市场主体的预期判断能够对政策实施产生积极影响，那么相机抉择就会受到削弱。因为市场参与者会预期到当局的相机抉择，从而提前采取应对措施，这样必然削弱政策效果。

固定规则（rules-based）的拥护者正是看到了相机抉择的这一不足，从而提出应制定一套相对固定的政策规则来实施干预。这样，即便经济出现了问题，只要按照既定的规则套路出牌，就可以向市场传递清晰的政策意图。从而不仅有助于提高政策的透明度，而且能够降低政策规则过于随机带来的冲击波动。

实践表明，金融市场风险状况瞬息万变，危机爆发和蔓延也往往出乎意料。面对急剧变化的风险和危机，政策当局是依既定规则还是按相机抉择（discretionary）实施政策，会对政策效果产生不同的影响。相机抉择强调灵活性，规则性的政策强调可信度。事实上，在金融风险日益复杂、冲击日益加大的情况下，无论是相机抉择还是固定规则都不可能一成不变。理想的状态是，将两种规则结合起来，一方面根据危机发展状况，灵活采用相应的政策措施；另一方面为提高政策的透明度，稳定市场预期，设定固定规则（rules-based）减少政策与市场的博弈。

国际上，一些国家的"前瞻性货币政策指引"（Forward Guidance for Monetary Policy）[1]，通过设定一定的通货膨胀目标[2]，作为政策调整的触发点，来引导市场预期，减少政策的不确定性，就很好地体现了相机抉择与固定规则结合的灵活性。

总之，考虑到宏观审慎政策的跨部门、跨国界特征以及系统性金融风险目标的复杂性，同时宏观审慎当局按照既定规则可能导致政策效果的偏差或无效，因而根据风险变化相机抉择往往是更好的选择，但同时应兼顾政策的透明度要求。

图3-1 政策实施规则组合

---

① 前瞻性指引旨在影响这样一种预期：为改善经济发展，高度宽松的货币政策需要持续多久。通过降低私人部门关于短期利率未来走向的预期，前瞻性指引能够降低长期利率，并抬高资产价格，进而刺激总需求。如果没有前瞻性指引，公众对联邦基金利率的预期只能遵循美国联邦公开市场委员会过去的老路，如泰勒规则。

② 如2013年8月，英国央行首次推出"前瞻性货币政策指引"，宣布将维持当前0.5%超低基准利率和量化宽松货币政策，直至英国失业率降至7%。如果出现以下三种情况，央行将终结上述前瞻性指引，即未来18个至24个月，英国通胀率不能回落至2.5%左右；中期通胀预期出现恶化，未能回落至目标值2%附近；金融市场稳定因超低利率水平而受到威胁。

## 四、如何克服政策时滞与利益冲突

政策时滞和利益冲突是现代经济体系的常态。实际上，无论采取什么样的治理模式，宏观审慎政策实施本身的时滞都是客观事实，治理架构的多元主体特征也使得利益冲突极易发生。

（一）政策时滞客观存在

总结各国的经验可以发现，从政策当局意识到风险的存在、收集风险数据、识别风险，到判断风险趋势、制定政策、以法律等形式通过政策，再到执行政策、调整政策、发挥作用等，这一完整链条存在着多种时滞，使一项政策从动议到实施往往需要一段时期乃至很长时间。

其一，数据时滞（Data Lag），即政策制定者获取数据信息的时间。由于数据信息本身所具有的周期性和分散性，因而为获取这些金融市场、金融机构风险数据，往往需要几个月或几个季度乃至更长时间。

其二，认识时滞（Recognition Lag），即政策制定者判断经济数据所反映风险趋向需要的时间。例如，为减少失误，美国国家经济研究局（The National Bureau of Economic Research，NBER）[1]通常在确认衰退至少已经持续了6个月后才会对外公布美国的经济状况。

其三，立法时滞（Legislative Lag），即立法机构或政策当局通过立法以执行特定政策所需时间。通常，货币政策所需立法时滞较短，财政政策的立法时滞则相对较长，往往需要6个月至1年的时间来出台改变税收水平和政府支出的政策。

其四，实施时滞（Implementation Lag），即政策制定者决定执行新的政策，需要调整政策手段所花费的时间。例如，在执行财政政策时，改变政府部门的支出习惯需要时间，改变征收税款所用的税目表同样也耗时颇多。

---

[1] 1920年，美国经济学家韦斯利·米切尔在纽约与人一起创办了研究国际经济周期的机构——美国国家经济研究局（NBER）。经过多年岁月的洗礼，他的研究团队受到了人们越来越多的尊重，以至于后来NBER成了受人景仰的研究经济周期问题的中心。值得一提的是，米切尔于1913年出版了其著作《经济周期》，对流行的经济周期理论作了叙述，并给出了经济周期的定义。

其五，作用时滞（Effectiveness Lag），即一项政策从执行到发挥作用所需要的时间。很多时候，政策的作用时滞往往是漫长且不确定的，一些情况下甚至会出现逆向作用或无效结果。因而，定期进行政策评估，及时调整政策方向和量级，对于保证政策有效实施十分必要。

综合来看，各国的政治体制、监管文化和政策当局心理特征等存在明显差异，因而政策时滞在每个国家也都不同程度地客观存在着。种种时滞的存在，会极大地干扰和影响政策的响应时间和路径选择，从而会降低危机救助和风险防范的效果性和及时性。

（二）利益冲突难以回避

风险和危机状况瞬息万变，使得政策当局面对多重目标或利益菜单时，往往会产生选择性难题。因为这些目标之间极易产生冲突。这一点，在金融市场上也表现得淋漓尽致。

通常，金融市场中常见的利益冲突有三种：第一，投资银行的承销与研究服务。很多情况下，投资银行同时为证券公司和购买证券的投资者提供服务，因为这两类客户群体的信息需求不同，而且可以实现协同，如发行者希望得到乐观的研究，投资者需要的则是客观中立的研究。但此时，两种业务的利益冲突也极易发生。特别是，如果承销业务的收入远远超过销售活动中的经纪人佣金，投资银行就会有强烈的动机改变向投资者提供的信息，以适应或满足发行企业的需求。这种情况下，经纪和承销业务之间就会产生强烈的利益冲突。

第二，会计师事务所的审计与咨询服务。尽管事务所向客户提供多重服务可以实现规模经济和范围经济，但这些服务之间也可能引发利益冲突。较为典型的如审计服务与咨询服务之间就存在着明显的矛盾。对于同一个客户，审计部门为了争取咨询业务，可能会扭曲自己的审计判断和意见。

第三，信用评级机构的信用评价与咨询服务。信用评级反映了客户的违约可能性，投资者根据信用评级，可以判断债权证券的可靠程度。因此，债务评级在债务证券定价和监管程序中扮演着十分重要的角色。如果利益不一致的多个用户都对信用评级产生依赖，此时就会出现利益冲突。因为，投资者和监管者希望信用评级基于研究且客观、公正，发行人需要的则是对己有利的信用评级。在"发行人付费"模式①下，评级公司往往存在着提高信用等级来取悦证券发行人的强烈冲动。

除了上述利益冲突外，广义上，"全能银行"中的商业银行、投资银行与保险业务等多种金融服务活动之间也可能存在利益冲突。另外，政策部门之间，因政策立场、目标和取向不同，也都会隐藏着不同程度的利益冲突。

同样，宏观审慎政策治理架构下，宏观审慎当局、不同工具所有者之间围绕短期利益与长期利益、政策成本与收益、局部损失与全局收益等都可能会产生冲突。这种冲突不仅表现为监管者与被监管者、政策主体与立法机构等之间的冲突，而且表现为中央银行、财政部门、监管部门等围绕各自目标的冲突。如此全方位的利益冲突无法从根本上回避，政策当局对此必须加以考量。

## 五、如何避免落入"集体行动的困境"

美国马里兰大学教授曼瑟尔·奥尔森（Mancur Lloyd Olson，Jr）在其1965年出版的经典著作《集体行动的逻辑》一书中提出了集团理论，对集体决策过程及决策难问题进行了分析。一般地，按照人们的惯性思维，由具有相同利益个人形成的集团，拥有进一步追求或最大化其集团利益的内在倾向和冲动。但集团理论研究认为，上述认识并非总是成立。

通常，一个集团范围内，集团利益是公共性质的，即集团中的每个成员都能共同且均等地分享这种利益，而不管该成员为集体利益付出了何种成本。例如，只要某项法案通过实施，那么受该法案影响的所有企业或单位都将获益；只要某家濒临倒闭金融机构经过救助而健康运行，那么对机构中所有人都是有益的，而不论机构中是否有人曾经造成了破产风险。同样，在金融危机中，只要某项救助方案或工具付诸实施，那么对于所有的问题机构来说都是受益者。集团利益的这种性质使得集团内的成员普遍存在着"搭便

---

① 1929年之前和2009年之前评级行业的一个重大区别是收费模式。1970年以前，评级机构是通过向债券投资者提供评级报告收取费用，而之后主要通过向债券发行人收取费用，这种向被评级者收取费用的不同方式可能导致严重的利益冲突。转引自《两次全球大危机的比较研究》，中国经济出版社，2013年。

车"而坐享其成的内在冲动。

事实证明，集团越大，分享收益的成员越多，各成员分享的份额就越小。这种情况下，按照理性人及其行为的严格假定，经济人或理性人并不会为集团的共同利益主动采取行动。

为解决上述冲突，奥尔森对集体利益做了进一步分析。他认为，集体利益可以分为两种，一种是相容性的，即利益主体在追求这种利益时是相互包容的，利益主体之间是正和博弈（Positive-sum Game）关系。另一种是排他性的，即利益主体在追求这种利益时是互相排斥的，利益主体之间是零和博弈（Zero-sum Game）关系。

当我们把各种各样的集团相应划分为利益相容性和相斥性集团时，它们集体性的行为逻辑就体现出较大差异。例如，排他性集团面对的是"既定利益"以及由此产生的"分蛋糕"问题，分蛋糕的人越少越好，对方分的蛋糕越少越好。相容性集团则面对着是"未定利益"以及由此产生的"做蛋糕"问题，集团成员共同将蛋糕做的越大越好，集团成员规模越大做蛋糕的力量越大。因而，相比排斥性集团，相容性集团更容易也更可能实现集体的共同利益。

因此，为解决集团内个体利益与集体利益的一致性悖论，需要设计一种"选择性激励"动力机制，即对集团成员选择性对待，采取正面奖励和反面惩罚相结合的方式来纠正扭曲。一方面，对于那些为集团利益增加作出贡献的个人，除了使他能够获得正常的利益份额外，还可以再给他一种额外的奖励利益。另一方面，制定出一套使个人行为与集体利益保持一致的问责机制，当某成员违背时，就施以处罚。

除了上述"搭便车"问题外，集体行动还普遍存在着成本问题。一般来说，集体规模越大、成员越多，集体行动的协调成本和赏罚费用就越高，集体行动的一致性就越难，作出共同选择和决策也就越难。显然，不仅仅是利益分享问题带来了集体行动的难题，组织协调成本和信息不对称等也阻碍了集体共同利益的实现。集团越大，做出共同利益的决策就越难，从而就会越容易陷入"集体行动的困境"。

鉴于此，为减少这一困境问题，就要尽可能控制集体的规模，即集团的成员数量适中，保证与要实现的集团总收益相比，集团的总成本更小。一般，小集团比大集团更容易组织起来集体行动，具有选择性激励机制的集团比未建立这种机制的集团更容易组织起来集体行动。在此情形下，集团成员会发现，一旦为集体利益作出了贡献，他都能从中获得比付出成本更高的收益，此时个人利益与集体利益相一致，从而使得集体行动的一致性成为可能。

集体行动理论涉及政策制定执行的行为逻辑，从而自然与宏观审慎政策联系到一起。首先，规模适中、结构合理的委员会构成模式能够有效降低协调成本、减少政策的"搭便车"行为，从而有利于政策的有效决策和实施。其次，建立一定的"选择性"激励机制对于宏观审慎政策治理架构有效运行至关重要。尽管实际操作上会有很多困难，但总体方向是，通过补偿或奖励那些为政策实施付出较大成本成员，惩罚那些应对危机不力者，从而达到提高机构运作效率和政策效果之目的。最后，建立完善的协调机制，最大限度地减少信息成本和协调成本。鉴于宏观审慎政策权限、职能和工具等为多个部门所拥有，待治理架构确定以后，就需要及时建立一套层次分明、规则确定的协调机制，尽可能降低信息不对称和协调成本。

## 六、道德风险与现实风险：政府的两难选择

传统经济学经典理论认为，政府干预与任何性质的保险一样，都不可避免地面临着道德风险的问题。道德风险（Moral Hazard）是指政府免费向有着裙带关系的企业和银行提供显性或隐性担保，在管制宽松的环境下，导致金融机构有强烈的欲望追求高风险高收益（何璋，2006）。[1]在开放市场条件下，道德风险很容易转化为金融过度（Financial Excess）。[2]例如，在危机救助中，政府面临的挑战之一就是最后贷款人对"最终清偿力"的过度提供，这会成为对金融机构偏好高风险行为的政策激励，从而诱导金融机构出现道德风险。Rochet和Tirole（1996）研究认为，救助行为促使银行经营者和股东为获得更多的救助补贴而去冒更大的风险，而且道德风险在大银行身上表现

---

[1] 何璋. 国际金融[M]. 北京：中国金融出版社，2006.

[2] 即过度投资和过度对外借贷。

的往往更为严重（Mishkin，2001）。

例如，假设某金融机构M有两种资产（无风险资产A和风险资产B）可供投资选择，资产A和B的优劣状态概率都为0.5，金融机构M的投资回报如表3-1所示。如果没有政府救助或担保，由于无风险资产A的预期回报高于风险资产B，金融机构M应投资于无风险资产A。但是，如果存在政府救助或担保，风险资产的期望回报为100%，金融机构在优状态下可获得120%的回报，在劣状态下却不用承担损失。结果，金融机构将不计损失后果而投资于风险资产。于是，道德风险产生了，政府干预鼓励了金融机构的高风险冲动。

表3-1　无道德风险条件下金融机构投资选择

|  | 无风险资产A | 风险资产B |
| --- | --- | --- |
| 优状态下回报 | 107% | 120% |
| 劣状态下回报 | 107% | 80% |
| 期望回报 | 107% | 100% |

资料来源：何璋：《国际金融》，中国金融出版社，2006年，第232页。

从2008年危机应对的实践来看，宏观审慎当局往往面临着两难选择：如果对陷入困境的金融机构施救，就很可能会鼓励其他机构冒更大的风险，公众也会对政府监管失去信心和热情。但如果不进行施救或不及时干预，又很可能会引发更大的现实风险，甚至会破坏整个金融系统。大部分情况下，面对严峻的金融危机形势，政府往往必须在道德风险与现实风险之间作出抉择。

既然道德风险客观存在，如果处置不当还会带来一系列不良影响，那么就应努力采取措施克服或缓解。对此，通过征收惩罚性高利率、促使金融机构依靠自救、实施"建设性模糊"（Constructive Ambiguity）救助条款[①]、严

---

[①] 国际清算银行（BIS，1997）将"建设性模糊"定义为，当局为避免对金融机构支持行动做出事先承诺，而保留对是否、何时和在何种情况下提供援救的相机抉择权力。Corrigan（1990）阐述了"建设性模糊"规则，主张政府在进行救助时要引入不确定原则，因为不确定性让银行不知道自己究竟能否被救助，从而促使银行谨慎经营。因为，"建设性模糊"通过不确定来对银行形成一种压力，迫使银行谨慎行事（Crockett，1996），退一步讲，即便最后贷款人对危机机构进行援助，也应该让该银行的经营者和股东共担成本。

格的事后信息披露等措施通常均被认为有助于降低道德风险。

# 第二节　关于宏观审慎政策治理架构的观点认识

2008年金融危机以来，问题导向成为中外通例。而今，深入梳理各方认识是准确把握问题的重要前提和方法论。当前，在危机应对和改进监管治理的过程中，各方面积累了差别化的经验和统一性的规律，也形成了多方位的观点和认识。以言者尚其辞。在这里，我们将注意力放在危机以来各方关于宏观审慎政策治理架构的观点认识梳理上，试图为改革实践做好理论储备。

## 一、构建治理架构的出发点

从金融发展演化的长视角看，如同物种进化，金融监管体系自身也是一个不断进化完善的体系。实践表明，最优的监管体制并不是监管权力最大，也不是机构最全，而是那些不断优化调整、适应金融业发展的监管体系。

通常，面对监管漏洞和监管缺陷，金融监管部门往往有两种选择：要么正视问题、找准方向、作出调整，不断优化乃至进化，最终走向整体的最优化；要么回避问题、自我循环，原地打转甚至倒退，即便实现了个体的最优化，最终仍逃不开"问题—危机"的循环往复，这就是金融监管体制动态进化的逻辑。

值得庆幸的是，面对危机的巨大冲击，各国已经通过推进金融监管改革作出了积极回应，并且各国的实践也表现出了较强的趋同性。危机处置上，在短期，都以中央银行零利率、定向救助及量化宽松（QE）来稳定金融体系；在长期，主要通过重塑中央银行角色为核心，构建以逆周期、系统性稳定为主要内容的宏观审慎政策框架（陆磊，2016）。在上述所有实践中，最为关键的一点在于，必须建立或完善一个专门机构来承担宏观审慎管理职能。

表3-2　主要经济体央行定量宽松货币政策（2009）

| 央行 | 特点 | 时间 | 内容 |
|---|---|---|---|
| 美联储 | 信贷宽松 | 2009年1月 | ①推出资产抵押证券贷款工具（TALF），购买私人部门资产。<br>②扩大规模，入市购买国债。 |
| 英格兰银行 | 定量宽松 | 2009年1月 | ①设立500亿英镑的工具买入问题银行的不良资产。<br>②设立"资产购买工具"（APF）买入国债。 |
| 日本银行 | 企业融资支持计划 | 2009年1月 | ①从商业银行收购商业票据（CP）。<br>②推出新的银行次级贷款和次级债收购计划，并增加长期国债购买额度。 |
| 瑞士银行 | 干预汇市 | 2009年3月 | ①在外汇市场买入外汇。<br>②买入私人部门发行的瑞郎债券。 |
| 欧洲央行 | 非标准方式 | 2009年5月 | ①延长货币操作主要工具再融资的期限。<br>②强化的信贷支持政策。<br>③推出有资产担保债券购买计划。 |

资料来源：著者整理。

　　从金融危机的教训来看，静态的政策规则滞后于动态发展的金融市场是危机爆发的重要原因之一。实践也表明，在危机爆发时刻，职责明确、运转良好的宏观审慎政策治理架构对于保持政策的灵活性、动态性尤为关键。同时，既然金融稳定框架内，宏观审慎与其他政策存在着既协同配合又互相冲突的紧密联系，那么为了更好地发挥不同政策的合力，也需要建立有效的治理架构以保证各类政策工具的合理运用（IMF，2013）。

　　但从实际情况看，本轮危机前，各国普遍暴露出了监管不协调、监管无力或低效的事实。例如，在美国，包括美联储在内的任何一家监管机构都不掌握金融体系的全面信息，难以准确评估金融体系的相互关联和影响程度。在英国，财政部、英格兰银行、金融服务局（FSA）三者之间的职责分工并不清晰，信息共享也不及时，协调合作效率不高，以致未能及时采取有效措施平息北岩银行（Northern Rock Bank）挤兑事件，并引发了后续的危机冲击。正是针对危机暴露出的这些突出问题，很多国家纷纷采取措施加强金融监管改革，而强化宏观审慎管理职能就是其中最重要的内容之一。

　　总之，治理架构就是一套制衡机制，"确保一个组织不管谁在什么时候做领导人，都会无比坚强有力"①。从这个意义出发，要保证政策规则与金融市场发展变化相适应，确保宏观审慎政策作用有效发挥，关键就在于构建一个有力、有效和弹性的治理架构，从而使得宏观审慎政策保持适当的动态性和灵活性，以应对随时可能出现的风险变化。

## 二、需要什么样的治理架构

实践表明，宏观审慎政策治理架构是一个综合体，其本身包含着信息处理、政策决策、监管协调、激励问责及与之相配套的机制安排等一系列内容。危机以来，一方面，各方面着力解决宏观审慎管理必要性的问题，并已基本形成了普遍性认识。另一方面，在必要性问题基本解决后，各方面又致力于探求需要一个"什么样"的治理架构以及"怎么样"建立的问题。

（一）治理架构的内容

IMF（2011a.b.c）研究认为，通常意义上的宏观审慎政策治理架构应涵盖五个方面的内容，即中央银行与财政部门、监管部门的协调程度；治理架构内各成员的权责职能界定与划分；财政部门在宏观审慎政策实施过程中的作用；决策部门与政策实施部门的独立程度；政策协调主体及协调机制。与上述结论类似，Nier等（2011a）也提出了宏观审慎政策治理架构的标准和典型特征，并特别强调了如下问题，一是中央银行、财政部门等在治理架构中的角色作用②；二是宏观审慎政策决策过程及工具运用；三是协调机制的建立，也即是否存在一个独立机构，能够在政策间相互协调以形成应对系统性风险的合力。

在各方认识的基础上，我们研究认为，无论宏观审慎政策治理架构采取何种形式和模式，第一，应相对独立，与货币当局、审慎监管职能合理分割；第二，应赋予宏观审慎当局明确的权力和职责；第三，宏观审慎政策决策、实施必须透明且权责一致。这三方面要素构成了宏观审慎政策治理架构最基本的内涵要求。

---

① 瑞·达利欧（Ray Dalio），《原则》，中信出版社，2018年，第121页。

② 政府在宏观审慎政策中的作用包括三种情形，既可能是主动的，也可能是消极的，还可能不发挥实质性作用。

（二）"四个明确"的内容要求

其一，明确权力和职责划分。各国的实践表明，宏观审慎政策主体的权力范畴至少应包括必要的信息获取权、对微观审慎监管当局及其行为的建议权、系统重要性机构认定权以及调整监管范围权等。

其二，明确目标和问责。一般来说，政策目标及为目标实现所设定的问责机制保持适当的透明度至关重要，宏观审慎当局权力的行使需要有明确的目标指引和严格的职责限制。因为，一个明确的目标层次可以有效划分宏观审慎与其他政策的边界，可在时间和结构维度上界定宏观审慎政策制定者的责任范围，从而有助于防范政策滥用风险。同时，以目标为导向，通过建立完善的问责机制和激励框架，也有助于将政策制定者的目标与责任紧密挂钩。

其三，明确政策实施主体。由于个体理性并不总是等于集体理性（奥尔森，1965），为尽可能保证二者的一致性，确定政策或制度的主导者十分关键。实践也表明，如果缺乏明确的政策实施主体，那么很容易导致政策实施"有责但都不负责"或"有责但都无力负责"的尴尬局面。因此，为强化行动意愿，将宏观审慎职责授予某人、某机构或某委员会尤为关键。

其四，明确协调机制。宏观审慎政策是一个多维的政策体系，涵盖了多层次目标、多元化主体和多维度关联网络。多层次的目标需要指派多元化的政策工具，方能保证目标的充分实现（丁伯根，1969）。然而，在实际中，宏观审慎政策工具多由不同的主体掌握和实施，宏观审慎政策制定者与实施者相互分离方为常态。尤其在开放条件下，政策外溢效应的显性化与风险交叉感染复杂化相互叠加强化，这些都对政策协调提出了更高要求。

表3-3　宏观审慎政策工具的"分散化"特征

| 部门 | 宏观审慎工具 |
| --- | --- |
| 中央银行 | ①对银行的准备金要求 |
| | ②外汇管理/外汇储备管理 |
| 银行监管部门 | ①资本要求（系统重要性资本附加） |
| | ②流动性要求 |
| | ③杠杆要求 |

续表

| 部门 | 宏观审慎工具 |
|---|---|
| 银行监管部门 | ④期限错配要求 |
| | ⑤附加规则（如LTV） |
| | ⑥信贷增长上限要求 |
| | ⑦部分风险要求（sectoral exposure caps） |
| | ⑧信息披露要求 |
| | ⑨基于风险的存款保险定价 |
| | ⑩银行处置机制（包括生前遗嘱） |
| | ⑪会计准则 |
| | ⑫赔偿金结构限制 |
| 金融市场监管部门 | ①关于金融合同的限制 |
| | ②附加规则（如边际要求、估值折扣） |
| | ③卖空限制（short-selling） |
| | ④交易场所限制（如CCPs） |
| | ⑤交易终止（如熔断机制） |
| | ⑥信息披露要求 |
| 金融消费者保护机构 | ①关于金融合同的限制 |
| | ②营销策略限制（如对消费者知情权保护） |
| 财政部门 | ①金融交易税等 |
| | ②特定债务的利息支出抵扣 |
| 保险监管部门 | 系统重要性保险机构监管 |

资料来源：IMF（2013a、b）。

### 三、有哪些职能要求

权责问题是公司治理的核心问题（OECD，2015）。权责匹配是有效公司治理的核心要求。经验表明，为保证宏观审慎政策的实际效果，也必须明确政策当局相应的权力和责任，这些权力职责构成了宏观审慎政策治理架构的核心内容。

（一）宏观审慎当局的职能要求

目前，各方面对宏观审慎当局的职能要求已经有了基本共识，IMF和BIS

等还对这些要求进行了总结，提出了一些经验性认识。总结来看，目前宏观审慎当局的职责主要包括五个方面（IMF，2013a）。

第一，识别、监测和评估系统性风险。这是宏观审慎当局最根本的职责要求，也是宏观审慎政策实施的基础。

第二，选择和使用政策工具。通常，危机的发生、发展具有突然性和复杂性，要求当局能够快速行动、精准发力，因此选择合适的政策工具十分关键。为此，当局不仅应开发建立常备"工具箱""武器库"，还需要在非常时期选择有效的工具应对风险。

第三，调整校准工具。大多数情况下，面对复杂的金融市场和多变的金融行为，宏观审慎工具往往难以精准发力，而是需要在运用中不断校准和调整。加之，宏观审慎政策的传导机制尚不明晰，工具在运用中往往还会出现与政策预期不一致乃至相反的结果。因此，对工具的运用效果及时评估，并据此有针对性地对工具运用和搭配进行调整校准十分关键。

第四，采取措施防止监管套利[①]。宏观审慎政策在实施过程中，必然会对市场参与者产生正面或负面的影响。为降低或规避监管影响，市场主体也会千方百计采取措施规避监管。同时，政策实施不可能同时覆盖所有市场主体，大量非金融机构或类金融机构主体可能游离于政策之外，加剧了政策实施的漏损。为减少这种情况的发生，宏观审慎政策实施在针对某类机构或某个市场的同时，还应辅以功能监管和综合监管，尽可能降低监管套利。

第五，减少信息缺口。信息缺口既有信息主体和来源分散方面的原因，也有金融市场快速变化方面的因素，还与监管制度和金融市场所固有的特征紧密相关。为此，宏观审慎当局需要高度重视这一问题，建立信息获取机制，拓展信息来源，推动信息共享，提升信息流动的频率和及时性。

（二）政策当局的能力要求

除了上述特征外，为保证宏观审慎当局有效履行既定职责，还应赋予其相应的政策能力。目前，各方在实践基础上，总结出了宏观审慎政策有效运

---

① Donahoo和Shaffer（2009）的研究认为，监管也是税收的一种形式，市场主体存在着强烈的"监管税收"规避或最小化动机，市场主体从监管负担较高的业务模式转向负担较低的模式，往往就形成了监管套利。

行的基本能力要素。在此方面，布鲁金斯研究所高级研究员、美联储前副主席唐纳德·科恩（Donald Kohn，2009、2014）和IMF（2011a.b.c.d）等的研究[1]颇具代表性。

风险识别方面，即能识别威胁金融稳定的真实风险。实践表明，准确识别风险的前提在于，宏观审慎当局至少能够获取相应的数据信息并进行分析。退一步讲，即便不能直接获得，宏观审慎部门也应有权从其他部门间接获得。

采取行动方面，即有能力针对识别出的风险及时采取措施。如对金融机构的监管权和对监管部门的监管建议权等；逆周期调节措施；识别银行、证券、保险等行业和机构的监管边界（Regulatory Perimeter），并向相应监管部门提出改进或立法建议等。

协调沟通方面，即有能力与微观审慎和货币政策部门有效沟通。通常情况下，宏观审慎与微观审慎存在工具交叉，并且有的工具在维护金融稳定、着眼于金融体系前提下由微观审慎当局实施，从而需要二者就工具运用的时机、搭配和溢出效应等进行协调，避免政策冲突和工具抵消。

政策的成本收益权衡方面[2]，宏观审慎政策实施既存在着运行和协调等内在成本，也有政策实施所带来的外在成本。因此，对宏观审慎政策进行必要的成本收益考量，有助于降低或避免不计成本所引起的道德风险上升和市场约束弱化。

## 四、治理架构的影响因素与设置原则

从2008年危机以来的实践看，各国的做法尽管体现出了较大的趋同性，但也普遍面临着如何推动普适性经验有效落地的难题。为解决落地问题，各方面力图通过总结一些规律性的认识来反映和指导各国的实践，努力解决认

---

① 本次金融危机以来，IMF发布了很多关于宏观审慎政策的研究报告，例如《宏观审慎政策：组织框架》，http://www.imf.org/external/np/pp/eng/2011/031411.pdf。

② 理论上，比较的原则包括：当两种政策的效益相同时，政策成本（包括实施成本和外部成本）越低的政策越优；当两种政策的成本相同时，政策效益越大的政策越优。但在实际中，政策收益成本的比较权衡远没有这么简单，往往要考虑多方面因素的影响。

识与实践"两张皮"的问题。

（一）影响因素

实践告诉我们，宏观审慎政策治理架构的模式会因一国经济政治、监管文化等的不同而有所差异。美联储前主席沃尔克（Paul A.Volcker，2010）提出，考虑到不同的国家有各自特定的监管体制和传统，宏观审慎政策职责应以什么方式与具体的政策机构和做法结合起来，即如何建立有效的宏观审慎政策框架，这在不同的国家会有不同的处理方法。IMF（2009a）也认为，在明确宏观审慎政策治理架构时，应充分认识到现行监管架构的适应性，而并不必然要求对各国现存的监管框架及职能进行调整。渐进的做法是，中央银行和监管机构在履行既定职能的同时，强化宏观审慎意识，努力实现宏观管理与微观监管的有机结合。

2011年，本轮危机爆发三周年之际，在对各国实践经验全面总结的基础上，IMF（2011c）将影响一国宏观审慎政策治理模式的因素总结为七个方面，分别为：资源可得性，如专业人才、制度优势；货币政策制度；金融体系的规模、发展程度和复杂性；监管传统和监管文化；法律传统；政治经济关系。上述因素中，资源可得性、监管传统和文化、法律传统以及政治经济关系对治理模式的选择影响较大，而金融体系规模和复杂程度以及现有货币政策框架等影响次之。

（二）设置原则

根据IMF（2011c）以及IMF、FSB和BIS（2016）等的研究，一国宏观审慎政策治理架构的设置应遵循如下原则。

总体原则方面，一是中央银行应在宏观审慎政策中发挥重要作用；二是财政部门在宏观审慎政策中发挥积极作用十分关键，但由财政部门来主导政策实施可能会带来重大风险；三是复杂而分散的监管格局不利于降低系统性金融风险；四是应对系统性金融风险防范和危机管理分别进行单独的制度安排。

系统性风险分析和监测方面，一是应建立有效的信息协调与共享机制；二是至少应保证一家机构能够获得所有可用数据和信息；三是系统性金融风险相关方都要参与到风险评估中来。

制度机制方面，一是治理架构设置应有助于提高宏观审慎当局的行动意愿和行动能力，降低政策延误风险；二是宏观审慎政策职责可以由一家单独的机构或委员会来承担，但该机构同时应负责系统性金融风险防范和维护金融稳定；三是应将与系统性金融风险防范相关的职能机构都纳入治理架构中来，以保持政策目标一致性，尽量减少目标与行动不一致所带来的政策冲突；四是应赋予宏观审慎当局明确的职责和权力。

另外，还应建立清晰透明的问责机制，以限制权力的过度使用或不作为，但问责机制不应过度限制宏观审慎当局的权力实施，不应过度损害宏观审慎政策的有效性等。

### 五、治理架构选择的国际趋势与经验认识

目前，围绕宏观审慎政策治理架构，各方已经形成了基本的认识框架。概括来看，目标上，以系统性金融风险为核心，形成了"抓大放小"的目标指向；理念上，主张加强监管的统一性，更加强调监管的统筹协调；机构设置上，主张应由专门机构来承担宏观审慎职责，并尤其强调发挥中央银行的独特优势，但也承认各国政治经济文化差异基础上治理架构的差别化。目前，围绕这一框架，又有如下一些具体认识。

（一）"三个统筹"的国际趋势

通过比较，人们不难有这样的认识，那就是，各国宏观审慎政策治理架构的实际情况虽然有所不同，有的差异性看上去还很大，但却均呈现出了一定的共性发展趋势。目前，归结起来，主要做法集中体现为"三个统筹"的趋势，即统筹监管系统重要性金融机构（SIFIs）和金融控股公司；统筹监管重要金融基础设施，包括重要的支付系统、清算机构、金融资产登记托管机构等，维护金融基础设施的稳健高效运行；统筹金融业综合统计，通过金融业全覆盖的数据收集，加强和改善金融宏观调控，维护金融稳定。围绕"三个统筹"的发展趋势，各方实践在具体方向上又体现出了"四个强化"的要求。

第一，都强化了中央银行在宏观审慎政策治理架构中的核心地位（李波，2016）。危机以来，人们开始更多地意识到，有效的宏观审慎政策需要对宏观经济、金融市场和支付体系有深刻理解，而中央银行恰恰在这些领域拥有无可争辩的优势。同时，中央银行通过加强宏观审慎管理获取相应的监管信息，而这些信息也正是央行处置风险、履行最后贷款人职责和维护金融

稳定的基础。更进一步讲，对这一问题的探讨，实际上又引申出了中央银行与监管职能的分离融合问题。例如，英国在检讨1998年以来的金融监管改革时认为，最大的失误就在于将监管权从中央银行剥离，使中央银行缺乏必要的手段应对系统性金融危机，"这不仅是英国的失败，也是近20年来大部分国家的普遍失败"①。

第二，都强化了中央银行对系统重要性金融机构（SIFIs）和重要金融基础设施的监管。通常，银行、保险等金融业务具有较强的顺周期性，也与其他金融机构存在着错综复杂的关系，同时对客户又有兑付义务，一旦倒闭还会对金融系统影响巨大，因而是宏观审慎逆周期调控和审慎监管的主要对象。另外，重要金融基础设施是金融市场运转的核心，其重要性也不言而喻，二者同属宏观审慎政策所关注的重要内容。因此，赋予中央银行对二者的监管权，是发挥央行在宏观审慎管理中核心作用的必要前提和重要体现。

第三，都强化了中央银行金融业综合统计以及全面的信息收集职责。正如我们在本书中不同地方反复强调的那样，全面及时的信息是监测和评估系统性金融风险的基础。此轮危机后，主要经济体都通过完善金融监管体制加强了中央银行在金融业综合统计和全面信息收集方面的职能。例如，英格兰银行建立了强大的数据信息库，可以十分方便地查询相关金融领域的数据，英国金融政策委员会（FPC）对其下属的审慎监管局（PRA）及独立设立的行为监管局（FCA）都具有指令权，这极大地强化了中央银行的数据统计和信息搜集能力。

第四，都不同程度地强化了宏观审慎视角下的"双峰监管"（Two Peaks）理念。具体操作上，一是普遍建立宏观审慎政策框架，旨在维护金融稳定；二是将微观审慎与行为监管分离，形成两个相对独立的目标单元。在宏观审慎政策框架内，二者服务于维护金融稳定的总体目标，有助于避免监管交叉和监管空白。

（二）"五方面"经验性认识

认识一，有效治理架构应有助于保证宏观审慎政策实施的合法性，能够

---

① 参见Turner, Adair, 2009, The Turner Review——A Regulatory Response the Global Banking Crisis, FSA, March.

确保政策当局在面对系统性金融风险时有能力迅速采取应对措施，并有利于促进政策各方有效协调，避免各自为政（BIS，2011；IMF，2011a；CGFS，2012；IMF，2013a、b）。

认识二，宏观审慎政策职责可以由一家单独的机构或委员会来承担，该机构同时应负责系统性金融风险防范和维护金融稳定。中央银行应在宏观审慎政策中发挥重要作用，同时尽管财政部门在宏观审慎政策中发挥作用十分重要，但由其来主导政策实施可能会带来潜在风险（IMF，2011c）。

认识三，应尽可能将与系统性金融风险防范相关的职能机构都纳入宏观审慎政策治理架构中，保持政策目标与职权的一致性，并努力减少目标与行动不一致所带来的政策抵消和冲突。治理架构内，应建立有效的信息协调与共享机制，系统性金融风险相关方都应参与到风险的评估过程之中。

认识四，目标明确是宏观审慎政策治理架构最显著的特征。这不仅有助于提高宏观审慎当局的行动能力和行动意愿（BIS，2011；CGFS，2012；IMF，2013a、b；IMF，2014），而且有助于市场主体更好地理解和执行宏观审慎政策（IMF，2011a）。

认识五，宏观审慎政策治理架构是一国政治经济制度、法律传统、监管文化及金融发展程度等因素的综合伴生物。治理架构的构建属于金融制度供给范畴，本身受到国内外多种因素的制约和影响，任何脱离本国实际和金融发展阶段的改革都必将带来灾难性后果。宏观审慎政策的这种多元化属性，也决定了一国的治理架构必须立足于本国实际，同时综合考虑社会经济发展目标和风险变化约束。

## 六、认识基础上的几点结论

在各方认识的基础上，我们研究认为，所谓宏观审慎政策治理架构（Institutional Arrangements），其本质问题在于，在现有制度框架内，如何合理划分宏观审慎与货币政策、财政政策、微观审慎监管的职能边界和作用范围，如何将宏观审慎政策与其他政策有效对接，如何协同和优化金融监管资源防范化解系统性风险，如何建立健全专门的政策机构承担宏观审慎职能，具体又包括权力由谁行使、政策由谁实施及如何实施、各方如何协调以及政策评估与问责激励等等一系列问题。同时，尽管由于各国的历史、政治体制和金融架构发展沿革不一，实际上并不存在单一模式的治理架构。但无论采取何种模式，都必须发挥中央银行在其中的主导作用。

目前，国际上"三个统筹"的趋势和要求，主要落在中央银行身上，这一点已经明确。这既符合完善宏观审慎政策框架的要求，也符合2008年危机以来金融监管改革的最佳实践（李波，2016）。此外，在坚持上述趋势和方向的基础上，健全宏观审慎政策治理架构的关键还在于要处理好"四个方面"的关系。

第一，稳定性与效率性的关系。通常，在制定与实施宏观审慎政策时，宏观审慎当局需要在金融系统效率与稳定目标之间权衡得失。实践表明，不同国家因其不同的文化和传统而对治理架构的安排有所差异，从而在稳定与效率之间的取舍也有较大差别。例如，美国倾向于母国所有权的观点对金融创新甚至是过度创新有很大的包容度，体现到治理架构上就表现为政策制定与实施的相对分散化和松散化。而对于一些发展中经济体来说，金融抑制（Financial Repression）则是合理和普遍的选择，因为它们要避免落后的金融体系遭受金融冲击。这样一来，由于政治稳定与金融稳定目标无法完全轻易分开，因此治理架构往往难以真正保证自身的独立性，而需要在稳定和效率之间寻求平衡。

第二，中央银行与财政部门的关系。经验表明，金融稳定的大部分工作属于金融监管范畴，而金融稳定操作最终往往又都会涉及财政承诺。因此，宏观审慎政策治理架构中，往往需要将财政部门纳入其中。从各国的实践来看，财政部门也希望拥有一定的宏观审慎政策话语权，以获取信息，凸显影响力。这样一来，在治理架构内，如何平衡好宏观审慎与财政政策的关系也是一种考验。

第三，货币政策与宏观审慎政策的关系。在宏观审慎与其他政策的关系中，如何做好与货币政策的衔接并合理划分二者的职能边界是重中之重。之所以有此认识，根本原因在于，货币政策和宏观审慎政策并非完全独立，宏观审慎政策会对货币政策的传导机制产生重要影响，货币政策的变化[1]也会

---

① 货币政策的操作是通过收益率曲线和信贷渠道，调整中央银行自身的资产负债表规模和结构来影响银行体系资产负债表的变化，直接体现为信贷资金的投放与回笼。

刺激并导致金融体系中杠杆率或期限转化的增减，并反过来对整个金融体系的稳定性产生重大影响。

第四，微观审慎与宏观审慎的关系。尽管二者同属广义金融稳定政策范畴（拉尔斯·斯文森，2018），但由于微观审慎和宏观审慎目标可能并不完全兼容，有时甚至互相冲突，从而在治理架构设计上就需要考虑二者的差异性，留出一定的弹性空间。

# 第三节　中央银行承担宏观审慎政策职责的逻辑

宏观审慎具有鲜明的实践属性，自提出以来，就体现出强烈的问题意识和鲜明的目标导向。在不断反思问题、总结经验的过程中，目前各方形成了一种收敛性的主张，那就是中央银行应该而且能够在宏观审慎政策中发挥主导作用。不但如此，更为重要的是，随着各国实践的深入，人们还在理论层面和实践层面不断揭示和强化了中央银行承担宏观审慎政策职责的多元逻辑。

## 一、理论逻辑：围绕中央银行政策职能的伦理认识

回首过去，在2008年金融危机爆发十二周年之际，在人们对危机的感性认识上升为伦理认识[①]的漫长过程中，中央银行的角色变化、传统货币政策调控框架的转型及与宏观审慎越来越紧密的融合趋势成为最为引人注目的方面。

（一）融合与区分：货币政策与宏观审慎政策新趋势

回首本次危机十二年的历程，我们会发现，各国的危机应对过程始终伴随着一条鲜明的主线，那就是中央银行货币政策之手尽管若即若离，但却一直发

---

① 1937年毛泽东在其伟大著作《实践论》中写道，感性的认识是属于事物之片面的、现象的、外部联系的东西，伦理的认识则推进了一大步，到达了事物的全体的、本质的、内部联系的东西，到达了暴露周围世界的内在矛盾，因而能在周围世界的总体上，在周围世界一切方面的内部联系上去把握周围世界的发展。"感觉到了的东西，我们不能立刻理解它，只有理解了的东西才能更好地感觉它""感觉只能解决现象问题，理解才解决本质问题"等论述说的都是感性与理性的关系问题。

挥着不可替代的作用。当前，危机进入"下半场"后，随着危机模式下非常规货币政策的渐次退出又时而重来，各方对中央银行传统货币政策框架进行了深入反思。在反思过程中，各国逐渐达成一种共识，即中央银行货币政策框架和相关操作将不会简单回归到危机前的状况，货币政策与宏观审慎政策将会从此步入金融"新常态"，并在功能区分的基础上围绕金融稳定目标不断融合。

基于正反两方面的比较，各方围绕货币政策与宏观审慎政策融合交叉的新趋势，提出了一系列新观点。如纽联储主席Willian Dudley（2014）认为，金融"新常态"的特点之一，即意味着维护金融稳定逐步成为中央银行货币政策目标的一部分。BIS原总经理Caruana（2011）更加深入地描述了危机后中央银行的新趋势，他认为这种新趋势对中央银行而言意味着两种融合：一种是中央银行越来越多地将金融稳定与原有货币政策框架相融合，而要做到这一点，中央银行必须克服观念和制度上的双重挑战[①]。另一种是中央银行在货币政策中应综合考虑本国政策的溢出效应（Spillover Effects）和他国的反馈效用（Spillback Effects）。当然，上述两种融合趋势也不一定必然意味着会改变中央银行传统货币政策框架的目标和职能。然而，无论怎样，这些变化为货币政策转型以及健全宏观审慎政策治理架构提供了新思路，并迫使人们对央行的角色定位做出更深入的分析和调整。

实际上，早在1984年，美联储前主席沃尔克（Paul Volcker）就提出，美联储首先是金融稳定维护者、其次才是货币稳定维护者。2008年，这只"睿智的老鹦鹉"又在其新书"Keeping At It: The Quest for Sound Money and Government"中再次重申了美联储"金融稳定的守护者"这一简单事实。近二十年来货币政策的实践也反映出，尽管各国货币当局成功地实现了稳定物价的目标，但金融危机的频率却在不断上升，并俨然成为永恒现象。本次危机更是表明，在持续高增长、低通胀和低利率环境下，市场对持续宽松货币环境的预期会导致过高的杠杆率和期限错配，最终使得泡沫破裂，系统性风

---

① 其中，观念上，货币政策目标应由单一的价格稳定向兼顾金融稳定转变；制度上，由于金融稳定和宏观审慎通常涉及中央银行、财政部门、监管机构等多个部门，如何协调不同部门来实现金融稳定目标是重点所在，这就要求建立有效的宏观审慎政策治理架构。

险暴露。

这些反复出现的现象揭示出，价格稳定只是金融稳定的必要条件而非充分条件（Tommaso，2002），如果中央银行仅仅针对短期物价走势制定和执行货币政策，就极有可能诱发经济金融的结构性失衡并妨碍中长期物价稳定目标的实现。不仅如此，若无法实现金融稳定，货币政策的传导机制就会受损，货币政策的目标也会难以实现，进而会大大弱化对实体经济的支持。

从实践来看，2008年危机以来部分国家中央银行职能的扩展，也反映出货币政策应是金融稳定框架天然组成部分的共识。危机前，约有90%的中央银行承担着维护金融稳定和监督金融体系的主要责任，但只有三分之二的国家将此职责以法律形式予以明确。2009年以来，有60多个国家和地区在修订中央银行法时明确赋予其金融稳定职能，使该比例提高到了五分之四。同时，全球成立了30余个跨部门的宏观审慎政策委员会，中央银行均参与其中并发挥关键作用，其承担的金融稳定目标和宏观审慎管理职责更加明确[①]。目前，越来越多的人开始意识到，赋予中央银行金融稳定职能主要是由于监管机构出现了严重失误，而且尽管中央银行本身并非维护金融稳定的最佳机构，但却是目前负面影响最小且唯一可行的选择（Charles Wyplosz，2014）。

现在看来，正是中央银行及其货币政策操作所具有的这种特性，决定了货币政策与宏观审慎的内在关联性，从而也必然要求中央银行在宏观审慎政策框架中扮演积极角色。

（二）内在一致性：货币政策逆周期调节特征与宏观审慎管理

从最终目标看，货币政策和宏观审慎政策的目标具有一致性，重点都是关注宏观经济领域的问题，防止经济波动过大对金融体系带来威胁。从政策理念看，二者都秉持逆周期调节方式，逆风险而行。

从操作方式看，通常，逆周期宏观审慎政策通过缓解银行体系的顺周期性风险累积，从而避免对实体经济融资功能产生冲击。而逆周期货币政策调控则通过保持经济的平稳运行，为金融体系稳定运行提供保证。由于金融不稳定不利于货币政策目标的实现，因此中央银行天然具有防范系统性风险的

---

① 数据来源：《中国金融稳定报告2015》，153页。

强烈动机和内在需求。故而，加强中央银行在宏观审慎政策中的作用，反而有助于中央银行货币政策目标的实现。美联储理事会成员Roger Ferguson曾指出，美联储的货币政策由于其所担当的监管职责而取得了良好的效果，而其稳定价格的职能也使其所实施的监管政策取得了更好的效果。

目前看来，也正是由于二者的这一内在一致性，使得中央银行越来越多地承担起宏观审慎管理职责，并在中央银行框架内努力推动货币政策与宏观审慎政策的融合互补。

（三）职责本源：中央银行最后贷款人优势

自1873年英国著名经济学家沃尔特·巴杰特（Walter Bagehot）在其伟大著作《伦巴第街》（*Lombard Street*）中提出了著名的巴杰特原则[①]以来，最后贷款人理论（Lender of Last Resort，LLR）就逐渐成为现代银行体系的重要支撑。按照最后贷款人（LLR）理论，中央银行作为支付手段和金融市场即时流动性的唯一提供者，决定了其在防范系统性金融风险中的决定性作用。

历史早已表明，中央银行是唯一能在短时间内向金融体系和社会注入流动性的机构，是能恢复市场信心的权威机构，也是金融市场的"定海神针"。之所以如此，中央银行的本质就在于，它有能力通过自身资产负债表的操作而创造流动性，而流动性管理是维持金融系统稳定的有机组成部分（Goodhart，2010），是中央银行最核心、最关键的业务，也是中央银行存在的理由。

也正因为此，Anna Schwartz在定义金融危机时，提到了货币供应量剧降的可能性（Schwartz，1986），他认为市场流动性决定了金融系统面对冲击时的弹性与稳定性，因为金融危机时期可能出现流动性枯竭，而每个人又都需要流动性，只有中央银行的基础货币才是真正的流动性，是唯一的最后贷款人。不仅如此，发挥中央银行在金融监管中的主导作用，还恰恰是本次危机最重要的经验总结（吴晓灵，2011）[②]，由中央银行承担宏观审慎职责，能

---

① 巴杰特原则又称白芝浩原则，核心观点包括：向问题银行征收惩罚性利率；惩罚问题银行的股东和管理者；允许问题银行破产和关闭；仅向市场而非单个机构提供流动性等。后来，随着金融理论与实践的发展，该原则得到了进一步完善与发展。

② 吴晓灵，在2011年5月20日陆家嘴论坛上的发言。

够保证协调成本最小化，有利于实现货币政策与宏观审慎政策的良好协调。

从另一方面来看，作为市场流动性的最后提供者和最后贷款人，中央银行如果没有事前监管权而只是在危机时充当"提款箱"，那就不仅容易滋生道德风险，而且也极易贻误流动性注入的最佳时机，放任风险蔓延和市场波动，导致金融机构陷入危机，进而冲击实体经济。退一步来说，即使实施最完备的金融监管，在危机来临时，中央银行最后贷款人或存款保险机制也仍需发挥流动性救助职能（陆磊，2016）。

实践表明，以最后贷款人为基本操作方式的救助机制，只有与日常监管相统一，方能缩短反应时滞，在实时遏制系统性风险的同时降低社会恐慌。英国百年老店北岩银行（North Rock）事件中，英格兰银行正是由于没有事先掌握情况，才使得孤立事件对整个金融系统产生的影响扩大。而问题的根源恰恰就在于，英国微观监管当局对系统重要性金融机构（SIFIs）的倒闭风险既缺乏救助手段与工具，也没有控制其倒闭所产生后果的足够能力。

总之，中央银行的职责特性、金融市场的客观要求与宏观审慎管理的目标属性紧密契合，这些均构成了中央银行承担宏观审慎管理职责的最大逻辑。中央银行所具有的系统性、整体性、宏观性视角和职能优势，也决定了由中央银行来承担宏观审慎管理职责是适当的、合理的。

表3-4　2008年危机中美联储和英格兰银行流动性支持措施微观创新

| 名称 | 国别 | 参与者 | 特点和机制 |
|---|---|---|---|
| 定期贷款拍卖（FAF） | 美联储 | 存款类金融机构 | 2007年12月推出，包括28天和84天期两种，每月两次，利率由竞标过程决定，每次有固定金额，抵押品与贴现窗口借款相同。 |
| 短期证券借贷工具（TSLF） | | 一级证券交易商和投资银行 | 2008年3月推出，是以拍卖方式用国债置换一级交易商的抵押资产，到期后换回的一种资产互换协议，每周两次，期限28天，抵押品包括所有投资级债券。该工具将流动性支持拓展至存款金融机构以外投行。 |
| 一级交易商信贷便利（PDCF） | | 一级证券交易商 | 2008年3月推出，允许一级交易商从贴现窗口借款，借款利率与贴现窗口一级信贷利率相同，为隔夜贷款，允许最长展期120天，抵押品包括适用于公开市场操作业务的所有合格抵押品。该工具使央行触角从银行体系延伸到证券市场。 |

续表

| 名称 | 国别 | 参与者 | 特点和机制 |
|------|------|--------|------------|
| 资产支持商业票据货币市场共同基金流动性工具（AMLF） | 美联储 | 存款机构和银行控股公司 | 2008年9月推出，以贴现率向储蓄机构和银行控股公司提供无追索权贷款，为其从货币市场共同基金处购买资产支持商业票据提供融资，旨在帮助持有资产抵押商业票据（ABCP）的货币基金满足其投资者赎回的要求。 |
| 商业票据融资工具（CPFF） | | 商业企业（公司债券发行者） | 2008年10月推出，通过特殊目的载体（SPV）直接从符合条件的商业票据发行方购买评级较高且以美元标价的资产抵押商业票据和无抵押商业票据，为商业票据市场提供流动性。该工具将流动性支持拓展至金融机构以外的商业企业。 |
| 货币市场投资者融资工具（MMIFF） | | 私人部门特殊目的机构 | 2008年10月推出，美联储共设立5个特殊基金，向一系列私人部门特殊目的机构注资，通过后者向合格投资者购买商业票据。目的是帮助货币市场共同基金应对赎回潮，为萎缩的货币市场注入活力。 |
| 资产抵押证券贷款工具（TALF） | | 3A级消费贷款和小型企业贷款支持证券持有者 | 2008年11月推出，向AAA级消费贷款和小型企业贷款支持证券的持有者提供最多2 000亿美元的无追索权贷款，用于保障教育、汽车和信用卡贷款以及由小企业发展署担保的贷款，旨在刺激消费及激活抵押贷款市场。 |
| 特别贷款便利（SLS） | 英格兰银行 | 银行机构 | 2008年4月21日推出，允许银行以优质的房屋抵押贷款支持的证券换取英格兰银行持有的国库券，期限可长至3年，银行换得的国库券可用于多种目的，如抵押贷款等。 |
| 贴现窗口便利（DWF） | | 银行和住房抵押贷款协会 | 2008年10月推出的流动性支持工具，参与者可以范围较广的资产作抵押向英格兰银行借用国库券，英格兰银行向对手金融机构提供有保障的流动性。 |
| 资产购买便利（APF） | | 设立"资产购买便利基金"（APFF）来实施 | 2009年1月，可被购买资产包括商业票据、公司债券、按信用担保计划发行的票据以及私人资产等。目的是改善金融市场流动性，后来为货币政策服务。资金来源于财政部发行的国库券所获资金。 |

资料来源：著者整理。

## 二、实践逻辑：关于中央银行与宏观审慎融合的实践观

目前，在认识与实践的碰撞交锋中，围绕中央银行与宏观审慎的关系形

成了多种实践观[①]，为我们理解二者的关系提供了逻辑支撑。

（一）第一种实践观点，可称之为"职能论"

该观点认为，中央银行因其所担负的职能而决定了自身是宏观审慎政策天然的主导者。欧洲央行（ECB）前行长特里谢指出，中央银行具有维护金融稳定的天然职能，其政策导向是中长期的，且具有全局性，因而在宏观审慎政策中应发挥重要作用[②]。从另外一个角度讲，危机以来货币政策与金融稳定的紧密关联性，也决定了中央银行必须在宏观审慎管理中发挥重要作用。因为中央银行是"最后贷款人"，是唯一能在短时间内为金融体系注入大量流动性的机构（Caruana，2010c），同时其所建设管理的支付清算系统也是现代金融系统的核心，而且还拥有大量资源进行宏观经济和金融形势分析。

危机以来，几乎所有的迹象均表明，维护金融体系稳定这个职能只有中央银行能够承担。金融稳定和宏观审慎未必是货币政策的事，但一定是中央银行的事。追根溯源，并非中央银行的管理人员本身素质高，而是由中央银行本身的职能所决定。因为，无论是外部冲击导致的货币危机，还是金融机构坏账导致的银行危机，抑或是资本市场波动引致的国际收支危机，往往最终都集中表现为流动性危机（陆磊，2015）。而中央银行在紧急关头的流动性救助恰恰是应对金融危机的最重要手段。

换言之，正是由于只有中央银行垄断了现钞发行权，其本身才真正拥有了最后贷款人职能（吴晓灵，2011），才能够在金融危机的时候采取措施拯救市场信心。因此，归根到底，是最后贷款人的流动性救助职能赋予了中央银行危机救助"最后防线"的重要地位（徐忠，2018）。

（二）第二种实践观点，可称之为"能力论"

该观点认为，中央银行拥有其他部门所不具备的系统性风险识别、危机应对和处置的方法、措施和技术能力，这些能力特质使得央行能够在宏

---

① 马克思《关于费尔巴哈的提纲》（《马克思恩格斯选集》第1卷，人民出版社1972年版，第16-19页）和列宁《唯物主义和经验批判主义》第二章第六节（《列宁全集》第18卷，人民出版社1988年版，第144页）和列宁《黑格尔〈逻辑学〉一书摘要》（《列宁全集》第55卷，人民出版社，1990年版，第183页）中提出，实践的观点是辩证唯物论的认识论之第一的和基本的观点，它不但有普遍性的品格，而且还有直接现实性的品格。

② 参见《中国金融稳定报告2011》，99页。

观审慎政策实施中发挥主导作用。实际上，早在危机爆发两周年之际，IMF（2010a）就在题为"宏观审慎政策：亚洲视角"的国际研讨会中呼吁，应将宏观审慎政策纳入宏观经济政策框架，货币政策制定者应在宏观审慎管理中发挥积极作用；同时作为宏观审慎政策的主导机构，中央银行应有权针对系统性风险提出并实施监管措施。现在看来，支持上述主张的最主要的理由，恰恰就在于中央银行拥有足够的专业知识和动力来降低和防范系统性风险[①]。

事实上，过去十多年间，一些国家在危机应对中，注重发挥中央银行流动性提供者和系统性风险识别者的优势，也的确形成了中央银行实施宏观审慎政策的独特能力特质。如中央银行一般不受政治影响，具有良好的独立性，并且有条件投入相当的资源来分析宏观经济和金融态势，同时只有中央银行才具有对宏观经济的深入理解和权威知识，也能够全面了解其所要支持金融机构的各方面情况，而这些正是制定宏观审慎政策的必备条件。

因此，将宏观审慎政策职能授予中央银行不仅使其具有不可替代的优势（G30，2010），而且货币政策与审慎管理政策的有效结合，还能够提供许多应对危机的逆周期性工具（Olivier Blanchard，2013b）。

（三）第三种实践观点，可称之为"教训论"

该观点从危机教训出发，认为危机的爆发和蔓延主要原因就是缺乏中央银行的事前干预。而中央银行在危机应对之中不可替代的成功表现也同样表明，赋予其在宏观审慎政策中的主导权，对于改进金融监管质量尤为关键。美联储前主席伯南克（Bernanke，2008a）就曾指出，金融危机最深刻的教训是金融机构"大而不能倒"问题必须解决，美联储原本可以于危机前在银行资本标准方面做更多事情，但却缺乏对金融机构进行全面监管的权力[②]。

也正为此，教训之下，唯一理性的选择就是，中央银行应更加关注整体价格水平稳定，更多地考虑金融稳定和宏观总量风险问题，进一步发挥好传统货币政策工具反周期调节作用（张晓慧，2010），同时加快构建宏观审慎政策框架，提升系统性风险防范能力。

---

① 参见IMF：《中央银行：危机的教训》报告，2010年。

② 参见《中国金融稳定报告2011》，100页。

（四）第四种实践观点，可称之为"履职论"

该观点认为，中央银行承担宏观审慎政策职责是履行自身职责的内在要求，如果中央银行不承担宏观审慎政策职责，将会影响其正常的职责履行。中央银行职能演变的历史表明，其自身的职责本质即在于通过调整自身的资产负债表创造流动性，而流动性管理又是金融稳定的关键。如果全权负责流动性管理的中央银行没有宏观审慎管理权，那么金融危机应对的局面将会非常复杂（Goodhart，2010）。

从中央银行履行货币政策、金融稳定职能和发挥最后贷款人作用的角度来看，中央银行统筹货币政策与宏观审慎管理对于保持中央银行权责对等也十分必要（徐忠，2018）。这种必要性主要体现在三个方面：一是中央银行货币调控离不开金融监管政策的协调配合；二是中央银行履行金融稳定职能需要获得相关金融监管信息；三是中央银行行使最后贷款人职能、开展危机救助需要金融监管政策的协调配合。

（五）第五种实践观点，可称之为"改进论"

该观点的出发点在于，既然中央银行在宏观审慎管理方面的职责是确定的，那么接下来问题的重点就不在于该不该，而在于如何更好地发挥中央银行在宏观审慎政策中的作用。从实践来看，目前各国对于如何实施宏观审慎政策有多种选择，既可以由一家监管者（新设机构或原有机构）承担，也可以由多个监管者共同承担。但无论采取何种模式，中央银行实际上已经在各类委员会或理事会中发挥着关键作用（G30，2010）。

在这一前提下，为充分发挥中央银行在宏观审慎政策方面的积极作用，改进的方向包括：一是赋予中央银行足够的权力和必要的工具，使之不仅能在危机时期发挥作用，也能在信贷快速扩张、杠杆率上升时期实施逆周期性调控。二是在中央银行不具有审慎监管权的国家，应当保证中央银行在审慎监管和市场管理决策中也能发挥重要作用。三是当有关资本、流动性和保证金等关键性的制度安排发生变化时，中央银行应当具有正式的评估权，并提出改进建议。四是中央银行有权对系统重要性金融机构（SIFIs）和支付清算体系进行监管（G30，2009）。此外，发挥中央银行在金融监管中的主导作用，关键还在于保障中央银行掌握监管信息的权利（吴晓灵，2011），这一点也尤为关键。

## 三、理论逻辑与实践逻辑之上的理念变革

几乎无人否认，本次危机是一场深刻的革命，而首要的是理念变革[①]。危机以来，人们提出强化宏观审慎政策框架，根本要义就是要弥补金融管理制度中那些最严重的缺陷，革新其背后的理念，维护金融体系稳定。危机以来的实践表明，中央银行在宏观审慎政策中发挥主导作用，其根本机制也源于理论逻辑与实践逻辑催生下的一系列理念变革。

（一）第一个理念，中央银行与监管职责相分离并不能有效防范系统性风险的发生

现在往回看，过去许多人主张将货币当局与监管机构相分离，一是考虑到中央银行很多时候主动或被动承担着救助商业银行的职责，如果不分离，可能影响货币政策的独立性。二是认为货币政策与监管职能合一，可能使中央银行的目标和操作变得更加复杂，并使得评估其政策绩效更加困难。三是认为分业监管有助于提高监管的专业性（徐忠，2018）。

在上述认识的支配下，我国"一行三会"金融监管架构背后最主要的逻辑主线是，为确保金融体系稳定，在以银行为主导的金融体系下，通过剥离银行的非银行业务实现分业经营，辅之以货币、银行、证券、保险分业监管，这也被认为是确保我国金融业风险隔离的主要方法论依据（陆磊，2016）。

但近20年的实践表明，一个机构同时戴两顶帽子是可行的（Goodhart，2010）。而如果中央银行缺少了监管手段，则会极大地影响其风险处置和危机救助职责履行。因为，如果央行没有监管权，但事实上却又承担着救助责任，唯一的结果就是权责不对等。这样以来不仅难以有效降低监管宽容和道德风险，导致处置成本高昂，而且无法有效防范金融风险，更谈不上有序化解。

危机以来，全球对中央银行是否应该"长有牙齿"问题进行了广泛的反

---

① 2008年危机，至少挑战和颠覆了人们对金融危机的如下理念认知（Blanchard、Summers，2018）：一是金融危机是一个风险缓慢累积的过程，当人们对风险的感知发生变化时，危机会突然爆发；二是金融危机中的风险传导呈非线性，会形成不断放大冲击的正反馈，如银行挤兑，一家银行的流动性问题可能引发人们对整个银行体系流动性的担忧；三是金融危机存在"长尾效应"，危机后的产出水平会长期处于低位。这些变换，重新引起人们对回滞效应（hysteresis）的讨论，即暂时性的冲击是否会给潜在产出带来持续或永久性影响。

思，中央银行与监管职能的兼容也已经有了广泛的实践基础。IMF前首席经济学家布兰查德（Olivier Blanchard，2013a）指出，中央银行货币政策与监管职能的协调问题，完全可以通过提高央行政策透明度和完善治理的办法来解决，如果因为上述原因而把货币当局和监管当局分开是个较差的办法，因为中央银行是一个显而易见的宏观审慎政策制定和执行机构。

（二）第二个理念，在原有审慎监管之上增加宏观审慎职能并不能替代宏观审慎政策本身，反而很容易造成政策紊乱

一段时间以来，微观审慎监管部门立足于审慎监管视角，针对防范系统性风险目标，主张应通过强化微观审慎监管者的宏观审慎视角、扩大监管范围来实现宏观审慎目标，而并不必然需要对监管框架做大的调整（CF40，2016）。

按照这一逻辑，与"微观审慎监管"相对，他们提出了"宏观审慎监管"的概念。但实际上，在货币当局与监管机构分离的情况下，如果将宏观审慎政策赋予审慎监管机构，也就意味着赋予了微观审慎监管主体宏观调控和货币调控的职能。这样一来，就很容易导致多头管理货币条件的局面。事实证明，"多龙治水"不仅会造成政策信号紊乱、微观主体难以适从，而且不利于维护金融调控的权威性和公信力。另外，监管实践也表明，受监管立场和监管视角所限，审慎监管部门在宏观经济分析、周期判断上并不具有太大优势，由其进行宏观审慎管理，会大大影响政策的科学性和有效性。

从以往情况看，微观审慎监管"宏观化"所导致的监管越位，乃至微观审慎与宏观调控之间的冲突向来就比较突出。2003年，我国将中央银行与监管部门分设，本意在于增强货币政策的独立性，但实际运行中却产生了一系列相反的效果（李波，2016），这一点早已备受市场诟病。探究背后的原因，监管机构由于直接监管金融机构，掌握着金融机构高管任职审批以及市场准入等权力，因而对金融机构行为乃至对全社会货币信贷总量投放等都有着巨大的影响力。同时在监管本能的驱动下，监管机构容易自觉或不自觉地超越审慎监管的范畴，把手伸长，扮演起宏观调控者的角色，最终干扰了我国货币政策的传导实施。

这方面的例子有很多，例如，在2008年危机爆发后，我国金融监管部门先后集中出台了多项放宽政策措施，加强了对金融机构信贷投放的窗口指导，这在一定程度上大幅削弱了人民银行引导货币条件向常态回归的努力。

又如，2008年我国提出提振经济的4万亿元投资计划后，人民银行就考虑到这一庞大刺激政策的风险影响和后续退出路径，试图制定和实施逆周期宏观审慎政策，并于2009年中即开始研究差别准备金动态调整措施。但受制于多方面原因，到2011年初这一措施方才正式实施。而此时，大规模刺激导致的风险累积已经形成，也为后续我国经济"三期叠加"埋下了伏笔。

（三）第三个理念，由中央银行统筹负责货币政策和宏观审慎政策是较为合适的安排

宏观审慎政策着眼于解决金融体系的顺周期和跨市场风险传染问题，而解决顺周期问题，首先要尽可能准确地判断宏观周期。因为即使有逆周期工具，如果不知道周期状态，也就不知道怎么用。中央银行发展历史表明，央行自身恰恰在判断周期方面最有优势。因为，判断周期，一方面需要有深厚的宏观经济分析基础，另一方面也需要一定的思维独立性，而中央银行于此二者兼备。

从政策属性看，宏观审慎政策本质上属于宏观经济管理和维护金融稳定范畴，因此其制定和执行也应集中在宏观部门，并在此基础上重构金融监管体制（李波，2016）。表面上，宏观审慎政策虽在形式上可能涉及对银行杠杆、资本等传统意义上监管指标的要求，但其关键性要求还是要基于宏观、逆周期性和跨市场视角，在准确判断宏观形势的基础上进行逆风向（leaning against wind）和跨市场的调控，显然这应当由宏观部门（尤其是中央银行）来负责。另外，中央银行的最后贷款人职能以及支付清算功能也使其处于维护金融稳定、防范系统性风险的独特地位。

反之，在宏观部门（如中央银行）负责经济周期和跨市场风险判断以及相关宏观审慎政策制定的情况下，如果本身缺乏有效得力的监管措施和实施手段，最终必然会影响政策实施的效果。这种情况下，也客观要求把宏观审慎政策制定和必要的审慎监管权赋予同一家机构。实践表明，将宏观审慎管理职责赋予中央银行，有利于发挥中央银行统筹金融稳定全局的主导作用。同时，由于货币当局和监管机构都可能在资本、杠杆等方面施加影响，因此也存在相互协调的巨大成本。而话说回来，要想实现成本最小化目标，最好的办法就是强化中央银行的审慎监管职能（CF40，2016）。

总而言之，正是在一系列理念变化的催生下，全球金融监管经历了重大

的变革，并且这些变革基本上也都遵循了审慎监管与行为监管相分离、由中央银行负责审慎监管的原则，特别是逐渐强化了中央银行主导宏观审慎政策制定和执行以及负责系统重要性金融机构（SIFIs）监管的趋势。

## 第四节　宏观审慎政策治理架构条件机制：响应时间与路径选择

宏观审慎政策治理架构的最优问题，涉及政策响应时间和路径选择两个维度。政策响应时间是从风险暴露到政策措施实施之间的时间间隔，与系统性风险的识别紧密相关，而政策路径选择是宏观审慎当局准确识别风险以后的决策过程，二者本质一致。经验表明，宏观审慎政策治理架构的有效与否决定着响应时间长短和路径选择的优劣。反之，通过政策响应时间与路径选择也能判断某种宏观审慎政策治理架构是否优化。如果政策响应时间短，政策路径经济有效，那么该架构模式就可以被认为是较优的制度安排。

### 一、政策响应时间的描述

所谓政策响应时间是指，运用宏观审慎工具来处置系统脆弱性所引发风险的时间，是识别风险、判断风险、选择政策、运用工具的完整过程。在不同的治理架构下，中央银行、金融监管部门以及政府部门（财政部门）所扮演的角色不同，不同部门掌握着不同的工具，因而各个部门在政策实施过程中发挥的作用程度也存在较大差别。这种差别最直接的体现就是政策响应时间的长短变化。通常，政策决策或实施的时间最优问题本质上与治理架构的最优选择一致，只不过表达形式存在差异。

下面，引入目标泛函形式来探讨政策响应时间问题。首先，针对宏观审慎政策的特点，设定如下函数表达式：

$$V[y] = \int_0^T F[t, y(t), y'(t)] \mathrm{d}t \qquad (A)$$

（A）式是单变量下响应时间的目标泛函，表示在时间 $[0,T]$ 区间上的最优响应时间问题。如果是两个部门 $y$ 和 $z$，则响应时间目标泛函可以表示为：

$$V[y, z] = \int_0^T F[t, y(t), z(t), y'(t), z'(t)] \mathrm{d}t \qquad (B)$$

$y(t)$、$z(t)$是随时间变化的状态变量，$V[y,z]$是目标泛函。为简便，可以省略状态变量中的时间自变量（$t$），把被积函数写为$F(t, y, y')$或$F(t, y, z, y', z')$。

式（A）、式（B）就是一定时间区间内政策响应时间的数学表达式。政策响应时间问题实际上是一个时间最优问题，本质上是寻找一条从风险识别到宏观审慎政策实施的最优路径，体现了多种路径下的时间最优。时间最优问题的实质是，把状态变量以最少的时间从一个给定初始状态$y(0)$移动到一个给定的终结值 $y(T)$，即希望最小化目标泛函$V[y]=T-0$。这里的$y(0)$是宏观审慎部门监测的系统性风险暴露点，$y(T)$是经过协调和决策过程后将所选择的宏观审慎政策最终付诸实施。

有时，响应时间的最优化标准可能不仅仅依赖各政策部门的决策过程，还要更多地依赖于所达到终结点的位置，即宏观审慎政策实施时的金融风险状态。这时，目标泛函也可以表示为单部门的$V[y]=G[T, y(T)]$或多部门的$V[y, z]=G[T, y(T), z(T)]$。这种情况下，函数中$G$仅仅依赖终结点$T$时刻的金融风险发展变化状况。此时，由于最优政策路径仅涉及系统性风险的终结点情况，所以响应时间最优问题就转化为风险的终结控制问题。也就是说，政策响应时间取决于最终的系统性风险暴露程度和发展变化蔓延状况。此时，由于不同国家所面临的金融风险状况有异，宏观审慎政策及工具面临的条件约束也不同，从而不同治理架构下做出的政策选择也存在较大差异。

## 二、最优响应时间的条件机制

最优响应时间条件机制包括一阶条件和二阶条件两个方面。

（一）最优响应时间的一般表示

假定宏观审慎政策治理架构只有一个部门组成，则政策的最优响应时间问题可以用下列一般性构造数学规划来表示：

$$\begin{cases} \text{最大化} & V[u] = \int_0^T F[t, y(t), u(t)]\mathrm{d}t \\ \text{满足} & y[0] = A \quad （A给定） \\ \text{和} & y(T) = z \quad （T和Z给定） \end{cases} \quad （C）$$

其中，$y$是该部门的状态变量，$y（t）$是响应时间$t$下的政策选择路径，两个响应时间边界条件是0和$T$，$A$和$Z$表示该部门所面临的政策条件约束。

这里引入变分法来解决上述数学规划表示的问题。变分法的任务是，从一组允许路径y中选取产生极值V [y]的路径，产生V [y]的最大或最小值的光滑路径y被称为极值曲线。数学规划（C）的最优控制问题可以表示为（D）式：

$$
\begin{cases}
最大化 \quad & V[u] = \int_0^T F[t, y(t), u(t)]\mathrm{d}t \\
满足 \quad & y(t) = f[t, y(t), u(t)] \\
& y(0) = A \quad （A给定） \\
和 \quad & y(T) = z \quad （T和Z给定）
\end{cases} \tag{D}
$$

（二）最优控制问题的一阶条件

变分法中，数学规划（C）及其最优控制问题（D）最优解的最基本一阶条件是欧拉方程。鉴于欧拉方程的推导过程较为复杂且无必要，所以这里直接给出政策最优响应时间有解的必要条件。

$$
F_y - \frac{\mathrm{d}}{\mathrm{d}_t}F_{y'} = 0 \quad 对于所有 t \in [0, \ T] \tag{E}
$$

$$
或 F_{y'y'}y''(t) + F_{y'}y'(t) + F_y - F_y = 0 对于所有 t \in [0, \ T] \tag{F}
$$

式（F）所表示的欧拉方程是一个二阶非线性偏微分方程，它的通解包含两个任意常数。由于（C）式所表示的政策响应时间最优化问题涉及两个边界条件，初始条件0和终结条件T。因此，正常情况下我们有充分的信息得以确定两个任意常数，从而求解得到最优响应时间或最优政策路径的定解 $y^*(t)$。

以上就是单个部门、单个变量政策响应时间有解的必要条件。把单个部门推广到多个部门，也即当宏观审慎政策治理架构由多个部门组成时，（C）式中就具有n>1个状态变量，此时目标泛函变为：

$$
V[y_1, \cdots, \ y_n] = \int_0^T F[t, \ y_1, \cdots, \ y_n, \ y_1', \cdots, \ y_n']\mathrm{d}t 并且对于每个部门都有一对
$$

初始时间和终结时间 （G）

按照数学界定，任何极值曲线 $y_j^*(t)$, $(j=1, 2, \cdots, n)$相对于所有的邻近路径都必须产生极值路径值。对于多部门（n）的最优政策响应时间问题，最优响应时间值的求解可以通过一组联立欧拉方程组来进行，即：

$$
F_{y_j} - \frac{\mathrm{d}}{\mathrm{d}_t}F_{y_j'} = 0 \quad 对于所有 t \in [0, \ T], \ j=1,2, \cdots, \ n \tag{H}
$$

通过（H）式所产生的方程，与边界条件一起，就可以确定政策响应时

间或最优政策路径的定解 $y_1^*(t),\cdots,y_n^*(t)$。

需要说明的是，对于具有初始条件和终结条件的最优响应时间问题，两个边界条件提供了确定任意常数的充分信息。但如果初始点和终结点是可变的，此时宏观审慎政策的实施将根据风险变化情况相机抉择，那么一个边界条件就可能会丢失或失效。这时，丢失的边界条件就需要用一个横截条件来代替。式（C）所反映的响应时间问题的一般横截条件是：

$$[F-y'F_{y'}]_{t=T}\Delta T+[Fy']_{t=T}\Delta y_t=0 \qquad (\text{I})$$

式（I）就是可变条件（相机抉择）下的一般横截条件，它仅与一个时刻 $T$ 有关，作用在于取代丢失的终结条件。

当目标泛函（C）中出现多个状态变量时，即宏观审慎政策治理架构包含多个决策部门，此时被积函数是，$F(t,y_1,\cdots,y_n,y_1',\cdots,y_n')$，一般终结横截条件表示为：

$$[F-(y_1'F_{yt}'+\cdots+y_n'F_{yn}')]_{t=T}\Delta T$$
$$+[F_{y1}']_{t=T}\Delta y_{1T}+\cdots+[F_{yn}']_{t=T}\Delta y_{nT}=0$$

给定一个固定的终结时间，上式的第一项会脱离，因为 $\Delta T=0$。类似地，如果某个变量 $y_i$ 具有固定终结值，那么 $\Delta y_{jT}=0$ 并且式中的第 $i$ 项脱离。对于留下的各项，可以期望所有的 $\Delta$ 表达式都代表独立决定的任意数量。这样，没有任何假设使得式中的项可以互相约掉。因此，保留下来的每一项都将产生一个独立的横截条件。

（三）最优控制问题的二阶条件

为了保证响应时间最优解的绝对存在，还需要给出目标泛函（C）的二阶条件。取二阶导数为 $\mathrm{d}^2V/\mathrm{d}\varepsilon^2$，对于最大化 $V$，二阶必要条件是 $\dfrac{\mathrm{d}^2V}{\mathrm{d}\varepsilon^2}\leq 0$，二阶充分条件是 $\dfrac{\mathrm{d}^2V}{\mathrm{d}\varepsilon}\leq 0$。为了求出 $\dfrac{\mathrm{d}^2V}{\mathrm{d}\varepsilon}$，需要明确：$f(t,y,y')$ 的偏导数与它自身一样是 $t,y,y'$ 的函数；$y$ 和 $y'$ 依次都是 $\varepsilon$ 的函数，具有导数 $\dfrac{\mathrm{d}y}{\mathrm{d}\varepsilon}=p(t)$ 和 $\dfrac{\mathrm{d}y'}{\mathrm{d}\varepsilon}=p'(t)$，$p(t)$ 是任意选定的政策路径扰动曲线。这样，就可以得到二阶条件：

$$\mathrm{d}^2V/\mathrm{d}\varepsilon^2=\frac{\mathrm{d}y}{\mathrm{d}\varepsilon}\left(\frac{\mathrm{d}V}{\mathrm{d}\varepsilon}\right)=\frac{\mathrm{d}}{\mathrm{d}\varepsilon}\int_0^T[F_yp(t)+F_{y'}\,p'(t)]\mathrm{d}t$$

$$=\int_0^T\left[p(t)F_y+p'(t)\frac{\mathrm{d}}{\mathrm{d}\varepsilon}F_{y'}\right]\mathrm{d}t$$

另外，对于目标泛函式（C），最优响应时间值存在的充分条件也可以由函数的凹凸性来判断。具体方法是，如果被积函数$F(t, y, y')$关于$(y, y')$是凹的，那么欧拉方程对于识别目标泛函式（C）的一个绝对最大值是充分的。反之，如果被积函数$F(t, y, y')$关于$(y, y')$是凸的，那么欧拉方程对于识别目标泛函（C）式的一个绝对最小值是充分的。需要说明的是，这里关于$(y, y')$的凹性意味着关于两个变量$y$和$y'$联合的凹性，而不是每个变量分离的凹性。如果函数$F$关于$(y, y')$是严格凹的，那么二阶条件中的弱不等式$\leqslant$变为严格不等式$<$。此时，结果$V[y] < V[y^*]$表明$V[y^*]$是唯一$V$的绝对最大值。从而，就得到了政策响应时间最优解的充分条件和必要条件。

### 三、最优政策路径目标的条件机制

实践中，宏观审慎政策的实施必然是动态的，需要根据风险状况的变化来选择不同的政策组合。不仅如此，在不同的宏观审慎政策治理架构下，政策目标和实现目标的路径也会不同。因此，基于响应时间最优化问题的讨论，就可以对宏观审慎政策的最优目标进行动态最优化数学推导。方法是，引入控制变量，运用最优控制理论和最大值原理来确定不同治理架构下政策路径的最优目标问题。下面，引入目标泛函形式，宏观审慎政策最优控制路径目标可以表述为：

$$
\begin{cases}
\text{最大化} & V = \int_0^T F(t, y, u)\, \mathrm{d}t \\
\text{满足} & \dot{y} = f(t, y, u) \qquad u\text{为控制变量} \\
y(0) = A & y(T)\text{自由}A,\ T\text{（给定）} \\
\text{和} & u(t) \in \wp,\ \text{对于所有}\ t \in [0, T]
\end{cases}
\qquad (J)
$$

（J）式就是宏观审慎最优政策路径目标问题的数学规划。（J）式中，出现了三种变量$t$（时间）、$y$（状态）和$u$（控制）。控制变量$u$充当了最优化工具，宏观审慎当局通过控制变量的最优时间路径来确定最优的政策状态路径$y^*(t)$。控制变量$u$的出现使得$u$和$y$之间的关系变得非常重要，$\dot{y} = f(t, y, u)$反映了$u$是如何影响状态变量$y$所经历的路径，$\dot{y}$代表时间导数$\dfrac{\mathrm{d}y}{\mathrm{d}t}$。$y(0) = A$，$u(t) \in \wp$是关于边界和控制集合的设定。

数学规划（J）所表示的宏观审慎最优政策路径目标问题的一阶必要条件

就是最大值原理。最大值原理涉及汉密尔顿函数和辅助变量。在求解（J）式的最大值过程中，辅助变量$\lambda$也会被引入，相当于拉格朗日乘子，度量了相应状态变量的影子价值。在求解过程中，汉密尔顿函数提供了辅助变量$\lambda$进入最优控制问题的工具。汉密尔顿函数的一般表达式为：

$$H(t, y, u, \lambda) = F(t, y, u) + \lambda(t) f(t, y, u) \qquad \text{或者}$$

$$H(t, y, u, \lambda) = \lambda_0 F(t, y, u) + \lambda(t) f(t, y, u) \qquad （K）$$

$\lambda_0$是一个非负常数，可以被标准化为单位值。

这样，我们就可以运用最大值原理来讨论不同治理架构下政策路径目标的最优问题。

对于数学规划问题（J）和汉密尔顿函数（K），最大值原理的条件是：

$$
\begin{cases}
\underset{u}{\text{Max}} H & (t, y, u, \lambda) \text{ 对于所有的} t \in [0, T] \\[2mm]
\dot{y} = \dfrac{\partial H}{\partial \lambda} & [y\text{的运动方程}] \\[2mm]
\dot{\lambda} = -\dfrac{\partial H}{\partial y} & [\lambda\text{的运动方程}] \\[2mm]
\lambda(T) = 0 & [\text{横截条件}]
\end{cases}
$$

最大值原理包含了关于状态变量$y$和辅助变量$\lambda$的两个一阶微分方程。利用最大值原理，通过四个步骤来确定数学规划（J）的最大值：

第一步，把运动方程结合到目标泛函中，然后将此泛函用汉密尔顿函数重新表示为下式：

$$A = \int_0^T \left[ H(t, y, u, \lambda) - \lambda(t) \dot{y} \right] dt = \int_0^T H(t, y, u, \lambda) dt - \int_0^T \lambda(t) \dot{y} dt$$

第二步，$A$的值依赖于为三个变量$y$、$u$和$\lambda$选定的时间路径以及为$T$和$y_T$选定的值。这一步主要是确定$\lambda$的值，作为一个拉格朗日乘子，$\lambda$值从根本上区别于$u$和$y$。只要运动方程$\dot{\lambda} = -\dfrac{\partial H}{\partial y}$对于所有$t \in [0, T]$，$\lambda(t)$路径对$A$的值就不会产生任何影响。为了消除对于$\lambda(t)$对$A$影响的进一步担心，可以将$\dot{\lambda} = -\dfrac{\partial H}{\partial y}$对于所有$t \in [0, T]$当作最大化$A$的一个必要条件，这就是最大值原理的三个条件之一。

第三步，确定最优控制路径$u^*(t)$以及它对状态路径$y(t)$的影响。如果我们有一条$u^*(t)$路径，并且如果用一个扰动路径$p(t)$来干扰$u^*(t)$路径，就可以产生邻近控制路径，即 $u(t)=u^*(t)+\varepsilon p(t)$，对于每个 $\varepsilon$ 都只有一条。根据运动方程 $\dot{y}=f(t, y, u)$，对于每个 $\varepsilon$ 将在 $u^*(t)$ 路径中出现一个相应的扰动。邻近 $y$ 路径可以被写为 $y(t)=y^*(t)+\varepsilon p(t)$。更进一步，如果 $T$ 和 $y_T$ 都是可变的，则有 $T=T^*+\varepsilon\Delta T$ 和 $y_T=y_T^*+\varepsilon\Delta y_T$，考虑到 $u(t)$ 和 $y(t)$ 表达式，可以把 $A$ 用 $\varepsilon$ 来表示，即 $\dfrac{\mathrm{d}A}{\mathrm{d}\varepsilon}=0$，于是 $A$ 的新形式是：

$$A = \int_0^{T(\varepsilon)} \left\{ H\left[t, y^* + \varepsilon q(t), u^* + \varepsilon q(t), \lambda\right] + \lambda\left[y^* + \varepsilon q(t)\right] \right\}\mathrm{d}t$$
$$- \lambda(T)\,y_T + \lambda(0)\,y_0$$

第四步，应用条件 $\dfrac{\mathrm{d}A}{\mathrm{d}\varepsilon}=0$，导出两个条件 $\dot{\lambda}=-\dfrac{\partial H}{\partial y}$ 和 $\dfrac{\partial H}{\partial u}=0$，前一个条件给出了辅助变量 $\lambda$ 的运动方程，后一个条件代表 $\underset{u}{\mathrm{Max}}\ H$ 条件的弱形式，基于假设 $H$ 关于 $u$ 可微而且有内部解。根据以上三个条件，就可以确定最优路径 $y^*(t)$。需要注意的是，为了保证最大值原理有效，$\lambda(t)$ 路径不能任意选定，必须遵循一个给定的运动方程。如果问题具有一个自由终结状态，那么它必须具有一个零终结值。

通过上述四个步骤，求解最优控制理论的一阶条件即最大值原理，我们就能够确定数学规划的最优化政策路径目标解。当然，最大化原理只是为最优宏观审慎政策路径目标提供了一组必要条件，但这些条件不是充分的。如果需要满足某种凹性条件，那么最大化原理所规定的必要条件也必须是充分的。因而，上述推导过程表明，在特定的约束条件下，所谓的最优宏观审慎政策治理架构只能是一种理论上的最优路径。实际操作中，我们面对和需要实现的目标，往往更多的是动态选择中的"次优"结果。

# 第五节　简短的结论

结论一：经济规模大小对宏观审慎政策治理架构设置有着重要影响

实践表明，经济规模较小、对外政策相对开放的国家，宏观审慎政策治理架构设计往往偏重于发挥中央银行在宏观审慎政策中的主导作用。经济规模相对较大国家则往往倾向于让政府部门、财政部门等担负宏观审慎职责，并与中央银行一道组成协调委员会。但研究也表明，金融业规模的大小似乎也并不是一个影响宏观审慎政策治理架构选择的最显著因素。如美欧等金融规模较大国家，宏观审慎政策治理架构却表现出了很大的差异性。此外，除了经济和金融因素，宏观审慎政策治理架构也受到了各国政治法律环境和历史传统的影响。

结论二：宏观审慎政策治理架构是一国经济社会发展、金融稳定框架、金融监管体制等的镜像反映

实践表明，有效的宏观审慎政策治理架构不仅取决于中央银行、财政部门、监管部门等在治理架构中的角色作用，而且与货币政策、产业政策、收入政策等的决策实施密切相关。从更广泛的视角来看，金融调控政策是包括货币政策、财政政策、审慎政策等在内的多维体系。宏观审慎政策的实施需要中央银行、监管部门和财政部门共同发挥作用，维护金融稳定应是各部门共同的责任。因此，宏观审慎政策治理架构应综合考虑中央银行、监管部门和财政部门在治理架构中的不同角色和作用来确定。

结论三：政策响应时间是评估宏观审慎政策治理架构有效性的一个重要视角

研究表明，政策响应时间的条件要求对于宏观审慎政策治理架构的模式选择和设置具有重要意义。有效的治理架构设计能够提高宏观审慎政策对危机的响应时间，而有效的治理架构又取决于两个条件，一是能够有效且充分监测和识别系统性风险；二是具有完善的跨部门、跨国界政策协调机制做保障。因此，宏观审慎政策治理架构的构建和政策的实施，最终体现为金融系统风险最小化和政策效应最大化。其中，金融系统风险最小化是宏观审慎政策最根本的目标要求，也是衡量最优治理架构的最重要标准。政策效应最大化强调的是宏观审慎政策在诸多资源约束下的最优化，即在现有约束下政策响应时间最短、政策路径最佳。通常，作为宏观审慎政策的一种制度安排，治理架构总是在金融风险最小化与政策效应最大化之间"动态游走"权衡。因而，无论我们以何种方式来实施宏观审慎政策，提高风险监测识别能力，加强政策内向外向协调，这些都是优先任务。

结论四：宏观审慎政策治理架构的有效性有待在实践中进一步检验

目前，尽管欧美各国普遍成立了专门机构来实施宏观审慎政策，并促

进监管的协调与合作。但需要看到，宏观审慎政策是各国应对危机的产物，宏观审慎政策治理架构被打上了应对危机、社会政治和监管传统的烙印。这些差异相互叠加，更加凸显了宏观审慎政策治理架构的鲜明特色。实践也表明，动态化的差异需要较长时间的实践沉淀方能成为普世规律，这符合矛盾的统一性与对立性法则。因此，宏观审慎政策的理论支撑和条件机制也只有经过较长时间和较大空间的实践，才能验证其本身的有效性。不仅如此，目前各国宏观审慎政策治理架构下所设立的机构大部分是针对系统性风险监测预警而来，而对治理架构运转本身关注较少，这一切都有待在未来的实践中去检验。

结论五：宏观审慎政策治理架构的选择会对一国宏观审慎工具的运用产生重要影响

实践表明，各国宏观审慎政策治理架构在实际运行过程中存在着较大的差异性。通常，中央银行主导下的宏观审慎政策治理架构模式，由于决策制定和宏观审慎工具的支配权主要在中央银行，因而可以充分选择运用所掌握的政策工具，从而有助于政策的顺利实施。相反，分散化模式下，宏观审慎工具由不同政策部门分别掌握和实施，此时尽管可以通过建立相应的协调机制来减少摩擦，但目标冲突和政策实施过程中的扭曲必然难以避免。

结论六：宏观审慎政策治理架构最优化判定本身存在着较大难度

政策有效性判定历来是各方争论的焦点问题，这一点对于数据可得性不强、实践时间短、经验支撑不足的宏观审慎政策而言尤为突出。多方研究（IMF、BIS等）表明，宏观审慎政策治理架构有效性的实证研究和定量分析，涉及量化指标的设定、指标关系的界定、模型的建立和指标检验以及回归结果的分析等诸多方面，如果缺乏一定周期的数据支持，缺少一定空间的实践支持，不仅会影响实证研究的开展，而且会大大削弱研究结果的有效性。鉴于此，构建统一、有效的宏观审慎政策治理架构评价体系任重道远。

# 第四章

# 宏观审慎政策治理架构：
# 差别化与统一性

"一切社会变迁和政治变革的终极原因，不应当在人们的头脑中，不应当在人们对永恒的真理和正义的认识中去寻找，而应当在生产方式和交换方式的变更中去寻找。"[①]2008年国际金融危机以来，各国宏观审慎多彩的实践为我们提供了多方位的镜鉴，其中或许最为重要的是，宏观审慎政策鲜明的实践性特征，要求我们坚持马克思主义的实践观，以实践为导向，努力从差异化的探索中寻找"动"的差别与"静"的趋势，总结出统一性的规律和认识。正如美国著名政策学家和社会学家李普塞特（Seymour Martin Lipset）说过的一句名言："只懂得一个国家的人，他实际上什么国家都不懂（Those who only know one country know no country）。"鉴于此，在本章，我们试图对全球层面的金融治理进行总结铺陈，也力图对各国宏观审慎政策的实践进行画像，生动地展示各国探索的五彩画卷，更希望透过实践的浮光掠影，总结出纷繁矛盾背后的规律，努力推动新的实践。

---

① 《马克思恩格斯选集》，中央文献出版社，第3卷，第424–425页。

# 第一节 改进全球金融治理：
## 危机以来的"双轮驱动"

近代以来，在东西方经济大分流<sup>①</sup>的过程中，西方国家逐渐在全球政治经济治理体系中占据主导地位。20世纪90年代以来，在东西方国家经济实力此消彼长的动态过程中，全球政治经济格局发生了重大变革。在多重风险因素的挑战下，全球金融治理"单极化"与冲击来源"多元化"之间的矛盾日益突出，并引发了全球范围内广泛的再思考和再审视。2008年百年难遇的"大危机"（the Great Financial Crisis），是全球金融治理矛盾的总爆发，再次凸显了全球金融治理的缺陷性和无力感，并由此开启了全球金融治理不断升级的新阶段。

危机以来，世界各国普遍对现有国际金融治理体系、秩序以及金融市场发展框架进行了重新审视和深刻反思，并开始了一系列监管和治理规则调整。回头去看，在这一重要过程中，有两方面的进展尤为引人注目，即呈现出了"国际监管领导和协调"与"标准制定与实施""双轮驱动"的生动局面。

具体而言，一个层次，以二十国集团（G20）为核心、以金融稳定理事会（FSB）和国际货币基金组织（IMF）作为主要协调和监管机构的国际监管领导和协调体系正式形成，新兴市场和发展中国家逐步登上国际金融的历史舞台，并深度参与到危机后重塑全球金融治理框架的变革中，成为一支不可忽视的力量。另一个层次，以巴塞尔委员会（BCBS）、证券委员会国际组织（IOSCO）、国际保险监督官协会（IAIS）等为代表的国际标准制定机构，在金融市场各个领域制定标准并推广实行，推动全球金融治理能力不断升级。各国在这些国际原则和标准的基础上，按照本国的实际情况将监管标准

---

① 所谓的分流论，即西方率先开启了现代经济增长进程，而东方受多种原因和条件限制，迟迟无法打开现代经济增长之门，导致东西方经济步入不同的轨道。近年来，许多学者对东西方"大分流"的原因进行了多方面研究探索。代表性的如美国彭慕兰的著作《大分流：欧洲、中国及现代世界经济的发展》和荷兰弗里斯所著《国家、经济与大分流》。

具体化、法规化，赋予其法律效力并推动落地实施。由此，形成了"双层多元"的全球金融治理体系。

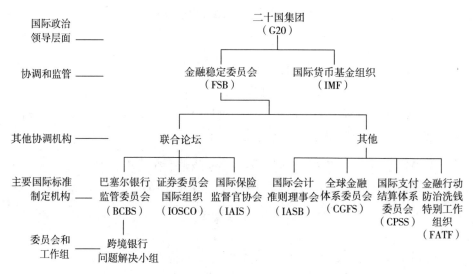

**图4-1　危机后全球金融"双层多元"治理体系**

## 一、以二十国集团（G20）为主体的组织治理体系

亚洲金融危机之前，以西方主要发达国家为成员的八国集团（G8）[①]及IMF和世界银行是国际政治经济事务和金融的治理主体。但八国集团（G8）的代表性不足，IMF等国际金融组织中发展中国家发言权又过低，这种单极化的治理体系越来越无法适应多极化的全球挑战。20世纪90年代，亚洲金融危机过后，随着全球经济格局的此消彼长，要求增加新兴市场国家在全球金融治理中发言权的呼声日益高涨。

（一）本次危机前的G20：从G8到G20

1999年9月，七国集团（G7）财长和央行行长在华盛顿宣布成立二十国集团（Group of 20，G20），从而将G8扩展为G20[②]。同年12月，G20在德国

---

① 美、日、德、法、英、意、加、俄8个国家。

② 成员包括阿根廷、澳大利亚、巴西、加拿大、中国、法国、德国、印度、印度尼西亚、意大利、日本、墨西哥、俄罗斯、沙特阿拉伯、南非、韩国、土耳其、英国、美国、欧盟。

柏林召开了首次财长和央行行长会议。当时，G20是布雷顿森林体系（the Bretton Woods）内一种非正式对话的新机制。为确保G20与布雷顿森林机构的紧密联系，IMF总裁、世界银行行长以及国际货币金融委员会（IMFC）和发展委员会主席作为特邀代表也参与G20实质性的讨论。整体来看，此时的G20代表了全球85%的GDP、80%的贸易和三分之二的人口，在成员组成上除强调对国际经济有重大影响的国家外，还较好地兼顾了发达国家和发展中国家以及不同地域之间的利益平衡，具有较好的代表性。

自成立以来，G20就迅速成为推动国际金融体系改革的主要平台，并以其广泛的代表性打破了国际经济金融事务长期由G7垄断的局面，为工业化国家和新兴市场国家提供了一个就国际金融体系改革和国际金融稳定等政策问题讨论和交换意见的非正式对话新机制。然而，尽管如此，此时全球金融治理仍然存在着严重缺陷，主要表现为，一方面，G20会谈主要限于部长级层面，权威性和执行力明显不足；另一方面，尽管世界经济格局发生了一些变化，但新兴市场国家依然无力挑战发达经济体主导的治理体系，所谓的参与治理和标准制定也更多的只是一种跟随和执行。不平衡催逼改革，这一切都预示着全球金融治理体系必将迎来一场狂风暴雨般的大变革和大调整。

（二）危机后的G20：部长会议升级为领导人峰会

2008年全球金融危机，客观上加快了国际政治经济格局向"一超走弱，多强易位"的演变过程。在危机的巨大冲击下，传统以美国为首、西方发达经济体主导的国际经济事务和金融治理格局开始出现重大变革迹象，以金砖国家（the Brics）等新兴经济体为代表的发展中国家相对实力快速上升，全球金融治理多极化趋势更加明显。

此时，随着金融危机的深度演变，国际金融治理出现了一个相互矛盾的特点：一方面加强监管协调的需求越发强烈，而另一方面各国的政策分化却越来越明显。貌似矛盾的背后，体现了全球金融发展对提升金融治理能力的强烈呼声。这种情况下，危机以来，各方在应对危机、强化监管的过程中逐渐形成一个共识，即金融危机并没有改变全球金融市场加速融合的客观趋势，各国政策的跨境溢出效应（Cross-border effects）已成常态，金融风险的交叉传染和全球蔓延也无法完全避免，因而亟须加强对金融机构和金融市场跨境协调的综合性监管，否则防范系统性风险、维护全球金融稳定只是一句空话。

不仅如此，危机还反复强化着一个事实，那就是传统单纯依靠发达国家的全球治理体系已经无法有效应对全球金融危机，复杂的危机局面和危机后全球经济艰难的复苏历程，都呼唤重塑全球金融治理体系。

2008年11月，G20成员国领导人齐聚美国华盛顿，出席"金融市场与世界经济峰会"。正是在这次会议上，G20由部长级会议升级为领导人全球峰会，并每年召开一次。2009年9月，匹兹堡峰会又确定G20峰会为世界经济首要论坛。自此，G20已然成为全球最重要的经济政策沟通平台[①]。截至2019年5月，G20共召开13次峰会，其中中国于2016年9月在杭州主办了第11次领导人峰会。

（三）增强新兴市场国家在IMF等国际组织的话语权

危机以来，几乎与G20扩展新兴市场国家的代表性同步，围绕IMF和世界银行等国际组织的份额改革和治理改革也在艰难推动之中。2008年4月，世界银行在华盛顿召开的春季年会期间宣布，130亿美元的增资计划已获股东压倒性支持通过，包括向旗下国际复兴开发银行（IBRD）和国际金融公司（IFC）分别增资75亿美元和55亿美元。此次增资后，中国在世界银行的投票权较之前上升了1.26个百分点，份额达到5.71%，位次上升至第3位，仅次于美国和日本。

历史的脚步总是在悄然中前行。2009年，G20伦敦峰会决定，为IMF和世界银行等提供1万亿美元资金，增加IMF特别提款权（SDR）规模2 500亿美元，并提出要推进IMF和世界银行改革，赋予新兴经济体和发展中国家更大的发言权。2010年，G20首尔峰会进一步决定，兑现IMF份额及投票权改革承诺，发达国家向新兴市场和发展中国家转移超过6%的IMF份额，欧洲国家出让2个执行董事席位给新兴市场和发展中国家。如果改革承诺得以实现，金砖国家（the Brics）的份额将全部进入前10名，中国持有份额将从3.72%上升到6.39%，成为IMF第三大股东国。2012年6月G20墨西哥峰会上，各国决定再

---

① G20不设常设秘书处，由轮任主席国负责提供财务和人力支持，主席国采取轮流制。G20可以动用IMF和世界银行的资源和外部专家，并可根据需要成立工作组，就一些重大问题进行评审并提出对策建议。

次向IMF增资、合计4 500亿美元，以加强全球和地区安全防护网建设，其中中国决定增资430亿美元。

表4-1 金砖国家（BRICS）在IMF、世界银行投票权占比

单位：%

|  | IMF份额占比（改革完成后） | IMF投票权占比（改革完成后） | 世行投票权（改革完成后） | 2010年GDP占比（购买力平价） |
|---|---|---|---|---|
| 中国 | 6.39 | 6.07 | 4.42 | 13.56 |
| 俄罗斯 | 2.73 | 2.59 | 2.77 | 3.00 |
| 印度 | 2.75 | 2.63 | 2.91 | 5.43 |
| 巴西 | 2.32 | 2.22 | 2.24 | 2.93 |
| 南非 | 0.64 | 0.634 | 0.76 | 0.71 |
| 合计 | 14.83 | 14.14 | 13.1 | 25.62 |

资料来源：IMF和世界银行网站。

目前，尽管上述承诺落实程度不一，改革进展也不尽如人意，甚至还出现了回潮倒退的迹象，但这一切均无法改变一个明显事实，那就是，新兴市场国家在全球经济治理的角色和作用与十多年前相比已不可同日而语。然而，"后危机"时代，随着各国尤其是发达经济体金融风险日渐平稳、经济逐渐复苏，改进全球经济治理的呼声必将再次被弱化乃至被忽视。这一切都再次反映出，改进和重塑全球经济治理的历程从来都不可能一帆风顺，而只会在艰难且漫长的道路上曲折前行。

表4-2 2017年世界银行按汇率折算法测算的GDP总量前10名排序

| 排名 | 国家 | GDP（万亿美元） | 占世界GDP总量的比重（%） |
|---|---|---|---|
| 1 | 美国 | 19.39 | 24.0 |
| 2 | 中国 | 12.24 | 15.2 |
| 3 | 日本 | 4.87 | 6.0 |
| 4 | 德国 | 3.68 | 4.6 |
| 5 | 英国 | 2.62 | 3.3 |
| 6 | 印度 | 2.60 | 3.2 |
| 7 | 法国 | 2.58 | 3.2 |

续表

| 排名 | 国家 | GDP（万亿美元） | 占世界GDP总量的比重（%） |
|---|---|---|---|
| 8 | 巴西 | 2.06 | 2.5 |
| 9 | 意大利 | 1.93 | 2.4 |
| 10 | 加拿大 | 1.65 | 2.0 |
| | 世界 | 80.68 | 100.0 |

数据来源：《中国货币政策执行报告》，2018年第三季度，中国金融出版社。

## 二、以FSB、BCBS等为主体的规制治理体系

从非正式的概念上讲，国际监管标准制定机构体系是以金融稳定理事会（FSB）、巴塞尔委员会（BCBS）、证券委员会国际组织（IOSCO）、国际保险监督官协会（IAIS）、国际会计准则理事会（IASB）、国际支付结算体系委员会（CPSS）①、全球金融体系委员会（CGFS）、国际存款保险机构协会（IADI）等为主体，负责分领域制定和实施国际金融监管标准的治理系统。危机以来，在G20和FSB等的领导协调下，这些机构各司其职、互为补充，逐渐形成了一个协调、统一的全球金融监管体系。

（一）金融稳定理事会（FSB）：宏观审慎的坚定推动者

2009年4月，G20成员国领导人在英国伦敦召开第二次峰会。正是在这次会议上，发生了一件对各国影响巨大的事件，会议决定新建金融稳定理事会（Financial Stability Board，FSB）②，作为金融稳定论坛（FSF）③的继承性机构，与IMF一道对宏观经济和金融风险提供预警和行动建议，促进和维护各

---

① 2014年9月，国际支付结算体系委员会（CPSS）更名为支付与市场基础设施委员会（CPMI）。

② FSB共有三个常设委员会：脆弱性评估委员会、监督合作委员会、标准执行委员会。临时性工作小组包括：跨境危机管理工作组、不合作国家工作组、薪酬工作组等。

③ 亚洲金融危机及长期资产管理公司倒闭后，为促进国际金融稳定、改善金融市场的运作以及降低金融市场动荡的危害，1999年七国集团财长和央行行长发起建立了金融稳定论坛，旨在评估影响全球金融稳定的脆弱环节，研究监督为克服金融系统脆弱性而采取的行动，改善金融稳定当局与国际监管组织的协调及信息交流。

国和全球金融体系稳定。6月，FSB正式成立，成员包括G20成员国、巴塞尔委员会（BCBS）等国际标准制定机构以及IMF和世界银行等国际组织①。FSB的最高机构为全会（Plenary meeting），下设脆弱性评估、监管合作和标准执行三个常设委员会（Standing committee）②，在全会③和常设委员会之间设立了指导委员会（Steering committee）④。

FSB在G20的直接领导下，主要负责协调国际标准的制定并推进执行，并致力于构建稳健的金融机构，提高金融部门抗风险能力，结束"大而不能倒"的困局、确保衍生品市场更加安全⑤。我国于2009年5月加入FSB，人民银行、财政部及银行保险监督委员会、证监会等通过多种形式参与理事会工作。

成立以来，FSB始终是宏观审慎的坚定推动者，在推动宏观审慎工具管理与应用方面发挥着重要的引领作用。目前，FSB围绕加强影子银行监管、改进金融改革、应对系统重要性金融机构（SIFIs）风险、场外衍生品改革和推进巴塞尔协议Ⅲ（BCBS，2017）实施，以及解决会计准则趋同等多个方面，提出了一系列监管办法和指引，不断为宏观审慎制度化添砖加瓦。

---

① FSB由成员经济体中央银行、监管当局和财政部门高层代表和国际金融组织、国际金融监管组织及中央银行专家委员会的代表组成（成立时共69名代表，其中成员国代表52名，国际组织和专家委员会代表17名）。

② 常设委员会主席分别由FSB一位全会成员担任，由全会主席提名，经全会批准。委员会成员由该委员会主席协商全会主席决定，成员为20~25人，保证区域和机构间的平衡，任期两年。主席可邀请常设委员会非成员（包括FSB成员和非成员）参加常设委员会会议。脆弱性评估委员会每年召开4次会议，监管合作和标准执行委员会每年召开3次会议。

③ 全会由69位全体FSB成员组成，每年召开两次会议，一般在春季和秋季，特别需要时可增开。

④ 指导委员会由全会69位成员中20~25人组成，负责在全会休会期间指导FSB工作，成员主要由七国集团为主的工作人员基础上增选，任期两年，每年召开4~6次会议。指导委员会主席由全会主席兼任。

⑤ FSB主要致力于以下工作：监测市场发展及其对监管政策的影响并提出相关建议；对最佳监管标准提出建议并进行监测；与国际标准制定机构共同对政策制定工作进行战略性联合审查，确保工作及时、协同一致；建立联合监管机制（Supervisiory Colleges），制定指引并提供帮助；为跨境危机管理特别涉及系统性重要意义的机构提出应急管理计划；与IMF在早期预警工作方面进行合作。

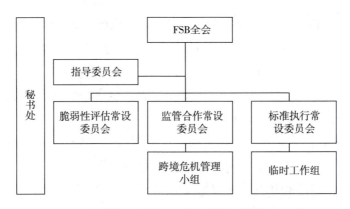

图4-2　金融稳定理事会组织架构

（二）巴塞尔委员会（BCBS）：致力于完善全球资本监管框架

自1975年成立以来，巴塞尔委员会（Basel Committee on Banking Supervision，BCBS）[①]就一直主导着国际银行业监管改革，围绕银行监管颁布了一系列标准，致力于确保银行资本充足以及消除各国资本要求差异而导致的不公平竞争。

1988年发布的《统一资本计量与资本标准的国际协议》（巴塞尔协议Ⅰ）和1997年发布的《有效银行监管核心原则》等早已成为国际银行监管的基本准则。2004年6月，BCBS又正式发布了《统一资本计量与资本标准的国际协议：修订框架》（巴塞尔协议Ⅱ），对老协议进行了全面修订和完善，在最低资本要求基础上，建立了以最低资本要求、监督检查、市场纪律"三大支柱"（three pillar）为基础的综合监管框架，在原信用风险评估的基础

---

① 巴塞尔银行监管委员会（BCBS）简称巴塞尔委员会，原称银行法规与监管事务委员会，是由美国、英国、法国、德国、意大利、日本、荷兰、加拿大、比利时、瑞典10大工业国中央银行于1974年底共同成立，总部在瑞士巴塞尔，拥有近30个技术机构，执行每年集会所订目标或计划。作为国际清算银行的正式机构，BCBS以各国中央银行官员和银行监管当局为代表，每年定期集会4次。成立以来，BCBS先后发布了一系列银行监管和风险管理的原则、指引和稳健做法，包括1988年资本协议、有效银行监管核心原则、新资本协议等重要银行监管制度，为全球监管当局分享交流监管技术和经验提供了重要平台，增强了全球银行监管标准的一致性。虽然BCBS发布的监管文件对各经济体不具法律约束力，但为各经济体改进银行监管提供了重要标杆和参考，BCBS实际上已成为银行监管国际标准的制定机构。

上，增加了市场风险和内部评级高级法，同时新增了对资产证券化和交易账户的资本要求等。

2008年金融危机后，BCBS的治理架构发生了很大变化。2009年6月，BCBS扩员至所有G20成员，从而改变了BCBS长期以来由十国集团（G10）主导的格局，提高了发展中国家在国际金融事务中的话语权，体现了危机后国际金融治理的变化诉求。同时，BCBS总结危机教训，致力于研究改革国际银行业监管规则，围绕逆周期资本缓冲（CCyB）和拨备、加强对系统重要性金融机构（SIFIs）的监管、建立应急资本机制、加强商业银行薪酬管理、强化商业银行公司治理问题、促进国际会计标准改革等，先后发布了一系列重大监管措施[①]。

迄今为止，BCBS（2017）改进银行业监管最重要的成果，集中体现为修订发布的巴塞尔协议Ⅲ。2010年，吸取危机教训而成的巴塞尔协议Ⅲ首次提交G20首尔峰会。2013年1月，巴塞尔协议Ⅲ最新规定发布，在坚持最低资本要求、监管部门的监督检查和市场约束"三大支柱"（three pillar）基础上，提出了对流动性监管的专门要求，并设定了逆周期资本缓冲（CCyB）和系统重要性附加资本（Systemically Important Capital Surcharge）等宏观审慎要求，还对全球系统重要性银行（G-SIBs）提出了更高的杠杆率监管要求。随后数年，各方继续围绕巴塞尔协议Ⅲ进行了紧锣密鼓的讨论和修订。改革的步伐不断向前，直到2017年12月，经过多年的谈判，各国央行和金融监管机构终于达成一致，巴塞尔协议Ⅲ最终方案发布，并从2022年1月1日起逐步实施。

---

① 如《流动性风险管理和监管原则》《压力测试实践和监管稳健原则》《巴塞尔新资本协议市场风险修订议案》《增强银行业抗风险能力》《流动性风险计量、标准与监测的国际框架》等，主要涉及流动性风险管理和监管标准、强化资本监管框架、压力测试、市场风险和交易账户等多个方面。

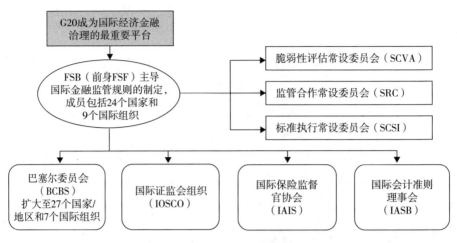

图4-3　危机后国际金融治理架构重大变化

# 第二节　差别化的宏观审慎政策治理架构

实践表明，防范系统性金融风险绝非一家之责。因此，为发挥不同政策的协同作用，需要建立有效的宏观审慎政策治理架构，以保证政策工具合理运用，发挥政策合力（Caruana，2011；Vinals，2011；IMF，2013）。按照这一逻辑，危机以来，发达经济体和新兴市场国家在宏观审慎政策治理架构方面进行了大胆实践，先后通过新设机构、赋予既有机构新职能、重塑中央银行监管职能等方式构建宏观审慎政策治理架构。纵观这一总过程，差别化恰恰蕴藏于各国丰富多彩的探索之中，为我们展现了鲜活生动的景象。

## 一、美国：打造以金融稳定监督委员会为核心的治理架构[①]

美国宏观审慎政策治理架构的突出特点是，一方面，保持"双层多

---

① 也有观点认为，FSOC的形式大于实际意义，而美联储实际上掌握着宏观审慎管理的大部分权力和工具，是实质上的宏观审慎管理核心。主要理由：一是FSOC权力有限，唯一实权是认定非银行类系统重要性金融机构，并仅有宏观审慎管理建议权；二是FSOC的结构设计不够灵活，有投票权的成员多达10个且高度政治化，不利于迅速应对危机；三是FSOC在促进金融监管协调方面的作用有限。

头""伞形"金融监管架构不变，在委员会管理模式下，设立跨部门的"金融稳定监督委员会（FSOC）"，强化政策协调。另一方面，强化了美联储系统性风险防范和系统重要性金融机构（SIFIs）的监管处置职能。简而言之，美国宏观审慎政策框架的实践，实际上是将多家监管机构主管召集起来，共同关注系统性风险领域，加强监管协调。

（一）监管改革的方向和内容

大萧条后，1933年美国通过了《格拉斯·斯蒂格尔法》，规定商业银行与投资银行分业经营，由此确立了分业经营、分业监管的金融监管体制。20世纪90年代，美国克林顿政府通过了《金融服务现代化法案》，废除了分业经营的限制，但保留了以功能监管[①]为主，兼具行业监管特点的监管体制。

美国的金融监管体制属于典型的"双层多头"模式，即由联邦和州两个层面、多个监管机构负责金融业监管。其中，"双层"方面，一层是联邦，这一级的监管机构主要有美联储（Fed）、货币监理署（OCC）、联邦存款保险公司（FDIC）[②]、储贷监理署（OTS）、国家信用社管理局（NCUA）、证券交易委员会（SEC）、商品期货交易委员会（CFTC）等；另一层是各州，都有各自的金融法规，并设有银行、证券和保险专业监管机构。

"伞形"特征是指，以美联储为主、各功能监管机构为辅的监管架构。其中，美联储作为综合管理机构，负责评估和监管混业经营的金融控股公司母公司整体的资本充足性、风险管理内控措施和程序的有效性以及集团风险对子公司潜在的影响；金融控股公司下属的银行、证券、保险各子公司，分别由OCC、州保险署、SEC及各州监管机构对其相应的业务进行监管。

---

① 功能监管的概念最早源自美国经济学家罗伯特·默顿（Robert C. Merton）的一篇学术论文。1993年，默顿发表了《功能监管视角下的金融体系运营与监管》一文，提出尽管金融体系随时间的演进和空间的不同而形态各异并不断变化，但其执行的六项经济功能却是大体稳定的，即支付结算功能；汇集资金功能；跨时、跨区、跨业配置资源功能；管理风险功能；价格发现功能；降低信息不对称成本的功能。

② 联邦存款保险公司的最高权力机构是理事会，理事会由3名理事组成，其中1名必须由货币监理官担任，另外两名由总统任命、参议院批准，任期6年，理事会主席在3名理事中选举产生。联邦存款保险公司理事会下设6个地区分公司，具体贯彻存款保险政策，办理保险业务，执行对参加保险的银行的监督管理职责。

监管协调方面，危机前，为统筹监管合作，联邦层面，财政部、美联储、SEC和CFTC建立了金融市场工作组（PWG），美联储、FDIC、OCC、NCUA成立了联邦金融机构检查委员会（FFIEC）（危机后消费者金融保护局加入），负责制定统一的监管规则和报告模式，代表性的如"骆驼评级体系"；州政府层面，建立了银行监管局联席会议（CSBS），美联储、FDIC和州政府银行监管机构签订了州/联邦监管合作协议。然而，此时的监管协调机制多为松散的论坛性质，不具有强制执行力，协调效率较低，更多是为监管者提供一个交流对话的平台。

表4-3  2008年危机前美国金融体系中的主要监管者

| 监管机构 | 监管对象 | 管理性质 |
|---|---|---|
| 证券交易委员会（SEC） | 有组织的交易所和金融市场 | 信息披露要求、限制内部人交易 |
| 商品期货交易委员会（CFTC） | 期货交易所 | 期货市场交易过程的监管 |
| 货币监理署（OCC） | 在联邦注册的商业银行 | 向联邦注册的商业银行发放牌照，检查账簿，对持有的资产范围做出限制 |
| 全国信用社管理局（NCUA） | 在联邦政府注册的信用社 | 向联邦注册的信用社发放牌照，检查账簿，对持有的资产范围做出限制 |
| 州银行和保险委员会 | 在州政府注册的信用社 | 向联邦注册的商业银行和保险公司发放牌照，检查账簿，对持有的资产范围和分支机构的设立做出限制 |
| 联邦存款保险公司（FDIC） | 商业银行、互助储蓄银行、储蓄和贷款协会① | 对银行的每位储户提供10万美元（临时上升到25万美元）以内的保险，检查参保银行的账簿，对持有的资产范围做出限制② |
| 联邦储备体系 | 所有存款机构 | 检查美联储成员银行的账簿，规定所有银行的准备金要求 |

注：①联邦存款保险公司并不是对参加保险的所有存款都进行保险。按照规定，联邦存款保险公司负责对所有活期存款账户、定期存款账户、储蓄存款账户提供存款保险，但是不负责对大额可转让存单等银行本票进行保险。因为在美国银行法的概念中，银行本票的持有者不算银行存款客户，因而不受存款保险的保护。

②联邦存款保险公司的金融监督管理职责包括：一是国会授权其全权管理监督参加存款保险的非会员银行的经营活动，包括审核、检查、批准这些银行的经营范围、设立分支行等；监督、检查这些银行的经营活动。二是负责审核和批准所有参加存款保险银行的保险注册。三是对所有参加存款保险银行的业务经营和财务状况实行金融检查制度和统计报告制度。四是帮助濒临破产的银行调整经营方向、组织资金运用，甚至进行资金援助。五是组织、管理、安排银行破产时资产清理、债务偿还等事宜。

资料来源：米什金.货币金融学[M].北京：中国人民大学出版社，2013.

2008年危机发端于美国，因而也较早暴露出美国"双层多头"监管模式的一些漏洞弊端。例如，监管框架内美联储、财政部监管职能界定不清，众多监管机构之间协调困难，以及没有一家机构能够获得足够的法律授权来负责金融体系整体风险监管等，这些都备受诟病。也正是由于各个监管机构只在自己的"一亩三分地"中对单个机构进行微观审慎监管，而忽视了金融机构混业经营的风险以及机构之间过于复杂的关联风险，才使得资产证券化金融衍生品游离于监管之外，最终演化为系统性金融风险。

然而，历次金融危机表明，美国的金融体系具有极强的自我调整能力和自纠能力，正如巨蟒蜕皮一般，每次危机过后美国金融监管都会迎来新生，当然此次也不例外。2008年9月，雷曼兄弟倒闭以及由此引发的危机海啸后，美国政府即开始着手解决系统性风险监管缺位问题。此时，改革的重点集中于，加强监管部门协调，对系统重要性金融机构（SIFIs）进行甄别并实施监管，以及强化美联储系统性风险监管职能等方面。

表4-4　美国金融改革一个侧面：奥巴马政府递交国会的立法建议案（2009）

|  | 立法议案名称 | 递交时间 |
|---|---|---|
| 1 | 《2009年消费者金融保护署法案》 | 6月30日 |
| 2 | 《2009年投资者保护法案》 | 7月10日 |
| 3 | 《2009年私募基金投资顾问注册法案》 | 7月15日 |
| 4 | 《2009年联邦存款类机构监管改进法案》 | 7月22日 |
| 5 | 《2009年支付、清算和结算监管法案》 | 7月22日 |
| 6 | 《2009年大型、复杂金融公司处置法案》 | 7月22日 |
| 7 | 《2009年联邦保险办公室法案》 | 7月22日 |
| 8 | 《银行控股公司现代化法案》 | 7月22日 |
| 9 | 《银行控股公司和存款类机构监管改进法案》 | 7月22日 |
| 10 | 《2009年场外交易衍生品市场法案》 | 7月23日 |

资料来源：著者整理。

围绕改革目标，美国参众两院平行立法，先后提出了各自的金融监管改革法案，其中众议院金融服务委员会主席、马萨诸塞州民主党籍议员弗兰克（Barney Frank）提出了《2009年华尔街改革与消费者保护法案》，参议院银行委员会主席、康涅狄格州民主党籍议员多德（Christopher J. Dodd）提出了《2009年美国金融稳定再造法案》。2010年7月，在上述两个综合性改革法案的基础上，美国出台了《多德—弗兰克华尔街改革和消费者保护法》（*Dodd-Frank Wall Street Reform and Consumer Protection Act*），又称《多德—弗兰克法案》（*Dodd-Frank Act*）。

表4-5　《多德—弗兰克法案》涉及的主要法规

| 法律类别 | 法律法规名称 |
|---|---|
| 金融改革 | 2010年金融稳定法案 |
| | 有序清算制度 |
| | 2010年强化金融机构安全稳健法案 |
| | 2010年私募投资基金注册法案 |
| | 2010年联邦保险局法案 |
| | 2010年银行、储贷协会控股公司与存款机构规范改进法案 |
| | 2010年华尔街透明度与责任法案 |
| | 2010年支付、结算与清算监管法案 |
| | 联邦储备系统章程 |
| | 返还政府援助资金法案 |
| 消费者保护 | 2010年消费者金融保护法案 |
| | 投资者保护与证券改革监管改革法案 |
| | 2010年改善中低收入金融服务法案 |
| 房贷改革 | 房贷改革与反掠夺式贷款法案 |

资料来源：著者整理。

根据《多德—弗兰克法案》，美国需要新设金融稳定监督委员会（FSOC）、消费者金融保护局（CFPB）等7个机构，涉及财政部、美联储、证监会（SEC）等11个部门，目标在于提升监管部门对金融风险的监测和应对能力，增强系统重要性金融机构（SIFIs）清偿能力，提高金融市场应对冲击的能力，保护金融消费者权益等。

表4-6　《多德—弗兰克法案》立法目的与相关规范

| 立法目的 | 相关规范 |
|---|---|
| 宏观审慎管理框架 | 成立金融稳定监管委员会（FSOC）（2010） |
| | 成立金融研究办公室（OFR）（2011） |

续表

| 立法目的 | 相关规范 |
|---|---|
| 解决"大而不能倒"问题 | 加强宏观审慎管理措施 |
| | 有序清算制度（2010年） |
| 改革过度风险承担问题 | "沃尔克"规则（2013年） |
| | 大型金融机构薪酬限制规定 |
| | 信贷风险自留规定（2010年） |
| | 衍生品交易规定（2010年） |
| 加强消费者金融保护 | 成立消费者金融保护局（2011年） |
| | 简化金融产品及加强金融产品信息披露（2010年） |

资料来源：著者整理。

（二）监管改革下的"新框架"

整体来看，美国金融监管改革在保持原有架构基本稳定的基础上，将改革的重点聚焦于系统性风险防范和系统重要性机构监管方面，同时兼顾投资者保护。在调整优化的过程中，美国金融监管"新框架"变化特征主要体现在三个方面。

第一方面，突出美联储系统重要性金融机构（SIFIs）监管职能。其一，扩大监管范围。将美联储直接监管范围覆盖至资产超过500亿美元的银行业金融机构、所有具有系统重要性的证券、保险等非银行金融机构①，以及系统重要性支付、清算、结算活动和市场基础设施，同时保留了对社区银行的监管权。为加强系统重要性机构监管，美联储从资本、杠杆率、流动性、风险管理等方面牵头制定严格的监管标准。其二，强化对金融控股公司监管。美联储有权对金融控股公司及其任何一个子公司（包含非存款类子公司）直接监管，对于在金融活动之外还从事非金融活动的公司，可以要求其成立中间持股公司，以更好地管理金融业务。其三，严控银行高风险业务。2013年12月，美联储联合4

---

① 2018年5月美国《两党银行法》将美国系统重要性银行分为四类，将最低资产规模从500亿美元调高至1 000亿美元，以"抓大放小"。

家监管机构发布了最终的"沃尔克规则"（Volcker Rule）[1]，以限制银行业机构开展证券、衍生品、商品期货等高风险自营业务。

第二方面，强化金融稳定监督委员会（FSOC）系统性风险防范职责。FSOC设立的初衷，即在于加强监管协调，促进信息共享。围绕这一目标，FSOC也承担着防范系统性风险的职能。一是负责识别系统重要性机构、工具和市场，全面监测金融体系内外可能威胁金融稳定的风险，并提出应对措施；二是负责确定系统重要性非银行金融机构（O-SIBs），指定由美联储监管；三是拥有对美联储提高系统重要性金融机构（SIFIs）监管标准的建议权，必要时批准美联储分拆严重威胁金融稳定的金融机构等。

第三方面，加强金融消费者保护。在美联储体系下设立相对独立的消费者金融保护局（CFPB），统一行使消费者权益保护职责，具体包括：对金融市场进行监管，对金融产品和服务进行评估；制定规则，采取强制措施处理违规事件；实施金融教育，处理消费者投诉等。

至此，经过一番改革调整，美国形成了"新老结合"的金融监管新框架[2]。该框架下，跨部门的金融稳定监督委员会（FSOC）是美国实际意义上的宏观审慎政策主体，负责统筹系统性风险识别、监测和防范，并协调美联储对可能产生的金融风险采取必要的监管措施，同时注重加强政策协调。美联储与FSOC目标一致，负责对系统重要性银行、证券、保险、金融控股公司等各类

---

① 沃尔克规则是美国金融改革法案中的重要一项内容。2013年12月，美联储、商品期货交易委员会、FDIC、货币监理署和SEC五家监管机构联合发布"沃尔克规则"最终条款，限制吸收公众存款的银行业机构开展证券、衍生品、商品期货等高风险自营业务，限制其发起或投资对冲基金和私募股权基金，进一步明确了限制业务的豁免情形，包括允许银行机构开展外国主权债务交易等。由于沃尔克规则削弱了银行机构盈利能力，因此自出台以来一直遭到强烈反对，修改和放松的声音不断，2018年5月迎来了首次修订。2019年8月20日，FDIC、OCC等以3:1的投票通过沃尔克法则修正案，放松了银行参与自营交易的限制，降低了银行（尤其是中小银行）的合规难度和成本，使其部分受限业务得以顺利开展。2020年6月25日，美联储联合FDIC、OCC等五部门宣布通过已实施6年的"沃尔克规则"的修改并将于10月1日开始实施。此次修改的整体方向是放松对银行投资基金公司的限制，允许银行开展更多的投资活动。

② 经调整，银行业的监管者包括联邦储备银行（Fed）、货币监理署（OCC）、联邦存款保险公司（FDIC）、全国信用社管理局（NCUA），以及各州的监管者；保险业的主要监管权限分散在各州，同时在财政部内设立了联邦保险办公室（FIO）来防止保险业的系统性风险；证券业监管者主要是证券交易委员会（SEC）和商品期货交易委员会（CFTC）。

机构以及金融基础设施进行监管，牵头制定更加严格的监管标准；与联邦存款保险公司（FDIC）共同负责系统性风险处置，包括大型金融机构的破产清算，同时将场外衍生品、对冲基金、私募基金纳入监管范围。财政部下成立金融研究办公室（OFR），负责收集和分析相关风险数据，促进信息共享。

然而，也有观点认为，FSOC的诞生更多是为了满足政治需求，某种意义上可视为政治妥协的产物。FSOC权力也相对有限，唯一实质性权力是认定非银行类SIFIs，但这一权力在特朗普政府领导下，已被大大削弱。目前，美国没有一家被FSOC认定为非银行类的SIFIs。

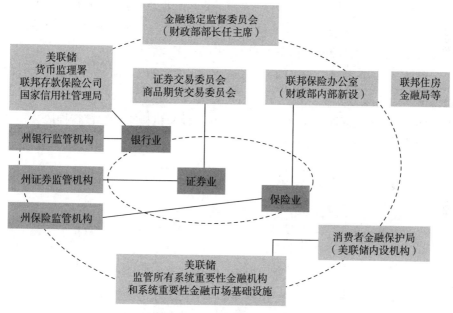

图4-4 美国金融监管及宏观审慎政策治理架构

（三）金融稳定监督委员会（FSOC）：架构与职责

2010年10月，金融稳定监督委员会（FSOC）正式成立。自成立以来，FSOC就成为美国协调维护金融稳定的重要平台。

1.组织架构

金融稳定监督委员会（FSOC）主席由财政部部长担任，职责包括：召集并主持委员会定期会议，拟订工作计划和议程；履行日常管理职能，指导并管理委员会工作人员的行为；协调委员会的各项研究工作，与金融研究办公室（OFR）进行磋商；协调、准备委员会对国会的年度报告；出席国会并代表委员会提供证词等。

FSOC的成员由十名有投票权的成员和五名无投票权的列席成员组成，其中，拥有投票权的成员包括九个联邦金融监管机构成员和一个拥有保险专业知识的独立成员，分别是财政部部长、美联储主席、货币监理署（OCC）署长、金融消费者保护局（CFPB）局长、证监会（SEC）主席、联邦存款保险公司（FDIC）主席、商品期货交易委员会（CFTC）主席、联邦住房金融局（FHFA）局长、全国信用社管理局（NCUA）董事会主席，独立成员由总统任命并经参议院批准，任期六年。无投票权的列席成员以顾问身份参与FSOC的运作，包括金融研究办公室（OFR）主任、联邦保险办公室（FIO）主任、各州银行、证券及保险监管机构各推选出的一名监管代表。

FSOC秘书处由财政部国内金融办公室（Office of Domestic Finance）专门设立的一个政策办公室承担，负责协调各委员会的工作，并协助主席履行职责。FSOC通过金融研究办公室（OFR）和各成员机构来获取银行控股公司和非银行金融机构的数据和信息。

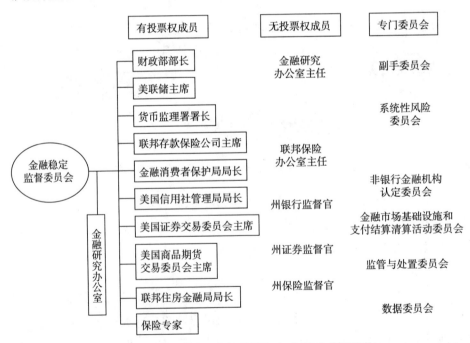

图4-5 美国金融稳定监督委员会（FSOC）组织架构

2. 工作职责

总体来看，金融稳定监督委员会（FSOC）实际上是美国宏观审慎政策的实施和协调主体，被赋予了加强金融监管协调，推动信息共享和收集，认定纳入并表监管（Comprehensive Consolidated Supervision）①的非银行金融机构，认定系统重要性金融市场设施和支付、清算与结算系统，有权建议对规模较大、关联性强的机构实施更为严格的审慎监管标准，以及强制分拆对美国金融稳定形成严重威胁金融机构等职能和权力。具体来看，又体现为四个方面：

风险监测方面，识别具有系统重要性金融基础设施及支付、清算和结算活动，并要求此类设施和活动遵守美联储确立的监管标准。通过金融研究办公室（OFR）和成员机构收集数据，监测和识别经济风险，并在每年提交国会的定期汇报中公开风险。

建议权方面，有权建议美联储在风险资本、杠杆率、资本率、流动性、应急资本、处置计划以及信用敞口报告、集中度限制、公开披露、总体风险管理等方面强化审慎标准，加强对非银行金融机构和银行控股公司监管。

监督管理权方面，可授权美联储监管非银行金融机构；监督成员机构落实委员会决策；针对现行或新提议的金融监管标准和规定，对委员会成员或其他监管标准制定者实施检查并提出意见；对可能威胁金融稳定的大型、复杂金融机构制定更为严格的资本要求、杠杆水平等，并向美联储提出相关处置建议。极端情况下，有权直接拆分那些被认为对金融稳定构成威胁的金融

---

① 王兆星（2015）认为，并表监管是一个翻译而来的名词，英文原文在美国是"Comprehensive Consolidated Supervision"，在欧洲则使用"Comprehensive Supervision"。会计上也使用"Consolidated"一词，并在与国际会计制度接轨的过程中，将"Consolidated Financial Statement"译为合并财务报表，简称"并表"。但实际上，并表监管并不等于会计并表，并表监管一词远远没有展现"Consolidated Supervision"的内涵和外延，更为准确的定义是综合监管或全面监管。2003年我国颁布的《银行业监督管理法》中，第二十五条明确规定"国务院银行业监督管理机构应当对银行业金融机构实行并表监督管理"，这是我国首次提出并表监管。2004年，银监会发布了《商业银行资本充足率管理办法》，提出商业银行要同时计算未并表和并表后的资本充足率，这标志着我们对并表监管的认识前进了一步。2008年，银监会又发布了《银行并表监管指引（试行）》，填补了并表监管制度的空白。2014年8月，银监会发布了新的《商业银行并表管理和监管指引》修订征求稿，进一步明确了未来完善综合并表监管的三个方向。

163

机构。

规则制定和协调方面，负责国内金融服务政策的变动、新规则的制定、核查和报告等制度的落实工作；为成员机构及其他金融监管机构的信息共享和协同合作提供便利；为分析市场趋势和金融监管问题以及解决委员会成员机构间司法争端提供平台。

3.工作机制

成立之初，金融稳定监督委员会（FSOC）就通过了《金融稳定监督委员会（FSOC）组织规则》，确定了一系列工作运行机制。

报告机制上，FSOC向国会负责，每年向国会提交年度报告。FSOC主席代表委员会出席国会并作证，报告工作情况并阐释新出现的对美国金融稳定构成威胁的各种风险状况。此外，FSOC还根据国会要求，对特定问题进行专门报告。

FSOC按照委员会结构（Committee Structure）运作，旨在充分利用各成员单位专业优势，推动成员单位共同责任。在此结构下，FSOC主席或过半有投票权的成员可提议召开委员会会议，且会议频率不少于每季度一次。FSOC通过召开会议形成各项决策，表决通过后付诸实施。

FSOC设有副手级委员会（Deputies Committee）以及特别顾问、技术和专业委员会。其中，副手级委员会成员由FSOC成员机构副手级别的高级官员组成，负责协调并监督FSOC跨部门工作人员的工作；特别顾问、技术和专业委员会负责提供技术支持和专业政策服务。

FSOC主席经过半数有投票权成员同意后，可任命委员会的执行理事（Executive Director）、法律顾问（Legal Counsel）和秘书长（Secretary）。其中，执行理事的职责是，对委员会管理工作进行常规指导，完成主席安排的其他工作。法律顾问的职责是，为委员会履行法定职责提供法律咨询建议，完成主席和执行理事安排的其他工作。秘书长的职责是，准备所有会议记录，记录委员会所有投票结果及决策，管理记录文件，完成主席和执行理事安排的其他工作。另外，FSOC还拥有少量独立员工，负责提供咨询、文件管理、档案保存以及公共信息披露等。

4.搭建"矩阵式"管理架构

比较而言，金融稳定监督委员会（FSOC）管理架构体现出一个鲜明的特点，也即十分注重监管机构的跨部门顶层协调、金融监管资源的统筹利用和监管的专业性研究，并具有典型的"矩阵式"管理模式特征。该模式下，FSOC设置了代理人委员会、金融研究办公室（OFR）和专业委员会，其中代理人委员会由来自FSOC各成员机构的高级官员构成，主要统筹安排FSOC的日常工作，协助FSOC进行风险监测及认定系统重要性金融机构（SIFIs）、金融市场基础设施，协调并监督各专业委员会的工作。

金融研究办公室（OFR）设在财政部，作为FSOC的重要支持机构，其法定职责是，改进金融系统数据收集和分析，推进财务报告要求标准化，开发和维护数据库，定期向国会提交有关重要市场变化和影响金融稳定因素的报告。除了作为FSOC的支持机构外，OFR也建立了与各监管机构的合作机制，支持这些机构开展金融监管并共享数据。

另外，FSOC还设有5个专业委员会，分别为数据委员会、金融市场设施和支付结算清算活动委员会、非银行金融机构认定委员会、监管和处置委员会以及系统性风险委员会，主要任务是推进各项工作、执行有关决策。组成上，FSOC各成员机构可选定一名或多名本机构工作人员加入专业委员会，并确保人选的专业性。

表4-7 FSOC专业委员会设置

| | 委员会 | 设置目的 |
|---|---|---|
| 1 | 数据委员会 | 支持FSOC处理与数据有关事宜，以协助FSOC识别风险，应对美国金融稳定面临的威胁，促进市场自律。 |
| 2 | 金融市场设施和支付结算清算活动委员会 | 支持FSOC履行《多德—弗兰克法案》规定的有关金融市场设施和支付、清算等活动的责任。 |
| 3 | 非银行金融机构认定委员会 | 支持FSOC履行《多德—弗兰克法案》113条规定的"考虑、做出、重审关于非银行金融机构由美联储理事会监管，并将受制于更高审慎监管标准的决定"的责任。 |
| 4 | 监管和处置委员会 | 支持FSOC履行《多德—弗兰克法案》规定的"识别出可能对美国金融稳定造成风险的监管空白"的责任。 |
| 5 | 系统性风险委员会 | 支持FSOC履行《多德—弗兰克法案》规定的"识别美国金融系统风险并应对其潜在威胁"的责任。 |

资料来源：著者整理。

实践表明，FSOC"矩阵式"管理架构模式，能够降低监管机构分散的协调成本，有利于实现监管决策与执行的政令统一，有助于提高监管的效率和质量。但也有观点认为，由于FSOC结构设计不够灵活，多达10个有投票权的成员且高度政治化，难以迅速有效应对危机。

（四）进一步完善金融监管新架构

进一步调整优化监管架构。2011年7月，美国储贷监理署（OTS）职能正式向货币监理署（OCC）、联邦存款保险公司（FDIC）和美联储转交。改革后，美联储负责管理储蓄和贷款控股公司（SLHCs），OCC负责监管联邦储蓄银行，FDIC负责监管州储蓄银行。此后，按照监管法案要求，OCC、FDIC和美联储分别发布了公告和监管指引。截至2011年底，美联储监管的储蓄和贷款控股公司达417家、总资产3万亿美元，其中48家主要从事非银行业务[1]，资产规模最大的25家公司资产达2.6万亿美元。

进一步加强监管协调。2012年5月，美联储、FDIC、CFPB、OCC以及NCUA五大金融监管机构共同签署了监管备忘录（Memorandum of Understanding on Supervisory Coordination），在监管当局之间建立了协调与合作的制度安排，旨在减少监管冲突，避免监管重复，提高监管协同效应。根据备忘录安排，五大机构确定了监管协调的方式，以促进监管行为的一致性和效率性。协调的内容包括，制订检查计划，共同对监管对象进行检查（除非某一监管机构提出要进行单独检查），以及共享初步检查报告等。在备忘录安排下，五家机构协调对那些获得联邦存款保险保护，且资产规模在100亿美元以上的银行及其分支机构的重要活动进行监管。此外，美联储与财政部、OCC还联合发布了监管指引，以降低银行杠杆。

表4-8　美国监管机构间的谅解备忘录（MOUs）

| 时间 | 监管机构 | 主要内容 | 备注 |
|---|---|---|---|
| 2008年7月 | 证监会和美联储 | 共同监管领域的信息共享与监督协作 | |
| 2008年11月 | 美联储、证监会、商品期货交易所、集中清算所（CCP） | CDS集中清算 | |

---

[1] 包括27家进行保险承销、11家进行商业活动、10家进行证券经纪业务。

续表

| 时间 | 监管机构 | 主要内容 | 备注 |
|---|---|---|---|
| 2008年12月 | 金融消费者权益保护局、证监会、商品期货交易所 | 新型衍生品领域的信息共享与交流 | |
| 2012年5月 | 金融消费者权益保护局、美联储、存款保险公司、货币监理署、国家信用社管理局 | 监管协调与合作 | 加强与金融消费者权益保护局的监管协调 |
| 2012年3月 | 金融消费者权益保护局和联邦交易委员会（FTC） | 金融消费者保护和减少重复监管 | 2015年3月进行更新，有效期至2018年 |

资料来源：著者整理。

进一步改进金融稳定监测与分析。在美国系统性风险监测框架中，金融研究办公室（OFR）被赋予了为金融稳定监督委员会（FSOC）收集、提供和分析风险信息的重要职责。同时，OFR还致力于建立和完善美国金融稳定监测分析工具和模型，并通过持续收集市场信息和数据，对经济运行当中的脆弱性和风险进行量化分析。例如，2015年，OFR构建了金融稳定监测模型，为系统性风险分析提供了良好的工具。2016年，为提高监测指标的前瞻性，OFR又进一步扩展了监测模型的广度和深度，对基础性指标开展了性能测试，改进了指标权重赋予方法。

## 二、英国：打造"超级央行"模式治理架构

英国宏观审慎政策治理架构的突出特点是，在中央银行主导的宏观审慎管理模式下，将宏观审慎政策制定、风险评估、监管职责全部划入英格兰银行，实行"大一统"，同时在金融监管上实行微观审慎监管与行为监管分立的"双峰模式"（Twins Peaks Model）。简而言之，英国宏观审慎政策治理架构是"超级央行"的典型代表，英格兰银行一家机构统筹了宏观审慎、微观审慎和货币政策三者。

（一）构建英国"超级中央银行"

此次危机前，英格兰银行、财政部和金融服务局（FSA）共同组成了英国金融监管"三方监管"体制，同时也是维护英国金融稳定的三个权力机构。其中，英格兰银行负责实施货币政策，同时关注金融稳定；FSA负责对银行、证券、保险等金融机构进行微观审慎监管，并对金融行为和金融市场

进行监管；财政部负责金融监管总体框架的设计和相关立法，三方通过签订《谅解备忘录》建立了监管协调机制。

但2008年危机爆发以来，尤其是北岩银行（Northern Rock Bank）挤兑事件暴露出了"三方监管"体制存在着严重缺陷，即作为中央银行，英格兰银行的职责仅限于控制通货膨胀，财政部的金融政策职能也出现僵化，FSA则几乎完全沦为专注于合规监管的狭隘监管者。如此乱局之下，当局意识到，亟须加强金融监管改革，弥补监管漏洞，扎牢监管的篱笆墙。

1. 漫漫改革之路

2008年危机后不久，英国即开始着手对金融监管框架进行改革。2009年2月，出台了《银行法案》，规定了英格兰银行在金融稳定中的法定职责和核心地位，强化了其维护金融稳定的政策工具和权限，并提出在英格兰银行下成立金融政策委员会（Financial Policy Committee，FPC）。

2010年，英国保守党和民主党联合组成的新政府对英国金融监管体制进行了进一步反思，一是再次重申了FSA监管在保护金融消费者方面的无效低效，并决定将其撤销。二是决定在英格兰银行内部设立FPC，负责宏观审慎管理，关注系统性风险和整个经济的整体稳定。三是决定新设两个专门监管机构，即隶属英格兰银行的审慎监管局（Prudential Regulation Authority，PRA），负责对商业银行、投资银行、建筑协会和保险公司等机构进行审慎监管；设立消费者保护及市场管理局（Consumer Protection and Markets Authority，CPMA），负责金融消费者保护，促进消费者对金融服务和金融市场的信心。然而，令人遗憾的是，受种种限制，以上决定多停留在文件层面。

2011年以来，危机催逼变革，英国加快了金融监管改革的步伐。同年2月，公布了《金融监管的新框架:建立一个更强健的体系(征求意见稿)》，提出设立金融行为局（FCA），负责金融消费者保护和金融机构商业行为监管，并进一步明确了FPC、PRA以及FCA各自的职责分工。2012年12月，又颁布了《金融服务法》，决定对金融监管体制进行彻底改革。根据法案规定，正式撤销FSA，由英格兰银行承担宏观审慎和微观审慎管理职能，负责维护整个金融体系的稳定及银行集团的稳健经营。2013年4月，《金融服务法》正式生效，标志着FPC负责宏观审慎管理、PRA实施微观审慎监管的新"双峰"

体系正式确立。至此，英格兰银行负责货币政策、宏观审慎管理与微观审慎监管的"大一统"模式开始形成。

在英国宏观审慎政策框架内，英格兰银行具有绝对主导地位。首先，英格兰银行通过成立FPC，负责识别、监控和处置系统性风险，从而在维护金融稳定中扮演着关键角色。其次，英格兰银行设立相对独立的附属机构PRA[①]，负责对所有存款吸收机构、保险公司和系统重要性投资公司实施微观审慎管理。最后，单独设立FCA，负责PRA监管范围之外金融机构审慎监管以及所有金融机构经营行为管理，满足保护、维护市场透明以及促进竞争等需要。

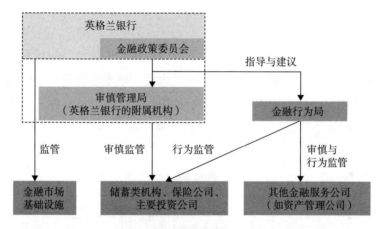

**图4-6　英国金融监管及宏观审慎政策治理架构**

2."超级央行"的正式确立

2015年以来，为进一步优化英格兰银行和审慎监管局（PRA）架构，理顺二者的关系，增强货币政策、宏观审慎和微观审慎之间的协调，最大限度地寻求宏观审慎政策与微观审慎监管之间的协同效应，英国当局对2013年改革后的"大一统"监管体系进行了全面审视，并发布了《英格兰银行议案：技术咨询稿》，决定进一步深化金融监管体制改革。

---

① 审慎监管局董事会（Prudential Regulation Authority Board，PRAB）是PRA的决策机构，董事会主席由英格兰银行行长担任，董事会成员包括PRA总裁、英格兰银行副行长以及其他外部成员。

经过此次改革，第一，PRA不再作为英格兰一个相对独立的附属机构，而是将其完全合并至英格兰银行内部，负责征收金融监管费等事宜。第二，英格兰银行设立新的审慎监管委员会（Prudential Regulation Committee，PRC），承担PRA在微观审慎管理方面的职责。PRC在制定金融监管政策和规则、做出金融监管决定方面保持独立性[1]，并直接向英国议会而不是英格兰银行负责。第三，新成立的PRC与货币政策委员会（MPC）、金融政策委员会（FPC）同时作为英格兰银行下的直属委员会。

至此，英国正式形成了英格兰银行框架下，MPC负责货币政策、FPC负责宏观审慎管理、PRC负责微观审慎监管的统一化金融监管框架。三者通过交叉任职[2]、建立沟通机制、互相提供政策支持等措施加强了宏观审慎政策与货币政策的协调。

值得注意的是，尽管英国的金融监管改革强化了英格兰银行的"超级央行"特征，但并非将金融监管权全部赋予央行，财政部在宏观审慎政策治理架构中的作用也不容忽视。例如，英格兰银行行长由财政大臣遴选并提名，同时财政部决定通货膨胀目标，并对FPC的职责和目标拥有最终解释权。[3]

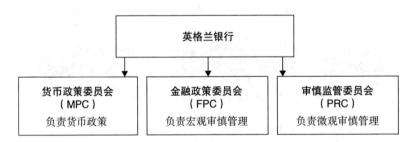

图4-7　2015年改革后的英国宏观审慎政策治理架构

---

[1] PRC的人员构成参照审慎监管局董事会（PRAB）模式，由英格兰银行行长任主席，成员包括英格兰银行副行长、PRA总裁以及其他外部成员。PRC的外部成员由英国财长任命，内部成员任命由英国财长批准。

[2] 货币政策委员会（MPC）有9名委员，金融政策委员会（FPC）有13名委员，审慎监管委员会（PRC）有12名委员，三者共有4名共同委员交叉任职，分别为英格兰银行行长、负责货币政策的副行长、负责金融稳定的副行长、负责银行和市场的副行长。

[3] 张承惠，陈道富等.我国金融监管架构重构研究[M].北京：中国发展出版社，2016.

（二）金融政策委员会（FPC）：职权与职责

1. 主要职权

作为英国宏观审慎政策的实施当局，金融政策委员会（FPC）自成立以来就被赋予了制定实施宏观审慎政策的重要职责，并从多个方面加强了金融监管与金融治理。FPC主席由英格兰银行行长担任，委员会包括13名委员①，主要职责是识别、监测和处置或降低系统性风险，提高金融系统的稳定性。

FPC主要有两项权力，一是"指令权"（Power of direction），即有权就特定的宏观审慎工具作出决策，包括逆周期资本缓冲（CCyB）、差别化资本金要求等，并要求PRA或FCA实施。二是"建议权"（Power of recommendation），即有权向PRA和FCA提出建议，监管机构若不执行，需要做出公开解释（Comply or Explain）。

2. 主要职责

总体来看，金融政策委员会（FPC）的主要职责包括，一是发布金融稳定报告，对系统性风险状况进行分析和评估，重点集中在提高银行资本水平、解决"大而不能倒"和影子银行等方面；二是定期向财政部、英格兰银行、PRA和FCA等监管部门提出政策建议，包括起草压力测试指引、修订流动性监管要求、评估长期利率骤升的脆弱性、提高网络攻击应对能力等；三是制定逆周期资本缓冲（CCyB）②和行业资本要求两项宏观审慎工具。

具体来看，上述职责又体现在如下几个方面：第一方面，对房地产市场的建议指导权。FPC可以指导PRA和FCA对金融机构的住房抵押贷款发放进行限制，主要工具包括贷款价值比（LTV）限制和债务收入比（DTI）限制。第二方面，对杠杆率的建议指导权。FPC可以指导PRA对银行、建筑协

---

① 金融政策委员会13名委员包括英格兰银行行长、负责货币政策的副行长、负责金融稳定的副行长、负责市场与银行的副行长、负责审慎监管的副行长（兼PRA总裁）、英格兰银行执行理事（负责金融稳定战略与风险）、FCA首席执行官、财政部代表、5名外部委员（财政部任命）。

② For example, the Bank of England set the countercyclical capital buffer（CCyB）so that the sum of the 2.5% BaselⅢ capital conservation buffer and the CCyB was equivalent to the average loss of 3.5% of banks' risk-weighted assets as revealed by the Bank's stress test. See Bank of England（2017）.

会和投资公司设定杠杆率和相应的缓冲要求①。第三方面，发布补充资本要
求政策说明。FPC明确对所有银行、建筑协会和大型投资公司实施逆周期资
本要求（CCyB）②，并可对住宅、商业地产、其他金融业等实施不同的行业
资本要求，从而实现了有针对性对特定领域风险敞口提高资本要求的目标。
第四方面，完善银行业压力测试框架。2014年以来，英格兰银行对银行体系
开展了多轮压力测试③。2015年10月，为完善压力测试框架，英格兰银行发
布了《英格兰银行体系压力测试方法》，决定每年针对银行体系开展一次并
行性压力测试（Concurrent Stress Test），压力情景分为周期性情景（Cyclical
Scenario）和探索性情景（Exploratory Scenario）。第五方面，完善破产机构处
置机制。2015年1月，PRA公布了新的监管办法，包括了有关处置计划实施的
最终原则④和两份监管陈述，核心部分是关于破产机构恢复和处置的准备工
作，构成了PRA有关恢复和处置计划的基本框架。上述监管要求中，杠杆率
要求、风险加权资本要求以及压力测试三者共同构成了英国银行业的资本监
管框架。

表4-9　英国金融政策委员会与美国金融稳定监督委员会比较

| | 英国金融政策委员会（FPC） | 美国金融稳定监督委员会（FSOC） |
|---|---|---|
| 隶属关系 | 与审慎监管局（PRA）同属于英格兰银行 | 保留了现有监管框架，扩大了美联储权限，通过的《多德—弗兰克法案》设立FSOC，在其上附加了宏观审慎权力。 |

① 2015年以来，发布了杠杆率工具的政策说明，提出了三种杠杆率要求和逆周期杠杆率缓冲要求，包括对所有银行、建筑协会和PRA监管的投资公司实施的最低杠杆率要求和逆周期杠杆率缓冲要求，以及对系统重要性银行机构（D-SIBs）、建筑协会和PRA监管的投资公司实施的额外杠杆率缓冲要求。

② 目前，FPC规定的逆周期资本缓冲率为0。2016年7月，FPC将逆周期资本缓冲要求（CCyB）由3月设定的0.5%下调为零，此后进一步决定将该水平维持至2017年年中。2020年3月，为应对疫情冲击，FPC将逆周期资本要求从1%下调至零，至少持续到2020年年底，此前本计划2020年底调高至2%。

③ 2016年3月，英格兰银行开展了第三次银行业压力测试，采用了2015年10月发布的测试方法，测试对象贷款规模占全部贷款的80%，压力情景的设置较以前更为严格。

④ 最终原则的主要内容是，要求金融行业通过制定稳健可信的复原计划，对未来的金融压力采取更好的准备和应对措施，要求机构向英格兰银行提供处置计划有关信息，确保自救方案的可行性，对跨国机构自救机制进行法律确认等。

续表

| | 英国金融政策委员会（FPC） | 美国金融稳定监督委员会（FSOC） |
|---|---|---|
| 成员构成 | 2013年成立，包括10名成员，即英格兰银行行长、金融行为监管局（FCA）、审慎监管署（PRA）主席、3名英格兰银行代表及4名外部成员，财政部的观察员作为无投票权成员参加FPC会议。 | 2010年成立，有10名投票成员，包括8名监管机构负责人、1名保险专业独立成员和财政部长，其中财政部长担任FSOC主席。还有5名无投票权成员，其中2名来自保险行业。 |
| 主要职责 | 识别、监测、应对系统性风险，保护英国金融体系并提高其抗风险能力；支持政府经济政策。 | 识别系统性风险，并通过采取干预措施或者向监管机构、国会或政府内阁提出建议防范风险。 |
| 工作重心 | 重建英国银行业资本体系；信息需求方面，要求PRA和FCA提供更多信息，并与微观审慎监管者和英国银行家协会等合作，扩大信息发布规模，提高有效性；对其他机构的政策提供意见。 | 负责识别、监测和处置大型复杂金融机构导致的系统性风险及导致风险在不同机构间传播的金融产品和金融活动；协调美联储对可能产生的金融风险采取必要的监管措施。 |
| 权限设置 | 向监管机构提出"遵守或解释"的建议；对特定监管改革指示权，如巴塞尔协议Ⅲ框架下逆周期资本缓冲和房地产信贷资本要求的指示权。 | 有权认定非银行类系统重要性金融机构并将其纳入美联储监管范围；以"遵守或解释"形式，建议监管机构实施更严格监管标准和更强的风险防范措施；在监管范围内发现的问题向国会提供建议。 |
| 与监管部门、货政部门关系 | FCA负责消费者保护、维护市场秩序及某些金融机构（资产管理公司）监管；PRA负责银行、其他存款类机构、保险公司以及主要投资公司的微观监管；货币政策委员会（MPC）关注于稳定通货膨胀和经济增长的目标。 | 保留了原有的监管框架，一些监管机构职责发生了变化，但只有美联储被赋予了较多的新职责。除认定非银行类系统重要性金融机构（SIFIs）外，FSOC无权采取单独行动。 |
| 存在缺陷 | 将诸多职权赋予英格兰银行，可能会引发有效问责问题，同时也为政策征询不同意见带来困难。 | 对于分散的监管体系，FSOC的工作有效性有待提高；与各监管机构之间存在监管空白，会影响系统性风险防范措施的效果；分散化监管导致数据获得和使用困难；主席由财政部长担任，在逆周期宏观审慎政策方面存在困难；缺乏有效工具来应对结构性或周期性宏观审慎风险，而且提出的建议付诸实施存在时滞。 |

资料来源：著者整理。

## 三、欧盟：以欧洲系统性风险委员会为核心的治理架构

欧盟宏观审慎政策治理架构的特点是，突出欧洲央行（ECB）在宏观审

慎政策实施中的核心作用，赋予其宏观审慎管理和微观审慎监管权力，维护监管的统一性，并致力于构建欧洲银行业联盟。

（一）构建欧盟金融监管"新框架"

长期以来，按照欧洲经济一体化协定，欧洲央行（ECB）更多着眼于货币政策方面的工作，对金融业的具体监管则主要由各成员国金融监管部门自行负责。2000年启动的《莱姆法鲁西框架》（*Lamfalussy Framework*）是欧盟监管协调的主要依据，据此建立的欧盟监管协调委员会是监管协调的执行当局。

表4-10　2001年莱姆法鲁西框架下欧盟金融监管协调体系

| | 监管机构 | 监管职责 |
|---|---|---|
| 第一层次 | 欧盟委员会、欧盟理事会、欧盟议会 | 按照立法程序制定欧盟层面的金融监管指令与规则 |
| 第二层次 | 管理委员会：欧盟银行委员会（EBC）、欧洲证券委员会（ESC）、欧洲保险和职业养老金委员会（CEIOPS）、金融联合委员会（FCC） | 按照第一层次的法律，制定与市场监管一致的技术性条款 |
| 第三层次 | 监管委员会：欧盟银行监管委员会（CEBS）、欧盟证券监管委员会（CESR）、欧洲保险和职业养老金委员会（CEIOPS） | 在第一层次、第二层次法律规章基础上，促进欧盟各国监管部门的合作和联系 |
| 第四层次 | 执行委员会 | 与成员国合作，强化法律法规执行 |

资料来源：《中国金融稳定报告2015》，中国金融出版社，146页。

尽管2008年金融危机发端于美国，但欧洲各国的"感冒"程度似乎更严重些。危机暴露出的巨大政策缺陷，促使欧盟各国迫切认识到，仅仅依靠货币一体化和分散化的金融监管无法实现金融体系的整体稳定。为弥补监管漏洞，2009年以来，欧盟开启了金融监管改革，开始对监管体制进行重大调整，并加强了欧盟整体的宏观审慎政策协调。2009年6月，欧盟通过了《欧盟金融监管体系改革》方案，提出成立欧洲系统性风险委员会（ESRB），负责宏观审慎政策实施和系统性风险监测防范。2010年10月，欧盟决定成立永久危机管理机制——欧洲稳定机制（ESM），来维护欧元区整体的金融稳定，并于2013年7月取代[①]欧洲金融稳定基金（EFSF）和欧洲金融稳定机制

---

① 2011年12月9日，欧盟峰会决定提前一年落实ESM机制，从2012年7月正式启动ESM，而ESFF将继续运作至2013年6月底。

（EFSM）[①]等临时性工具。2011年1月，欧盟又决定成立三个监管当局，负责欧盟层面的审慎监管，其中欧洲银行业管理局（EBA）负责银行监管，欧洲证券和市场管理局（ESMA）负责资本市场监管，欧洲保险和职业养老金监督管理局（EIOPA）负责保险监管。

此后，为加强监管协调，又成立了三家机构的联合委员会（ESAs（JC）），并与欧盟各成员国国家主管机构（NCAs）共同构成了欧洲金融监管体系（ESFS）。2012年底，欧盟进一步提出了新的改革路线图，并据此推动建立欧洲单一监管机制（SSM）。至此，欧盟金融监管新框架呼之欲出，宏观审慎政策治理架构基本确立。

表4-11　EFSF、EFSM、ESM和IMF的基本情况对比

|  | EFSM | EFSF | ESM | IMF |
|---|---|---|---|---|
| 法律形式 | 欧盟机制 | 欧元区国家持有的私人公司 | 政府间组织，是欧元区的危机管理框架 | 国际组织 |
| 资本金规模和结构 | 无实缴资本，资金由欧盟预算提供担保 | 无实缴资本，资金由欧元区国家根据其在ECB的实缴资本占比提供担保。担保资金的规模名义为7 800亿欧元，但扣除希腊、葡萄牙和爱尔兰的担保金额后，实际规模降至7 260亿欧元 | 实缴资本为800亿欧元，6 200亿欧元为可召回资本，总规模为7 000亿欧元 | 成员国加入基金组织时，实缴资本为其份额的25% |
| 最大借贷能力 | 600亿欧元 | 4 400亿欧元 | 5 000亿欧元 | 目前资金缺口为5 000亿欧元，需融资6 000亿欧元 |
| 隐含的超额担保率或准备金比率 |  | 65% | 40% | 20% |
| 最优贷款人地位 | 无 | 无 | 有，但次于IMF | 有 |
| 信用评级变动风险 | 较大 | 较大 | 较小 | 很小 |

资料来源：著者整理。

---

[①] 欧债危机的爆发和快速蔓延充分暴露了欧元区经济治理框架的缺陷，即欧元区既无有效防范主权债务危机发生的机制，也缺乏有效应对危机蔓延的框架。因此，为应对危机，2010年5月，欧元区和欧盟分别创建了欧洲金融稳定基金（EFSF）和欧洲金融稳定机制（EFSM）两个临时性工具。

（二）设立欧洲系统性风险委员会（ESRB）

1. 组织架构及目标

2010年9月，欧洲系统性风险委员会（ESRB）正式成立，主席由代表所有欧盟国家的欧洲央行（ECB）理事会选举产生，目前由ECB行长兼任，成员包括ECB行长、副行长和欧盟各国中央银行行长以及欧盟金融监管当局主席等[①]。ECB承担ESRB秘书处工作，代表ESRB负责数据等信息收集整理，并向ESRB提供分析、统计以及管理和后勤方面的支持。

在欧盟宏观审慎政策治理架构内，ESRB的主要目标是，建立泛欧层面的系统性风险评估体系，完善早期风险预警机制[②]，并敦促成员国对已识别风险进行跟踪监控，培育可持续发展的单一欧洲金融市场。主要职责是，负责识别与区域性金融体系相关的各种风险，对金融体系脆弱性进行预警、提出纠正措施与建议，并采取有效措施监督建议执行。

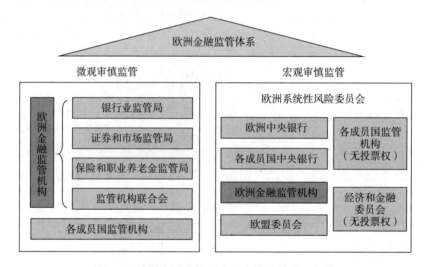

图4-8 欧盟金融监管及宏观审慎政策治理架构

----

① The European Systemic Risk Board（ESRB）has 78 member institutions and three observers, although the ESBR has formal procedures for conducting macroprudential policies.

② 风险预警机制包括风险信号采集、风险信号处理、风险状态测评、风险类型识别、风险状态度量、风险等级评估、风险总体判断和风险管理决策。风险预警机制需要专门的实施机构和资源，依照金融产品交易以及资本市场规律，将未来风险模型化和数据化，并定期公布。

2. 主要职责

第一，加强风险预警。收集并处理有关宏观经济、金融稳定和金融监管等方面的信息，监测和评估宏观经济和金融体系发展中产生的金融稳定潜在威胁，着重关注金融体系对行业风险以及跨业风险传染的敏感性问题，在风险趋于严重时发出风险预警，必要时对如何应对已识别风险提出建议。

第二，系统性风险监测评估[①]。识别和评估威胁欧洲金融稳定的各种风险因素，并对风险因素排序；对重大风险进行预警并在必要时向政策制定者提供建议和措施；监督建议的后续落实。

第三，加强监管协调。与IMF、FSB和第三方参与国建立有效联系，与欧洲金融监管者体系（ESFS）加强互动，共享与宏观审慎分析相关的监管信息，针对风险预警或建议采取共同行动。

3. 工作进展

成立以来，欧洲系统性风险委员会（ESRB）的工作重心，集中于完善欧盟层面的宏观审慎政策框架，加强系统性风险识别，指导推动各国宏观审慎政策实施等方面。

系统性风险识别监测方面，2012年开始定期发布风险监测表，使用了涵盖内部关联性和系统性风险、宏观经济风险等六类风险的指标，实时动态反映欧盟金融体系的系统性风险。2015年以来，每年发布风险监测报告，对重点风险提示预警，如2015年的主权风险敞口监管对策报告和2016年的风险监测报告[②]。

压力测试方面，2008年金融危机期间，欧洲央行（ECB）就组织各成员国开展了几轮压力测试。然而，不幸的是，这些压力测试为人们提供了反面教材，因为个别银行测试结果良好，结果却问题不断。为此，近几年，欧洲央行（ECB）不断对压力测试进行改进。2015年，设置压力情景，指导EBA

---

① 例如，2011年9月发布了《关于欧盟金融体系宏观审慎管理信息提供和采集的决定》，要求ECB、EBA、ESMA、EIOPA定期向其提供数据，以便其开展系统性风险监测和评估。

② 2016年报告指出了全球长期低利率环境和地缘政治不确定性影响下欧洲面临的四大潜在金融风险，即较低的市场流动性放大了全球金融市场风险溢价的重新定价程度；银行和保险机构的资产负债表健康程度恶化；公共部门、企业和居民部门的债务可持续性进一步降低；影子银行部门的持续快速扩张可能对金融体系造成潜在冲击。

与EIOPA对欧洲银行业和保险业进行压力测试，改善银行业市场估值，推进偿付能力二代标准实施。2016年，EBA参考ESRB提供的压力情景，又对来自15国的51家银行①开展了压力测试。

强化宏观审慎管理职能方面，先后向欧盟、各成员国及EBA、ESMA、EIOPA三家行业监管机构以及各国监管当局发布建议书，针对外币贷款风险、银行外币融资风险以及各国履行宏观审慎职责等提出应对措施及建议，还要求成员国以法律形式明确一个当局负责宏观审慎管理，并强调中央银行应在宏观审慎政策中发挥主导作用。

宏观审慎工具使用方面，除贷存比（LTD）、贷款价值比（LTV）和贷款收入比（LTI）等工具外，还鼓励成员国逐步采用流动性覆盖比率（LCR）和净稳定融资比例（NSFR）②等可以影响银行融资成本的宏观审慎工具，以有针对性地防范流动性风险。2015年以来，指导成员国实施逆周期资本缓冲（CCyB）③和资本留存缓冲（Capital Conservation Buffer），提升风险资本权重，并采取LTV、LTI、偿债收入比（DSTI）等约束性指标，缓解银行信贷增速过快和杠杆率过高风险。

系统重要性金融机构（SIFIs）监管方面，2015年，EBA制定并发布了其他系统重要性金融机构（O-SIFIs）评估指引，评估指标包括规模、重要性、复杂性、关联性4大类共10项，成员国可采取两步法评估相关金融机构的重要性。

政策宣传沟通方面，2016年以来，ESRB先后发布了多期宏观审慎公报，阐述了单一监管机制（SSM）下欧洲央行（ECB）的宏观审慎职责，讨论了

---

① 37家欧洲单一监管机制监管的银行和14家来自丹麦、英国等欧洲经济区的银行。

② 净稳定资金比例（NSFR）是LCR的补充，其目的是测算银行负债和权益类业务提供的资金是否能满足资产类业务的长期资金需要，用于解决更长期的流动性错配问题，它覆盖了整个资产负债表，鼓励银行使用更加稳定、持久和结构化的资金来源。NSFR是计算银行一年内可用的稳定资金与业务所需的稳定资金之比，主要衡量一家机构在特定压力情景下，可用的长期稳定资金支持业务发展的能力，NSFR的监管要求不低于100%。计算公式=可用的稳定资金/业务所需的稳定资金，其中可用的稳定资金（ASF）=∑各类权益和负债×相应的ASF系数，所需的稳定资金（RSF）=∑各类资产和表外风险暴露×相应的RSF系数。

③ 欧洲央行（ECB）可根据需要设定比成员国更高的逆周期资本缓冲（CCyB）标准。欧盟的逆周期资本缓冲（CCyB）监管互认范围为所有欧盟成员国，最高互认标准为2.5%。

宏观审慎政策目标、实现途径、政策工具、管理架构等，介绍了欧元区宏观审慎政策进展情况。

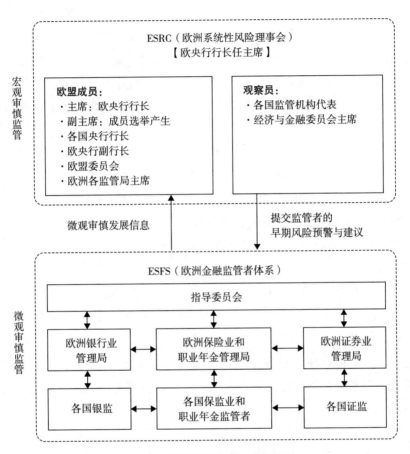

**图4-9 欧洲金融监管体系新框架**

（三）推动欧洲银行业监管协调合作

2008年以来，欧洲相继爆发了银行业危机和主权债务危机，并且二者交叉感染的恶性循环给各成员国经济金融造成了巨大冲击。面对严峻的形势，欧盟各国开始考虑加强欧洲整体层面的银行业监管。2012年5月，欧盟主席巴罗佐（Barroso）率先提出了建立欧洲"银行业联盟"（Banking Union）的提议。根据提议，欧洲银行业联盟包括三大支柱，分别为单一监管机制（Single Supervisory Mechanism，SSM）、单一处置清算机制（Single Resolution

Mechanism，SRM）和欧洲共同（单一）存款保险机制（European Deposit Insurance Scheme，EDIS）。目前，在各方力量的推动下，欧洲银行业联盟取得了积极进展。

2012年6月，欧盟各国就上交银行监管权、建立SSM、SRM及EDIS在内的银行业联盟达成一致，并展开了实质性的制度建设工作。2014年4月，欧洲议会通过了建立银行业联盟的三项法案，即《银行业恢复与处置法》《银行业单一处置机制法》和《存款担保计划指令》，银行业联盟的建立迈出了关键一步。

单一监管机制（SSM）方面，2014年11月，SSM正式启动运行。在银行业联盟框架内，欧洲央行（ECB）全面承担起欧元区银行业的监管职能，负责对系统重要性银行（SIBs）直接进行监管[①]，且具有监管规则制定权，并对全体6 400多家银行承担最终责任；欧盟各成员国的国家主管机构（NCAs）对"不太重要"（O-SIIs）银行进行监管。未来，非欧元区国家也可以申请加入该机制。

单一处置清算机制（SRM）方面，由单一处置清算委员会（SRB）和各成员国的国家处置清算局（NRAs）共同构成，于2016年1月正式运行。SRB根据SRM条例建立，是银行业联盟的主要处置机构，也是一个完全独立的欧盟机构，职责是有序处置破产银行，并尽量减小破产银行对实体经济和参与银行业联盟国家公共财政的影响，同时也负责管理单一处置基金（Single resolution fund，SRD）。

另外，在SSM和SRM相继运行之后，欧盟银行业联盟的重心已转移到了推动欧洲共同（单一）存款保险机制（EDIS）建立方面。近两年，为促进欧洲银行业联盟的完善，加快EDIS建立进程，欧盟在调整EDIS方案、强化监管框架、促进银行系统降低风险和不良贷款水平方面采取了一系列措施。但现

---

① 涵盖欧元区最大130家银行、占欧洲银行业总资产约85%。根据2020年最新信息，欧央行直接监管的大型银行共115家，每年开展监督检查评估（SREP），实施差异化监管。

阶段，各成员国对于建立EDIS的紧迫性仍然呈现出两极分化态势[①]，在完成银行业联盟的优先次序方面也存在分歧。未来，可以预计，由于EDIS涉及风险分担、多方利益划分等敏感问题，如何实施仍需要大量技术性和细节性的讨论，加之目前欧盟内部政治分歧较多，这些因素都必将影响EDIS的落地。

## 四、德国："双头"监管之上的委员会治理架构

德国宏观审慎政策治理架构的突出特点是，在德意志联邦银行和德国联邦金融监管局（BaFin）"双头"监管架构基础上，成立金融稳定委员会（FSC），强化宏观审慎与微观审慎协调，同时着力加强德国央行对银行的监管职能，突出其防范系统性风险、维护金融稳定的作用。

（一）危机前的"双头"监管架构

2002年5月，德国建立了独立于中央银行的统一金融监管机构——德国联邦金融监管局（Bundesanstalt fur Finanzdienstleistungsaufsicht，BaFin），负责银行、证券、保险等行业监管。由此，德国形成了德意志联邦银行即中央银行负责制定实施货币政策、维护金融和货币系统稳定，BaFin负责金融监管的"双头"监管框架。

该框架下，德国央行主要侧重于整个银行体系和系统性金融风险的识别、监测及危机处置，BaFin主要负责对单个金融机构的监管。BaFin不设下属监管机构，由德国央行分支机构负责承担对金融机构的常规监管事务[②]。操作上，按照BaFin制定的原则，德国央行邀请BaFin人员一起对银行进行现场检查，特殊情况下BaFin也可独自开展检查；检查结束后，将现场检查和非现场监管情况向BaFin报告，由其做出最终决定。

---

① 以法国为代表的"风险分担派"成员国希望尽快建立EDIS，认为风险分担能给予欧盟更多的权力在风险苗头出现时进行干预，统一的存款保险制度也有利于形成更加稳定的金融系统，降低银行挤兑风险，提高银行抵御风险冲击的能力。以德国为代表的"降低风险派"不赞成现阶段建立EDIS，他们更强调银行自身和市场的约束机制，认为各成员国银行应严格落实欧盟有关银行"自救"措施和规则，任何的风险分担必须在风险降至一定程度才能进行，主张首先降低银行业风险，然后再考虑建立统一的存款保险制度。

② 德国《银行法》规定：为避免重复劳动，节约监管成本，提高监管效率，监管局在各地不得设立任何形式的下属机构，地区的日常金融监管事务，由中央银行的分支机构代为承担。

为加强监管协调，在德国金融监管框架下，德国央行与监管机构建立了制度化的协作机制，如与BaFin建立信息共享机制，金融机构每月向德国央行分支机构报送各类统计报表，央行收集监管信息并做出必要的分析后，将结果一并向BaFin提供，BaFin依据这些信息做出监管决策。此外，BaFin建立了"金融市场监管论坛"（The Forum for Financial Market Supervision），与德国央行共同运营，由来自央行和BaFin的高层管理人士组成，定期联席交流，加强监管协调，保证金融体系稳健运行。

（二）危机后成立金融稳定委员会（FSC）强化协调

1. 强化德国央行维护金融稳定职责

2009年10月，德国组成新政府的两党（基民盟和自民党）曾提出建议，废除"双头"金融监管体系，将银行业监管权从联邦金融监管局（BaFin）剥离，赋予中央银行对银行业的唯一监管权。尽管上述改革建议最终并未实行，但德国各方由此形成了进一步强化中央银行金融稳定职责的共识。

2010年，德国央行成立了金融稳定部，下设宏观审慎分析、国际金融体系和国际货币事务三个附属部门，负责对系统性金融风险监测、分析和预警，但不负责危机处理。职能设置上，德国央行金融稳定职能主要集中在总行，分支行没有具体职责，但要为总行提供数据信息等多方面支持。同时，德国央行是全国唯一有权对金融机构行使统计权力的机构，因此拥有独一无二的信息获取权，BaFin等监管部门都要从央行获取信息。

2. 成立金融稳定委员会（FSC）

2012年10月，德国通过了《德国金融稳定法案》，决定成立金融稳定委员会（FSC），旨在加强财政部、中央银行以及联邦金融监管局（BaFin）在金融稳定领域内的合作，成员包括中央银行、财政部、BaFin等，由9名拥有投票权的委员和1名无投票权委员组成。

在德国宏观审慎政策治理架构内，FSC在欧洲系统性风险委员会（ESRB）的指导下履行宏观审慎管理职责，负责对金融系统稳定性进行风险评估，每年向德国议会报告金融体系的稳定性和监管中存在的问题，并对相关风险提出警告和建议。在FSC治理架构内，中央银行占有主要地位，负责持续识别和评估金融稳定风险，为FSC会议提交讨论报告和初步政策建议，评估宏观审慎政策实施效果，撰写FSC提交议会的年度报告；BaFin负责实施宏观审慎管理，但由中央银行最终评估政策效果，并向FSC报告；财政部负责提供法律和技术监督。

（三）推动宏观审慎政策实施

本次危机前，德国央行就建立了完善的系统性风险监测评估指标体系，力求尽早识别具有系统性影响机构的风险变化。危机后，更加注重研发宏观审慎政策工具，着力进行宏观审慎分析。

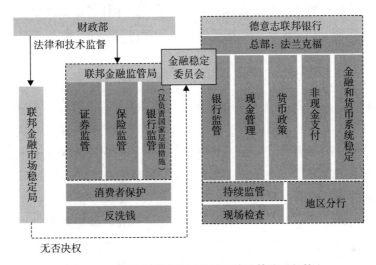

**图4-10　德国金融监管及宏观审慎政策治理架构**

逆周期调节方面，2015年，德国将欧盟《资本要求指令Ⅳ》（CRD Ⅳ）[①]的要求纳入德国银行业偿付能力监管规则，6月FSC建议联邦政府进一步将住房贷款纳入宏观审慎监管，并引入四项新的宏观审慎工具，即贷款价值比（LTV）上限、偿债收入比（DSTI）上限、债务收入比（DTI）上限以及贷款摊销限制。11月，德国央行公布了逆周期资本缓冲（CCyB）技术框架，决定从2016年1月1日起按季设置国内逆周期资本比例和执行时限[②]，必要时可决定是否承认他国的逆周期资本比例，BaFin被授权为CCyB的实施机构。

---

① 2013年，欧盟通过了增强银行业弹性的《资本要求指令Ⅳ》和《资本要求监管条例》，并于2014年起正式生效，这标志着欧盟建立了统一的宏观审慎管理框架。

② 由于监测指标显示德国并未出现过度放贷，Bafin将首次逆周期资本缓冲设置为0，于2016年1月1日起生效。

解决"大而不能倒"问题方面，德国中央银行和BaFin共同制定了国内系统重要性金融机构（D-SIFIs）认定办法，并从2016年起对国内或欧洲经济区（European Economic Area）内系统重要性金融机构（SIFIs）进行认定。此外，德国还吸收欧盟和国际监管标准，修订本国相关法律，加强本国系统重要性金融机构（D-SIFIs）监管，如将FSB关于国内系统重要性银行（D-SIBs）的资本缓冲要求纳入了本国法律，在恢复和处置法中纳入了欧盟"银行恢复和处置指令"（BRRD）相关要求，在处置机制法中引入了欧洲单一监管机制（SRM）有关银行处置机制建设的内容，在银行业法中对部分债务清偿顺序进行了调整等。

（四）完善"双层"存款保险体系

目前，德国存款保险制度由非官方存款保险体系①和政府强制性存款保险体系两个层面构成，后者为适应欧盟2009年出台的存款保险最新指引要求而设立，保险限额为10万欧元。其中，非官方存款保险体系是金融消费者保护的"第一道防线"，政府强制性存款保险体系是"第二道防线"。

总体上看，德国存款保险体系有三个特点，其一，采用自愿原则，银行可以自由选择是否加入存款保险体系。但是，如果一家银行没有加入存款保险体系，应以各种方式明确告知存款人。如果退出存款保险体系，也应及时以书面形式告知存款人。其二，非官方管理的经营模式。德国存款保险体系在银行业协会内部组织建立，由各专业委员会管理，德国央行和BaFin不介入存款保险机构日常运行。存款保险公司在救助问题银行时，可以选择直接对存款人进行偿付，或者支付给银行本身，也可以选择对问题银行进行担保。其三，没有公共资金介入。德国银行法不允许中央银行对存款保险体系实施最后贷款人职能，只有发生系统性银行危机或大银行破产，存款保险体系的资金不足以偿付时，政府才可能介入。

## 五、日本：金融厅"一体化"治理架构

日本金融监管框架属于典型的金融厅"一体化"监管模式，带有明显的

---

① 由不同类型的银行同业协会根据各自需要在1974年建立，是德国存款保险体系的主要力量。

"金融行政"色彩。2008年金融危机后，日本基本上保持了原有监管框架稳定，而主要致力于加强中央银行和监管机构在宏观审慎管理中的协调配合。

（一）危机前的"双重"监管模式

危机前，日本建立了以金融服务厅为核心、独立的中央银行和存款保险机构参与、地方财务局等行政部门辅助监管的统一金融监管体制。实际运行中，实际上形成了"双重"监管模式，即金融服务厅作为金融监管部门，同时拥有监管权和政策制定权，侧重于实施行政处罚；日本银行则侧重于系统性风险识别、监测和建议。

日本银行作为中央银行，不承担银行监管责任，但出于制定执行货币政策、行使最后贷款人职能需要，以及更好地行使向金融机构发放临时贷款职责，因而也承担着支付清算、维护金融稳定等职能。日本银行有权与所有可能接受央行流动性支持和救助的金融机构签订检查合同，并通过现场检查和非现场检查，督促和指导金融机构对经营中存在的各种风险进行有效管理。

另外，金融服务厅和日本银行经常互换信息、相互配合，如为减轻被检查金融机构负担，双方统筹协调对同一金融机构现场检查日程安排。

（二）危机后强化宏观审慎政策协调

危机后，日本基本上保持了"双重"监管架构稳定。在此框架下，各方的职责划分是，日本银行负责制定执行货币政策，实施宏观审慎管理，维护金融稳定；金融服务厅负责银行、证券、保险的微观审慎监管，并与日本银行在宏观审慎管理方面协调配合；财政部下的地方财务局受托对地方中小金融机构实施监管；存款保险公司与日本银行、财政部、金融服务厅共同配合，对金融机构实施存款保险保护。

同时，在统一的金融监管框架下，日本也加强了日本银行和金融服务厅在宏观审慎政策方面的协调配合。例如，法律层面明确要求二者有向对方提供协助的义务，并共同出席危机应对会议、参与危机应对决策，以及联合发布指导性文件等。此外，在协调配合的基础上，日本还着重加强了日本银行宏观审慎管理职能，如2011年10月公布了《日本银行强化宏观审慎管理的方案》，对日本银行宏观审慎管理职能进行了明确。

时至今日，经过一系列的调整和强化，日本正式确立了以日本银行为核心的宏观审慎政策治理架构。在此框架内，日本银行的职能：一是评估金融体系稳定性[①]。通过定期发布《金融体系报告》等，从宏观审慎角度出发，深入分析国内外金融市场风险。二是将宏观审慎管理与微观层面的现场检查、非现场监测相结合。在现场检查和非现场监测过程中，日本银行从宏观审慎角度出发，既评估单个金融机构稳健性，也关注金融体系的整体风险。三是增强货币政策有效性。鉴于货币政策与金融稳定密切相关，因此日本银行在制定货币政策时，尤其强调突出宏观审慎视角，即预测未来一两年内经济状况和物价水平，并判断经济是否可持续增长、物价是否稳定，同时甄别、评估与货币政策执行相关的风险因素。四是采取必要措施确保金融稳定。在风险爆发时，日本银行发挥最后贷款人职能，主要通过发放无抵押贷款等方式，及时为金融机构提供必要的流动性支持。五是监测支付结算体系。通过引入实时结算系统、完善付款交割制度等措施，增强支付结算体系的安全性和有效性。对于私人运营的清算所，日本银行也对其组织架构、风险管理和系统运营状况进行监测评估，以确保重要基础设施稳健运行。

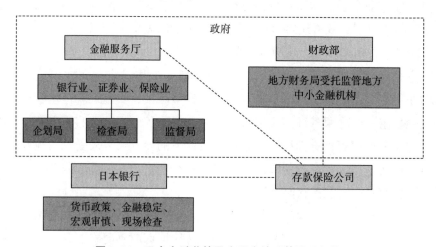

图4-11　日本金融监管及宏观审慎政策治理架构

---

① 主要的评估方法有，利用宏观压力测试评估金融体系稳健性；设计模型识别金融体系与实体经济间的动态交互作用，关注非银行体系风险及其与银行体系的关联性；利用宏观指标衡量金融体系的不均衡性，识别金融市场风险等。

## 六、澳大利亚："双峰模式"治理架构

"双峰"理论最早起源于英国，1997年首次在澳大利亚实践。2008年金融危机以来，"双峰"模式（Twins Peaks Model）监管因澳大利亚在危机中的突出表现而受到国际社会的广泛认可。

### （一）"双峰模式"的逻辑

所谓"双峰"模式，即致力于实现专业化监管，并通过设立两个独立的金融监管机构来实现监管目标，一个专门负责微观审慎监管，称为"偿付峰"（Solvency Peak），一个负责经营行为监管，称为"行为峰"（Conduct Peak）[①]。

"双峰模式"的逻辑机制在于，审慎监管和行为监管两个目标存在着较大差异，有时甚至可能产生冲突，因而有必要通过机构设立的方式对二者进行区分。从监管的角度看，二者的差异主要有两个方面：其一，审慎监管通过资本充足率、动态拨备率和流动性比率等监管指标，分析金融机构是否稳健，而行为监管通过发布行为准则和产品准则，并进行调查取证、法律剖析、纠纷数据库分析、暗访等，对金融机构的服务行为和金融产品进行规范和干预。其二，审慎监管以风险专家、财务专家、金融工程专家为主，侧重于风险防范和数据分析，而行为监管以律师为主，侧重于法务工作。

由此可见，两种监管在理念、思路和人才素质要求等方面差异较大，将二者混在一个机构不利于提高监管的专业性和效率，而采用"双峰"监管则能够缓解"保障金融机构偿付能力"和"保护金融消费者及投资者利益"之间的冲突，同时有助于发挥不同类型金融机构微观审慎监管与业务监管之间的协同效应（FSI，2018a）。

从各国情况看，澳大利亚和荷兰的金融监管制度是"双峰"理论在实践运用中的典型代表。根据审慎监管分工，"双峰"模式又可进一步细分为"二元结构"和"三元结构"，前者的代表是荷兰，由中央银行负责宏观审慎政策和微观审慎监管，荷兰金融市场局（NAFM）负责行为监管；后者的代

---

① 国际清算银行金融稳定研究院（FSI），Daniel Calvo等，"Financial Supervisiory Architecture：what has changed after the crisis?"，2018。

表是澳大利亚，即由中央银行负责宏观审慎政策，独立于央行的审慎监管局（APRA）负责微观审慎监管，证券和投资委员会（ASIC）负责行为监管。

表4-12　审慎监管与行为监管之比较

|  | 审慎监管 | 行为监管 |
|---|---|---|
| 风险分析工具 | 通过资本充足率、动态拨备率和流动性比率等监管指标，分析金融机构是否稳健 | 通过发布行为准则和产品准则，并进行调查取证、法律剖析、纠纷数据库分析、暗访等，对金融机构的服务行为和金融产品进行规范和干预 |
| 专业知识要求 | 以风险专家、财务专家、金融工程专家为主，侧重于风险分析防范和数据分析 | 以律师为主，侧重于法务工作 |
| 工作侧重点 | 金融交易的供给方 | 金融交易的需求方 |
| 对象 | 金融机构 | 消费者、金融机构 |

资料来源：孙国峰，"英国双峰监管的实践与借鉴"，2018年2月26日，财新网。

（二）澳大利亚"双峰"监管的实践

澳大利亚金融监管体制确立于20世纪90年代。1997年，面对20世纪80年代金融自由化改革所产生的一系列负面影响以及原有监管模式暴露出的诸多问题，澳大利亚开始着手进行金融监管体制改革。主要内容是，在拆分、整合原有联邦和州监管机构的基础上成立了审慎监管局（APRA）、证券和投资委员会（ASIC），最终形成了审慎监管与行为监管相结合的"双峰"监管体制。

在"双峰"监管架构下，第一，澳大利亚储备银行（RBA）作为中央银行，下设储备银行理事会和支付体系理事会，分别负责货币政策的制定实施和支付体系的安全运行，确保金融稳定；同时出于防止监管政策与货币政策之间的冲突考虑，RBA并未被赋予审慎监管职责。第二，审慎监管局（APRA）从防范风险的角度对金融机构进行审慎监管，确保金融体系安全。第三，证券和投资委员会（ASIC）针对金融机构的市场行为进行合规监管，确保金融消费者合法权益。第四，财政部负责提名RBA行长以及APRA、ASIC董事会成员。

同时，为加强监管协调，澳大利亚政府建立了"金融监管委员会"（Council of Financial Regulators，CFR），由RBA牵头，成员包括RBA、

APRA、ASIC和财政部。CFR是成员之间合作和协作的高级别论坛，通过各成员机构分享金融部门状况和风险信息，加强监管协作，从而促进监管的及时性和有效性。工作机制上，CFR建立了季度会议和临时会议机制，并由RBA提供秘书支持。另外，为提高决策的有效性和专业性，CFR建立了多个工作组，包括金融市场基础设施（FMI）指导委员会[①]、危机管理工作组和其他工作组等[②]。

2008年危机以后，面对巨大的金融海啸，澳大利亚启动了金融体系调查，旨在进一步健全"双峰"监管架构。在调查的基础上，澳大利亚以"双峰"监管架构为基础，进一步强化充实了CFR职责，加强监管协调，强化宏观审慎管理。一是建立监管问责制，成立金融监管评估理事会（FRAB），负责对监管机构履职情况进行年度审查和评估；二是充实ASIC履职工具，赋予其对金融产品的早期干预权和必要的市场准入职责；三是定期分析和评价金融监管对金融业竞争的影响，适当降低国内外机构的准入标准；四是加强监管能力建设，采取三年预算制，为监管机构提供稳定充足的资金，以具有竞争力的薪酬水平吸引高素质的专业人才。

总体来看，在澳大利亚宏观审慎政策治理架构下，金融监管委员会（CFR）是监管协调机构，由储备银行（RBA）、审慎监管局（APRA）、证券和投资委员会（ASIC）和财政部四大主要监管机构组成，主席由RBA行长担任；委员会负责协调各监管机构的行动，确保政策运行的有效性，并对政府立法行动提出建议以弥补监管缺陷。RBA和APRA两大机构都被授权维护金融稳定，其中RBA是金融体系流动性提供者，负责监管清算、结算机构和支付系统，以及在货币政策决策中纳入金融稳定评估；APRA是微观审慎监管机构，是机构监管者，在单个机构风险管理方面担负更具体的职责，负责制定审慎标准，并拥有宽泛的指导与处置权。

---

① 包括清算和结算竞争工作组（含竞争与消费者委员会ACCC，不含APRA）、FMI风险管理工作组、场外衍生品工作组。

② 包括区块链工作组（含交易报告和分析中心AUSTRAC）、气候变化工作组、危机沟通工作组、金融部门评估规划（FSAP）工作组、金融部门竞争工作组（含ACCC）、危机沟通工作组、监管边界工作组、网络安全工作组、房地产市场风险工作组等。

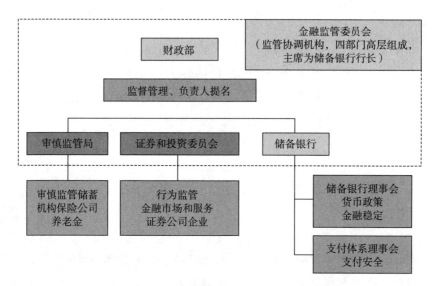

图4-12　澳大利亚金融监管及宏观审慎政策治理架构

## 七、韩国：以中央银行为核心的治理架构

1997年亚洲金融危机以后，韩国借鉴英国经验建立了统一的监管体制。主要特点是，增强了韩国银行的独立性，并将金融监管职能集中于新成立的金融监督委员会（FSC），但财政部仍保留了金融政策制定权。在韩国金融监管框架下，金融监督委员会（FSC）下设金融监督院（FSS）和证券期货委员会（SFC），分别负责对金融机构和资本市场监管；韩国银行作为中央银行，专司货币政策职能，保留有限的间接监管职能，可要求与FSS共同调查金融机构；同时，成立存款保险公司（KDIC），赋予其对全部金融机构的检查监督权。

2008年金融危机后，在吸取危机教训的基础上，韩国对金融监管框架再次做出调整。主要是将金融监督委员会（FSC）与财政部的金融政策司合并为金融服务委员会（FSC），统一行使金融监管和金融政策制定权，同时将韩国金融情报机构（KOFIU）并入其中，由其负责反洗钱和反恐怖主义融资行动。

2011年9月，韩国颁布了新的《韩国银行法》，通过扩大中央银行职权及增加可使用的宏观审慎工具，进一步强化了韩国银行的宏观审慎管理职能。其一，扩大信息获取范围，强化现场检查权。将韩国银行的信息收集范围扩展至韩国《金融业结构优化法》涵盖的所有金融机构，提高韩国银行与金融监督院（FSS）联合检查的效率，进一步强化其对金融机构的现场检查权。其二，改进紧急流动性支持工具，放宽紧急流动性支持条件。例如，增加抵押品范围，增加证券拆借工具，提供短期结算资金支持。其三，完善法定准备金制度①，扩充其应对冲击的政策工具，增加韩国银行在法定准备金制度方面的自由裁量权等。其四，加强宏观审慎分析。成立宏观审慎分析部，通过向议会提交《金融稳定报告》和建立系统性风险评估模型（SAMP）两个主要载体来实施宏观审慎监测工作。其五，成立救助基金。危机以来，韩国银行和金融服务委员会（FSC）先后组织金融机构出资成立了债券市场稳定基金、银行资本补充基金等多个救助基金，负责向金融体系注入流动性、补充银行资本和救助困难金融机构。

总之，在韩国宏观审慎政策治理架构下，金融服务委员会（FSC）负责金融政策制定、金融机构及金融市场监管，并承担反洗钱职责。韩国银行作为中央银行，负责制定执行货币政策，维护金融体系稳定，并承担宏观审慎政策实施职能。金融监督院（FSS）和证券期货委员会（SFC）在金融服务委员会（FSC）统一领导下分别负责银行、证券等微观审慎监管。存款保险机构（KDIC）从维护存款人资金安全角度对金融机构进行检查监督。

---

① 修订后的《韩国银行法》主要对法定准备金做了以下调整：将需交纳法定准备金的负债类型由存款类负债扩展到了其他负债类型；计算时间间隔由半月变为每月一次；扩大了货币政策委员会对法定准备金的裁量权，即货币政策委员会有权决定法定准备金的形式；将法定准备金率单纯由负债类型决定调整为由负债类型和负债规模共同决定。

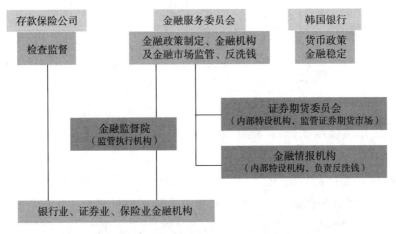

图4-13　韩国金融监管及宏观审慎政策框架

# 第三节　统一性的宏观审慎政策治理架构

2008年金融危机以来，各国金融监管差别化的实践表明，宏观审慎政策治理架构因地而异，深受一国政治经济、法律传统和历史惯性的影响，也与该国的监管文化息息相关。同时，各国差别化的实践在反映宏观审慎政策治理架构矛盾性的同时，也揭示了这些矛盾背后隐含的共性规律，即所谓的统一性。在这里，我们试图对宏观审慎政策治理架构的实践机理进行探求，并希望总结出永恒、普适的问题应对原则，从而为人们的实践提供多方面的镜鉴。

## 一、差别化基础上的统一性治理模式

事物矛盾的法则，即对立统一的法则，是自然和社会的根本法则[①]。宏观审慎自提出以来，就始终伴随着争论与分歧，治理架构实践的背后也孕育着统一性与差别化的对立共生，并沉淀着同质性的经验规律。

---

① 毛泽东1937年著作《矛盾论》，第七部分"结论"。

（一）统一性的治理架构模式

目前，从实践来看，各国宏观审慎政策治理架构的设置方式包括了"破"与"立"两种主要做法。所谓的"破"，是个存量概念，即将宏观审慎政策职责赋予现有机构，打破其原有职能边界，扩展其新职能；所谓的"立"，是个增量概念，即新设专门机构来承担宏观审慎职能，具体又包括委员会模式、中央银行模式等。在"破"与"立"的争执之中，各方在不同阶段形成了多种认识。

1. 早期阶段的宏观审慎政策治理架构模式

在早期阶段，也即2008年危机爆发之始，英国金融服务局（FSA，2009）就率先提出了三种治理架构模式。第一种，由微观审慎监管机构负责宏观审慎政策的制定及执行。该模式下，中央银行负责系统性风险的监控，并将监管结果及建议反馈给微观审慎监管机构，由后者化解系统性风险。第二种，由中央银行负责宏观审慎政策制定。该模式下，中央银行负责系统性风险监测和防范，必要时中央银行可以要求微观审慎监管机构配合其政策实施。第三种，由中央银行与微观审慎监管机构等共同组成委员会，负责宏观审慎政策制定实施。然而，不幸的是，随着危机局势的急剧恶化，各国的金融监管改革急速推进（如英国FSA被撤销），上述主张实际上并未引起人们太多重视。

随着认识的不断深入，尤其是G20首尔峰会提出加强"宏观审慎管理"的倡议后，各国完善宏观审慎政策治理的探索进入了一个新阶段。在这一时期，G20（2010）对各国的实践进行了深入总结，并将宏观审慎政策治理架构模式概括为两类，即"单一机构"负责制与"多元机构"负责制。

所谓单一机构负责制，即由一家政策机构来制定和实施宏观审慎政策，该机构可以是已有机构，也可以是新设专门机构。目前，从实践来看，由中央银行或审慎监管部门承担宏观审慎职能已成为单一模式的主要方式。一些国家往往选择新设专门机构来实施宏观审慎政策，因为这样既能够不打破既有监管格局、减轻改革阻力，同时又能够避免宏观审慎与货币政策、财政政策、微观审慎监管等之间的冲突，有助于从独立视角来制定实施宏观审慎政策。

所谓多机构共同负责制，即由包括中央银行、审慎监管机构、财政部门等在内的多个机构共同承担，具体又包括建立正式沟通协调机制的委员会模式和无正式沟通机制的"分散决策"模式。多机构模式的优点在于，不打破既有监管格局，又使得各类政策各负其责，形成合力。

另外，IMF（2013a、b）在对亚洲一些国家宏观审慎政策治理架构梳理的基础上，将治理架构分为中央银行模式和中央银行与审慎监管部门分离模式。这种划分方法，尽管"形有不同、却神有所似"，实质上也体现出了与FSA（2009）和G20（2010）模式类似的特征。

表4-13　部分亚洲国家金融监管职能划分

| | 银行 | 保险 | 证券 |
|---|---|---|---|
| 独立监管模式 | | | |
| 澳大利亚[①] | 综合金融监管机构 | 综合金融监管机构 | 综合金融监管机构 |
| 中国 | 银行监管机构 | 保险监管机构 | 证券监管机构 |
| 印度尼西亚[②] | 综合金融监管机构 | 综合金融监管机构 | 综合金融监管机构 |
| 日本[③] | 综合金融监管机构 | 综合金融监管机构 | 综合金融监管机构 |
| 韩国 | 综合金融监管机构 | 综合金融监管机构 | 综合金融监管机构 |
| 中央银行模式 | | | |
| 中国香港 | 中央银行 | 保险监管机构 | 证券监管机构 |
| 印度 | 中央银行 | 保险监管机构 | 证券监管机构 |
| 马来西亚 | 中央银行 | 中央银行 | 证券监管机构 |
| 菲律宾 | 中央银行 | 保险监管机构 | 证券监管机构 |
| 新加坡 | 中央银行 | 中央银行 | 中央银行 |
| 泰国 | 中央银行 | 保险监管机构 | 证券监管机构 |
| 越南 | 中央银行 | 保险监管机构 | 证券监管机构 |

注：①澳大利亚设有两个综合性监管机构：审慎监管机构（APRA）和商业行为监管机构（ASIC），两个机构都对金融领域所有实体进行监管。

②印度尼西亚在2011年通过法律创立了一个独立于中央银行之外的综合监管机构。

③虽然根据银行法日本中央银行不是监管机构，但日本中央银行法中明确规定其有对银行进行现场检查和非现场监测的权力。

资料来源：《各国如何监管银行、保险和证券市场》，中央银行出版物，2011。

2. 相对成熟的宏观审慎政策治理架构模式

在FSA（2009）、IMF（2010）和IMF（2013a、b）划分基础上，IMF（2014，2016）进一步对全球宏观审慎政策的实践进行了总结，并概括提出了宏观审慎政策治理架构的要素和模式。目前，宏观审慎政策实施应由相应的机构或部门来承担已成共识，并在实践中逐渐形成了各方较为认同和相对成熟的三种模式（IMF，2012a、b）。

第一种是中央银行直接负责模式，即由中央银行负责宏观审慎职责，由央行行长或理事会负责制定宏观审慎政策，如捷克、爱尔兰、新加坡、新西兰等。实践表明，在由中央银行承担监管职责的国家，该模式较为流行，但形式各异。在由中央银行之外机构承担监管职能的国家，如爱沙尼亚、葡萄牙，则往往通过建立中央银行行长担任主席的委员会来实施宏观审慎政策。同时，为实现信息共享，这些国家也明确赋予了中央银行向其他监管机构提出建议的职权，如挪威和瑞士。

第二种是中央银行委员会模式，即在中央银行下设宏观审慎政策委员会或类似委员会来承担宏观审慎职能，英国即为代表。该模式下，宏观审慎政策委员会与货币政策委员会并立，且都在中央银行框架内运行。操作上需要明确区分二者各自的目标和边界，尽可能降低中央银行双重职责的潜在冲突（IMF，2013）。运行中，允许其他独立监管部门和外部专家参与到决策中来，从而有助于形成开放的政策环境，并对中央银行的职责履行进行约束。

第三种是独立委员会模式，即宏观审慎政策职权由中央银行之外的独立委员会承担。该模式下，财政部门的作用十分突出，且经常扮演三种角色，即担任不具投票权的董事、具有投票权的董事或委员会主席。中央银行、微观审慎监管部门等系统性风险相关方均参与到委员会中，加强信息共享和政策协调，如法国、德国、墨西哥、美国等都是此种模式的典型代表。

表4-14　宏观审慎政策治理架构模式及主要特征

|  | 完全一体化模式 | 部分独立模式 | 独立模式 |
|---|---|---|---|
| 主要特征 | 中央银行承担了审慎监管和宏观审慎政策在内的所有监管职责 | 中央银行、金融监管部门、系统性金融机构监管者等各自承担相应的职责 | 中央银行和监管职能分离 |

| | 完全一体化模式 | 部分独立模式 | 独立模式 |
|---|---|---|---|
| 代表性国家 | 爱尔兰、捷克 | 荷兰、比利时、美国、英国 | 澳大利亚、加拿大、智利 |
| 优势 | ①信息获取便利；②政策工具运用便捷；③与市场和公众的风险沟通渠道顺畅；④一体化下政策跨目标和机构协调有效；⑤权责划分明确 | ①有利于降低中央银行信用风险；②允许财政部参与政策制定，有利于政策获得政治支持 | ①各守其责，有利于各自发挥政策优势；②有利于监管机构管理，在不同的政策领域培养不同的监管文化，并保证政策的独立性；③能够避免忽视较小风险 |
| 劣势 | ①一体化模式下不利于打破政策封闭；②中央银行自身权力过大；③监管政策可能会削弱货币政策制定者的公信力；④财政部门被排除在政策外 | ①中央银行以外的金融监管当局可能对政策的参与度不高；②政策制定者缺乏中间控制工具；③政策制定者与政策工具实施者之间的分离是个问题 | ①没有一家机构拥有分析所有交叉性系统性风险的信息，不利于系统性风险识别监测；②增加了鸿沟风险，即协调不一致导致风险未被发现、未得到处置；③弱化了职能问责和激励 |

资料来源：Nier（2011a）。

（二）统一性模式下政策当局的角色

实践表明，治理主体的职能确定向来是治理体系的核心所在。各国的实践也表明，无论采取什么样的治理模式，准确认识和界定中央银行、监管部门、财政部门等在宏观审慎政策治理架构中的角色作用，都是问题的症结所在。目前，围绕中央银行、财政部门等在宏观审慎政策治理架构中的角色问题，各方在实践中已经形成了相对统一的认识。

1. 中央银行的角色

近年来，几乎所有的实践均表明，在不同的治理模式中，中央银行因其自身所具有的专业性、独立性和行动能力，从而在宏观审慎政策决策实施中均扮演着举足轻重的作用。研究也认为，中央银行的参与是所有治理模式的关键特征，并且具有协同效应和利益冲突的两面性（FSI，2018a）。

从全球来看，中央银行在宏观审慎政策治理架构中的角色可以有多种形式。概括起来，有四种作用形式较为显著：一种是直接由中央银行承担宏观审慎决策职能，如爱尔兰、新西兰等；一种是明确由中央银行负责系统性风险分析并为宏观审慎决策提供建议，如法国和德国；一种是由中央银行主要负责对系统重要性金融机构（SIFIs）进行监管，代表性的如美国；一种是由中央银行行长担任宏观审慎政策委员会主席，如马来西亚、南非、英国等。

2. 审慎监管部门的角色

2008年危机以来，全球金融监管一个显著的变化即在于各国审慎监管部门在对单个机构的监管中开始越来越多地引入或树立宏观审慎视角，并且更加注重宏观审慎与微观审慎的配合，突出地体现在强化系统重要性金融机构（SIFIs）监管方面。

正如本书反复强调的那样，宏观审慎与微观审慎很多时候存在着认识、视角和政策取向等多方面的冲突（BIS，2011；IMF，2013；Alessandri and Panetta，2015）。因而，为避免或解决二者之间的冲突，那些由审慎监管部门负责宏观审慎管理的国家，为加强宏观审慎政策实施，普遍采取了两种做法，即或者建立包括审慎监管部门与其他相关部门的共同委员会或咨询机构，以加强统筹协调，如澳大利亚和瑞典；或者审慎监管部门参加到中央银行决策委员会中并发挥积极作用。

3. 财政部门的角色

无需讳言，在所有的治理模式中，财政部门均不同程度地发挥着重要作用。尤其是在采用委员会模式的国家，财政部门的角色更加多样，包括担任不具投票权的董事，如英国；担任具有投票权的董事，如波兰；担任委员会主席，如法国、德国和美国等。经验表明，财政部门的这种多元化的角色界定，有助于提高宏观审慎政策的合法性，并能够促进委员会决策选择的多元化。

尽管如此，我们也要看到，委员会模式下，财政部门过多地参与宏观审慎决策也极易引发政策博弈风险，如导致决策拖延并可能损害中央银行的独立性。因而，为避免上述情况的发生，赋予中央银行明确的建议权和投票权就显得尤为重要，如墨西哥和荷兰。

4. 独立外部专家的角色

外部专家是宏观审慎政策治理架构的重要组成部分。实践也表明，外部专家有助于增强决策独立性，减少决策的部门烙印（BIS，2011；IMF，2011b；IMF，2013）。因此，实践中，一些国家往往在宏观审慎政策决策中引入外部专家或设立咨询委员会来完善治理架构。例如，法国和英国引入了具有投票权的独立外部专家，德国、荷兰通过邀请外部专家并听取其建议的方式来完善治理。我国国务院金融稳定发展委员会（金融委）在组成部门和成员单位之外，引入了部分协作单位①，旨在增强政策协作合力，很大程度上也是出于此种考虑。

## 二、基于差别化实践之上的治理架构设置方式

基于各国差异化的实践，在当前相对成熟、统一性的治理架构模式之上，我们可以将各国宏观审慎政策治理架构主要的设置方式和理念归结为四个方面，这里又可称为"四种方式"。

（一）第一种方式，可称之为"中央银行主导模式"

这种方式根本的逻辑在于，认为中央银行货币管理、逆周期调控和在支付体系安全稳健中的关键作用等政策特质，本质上与宏观审慎内在的属性要求紧密契合。因此，由中央银行承担防范化解系统性风险职责，有利于加强宏观审慎政策执行的主动性、有效性和可信性。然而，同时也要看到，该种方式可能会出现一些新问题，如货币政策操作与宏观审慎政策操作可能会产生冲突，同时由中央银行一家机构来进行风险识别难以保证风险识别的充分性和有效性，也会面临较高的协调成本等。因此，为弥补上述缺陷，建立有力有效的协调机制、明确政策操作框架、提高政策透明度②就显得十分必要且尤为关键。

目前，该方式下又包括两种具体做法，一是由中央银行承担货币政策、审慎监管和宏观审慎职能，建立"大一统"的金融监管体系。二是由中央银行统筹货币政策与宏观审慎政策，形成"双支柱"调控框架，微观审慎监管部门则保持独立。

（二）第二种方式，可称之为"顶上加盖模式"

该种方式的逻辑是，为减少机构并立分拆带来的震动，避免对现有监管

---

① 根据2018年7月新一届金融委会议新闻通稿，金融委协作单位包括中央纪委监察部、中央组织部、中宣部、中央网信办、公安部、司法部、最高法、最高检、中央编办、市场监管总局等。

② 参见Powell（2018）for discussions on the role of public transparency and accountability practical examples.

体制进行根本性变革，通过设置委员会来加强中央银行、监管机构和财政部门等的协调沟通，以提高协同效率。具体操作上，保持现有监管格局不变，在监管部门之上设立一个政策主体，中央银行和各专门金融监管部门在该主体统一领导下履行宏观审慎政策职责。

目前，该方式下，较为成熟的做法是，建立一个宏观审慎政策委员会，由财政部门、中央银行、金融监管部门等组成。委员会下设多个工作小组，成员由各部门组成，负责向委员会提供政策建议，委员会负责做出最终政策决定。需要注意的是，该方式下，中央银行在宏观审慎政策实施中的作用在不同国家会有不同程度的体现。

（三）第三种方式，可称之为"强化监管职能方式"

该种方式的逻辑在于，既然微观审慎监管当局具备有效的方法和手段来推动宏观审慎管理的实施，那么在审慎监管中引入宏观审慎理念方法，并由审慎监管当局实施宏观审慎之责就是可行之道。操作上，将宏观审慎管理与微观审慎监管两大职能统一于金融监管部门之下，由一家监管部门统一实施。

但该方式也存在明显的政策冲突矛盾。一方面，宏观审慎与微观审慎二者存在着明显的差别，微观审慎监管当局着眼于保护存款人和投资者，主要任务是维护个体机构的稳健经营，由其来承担宏观审慎职责会与微观审慎监管职能产生矛盾。另一方面，宏观审慎具有显著的宏观全局性特征，以微观监管手段承担宏观总量控制之职，很可能会扭曲常规监管应有的作用和效果。

（四）第四种方式，可称之为"职权分散化方式"

该方式的逻辑在于，鉴于宏观审慎工具及其运用分散在不同机构，统一实施存在较大困难，操作成本也很高，因而将宏观审慎职能分散化实施，以最大化调动和发挥各家监管机构防范化解系统性风险的优势和积极性。但该方式的不足也显而易见，分散化模式下，实质上没有一家单一机构或委员会对宏观审慎决策负责，从而也就意味着实质上没有任何一家机构能够掌握与系统性风险有关的全面信息。这种情况，不但难以保证宏观审慎政策的有效性，还会产生较高的政策协调成本。

具体操作上，在多元化监管格局下，宏观审慎职责由多家机构分散实施。该方式下，中央银行与金融监管机构完全独立，宏观审慎政策的制定、决策和实施分散在不同的机构主体，中央银行的作用在不同模式下会有不同程度的体现。

表4-15　宏观审慎政策治理架构的主要设置方式

| 央行与监管机构的一体化程度 | 完全一体化 | 部分一体化 | | | 多家监管机构共同监督 | | |
|---|---|---|---|---|---|---|---|
| 宏观审慎政策的制定和决策机构 | 中央银行 | 隶属央行的委员会 | 独立委员会 | 中央银行 | 多个机构 | 多个机构 | 多个机构 |
| 财政部等部门参与程度 | 无 | 被动 | 主动 | 无 | 被动 | 主动 | 无 |
| 政策决策和工具管理权力的分离程度 | 无 | 部分分离 | 完全分离 | 部分分离 | 无 | 无 | 无 |
| 是否存在独立的政策协调机构 | 无 | 无 | 无 | 无 | 存在 | 存在 | 无 |
| 代表国家 | 捷克、爱尔兰、新加坡 | 英国、马来西亚、泰国 | 美国、巴西、法国 | 比利时、荷兰 | 澳大利亚 | 加拿大、墨西哥、中国香港 | 冰岛、秘鲁、瑞士 |

资料来源：IMF（2011b）；巴曙松等：《巴塞尔资本协议Ⅲ的实施——基于金融结构的视角》，人民大学出版社，2014年1月。

（五）简短的结论

总结多方经验，可以认为，实施有效的宏观审慎管理，首当其冲的即在于要确立宏观审慎政策主体，并建立相应的治理架构。目前，围绕这一中心命题，至少能够得到如下结论。

结论一，鉴于各国政治经济文化的巨大差异性，因此不存在一种"统一性"的治理架构模式适用于所有国家。但是，尽管如此，国际统一性实践也表明，建立健全宏观审慎政策治理架构依然存在着一些各方普遍认同的原则，也存在一些显著的共性特征。

这里，著者把这些显著特征概括为核心"三原则"：第一，要清晰地界定宏观审慎政策目标，合理分配宏观审慎当局的职责（BIS，2011；CGFS，2012；IMF，2013a、b），实现宏观审慎政策治理架构内不同政策主体的有效制衡。第二，要合理划分和清晰界定宏观审慎当局的地位与构成，明确监管部门、货币当局、财政部门等在宏观审慎政策治理架构中的作用及途径。宏观审慎当局应相对独立，与微观审慎、货币当局职能合理分割。第三，鉴于宏观审慎所具有的跨部门、多元化特征，以及不同政策工具之间的互补性、交叉性和可替代性，因此加强政策之间的协调至关重要。但是，无论采取什么方式和模式，有效宏观审慎政策治理架构的关键都在于，应有助于促进政策各方之间的信息沟通和充分协调，并实现政策当局和监管主体良好的激励相容。

结论二，尽管宏观审慎政策的实践千差万别，但治理架构的实现路径却也殊途同归。当前，宏观审慎政策治理架构的构建模式集中体现为"三条路径"：一是中央银行承担宏观审慎职责，直接负责宏观审慎政策决策实施。二是在中央银行框架下设立委员会，将宏观审慎政策赋予委员会，其他政策当局参与其中。三是在中央银行之外设立宏观审慎政策委员会，中央银行与微观审慎监管部门、财政部门等均参与其中，按照各自职责分工发挥作用。

结论三，有效宏观审慎政策治理架构应有助于保证政策的合法性，有助于确保政策当局在面对系统性风险时有能力迅速采取应对措施，有利于促进政策各方在评价和降低风险时的有效协调，但要避免政策各方各自为政和自拉自唱（BIS，2011；IMF，2011a；CGFS，2012；IMF，2013a）。

结论四，为保证宏观审慎政策治理架构的有效性和弹性，应对金融监管和宏观审慎政策治理架构运转情况持续评估，实现动态中的优化调整。

## 三、普适性经验

迄今为止，在大量差异性实践基础上，国际社会已经逐渐形成了宏观审慎政策治理架构的多方面认识。实际上，危机以来的不同阶段，IMF（2016、2017）等也都对这些趋势性认识进行了阶段性总结，形成了可供指导实践的普适性经验。

经验一：中央银行在宏观审慎政策中牵头抓总已成普遍趋势

从各国实践来看，尽管各国的经济发展条件和政治文化传统存在较大的差别，同时各国宏观审慎政策治理架构的设置方式也不尽相同，但加强中央银行在宏观审慎中的积极作用已成普遍共识，并且在实践中已有广泛响应。

这里来看看美国的例子。美联储一度曾被指对次贷危机负有一定责任，但危机后美国的金融监管改革不但没有削弱美联储原有的监管权力，反而大幅加强和扩充了美联储的监管权，其中的逻辑和深远考虑值得我们仔细品味

（李波，2016）。梳理美国国会的立法记录以及"美国金融与经济危机起因调查委员会"最终报告[①]可以看到，包括政府官员、专家学者、业界以及公众代表在内的多数意见都认为，美联储未尽到防范金融危机之责，不是因为原有的监管权对货币政策形成了干扰，而恰恰是因为美联储监管职权过窄或受限，无法有效应对系统性风险、维护金融稳定[②]，心有余而力不足。正是基于上述考虑，美国两院协调版的金融改革在保持原有监管架构基本稳定基础上，加强了美联储的宏观审慎职能。美联储的监管权得到扩大，除控股公司之外，凡是可能影响到金融体系稳定的大型复杂金融机构都纳入美联储监管范围，中央银行的金融监管职能明显增强。

其他的例子也有不少，如英国明确规定英格兰银行作为中央银行在金融稳定中的法定职责和所处的核心地位，并强化了相关的金融稳定工具和权限。法国金融监管机构调整的目标是，将银行、证券、保险监管机构合并成"审慎监管局"并将其置于中央银行的监督之下，法兰西银行作为中央银行被进一步赋予了系统性风险和危机处理的管理权，将其从一般监管事务的牵头地位提升到负责应对系统性风险和维护金融稳定的地位。欧盟委员会明确了欧洲央行（ECB）在宏观审慎管理的特殊作用，由行长、副行长作为欧洲系统性风险委员会（ESRB）董事会的成员，并由行长担任主席。另外，马来西亚、新加坡、泰国等亚洲国家中央银行同时也都是负责宏观审慎政策的主要部门。BIS金融稳定研究院（FSI，2018）的调查表明，被调查的79个国家和地区中，60%的央行都是宏观审慎政策的主要实施机构。

所有的例子均表明，危机以来中央银行货币政策职责与金融稳定职能已经出现了高度融合趋势。中央银行不仅关注传统意义上的物价稳定，也更加关注整个金融体系稳定，并在此过程中积极完善宏观审慎政策治理架构，有效发挥宏观审慎管理作用。

透过种种纷繁的现象看本质，著者认为，危机以来中央银行在宏观审慎

---

① 2009年5月，美国金融和经济危机起因调查委员会成立，目的是"调查现阶段美国金融和经济危机的成因"，在大量访问和调查的基础上，最终发布了《金融危机调查报告》。

② 李波，"以完善宏观审慎政策框架为核心，推进新一轮金融监管体制改革"，金融四十人论坛网站，2016年2月9日。

政策实施中的牵头抓总作用，实质上体现了金融监管资源"集约化"和"统筹化"的理念和趋势，这有利于监管当局从全局视角统筹可利用的监管资源，提高监管效率，防范金融风险。

经验二：宏观审慎政策治理架构既要与本国实践对接，也要遵循国际规则

各国差异化的实践表明，当前实际上并不存在一种单一普适的宏观审慎政策治理架构模式，也没有哪种模式一定能够完全保证预防和解决危机。一国的宏观审慎政策治理架构需要充分考虑该国特殊的历史、文化、政治和监管传统，因国而异。

目前，从各国差异化的实践来看，有两种趋势较为明显。一种是经济规模小、金融体量在全球影响较轻的国家往往倾向于将宏观审慎职能与微观审慎合一，要么被赋予中央银行，要么赋予其他机构，如捷克及爱尔兰等均集中于中央银行；瑞典中央银行则完全不具有宏观审慎职责。另一种是经济规模较大、金融发展程度较高的国家倾向于将宏观审慎与微观审慎职能分设，如英格兰银行内部成立了金融政策委员会（FPC），财政部在其中拥有席位但话语权较弱；而在美、法、德等国，财政部则主导宏观审慎政策，中央银行或多或少参与其中，且仅在部分情况下享有否决权。两种差别化趋势从一个侧面共同反映出，一国的宏观审慎政策治理架构模式，无所谓"最优"，也不存在统一化模式，但需要与各国的金融业发展和监管实际相匹配。

既然各国的历史、政治体制和金融架构的发展沿革不一，那么也就不可能"一刀切"地采用一种通用模式来加强宏观审慎管理。因而，无论采取何种形式的治理架构，主要挑战都在于能否避免中央银行独立性被削弱，能否避免微观审慎与宏观审慎之间的冲突，能否避免部门间的不作为及相互推诿，以及如何实现宏观审慎与其他政策之间的有效协调。

当然，我们提倡立足于本国实际考虑问题，也并不意味着将国际经验拒之于千里之外。从宏观审慎的目标及演进过程来看，宏观审慎政策本身就具有国际一致性的一些特点。近年来随着全球金融融合度越来越高，尤其是危机以来金融风险的全球蔓延和国际协调的加强，为避免宏观审慎政策可能导致的溢出效应和监管套利，客观上也要求宏观审慎政策在标准和方向上予以趋同。

经验三：目标明确、权责相当是宏观审慎政策治理架构的核心要求

目前，大量的研究和实际均表明，明确的政策目标有助于提高宏观审慎当局的行动能力和行动意愿（BIS，2011；CGFS，2012；IMF，2013a；IMF，2014），也有助于市场主体和公众更好地理解和执行宏观审慎政策（IMF，2011a；Vinals，2011）。同时，既定的目标总是与相应的权责相对应，明确的授权是保证宏观审慎当局决策的基础（OECD，2015）。反之，明确的职责也必然要求匹配清晰的职权，否则当局的职责会因权力不足而难以落地。

鉴于此，无论采取何种治理模式，为保证宏观审慎政策取得实际效果，都必须赋予宏观审慎部门相应的权利束[①]。实践中，一些国家通行的做法是，赋予一家能够发挥核心作用机构一系列职权，从而使之有能力从整体上审视整个金融系统（IMF，2011b）。围绕这一思路，目前以系统性风险防范为核心，共识性的认识是，宏观审慎当局至少应具备五个方面的职责要求（IMF，2013a），即系统性风险监测与评估、工具选择与使用、工具调整与校准、防止监管套利，以及减少信息缺口。职权方面，主要着眼于从降低政策当局信息缺口、系统重要性机构认定、监管标准制定和确定监管范围等方面进行界定（IMF，2011a；CGFS，2012；FSB，2013a；FSB，2013b）。这些职责与宏观审慎政策框架的基本要素相呼应，形成了相互关联的逻辑循环。

经验四：内涵丰富、结构多元的协调机制是宏观审慎政策治理架构有效运行的根本保障

宏观审慎政策本身的多元化属性，必然要求宏观审慎当局与其他政策部门之间实现目标、手段和工具等的互补、适应、协调和有序。政策协调正是源于避免不同政策目标冲突和差异性实施的内在要求。开放性视角下，政策协调包括内部协调和外部协调两方面内容。

从内部来看，协调机制旨在明确宏观审慎政策框架内各方的权责和义务，以及防控系统性风险的职责，防止各行其是、各自为阵（IMF，

---

① 产权经济学认为，产权是多种分散但又互相关联权力所组成的树形权力集合，本书这里借用这一概念，意指"一组独立而又相关的权力"。

2016）。实践表明，在宏观审慎政策框架内，宏观审慎与其他政策的互动协调至关重要。因为明确的沟通协调和信息共享机制有助于促进乃至决定宏观审慎政策目标的实现（BIS，2011；IMF，2011a）。

例如，就货币政策而言，有效的宏观审慎政策治理架构应能维护其与货币政策间的相互独立性，同时能够实现充分的信息共享和合理的决策协调。对于财政政策，一些宏观审慎政策具有准财政特征，因此宏观审慎当局与财政部门之间的信息交换有助于遏制监管规避与监管套利行为。对于微观审慎监管，考虑到微观审慎与宏观审慎之间的冲突概率较大，为防止冲突，很有必要在不同危机状况下确定各自发挥作用的边界和优先顺序，并明确协调的方式和内容。

目前来看，这方面的主要做法：一是划分各方权责，如德国、土耳其以法律规定了金融稳定目标下政策各方信息共享的权力和责任；二是设立协调机构，如印度等通过在宏观审慎当局之下常设一些附属委员会或专业工作组，加强各方人员交流协作；三是加强人员交流和交叉任职，如法国、波兰等通过推动治理架构内各方人员交流和交叉任职，提高政策协作效力。

外部协调方面，跨境溢出效应的存在，客观上要求宏观审慎当局在实现国内目标时应考虑对他国的影响，并争取将这种外部影响降到最小（IMF，2014）。实践也反复表明，为抑制和降低政策的溢出效应，需要建立相应的制度安排，保护和协调各方合理利益（IMF，2016）。在这方面，目前，各国通行的做法是，通过建立多边或双边常态化的协调机制，提供一个问题解决和跨界风险处置的良好平台，降低政策外溢，同时尽可能防范各国保护主义及其所带来的扭曲。

表4-16　宏观审慎政策协调机制：以亚洲国家为例

|  | 是否设立委员会 | 主席 |
|---|---|---|
| 独立监管模式 |  |  |
| 澳大利亚 | 是 | 中央银行 |
| 中国[①] | 国务院（人民银行） | 总理（央行行长） |
| 印度尼西亚 | 是 | 财政部部长 |
| 日本 | 是 | 首相 |
| 韩国 | 是 |  |

续表

| | 是否设立委员会 | 主席 |
|---|---|---|
| 中央银行模式 | | |
| 中国香港 | 是 | 财政部部长 |
| 印度 | 是 | 财政部部长 |
| 马来西亚 | 否 | |
| 菲律宾 | 是 | 中央银行 |
| 新加坡 | 否 | |
| 泰国 | 是 | 中央银行 |
| 越南 | 否 | |

注：①2013年，国务院金融监管协调部级联席会议机制成立，办公室设在人民银行。2017年7月，国务院金融稳定发展委员会成立，办公室设在人民银行，成为加强金融监管政策协调的最高机构。

资料来源：IMF（2010）。

经验五：完善的工作机制是宏观审慎政策治理架构有效运行的基础

为保证宏观审慎政策治理架构有效运转，很多时候需要在治理架构之上"叠床架屋"，成立专门化、专业性的政策部门来推动工作机制建立，同时不断健全常态化或弹性灵活的工作机制。一般来说，通行的做法有两种，一种是在中央银行内成立专门的金融稳定机构；另一种是设立专门的宏观审慎政策秘书机构，负责宏观审慎政策日常工作和工作运转。

从各国的实践看，宏观审慎政策治理架构基本的工作机制包括：一是常态化的会议机制，如月度、季度或半年会议。二是定期的协商决策机制，为研究和解决问题争端搭建专门平台。以英国为例，在金融政策委员会（FPC）统筹宏观审慎政策之外，又以英格兰银行内设的审慎监管局（PRA）负责微观审慎，以金融行为局（FCA）负责行为监管，形成了"双峰"监管架构，"双峰"之间签订了多份合作备忘录，先后建立了联合数据管理委员会、监管联席会、争端解决会议等统筹协调机制，分别负责"双峰"在数据共享、双重监管、争端解决等方面常态化协调配合，很好地保证了监管当局之间的政策协同。三是开放的咨询机制，如德国、荷兰、英国、美国等在治理架构下设立了多个工作小组，为政策当局决策提供建议和参考。四是有效的问责和激励机制，旨在提高政策的执行力和有效性（BIS，2011；CGFS，2012；IMF，2014；ESRB，2014）。

经验六：多元化政策沟通是宏观审慎政策治理架构有效运行的内在要求

宏观审慎政策沟通交流机制的目的在于，清晰地传递金融稳定状况，明确政策当局政策意图，管理和引导公众预期。事实证明，多渠道的沟通交流机制，有助于传递政策信息、明确政策意图、提高政策效果[①]。各国的实践也表明，有效的政策沟通对于促进政策实施、评估政策效果、改进政策措施均有很好的促进作用。如可以帮助公众了解政策目标、战略和政策制定实施过程，有助于当局与市场各相关方、广大公众信息共享，传递风险判断和政策信号，提高政策工具的有效性。极端情况下，政策沟通甚至可以被视为一种独立的工具，用来影响和引导市场参与者行为及对未来行为的预期，尤其对于维护政策当局的责任和声誉至关重要。

在沟通方式的选择上，主要包括发布金融稳定报告、召开新闻发布会、发布会议新闻稿等。目前，金融稳定报告已经成为各国主要的信息沟通渠道，且这一点已经得到大量事实的支撑。如国际清算银行（BIS）2017年发布的《宏观审慎政策框架、实施及与其他政策的关系》报告中提出，2007年至2010年，金融稳定报告是最有效的沟通手段。Born等（2014）在对过去十四年间各国发布的1 000多份金融稳定报告和37份中央银行演讲比较分析之后也发现，金融稳定报告对股票市场的影响显著，能够有效抑制市场波动。

---

① CGFS（2016）provides extensive discussion of communication as an instrument, including many practical examples.

# 第五章

我国宏观审慎政策治理架构的实践

金融危机是一种典型的"集体记忆缺失"，反复发生，但却又容易忘却。经过危机的历次洗礼，人们已然认识到，克服记忆的集体缺失，显然不能单靠制度的修修补补，而应从根本上加强金融监管、完善金融治理。正是着眼于此，危机以来监管政策与财政政策和货币政策共同构成了政府管理经济社会、实施政策和影响市场主体行为的三大核心战略工具（OECD，2011），并且这些工具框架的全部要义即在于改进全球金融治理，克服集体记忆的缺失。在上述所有内容中，加强宏观审慎管理都是重要内容。当我们把目光聚焦于我国的实践时，就会悄然发现，在我国改革开放四十二年的历程中，有一方法论始终贯穿于其中，那就是始终注重将国际原则、标准和做法"引进来"，提炼吸收后与我国实践紧密结合，并最终转化为提高国家治理能力的强大动力。而今，这一点依然富于旺盛的生命力。近年来，在借鉴国际统一性规律和差别化经验基础上，我国的宏观审慎管理框架不断完善，并逐渐成为金融调控的"另一支柱"。本章的主要任务，即希望以宏观审慎政策的永恒视角，更清晰地考察我国宏观审慎政策治理架构的当下及未来无限的可能。

# 第一节 健全"货币政策+宏观审慎政策" 双支柱调控框架

党的十九大报告确定了我国"健全货币政策与宏观审慎政策双支柱调控框架"的历史任务。这是"双支柱"(Twin Pillar)的相关表述首次出现在中央层面的文件报告当中,既是对危机以来我国宏观审慎政策探索的肯定,也进一步勾勒了我国今后宏观审慎政策框架的方向和图景。

## 一、"双支柱"框架的逻辑:渐行渐近的金融周期

正如书中很多地方所强调的那样,传统中央银行货币政策框架以货币政策为核心,主要关注经济周期,一般是指经济活动水平扩张与收缩的交替波动。同时,传统宏观经济学侧重考虑资本、劳动等实际经济变量对经济周期波动的影响,认为市场竞争环境下价格有足够的灵活性来实现资源有效配置,因此物价稳定即为宏观经济稳定。在上述逻辑的支配下,货币政策的主要目标是通过逆周期调节来平抑经济周期波动,维护物价稳定(人民银行,2017)。

多年的实践表明,传统中央银行货币政策框架对应对高通货膨胀起到了良好的作用。但以消费者物价指数(CPI)为锚的货币政策框架也存在内在缺陷,也即即使CPI较为稳定,资产价格和金融市场也可能波动较大。典型的例子,如2003—2007年次贷危机之前,全球经济处于强劲上升期,全球CPI涨幅基本稳定,但同期初级商品价格和摩根士丹利资本国际(MSCI)全球股指上涨超过90%,美国大中城市房价上涨超过50%,累积了巨大的风险,并最终导致次贷危机的爆发。

2008年国际金融危机的爆发促使人们开始反思传统货币政策框架的缺陷,更加关注金融周期的变化。在危机应对的过程中,各国认识到,只关注物价稳定等为表征的经济周期来实施宏观调控存在不足,难以全面有效判断经济金融风险状况,难以有效应对系统性金融风险,在一定程度上还可能纵容资产泡沫,积聚金融风险。于是,各种矛盾不断累积,最终将金融周期推向了历史的前台。

金融周期是金融变量扩张与收缩导致的周期性波动。评判金融周期，最核心的两个指标是广义信贷[①]和房地产价格，前者代表融资条件，后者反映投资者对风险的认知和态度（人民银行，2017）[②]。由于房地产是信贷的重要抵押品，因此两者之间会相互放大，从而导致自我强化的顺周期波动。而广义信贷和资产价格还会通过资产负债表等渠道进一步把金融和实体经济联系起来。当经济周期与金融周期同步叠加时，经济扩张或收缩的幅度都会被放大；而当经济周期和金融周期不同步时，两者的作用方向可能不同甚至相反，并进而导致宏观调控政策的冲突和失效。因此，这种情况下，中央银行仅借助货币政策工具难以有效平衡好经济周期和金融周期调控。

面对日益突出的金融周期问题，迫切需要引入宏观审慎政策加以应对，弥补原有调控框架存在的弱点和不足，加强系统性风险防范。因为，金融周期要求政策当局有一个系统的或者宏观审慎性的政策取向。究其原因，概括起来，背后的逻辑在于：第一，不同市场和经济主体之间差异很大，在部分市场还比较冷的同时有的市场可能已经偏热，作为总量调节工具的货币政策难以完全兼顾不同的市场和主体；第二，房地产等资产市场天然具有容易加杠杆的属性，也具有"买涨不买跌"的特征，容易出现顺周期波动和超调。这就使利率等价格调节机制难以有效发挥作用，而需要宏观审慎政策对杠杆水平进行逆周期调节。

表5-1 金融周期和典型的政策反应

| 周期阶段 | 微观审慎目标和行动 | 宏观审慎目标和行动 |
| --- | --- | --- |
| ▲繁荣时期<br>信贷和资产价格增长强劲、风险较高（但看起来得到了抑制），高回报、过于乐观、放贷标准下降；杠杆率扩张。 | ○认为不需要干预，因为银行高度盈利，而且必要时可以补充资本和流动性。<br>○干预放贷标准以调查更为边缘和"泡沫式"交易较为适合。 | ○着眼于解决系统性风险的起因、纠正过度失衡和/或强化金融体系的抗击打能力。<br>○积累较强的逆周期资本和流动性缓冲。 |

[①] 据国际清算银行（Drehmann等，2010）实证分析，广义信贷/GDP在判断信贷是否过快增长和系统性风险累积状况方面，效果最佳。用广义信贷缺口，即广义信贷/GDP与其长期趋势值的偏离度（total credit to GDP gap）分析系统风险状况、确定是否计提逆周期资本，也成为实施逆周期调控的有效选择。

[②] 参见《中国货币政策执行报告（2017年第三季度）》，61页，2017年11月17日。

续表

| 周期阶段 | 微观审慎目标和行动 | 宏观审慎目标和行动 |
|---|---|---|
| ▲萧条类型Ⅰ（不会导致危机）<br>信贷增长放慢、资产价格稳定或者下降、回报减少，但信心尚在。 | ○维护金融机构稳定。<br>○稳定或部分提高资本和流动性比率；对股息有一定限制，审查更为严格。 | ○避免严重的去杠杆化。<br>○释放积累的逆周期资本和流动性缓冲。 |
| ▲萧条类型Ⅱ（导致危机）<br>去杠杆化，资产价格因廉价抛售而大幅下跌，造成大量财政损失，市场信心崩溃。 | ○旨在恢复对机构的信心。<br>○提高资本和流动性比率，使之与风险状况相匹配；进行范围更广的审查。 | ○旨在恢复对金融体系的信心、避免去杠杆化。<br>○减少资本和流动性缓冲；如果信心不足，则提高缓冲水平。 |
| ▲复苏<br>谨慎地重新去杠杆，信贷温和增长，资产价格开始增长。 | ○维持危机期间重建的资本和流动性比率，或者必要时提高比率。 | ○不需要干预。 |

资料来源：IMF（2013f）。

　　另外，理论和实践也均已表明，宏观审慎政策与货币政策之间既有区别，也紧密联系。健全宏观审慎政策框架，使之与货币政策相互配合，能够更好地将物价稳定与金融稳定结合起来。货币政策与宏观审慎政策都可以进行逆周期调节，都具有宏观管理的属性。货币政策主要针对整体经济和总量问题，侧重于物价水平的稳定，以及经济和就业增长；而宏观审慎政策直接和集中作用于金融体系本身，能够对症下药，侧重于维护金融稳定和防范系统性金融风险，两者恰好可以相互补充和强化。

　　这样一来，在人们的呼唤声中，在传统货币政策框架这一支柱外，又逐渐浮现出另一支柱——"宏观审慎"，并逐步形成了"货币政策+宏观审慎政策"双支柱的中央银行宏观调控体系（李波等，2017）。

　　值得回味的是，"双支柱"（Twin Pillar）提出的背后还有着某种战略考量。从改革策略角度看，"双支柱"的提出有利于将宏观政策聚焦到宏观审慎管理这一目前较为薄弱的领域。"双支柱"具有一定的平行关系，货币政策从目标到工具、操作，再到政策传导、沟通、评估，有一套比较完善的制度；宏观审慎政策也需要一套体系来支撑其从制定到实施的全过程，两者平行度非常高。

## 二、我国"双支柱"框架的实践与探索

　　现在看来，危机后货币政策与宏观审慎政策紧密融合的趋势越发明显，

特别是在推动传统货币政策调控框架转型过程中，一些中央银行将宏观审慎因素引入货币政策框架，实质上逐渐丰富了货币政策与宏观审慎政策"双支柱"调控框架的内涵。例如，英国将货币政策、宏观审慎和微观审慎监管职能集中于英格兰银行，在货币政策委员会（MPC）外，设立了金融政策委员会（FPC）负责宏观审慎管理。欧盟也逐步建立了以欧洲央行（ECB）为核心、各成员国监管当局共同负责的宏观审慎政策框架，将宏观审慎政策和货币政策更紧密地结合在一起。

我国较早就开始了宏观审慎政策的实践与探索，并注重与现有宏观调控框架相结合，具体又体现为"两个方向、四方面实践"。一个方向是推动货币政策框架从数量型调控为主向价格型调控为主逐步转型；另一个方向是着力构建我国宏观审慎政策框架，并加强货币政策与宏观审慎管理的协调性。此外，还有观点提出，应将杠杆率作为我国宏观审慎政策的核心，作为宏观审慎政策锚定的操作目标，旨在控制或调控重要部门主体的加杠杆行为。

目前，围绕上述方向，有四个方面的实践颇为引人注目，即建立宏观审慎评估体系（MPA）、加强跨境资本流动宏观审慎管理、健全住房金融宏观审慎政策框架，以及探索对金融基础设施实施宏观审慎管理。这里，鉴于金融基础设施的宏观审慎管理规则仍在制定之中[①]，我们着重来看一下前三者的情况。

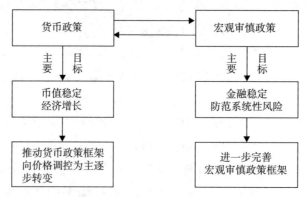

资料来源：易纲，2018年12月13日在清华大学关于中国货币政策框架的演讲。

**图5-1　货币政策和宏观审慎政策"双支柱"调控框架**

---

① 2020年3月，人民银行等六部门联合印发了《统筹监管金融基础设施工作方案》，其他规则仍在制定之中。

（一）从差别存款准备金动态调整机制到宏观审慎评估体系（MPA）

2011年，我国正式引入差别存款准备金动态调整机制[①]，其核心是金融机构的信贷扩张应与经济增长的合理需要及自身的资本水平等相匹配，"有多少钱办多大事"，不能盲目扩张和过度加杠杆。这是人民银行在逆周期宏观审慎管理方面的创新性探索，其中包含了逆周期资本缓冲要求和逆周期调节思路（人民银行，2017）。

正式引入以来，该机制在加强宏观审慎管理、促进货币信贷平稳增长、维护金融稳定方面发挥了重要作用。2011年以来，人民银行不断完善该机制，并根据经济金融形势发展变化，以及金融机构稳健性状况和信贷政策执行情况，适时适度调整机制的有关政策参数，及时纳入巴塞尔协议Ⅲ的一些新要求，切实有效发挥了这一机制逆周期调节和结构引导作用。

2016年，为进一步完善我国宏观审慎政策框架，更加有效地防范系统性风险，更好地发挥逆周期调节作用，顺应资产多元化趋势，针对金融市场和金融创新的快速发展，人民银行将差别存款准备金动态调整机制升级为宏观审慎评估体系（Macroprudential Assessment，MPA），在保持对宏观审慎资本充足率核心关注的基础上，将更多金融活动和资产扩张行为纳入宏观审慎管理，并从七大方面[②]对金融机构的行为进行引导，实施逆周期调节。总体来看，MPA从以往盯住狭义贷款转为对广义贷款（包括贷款、证券及投资、回购等）实施宏观审慎管理，其目标在于通过一整套评估指标，构建以逆周期调节为核心、以系统重要性程度差别考量的评估机制。MPA着力引导金融机构加强自我约束和自律管理，引导广义信贷平稳增长，防范系统性金融风险。因此，从某种程度上说，MPA是我国的创新，本身具有双重属性，既是宏观审慎工具，也具有货币政策工具的性质。

从实际效果看，MPA不同于贷款规模管理，其兼顾量和价、间接融资和

---

① 比率的计算结果公式=银行稳健参数×（资本充足率监管要求−银行实际资本充足率）。稳健参数基于银行自身的所有重要指标，如流动性状况、杠杆率、内部风险管理水平、信贷比率、信贷政策执行情况、支付量等。

② 七个方面包括资本和杠杆、资产负债、流动性、定价行为、资产质量、跨境融资风险、信贷政策执行情况。

直接融资，由事前引导转为事中监测和事后评估①，进一步强化了以资本约束为核心的稳健经营理念，维护了市场利率定价秩序，有效缓解了金融机构通过腾挪资产等手段造成统计失真、调控失效的状况，在促进金融机构稳健审慎经营、维护市场秩序等方面发挥了重要作用②。

2016年，在积极推进宏观审慎评估工作的同时，人民银行还对MPA指标的构成、权重、相关参数等加以改进和完善。如为控制金融机构跨境融资的杠杆率和货币错配风险，引入跨境融资风险项，制定了"跨境融资风险评分指引"，对已开展跨境融资业务机构和未开展机构分别提出了评分要求，并对跨境融资风险进行了分档，提出了跨境融资风险加权余额评分标准，以对金融机构的跨境融资风险进行逆周期调节。

2017年以来，针对我国经济金融发展中的一些新情况，人民银行不断探索将更多金融活动纳入宏观审慎管理框架。2017年第一季度开始，将表外理财纳入MPA广义信贷指标范围，以合理引导机构加强对表外业务风险的管理。③2017年第三季度起，将绿色金融纳入MPA的"信贷政策执行情况"项下，首先对24家"系统重要性金融机构"实施，鼓励金融机构绿色金融业务发展。

2018年以来，又将资产规模5 000亿元以上的金融机构发行的同业存单纳入MPA同业负债占比指标考核，动态调整MPA相关参数，支持金融机构表外融资回表，引导同业业务回归调剂余缺的本源，保持金融支持实体经济力

---

① 目前MPA按季评估、按月监测，评估结果分为A、B、C三档，A档机构是七大方面指标均为优秀（优秀线90分）；B档机构是除A档、C档外的机构；C档机构是资本和杠杆、定价行为、跨境业务风险中任意一项不达标，或资产负债、流动性、资产质量、信贷政策执行中任意两项及以上不达标（达标线60分）。

② 目前MPA建立了相关激励约束机制，主要包括实施差别存保费率、央行OMO/MLF操作对手方资格、信贷支持类再贷款、金融债发行等。

③ 在MPA考核中，广义信贷的作用主要表现在两方面，宏观层面，根据广义信贷缺口测算广义信贷的目标增速；微观层面，落实宏观审慎管理的具体要求，一是考核单家金融机构的广义信贷增速是否合理，主要是用广义信贷增速进行考核，二是测算单家金融机构的逆周期资本要求，以计算其适用的宏观审慎资本充足率，通过比较各机构的资本充足率与宏观审慎资本充足率的差异来开展考核。具体操作上，将表外理财资产在扣除现金和存款之后纳入广义信贷范围，纳入后仍主要对新的广义信贷余额同比增速进行考核和评估。更多信息可以参考人民银行调查统计司课题"广义信贷"，人民银行《调查统计专题研究报告》，2018年第9期。

度。2018年后三个季度，将金融机构降准资金支持小微企业有关情况纳入信贷政策执行情况。2018年第四季度起，又增设民营企业专项考核指标，引导金融机构加大对民营企业的支持力度。在2018年评估中，金融机构发行同业存单情况、稳妥有序落实资管新规进展情况、降准资金支持债转股落实情况等也陆续纳入MPA考核。

2019年以来，针对人民银行出台的对服务县域农商行实施定向降准政策，又调整了降准农商行MPA评估信贷政策执行大项，增设小微民企贷款子项，满分40分，专门用于考核农商行降准资金落实到位情况。

表5-2　我国宏观审慎工具一览

| 工具（Instruments） | 实施主体（Authorities） |
|---|---|
| 针对跨期维度风险 | |
| 差别存款准备金动态调整 | 人民银行 |
| 对一套房、二套房的动态LTV调整 | 人民银行、银保监会 |
| 动态拨备要求 | 银保监会 |
| 逆周期资本缓冲 | 人民银行、银保监会 |
| 针对跨机构维度风险 | |
| 对系统重要性金融机构（SIFIs）资本附加 | 人民银行、银保监会 |
| 资本留存缓冲 | 银保监会 |
| 杠杆率要求 | 银保监会 |
| 流动性要求 | 银保监会 |
| 提高对系统重要性金融机构（SIFIs）的监管 | 人民银行、银保监会 |
| 早期预警系统 | 人民银行、银保监会 |

资料来源：根据《中国货币政策执行报告（2011年第四季度）》，廖珉《系统性风险的监测和评估框架——中国实践》整理，https://www.imf.org/external/seminars/eng/2012/macroprudential/。

（二）加强跨境资本流动宏观审慎管理

该领域的探索，主要是将跨境资本流动纳入宏观审慎管理范畴，从外汇市场和跨境融资两个维度，从市场加杠杆融资和以自有资金短期炒作两种行为模式入手，以公开、透明、市场化的手段进行逆周期调节，促进金融机构稳健经营，维护金融稳定。

1. 完善外汇流动性宏观审慎政策

2015年，人民银行通过引入远期售汇风险准备金、提高个别银行人民币购售平盘交易手续费等方式，以价格手段抑制部分企业及境外主体汇率方面的投机行为，对外汇流动性进行逆周期动态调节，抑制非理性预期传染，防范宏观金融风险。2016年以来，随着我国经济基本面逐步向好，加之国际市场因素影响，人民币对美元汇率整体呈现升值态势。在此背景下，2017年9月，人民银行调整相关政策，将外汇风险准备金征收比例降为零，并取消了对境外金融机构境内存放准备金的穿透式管理，体现了逆周期调节的政策意图。2018年8月，随着外汇市场的进一步变化，为防范宏观金融风险，人民银行再次将外汇风险准备金率由零调整为20%①。

2017年5月，为适度对冲市场情绪的顺周期波动，基于市场化原则，外汇市场自律机制核心成员将人民币对美元汇率中间价报价模型由原来的"收盘价+一篮子货币汇率变化"调整为"收盘价+一篮子货币汇率变化+逆周期因子"，有效缓解了市场的顺周期行为，稳定了市场预期。2018年1月，随着我国跨境资本流动和外汇供求趋于平衡，人民币对美元汇率中间价报价行陆续将"逆周期因子"调整至中性。同年8月以来，受美元指数走强和贸易摩擦等因素影响，外汇市场出现了一些顺周期行为，人民币对美元汇率中间价报价行又陆续主动调整了"逆周期因子"，以适度对冲贬值方向的顺周期情绪。

2. 构建并完善全口径跨境融资宏观审慎管理框架

2016年1月，人民银行在上海自贸区试点经验的基础上，面向27家银行类金融机构和在上海、广东、天津、福建四个自贸区注册的企业，扩大本外币一体化的全口径跨境融资宏观审慎管理。同年4月，该措施开始在全国范围内实施，从而将市场主体借债空间与其资本实力和偿债能力挂钩，企业和金融机构可在基于自身资本实力确定的上限内自主开展各类跨境融资业务，

---

① 收取外汇风险准备金业务范围包括，境内金融机构开展的代客远期售汇业务；境外金融机构在境外与其他客户开展的前述同类业务产生的在境内银行间外汇市场平盘的头寸；人民币购售业务中的远期业务。

人民银行可根据宏观调控需要对金融机构和企业的跨境融资进行逆周期调节，通过调节宏观审慎参数使跨境融资水平与宏观经济热度、整体偿债能力与国际收支状况相适应，以控制杠杆率和货币错配风险，对跨境融资实施逆周期管理。2017年1月，人民银行进一步完善全口径跨境融资宏观审慎政策，拓展了市场主体借债空间，提高了跨境融资的便利化程度。

此外，我国还探索实施了其他跨境资本流动宏观审慎措施。例如，2016年1月25日起对境外金融机构在境内金融机构存放执行正常存款准备金率，进一步完善我国存款准备金制度的同时，建立起了跨境人民币资金流动逆周期调节的长效机制。同年8月起，人民银行还加强了境外金融机构进入银行间外汇市场开展人民币购售业务的宏观审慎管理。

（三）健全住房金融宏观审慎政策框架

与西方成熟市场相比，我国房地产市场发展时间不长，对房地产市场的调控也一直处于不断探索完善之中。拉近历史的视角，我们可以看到，改革开放以来我国住房制度改革经历了三个重要阶段①：第一阶段，1978—1998年②，1980年我国住房制度改革拉开序幕，1998年开始住房体制改革，停止住房实物分配，实行住房分配货币化，住房建设和消费逐渐向商品化和社会化方向迈进，自此我国的住房制度发生了根本性变革。第二阶段，1999—2012年，住房市场快速发展，住房保障制度不断完善，逐渐形成了市场配置与政府保障相结合的住房制度，住房市场化时代到来，这也拉开了我国房地产市场金融调控的序幕。第三阶段，2013年至今，坚持以满足新市民住房需求为主要出发点，以建立租购并举的住房制度为方向，以市场为主满足多层次需求，以政府为主提供基本保障，不断深化住房制度改革，加快推进住有所居。

2003年"121号文件"③出台以来，面对多轮房价上涨波动的态势，人民银

---

① 2018年12月，适逢改革开放40周年大型展览在国家博物馆进行，著者在两次参观之余，随手记录了许多珍贵的历史数据，住房制度发展历程即为其中之一。

② 1988年2月25日，国务院印发《关于在全国城镇分期分批推行住房制度改革的实施方案》；1994年7月18日国务院印发了《关于深化城镇住房制度改革的决定》，住房供应管理逐步由单位化向社会化、专业化转变；1998年7月3日，国务院印发了《关于进一步深化城镇住房制度改革加快住房建设的通知》，提出停止住房实物分配，逐步实行住房分配货币化。

③ 即《人民银行关于进一步加强房地产信贷业务管理的通知》（银发〔2003〕121号）。

行配合国家房地产调控政策，建立了差别化住房信贷政策体系，自此也开启了我国差别化住房信贷政策调控新时期。近年来，随着我国房地产市场快速增长和波动性不断加大，配合国家房地产市场调整，人民银行不断完善房地产金融调控体系。如2008年以来，人民银行根据国务院办公厅131号文件精神[①]，进一步完善房地产宏观调控政策体系，对首次购房或非首次购房、自住房或非自住房、普通住房或非普通住房加以区别，执行差别化的住房信贷政策。

近几年，随着我国房地产发展进入新阶段，人民银行加快了调控频次和力度。如2014年9月，面对房地产市场调整和回落态势，人民银行放松住房信贷政策，对拥有一套住房且结清相应购房贷款的家庭，贷款购买第二套普通住房执行第一套房贷款政策，同时在不限购城市放开了拥有两套及以上住房且贷款已结清家庭的再次购房贷款。2015年3月和9月，先后降低了二套住房贷款和首次购房贷款最低首付款比例，并确立了通过地方市场自律机制自主确定辖内最低首付比例的机制，由此建立了"分类指导、因地施策"的区域性差别化住房信贷政策体系。2016年2月，又进一步下调了非限购城市首次购房的首付款比例要求。2019年10月，为落实好"房子是用来住的，不是用来炒的"定位和房地产市场长效管理机制，保持个人住房贷款利率水平基本稳定，人民银行决定对个人住房贷款利率进行调整，改革后新发放商业性个人住房贷款利率以最近一个月相应期限（5年）的贷款市场报价利率（LPR）为定价基准加点形成。

表5-3　2010年以来我国房地产调控主要政策

| | 主要政策 | 时间 | 内容 |
|---|---|---|---|
| 1 | 宏观审慎政策 | 2010年4月 | 首套房贷款价值比从80%调整为70%（贷款首付款比例不得低于30%），二套房贷款价值比为50%。 |
| 2 | | 2010年4月 | 贷款二套房贷款利率不得低于基准利率的1.1倍 |
| 3 | | 2010年10月 | 暂停第三套房贷款 |
| 4 | | 2011年1月 | 二套房首付款比例调整为60% |
| 5 | | 2010年1月~2011年6月 | 12次上调存款准备金共600个基点 |
| 6 | | 2011年5月~2012年3月 | 3次下调存款准备金率共150个基点 |

---

① 即《国务院办公厅关于促进房地产市场健康发展的若干意见》（国办发〔2008〕131号）。

续表

|   | 主要政策 | 时间 | 内容 |
|---|---|---|---|
| 7 | 宏观审慎政策 | 2015年2月5日 | 下调存款准备金率0.5个百分点 |
| 8 | | 2015年5月11日 | 下调个人住房公积金存贷款利率0.25个百分点 |
| 9 | | 2016年2月21日 | 将职工住房公积金账户存款利率，由现行按照归集时间执行活期和三个月存款基准利率，调整为统一按一年期定期存款基准利率执行（1.5%） |
| 10 | 货币政策 | 2010年10月~2011年7月 | 5次提高贷款基准利率共125个基点 |
| 11 | | 2012年6~7月 | 2次下调贷款基准利率共56个基点 |
| 12 | | 2014年11月22日 | 下调一年期贷款基准利率0.4个百分点、存款利率0.25个百分点 |
| | | 2015年3月1日 | 下调一年期贷款基准利率0.25个百分点、存款利率0.25个百分点 |
| 13 | | 2015年5月11日 | 下调一年期贷款基准利率0.25个百分点、存款利率0.25个百分点 |
| 14 | | 2019年10月8日 | 对个人住房贷款利率进行改革，改革后新发放商业性个人住房贷款利率以最近一个月相应期限的贷款市场报价利率（LPR）为定价基准加点形成 |
| 15 | 财政政策 | 2010年1月 | 调高未满5年房产出售税率 |
| 16 | | 2015年3月 | 满2年的住房对外出售全额征收营业税；2年及2年以上普通住房对外销售的免征营业税；2年及2年以上非普通住房对外销售的，按照销售收入减去购房款差额征收营业税 |
| 17 | | 2016年2月19日 | 将首套房面积140平方米以上的契税从3%减按1.5%税率征收；二套房契税从3%降为1%~2%不等，二套房契税优惠京沪广深暂不实施 |

资料来源：著者整理。

　　在推进差别化住房信贷政策的过程中，人民银行不断探索建立了以因城施策为特征的宏观审慎住房管理政策。如面对2016年以来新一轮房价上涨表现出的一二线城市、三四线城市差别较大的特征，人民银行从一开始就坚持因城施策，上海、深圳、合肥、厦门等地分支机构根据当地房地产市场的具体情况，积极配合地方政府房地产调控工作，通过自律机制调整优化了住房信贷政策。2017年3月17日，北京出台了号称史上最严房地产限购政策，二套房和非普通自住房首付款比例分别不低于60%、80%。2018年以来，人民银行继续按照"因城施策"的原则，实施好区域差别化住房信贷政策，配合地方政府做好房地产市场调控。截至2018年2月，上述调控城市的一套房贷款最低首付比例要求已在30%以上，二套房最低首付款比例基本在50%以上，个别城市达到了70%或80%。

2019年以来，在宏观审慎政策框架下，按照市场化、法治化、规则化导向，人民银行会同相关部门加快建立房地产金融宏观审慎管理制度，逐步完善房地产长效机制。一是银行端，重点围绕房地产贷款集中度、居民债务收入比、房地产贷款风险权重等深入推动，其中，2020年12月31日，人民银行联合银保监会发布通知，决定建立银行业金融机构房地产贷款集中度管理制度，对银行业金融机构进行分档管理，设定了相应的房地产贷款占比和个人住房贷款占比上限要求。监管部门持续开展30多个重点城市房地产贷款专项检查，压缩对杠杆率过高、财务负担过重房企的过度授信，加大对"首付贷"、消费贷资金流入房市的查处力度，引导银行资金重点支持棚户区改造等保障性民生工程和居民合理自住购房需求，遏制房地产金融化泡沫化倾向。二是企业端，人民银行牵头出台了重点房地产企业资金监测和融资管理规则"三道红线"，即剔除预付款后的资产负债率大于70%、净负债率大于100%和现金短债比小于1倍，同时根据触线情况不同，房地产企业分为红、橙、黄、绿四档，以有息负债作为融资管理的操作目标。根据3大资产负债指标将地产商的有息负债规模年增速限制在0-15%，此举或将打破货币宽松提振房地产行业流动性并推高房价的恶性循环。

表5-4 2007年以来我国贷款房价比（LTV）调整情况

| 时间 | | 首套房（%） | | 二套房（%） |
|---|---|---|---|---|
| | | 90平方米以下 | 90平方米以上 | |
| 2007年 | | 80 | 70 | 60 |
| 2008年 | | 80 | | 60 |
| 2009年 | | 80 | | 60 |
| 2010年 | 9月30日前 | 80 | 70 | 50 |
| | 9月30日后 | 70 | | 50 |
| 2011年 | | 70 | | 40 |
| 2012年 | | — | | — |
| 2013年 | | — | | — |

续表

| 时间 | 首套房（%） | | 二套房（%） |
|---|---|---|---|
| | 90平方米以下 | 90平方米以上 | |
| 2014年9月30日 | 认贷不认房，还完贷款即认定为首套；贷款最低首付款比例30%，贷款利率下限为贷款基准利率0.7倍。 | | — |
| 2015年3月31日 | 60 | | 70 |
| 2016年2月1日 | 不限购城市原则上最低25，各地可下浮5个百分点；限购城市不变 | | 30 |
| 2016年3月以来 | 因城施策，最低30 | | 50、70、80 |

资料来源：著者在《中国货币政策执行报告（2011年第四季度）》和廖岷（2012）基础上整理。

# 第二节　健全我国金融稳定治理框架

维护金融稳定和安全的根本在于深化金融体制改革，不断提高金融业的竞争力和抗风险能力。着眼于此，1997年亚洲金融危机后，我国就吸取东南亚一些国家的教训，积极化解历史风险，不断建立和完善金融稳定长效机制[①]，强化中央层面的金融稳定政策协调，构建了中央和地方相结合的金融稳定框架，并形成了自上而下的多层次金融稳定机制。

## 一、我国金融稳定"三级"治理安排

总体来看，我国金融稳定框架体现出了鲜明的多级特征。其中，中央和国务院层面，建立了金融稳定协调与决策机制；金融管理部门层面，形成了纵向横向结合的金融稳定协调与执行机制；金融监管部门与被监管机构层面，形成了监管部门与金融市场各类参与者之间的政策沟通与博弈互动。

第一层级，最高层级，即中央和国务院层面维护金融稳定的制度安排和决策机制，如中央财经工作领导小组及其办公室（中财办）、国务院应对国

---

[①] 1997年7月，在国际游资攻击及资本恐慌性出逃等因素的影响下，亚洲金融危机爆发。同年12月6日，我国发出了《关于深化金融改革，整顿金融秩序，防范金融风险的通知》，对危机应对进行了长远部署。

际金融危机小组以及中央经济工作会议、全国金融工作会议等正式或非正式的机制设置。这一层级负责对重大系统性的金融风险和金融稳定问题进行研究决策，作出的决策具有最高效力，也具有战略性、长期性和导向性。

值得注意的是，党的十八大以来，中央加强了党对金融工作的全面领导，建立形成了中央政治局常委会、中央政治局定期研究分析经济金融形势、决定重大经济金融事项，中央财经委员会①（领导小组）及时研究重大经济金融风险问题，中央全面深化改革委员会（领导小组）及时研究金融改革金融稳定问题，国务院金融稳定发展委员会统筹金融监管协调等的新框架，将维护我国金融稳定治理能力和水平提高到了前所未有的新高度。

第二层级，中间层级，即金融稳定相关部际之间、部委层面的横向治理安排，包括货币政策委员会会议和监管部门季度会议等，以及金融监管部门之间针对重大问题，如金融稳定、金融改革和风险缓释等，所进行的定期会晤与交流。2013年建立的国务院金融监管协调部级联席会议制度也属于这一层次。该层级下，中央金融管理部门是我国金融稳定政策的制定者和实施者，在我国金融稳定框架中居于核心位置。中央金融管理部门与地方政府形成了纵向的金融风险防范化解机制，中央制定金融稳定规则，地方按照属地原则和中央统一要求处置金融风险。

在这里，值得一提的是，地方层面，长期以来，我国形成了"权限分散、因地而异"的地方金融监管模式，且呈差异化发展态势。目前，我国绝大多数省份的地方金融机构、准金融机构及非金融机构的管理权限散落于多个部门（张承惠、陈道富等，2016）。绝大部分省市金融办都拥有执行金融法律法规、协助金融监管、制定区域金融发展规划、统筹协调金融机构和统筹企业融资等职能，甚至个别地方金融办还具有监管金融国资的职能。在组织架构上，部分省建立了省市县三级地方金融监管体系，但绝大部分省只有省市两级。目前，随着2018年以来机构改革的深入推进，各地新设立金融监督管理局先后挂牌履职，这一状况已陆续得到了优化和调整。

---

① 2018年3月，十二届全国人大一次会议通过了《中共中央关于深化党和国家机构改革方案》《深化党和国家机构改革实施方案》，其中将中央财经领导小组、中央全面深化改革领导小组改为委员会。

第三层级，最低层级，既包括监管部门与被监管机构之间的博弈互动，也包括监管部门与金融市场其他参与者之间的政策沟通。这一层级是防范和应对金融风险的前沿阵地，也是风险数据采集和信息识别的第一线。

总体来看，在我国金融稳定框架下，不同层级的制度机制从各自职责角度对我国的金融稳定负有不可替代的责任。第一，中央和国务院层级对金融稳定牵头抓总，负责金融发展稳定领域重大工作的顶层设计、总体布局、统筹协调、整体推进和督促落实；第二，中国人民银行、财政部与中国银行保险监督管理委员会（银保监会）、证监会等中央金融管理部门在我国金融稳定框架中居于核心位置，是金融稳定政策规则的制定者、推动者和实施者；第三，地方政府按照属地原则，在中央统一规则的前提下，同中央金融管理部门派出机构一道防范化解区域风险，维护区域金融稳定。

## 二、不断健全完善人民银行金融稳定职能

20世纪90年代末期的亚洲金融危机留给人们最为深刻的教训是，金融乃国之重器，金融制度乃国家治理之根基，金融安全牵一发而动全身，事关国家各项事业的发展稳定。惨痛的教训提醒我们，要始终将建立完善金融稳定制度和治理架构作为中心工作来抓。而该话题的本质，实际上又最终绕不开人民银行的角色定位问题。

长期以来，人民银行在维护我国金融稳定、化解处置金融风险中发挥着不可替代的作用。第二次全国金融工作会后，2003年修订《中国人民银行法》时，明确了人民银行维护金融稳定职责，并决定成立专门承担金融稳定职责的部门即金融稳定局。2008年国务院颁布的《人民银行主要职责、内设机构和人员编制规定》又进一步明确了人民银行承担最后贷款人职责，并负责对因化解金融风险而使用中央银行资金金融机构的行为进行监督检查。自此，人民银行在我国金融稳定体系中的角色有了更多的内涵。

从职能演变的历史过程来看，人民银行天然具有最后贷款人职能，承担着防范化解系统性风险和维护金融稳定的法定职责，也具有牵头金融业综合统计与金融监管协调部际联席会议的优势，又能够很好地统筹货币政策与宏观审慎政策，最大化地获取金融业信息并进行专业识别和判断，因而在我国金融稳定治理体系中发挥着难以替代的作用。

目前，人民银行维护金融稳定的具体职责体现为以下六个方面[①]，一是监测分析和评估系统性金融风险，牵头提出防范和化解风险的政策建议、处置方案并组织实施。二是牵头跨业态跨区域金融风险识别、预警和处置，以及资产管理业务等交叉性金融业务的基本规则拟订、监测分析和评估。三是推动实施国家金融安全审查工作。四是承担运用中央银行资金的金融机构重组方案的论证审查工作，参与有关机构市场退出或重组等工作。五是管理人民银行在金融风险处置中形成的资产，对因化解金融风险而使用中央银行资金机构的行为进行检查监督。六是组织实施存款保险制度，管理存款保险基金。

从效果来看，人民银行对银行业、证券业、信托业的救助处置也充分体现了自身所具有的维护金融稳定的职能优势，主要方式包括提供流动性支持、发放再贷款、购买有关资产、注资并阶段性持有金融机构股份等，并对被处置机构进行持续监测评估和检查监督。近年来，人民银行和有关部门通过撤销、关闭、破产等方式，对一大批严重资不抵债的高风险中小银行金融机构和不良证券公司及时实施市场退出。如1998年对海南发展银行、广东国际信托投资公司进行救助，1999年对金融资产管理公司收购国有独资商业银行不良资产提供再贷款支持，2002年对鞍山证券等金融机构进行救助，2003年以来通过外汇储备注资等方式支持大型商业银行完成财务重组和股份制改革等，都是人民银行金融稳定职责的生动体现。尤其引人注目的是，2019年5月24日人民银行、银保监会决定对包商银行接管一年（后又延长半年），并委托建设银行托管包商银行业务，精准拆弹，依法专业高效化解存量风险，取得了显著成效，更是体现了人民银行防范化解系统性风险、加强宏观审慎管理职责的要求。

### 三、设立国务院金融稳定发展委员会

针对近年来我国金融市场出现的一些新情况和新变化，为加强金融监管、补齐监管短板、弥补监管漏洞，进一步提高监管协调的效率和权威，增

---

[①] 参见2019年1月19日起施行的《人民银行职能配置、内设机构和人员编制规定》。

强统筹防范系统性金融风险的能力，2017年7月召开的第五次全国金融工作会议提出，要紧紧围绕服务实体经济、防控金融风险、深化金融改革三项任务，创新和完善金融调控，推进构建我国现代金融监管框架。会议决定设立国务院金融稳定发展委员会（金融委），办公室设在人民银行，强化人民银行宏观审慎管理和系统性风险防范职责。

2017年11月8日，时任国务院副总理马凯主持召开金融委第一次会议，标志着金融委正式起航。2018年7月2日，刘鹤副总理主持召开新一届金融委第一次会议，明确了金融委主任、副主任及办公室主任，确定了成员单位和协作单位[①]，建立了全体会议和专题会议机制，标志着金融委向实质性运转方向迈出了关键一步。

金融委的设立，着眼于加强监管协调，补齐监管短板，有效防控系统性金融风险，促进金融体系健康发展，提高金融业服务实体经济的水平。人民银行承担金融委办公室职责，并按照中央的要求，强化宏观审慎管理和系统性风险防范职责，以"一盘棋"的思维和手段来维护国家金融稳定（陆磊，2017）。从逻辑上讲，设立金融委，是避免机构整合体制震动的前提下，增强金融监管协调权威性有效性、强化金融监管统一性穿透性的重大措施（徐忠，2018）。从职责定位来看，金融委成立后，短期内主要关注四个方面问题，包括影子银行风险、资产管理行业、互联网金融和金融控股公司（周小川，2017）。

成立以来，金融委围绕防范化解重大风险尤其是金融风险的目标，加强监管政策协调，推动一系列重大工作取得了积极进展。如2018年7月2日，新一届金融委第一次会议审议了打好防范化解重大风险攻坚战三年行动方案，研究了推进金融改革开放、保持货币政策稳健中性、维护金融市场流动性合理充裕、把握好监管工作节奏和力度、发挥好市场机制在资源配置中的决定性作用等重点工作；8月3日召开的第二次会议，重点研究了进一步疏通货币政策传导机制、增强服务实体经济能力问题。同年8月31日，金融委办公室

---

① 根据新一届金融委会议通稿，金融委成员单位包括中央财经委员会、银保监会、证监会、外汇局、发展改革委、财政部、国资委等，协作单位包括中央纪委监察部、中央组织部、中宣部、中央网信办、公安部、司法部、最高法、最高检、中央编办、市场监管总局等。

召开了金融市场预期管理专家座谈会，就如何建立与金融市场的有效沟通机制、金融管理部门如何更加广泛听取金融市场的声音、金融决策如何更好发挥专家学者作用、如何更好地稳定市场预期、如何准确地预测和分析经济金融形势并正确决策进行了讨论交流；12月25日，又召开专题会议，研究商业银行多渠道补充资本有关问题，推动尽快启动永续债发行。

与此同时，在金融委推动下，加强金融监管协调方面的工作也在深入推进之中。2018年4月27日，人民银行等四部门联合印发了《关于规范金融机构资产管理业务的指导意见》，在统一资产管理产品标准规则方面取得了关键突破①。同日，国务院办公厅印发的《关于全面推进金融业综合统计工作的意见》，标志着金融业综合统计工作取得了重大进展。人民银行会同银保监会、证监会印发的《关于加强非金融企业投资金融机构监管的指导意见》，也将对加强金融控股公司风险管理发挥重要作用。2018年11月27日，人民银行、银保监会和证监会印发了《关于完善系统重要性金融机构监管的指导意见》，着力完善我国系统重要性金融机构（SIFIs）监管框架，建立SIFIs识别、监管和处置机制。此外，在金融委的领导下，加强系统重要性银行监管②、强化金融控股集团管理③、防范影子银行和互联网金融风险的工作蹄疾步稳，也都在稳步推进之中。

## 第三节　提高监管的协调性与有效性

近年来，我国发生的股市异常波动、债市风波和互联网金融风险等种种金融乱象，均暴露出我国金融监管存在着明显的政策不协调和信息不顺畅缺陷。多种乱象倒逼之下，人们越来越多地意识到，加强金融监管协调对于

---

① 2018年7月，人民银行又发布了《关于进一步明确规范金融机构资产管理业务指导意见有关事项的通知》，对过渡期内有关事项进一步进行了明确。

② 2019年11月26日，人民银行牵头发布了《系统重要性银行评估办法（征求意见稿）》，正式向社会公开征求意见，这标志着我国系统重要性银行监管取得重大进展。

③ 2019年7月26日，人民银行发布了《金融控股公司监督管理试行办法（征求意见稿）》，正式向社会公开征求意见，这标志着我国金融控股公司监管框架取得了重大进展。

防范重大风险尤为重要。党的十九大报告提出了"健全财政、货币、产业、区域等经济政策协调机制"的要求。《关于新时代加快完善社会主义市场经济体制的意见》进一步要求,"强化货币政策、宏观审慎政策和金融监管协调"。按照上述要求,我国着力从中央金融监管部门协调、中央与地方协调、国际层面协调三个层级发力,探索了监管协调的良好实践。

## 一、建立金融监管协调部际联席会议制度

所谓金融监管协调机制,是指中央银行、各金融监管机构为提高金融监管的整体有效性,促进金融业稳健发展,在信息共享、工作协商、政策协调、行动配合等方面建立起来的一系列制度安排与保障体系。2013年8月,国务院批复建立由人民银行牵头,银监会、证监会、保监会和外汇局参加的金融监管协调部际联席会议制度(联席会议),办公室设在人民银行,承担金融监管协调日常工作。联席会议的建立,标志着我国金融监管协调工作走向了制度化和规范化阶段,也标志着我国在完善宏观审慎政策治理架构的道路上往前迈出了一大步。

联席会议通过季度例会或临时性会议等方式履行工作职责,主要职责包括加强货币政策与监管政策之间以及监管政策与法律法规之间协调,促进维护金融稳定和防范化解系统性、区域性金融风险协调,强化交叉性金融产品、跨市场金融创新协调,加强金融信息共享和金融业综合统计体系协调等。

为了更好地完成协调任务,联席会议建立了一系列工作机制,如成立金融监管协调办公室,不断完善组织保障[①];确定议事规则和工作方案,建立工作机制,明确成员单位职责、报告路径和履职方式,建立完善了制度化的运行机制、规范化的议事协商程序。又如,建立了专项协调机制和简报制度,丰富工作抓手[②]。此外,各成员单位密切配合,召开专题会议加强协

---

① 包括在人民银行办公厅加挂金融监管协调办公室牌子,组建专门的工作队伍承担联席会议日常工作,各成员单位确定联络员和联系人,做好工作对接。

② 在联席会议框架下,先后建立了金融监管信息共享和金融业综合统计协调机制、金融系统新闻宣传和舆论引导协调机制等;建立了会议纪要和工作简报制度,及时向国务院和成员单位汇报金融监管协调信息,反映工作进展情况和调查研究成果。

调，积极推动落实联席会议议定事项。

正式运行以来，联席会议已就多项重大政策事项达成共识，金融监管政策、措施、执行的统筹协调得到显著加强。例如，研究确定了金融监管信息共享和金融业综合统计协调机制职责和组织框架，从加大信息共享、加快金融统计标准制定等方面明确了工作重点和方向。又如，针对金融机构同业业务快速扩张，但发展不规范、期限错配、规避监管等问题突出的情况，多次对规范金融机构同业业务进行研究，推动开展规范的资产负债业务创新，切实防范风险隐患。再如，围绕互联网金融发展与监管问题进行研究，在促进互联网金融发展的总体要求、基本原则以及分类监管要求和职责分工方面达成了共识，发布了关于促进互联网金融健康发展的指导意见，加强了有关互联网金融业务监管。目前，随着国务院金融稳定发展委员会的成立和运行，联席会议已经完成了自己的历史使命。

## 二、分业监管下的监管协调：内向视角

早在党的十四届三中全会通过的《关于建立社会主义市场经济体制若干问题的决定》提出"建立健全我国宏观经济调控体系"之后，我国即开始着手探索建立与社会主义市场经济体制相适应的协调机制，并逐步形成了以计划、财税、金融部门为主[①]，即由国家发展改革委（计委）、财政部、人民银行三者构成的宏观经济调控模式。

在此模式下，发展改革委、财政部、人民银行等宏观经济管理部门之间建立了定期会商制度，分析研判宏观经济金融形势，加强了宏观经济政策协调沟通。人民银行搭建了货币政策委员会、宏观调控部门"三方会商"、金融监管协调机制、公司信用类债券部际协调机制、社会信用体系建设部际联席会议、反洗钱工作部际联席会议、信用评级机构监管部际联席会议等平台和机制，并通过日常工作接触、各类信息共享机制、官方或非官方学术和业

---

① 1993年12月25日，根据党的十四届三中全会《关于建立社会主义市场经济体制若干问题的决定》精神要求，国务院作出《关于金融体制改革的决定》，提出在国务院领导下，建立独立执行货币政策的中央银行宏观调控体系；建立政策性金融与商业性金融相分离，以国有商业银行为主体，多种金融机构并存的金融组织体系；建立统一开放、竞争有序、严格管理的金融市场体系。

务工作平台，进一步加强与上级机构、相关部门、金融机构、地方政府在各个工作层面的沟通交流，研究并协调解决存在的风险矛盾和问题。

2003年，银行业监管职能从人民银行剥离，这标志着我国金融监管正式步入"一行三会"时代[①]。在此框架下，银监会、证监会、保监会分别负责本行业风险的识别与监测，人民银行则承担着维护整个金融体系稳定的职责，负责对跨行业、跨市场、跨机构金融风险的识别、监测与处置。

近年来，随着我国金融业综合经营趋势不断增强，"一行三会"有意识加强了各自之间的监管协调与合作，并加强金融监管合作机制建设[②]。人民银行加强了与银行监管机构在风险评估中的沟通协调，加强了与证券和保险监管机构的监管协调和信息共享，研究探索建立符合现行法律法规的监管合作机制。如2008年金融海啸愈演愈烈之际，为降低危机对我国金融稳定的冲击，银监会与人民银行先后签订多份备忘录，建立了在华外资银行和中小商业银行监管协作工作机制[③]，旨在保障信息共享，共同维护金融稳定。又如，2013年1月，人民银行与证监会签署监管合作备忘录，决定充分发挥人民银行地市县级分支机构优势，共同建立维护金融稳定的监管合作长效机制。再如，随着信息技术、移动互联网、大数据、云计算等快速发展，金融信息安全事故时有发生，已经成为影响我国金融稳定的"灰犀牛"，为此"一行三会"加强了金融信息安全管理分工与协作，致力于加强信息共享和监管协调，维护金融信息安全。另外，近年来银监会、证监会、保监会等监管部门之间也签署了多种形式的合作备忘录，加强了行业间的信息交流沟通，提高了风险识别与应对的前瞻性。

在强化与地方政府协调方面，"一行三会"加强了与地方政府和相关部门的信息交流和协调配合，及时向地方政府及相关部门提示风险，推动其根

---

① 2018年3月，十三届全国人大一次会议审议通过了《深化党和国家机构改革方案》，决定成立中国银行保险监督管理委员会，负责银行、保险行业微观审慎监管，不再保留银监会、保监会。但鉴于机构改革落地仍需时日，各项工作也在推进中，因此，本书仍以梳理银保监会成立之前的工作为主。

② 如人民银行牵头制定了《人民银行、银监会、证监会、保监会信息共享暂行办法》，银监会、证监会、保监会等金融监管部门签署了《金融监管分工合作备忘录》。

③ 内容包括约定双方加强信息交流和共享，建立日常工作机制和应急处置机制等。

据职责分工切实承担起风险处置责任，并积极配合地方政府依法依规进行风险处置。人民银行分支机构还积极研究完善金融稳定协调机制，加强与省市县各级地方政府及其相关部门、金融监管部门派出机构的分工协作，共同做好金融风险监测分析与处置工作。

在与社会公众和金融市场沟通协调方面，为加强政策宣传和舆论引导，"一行三会"建立了金融系统新闻宣传和舆论引导协调机制，完善了新闻发言人制度，加大了信息公开、新闻宣传和舆论引导的力度，合理引导市场预期，增强社会公众对货币政策、金融工作的理解和支持。"一行三会"定期组织召开金融机构参加的座谈会，听取各方面对中央银行、监管机构和金融监管工作的意见建议。

## 三、分业监管下的监管协调：外向视角

2008年危机以来，在G20治理框架下，我国"一行三会"和财政部门深度参与国际清算银行（BIS）、金融稳定理事会（FSB）、巴塞尔委员会（BCBS）、IMF以及东亚及太平洋中央银行行长会议组织（EMEAP）等多边组织，加强了与IMF、世界银行、亚太经合组织（APEC）①等的多边协调，协力解决政策冲突、风险外溢和监管重叠问题。

近几年，人民银行和财政部代表中国共同出席G20央行行长和财长等会议，加强了金融政策与财政政策的宣示与交流，两部门还参与到IMF、世界银行等开展的金融部门评估规划（FSAP）②中，共同对我国金融稳定和风险

---

① 亚太经合组织（Asia-Pacific Economic Cooperation，APEC）是亚太地区的经济合作官方论坛，成立于1989年。现有21个成员，3个观察员（分别是东盟秘书处、太平洋经济合作理事会和太平洋岛国论坛）。APEC主要讨论与全球及区域经济有关的议题，如促进全球多边贸易体制，实施亚太地区贸易投资自由化和便利化，推动金融稳定和改革，开展经济技术合作和能力建设等。

② 金融部门评估规划（Financial Sector Assessment Program，FSAP）由IMF和世界银行于1999年5月联合推出，旨在加强对基金组织成员经济体金融脆弱性的评估与监测，减少金融危机发生的可能性，同时推动金融改革和发展。经过逐步发展和完善，目前FSAP已成为国际广泛接受的金融稳定评估框架。FSAP包括FSB国家同行评估和FSAP更新评估，前者是FSB推动的一项重要工作，主要关注成员经济体执行金融部门标准和FSB政策的情况及其有效性，重点评估受评估成员经济体FSAP相关建议的采纳和改进情况。各成员经济体评估报告均需在FSB网站上统一公布，目前已有俄罗斯、荷兰、德国、英国、美国等13个成员经济体完成评估并公布评估报告；后者对于拥有全球系统重要性金融机构的国家（地区），IMF和世界银行每五年开展一次FSAP更新评估。

状况进行分析①。另外，人民银行和财政部及银行、证券业监管部门还是FSB
等国际监管标准制定机构的成员，在参与国际金融监管标准制定、提高我国
规则制定话语权方面发挥着越来越重要的作用。

中央银行层面，人民银行增强了与其他国家和地区中央银行和货币当局
的合作与协调，加强了政策协调和治理建设方面的合作交流。据统计，2008年
危机以来，经国务院批准，人民银行先后与我国台湾地区监管当局、英格兰银
行、德意志银行、法兰西银行等十多个监管部门签订了合作谅解备忘录。例
如，为推动我国存款保险制度建立，2013年人民银行与美国联邦存款保险公司
（FDIC）签署了谅解备忘录，加强了双边合作与对话。此外，人民银行行长还
分别通过担任IMF、泛美开发银行集团、欧洲复兴开发银行（EBRD）、非洲
开发银行集团、东南非贸易与开发银行、加勒比开发银行、东南亚中央银行组
织（SEACEN）以及金砖国家应急储备安排等国际或区域组织的中国理事，担
任国际金融协会②（Institute of International Finance，IIF）《稳定资本流动和公
平债务重组原则》托管委员会联合主席，参加G20全球金融治理名人小组③、

---

① 2008年2月，我国宣布参加FSAP评估；同年11月，在G20华盛顿峰会上，我国与各国领导人
一致承诺接受FSAP评估。为落实承诺，从国际视角审视中国金融体系稳健性，2009年8月，我国正式
接受基金组织和世行进行首次FSAP评估。《中国金融体系稳定评估报告》和《中国金融部门评估报
告》是广泛涵盖中国FSAP主要评估结论的总体报告。《中国金融体系稳定评估报告》由基金组织撰
写，侧重于金融稳定分析；《中国金融部门评估报告》由世行撰写，侧重于金融发展分析。根据我
国在G20和FSB做出的承诺，我国每五年接受一次FSAP评估，并在每次评估后2~3年接受FSB国家同行
评估。2014年初，我国首次国家同行评估工作正式启动，涵盖"宏观审慎政策框架"和"非银行信
贷中介"两项议题，重点评估我国首次评估以来在宏观审慎管理框架和非银行信贷中介监管方面取
得的进展及存在问题。此外，根据IMF和世界银行提议，我国还于2015年9月启动了FSAP更新评估，
并于2016年底最终审议形成了评估报告计划。

② IIF成立于1983年，最初为应对20世纪80年代初不断扩大的拉美债务危机而设立，后来逐渐演
变为最具影响力的全球性金融业协会。IIF成员包括世界所有主要商业银行和金融投资机构以及资产
管理公司、养老基金、评级机构和保险公司等。IIF的目标是，帮助金融行业加强风险管理，实施最
佳做法，并倡导有助于推动全球金融稳定的监管、财政和经济政策的实施。

③ 2017年，德国在担任G20主席国期间成立了G20全球金融治理名人小组，成员包括16位全球知
名经济学家和金融领域专家学者，旨在评估国际金融货币体系面临的挑战和机遇，并就全球金融架
构和治理提供政策建议。IMF原副总裁、人民银行原副行长朱民是该小组成员。

三十人小组（G30）[①]等多种形式，加强国际交流合作，协调各方立场，提出国际金融改革建议，发出"中国声音"。

金融监管层面，银保监会、证监会等监管部门与其他国家监管当局先后签订了多份双边监管合作备忘录和监管合作协议，在信息交流、风险管理、政策协调、技术援助等方面加强合作。据统计，2003年以来，银监会先后与63个国家和地区的金融监管当局签订了双边监管合作谅解备忘录和监管合作协议。截至2017年5月，证监会已相继同60个国家和地区的证券期货监管机构签署了65个监管合作谅解备忘录。

另外，监管部门还搭建或利用国际正式非正式交流平台和沟通通道，加强政策协调与合作。例如，银保监会成立了国际咨询委员会，委员会外方委员囊括了一些国际知名经济学家、国外金融组织和国外央行前任主席，定期围绕改进银行业有效监管、提升商业银行治理水平、加强银行机构风险管理、完善银行恢复和处置机制、迎接互联网金融对银行机构的挑战等核心问题进行讨论，为我国银行业健康发展提供了有针对性和建设性的意见建议。此外，银保监会还利用BIS的国际银行监督官大会（ICBS）等沟通交流平台，加强与各国银行监管当局高层官员的沟通交流和监管协调。

# 第四节 统筹金融业综合统计

自2008年以来，总结危机教训的论述可谓汗牛充栋，各方从不同层面对危机进行了深刻的反思和分析[②]，而如何改进金融统计是其中最重要内容之一。当前，围绕金融统计有两点反思基本上得到了各方认同，我们将之概括

---

① G30成立于1978年，由主要国家央行行长、财长、有全球影响力的经济学家和金融业知名人士组成，旨在探讨当前世界经济金融发展中的重大问题，是高层次交流论坛和重要的规则倡导者，具有重要的国际影响力。人民银行原行长周小川于2005年成为G30首位中国成员，现任行长易纲于2018年加入。

② Blanchard、Summers（2018）认为，2008年金融危机有四条鲜明的教训，一是金融体系具有核心地位；二是金融市场波动的性质更加复杂；三是经济金融环境发生了深刻变化，主要表现为低利率、长期增长停滞；四是不平等问题越来越突出。

为"两个缺口"。其一，金融统计滞后特征明显，金融统计与金融创新和风险变化之间存在缺口，使金融统计数据信息未能及时和很好地反映危机爆发的迹象和风险苗头；其二，金融统计职能分散化和信息统计碎片化并存，金融统计与金融业交叉和混业经营之间存在缺口，致使统计标准不统一、对象缺失、内容重复，成为政策当局监管割裂和政策不协调的重要原因之一。

按照问题导向的逻辑，危机后改进金融统计的努力也相应集中在两个方面。第一方面，即拓宽金融统计的深度和广度，在传统金融统计内容和指标的基础上，加强对创新型金融产品的统计，加强对跨界跨业跨市场金融活动的监测，更加注重反映系统性金融风险的发展变化。第二方面，即将金融统计由"分散化"管理改为"集中化"模式，由一个部门统筹开展，并整合优化部门统计制度，改变分业监管体制下金融基础设施严重割裂的状况。归而言之，将上述两方面统筹起来，根本性的要求就是，必须着力统筹金融业综合统计。

近年来，面对危机暴露出的金融统计割裂和分散问题，我国也一直强调要建立统一、全面的金融业综合统计体系。2015年10月召开的中共十八届五中全会，提出了金融监管改革"三个统筹"发展趋势①，而统筹金融业综合统计正是其中重要内容之一。"十三五"规划进一步重申，要"统筹金融业综合统计，强化综合监管和功能监管"。2017年7月，第五次全国金融工作会议再次强调要推进金融业综合统计。

## 一、"三重"推动因素

金融业综合统计是国家金融基础设施现代化的重要组成部分，是金融业服务实体经济、防控金融风险、深化金融改革任务的重要信息基础支撑。危机以来的实践表明，金融业综合统计的提出和发展有着多方面的推动因素，其本身既是反思危机教训的结果，更是防范化解金融风险的重要举措，同时也是加强宏观审慎管理的要求。

---

① 2015年10月，习近平总书记关于《中共中央关于制定国民经济和社会发展第十三个五年规划的建议》说明中，提出了"三个统筹"的金融监管改革的趋势性方向，即要统筹系统重要性金融机构监管、统筹金融控股公司和重要金融基础设施管理、统筹金融业综合统计。

（一）宏观审慎管理要求统筹金融业综合统计

危机以来，人们发现，宏观审慎因其本身所具有的全局性、宏观性特征，从而能够弥补微观审慎监管与货币政策在防范化解系统性风险方面的空白，并在维护整个金融体系稳定性方面具有很好的效果。同时，在危机应对的过程中，人们也越来越强烈地意识到，加强宏观审慎管理必须以数据信息综合为强有力的支撑，由此也就产生了二者的逻辑关联。

一方面，宏观审慎旨在降低系统性风险（Knight，2006；IMF，2011a；FSB、IMF、BIS，2011），关注金融体系顺周期风险和跨部门交叉性风险传染[1]，本身具有跨部门、跨市场和跨境的属性特征。因此，着眼于维护金融稳定目标，宏观审慎当局必须立足于金融业整体获取数据信息，方能更好地从整体上把握风险变化，及时做出响应。另一方面，金融统计是防范金融风险、维护金融稳定的重要基础性工具。2008年金融危机后，各国一致认为，统计信息缺失是未能及时识别和防范危机的一个重要原因（人民银行，2018），加强宏观审慎管理离不开完善的金融统计体系做保障。

正是出于这一考虑，2009年10月，IMF和FSB联合向G20提交了《金融危机与信息缺口》报告，认为现行微观金融统计体系存在着统计分散、标准不一的缺陷，无法满足宏观审慎政策对数据信息整合的需求。此后，各方面均采取改革措施，着力完善金融统计制度，拓宽金融统计覆盖范围，旨在为宏观审慎政策实施提供有力支持。

近几年，随着强监管、防风险成为我国金融监管的主基调，防控风险被放在更加重要的位置，党的十九大、第五次全国金融工作会议等均对防控重大风险尤其是金融风险作出了部署。鉴于此，无论是对金融机构开展宏观审慎评估（MPA），还是健全货币政策和宏观审慎政策"双支柱"调控框架，抑或是提高金融服务于实体经济的能力，所有这一切都要求我国着力构建支持宏观审慎政策决策实施、评估政策效果的统计体系。

（二）金融混业经营强力驱动金融业综合统计

改革开放以来，尤其是近年来，我国金融业发生了深刻变化，金融新

---

[1] The complexity and interconnections that give rise to systemic risk are often the result of financial intermediation having grown large. See Shin（2017）.

业态快速涌现，金融业已从过去单一的银行业演变为银行、证券、保险等多业并存的大金融业。据人民银行统计①，2020年一季度，我国金融业机构总资产332.94万亿元，同比增长9.8%，其中，银行业机构总资产为302.39万亿元、同比增长9.5%，证券业机构总资产8.83万亿元、同比增长13.5%；保险业机构总资产21.72万亿元、同比增长13.7%。在形成多样化金融机构体系的同时，我国金融市场从无到有、从小到大，交易规模和交易方式日趋多样和复杂，融资渠道、金融工具、金融产品日益丰富。金融工具和融资机构的多元发展，使得贷款融资占比明显下降，其他方式的融资占比显著上升。2016年，除本外币贷款外的其他方式合计融资5.9万亿元，是2002年的65.4倍，占社会融资规模增量的33.3%，比2002年提高了28.8个百分点②。

可以看到，我国金融创新快速发展，金融综合经营不断推进，客观上带来了一个必然的结果，那就是，推动我国融资渠道、金融工具、金融产品日趋丰富，金融资产的流动性快速上升，金融体系的关联度、复杂度大幅度提高。一方面，传统金融机构通过创新互相渗透，如银行、信托公司、证券公司、保险公司通过银信、银证和银保合作业务等途径经营跨机构、跨行业、跨市场业务和产品。另一方面，小额贷款公司、担保公司、金融控股公司等新型金融机构以及理财产品、信托投资计划、资产证券化等新型金融产品不断涌现，加之互联网企业借助第三方支付、网络借贷、众筹融资、网络金融产品销售等业务迅速介入金融业务，规模和影响不断扩大。

多重因素推动下，金融创新的快速发展打破了金融机构表内、表外的界限，模糊了传统的资产和负债概念，使传统的金融机构通过创新业务互相渗透，也使货币政策操作环境和传导渠道发生了重大变化。金融业混业经营的快速推进，以及金融风险积聚、扩散和传染的复杂化，这些都对传统的金融统计分析框架及其有效性、准确性提出了严峻挑战，亟须通过统筹金融统计加以应对。

（三）系统性风险"显性化"要求加强金融业综合统计

总体来看，当前我国系统性金融风险呈现出来源复杂化、表现显性化

---

① 中国人民银行网站，2020年6月4日16:00公布。

② 数据来源：同上。

和冲击巨大化等特征。从国内看，随着我国经济进入"新常态"，长期积累的结构性矛盾仍然突出，尤其在经济下行压力加大、不确定因素增多的情况下，我国长期掩盖的风险开始显现化，并在金融乱象的推动下，成为潜在系统性风险的主要来源。从国际看，国际金融危机深层次影响继续显现，世界经济复苏进程仍然曲折，保护主义、单边主义、民粹主义以及逆全球化思潮抬头，输入型负面影响不可低估，尤其是中美贸易冲突等外部不确定问题增多，一定程度上可能会成为我国系统性金融风险发生的催化剂。

进一步来看，当前我国发展正处在爬坡过坎的关键阶段，经济运行存在着不少突出矛盾和问题，在深化改革背景下，稳增长、调结构、转方式的压力不断加大。随着去杠杆、去库存、去产能的深入进行，短期的阵痛和风险暴露不可避免。而与此同时，我国金融风险高发多发态势依然严峻复杂，市场乱象生成的深层次原因没有发生根本转变，打赢金融业风险防范化解攻坚战的任务仍很艰巨。

在此情况下，金融风险的集聚、扩散、传染更加复杂，防范化解系统性风险的任务更加繁重，这些都对传统的金融统计分析框架及其有效性、准确性提出了很大挑战，要求金融统计不断完善，不断向统一、全面、共享的综合金融统计方向转变。

## 二、金融综合统计：概念、目标与框架

从概念上讲，金融业综合统计是指以金融机构数据元为采集数据，以统计信息标准化为手段，对包括银行业、证券业、保险业等资产、负债、损益以及风险情况的统计（人民银行，2017）。广义上，金融业综合统计的部门分类、机构分组、工具划分、计价原则等问题涉及国民经济核算、会计学、统计学、金融学等多方面内容，既要求保证各个分类之间的一致性与协调性，又要求能够反映货币政策实施效果、满足宏观审慎管理需要，还要考虑与国际接轨[①]。

---

① 金融业综合统计核心指标统计制度主要以IMF《货币与金融统计手册》中推荐的货币金融统计基本方法和原则为依据。《手册》提供了识别与划分金融资产及负债存量和流量的方法和工具，为各国提供了一套较完整的货币与金融统计处理准则和统计监测框架。

一般来说，金融业综合统计旨在实现对所有金融机构和金融活动的全流程、全链条动态统计监测，主要包括三个部分，即金融业资产负债表和金融资金流量统计，这是综合的综合，具有统领地位，能够完整展现金融业的"家底"；货币信贷统计和分业机构监管统计，这部分统计内容已经较为成熟；服务防范和化解系统性金融风险的统计，包括交叉性金融产品统计、系统重要性金融机构（SIFIs）统计、金融控股公司统计、互联网金融统计等，这是需要重点补短板的内容。

我国金融业综合统计的目标是，协调整合现有的各类金融统计体系，大力推进金融统计标准化，建立"统一、全面、共享"的金融业综合统计体系，促进金融统计向综合化、统一化、动态化、开放化、标准化和信息化发展，为全面反映金融业发展状况、更好地支持宏观调控和宏观审慎管理，以及为防范和化解系统性风险提供支持[①]。

目前，我国金融业综合统计的基本框架已经形成，主要体现在五个方面（人民银行，2017）。一是完善货币金融统计，建立总量与结构、存量与流量相结合的金融统计框架。二是构建宏观审慎统计框架，主要包括金融业资产管理产品统计、系统重要性金融机构（SIFIs）统计、金融控股公司统计、证券市场统计、非持牌机构及其他交叉性金融产品统计等。三是金融市场和资金价格统计。四是金融稳定统计，主要提供金融稳定评估的基础数据，包括银行、证券、保险稳健统计等。五是对外金融统计，主要包括贸易国与投资来源国的宏观经济金融统计、跨境交易统计、外汇市场统计、国际储备的币种和国别统计、涉外债权债务统计及国际银行业统计等，为中央银行从全球经济角度制定货币政策、分析政策效应提供支持。

### 三、我国金融业综合统计：进展与实践

长期以来，人民银行是我国金融业统计的主要实践者和推动者。尤其近几年，按照"三个统筹"的要求，人民银行积极推动金融业综合统计，不断夯实金融风险监测识别的统计基础，为功能监管和穿透式监管提供条件。为

---

① 参见阮健弘主编，《金融统计创新与发展》，307页，中国金融出版社，2018年1月。

加强组织领导，2015年人民银行牵头建立了"一行三会"金融监管信息共享和金融业综合统计协调会议机制。

2017年以来，人民银行与相关部门一道将统筹金融业资产管理产品统计作为当前金融业综合统计的主要推进领域，致力于加快建立覆盖所有金融机构、金融基础设施和金融活动的金融业综合统计体系，并在探索编制汇总和金融业资产负债表，开展贷款流量统计等方面取得了积极进展。2018年4月，国务院办公厅印发了《关于全面推进金融业综合统计工作的意见》，这是我国金融统计事业发展中的一件大事，标志着金融业综合统计工作取得了重大进展。

目前，我国已经形成了"双核心、三支柱、两条线、全方位"的金融业综合统计思路（人民银行，2017）。对此，人民银行编辑出版的《金融统计创新与发展》一书有着精彩描述[①]。当前，围绕既定目标，我国金融机构资产管理产品统计、系统重要性金融机构（SIFIs）和非持牌机构统计框架研究，以及金融控股公司统计框架研究等都在推进之中，理财和资金信托统计数据生产和分析监测工作也在深入推动，与现代中央银行相适应的统计信息披露机制不断得到完善，以更好地支持宏观审慎评估（MPA）和系统性风险识别。

2019年12月，人民银行发布了《系统重要性银行统计制度（试行）》，率先建立实施了系统重要性银行分阶段统计制度。

# 第五节　统筹金融基础设施互联互通

金融基础设施是经济金融运行的基础[②]。实践表明，安全高效的金融基

---

① "双核心"是指金融业综合统计工作要以货币金融统计和宏观审慎统计为核心，实质是要求统计信息服务于货币政策调控和宏观审慎管理的双重需要；"三支柱"是指金融业综合统计要建立在"统一的统计标准、主要交易的对手方统计、协调的统计制度"三项基础性工作之上，体系内的任何一项扩展和创新都要以这三项工作为基础；"两条线"是指金融业综合统计的工作方向要以金融机构存量统计为主线，以市场、价格和流量统计为辅线，双线并行以求涵盖全面的统计信息；"全方位"是指金融业综合统计工作最终要形成"统一、全面、共享"和具有有效关联性的金融基础数据库。

② 根据CPSS和IOSCO发布的《金融市场基础设施原则》，金融市场基础设施是指参与机构（包括系统运行机构）之间，用于清算、结算或记录支付、证券、衍生品或其他金融交易的多边系统，包含重要支付系统、中央证券托管、证券结算系统、中央对手方和交易数据库五类金融公共设施。

础设施对于畅通货币政策传导机制、加速社会资金周转、优化社会资源配置、维护金融稳定并促进经济增长具有重要的意义。2008年危机爆发后，国际社会对构建高效、透明、规范、完整的金融基础设施高度重视，深入推动研究实践，并形成了广泛的共识。

当前，我国金融市场正处于开放型、国际化的发展过程中，经济社会持续快速发展，金融改革深入推进，支付、证券和衍生品的交易活动日益频繁，金融市场的广度和深度不断拓展，国内外支付系统、证券结算系统、中央对手方等各类金融基础设施之间的相互依赖程度不断加深。在此情况下，建立更加完善的支付、清算、结算法规制度，协调发展支付系统、证券结算系统和中央对手方等金融市场基础设施，是保持我国经济平稳运行和高质量发展的内在要求。

## 一、统一化趋势与结论性认识

一般意义上，金融基础设施主要包括金融市场各种产品的登记、托管、交易、清算、结算等制度安排及相应的技术系统。根据国际清算银行（BIS）支付结算体系委员会（Committee on Payment and Settlement Systems，CPSS）和国际证监会组织（International Organization of Securities Commissions，IOSCO）联合发布的《金融市场基础设施原则》（*Principles for Financial Market Infrastructures*，PFMI），金融基础设施主要分为五类，即重要支付系统、中央证券托管系统、证券结算系统、中央对手方和交易数据库。此外还可以涵盖场内交易所和场外交易系统等。

### （一）统一化监管趋势

危机以来，国际社会对构建高效、透明、规范和完整的金融基础设施十分重视并达成了广泛共识。金融稳定理事会（FSB）强烈呼吁加强金融基础设施管理，并开展了相关标准制定工作。主要经济体也进一步加强了对金融基础设施的管理，建立了相应的法律框架，一些国家更是将加强金融基础设施纳入宏观审慎政策框架，明确中央银行监管金融市场基础实施的职责，加强了金融基础设施管理的集中统筹。

例如，《多德—弗兰克法案》明确了美联储是全部系统重要性金融基础设施（SFMI）和从事系统重要性支付结算业务金融机构的主要监管者，美国证券中央托管机构——全美托管结算公司是美联储支付系统成员，美联储依照《联邦储备法》对其支付活动进行监管①。《欧洲中央证券托管机构规章》明确了欧洲央行（ECB）和成员国央行对中央证券托管体系的监管职责，2012年颁布的《场外衍生品、中央对手方和交易数据库法案》明确了欧盟委员会和ECB对中央对手方是否提供央行流动性支持的评估职责。又如，2008年危机后，德国央行被赋予了金融市场基础实施的职责，法兰克福明迅银行（Clearstream Banking）②是德国唯一的中央托管机构，接受德国联邦金融监管局（BaFin）和德国央行的联合监管。另外，英国也明确了英格兰银行承担金融市场基础实施监管职责，主要对象包括证券结算系统、中央对手方和支付系统。

与此同时，在强化监管的探索中，监管标准的升级也成为一个无法回避的话题。在此方面，较为典型的例子是，2010年2月，CPSS和IOSCO全面启动了《重要支付系统核心原则》《证券结算系统建议》和《中央对手方建议》等已有标准的评审工作，2012年又联合发布了《金融市场基础设施原则》及配套文件，重点提出了中央银行在监管金融基础设施方面的五项职责③。

总之，从危机后加强金融基础设施管理的实践看，目前国际层面已经形成了三种相对较为明显的趋势：一是更加注重和突出中央银行对金融基础设施的统筹集中管理职责；二是更加强化金融基础设施的统筹规划建设；三是更加注重金融市场基础设施管理的法制化和规范化。可以说，危机以来各国的实践也都基本上很好地体现和反映了这三种趋势。

---

① 2012年，美国金融稳定监督委员会（FSOC）确定了8家系统重要性金融市场基础设施，美联储从清算风险管理的角度对其中5家中央对手方（CCP）实施监管。

② 明讯银行（Clearstream Banking）位于卢森堡，其前身是负责国际证券托管清算业务的世达银行（Cedel Bank）。目前，明讯银行是欧洲债券市场交易服务基础设施的提供者，并且提供覆盖全球逾50个市场的证券服务，该银行的客户包括全球逾110个国家和地区的约2 500家金融机构，托管资产达13万亿欧元，是全球最大的证券结算和托管机构之一。在证券交割与集中保管服务上，欧盟境内基本形成了明讯、欧清集团（Euroclear）和北欧中央证券托管（NCSD）三足鼎立的格局。法兰克福明讯持有有限目的银行牌照，提供与证券结算有关的融资融券、资金汇兑和清算服务。

③ 一是金融基础设施应置于央行或其他主体监管之下；二是央行等监管主体应有监管所需的权力和资源；三是公开披露监管政策；四是监管过程中适用金融基础设施原则；五是促进监管协调等。

（二）结论性认识

第一，金融基础设施是一国金融安全的重要保障。从金融市场发展的历史尤其是危机的教训来看，金融基础设施的完善程度、效率高低和质量优劣对金融市场的定价效率与资源配置功能发挥具有关键性作用，也对金融体系安全稳定和风险防范具有重要影响。危机的救助实践也表明，流动性管理、市场干预、市场监管等均需借助金融基础设施来实施。由于金融基础设施不健全或薄弱，导致危机救助不及时或恶化的例子已有不少，2008年金融危机也集中暴露出部分国家市场托管不统一、交易信息集中机制缺乏基础设施支撑的事实。第二，金融基础设施存在道德风险。对于重要金融基础设施，市场很容易产生"大而不能倒"和"重要不能倒"的预期。在此预期下，金融基础设施容易产生片面追求效率和利润而放松风险管理的冲动，如实行不稳健的结算方式、降低保证金要求等。第三，金融基础设施自身具有较强的外部性，其自身的不安全可能引发系统性风险。因此，亟须将其纳入宏观审慎管理。

## 二、我国金融基础设施：建设与管理

一直以来，我国高度重视金融基础设施建设，在顶层设计、前瞻性和先进性等方面均走在世界前列。目前，我国已逐步形成了涵盖全国性、行业性、区域性市场和互联网金融新业态的金融基础设施体系①。另外，除了传统意义上的金融基础设施外，近年来我国还出现了众多地方交易所、互联网交易平台、非银行支付机构等相对分散的金融基础设施或准金融基础设施。

长期以来，中国人民银行是我国金融基础设施建设的重要推动者和管理者。近年来，在人民银行推动下，经过长期努力，我国现代支付体系已经基本建成，大额实时支付和小额批量支付系统先后上线运行，境内外币支付系统、网上支付跨行清算系统、人民币跨境支付系统（CIPS）等重要支撑建立运行，建立了企业和个人征信体系、反洗钱监测系统，先后成立了城市商

---

① 包括中国外汇交易中心、人民银行清算总中心、中央国债登记结算公司、中国银联、银行间市场清算所、城市商业银行资金清算中心、农信银资金清算中心、中国证券登记结算公司、郑州商品交易所、上海期货交易所、大连商品交易所和中国金融期货交易所及其运行的支付系统（PS）、中央证券存管（CSD）、证券结算系统（SSS）、中央对手方（CCP）和交易数据库（TR）等。

业银行资金清算中心、农信银资金清算中心等清算组织，建立了中央对手方（CCP）和交易数据库等金融基础设施。2008年危机以来，人民银行又推动成立了银行间市场清算所股份有限公司（上海清算所），为银行间提供全面、以中央对手方（CCP）为主的集中清算服务，在推动场外交易集中清算方面迈出了重要一步。2016年12月，上海票据交易所成立，成为集票据交易、登记托管、清算结算、信息服务多功能为一体全国统一的票据交易平台。此外，还成立了跨境银行间支付清算有限责任公司，负责运营人民币跨境支付系统（CIPS）。

与此同时，我国坚持建设与维护并重，着力加强金融基础设施管理。早在2002年，人民银行就成立了金融基础设施工作组，负责加强成员间的沟通和联系，分享金融基础设施建设和监管方面的知识经验，并组织开展宣传和培训。2008年危机以来，为加强金融基础设施建设，促进金融市场安全高效运行和整体稳定，人民银行和证监会积极推动贯彻落实《金融市场基础设施原则》，并以该原则为标准监督管理我国的金融基础设施。

2013年以来，按照高质量发展的要求，我国更加注重统筹金融基础设施互联互通，并从国家安全和维护金融稳定的高度加强管理。"十三五"规划说明提出"统筹监管重要的金融基础设施"目标后，人民银行先后开展了金融基础设施内部评估和外部评估①，同时积极探索推动对支付和市场基础设施进行宏观审慎管理，防范系统性风险。

2020年3月，经中央全面深化改革委员会第十次会议审议通过，人民银行等六部门联合印发了《统筹监管金融基础设施工作方案》，为推动形成布局合理、治理有效、先进可靠、富有弹性的金融基础设施体系奠定了坚实基础。

## 三、我国金融基础设施：问题与方向

目前，我国金融基础设施还处于建设和完善阶段，其运行和监管还存在

---

① 内部评估是金融市场基础设施自行对制度建设、业务处理、系统运行等情况进行的检查、监测和评估；外部评估是专家组对金融市场基础设施进行的现场和非现场检查。评估方法是国际清算银行支付结算体系委员会（CPSS）和国际证监会组织（IOSCO）发布的《金融市场基础设施原则：披露框架与评估方法》（*Principles for Financial Market Infrastructures：Disclosure framework and Assessment methodology*）。

一些不足，集中体现为金融基础设施多头分散、割裂难通，具体又表现为三个方面。第一，缺乏统筹管理，管理规则不统一，增加了市场交易成本和监管套利空间。第二，金融基础设施相互分割，如三家债券托管机构<sup>①</sup>尚未实现系统有效互联互通。第三，尚未建立统一的交易数据库，割裂了市场信息和风险信号，影响风险监测和防范。

以问题为导向，借鉴国际经验，于是就可以进一步明确加强我国金融基础设施管理的方向。那就是，坚持统一监管思路下的分类监管，即将金融基础设施统一纳入宏观审慎政策框架管理，同时合理安排分工，创新机构和业务整合方式，促进金融基础设施协调发展。其中，人民银行着手从完善宏观审慎政策框架、推进金融体制改革、金融对外开放和维护国家金融安全等全局、系统角度出发，对金融基础设施实施宏观审慎管理<sup>②</sup>，并根据基础设施的系统重要性程度、业务与中央银行紧密程度等，确定监管的层次和程度，构建分类监管框架。

## 第六节 强化我国金融安全网建设

研究表明，金融安全网是金融治理的重要内容，宏观审慎政策实施能够影响金融安全网在防范金融风险方面的效果，尤其是当宏观审慎当局同时承担金融安全网建设管理任务时，构建有效的宏观审慎政策治理架构就显得尤为重要。亚洲金融危机后，我国即开始大力推动金融安全网建设，目前已经形成了相对成熟的金融安全网体系<sup>③</sup>，为维护我国金融稳定、加强宏观审慎

---

① 即中央国债登记结算有限公司（中央结算公司）、中国证券登记结算公司（中证登）、上海清算所。

② 我国金融基础设施统筹监管范围包括金融资产登记托管系统、清算结算系统（包括开展集中清算业务的中央对手方）、交易设施、交易报告库、重要支付系统、基础征信系统等六类设施及其运营机构。

③ 目前，按照使用范围来分，可以将金融安全网分为国内金融安全网与全球金融安全网，国内金融安全网主要包括中央银行注入流动性、最后贷款人职能、存款保险制度、各种隐性或显性的政府担保；全球金融安全网包括外汇储备、双边本币互换安排、区域性稳定安排和多边机构四大支柱。按照性质来分，可以将金融安全网分为市场保障机制和政府救助机制。

管理提供了强有力的支撑。

## 一、存款保险制度基本建立

存款保险制度是市场经济条件下保护存款人利益和完善金融安全网的重要制度安排。早在20世纪90年代，我国就提出要建立存款保险制度。1993年，《国务院关于金融体制改革的决定》正式提出"建立存款保险基金，保障社会公众利益"。1997年、2002年第一次、第二次全国金融工作会议也都提出要建立存款保险制度。2007年第三次全国金融工作会议又要求"加快建立存款保险制度"，并提出了具体目标和要求。

2008年金融危机后，面对危机的巨大压力和挑战，我国加快了存款保险制度建设步伐。2012年第四次全国金融工作会议明确提出，"要抓紧研究完善存款保险制度方案，择机出台并组织实施"。此后，在借鉴各国风险处置经验基础上，人民银行等先后多次完善存款保险制度设计方案，积极推动建立市场化的退出机制。2013年11月，党的十八届三中全会《关于全面深化改革若干重大问题的决定》明确要求，"建立存款保险制度，完善金融机构市场退出机制"，同年12月，中央经济工作会议提出，将建立存款保险制度等作为方向明、见效快的改革加快推进。2014年3月，《政府工作报告》将"建立存款保险制度，健全金融机构风险处置机制"作为深化金融体制改革的一项重要任务。同年，国务院常务会议审议通过了《人民银行关于建立存款保险制度实施方案的汇报》，建立存款保险制度的步伐加快。

2014年11月，经多次修订而成的《存款保险条例》开始向社会公开征求意见，标志着我国存款保险制度迈出了重大一步。2015年2月17日，国务院总理李克强签署国务院令，公布了《存款保险条例》①，自2015年5月1日起实施，我国存款保险制度正式落地。

我国存款保险制度从低费率起步，远低于绝大多数国家水平。按照存款保险制度安排，保费由投保机构交纳，存款人不需要交纳；投保范围是，境

---

① 《存款保险条例》规定了我国存款保险基金的来源和存款保险基金管理机构的职责，明确了存款保险基金的运用原则和使用方式，并对存款保险基金管理机构和投保机构违规行为进行了明确。按照存款保险制度安排，人民银行在我国存款保险制度中发挥着关键作用。

内设立的商业银行、农村合作银行、农村信用合作社等吸收存款的银行业金融机构，被保险存款包括人民币存款和外币存款；存款保险实行限额偿付，最高偿付限额为人民币50万元①，投保机构存款保险费率由基准费率和风险差别费率构成②，投保机构每6个月交纳一次保费。

存款保险制度运行以来，在维护我国金融稳定、降低系统性金融风险方面发挥了积极作用。例如，2019年5月24日，人民银行和银保监会决定对包商银行实施接管、期限一年（后又延长半年），并委托建设银行托管包商银行业务，在此过程中，存款保险基金发挥了有效的保障作用。又如，在锦州银行风险处置中，存款保险基金也发挥了积极作用，为市场化法治化处理中小银行风险探索出了一条有效路径。目前，我国存款保险机构正着力制定相关实施细则、建立完善存款保险配套机制，开展投保机构风险评级，建立投保机构评级和早期纠正机制（PCA）③，研究建立存款保险处置风险的触发机制④，以更加有效发挥存款保险制度的保障作用。

## 二、加强双边货币互换

货币互换协议是维护双边金融稳定的重要安排，是金融安全网的重要组成部分，也是宏观审慎政策框架的重要内容，货币当局在此中扮演着重要角色。双边本币互换协议的目的在于，便利本国与其他国家或地区的双边贸易和投资，加强双边金融、经贸合作，共同维护金融稳定。实践表明，加强双

---

① 据测算，50万元的保护限额能够为全部金融机构99.6%和城市商业银行99.5%、农村金融机构99.7%的存款人提供全额保护，能够确保绝大多数存款人的信心和稳定。

② 风险差别费率可根据金融机构存款规模、资本充足水平、资产质量、流动性状况、风险管理水平以及公司治理水平等因素，并结合监管评级等方面进行确定。

③ 早期纠正机制要求，发现投保机构存在资本不足等影响存款安全以及存款保险基金安全的，采取约见谈话、制发风险警示函等方式对其提出风险警示；投保机构因重大资产损失等导致资本充足率大幅下降，严重危及存款及存款保险基金安全的，要求及时采取补充资本等措施；在规定期限内未按照早期纠正要求改进的，依照有关规定提高其适用费率。

④ 存款保险处置风险的关键是解决好触发机制，出现风险能够及时实施处置。目前，存款保险国际准则要求建立明确的定性、定量触发标准，包括已经或可能资不抵债的破产标准、资本充足状况或流动性水平低于最低标准、融资能力或资产价值严重下降、无法偿付到期或即将到期债务、其他不可持续经营标准等。具体实践中，各国普遍盯住问题投保机构资本充足率，明显低于2%要求限期重组，未能实现有效重组的，由存款保险接管处置，维护存款和存款保险基金安全。

边货币互换，有利于深化签署国经济关系，促进双边经贸发展，提振双边货币信心，增强签署国抵御金融风险的能力，缓解外部冲击对本国金融市场的压力，维护地区金融稳定。

截至2018年8月，人民银行先后与韩国等37个国家和地区的中央银行或货币当局签署了双边本币互换协议，总金额达到3.4万亿元人民币[1]，在便利双边贸易投资的同时，可被用来预防危机和进行危机应对，也有利于人民币"走出去"战略[2]的实施。

## 三、建立金砖国家应急储备安排

2014年7月，金砖国家（the Brics）在巴西福塔莱萨签署了《关于建立金砖国家应急储备安排的条约》，初始承诺互换规模为1 000亿美元，各国最大互换金额为410亿美元，其中巴西、印度和俄罗斯各180亿美元、南非50亿美元。应急储备安排是在有关金砖国家出现国际收支困难时，其他成员国向其提供流动性支持、帮助纾困的集体承诺。应急储备安排的建立并不意味着国际储备的直接转移，只有在有关国家提出申请，并满足一定条件时，其他成员国才通过货币互换提供资金。

金砖国家应急储备安排协议的签署具有里程碑意义，是新兴市场经济体为应对共同的全球挑战、突破地域限制创建集体金融安全网的重大尝试，使全球金融安全网增加了新的层次，也进一步补充和强化了由IMF、区域金融安排、中央银行双边货币互换协议及各国自有的国际储备所构成的全球金融安全网，将对促进金砖国家和全球金融稳定发挥重要作用。

## 四、完善"清迈倡议"机制

亚洲金融危机期间，IMF对亚洲国家提出的严苛贷款条件激发了亚洲各

---

[1] 其中有效协议金额3.051亿元人民币，失效协议金额0.3177亿元人民币，与乌兹别克斯坦、巴西、乌克兰、印度尼西亚、斯里兰卡、苏里南、亚美尼亚7国互换协议已到期。

[2] 1997年12月24日，江泽民总书记在会见全国外资工作会议代表时讲话指出，"引进来"和"走出去"，是我们对外开放基本国策两个紧密联系、相互促进的方面，缺一不可，这是一个大战略。

国建立自身区域金融安排（RFAs）的强烈意愿。2000年5月，东盟与中日韩"10＋3"财长会议在泰国清迈通过了以双边货币互换为主要内容的"清迈倡议"（Chiang Mai Initiative，CMI）①，核心目标是解决本区域短期流动性困难，弥补现有国际金融安排的不足。清迈倡议（CMI）机制的形成标志着本地区资金救助机制的建立迈出了实质性的一步，对维护区域经济金融稳定具有重要影响。截至2008年底，在清迈倡议（CMI）下，"10＋3"各国共签署了16份双边货币互换协议，总规模为840亿美元。其中，我国与日本、韩国、泰国、马来西亚、印度尼西亚和菲律宾等国签署了6份总额为235亿美元的双边货币互换协议，承诺出资165亿美元。

虽然清迈倡议（CMI）在2008年金融危机中并未发挥实质性作用，但亚洲各国还是普遍意识到进一步构筑区域金融安全网的紧迫性。2010年3月，在各国的共同推动下，清迈倡议（CMI）升级为多边互换体系，即清迈倡议多边化（CMIM）。2014年7月，清迈倡议多边化（CMIM）协议修订稿正式生效，多边化资金规模从1 200亿美元翻倍至2 400亿美元，同时新建了预防性贷款工具，并将与IMF贷款规划的脱钩比例从20%提高至30%，成为全球第二大区域金融安排（RFA）。CMIM建立的目的之一，即在于避免IMF"污名效应"（Stigma effect）②，也旨在提高成员应对潜在或实际国际收支和短期流动性困难的能力。

---

① 2000年5月，"10＋3"财长在泰国清迈共同签署了建立区域性货币互换网络的协议，即《清迈协议》。《清迈协议》主要包括两部分:首先扩大了东盟互换协议(ASA)的数量与金额;其次建立了中日韩与东盟国家的双边互换协议，东亚"10＋3"货币互换机制取得了实质性进展。清迈倡议的主旨是亚洲国家不再需要向IMF求援，避免重演1997—1998年亚洲金融危机爆发后数国以高额加码求助于IMF的一幕。截至2008年12月底，中、日、韩与东盟10国共签署16个双边互换协议,累积金额达840亿美元。

② IMF的贷款或援助资金的使用过于严苛，附加了很多不合适的贷款条件，从而造成了污名影响，许多新兴市场国家不信任IMF，也不欢迎IMF的监督。例如，拉美债务危机时，针对拉美国家的财政盲目扩张和对外过度借贷，IMF开出了"紧缩"的药方。而在亚洲金融危机时，IMF仍然附加了"紧缩"的贷款条件，但实际效果却适得其反。近年来，随着新兴市场体和发展中国家在国际金融治理体系中的话语权增大，各方普遍要求改革IMF治理结构，这也体现了危机后国际经济政治格局的变化。

# 第六章

宏观审慎政策治理架构有效性分析

政策的有效性研究和评价向来一个是经济学难题,但这种研究和评估对于政策实施和校准本身又不可或缺。宏观审慎政策具有鲜明的跨部门、多元性特征,因此针对该项政策的评估,对于政策的调整、后续选择以及治理架构的改进均尤为重要(CGFS,2012;ESRB,2014;IMF,2014)。危机以来,各国差别化的探索为宏观审慎政策及其治理架构评估提供了实践宽度,国际统一性的经验认识又使这种评价拥有了历史广度。本章的任务,旨在梳理国际上关于宏观审慎政策有效性研究的观点认识,总结我国系统性风险的来源及表现,并对我国防范重大风险的措施进行剖析,从而对我国宏观审慎政策有效性进行实证分析和评价。然而,正如丹尼·罗德里克(Dani Rodrik)在《经济学规则》一书中"经济学家十诫"所提到的,"用模型来考察现实需要精确的经验分析,这更是一门技艺而不是科学。"但鉴于政策有效性评价本身具有很强的实践性,因而著者也认为,评价工作的核心问题和真正落脚点不在于评价本身,而恰恰在于如何通过评价,为政策实施提供有效的经验指导。

# 第一节 国际研究的方向与进展

## 一、有效性研究的"三种方向"：观点综述

目前，围绕宏观审慎政策及其治理架构有效性研究，各方面已经形成了三种方向，可称为"三种视角"。方向之一，整体性视角。即以所有经济或金融部门为对象来分析宏观审慎政策的有效性，如对于宏观审慎政策措施如何抑制整个经济层面或银行机构信贷或资产价格上涨、金融危机发生可能性等进行分析，并做出政策整体性效果判断。方向之二，个体性视角。即选择系统性风险来源的某一方面进行研究，如从信贷资产、房地产价格或其他资产价格上涨所引起的风险暴露出发，分析所采取的宏观审慎政策对于降低该方面系统性风险的效果。方向之三，混合视角。即将整体性研究与个体研究结合起来，通过设定一系列指标，采用实证模型进行跨国别、多部门、多政策研究。这种方法尽管涉及影响因素较多、模型较复杂，但分析的程度更深入，得出的结论也更具可信度和说服力。

### （一）整体性研究视角

一些研究立足于政策整体实施，对宏观审慎政策降低金融脆弱、维护金融稳定的有效性进行了分析（IMF，2012b、2013b；Claessens，2015）。如IMF（2012a、b）针对不同国家宏观审慎政策在降低金融脆弱性方面的政策变化及有效性以及对实体经济的影响进行了研究，检验了宽松或紧缩宏观审慎政策整体实施的有效性。Nicolas Arregui等（2013）通过识别早期预警指标，评估政策在降低系统性风险方面的效用、评估系统性风险指标对危机和危机期间产出损失程度的变化效果、分析未纳入核心分析模型的宏观审慎政策漏损或负面效益等，构建了一种宏观审慎政策成本收益评估框架[①]，为我们提供了一个分析政策净收益的视角。另外，Crockett（2000）、Borio

---

[①] 该框架通过设置净收益指标，来衡量危机可能性、危机损失、政策成本等因素，并提出了三种类型政策漏损以及最小化这些政策漏损的工具。

（2003）和Knight（2006）等围绕宏观审慎政策开展的技术性研究，以及全球金融系统委员会（CGFS）发布的一些报告[①]等，也均是整体视角的集中体现。

（二）个体性研究视角

金融稳定理事会（FSB）针对一些国家开展的宏观审慎政策评估，就是个体视角的典型代表。2008年危机以来，FSB已经陆续发布了对美国（2013）、德国（2013）、英国（2013）、荷兰（2014）、俄罗斯（2014）、中国（2014）、土耳其（2015）、沙特阿拉伯（2015）、印度（2016）等国家的宏观审慎政策评估报告，对这些国家宏观审慎政策实施及效果进行评估，提出了存在的风险问题及改进建议。这些国别研究尽管表面上是对这些国家的整体评估，但实际上个体差异性分析的味道更浓一些。类似的研究还有，Vandenbussche、Vogel和Detragiache（2012）以中西欧和南欧国家为样本，研究了宏观审慎政策对于房价上涨影响的有效性。Igan和Kang（2012）研究了韩国案例，找到了针对抵押信贷增长的贷款价值比（LTV）和债务收入比（DTI）限制政策的有效性证据。另外，针对1998年至2007年英国宏观审慎政策的实践，Aiyar、Calomiris和Wieladek（2013）研究得出了针对特定银行的资本充足率要求会抑制单个银行放贷能力的结论。Jimenez等（2012）对西班牙的研究表明，逆周期宏观审慎政策，如动态准备金调整，对于抑制信贷供给周期是有效的。这些研究都属于个体性研究，并且共同的特征是，围绕某个国家或者单个国家某一类宏观审慎工具实施效果进行评价，得出的结论也相对具有较强的针对性和说服力。

表6-1 使用部门性宏观审慎工具的国家数量（截至2013年6月）

| | 对LTV的限制 | DTI上限 | 对LTV和DTI的限制 | 部门资本要求 | 一种工具 | 任意两种工具 | 全部三种工具 |
|---|---|---|---|---|---|---|---|
| 国家数（全部=46） | 23 50% | 14 30% | 13 28% | 24 52% | 37 80% | 18 39% | 6 13% |

资料来源：IMF（2013a）。

---

[①] 如2010年"宏观审慎工具和框架：问题和经验盘点"报告、2012年"宏观审慎工具的选择和运用"报告等。

（三）混合性研究视角

随着认识和实践的不断深入，各方对于宏观审慎政策有效性的研究视角也发生了很大变化，集中体现为由单一视角向多元视角转变，而且更多地进行跨国界、多领域、多工具比较分析。研究视角的转变，体现了宏观审慎政策实施的多变性和差异性，也反映了随着宏观审慎政策框架的成熟，人们逐渐将目标从"是什么""为什么"转向了"好不好"以及"如何更好"。

典型的例子是，IMF（2011j）关于宏观审慎工具有效性的实证报告，以49个国家数据为样本，采取案例分析、简单法、面板回归分析三种方法评估了宏观审慎工具在减少系统性风险方面的有效性，并在此基础上总结了宏观审慎政策有效性的国际经验，这就突破了单个国家或单一地区样本的有限性制约，而且在验证方法上也更为全面。IMF（2011k）以中国、哥伦比亚、韩国、新西兰、西班牙、美国和部分东欧国家为样本，将单个国家与跨国比较结合起来，分析了宏观审慎政策在不同国家实施效果的差异性和一致性。此外，Dassatti Camors 和Peydro（2014）运用银行机构数据，分析了2008年乌拉圭所采取的一次大幅且出乎意料存款准备金调整政策的有效性。这些研究均丰富了混合视角下宏观审慎分析的内涵。另外，BCBS（2020）在《第18次巴塞尔监督框架执行进展报告》中，对27个成员国执行巴塞尔协议Ⅲ情况进行的评估和对各成员国执行标准情况进行的评价，FSB（2020）在《"大而不能倒"改革效果评估咨询报告》中对危机以来FSB及其各国为解决"大而不能倒"问题实施的多项改革进行的评估，颇具代表性，均属于混合视角下的分析。

## 二、针对我国研究的个案分析

在宏观审慎政策整体性研究不断推进的同时，针对我国个体化的分析也在探索之中。在研究的过程中，各方尤其注重将国际经验与中国的实际情况结合起来，着眼于我国经济金融整体，从地区、行业、机构等多维度进行分析，试图展示我国宏观审慎政策实施的全景。

第一个可供借鉴的例子，孙涛、王滨（2013）考虑了中国特殊的金融发展环境，将信贷量和资产价格作为系统性风险的衡量识别指标，对我国宏观审慎政策的有效性进行了研究分析。变量设置上，以利率代表货币政策，存款准备金率、房地产政策、资本比率、流动性比率、不良贷款准备/总贷款的比率等代表宏观审慎政策，贷款增速作为信贷风险指标，房价上涨作为潜在资产价格泡沫指标，然后区分不同地区、大中小型银行，分别运用上述指标来进行分析。另外，考虑到时间维度风险在当时是我国主要的系统性风险，为了检验宏观审慎工具的有效性，在回归分析中他们也将资本充足率、流动性比率、不良贷款率作为宏观审慎政策指标。方法运用上，采用面板固定效应模型（Fixed Effects Model，FEM）来检验货币政策、宏观审慎政策与贷款、房价之间的关系。经过分析，他们认为，我国时间维度和跨机构维度系统性风险均存在，同时在目前的经济和金融形势下，我国的一些宏观审慎工具对于化解系统性风险总体有效。

第二个可供借鉴的例子，清华大学国家金融研究院（2017）从宏观和微观两个维度对我国系统性风险变化所进行的监测分析。其中，宏观层面，采用金融体系巨灾风险（Catastrophic risk in the fianancial system，CATFIN）来测度我国宏观层面的系统性金融风险；微观层面，采用学术界和政策界，如美联储、欧洲央行等最认可的三种指标——系统性预期损失值（SES）、条件在险价值差值（ΔCoVaR）和系统性风险指标（SRISK）来测度微观层面金融机构对整体系统性金融风险的边际贡献值。经过混合视角分析，得出了整体性和结构性相结合的结论：宏观上我国整体系统性金融风险可控，微观上我国国有大型商业银行、证券公司等金融机构系统性金融风险趋于平衡，然而，我国部分股份制、区域性银行的稳定性需要关注。

## 三、评价与借鉴

各方研究虽然不能为当下我国的改革提供现成答案，但却可以拓宽人们研究和解决问题的方法视角。通过梳理宏观审慎政策有效性研究的经验和不足，我们至少可以得出如下三方面的评价性结论和借鉴。

第一，目前大量的研究和观点主要集中在政策实施和工具运用本身，而围绕宏观审慎政策治理架构有效性所进行的研究评价却较少，这反映出了政策有效性研究本身存在着诸多局限和困难的事实。分析背后的原因，著者认为，一方面，宏观审慎政策治理架构固然属于金融体制范畴，但更多地与社会、政治、经济和历史等交织在一起，对其进行准确而客观的评价殊为不易；另一方面，宏观审慎政策治理架构具有很强的实践性，对探索中的实践活动进行评价需要足够的行为沉淀和问题积累，否则评价就是无的放矢。

第二，宏观审慎政策治理架构与一国的政治体制、监管文化、社会传统等息息相关，目前也并不存在某种放之四海而皆准的治理模式。这就表明，借鉴国际普惠经验，立足于自身实际，是一国选择宏观审慎政策治理模式的根本之法。在此过程中尤其需要处理好国际国内两种资源吸收、转化并落地的辩证关系。

第三，宏观审慎政策治理架构与政策实施之间存在着主体与客体的关系，选择什么样的治理模式，往往也会带来相应的政策实施效果。在此意义上，在政策治理和制度体制的范畴，宏观审慎政策有效性往往是政策实施背后治理架构有效运转的镜像反映。因而，我们可以通过评价一国宏观审慎政策的有效性，从而尽可能地来判断政策背后治理架构的效果性。

# 第二节　我国的系统性金融风险：来源与表现

自2009年以来，我国经济基本结束了长达30余年的高速增长期，进入了"三期叠加"阶段。当前，我国经济进入"新常态"，经济表现出一些特有的复杂特征。新常态下，我国经济金融潜在的系统性风险来源更加多元难辨，既有宏观经济运行的波动因素，也有金融不平衡的失序，还有近年来信贷供给膨胀的原因。深刻认识我国金融风险状况及其来源，是打好防范化解重大风险攻坚战的前提。

## 一、我国经济发展的"三大"结构性失衡

经过长期努力，中国特色社会主义进入了新时代，这是我国发展新的历史方位。进入新时代，我国社会主要矛盾已经转化为人民日益增长的美好生活需要和不平衡不充分的发展之间的矛盾。在这个历史性趋势下，我国经济金融也表现出了与主要矛盾相适应的一些鲜明特征。尤其是，在经济全球化深入发展、国际金融危机外溢性加大的背景下，我国经济周期性、结构性、体制性矛盾叠加，经济面临的问题突出地表现为"三大"结构性失衡，即实

体经济结构性供需失衡、房地产与实体经济失衡、金融与实体经济失衡[①]。

（一）实体经济结构性供需失衡

综合来判断，实体经济供需失衡问题的根本在于，一是需求结构升级，但供给体系没跟上；二是供需出现结构性失衡，导致实体经济循环不畅。具体来看，又突出表现为实体经济结构性供、需失衡两个方面。

一个是，我国经济长期以来靠低端出口和粗放投资拉动，高质量供给不足，消费尤其是高端消费需求长期得不到有效满足。同时，长期的投资驱动增长模式也带来信贷和出口量迅速增加，从而蕴含着经济周期波动的风险。据统计，2000—2011年，我国平均投资占GDP的比率达到45%，而消费占GDP的比重则为40%。另一个是，我国区域经济发展差异较大。如北京、广东、江苏等生产总值万亿元省份是中西部省份的数十倍，北京居民的人均可支配收入是贵州的3.4倍多[②]。地区发展的不平衡往往带来金融发展失衡风险，城乡发展不平衡也会导致资源配置失衡，多重失衡叠加就会积累大量的结构性矛盾。

除了种种表象外，实体经济供需失衡问题还与我国经济社会发展的"转型+转轨"特征紧密相关。2008年以来，我国经济出现了"三期叠加"的阶段性特征，随后我国经济长期积累的一些结构性、体制性和素质性的矛盾和问题更加突出地显现出来，主要集中于实体经济领域。随着我国经济进入"新常态"，我国经济由粗放型向集约型、由重数量求规模向高质量发展转变[③]。

然而，面对此种情况，我国经济增长过度依赖投资和出口拉动的模式短期内却难以改变，资源和能源消耗过多、环境污染严重、部分行业产能过剩

---

① 习近平总书记在2016年12月14日中央经济工作会上的讲话提出，当前，我国经济运行面临的突出矛盾和问题，虽然有周期性、总量性因素，但根源是重大结构性失衡，概括起来，主要表现为"三大失衡"，即实体经济结构性供需失衡、金融和实体经济失衡、房地产和实体经济失衡。

② 据北京市统计局"2018年国民经济和社会发展统计公报"，2018年北京市GDP为30 320亿元，全市人均地区生产总值14万元，全市居民人均可支配收入62 361元。据贵州统计局"贵州统计月报（2019年1月）"，2018年，贵州省GDP为14 806.45亿元，全省常住居民人均可支配收入18 430元。

③ 早在1995年9月28日，中共十四届五中全会通过的《关于制定国民经济和社会发展"九五"计划和2010年远景目标的建议》提出，实行经济体制从传统的计划经济体制向社会主义市场经济体制转变，经济增长方式从粗放型向集约型转变这两个具有全局意义的根本性转变。

问题依然突出，企业尤其是国有企业成为产能过剩和高杠杆的主体，兼并重组和破产倒闭难度较大，资源浪费和不良贷款增加，潜在风险上升。需要看到，这些问题不是周期性问题，而是结构性问题，是转型转轨中必须面对的阵痛，需要采取以结构化为主的政策措施去解决。

（二）房地产与实体经济失衡

自1998年启动住房改革以来，我国商品房市场从无到有，已经发展成为年销售额逾万亿元、对社会经济生活具有很大影响的产业。但是，房地产快速发展在改善居民居住条件、促进我国经济发展和金融发展的同时，也越来越多地暴露出发展不均衡、不平衡的问题。当前，房地产市场泡沫已经成为我国经济不平衡的主要症结所在，甚至成为我国系统性金融风险的重要来源之一。

目前来看，我国房地产与实体经济失衡，主要体现为房地产之"虚"与实体经济之"实"间的矛盾和割裂。一直以来，我国房地产投资存在较强的顺周期性，宽松的信贷环境、资本市场高风险投资的偏好以及政府对经济增长的热情等都成为房地产不理智增长的推动力量，这些也为系统性金融风险埋下了隐患。

具体而言，一方面，房地产的财富效应刺激了经济脱实向虚，金融资源大规模流入房地产业，占用了过多的金融资源，从而影响流动性，抬高资金成本。这对整个经济的冲击是系统性的，也会带来金融不稳定与风险，并最终冲击实体经济。另一方面，长期以来，我国房地产快速发展与金融尤其是银行业发展紧紧捆绑在一起，特别是一段时期以来金融脱实向虚严重的情况下，房地产更是成为银行机构资金的主要投放领域，房地产是银行贷款最主要的抵押物。房地产金融化与金融房地产化相互强化，给我国经济增长和金融稳定带来了很大隐患。

一段时间以来，我国房地产信贷指标呈现出显著的"四高"特征，即高行业集中度、高房价期发放、高一线城市占比、高商业地产占比[①]，集中体

---

① 根据廖岷、孙涛（2016），高行业集中度是指房地产贷款及房地产抵押贷款占银行业各项贷款比重近35%；高房价期发放是指2013年以来发放形成的房地产贷款占全部房地产贷款的44%；高一线城市占比，即京、津、沪、穗、深、渝房地产贷款占全部房地产贷款比重为29%；商业地产贷款占比已上升至12%。

现了房地产行业信贷在总量和结构方面存在的系统性隐患和脆弱点（廖岷、孙涛，2016），这一点也足以说明我国房地产与金融的紧密相关性和系统重要性。近几年，随着我国经济下行压力进一步加大，美国加息、中美贸易摩擦等外部不确定性因素增多，在"房子是用来住的、不是用来炒的"的定位预期下，可以预计我国房地产价格的任何大幅波动，都会体现到银行资产质量变化上，从而也都会加剧金融风险的积累和蔓延。

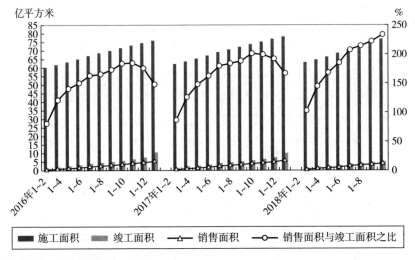

数据来源：中国人民银行。

**图6-1 我国商品房施工面积、竣工面积与销售面积（2016年以来）**

（三）金融行业与实体经济失衡

我国金融业与实体经济失衡问题的根本在于，金融行业与实体经济发展的"两张皮"现象严重，二者循环不畅，结构性问题突出。概括而言，二者之间的失衡又体现在两个方面。[①]

---

① 对于实体经济和金融体系的相互逻辑关系，刘鹤等（2013）作过精彩的分析，他们认为，技术进步会带来新兴产业快速发展，导致经济繁荣和财富积累。当这种状况持续一段时间后，如果没有新的经济增长点，新积累的财富无法投入未来有潜力的行业，就只能在金融系统内"空转"，并向房地产、股票等大量涌入，从而导致这些领域产生泡沫，长期以往导致金融体系结构性问题。在金融监管滞后和无力的情况下，金融机构会通过金融创新如衍生品来盈利并转移风险。当金融创新的链条越拉越长，金融风险积累过度，在某一时点资产泡沫就会破灭，金融机构破产，并进而冲击实体经济，导致产出下降，失业增加。所以，在经济金融发展的过程中，适时推动经济结构转型十分重要。

一个是行业层面，即金融行业高速发展与实体经济动力不足形成强烈反差和巨大缺口，二者互相促进、融合发展的内在动力和机制环境薄弱，并且彼此渐行渐远。一个是制度层面，即金融改革滞后所导致的制度供给不足与实体经济转型发展引致的制度需求形成强烈反差和巨大缺口，尤其是金融关键领域和重要环节的改革长期难有大的突破，从而成为制约实体经济高质量发展的约束力。不仅如此，上述两方面失衡还互相叠加、相互强化，不仅削弱了金融发展的根基，长此以往必然造成实体经济发展动力不足。

仔细分析，金融行业与实体经济的失衡背后有着多方面原因。一方面，受金融危机冲击，经济下行压力加大，传统产业转型压力较大，金融资金实体投资回报率下降，但资金找利润的冲动强烈，"打着灯笼找项目"现象普遍存在。同时，在互联网技术、移动支付和大数据等推动下，金融创新活动日益活跃，同业、理财和各类资管产品迅速发展，加剧了金融资源的体内循环，形成了金融行业自说自话、自拉自唱、与实体经济距离甚远的局面。

另一方面，金融危机暴露了各国金融监管软弱无力的事实，也反映出我国金融监管割裂、重复监管与监管空白并存的缺陷。一段时期以来，我国金融监管滞后于金融行业发展的问题较为突出，尤其是金融监管体制机制尚不适应日益加快的金融混业发展趋势，对于种种以金融创新之名谋超额利润之实的乱象也监管不力，导致一些市场主体行为异化，道德风险明显上升，对实体经济发展造成很大伤害。此外，全面深化改革尤其是金融改革不彻底或推进缓慢也可能会让我们错过改革窗口，进而带来金融扭曲，长此以往可能引致系统性风险，制约实体经济发展。

除了上述方面，我们还应该看到，当前，推进供给侧结构性改革成为我国经济的主线后，在转方式、调结构和全面深化改革的过程中，必然有一部分竞争力弱、污染严重、不利于产业发展的企业要退出市场，从而会给金融机构带来大量不良资产，也会对资本市场健康平稳运行产生不利影响，严重情况下甚至引发系统性风险。在这种情况下，实体经济风险因素与金融风险高度关联在一起，传染性很强，各类矛盾和问题相互交织、互相传导，加大了经济下行的压力，也导致财政金融风险上升。

总之，目前我国经济运行存在的最大问题是，信贷总量似乎没有问题，但经济运行不畅，根本原因是供给体系不能很好地适应消费需求的变化，投资者、企业难以找到合适的投资方向。必须推动稳健货币政策、增强微观主体活力和发挥资本市场功能之间形成三角良性循环，促进国民经济整体良性循环。

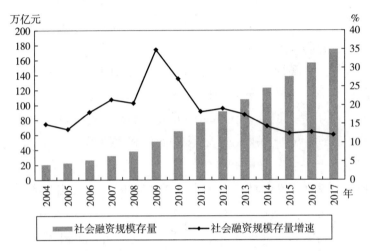

数据来源：中国人民银行。

图6-2　我国社会融资规模变化情况（2004—2017年）

## 二、全面认识我国的金融风险

当前，我国金融体系潜在的系统性风险与我国经济发展所处的"新常态"阶段特征相对应，也与一段时期以来我国稳增长、促转型、调结构的政策取向①密切相关。"新常态"下，我国经济既面临着动能转换、结构调整、经济转型的巨大机遇，也需要克服影子银行风险、地方债务膨胀、房地

---

① 2015年11月10日，习近平在中央财经领导小组第十一次会议上提到，要适应经济发展新常态，坚持稳中求进，坚持改革开放，实行宏观政策要稳、产业政策要准、微观政策要活、改革政策要实、社会政策要托底的政策，战略上坚持持久战，战术上打好歼灭战。

产快速增长和不良资产增大等突出风险，尤其是在产能过剩①、负债率和杠杆率飙升情况下，各种风险互相交织伴生，增加了经济增长的复杂性、长期性和多元性。

（一）我国金融风险的"多面性"：特征与表现

目前，对于我国的金融风险，各方已有共识。2017年3月发布的政府工作报告提出，要高度警惕"不良资产、债券违约、影子银行风险、互联网金融"等突出金融风险。2017年7月全国金融工作会决定成立国务院金融发展稳定委员会后，时任人民银行行长周小川（2017）在一次采访中就指出，金融委成立后，要关注影子银行风险、资产管理行业、互联网金融和金融控股公司四个方面风险问题②。党的十九大后，时任人民银行行长周小川再次在《党的十九大报告辅导读本》撰文，对我国的金融风险进行了生动描述，提出当前我国面临的金融风险主要体现在三个方面，即宏观层面的金融高杠杆率和流动性风险、微观层面的金融机构信用风险，以及跨市场跨业态跨区域的影子银行和违法犯罪风险。2018年3月，刚刚上任不久的人民银行行长易纲在"中国发展高层论坛"讲话中，进一步将我国面临的潜在金融风险概括为宏观高杠杆风险、部分领域和地区"三乱"问题③、野蛮生长的金融控股公司三个方面。在各方共识的基础上，我们具体来认识一下我国的金融风险：

表现一，少数野蛮生长的金融控股集团风险，即"系"风险。从公开信息来看，这方面的风险目前以"安邦系""明天系""华信系"等为代表，表现为各类金融控股公司快速发展，部分实体企业热衷投资金融业，抽逃资本、循环注资、虚假注资以及通过不当关联交易进行利益输送问题较为突出，由此带来了跨机构、跨市场、跨业态风险传染。④

---

① 参照国家发改委有关司局的标准，将产能利用率78%作为把握产能是否过剩的分界点，若以75%以下为严重过剩，钢铁、水泥、电解铝等行业已经低于75%。转引自中央党校教授施红，"深化供给侧结构性改革"，在2017年人民银行党校春季班上的课件。

② 见2017年10月15日，周小川出席IMF和世界银行年会期间演讲。

③ 即乱集资、乱批设金融机构和乱办金融业务。

④ 参见2018年3月24日，人民银行行长易纲在2018年中国发展高层论坛讲话。

表现二，部分领域和地区的"三乱"问题比较突出。例如，尽管经过一段时期的治理，我国非法金融机构和非法金融活动明显减少，但不规范的影子银行存量仍然较大①，一些机构在没有取得金融牌照情况下非法从事金融业务，部分非法金融活动借助金融创新和互联网之名迅速扩张。这些金融乱象带来的风险不容小觑，长期积累发酵必然损害金融稳定。

表现三，宏观上依然存在着高杠杆风险②，特别是企业部门的杠杆依然较高，部分国有企业杠杆居高不下，地方政府隐形债务问题、居民部门杠杆率较快上升、房地产市场风险、跨境资本流动风险等都需要关注。据统计，2000年以来，我国宏观杠杆率增长较快，特别是2011年至2016年，每年增长10个百分点左右。2016年末，我国宏观杠杆率为257%，其中企业部门杠杆率③达到165%④，高于国际警戒线。尽管2018年末我国宏观杠杆率总水平有所下降、为249.4%，比2017年末下降了1.5个百分点⑤，但仍居高位。2019年上半年，我国宏观杠杆率又有所上升，第一、第二季度分别达到254.3%、254.7%，其中居民杠杆率上升较快。另外，部分国有企业债务风险突出，"僵尸企业"（zombie company）⑥市场出清迟缓，中美贸易摩擦、美元加息

---

① 根据2018年3月FSB发布的《2017年全球影子银行监测报告》（涵盖29个经济体），2016年末全球"非银行金融中介监测规模总额"达160万亿美元，约占监测经济体金融资产的48%，其中我国位列第三，狭义口径影子银行规模达7万亿美元、占总规模的16%。美国和欧盟（报告涵盖8个欧盟经济体）分列前两位。

② 宏观层面的杠杆率，可以用债务总额与GDP的比例来衡量，也就是总负债率。国际上，《马斯特里赫特条约》规定了60%的国家债务安全线。

③ 企业部门杠杆率的衡量指标包括：非金融企业部门杠杆率（负债总额/GDP，社科院和BIS会定期公布）、央行5 000户工业企业杠杆率（负债总额/总产值）、央行5 000户工业企业杠杆率（负债总额/净产出）、央行5 000户工业企业杠杆率（负债总额/主营净产出）等。

④ 数据来源：周小川，"守住不发生系统性金融风险的底线"，《党的十九大报告辅导读本》，103页。

⑤ 数据来源：2019年3月10日，十三届人大"金融改革与发展"记者会，易纲行长答记者问。

⑥ 经济学家彼得·科伊认为，僵尸企业（zombie company）是指那些无望恢复生气，但由于获得放贷者或政府的支持而免予倒闭的负债企业。这些企业具有"吸血"的长期性和依赖性特点，而放弃对它们的救助，社会局面可能会更糟，因此具有绑架勒索的特征。工信部原副部长冯飞认为，所谓僵尸企业是指已停产、半停产、连续亏损、资不抵债，主要靠政府补贴和银行续贷维持经营的企业。武汉科技大学金融证券研究所所长董登新认为，那些扣除非经常损益后每股收益（扣非后每股收益）连续3年为负数的上市公司可以称为标准的"僵尸企业"。转引自中央党校教授施红，"深化供给侧结构性改革"，在2017年人民银行党校春季班上的课件。

等外部冲击风险也不容忽视。

表现四，金融体系内，银行、证券、保险等行业存在着一些系统性风险隐患。如近年来，我国银行机构不良贷款有所上升，侵蚀银行业资本金和风险抵御能力。《关于规范金融机构资产管理业务的指导意见》发布后，尽管设置了一定的过渡期，后又延期，但资管产品投资端与需求端期限错配问题将会长期存在，潜在流动性风险较大。一些企业资金链断裂，债券违约，债券发行量有所下降，信用风险在相当大程度上影响社会甚至海外对我国金融体系健康性的信心。

表现五，跨市场跨业态跨区域的影子银行和违法犯罪风险突出。例如，一些金融机构和企业利用监管空白或缺陷"打擦边球"，套利行为严重；理财业务多层嵌套，资产负债期限错配，存在隐性"刚性兑付"①，责权利扭曲；部分互联网企业以普惠金融为名行诈骗之实，线上线下非法集资多发，极易诱发跨区域群体性事件。

表现六，房地产风险不容忽视。党的十九大以来，房地产"用来住的，不是用来炒的"的定位日益强化，各地普遍收紧了房地产限购政策，人民银行继续加强"因城施策"宏观审慎管理，尽管如此我国房地产风险仍然不能掉以轻心。2017年以来，我国房地产市场总体降温，但仍然存在着结构性问题。主要是，大中城市供需矛盾突出，特别是一二手房市场价格倒挂刺激了大量投资需求，部分三四线城市房价上涨较快；房地产企业海外发债、境内资产证券化等快速增长，资金链滚动压力较大，债券发行失败和推迟现象时有发生。当前，随着中美贸易争端长期化，加之2020年以来的疫情冲击，去杠杆压力下，在一些地方房地产依然是拉动经济增长的主要动力，房地产金融化和金融房地产化的趋势不仅没有弱化，反而在一定程度上得到了强化，并成为我国金融领域的"灰犀牛"。

---

① 根据《中国金融稳定报告2014年》，"刚性兑付"是指当理财资金出现风险、产品可能违约或达不到预期收益时，作为发行方或渠道方的商业银行、信托公司、保险机构等为维护自身声誉，通过寻求第三方机构接盘、用自有资金先行垫款、给予投资者价值补偿等方式保证理财产品本金和收益的兑付。

表现七，地方政府债务和互联网金融风险需高度关注。2017年以来，强监管成为我国金融监管的主基调，在去杠杆、去库存、去产能的压力下，一些地方政府融资平台借新还旧模式难以为继，融资成本升高。据人民银行调查，2018年上半年还本付息难以保障的省、市、县级融资平台分别占77.3%、63%和52.8%；2018年第一季度，城投债发行加权平均利率5.92%，同比上升82个基点，部分地区城投债发行平均利率接近8%，融资成本上升较快。在此情况下，部分地方政府逃废金融债务和向金融部门转嫁风险倾向加大，财政风险金融化苗头闪现。互联网金融方面，经过一段时间的专项整治，我国互联网金融重点领域的存量风险已大幅化解，但2017年以来P2P网络借贷和互联网资产管理领域风险集中暴露，网贷平台时有"爆雷"，群体性事件频发，地方乱批滥设交易所问题突出，各类变相非法集资活动风险隐患不断加大。

（二）时间维度与跨部门维度风险并存

当前，我国金融风险呈现出周期性因素与结构性因素叠加并存的鲜明特征，既有信贷投放、投资刺激等顺周期性风险，也有各类金融创新推动下跨界跨业跨部门金融活动带来的交叉性风险。时间维度和结构维度风险与我国经济下行压力加大、国际经济政策分化交织，大大增加了我国金融风险的复杂性和挑战性。

时间维度方面的系统性风险，很大程度上来自2008年以来我国应对国际金融危机的刺激政策。为应对危机，2008—2010年我国推出了总量4万亿元的财政刺激政策，同时宽松的货币政策也带来了大量的信贷资金。2020年6月末，我国社会融资规模同比增长12.8%，比上年同期高1.6个百分点；广义货币$M_2$增长11.1%，比上年同期高2.6个百分点；人民币贷款余额同比增长13.2%。各地也推出了许多扶持经济增长政策，成立了大量地方融资平台，为本地经济发展提供资金来源。国内和国际经验均表明，大规模的刺激政策和信贷宽松尽管短期内会促进经济增长，但长期内可能会导致大量坏账，严重影响金融稳定，这也可称得上"三期叠加"的逻辑。一段时期以来，我国的房价增长和信贷扩张等指标也都表明我国金融顺周期风险加大。

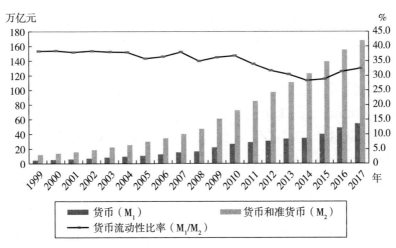

数据来源：中国人民银行。

图6-3 我国货币供应量与货币流动性变化（1999—2017年）

　　跨部门维度方面的风险，主要源于近年来我国金融机构热衷同业业务、理财业务等所谓金融创新带来的金融产品交叉互持、资产互理和风险传染，也来源于非金融机构的影子银行行为和互联网金融创新。另外，以"安邦系""明天系""华信系"等为代表的"系"在全国许多地区都有跨行业控股企业和金融机构，在各种"系"风险的处置过程中，风险的交叉感染尤其需要引起重视。

表6-2 中国4万亿元投资的重点投向和资金测算（2008年）

| | 重点投向 | 资金测算 |
|---|---|---|
| 1 | 廉租房、棚户区改造等保障性住房 | 4 000亿元 |
| 2 | 农村水、电、路、气、房等民生工程和基础设施 | 3 700亿元 |
| 3 | 铁路、公路、机场、水利等重大基础设施建设和城市电网改造 | 15 000亿元 |
| 4 | 医疗卫生、教育、文化等社会事业发展 | 1 500亿元 |
| 5 | 节能减排和生态工程 | 2 100亿元 |
| 6 | 自主创新和结构调整 | 3 700亿元 |
| 7 | 灾后恢复重建 | 10 000亿元 |
| | 合计 | 40 000亿元 |

资料来源：国家发展改革委。

（三）我国金融体系复杂性、交叉性日趋增强

近年来，我国金融机构的规模、业务种类、业务范围和经营规模不断扩大，传统的银行业经过改制后得到了迅速发展，中小金融机构和民间金融机构实力不断增强。这些新现象在丰富我国金融生态的同时，也强化了我国金融风险的多元化、复杂化和分散化特征。

从金融业本身的发展变化来看，我国货币市场、证券市场、外汇市场和资产市场等跨市场以及银行、证券、保险、期货等跨行业业务往来和交叉经营成为常态，银行机构与非银行机构、金融机构与非金融机构之间的联系日益紧密，业务范围和产品交叉不断深入。金融创新快速推进，尤其在金融科技和互联网金融的强力推动下，各类多样化金融产品不断推出，金融混业经营趋势日益增强，带来的风险变化更加复杂多元。地方融资平台与银行紧密结合，地方债务违约风险很容易传导至银行机构，引起并加大信贷风险和金融风险。

从全球视角看，我国金融市场与国外金融市场的融合程度不断提高，体现为流动性供给、投资和金融资产配置、金融衍生产品开发、金融资产风险暴露等均已与全球金融市场高度融合。在此情况下，我国经济金融体系特别是银行、证券和资本市场体系的波动变化受全球金融市场影响加大，已经成为全球经济金融周期的重要部分，在从经济金融全球化获利的同时，面临系统性风险波动传染时也必然无法独善其身。

不仅如此，随着我国经济进入"新常态"，经济由高速增长转向高质量发展，我国经济发展面临的两难多难问题增多，经济表现出多方面的新趋势（黄益平，2018）。例如，金融支持实体经济的效率下降、保持经济持续增长难度越来越大、金融风险上升、投资回报率下降等。

除了上述风险表现外，尤其需要引起高度重视的是，长期以来我国的金融监管手段和理念滞后于金融发展"新趋势"和风险变化"新情况"，金融监管的制度性体制性缺陷导致监管真空和监管重叠同时存在。这些深层次问题长期积累沉淀但未得到及时纠正，可能使得金融风险发生的可能性及影响冲击越来越大，甚至引发系统性风险和破坏，对此我们要有清醒的认识。

总而言之，应该看到，当前的金融风险是过去20多年积累形成的，具有历史性，因此处置化解金融风险也需要有一个历史过程。特别是，经济下行

形势下，金融风险加速"水落石出"，反过来对实体经济形成重大制约，经济和金融之间形成负向反馈。这种情况宛如"明斯基时刻"再现，即"经济下行—违约增多—金融机构少贷—经济进一步下行"，经济和金融之间正常的良性循环被打破，经济金融风险形成螺旋式上升。

# 第三节　打好防控化解重大风险攻坚战

2017年年中召开的第五次全国金融工作会议强化了"监管姓监"的职责定位，进一步突出了金融稳定和金融安全的重要性。党的十九大报告提出，要深化金融体制改革，健全金融监管体系，守住不发生系统性风险的底线，并且特别提出要坚决打好防范化解重大风险攻坚战。2018年以来，我国"打好防范化解重大风险攻坚战，首要的是要防控金融风险"的战略方向和目标进一步得到明确，中央经济工作会议和中央财经委员会第一次会议均对此进行了部署，新一届国务院金融稳定发展委员会还审议通过了"打好防范化解重大风险攻坚战三年行动方案"。种种迹象表明，防控金融风险已成为当前及今后一个时期我国金融工作的重中之重。

## 一、将防范化解金融风险放在首要位置的考量

2017年底召开的中央经济工作会议指出，金融风险是当前最突出的重大风险之一，许多其他领域风险最终都可能诱发金融风险。可以认为，这是当前把防范化解金融风险放在各项工作首位考虑的最大逻辑，其背后又存在两方面的前提要求，一个是全面建成小康社会决胜期战略目标，另一个是高质量发展要求。此外，我国金融行业的规模、风险特征和影响也决定了防范化解金融风险的迫切性。

逻辑之一，防范化解金融风险事关全面建成小康社会目标的实现

党的十九大报告指出，"从现在到二○二○年，是全面建成小康社会决胜期"，而全面建成小康社会又是我国"两个一百年"奋斗目标的历史交汇期。当前，按照全面建成小康社会的各项要求，需要抓重点、补短板、强弱项，特别是要坚决打好防范化解重大风险攻坚战。在此过程中，最突出的是

要防控金融风险。为此，我们要增强忧患意识和底线思维，把防控风险放在更加突出的位置。

按照上述逻辑，在防范化解重大风险的过程中，总的要求是，紧紧围绕全面建成小康社会总目标，货币政策要把好货币供给的"总闸门"，宏观审慎政策要把好金融风险的"总关口"。具体而言，第一，健全货币政策和宏观审慎政策"双支柱"调控框架，加强宏观审慎管理，提高系统性风险防范能力。第二，加强监管，增强风险监测、预警、应急处置能力，有效防范"黑天鹅"事件、"蝴蝶效应"和"灰犀牛"冲击，防范外部风险演化为内部风险，防止金融风险演化为政治社会风险，防止个体风险演化为系统性风险。第三，打击金融违法违规行为，既要严格控制增量风险，严防风险持续累积和扩散，又要有效处置化解存量风险，努力使各类风险趋向收敛。第四，坚持标本兼治，深化金融监管体制改革和其他关键领域改革，推动建立防范金融风险的长效机制。

逻辑之二，防控金融风险是高质量发展要求的应有之义

中国特色社会主义进入新时代，我国主要矛盾发生了重大变化，我国经济发展也进入了"新常态"。新时代我国经济发展的重要特征，就是经济已由高速增长阶段转向高质量发展阶段。高质量发展，就是能够很好满足人民日益增长的美好生活需要的发展，是体现新发展理念的发展，归根结底，就是从"有没有"转向"好不好"。高质量发展必须以供给侧结构性改革为主线，不断提高全要素生产率，更加注重发展质量和效益，不能过度依靠投资和信贷来拉动增长。

既然推动高质量发展是我们今后一段时期推动金融改革、实施宏观调控的根本要求，那么在此总要求下，金融部门就要跳出金融看金融，把防范金融风险放在更加重要的位置，为供给侧结构性改革营造良好的货币环境和制度环境。

逻辑之三，我国金融的规模性和风险的复杂性使得防范风险不仅必要，而且紧迫

从我国金融行业发展来看，经过近年来的高速发展，目前我国金融行业增加值占国内生产总值的比例已达高位，银行业资产规模占我国金融业机构资产总量的90%以上，在经济改革与发展中的地位举足轻重。截至2020年三

季度末，我国银行业总资产突破315万亿元，不仅远远超过其他金融门类，而且居于世界之首。在2019年全年的社会融资规模当中，人民币贷款占比超过了60%。规模过大往往意味着重要性和系统性，其风险也会牵一发而动全身，因此必须给予高度重视。

从金融风险来看，当前我国金融体系的风险总体可控，但由于多种因素叠加，仍然处于风险易发多发期，面临的形势依然复杂严峻。如银行不良资产反弹压力较大，相当多金融机构内控机制不健全，影子银行①存量依然较高，违法违规金融行为时有发生，各种金融产品层层嵌套，多种业务模式叠床架屋，金融风险不断集聚，经济社会生活中的不健康现象和国际上的各种不确定因素都可能对金融体系形成冲击。总体上，当前我国金融体系既存在着"黑天鹅"风险，也存在"灰犀牛"隐患，这些都将威胁到我国的金融稳定，必须正视。

综合上述各方面因素来看，正是由于金融在经济中居于核心地位，金融风险的突发性、传染性和危害性又非常强，所以一旦发生大的系统性动荡，就会严重影响经济社会发展，甚至会干扰全面建成小康社会奋斗目标的实现。这样看来，把防范和化解金融风险放在首位，就是统筹了我国经济发展目标、主要矛盾转化与当前的主要任务，是战略思维、辩证思维和底线思维的集中体现。

## 二、补齐监管短板，防范金融风险

2017年以来，防范化解重大风险攻坚战任务确定后，强监管、防风险随之成为我国金融工作的主基调。面对复杂多变的国内外经济金融形势，按照习近平总书记2018年4月2日中央财经委员会第一次会议提出的"稳定大局、统筹协调、分类施策、精准拆弹"基本政策，我国出台了一系列既有利于防范和化解金融风险，又有利于促进经济结构调整和发展方式转变的政策措施，边制定完善防范化解重大金融风险攻坚战行动方案，边推进实施，依法

---

① "影子银行"一词在2007年举行的Jackson Hole研讨会上首次由麦库雷（2007）提出。但是，拉詹（2005）两年前在同一研讨会上提出了构成影子银行的一些漏洞，但没有使用影子银行一词之后，学术文献在若干关键领域取得进展。

果断处置重大金融风险点，加强金融宏观调控和金融监管，深入推进金融改革开放，金融风险逐步收敛，牢牢守住了不发生系统性风险的底线，为健全我国宏观审慎政策治理架构奠定了坚实的基础。

（一）进一步健全"货币政策+宏观审慎政策"调控框架

按照稳健中性的基本取向，货币政策致力于管好流动性和宏观杠杆率总闸门，既保持政策定力又主动作为，不断补充和完善货币政策工具组合，有针对性地调节流动性。2013年以来，人民银行陆续创设短期流动性调节工具（SLO）、常备借贷便利（SLF）、中期借贷便利（MLF）、抵押补充贷款工具（PSL）、定向中期借贷便利（TMLF）和央行票据互换工具（CBS）①等多种货币政策工具，根据经济形势和金融市场流动性变化，适时适度预调微调；先后10多次普降存款准备金率、10多次定向降准、多次下调贷款基准利率、灵活开展公开市场操作，加强流动性精细化管理，削峰填谷，熨平突发性、临时性因素导致的市场资金供求大幅波动。

同时，针对经济金融运行中的顺周期行为和潜在的系统性金融风险，加强宏观审慎管理，有效化解各种风险隐患。2016年以来，将差别准备金动态调整机制"升级"为宏观审慎评估体系（MPA），之后又逐步将表外理财产品等纳入宏观审慎管理，建立跨境融资宏观审慎政策框架，将全口径跨境融资宏观审慎管理扩大至全国范围，不断强化逆周期金融调控，提高防控系统性金融风险的能力。这些措施既较好地满足了稳增长的资金需求，又有效防止了流动性过多积累的系统性风险。

---

① 2019年1月，为提高银行永续债（含无固定期限资本债券）的流动性，支持银行发行永续债补充资本，人民银行决定创设央行票据互换工具（Central Bank Bills Swap，CBS），公开市场业务一级交易商可以使用持有的合格银行发行的永续债从人民银行换入央行票据，同时将主体评级不低于AA级的银行永续债纳入人民银行中期借贷便利（MLF）、定向中期借贷便利（TMLF）、常备借贷便利（SLF）和再贷款的合格担保品范围。CBS操作的期限原则上不超过3年，互换的央行票据不可用于现券买卖、买断式回购等交易，但可用于抵押，包括作为机构参与央行货币政策操作的抵押品。由于央行票据互换操作是"以券换券"，不涉及基础货币吞吐，对银行体系流动性的影响是中性的。

表6-3 发达国家微观审慎和宏观审慎政策对系统性风险的典型作用

| | 模式一：澳大利亚模式 | 模式二：欧盟/美国模式 | 模式三：英国模式 |
|---|---|---|---|
| 系统性风险的识别和分析 | 宏观审慎 | 宏观审慎 | 宏观审慎 |
| 限制系统性风险的行动要求 | 微观审慎 | 宏观审慎 | 宏观审慎 |
| 限制系统性风险的控制/启动 | 微观审慎 | 微观审慎 | 宏观审慎和微观审慎分别 |

资料来源：IMF（2013f）。

（二）防范化解重点领域金融风险

主要的工作体现为，一是常态化督促金融机构加强对重点风险领域和不良贷款快速上升地区的风险排查，做好风险防控预案。二是妥善处置个别地区农村商业银行挤提事件、信托兑付违约事件，妥善处置债券个案风险事件，妥善化解个别县域农村信用社风险。三是严厉打击非法集资、非法证券期货交易等非金融活动，清理整顿各类违法违规交易场所。四是加强对地方政府性债务①、房地产、影子银行、企业互保联保等风险领域的监测分析，动态排查、及时化解风险隐患。五是按照法制化、市场化原则妥善处置信托、理财等高收益产品可能引发的兑付风险。六是进一步明确地方政府金融监管职责，落实对小额贷款公司、融资性担保机构和新型农村合作金融组织等领域的监管责任，切实发挥地方政府在防范化解区域性金融风险和打击非法金融活动中的重要作用。

2017年以来，银监会以整治银行业市场乱象为主要抓手开展了一系列检查，内容统称为"三三四十"②。截至2018年上半年，各级监管机构共发现问题5.97万个、涉及金额17.65万亿元，共作出行政处罚决定3 452件，罚没29.32亿元、处罚责任人员1 547名，对270名相关责任人取消一定期限直至终

---

① 2014年9月21日，国务院印发了《关于加强地方政府性债务管理的意见》，部署加强地方政府性债务管理。

② 2017年以来，银监会以整治银行业市场乱象为主要抓手开展了一系列检查，检查内容统称为"三三四十"，其中"三违反"指违法、违规、违章；"三套利"指监管套利、空转套利、关联套利；"四不当"指不当创新、不当交易、不当激励、不当收费；"十乱象"指股权对外投资、机构及高管、规章制度、业务、产品、人员行为、行业廉洁风险、监管履职、内外勾结违法、涉及非法金融活动等十个方面金融乱象。

身银行从业和高管任职资格①，处罚金额和行政处罚责任人数创历史纪录。

保险业管理部门着力补齐监管短板，健全保险监管体系，一是对突出风险及时排查、处置，推动问题公司通过"瘦身"和转型来化解风险；二是对流动性风险加强防控，针对风险隐患较大的公司，及时采取有针对性处置措施；三是对违法违规和激进投资等各种市场乱象，加强股权穿透管理，将单一股东最高股权比例从51%下调至1/3，解决大股东或实际控制人"一言堂"问题，同时探索建立职业经理人"黑名单"制度；四是对销售误导、理赔难、违规套取费用等积弊顽症加强日常防范，构建多层次防控格局。2017年仅上半年，保险业监管机构就对306家保险机构和447人实施了行政处罚，罚款6 369万元②。

应该说，经过集中治理和加强监管，目前我国金融乱象集中、多发的状况得到了明显改善，金融风险高发、频发的势头得到了明显遏制。据2019年4月中国司法大数据研究院发布的《金融诈骗司法大数据专题报告（2016.1—2018.12）》，2016年全国法院新收金融诈骗一审案件近1.4万件，2017年降至1.1万余件，2018年为8 400余件，近三年发案量同比平均降幅20%，金融诈骗风险逐年缓解。

当前，我国防范化解重大金融风险攻坚战正在深入进行，并且呈现出边弥补风险防范制度短板、边化解风险隐患"在线修复"的鲜明特点，以改革开放的方式牢牢守住不发生系统性金融风险底线。目前，强化金融控股公司管理、系统重要性银行监管方面的制度短板正在加快制定，落实资管新规、推动标准化债权类资产认定规则制定方面的政策呼之欲出，化解中小银行风险、深化中小银行改革、完善中小银行治理方面的措施正在陆续推出，我国金融机构权威高效专业的风险处置机制建设也在推进中。

### 三、重大风险防控：以互联网金融和票据业务为例

近年来，出于规避监管和寻找利润的巨大冲动，我国金融机构在传统

---

① 数据来源：2018年1月17日，人民日报专访银监会主席郭树清。

② 数据来源：2018年2月21日，人民日报专访保监会副主席陈文辉。

"自留地"外，不断以金融创新之名开辟新的业务领域，各类理财业务、同业业务、资管投资与互联网金融、影子银行和票据交易等互相交织，滋生了大量的金融乱象，风险危害较大。加强这些领域风险的集中整治，是防范系统性风险的优先任务。

（一）开展互联网金融风险专项整治

2013年是我国互联网金融发展的元年。近年来，随着我国互联网金融的快速发展，其在便利社会生活、降低交易成本和提高金融普惠性等方面发挥了巨大的作用，但也滋生了很多金融风险。大量以互联网金融之名行金融诈骗之实的现象不断发生，金融乱象丛生，在损害社会公众利益的同时，也严重威胁着我国的金融稳定和金融安全。

为引导互联网金融健康发展，我国监管部门按照"规范+整治"的思路，多方发力，有效防范了互联网金融风险的传染蔓延。2015年7月，人民银行等十部门联合发布了促进互联网金融健康发展的指导意见，按照"鼓励创新、防范风险、趋利避害、健康发展"的总体要求，提出了一系列鼓励创新、支持互联网金融稳步发展的政策措施[①]。

2015年下半年以来，上海等多地爆发的互联网金融平台跑路事件和违法违规行为，严重损害了社会公众的财产安全，暴露出了很大的风险隐患。针对这种情况，我国加大了金融监管和风险防范。2016年4月，国务院决定在全国范围内开展互联网金融专项整治，人民银行牵头成立了专项整治工作领导小组及办公室[②]。同年11月，人民银行等17个部委要求各省全面梳理辖内摸底排查情况，合理确定清理整顿重点对象，开展重点对象现场检查取证，

---

① 主要是，按照"依法监管、适度监管、分类监管、协同监管、创新监管"的原则，确立了互联网金融主要业态的监管职责分工，在客户资金第三方存管、信息披露、风险提示、合格投资者制度、网络与信息安全、行业自律以及监管协调与数据统计监测等方面提出了具体要求，切实保障消费者合法权益，维护公平竞争的市场秩序。此基础上，各行业监管部门加强了各自领域的监管制度建设，不断规范和引导互联网金融健康发展。

② 领导小组组长为人民银行副行长，证监会等16家单位负责同志为成员，办公室设在人民银行金融市场司，办公室成员由各领导小组成员单位相关业务部门负责同志组成。领导小组办公室主要职责是，落实领导小组会议确定的工作事项，指导督促各部门、各地区开展整治工作，协商解决整治工作中出现的新情况、新问题，及时反映各部门、各地区工作进展情况，研提长效机制建议并组织开展长效机制建设，做好新闻宣传和舆论引导工作。

界定业务性质并提出处置意见，做好清理整顿督导评估。2017年5月，人民银行又牵头16个部委印发了《进一步做好互联网金融风险专项整治清理整顿工作的通知》，提出了清理整顿分类处置程序及要求，并明确了清理整顿分类阶段完成标准。

表6-4 关于互联网金融风险专项整治的规定（部分）

| 名 称 | 单位 |
|---|---|
| 关于清理整顿各类交易场所切实防范金融风险的决定 | 国务院 |
| 关于清理整顿各类交易场所的实施意见 | 国务院办公厅 |
| 关于印发互联网金融风险专项整治工作实施方案的通知 | |
| 关于做好通过互联网开展资产管理及跨界从事金融业务风险专项整治清理整顿工作的通知（整治办函〔2016〕96号） | — |
| 关于稳妥有序开展互联网金融风险专项整治清理整顿工作的通知（2016） | 人民银行等17部委 |
| 关于进一步做好互联网金融风险专项整治清理整顿工作的通知（2017） | |
| 清理整顿各类交易场所部际联席会议第三次会议纪要（清整办〔2017〕30号） | — |
| 关于改进个人银行账户服务加强账户管理的通知 | 人民银行 |
| 通过互联网开展资产管理及跨界从事金融业务风险专项整治工作实施方案 | |
| 关于抓紧做好无证经营支付业务专项整治工作的通知 | |
| 非银行支付机构风险专项整治工作实施方案 | |
| 非银行支付机构网络支付业务管理办法 | |
| 非银行支付机构分类评级管理办法 | |
| 网络借贷信息中介机构业务活动管理暂行办法 | 原银监会 |
| P2P网络借贷风险专项整治工作实施方案 | |
| 网络借贷信息中介机构业务活动管理暂行办法 | |
| 网络借贷信息中介机构备案登记管理指引 | |
| 网络借贷资金存管业务指引 | |
| 货币市场基金监管管理办法 | 证监会、人民银行 |
| 关于开展以网络互助计划形式非法从事保险业务专项整治工作的通知 | 原保监会 |
| 保险代理、经纪公司互联网保险业务监管办法（试行） | |
| 关于专业网络保险公司开业验收有关问题的通知 | |
| 互联网保险业务监管暂行办法 | |

资料来源：著者整理。

2018年以来，持续开展P2P网贷机构合规性检查，做好分类处置，同时积极推动股权众筹等其他领域的整治工作取得显著成效。随着专项整治工作的深入开展，互联网金融领域存量风险大幅下降，一些积累多年的非法集资风险得到化解，"e租宝""泛亚"等重大案件得到妥善处置。截至2019年10月末，全国实际运营的网贷机构420余家，较2019年初下降59%；借贷余额5 600多亿元，较2019年初下降49%；出借人数430多万，较2019年初下降55%；借款人数2 100多万，较2019年初下降37%。在股权众筹、互联网保险、虚拟货币交易、非银行支付、互联网外汇交易等领域，整治工作已基本完成，存量风险大幅压降。

目前，互联网金融风险专项整治后续工作仍在深入推进之中，未来预计仍将持续几年时间。可以预见，随着专项整治工作进入整改收尾阶段，我国互联网金融各种乱象将得到整治，其中的金融风险也会显著降低，将为我国互联网金融规范健康发展奠定更好的基础。

（二）加强票据业务风险监管防范

票据市场是改革开放以来我国金融市场体系最早的组成部分之一。早在1979年，人民银行就批准部分企业签发商业承兑汇票，之后逐步推广商业汇票的承兑、贴现和背书转让。1996年《票据法》实施后，我国票据市场步入快速发展轨道。经过三十多年的实践探索，我国票据市场规模和市场参与主体不断扩大，但与此同时也积累和滋生了很大的风险隐患。

1.近年来我国票据市场乱象透析

一段时间以来，我国票据市场一直处于自发发展状态，信息不透明、金融机构操作不规范，市场在快速发展过程中逐渐积累了一些问题和风险。同时，部分机构利用票据业务灵活、场外交易信息不透明等特点规避信贷管理和资本管理，影响了宏观调控的效果。特别是2016年以来，我国票据市场相继爆发了一系列重大风险事件或案件，票据市场乱象频发，票据掮客浑水摸鱼，一些金融机构也趁机绕规模、赚利差，甚至出现了数起巨额票据犯罪案件，市场信用生态环境发生很大变化，亟待总结票据市场的问题和风险原因，加强治理整顿、重塑市场秩序。

透过现象看本质，票据市场爆出的一系列重大风险事件，暴露了我国部分金融机构内控薄弱、公司治理存在缺陷，也反映出我国票据市场基础设施落后、部分制度不符合市场发展实际需求的现状①。首先，票据功能异化，相应的管理制度和市场建设滞后。我国票据业务发展过程中，其支付功能逐渐演化为融资功能，但票据管理制度以规范支付结算为主，投融资相关规范相对比较滞后，票据市场基础设施不完善，加上市场透明度低、信息不对称严重，套利和违规行为盛行，隐藏的风险较大。其次，金融机构内控薄弱，票据中介监管缺失，滋生出大量的票据乱象。再次，随着近年来我国经济增速下降、息差收窄，票据业务竞争激烈，银行也出现了抢客户、抢票源、争规模等现象，违规现象增多。

2. 以风险为导向加强票据市场综合治理

从监管角度，票据业务是商业银行一项传统业务，人民银行、银保监会和商业银行在其中各负其责，分别实施监管②。近年来，在各方积极推动下，我国票据市场综合治理取得了显著成效。

第一，加强票据市场基础设施建设。2016年以来，人民银行开始着手推动建设全国统一票据交易平台，成立了上海票据交易所。自此，票据交易平台实现了纸质票据电子化交易、无纸化托收、券款对付等多种功能，票据流转公开透明，能够有效杜绝"一票多求""表外交易"等违规行为，降低操作风险。

第二，完善票据市场制度建设。2016年12月，人民银行发布了《票据交易管理办法》，对票据市场参与者、票据市场基础设施、票据信息登记与电子化、票据登记与托管、票据交易、票据交易结算与到期处理等进行了系统的规定，规范金融机构票据交易行为。在上述框架下，上海票据交易所陆续发布了一系列业务操作细则，如票据交易主协议、票据交易规则、纸质商业汇票业务操作规程、票据登记托管清算结算业务规则等，规范票据市场参与者在票据交易平台的各类票据行为。

---

① 纪志宏. 金融市场创新与发展[M]. 北京：中国金融出版社，2018.

② 其中，人民银行主要从宏观调控、货币政策实施、金融市场发展和支付工具管理的角度对票据相关业务进行监管，银保监部门负责督促商业银行建立健全内部控制和风险管控制度，商业银行对票据业务的内控问题、客户问题、委托（外包）问题负责。

第三，引入多元化市场参与主体。为顺应票据市场发展实际，增加市场透明度和活力，人民银行将银行机构、财务公司、信托公司、证券公司、基金管理公司、期货公司、保险公司等金融机构以及各类投资产品引进票据市场，努力实现持有票据资产的公开化、合法化。

第四，强化票据市场监管。2016年4月以来，针对票据风险案件暴露出的金融机构内控薄弱和公司治理缺陷等问题，人民银行进一步加大了票据业务监管，要求商业银行强化票据业务内控管理，强化风险防控，规范票据交易行为。银行业监管部门加大了票据违规案件的处罚力度，如2018年依法查处了邮储银行甘肃武威文昌路支行违规票据案件，对涉案的12家银行机构共计罚没2.95亿元，不仅处罚了案发机构，而且对违规购买理财的机构和其他相关违规交易机构实施处罚[①]。这些案件涉及金额之大、危害之巨、影响之广，为近年来我国票据市场罕见，反映了监管部门加强监管、防范风险的强烈决心。

# 第四节 有效性分析：方法与结论

长期以来，我国金融稳定工作本身存在着难以量化的特点，政策评价所需数据和研究信息也难以直接获得，加之我国经济发展不平衡、市场化推进和结构调整不均衡等一系列问题对政策影响的不确定性也难有定论，这些都给政策评价增加了困难。尽管如此，我们也试图以房地产行业为切入点，从一个侧面揭示我国宏观审慎政策的效果性，并为宏观审慎政策治理架构的构建提供经验性支撑。

## 一、模型设定、变量说明及数据来源

我国宏观审慎政策实施时间相对较短，政策评估数据积累不足，加之我国的实践虽然遵循了国际统一之"形"，但尚不具备国际标准之"神"，因而难

---

① 数据来源：中国银保监会官方网站。

以简单套用国外的分析指标和实证模型。尽管如此，我们也试图借鉴国际研究思路，从宏观经济和金融机构整体视角入手，辅之以地域、行业和机构因素，建立实证分析模型，尽可能对我国宏观审慎政策实施情况进行务实评价。

（一）模型的设定

借鉴IMF（2013）的研究方法，在数学推理和理论分析的基础上，设定如下模型：

$$HOUSE_{it} = \alpha_1 + \alpha_2 RRR + \alpha_3 Z + \mu_i + \varepsilon_{it} \qquad (\blacktriangle)$$

其中，下标$i$、$t$分别表示不同的地区和时期，$\mu_i$为不可观测省份的固定效应，$\varepsilon_{it}$为随机扰动项，$HOUSE$度量房地产（包括房价、销售额）变化情况。

1. 被解释变量的选择

选定房地产变化情况作为被解释变量，主要原因在于，我国系统性金融风险的顺周期性特征较为显著，同时房地产价格是重要的资产价格指标，与信贷增量、银行机构资产质量、政府债务等紧密相关，因而最能反映和说明我国系统性金融风险的变化情况。极端情况下，我国房地产波动甚至能够直接影响我国区域性风险和系统性风险的形成和程度。

通常，房地产价格变动和房地产销售额增长率是最常用的房地产波动衡量指标。但是鉴于数据的可得性，在自变量选取上，参考既有做法，这里选取商品房销售额增长率代替房价变动。

2. 解释变量的选择

选取存款准备金率（RRRs）、贷款基准利率（MP）、商业银行资本充足率（CAR）、流动性比例（CR）、不良贷款率（NPLR）和广义货币供给（$M_2$）作为解释变量，来解释宏观审慎政策调整对房地产的影响。其中，2011年实施的差别存款准备金动态调整机制是人民银行宏观审慎政策逆周期调节的核心工具，能够对房地产变化和银行机构的行为产生重要影响；广义货币供给（$M_2$）和贷款基准利率（MP）代表货币政策，同时也属于宏观审慎工具，人民银行通过调整贷款利率来影响银行机构资产负债和放贷成本，从而影响其放贷行为，因而贷款利率和货币供给也会对房地产变化产生重要影响；资本充足率（CAR）、流动性比例（CR）、不良贷款率（NPLR）等是微观审慎监管指标，但同时也是宏观审慎工具，通过影响银行机构的决策行为从而对整个系统性目标产生显著影响。

（二）变量解释

1.核心解释变量

为便于研究，设定存款准备金率（RRRs）为核心解释变量。之所以如此，原因在于，该变量是人民银行主要的宏观审慎工具之一，且与银行机构贷款行为和实体经济信贷可得性紧密相关。同时，由于人民银行公布的存款准备金率（RRRs）是动态调整的，为平抑其动态变动性，我们对该变量进行了处理。如果最近一次调整存款准备金率（RRRs）是2015年2月5日，那么本次调整之前的存款准备金率（RRRs）有效期就会一直持续至2015年2月4日。另外，对于2012年1月、2月、5月、11月以及12月等多时段调整存款准备金率（RRRs）的情形，也采取技术手段进行了平均处理。

另外，需要说明的是，人民银行采用的定向降准政策等具有调结构的功能和政策目的，但效果具有不对称性和不确定性，对金融机构和实体经济的影响效果和程度也不均衡。因而，考虑到存款准备金调整所具有的总量性特征，以及定向降准效果的不确定性，因而我们的研究暂不考虑定向降准对变量的影响。此外，鉴于宏观审慎评估（MPA）涉及的方面过于宏大，同时MPA的评估范围也在动态扩大之中，因而MPA的有效性也暂不纳入我们的分析范围。

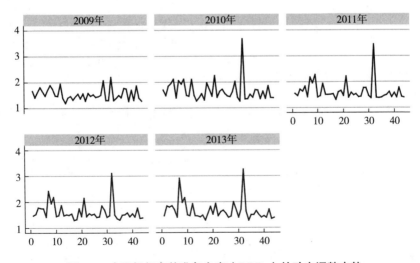

图6-4　人民银行存款准备金率（RRRs）的动态调整走势

2. 控制变量

设定控制变量为Z，作为影响商品房销售额增长及其变化的控制变量。围绕控制变量，考虑如下影响商品房销售额及其变化的变量。

（1）贷款基准利率（MP），用5年以上贷款固定利率来表示。

（2）流动性比例（CR）①，属于微观审慎工具，以流动性资产/流动性负债来表示，是银行流动性状况的主要监管指标之一，反映了银行的偿付能力。

（3）不良贷款率（NPLR）②，为不良贷款与总贷款的比值，用于评估银行信贷资产安全指标，属于微观审慎工具。

（4）资本充足率指标（CAR）③，属于微观审慎工具，使用加权平均资本充足率来进行衡量。

（5）广义货币增长率（$M_2$）。考虑到我国房地产增长的实际情况，广义货币供给（$M_2$）往往与房价变动高度相关。

为更好地衡量广义货币供给（$M_2$）对商品房销售额增长的影响，我们对其进行了处理，使用$M_2$与GDP之比（$M_2$/GDP）来度量。

（三）数据来源

这里使用的数据是我国2009—2013年44家银行④的面板数据。其中，商

---

① 流动性比例是商业银行一个月内到期的流动性资产与流动性负债的比率，是衡量商业银行短期流动性状况的主要监管指标之一。《商业银行法》明确规定，商业银行流动性比例不低于25%。

② 不良贷款率是银行业金融机构不良贷款余额占各项贷款余额的比重，该指标是评价银行业金融机构信贷资产安全状况的重要指标之一。根据银保监会《商业银行风险监管核心指标（试行）》，商业银行不良贷款率应不高于5%。

③ 资本充足率（Capital Adequacy Ratio，CAR）是一种特殊的"杠杆比率"，是银行的资本净额与风险加权资产的比率。资本充足率反映银行在存款人和普通债权人的资产遭到损失之前，能以自有资本承担损失的程度，该指标的目的在于衡量银行抵御风险的能力，抑制风险资产的过度膨胀，保护存款人和其他债权人的利益，保证银行的正常经营及发展，因此一家银行的资本充足程度是其实力与安全的标志。根据《商业银行资本率管理办法》（银监会令〔2004〕第2号）规定，商业银行资本充足率应不低于8%。

④ 包括：工、农、中、建、交5家大型商业银行，招商、中信、兴业、光大、民生、浦发、浙商、平安、华夏、广发、渤海11家股份制商业银行，北京银行、成都、大连、德阳、贵阳、桂林、哈尔滨、杭州、杭州联合农村商业银行、河北、华一、徽商、江苏、锦州、南京、宁波、攀枝花商业银行、齐鲁、日照、上海农村商业银行、上海、盛京、天津、温州、厦门国际、厦门、浙江泰隆、郑州28家城市商业银行。

品房销售额增长来自中经网统计数据库；存款准备金率（RRRs）和贷款基准利率（MP）来自人民银行；资本充足率（CAR）、流动性比例（CR）和不良贷款率（NPLR）取自有关商业银行数据库；广义货币量增长率（M₂/GDP）来源于BVD-EIU Country data数据库。研究所涉及变量、定义以及部分主要变量的描述性统计如表6-5所示。

表6-5 变量定义和数据来源

| 变量名称 | 变量符号 | 变量含义 | 数据来源 |
|---|---|---|---|
| 商品房销售额增长率 | HOUSE | 商品房销售额季度变化 | 中经网统计数据库 |
| 存款准备金率 | RRRs | 人民银行制定的存款准备金利率 | 人民银行（PBC） |
| 贷款基准利率 | MP | 5年以上贷款固定利率 | 人民银行（PBC） |
| 资本充足率 | CAR | 加权平均资本充足率 | 原银监会（CBRC） |
| 流动性比例 | CR | 流动性资产/流动性负债，反映了偿付能力 | 原银监会（CBRC） |
| 不良贷款率 | NPLR | 不良贷款/总贷款，评估银行信贷资产安全指标 | 原银监会（CBRC） |
| 货币增长 | M₂ | 广义货币量增长率 | BVD-EIU Country data |

## 二、基本假设及变量关系

为检验变量之间的相关关系，提出如下假设：

第一，存款准备金率（RRRs）的变化与商品房销售额存在负相关关系。存款准备金率（RRRs）的变化与房价负相关，这表明存款准备金率（RRRs）越高则对商品房销售额的抑制效果越强。

第二，贷款利率（MP）与商品房销售额负相关。如果两者呈正相关关系，则表明利率调整对于调控商品房销售额作用有限。因为，利率调整会影响购房成本，利率提高会增加购房人货币支出。如果中央银行提高利率，商品房销售额反而增加，则表明利率调整对购房人行为偏好影响不大。

第三，不良贷款率（NPLR）与商品房销售额关系不明显，即商品房销售额增减变化不必然很快地体现为商业银行的信贷质量变化。

第四，资本充足率（CAR）与商品房销售额增长正相关，商业银行资本充足率（CAR）越高，越有能力和意愿发放房地产贷款，从而促进商品房销售额增长。

第五，流动性比例（CR）与商品房销售额负相关或关系不明显。

第六，广义货币增长率（M₂/GDP）对房地产的影响需要做长期观察，短期内效果并不明显。

通过散点图对上述变量关系和假定进行验证，存款准备金率（RRRs）和流动性比例（CR）与商品房销售额（HOUSE）的相关关系与理论预期相一致。但鉴于散点图仅能提供粗略的判断，进一步的关系验证有待进行严谨的计量分析。

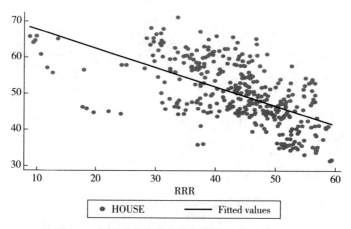

图6-5　存款准备金率与商品房销售额的散点图

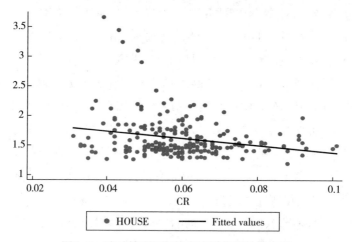

图6-6　流动性比例与商品房销售额的散点图

### 三、实证检验结果与分析

根据模型假设，运用Stata软件对44家商业银行面板数据分别进行处理，可以得出实证检验结果。下表是采用不同方法估计存款准备金率（RRRs）对商品房销售额（HOUSE）的影响效应。

首先，采用不加入任何控制变量的估计模型，分别利用混合最小二乘法（OLS）、固定效应模型和随机效应模型方法对模型方程（▲）进行估计，得到表中第(1)、（3）、（5）和（6）列。结果表明，第一，核心解释变量估计结果的符号基本符合预期，存款准备金率（RRRs）对商品房销售额（HOUSE）具有显著的抑制作用。存款准备金率（RRRs）的指标显著为负，说明存款准备金率（RRRs）的提高，降低了银行的放贷能力，能够减少房地产销售，从而降低房价上涨。第二，在模型所涉及的解释变量中，存款准备金率（RRRs）与商品房销售额（HOUSE）增长的负相关关系最为明显，这与我们的预期和假设相契合。这样一来，三种估计方法一致得到了存款准备金率（RRRs）对商品房销售额（HOUSE）具有显著抑制作用的结论。

其次，进一步加入一系列的控制变量（NPLR，CR，MP，CAR，$M_2$）以验证估计的稳健性，分别得到表中第（2）、（4）和（6）列。结果表明，上述控制变量对商品房销售额（HOUSE）整体有解释作用，且符号大都符合预期，而我们所关注的存款准备金率（RRRs）的估计系数在各种估计中变化不大且较为显著。

实证结果表明，第一，在6个估计模型中，存款准备金率（RRRs）的估计系数都为负，且达到了10%显著水平；第二，贷款利率（MP）对抑制商品房销售额（HOUSE）上涨呈负相关关系，表明利率调整对于调控商品房销售额（HOUSE）具有抑制作用；第三，不良贷款率（NPLR）与商品房销售额（HOUSE）关系为负但却并不明显，这表明不良贷款增加并不必然降低银行对房地产的房贷意愿和行为；第四，资本充足率（CAR）与商品房销售额（HOUSE）增长正相关，表明资本充足率高的银行往往更有放贷冲动，从而推高房价，促进了房地产销售额（HOUSE）增长；第五，流动性比例（CR）与商品房销售额（HOUSE）负相关，表明流动性比例越高，银行的流动性风险越小，但同时也意味着商业银行会产生惜贷行为，从而对商品房销售额（HOUSE）产生抑制作用；第六，$M_2/GDP$ 与商品房销售额（HOUSE）显著正相关，一定程度上表明中央银行的货币供给一段时期有很大比例流向了房地产领域，从而变成了推高房地产价格和销售增长的动力之一，因而也就成为系统性风险的显著影响因素，这与我们的分析结论相符。

表6-6　基本估计结果

|  | (1) | (2) | (3) | (4) | (5) | (6) |
|---|---|---|---|---|---|---|
|  | POLS | POLS | FE1 | FE2 | RE1 | RE2 |
| RRR | −0.0935*** | −0.0241* | −0.0891*** | −0.0716*** | −0.0246*** | −0.0241* |
|  | (8.98) | (−0.01) | (−11.91) | (−8.29) | (−3.11) | (−0.01) |
| NPLR |  | −0.0687 |  | −0.0907 |  | −0.0687 |
|  |  | (0.141) |  | (0.142) |  | (0.141) |
| CR |  | −0.0412*** |  | −0.002072*** |  | −0.008272*** |
|  |  | (−2.30) |  | (−4.24) |  | (−3.52) |
| MP |  | −6.980*** |  | −7.228*** |  | −6.980*** |
|  |  | (1.853) |  | (1.848) |  | (1.853) |
| CAR |  | 0.417*** |  | 0.544*** |  | 0.649*** |
|  |  | (48.77) |  | (55.45) |  | (55.22) |
| $M_2$ |  | 0.0908 |  | 0.304 |  | 0.0908 |
|  |  | (0.189) |  | (0.213) |  | (0.189) |
| 常数 | 1.423*** | 1.467*** | 1.623*** | 1.654*** | 1.423*** | 1.467*** |
|  | (0.216) | (0.388) | (0.0234) | (0.432) | (0.216) | (0.388) |
| N | 220 | 220 | 220 | 220 | 220 | 220 |

注：*、**、***分别表示10%、5%和1%的显著性水平；括号内为t值，下同。

# 第五节　结论性评价与建议

透过现象看本质，当前我国的金融风险是经济金融周期性因素、结构性因素和体制性因素叠加共振的必然结果。历史也反复表明，一切金融风险都是经济总量失衡或结构失衡的反映，而一切经济风险也都将反映为金融风险。在此背景下，我国提出要打好防控化解重大风险攻坚战并推动高质量发展，就有着十分特殊的意义。就此意义而言，本书的研究也希望能够为这一认识提供尽可能信服的注解。

## 一、整体性认识

认识一，在一定时期，我国以差别存款准备金（RRRs）动态调整和审慎监管指标为核心内容的宏观审慎管理对于抑制房地产增长有效，这进而也表明我国当前实施的一些宏观审慎政策对于降低系统性风险总体有效。

认识二，鉴于运用面板数据对不同地区、不同类型银行进行结构分析需要更广阔的数据周期和样本量支持，因此对于宏观审慎政策的结构性效果分析仍有待深入，对于贷款价值比（LTV）[①]等影响房地产价格变化的政策效果需要做长期观察。

认识三，我国宏观审慎政策对于防范顺周期系统性风险有效，也间接反映出我国宏观审慎政策治理架构尽管并不完善，但却能够有效发挥作用。

认识四，我国宏观审慎工具分散在不同监管部门，这种状况带来了较高监管协调成本的同时，也必然会对宏观审慎政策实施效果产生消极影响，甚至导致政策目标冲突和效果抵消。

认识五，宏观审慎工具与货币政策和微观审慎工具的搭配使用，对于防范降低金融风险至关重要。但从目前的分析结果来看，尚不能清晰地得出三者在系统性风险防控方面职能边界划分的结论性认识。

认识六，我国不同地区经济发展存在很大不均衡，不同银行机构的资产规模、风险管理等也存在较大差异，这使不同地区、不同机构对金融风险的抵御能力有很大差别，从而也必然对宏观审慎政策实施和评估带来挑战。较大的差别性往往意味着复杂性，这是健全我国宏观审慎政策框架需要考虑的首要因素。

---

① LTV即房价贷款比，是按揭贷款规模与房产价值的比率。

## 二、评价与建议

第一，当前我国系统性风险在时间维度和跨机构维度均不同程度存在。前者表现为信贷的过度增长和资产价格快速上涨，后者主要体现为银行部门与非银行部门、金融部门与非金融部门、地方融资平台等互相交叉融合。两种维度的风险互相交织共振，成为我国经济金融的"灰犀牛"。当前，为切实防范化解重大金融风险，短期内要加强金融监管、补齐监管短板，长期内要加强金融监管协调，健全系统性风险防控机制，不断完善我国宏观审慎政策框架。

第二，宏观审慎政策对于化解和降低我国金融风险基本有效。分析表明，在经济下行压力加大情况下，低利率政策会刺激信贷增长，并推动资产泡沫和潜在风险。而宏观审慎政策以抑制房价泡沫风险为目标，能够弥补货币政策对金融稳定目标的政策性忽视和负面影响。目前，我国存款准备金率动态调整等宏观审慎工具可以被用来抑制房价上涨。

第三，宏观审慎政策是货币政策和微观审慎监管的良好补充。著者研究认为，宏观审慎政策有助于抑制风险外溢，有助于缓解货币政策压力。尤其在跨境条件下，紧缩的宏观审慎政策减轻了货币政策（如提高利率）的压力，在面临风险冲击时，有助于缓解货币政策面对鼓励资本流入和抑制经济复苏二者之间的政策选择难题。同时，以金融体系脆弱性为目标，宏观审慎政策也是微观审慎的良好补充（CGFS，2010）。

第四，加快构建完善我国宏观审慎工具体系。目前，我国建立实施了以宏观审慎评估体系（MPA）为核心的宏观审慎政策体系①，也在逐步健全货币政策和宏观审慎政策"双支柱"调控框架。但从实证分析结果来看，我国宏观审慎政策职能分散、工具单一、风险监测识别能力不足等问题仍然突出。为打好防范化解重大风险攻坚战，按照高质量发展要求，应将研究完善我国的宏观审慎工具箱作为优先任务。目前，关键的一步在于，尽快推动中

---

① 目前，对于宏观审慎评估体系（MPA）的定位和认识存在一定争论，主流的观点认为MPA并不是严格意义上的宏观审慎政策工具，只是货币政策、信贷政策调节工具，未来随着宏观审慎政策框架建立和中央银行评级体系成熟，MPA可能面临着调整与整合的问题。

央和地方金融监管体制改革落地，发挥国务院金融稳定发展委员会领导协调职能，加强金融监管协调，尽快解决宏观审慎工具由不同部门掌握、由不同部门实施的分散状况，打破我国政策实施与风险后果权责不对等、不匹配的困境。

第五，健全完善我国宏观审慎政策治理架构。健全的治理架构是宏观审慎政策有效实施的基本载体和重要支撑。宏观审慎政策以防范化解系统性风险为目标，首要的任务是，在有效的宏观审慎政策治理架构下，更好地统筹货币政策、宏观审慎管理和微观审慎监管，形成职责清晰、权责明确、相互衔接的风险防控治理体系。当前，在构建我国宏观审慎政策治理架构的过程中，应做好"两手准备"，即一手面向传统，立足于我国金融现有监管格局和历史传统，做好原有机制的破立扬弃；一手伸向未来，广泛借鉴吸收国际金融监管经验，做好与国际规则接轨。

# 第七章

# 健全我国宏观审慎政策治理架构："伴生性"渐进思路

纵观大国崛起的纵横捭阖，一个现代化强国必然是金融强国，也必然有着与之相适应的高质量金融治理能力。然而，历史也早已证明，金融危机是一个永恒的现象（Kindleberger，1989）[①]，而危机后的监管治理变革更是一个近乎看不到尽头的曲折之旅。在这个永恒的探索之旅中，我们需要看到，最重要的事情并不是预知未来，而是清醒地知道每一次危机后如何针对当前最突出的问题做出积极合理的回应。2008年危机的教训表明，这场危机既是金融危机，更是治理危机和监管危机。当前，我国经济由高速增长阶段进入高质量发展阶段。推动高质量发展，最为根本的要求就是，要建立与之相适应的金融治理体系和监管框架，同时将推动供给侧结构性改革作为经济工作的主线，最关键的也即在于，要深入推动体制机制改革，不断健全我国宏观审慎政策治理架构。鉴于此，本章的全部注意力都旨在探求改革，并厘清我国的改革路径。

---

[①] 刘鹤主编的《两次全球大危机的比较研究》一书写道，"20世纪80年代至90年代末，全球共发生108次金融危机，大量发展中国家遭遇了金融危机的厄运"，这也充分证实了金融危机的反复性。

# 第一节 现有监管改革观点与方案综述评价

2008年危机以来，以降低系统性风险为目标，加强宏观审慎管理、强化宏观审慎政策实施成为各国金融监管改革的核心内容。当前，我国分业监管体制越来越不适应混业经营发展的趋势，并由此导致了股市异常波动、债市风波、互联网金融风险积聚以及资管产品风险交叉传染等问题集中爆发，一系列复杂因素将我国金融监管改革命题推向了历史的前台。面对防范重大风险的紧迫形势，为弥补监管漏洞，我国下定决心推进金融改革，健全金融监管框架，并明确了"三个统筹"的改革指导方向。随着国务院金融稳定发展委员会的设立，银监会和保监会合并成立银保监会，我国金融监管架构正式迈入了"一委一行两会"时代。以此为始，我国金融监管改革在动态发展中不断推进。在这一过程中，各方都进行了有益的研究和探讨，提出了一些有价值的改革观点和方案。

## 一、观点一："超级央行"模式

该模式的出发点在于，既然我国金融业发展的趋势是混业经营和综合经营，而且分业监管也暴露出了不适应混业经营的弊端，国际上如英国等又有很好的实践经验，同时将监管职能全部赋予央行的"全能监管"模式也会使得危机救助更为迅速有效，因此"超级央行"方案就是合适选择。具体实施上，该模式主张将"三会"合并至人民银行，从而构建我国金融业监管的"超级央行"模式（沈建光，2015）。

鉴于这种方案的提出者主张借鉴英国金融改革的经验，因而我们有必要剖析一下英国案例。1997年英国剥离英格兰银行的监管职能，成立了金融服务局（FSA）统一监管金融业。但2007年次贷危机爆发后，北岩银行（North Rock Bank）挤兑事件引发了英国对剥离央行监管权不利于金融稳定的反思。在反思的基础上，为弥补微观审慎监管之不足，避免监管真空和监管套利，英国对金融监管体制进行了重大改革，审慎监管职能回归央行，实行审慎监管的"大一统"模式。目前，经过多次改革调整，英国已经形成了英格兰银行统筹负责货币政策、微观审慎监管和宏观审慎政策的"超级央行"模式。

但也有观点认为，"大一统"的监管模式虽然可以在一定程度上解决监管真空和监管套利的问题，但简单合并监管机构并不能真正有效防范系统性金融风险、抑制金融体系的顺周期性，反而可能会进一步加大与货币当局之间的协调成本（李波，2016）。同时，"超级央行"体系下，由于职能过于集中，会影响监管效率，也不利于专业分工与整体协调的平衡，并存在一定的道德风险（邓海清，2018）。

## 二、观点二："顶上加盖"模式

该模式的出发点在于，既然我国金融监管暴露出了协调不足、协调不畅的突出问题，那么相应的药方就是着力加强金融监管协调，形成"顶层协调机构+一行三会"的监管模式。具体实施上，保持现有"一行三会"格局不变，成立金融监管协调委员会等顶层协调机构，"一行三会"都参加，发挥咨询议事功能，并负责综合协调。这一方案实际上主张在现有监管部门之上"顶上加盖"，优点是只做"加法"不做"减法"，不改变现有机构格局，不涉及原有机构和人员的重新安排，实施难度和成本最小（李波，2016）[①]。

但也有一些观点认为，保持现有机构稳定基础上的"顶上加盖"模式，无法解决现行体制下分业监管不适应综合经营的根本矛盾，金融风险防控仍然无力无效（徐忠，2018）。因为，从监管协调的国内外经验看，我国前一段时期建立了金融监管协调联席机制和应对危机小组等议事机构，危机前主要经济体也设立了类似的顶层协调议事机制，如英国财政部、英格兰银行与金融服务局之间的"三方委员会"等。但这些协调机制应对金融风险的经验教训表明，单纯的顶层协调并不能及时有效地应对和处置风险，也缺乏贴近市场的专业支持，无法保证决策的科学有效。尤其是单纯的顶层协调机制下，如果没有执行层面的实际抓手，协调机构的监管执行仍缺乏统筹，很大

---

① 2016年上半年，由中国四十人论坛（CF40）成员李波等牵头撰写了课题报告"宏观审慎政策框架与金融监管体制改革"，对该模式进行了探讨。

程度可能出现"协调的归协调、执行的归执行""两张皮"现象。

为弥补该方案的不足，在保持机构基本稳定的条件下，要达到改革目标，就需要有业务线上的实质整合（徐忠，2018），才能真正发挥顶层协调机构的统筹作用和监管能力。

### 三、观点三："一行一会"模式

该模式的出发点在于，为保证货币政策的独立性，避免货币政策与金融监管政策内化所带来的目标冲突，同时为了更好地防止监管真空和监管套利，主张应实行"中央银行+金融监管委员会"方案。具体实施上，保持中央银行职能不变，合并银监会、证监会、保监会，组建新的综合性金融监管机构，实行综合监管。这一方案在一定程度上符合金融业综合经营趋势和综合监管的要求，也有助于减少同质监管和监管竞争的问题，并有利于降低"三会"之间的协调成本。

但存在的主要问题是，该方案既不符合完善宏观审慎政策框架的要求，也不符合国际上的最佳实践，宏观审慎政策与微观审慎监管依然处于割裂状态（李波，2016）。尤其是，中央银行与超级金融监管部门之间可能会存在更大的协调成本，货币政策、宏观审慎、微观审慎监管三者难以形成统一、体系化的宏观调控协同机制，不利于提高货币政策的传导效率和宏观调控能力（邓海清，2018）。

### 四、观点四："一行两会"模式

该模式属于混合监管模式，国际上又被称为"双机构监管"模式（Two Agency Model），目前被法国和意大利所采用。按照国际通行做法，通常该模式下设立两个监管机构，一个负责对银行和保险业进行微观审慎监管和行为监管，一个负责对证券业进行监管。

目前，一些学者将该模式运用到我国，提出了"一行两会"的监管模式。主要出发点是，将宏观审慎管理与微观审慎监管和行为监管职责分离，分别由相应的监管部门承担。做法上，由中央银行统筹货币政策和宏观审慎政策，形成"双支柱"调控框架，银监会与保监会合并后负责银行保险业微观审慎监管和行为监管，证监会负责证券业微观审慎监管和行为监管。

该模式的优势在于，有利于发挥银行机构与保险公司在监管方面的协同效应（FSI，2018a）[①]，明确区分了机构监管和功能监管，有助于堵塞监管漏洞，减少监管交叉和监管真空，有利于提高监管效率，降低监管成本。

但该模式存在的问题是，不能很好地解决银行机构、保险公司微观审慎监管和消费者及投资者利益保护过程中可能出现的冲突（FSI，2018a）。同时，"货币政策+宏观审慎政策"与微观审慎监管二者仍然处于割裂状态，监管摩擦和监管协调问题可能依然突出，会降低金融危机救助的效率。

因此，该模式下，能否有效实现中央银行货币政策、宏观审慎政策职责与合并机构所承担微观审慎监管之间的良好协调，对于能否更好地防范系统性风险至关重要。这需要在人事制度、机构设置等方面富于创新性的解决思路。

## 五、观点五："一行一局"模式

该模式的出发点在于，既然危机暴露出了微观审慎监管的诸多弊端，同时国际社会和各国也明确提出了应由中央银行承担宏观审慎职责，许多国家央行或货币当局还出台了新的监管规定，凸显了中央银行统筹宏观审慎与微观审慎的优势和重要性，那么就应借鉴国际经验、顺势而为，发挥中央银行在宏观审慎政策框架中的主导作用。

具体实施上，该模式主要借鉴英国和荷兰做法，提出了我国金融监管改革的"中央银行+行为监管局"方案，即将"三会"的审慎监管职能并入中央银行，同时成立独立的行为监管局。这种方案下，由人民银行负责制定和实施货币政策和宏观审慎政策，并对金融机构实施审慎监管，同时统筹重要金融基础设施监管和金融业综合统计。另外，成立独立的行为监管局，体现审慎监管与行为监管的适度分离（李波，2016）。

---

① 国际清算银行金融稳定研究院（FSI），Daniel Calvo等，"Financial supervision architecture: what has changed after the crisis?"，2018。

这一方案符合健全宏观审慎政策框架的要求，也符合金融业综合经营和综合监管的趋势，还能够彻底解决监管割据问题，降低协调成本。但弊端在于，由于涉及较多的机构和人员调整，改革的阻力和难度可能会相对较大。尤其在金融风险形势紧迫时期，防控风险成为优先任务，大幅度改革调整在短期内可能会对金融风险处置带来不确定影响。因此该方案应该属于金融监管改革的长期目标选择。

## 六、观点六："一行两局"模式

该模式的出发点在于，推进金融监管体制改革，既要立足当前我国金融发展实际，考虑短期内的金融风险形势任务，尽可能降低改革的阻力和震动，也要着眼于我国金融发展的长远目标和混业经营趋势，借鉴危机后国际社会普遍经验，强化中央银行宏观审慎政策制定、执行和系统重要性金融机构（SIFIs）监管职能，建立有力有效弹性的现代金融监管体系。

具体实施上，该种模式对应的改革方案是"中央银行+审慎监管局+行为监管局"，即按照"三个统筹"的趋势要求，由中央银行统筹货币政策和宏观审慎政策，负责系统重要性金融机构（SIFIs）、金融控股公司和重要金融基础设施监管，负责金融业综合统计；"三会"合并组建新的监管机构（审慎监管局），专司系统重要性金融机构（SIFIs）以外的微观审慎监管，同时成立独立的行为监管局负责行为监管和金融消费者权益保护。在监管实践中，中央银行可从宏观审慎角度对审慎监管局和行为监管局提出监管建议和要求。

该模式既体现了危机后强化中央银行宏观审慎管理和金融稳定职能的要求，也对宏观审慎与微观审慎监管和行为监管进行了适当隔离区分。但弊端在于，改革涉及的机构太多、震动太大，短期内可能会与防范重大风险的意图相悖，而且也面临着如何更好地加强货币政策、宏观审慎、微观审慎及行为监管之间协调的问题。

表7-1 全球各地区金融监管模式分类

单位：%

| | 非洲 | | 美洲 | | 亚太地区 | | 欧洲 | | 中东 | | 合计 | |
|---|---|---|---|---|---|---|---|---|---|---|---|---|
| 分业监管 | 9 | 100 | 9 | 52 | 7 | 50 | 10 | 30 | 4 | 66 | 39 | 50 |
| 央行整体监管 | 0 | 0 | 1 | 6 | 2 | 14 | 5 | 15 | 1 | 17 | 9 | 11 |

续表

| | 非洲 | | 美洲 | | 亚太地区 | | 欧洲 | | 中东 | | 合计 | |
|---|---|---|---|---|---|---|---|---|---|---|---|---|
| 独立监管机构整体监管 | 0 | 0 | 1 | 6 | 2 | 14 | 11 | 33 | 0 | 0 | 14 | 18 |
| 双机构监管 | 0 | 0 | 3 | 18 | 1 | 8 | 4 | 12 | 1 | 17 | 9 | 11 |
| 双峰监管 | 0 | 0 | 3 | 18 | 2 | 14 | 3 | 10 | 0 | 0 | 8 | 10 |
| 合计 | 9 | 100 | 17 | 100 | 14 | 100 | 33 | 100 | 6 | 100 | 79 | 100 |

注：①整体监管模式（Integrated model）也被称为单一或统一模式。该模式下，将大多数或全部金融机构的监管职能都集合于单一的监管机构，又包括央行整体监管模式和独立监管机构整体监管模式。

②双机构监管，是设立两个机构，一个负责对银行和保险业进行微观审慎监管和行为监管，另一个则负责证券业监管。该模式利用了银行与保险业的监管方面的协同效应。

③双峰监管致力于实现专业化监管，通过设立两个独立的金融监管机构，一个专门负责机构的微观审慎监管，称为"偿付峰"，另一个负责机构经营行为的监管，称为"行为峰"。该模式能够缓解"保障金融机构偿付能力"和"保护金融消费者及投资者利益"之间的冲突，同时也能够有效发挥不同类型金融机构微观审慎监管和行为监管的协同效应。

资料来源：国际清算银行金融稳定研究院（FSI），Daniel Calvo等，"Financial supervision architecture: what has changed after the crisis?"，2018。

## 七、比较基础上的评价性结论

结论之一：金融监管改革的主要方法论是以问题为导向，因此搞清问题所在是推动改革落地的关键

综合各类观点，我们可以发现，尽管各种改革观点的出发点存在较大差异，但落脚点均在于，针对金融监管存在的突出问题提出解决方案。当前，金融监管体制反映出的普遍突出问题是，缺乏从宏观、逆周期和跨市场视角评估和防范系统性风险，以防止金融体系的顺周期波动和跨市场的风险传播（李波，2016）。既然宏观审慎是推动监管改革的一个主要原因，因此就需要对危机以来的相关观点和认识进行仔细的梳理，作出明确的区分和界定，以防止连基本概念都没有完全弄清楚，就讲金融监管应该怎么改、体制应该怎么设计的问题。

结论之二：强化宏观审慎管理是危机后各国加强金融监管改革的基本方向与核心内容

研究如何完善宏观审慎政策框架，是健全金融监管体制一个重要的基础

课题。宏观审慎管理作为金融监管改革的重要原因和出发点，涉及如何认识宏观审慎，以及新的金融监管体制如何更好地体现并执行好宏观审慎政策，这都与当前金融体系中出现的许多问题密切相关。正是在这种背景下，我国积极稳妥推进金融监管体制改革，开创性地设立了国务院金融稳定发展委员会，成立了中国银行保险监督管理委员会。这些改革措施在落地实施中很多不同环节都会涉及宏观审慎，而有的问题目前还处在研究推进阶段。

结论之三：尽管各种观点都自称为当前金融监管改革的最佳方案，但从改革的约束条件和支撑基础来看，目前并不存在所谓"最优"的监管模式，也没有适用于所有国家的单一化改革方案

各国国情存在较大差异，因而最终改革路径无一例外都是综合因素考量下差异化的"次优"选择结果。因此，我们认为，尽管金融监管改革的方案和模式是易变的，但改革的方向却是可以确定的。当前，可以明确的是，我国金融监管改革的根本出发点，应在于维护金融市场的正常秩序，确保金融系统的总体稳定运行。因此，相应地，监管架构的设立、监管规则的制定和执行都应围绕这一出发点展开。而尤为重要的是，无论宏观审慎政策治理架构以何种模式呈现，关键都在于新的金融监管体制要有利于强化宏观审慎管理，有利于提升防范和化解系统性风险的能力，有利于促进经济和金融体系的稳健运行。

## 第二节 人民银行承担宏观审慎职责的逻辑

对于为什么应由人民银行承担宏观审慎职责的问题，除了理念变革的导向和实践经验的支撑外，著者研究认为，一方面，"央行是银行，不是研究机构"[1]，必须担负起自身的监管职责。人民银行承担宏观审慎政策，并不是要抓权占地盘，而是发挥最后贷款人职责，担负起防范系统性风险的职

---

[1] 这是前英格兰行长柯伯德勋爵说过的一句著名的话，意思是央行的本质在于它能够通过自身资产负债表的操作创造流动性。柯伯德勋爵（1904—1987），于1949年至1961年担任英格兰银行行长。

责。另一方面，为避免货币政策与宏观审慎的冲突，应尽可能将二者内化，实现内部协调，降低协调成本，这也符合危机以来加强监管协调的趋势。为更好地理解这一命题，我们需要从条件、基础、问题三方面去把握。

## 一、条件即优势

总体而言，无论是就人民银行职能来说，还是其在我国经济金融体系中的作用而论，人民银行都具备主导宏观审慎职能的条件和优势。

第一，就职能定位和角色而言，在我国经济政策调控体系中，人民银行与财政部、发展改革委共同组成了我国宏观经济调控体系。同时，人民银行在我国金融风险防范和金融稳定框架中居于核心地位，是最大的金融监管部门，与银保监会、证监会一道共同构成了我国金融体系的监管框架。21世纪初以来我国金融机构股份制改革、风险处置和维护金融稳定的历程表明，人民银行是维护我国金融稳定不可替代的坚强主体。

近年来，人民银行稳步推进存款保险制度，运用中央银行再贷款等手段处置和化解不良金融机构风险，完善金融基础设施，加强金融风险监测预报，建立健全了我国维护金融稳定的机制，牢牢守住了不发生系统性风险的底线。2008年危机以来我国经济金融快速发展和金融稳定长期稳定的大好局面，也再次印证了这一点。2019年5月以来，人民银行果断出手接管包商银行，存款保险基金在此过程中发挥积极作用，监管工作依法专业高效，很好地保证了金融市场的稳定，成为维护金融稳定的"定海神针"。

第二，从职责来看，人民银行是我国金融基础设施的建设者、维护者和实施者。人民银行负责建立和维护全国支付清算、结算系统，为社会和商业银行等金融参与者提供支付清算服务，在建立和维护金融基础设施的职能安排中，天然具有防范系统性风险的优势。尤其是，随着互联网金融、第三方支付等新兴业态和支付方式的快速发展，大数据、云计算和人工智能（AI）等技术从根本上改变着人们的交易行为和认知。支付清算的瞬时性、集中性和信息的不对称性大大提高了金融市场风险的交叉性和集中度，也使得人民银行在支付结算、中央对手、证券登记结算、集中清算、外汇交易等金融基础设施中的作用更加突出。

另外，人民银行还在金融市场监测和参与中担当了重要的角色，如在最后贷款人职能、中央对手方清算机制和公开市场操作等方面发挥着平抑市场波动、引导市场预期的作用，这些都使得其能够及时有效获取有价值的市场信息，拥有金融风险监测分析、处置决策所需的分析资源。不仅如此，作为金融市场的重要主体，在与金融市场其他参与者的互动博弈中，人民银行还能够通过自身的交易行为和政策调控发挥稳定市场风险预期的作用。

第三，从政策实施的融合互补性来看，人民银行金融稳定职能与以系统性风险为目标的宏观审慎具有高度的相关性和复合性。人民银行是我国系统性风险的主要维护者，具有"最后贷款人"职责和牵头金融业综合统计的优势，还被赋予了金融委办公室职责，能够最大化地获取金融信息并进行专业识别和判断，有效承担起防范和降低系统性风险的职责，这与宏观审慎政策目标和职责要求具有高度的内在统一性。不仅如此，人民银行在评估宏观经济状况和金融风险方面具有专业知识，能够借助于货币政策分析，对我国的系统性金融风险从宏观层面进行综合判断，从而掌握全局。

近年来，传统货币政策框架转型的内在动力和外在需求越来越强烈，货币政策与宏观审慎的协调融合与功能区分也成为中央银行不得不面对的重大命题。国内外的实践表明，中央银行货币政策职责与金融稳定具有内在的统一性，两者都属于金融稳定框架内的公共产品范畴，都会影响金融稳定和经济活动。尽管二者的政策依据和目标不同，但人民银行在宏观审慎政策中担当关键角色，有利于统筹二者的相互作用。目前，这一方面的认识在实践中已有了积极的回应，人民银行已经成为我国货币政策和宏观审慎政策"双支柱"调控框架的设计者、组织者和实施者。

## 二、基础即保证

以实践为导向，目前我国在实施宏观审慎政策方面已经具备了较好的基础。根据中央有关部署并结合二十国集团（G20）、金融稳定委员会（FSB）对危机教训的总结，人民银行从2009年年中即开始研究强化宏观审慎管理的政策措施，并于2011年正式引入了差别准备金动态调整机制，把信贷扩张与资本水平相挂钩，这也是为了配合危机期间刺激政策逐步退出的重要举措。

2015年以来，人民银行强化了针对跨境资本流动的宏观审慎管理，推出了针对远期售汇的风险准备金、提高投机性人民币购售手续费、对境外人民币境内存放征收准备金等措施，2016年又扩大了本外币全口径境外融资（外债）宏观审慎管理试点。随着经济形势和金融业的发展变化，人民银行不断改进差别准备金动态调整机制，2016年起将其"升级"为宏观审慎评估体系（MPA），包括七个方面指标，由此建立了更加全面、更有弹性的宏观审慎政策框架。

相比国际社会，我国宏观审慎工具箱更加庞大，实际承担的目标和任务更多，含义也更加丰富。例如，就宏观审慎评估体系（MPA）而言，可以说，既是货币政策工具，也是宏观审慎工具；既可以对广义信贷进行引导和调节，起到引导广义信贷平稳增长的作用，进而影响货币和融资水平，促进总需求的平衡，也可以通过抑制信贷的顺周期过快扩张起到防范系统性风险的作用，维护金融体系稳定。

2019年以来，按照党中央、国务院印发的人民银行"新三定"方案，人民银行设立了专职履行宏观审慎管理的部门（宏观审慎管理局），由此我国宏观审慎政策框架建立开始加速。目前，我国宏观审慎政策框架的思路已初步形成，以房地产等重点领域为切入点的宏观审慎工具箱在加快建设中，完善我国系统重要性银行监管框架、推进金融控股公司监管等补齐监管制度短板的长效机制也在积极推进之中，这些探索为监测、识别、防范和化解系统性金融风险奠定了良好的基础。

### 三、问题即导向

表现一：我国金融稳定当局职责与权限不匹配之间的缺口长期存在

虽然现行法律赋予了人民银行维护金融稳定、防范化解金融风险的职能，但在实际中却依然存在着权责不对等的问题。一方面，人民银行对金融机构的微观监管较为薄弱，对金融机构的常规性监督检查和现场检查也只是局限于反洗钱、支付结算、外汇业务、金融统计、征信管理等方面，往往更侧重于事后处置和补救，事前和事中的宏观审慎政策措施不足，对监管部门的"现场检查建议权也多流于表面"。另一方面，现行法律法规只是原则上规定了人民银行具有维护金融稳定的职责，但对于人民银行如何维护金融稳定、以什么方式和手段化解风险并无规范性的配套操作细则和办法。顶层设计与实际操作两方面因素不匹配导致的结果就是，人民银行实施宏观审慎政策体制不顺，机制不畅，亟须理顺。

表现二：风险交叉性与风险识别分散化之间的矛盾日益突出

分业监管体制下，我国金融风险的识别分析和监测呈分散状态，不仅缺乏一致性的分析、监测和评价机制，而且监管部门各自对于系统性风险的防控机制也不健全。首先，人民银行对系统性风险的监测、评判及预警仍较为薄弱，缺乏数据储备、分析手段、系统的指标和风险信息渠道，难以前瞻性地对系统性风险进行预测和管理。尤其现阶段跨市场、跨行业、交叉性金融活动快速发展和金融综合经营趋势加快的情况下，原有的风险监测分析手段已经远远跟不上风险变化。其次，系统重要性金融机构（SIFIs）、金融市场和金融产品认定标准不完善，难以识别和防范此类机构引发的金融风险。最后，问题机构处置法律制度不健全，处置方式上多采用一行一策、一事一议的个案处理，不仅尚未形成衔接有序、系统化的制度框架，而且不同部门协调处置机制也不完善。

表现三：监管当局多重目标下政策协调难度较大

分业监管体制下，中央银行与金融监管部门之间存在着政策目标、立场等诸多差异，这是常态。人民银行着眼于维护整个金融体系的稳定，防范和化解系统性风险，避免风险对经济的冲击和影响，而各专业监管部门在履职过程中则客观存在着一定的行业本位和维护所监管行业利益的冲动。这样一来，客观上就产生了人民银行与各专业监管部门之间的协调缺口，也增大了协调的难度和成本。为解决协调难题，2013年以来尽管建立了人民银行牵头的金融监管协调部际联席会议机制，但一段时期该协调机制被认为缺乏专业性和权威性，同时在分业监管以及与该体制配套法律制度框架约束下，人民银行与其他金融监管部门之间也难以真正建立起有效的信息交流和共享机制。实践表明，监管不协调问题，已成为制约和影响我国金融监管效率的最主要弊端，亟须通过改革作出改变。

## 四、导向即结论

总的来看，经过多年的努力，我国已经构建起了相对完善的宏观审慎政策框架，人民银行也因其自身优势在其中发挥着越来越重要的作用，为防范化解系统性风险奠定了很好的基础。但是，问题和挑战总是不断出现。目前，我国逆周期宏观审慎管理架构还不完善，也面临着诸多新的问题和挑战。尤其是当面对系统性风险时，各方要求人民银行负担起救助职责的呼声十分强烈，却又发现人民银行面临着应对危机的手段不足、能力有限等困境。因此，如何解决政策当局风险防范职责与能力不匹配问题，已成为构建我国宏观审慎政策治理架构的核心问题。

当前，打好防范化解重大风险攻坚战，首要的是要切实防范化解金融风险，根本在于深化金融供给侧结构性改革①。在此情况下，牢牢守住我国不发生系统性风险的底线，要求我们既要防范"黑天鹅"事件，也要防止"灰犀牛"事故，而在此过程中，人民银行和金融监管部门都肩负着重要职责。特别是，人民银行本身具有的体系优势和最后贷款人职责，决定了其在防范系统性风险、加强宏观审慎管理中应扮演更重要的角色。

讨论这么多，回归问题的本源。正是考虑到人民银行作为主要的宏观调控部门，具有分析经济形势和制定执行货币政策的职能，在宏观经济形势把握和逆周期判断与调节方面更具优势，同时作为"最后贷款人"和流动性管理部门，人民银行也负有维护金融稳定的职责和能力，并积累了宏观审慎管理的良好经验。因此，大多数观点认为，作为货币政策的"总闸门"、金融风险的"总关口"和综合协调的"总枢纽"，由人民银行统筹货币政策和宏观审慎政策是适合我国金融发展和金融监管的最佳安排。实际上，党的十九大提出要健全货币政策和宏观审慎政策"双支柱"调控框架，已经对此作出了有力回应和安排。

---

① 2019年2月22日，中央政治局就完善金融服务、防范金融风险举行第十三次集体学习，习近平总书记主持学习时强调，要深化对国际国内金融形势的认识，正确把握金融本质，深化金融供给侧结构性改革，平衡好稳增长和防风险的关系，精准有效处置重点领域风险，深化金融改革开放，增强金融服务实体经济能力，坚决打好防范化解包括金融风险在内的重大风险攻坚战，推动我国金融业健康发展。

# 第三节　深刻理解健全我国宏观审慎政策治理架构的总变量

在历史的长河之中，人们所需要面对的最重要事情，莫过于理解现实如何运行，以及如何带着勇气去应对现实。从这个意义上讲，党的十九大确定的我国经济社会发展的基本方略、总体目标、主要矛盾和主要任务，已然成为影响我国今后经济发展和金融改革的最大变量，也是我们深刻理解当下、着眼未来的密码钥匙。

## 一、我国社会主要矛盾变化是总条件

当前，我国社会主要矛盾已转化为人民日益增长的美好生活需要和不平衡不充分发展之间的矛盾。主要矛盾决定工作方向和路径选择，抓住重点带动全面工作，这是唯物辩证法的要求，也是一直以来我们做好金融改革发展必须坚持的方法论。从新中国成立以来我国社会主要矛盾的调整变化看，党的"八大"将我国国内矛盾明确为"人民对于建立先进的工业国的要求同落后的农业国的现实之间的矛盾""人民对于经济文化迅速发展的需要同当前经济文化不能满足人民需要的状况之间的矛盾"。党的十一届三中全会以后，我国将社会主义初级阶段主要矛盾确定为"人民日益增长的物质文化需要同落后的社会生产之间的矛盾"①。实践表明，改革开放四十二年来，正是由于我们准确界定并根据主要矛盾变化制定和坚持了一系列正确的路线方针政策，并一以贯之，才使我国社会主义现代化建设取得了巨大成就。

当前，深刻理解我国社会的主要矛盾变化，必须准确把握这一变化背后的宏大逻辑。一方面，改革开放极大地解放和发展了我国社会生产力。纵向横向来看，我国社会生产力水平总体上得到了显著提高，社会生产能力在很多方面进入了世界前列，解决了几十亿人的温饱问题，总体上实现了小康。

---

① 引自党的十九大报告。

2019年国内生产总值（GDP）增长6.1%，超过99万亿元①，稳居世界第二②位，工农业生产、基础设施、科技创新、市场建设也都取得了长足进步，社会生产总体上已不再落后。另一方面，人民对美好生活的需要日益增长、范围日益广泛，不仅对物质文化生活提出了更高要求，而且在民主、法治、公平、正义、安全、环境等方面的要求日益增长。

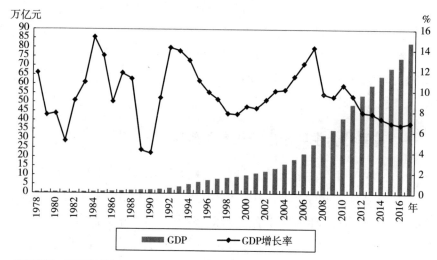

数据来源：国家统计局。

**图7-1 改革开放以来我国GDP及其增长率**

但是，我们也必须看到，我国经济社会发展中不平衡不协调不可持续的问题依然十分突出，城乡、地区、不同群体之间居民收入差距仍然较大，产业、行业、企业分化的现象突出，能源原材料等领域产能过剩问题依然严重，制造业技术升级面临较大制约，部分企业高负债、高库存运行的风险犹存，劳动力、资源等成本上升现象较为突出，扶贫脱贫、农业农村、生态保护、公共服务等方面的短板有待增强，人与自然不和谐的矛盾还相当突出，

---

① 据2020年2月28日国家统计局公布的《2019年国民经济和社会发展统计公报》，2019年全年我国国内生产总值（GDP）为99.0865万亿元，增长6.1%，中国经济增长对世界经济增长贡献率超过30%。

② 2010年，我国国内生产总值达到40万亿元，成为世界第二大经济体。

这些都成为满足人民日益增长美好生活需要的主要制约因素。

正反两方面的因素相互对照，形成了巨大的反差，并由此得出一个鲜明的结论。那就是，原来关于我国社会主要矛盾的表述，显然已不能准确反映我国经济社会发展变化的客观实际，迫切需要作出新的概括。当前，在我国主要矛盾中，发展不平衡，主要是各区域各方面发展不够平衡，制约了全国发展水平提升；发展不充分，主要是一些地方、一些领域、一些方面还有发展不足的问题，发展的任务依然很重。多种发展不平衡不充分问题相互掣肘，造成了很多社会矛盾和问题，成为现阶段各种社会矛盾的主要根源，并已成为我国社会主要矛盾的主要方面。对此，我们必须全面准确认识，下大功夫去解决。

在上述条件约束下，深入推动我国金融改革，尤其需要全面认识我国社会主要矛盾的"变"与"不变"。应该看到，我国社会主要矛盾的显著变化，没有改变对我国社会所处历史阶段的判断（冷溶，2017）[1]，改革发展仍然是今后的主要任务。同时，我国社会主要矛盾的新表述，也绝不仅仅只是个纯概念的改变，而是已成为推进我国金融改革、促进金融发展所需考虑的大前提。当前，推动我国金融发展改革，建立健全宏观审慎政策治理架构，必须立足于我国社会主要矛盾和初级阶段这个最大实际。

## 二、高质量发展是总要求

中国特色社会主义进入新时代，我国经济发展也进入了新时期，基本特征是经济由高速增长阶段转向高质量发展阶段。高质量发展有深刻的内涵，其中最主要的是推进供给侧结构性改革，同时围绕这一主线做好各项金融工作。

（一）准确理解高质量发展的内涵要求

高质量发展，就是能够很好满足人民日益增长的美好生活需要的发展，是体现新发展理念的发展，是创新成为第一动力、协调成为内生特点、绿色

---

[1] 冷溶，"正确把握我国社会主要矛盾的变化"，载《党的十九大报告辅导读本》130页，人民出版社，2017年。

成为普遍形态、开放成为必由之路、共享成为根本目的的发展。一言以蔽之，高质量发展，就是从"有没有"转向"好不好"，以及"如何更好"。

从具体要求上来讲，当前推动高质量发展，要求建设现代化经济体系，这是我国发展的战略目标。而实现这一战略目标，必须牢牢把握高质量发展的要求，坚持质量第一、效益优先；必须牢牢把握工作主线，坚定推进供给侧结构性改革；必须牢牢把握基本路径，推动质量变革、效率变革、动力变革；必须牢牢把握着力点，加快建设与实体经济、科技创新、现代金融、人力资源协同发展的产业体系；必须牢牢把握制度保障，构建市场机制有效、微观主体有活力、宏观调控有度的经济体制。

（二）牢牢把握供给侧结构性改革的主线

推动高质量发展是我国当前和今后一个时期确定发展道路、制定经济政策、实施宏观调控的根本要求。高质量发展，包括供给、需求、投入产出、分配、宏观经济循环五个方面的内涵要求。这里，我们主要看看供给方面的因素，这是矛盾的主要方面。

推动高质量发展，要求我们将供给侧结构性改革作为今后一个时期我国经济工作的主线。供给侧结构性改革，是"供给侧+结构性+改革"的组合，就是从提高供给质量出发，用改革的办法推进结构调整[①]，矫正要素配置扭曲，扩大有效供给，提高供给结构对需求变化的适应性和灵活性，提高全要素生产率，更好地满足广大人民群众的需要，促进经济社会持续健康发展。

从更广的视角来看，推进供给侧结构性改革具有深刻的国际国内背景。危机以来，主要发达国家在实施需求管理政策的同时，高度重视供给体系调整。当前世界范围内新一轮科技革命和产业革命蓄势待发，信息技术、生物技术、新材料技术、新能源技术广泛渗透，重大颠覆性创新不时出现，特别是新一代信息通信技术与制造业深度融合，催生智能制造、分享经济等各种新科技、新业态不断涌现，新技术革命正在有力推动全球供给体系调整。

---

[①] 供给侧结构性改革的工具：市场制度方面包括市场准入、市场交易和市场退出；企业制度方面包括降低成本、鼓励竞争和打破垄断；政府管理方面包括减少不当干预财税体制、金融制度。扩大需求的工具包括扩大货币发行、扩大财政支出和扩大政府投资。

从我国情况来看，随着我国社会主要矛盾转化和经济由高速增长阶段转向高质量发展阶段，制约经济持续健康发展的因素，既有短期的也有长期的，既有周期性的也有结构性的，既有供给的也有需求的，既有结构的也有总量的，但供给侧和结构性的问题是矛盾的主要方面。主要体现为，供给结构失衡，不能很好地适应需求结构的变化；供给质量不高，不能很好地满足人民美好生活和经济转型升级的需求；金融、人才等资源配置存在"脱实向虚"现象，影响了发展基础的巩固等。解决这些矛盾，只有推进供给侧结构性改革，提高供给体系质量，适应新需求变化，才能在更高水平上实现供求关系新的动态均衡。

表7-2　2017年世界银行按购买力平价方法估算的GDP总量前10名排序

| 排名 | 国家 | GDP（万亿美元） | 占世界GDP总量的比重（%） |
|---|---|---|---|
| 1 | 中国 | 23.30 | 18.3 |
| 2 | 美国 | 19.39 | 15.2 |
| 3 | 印度 | 9.45 | 7.4 |
| 4 | 日本 | 5.49 | 4.3 |
| 5 | 德国 | 4.19 | 3.3 |
| 6 | 俄罗斯 | 3.82 | 3.0 |
| 7 | 印度尼西亚 | 3.24 | 2.5 |
| 8 | 巴西 | 3.24 | 2.5 |
| 9 | 法国 | 2.88 | 2.3 |
| 10 | 英国 | 2.86 | 2.2 |
| | 世界 | 127.57 | 100.0 |

数据来源：中国货币政策执行报告，2018年第三季度，中国金融出版社。

（三）高质量发展要求推进金融改革

党的十九大报告围绕供给侧结构性改革这条主线，对创新驱动、乡村振兴、区域协调发展、经济体制改革和对外开放等作出了相应部署，其中与金融发展改革紧密相关的主要体现在经济体制改革和对外开放两方面。

完善市场经济体制方面，在金融领域就是要通过进一步深化金融改革①，加快高质量金融监管制度和标准供给，真正使市场在资源配置中起决定性作用②，提高金融制度供给和要素配置的效率。推动形成全面开放新格局方面，在金融领域就是要通过进一步深化金融改革，健全我国金融监管框架，构建宏观审慎政策治理架构，防范化解重大金融风险，使我们的金融主体更好地参与全球经济合作和竞争，在全球范围内配置资源、管理风险。

按照高质量发展的要求，2017年底召开的中央经济工作会议进一步提出，推动高质量发展是当前和今后一个时期确定发展思路、制定经济政策、实施宏观调控的根本要求，各方面必须加快形成推动高质量发展的指标体系、政策体系、标准体系、统计体系、绩效体系、政绩体系，创建和完善制度环境。

因此，必须清晰地认识到，上述多方面表述和要求，都为我们今后进一步深化金融监管改革，健全货币政策和宏观审慎政策"双支柱"调控框架，强化监管协调、防范化解风险，提供了根本性的方向遵循。当前，我们要紧紧把握高质量发展的要求，围绕深化供给侧结构性改革这一主线，把好金融工作的关，定好金融改革的向。

### 三、我国金融改革开放的成就是总基础

以开放促改革与以改革推开放相结合，是过去40多年我国经济快速发展的基本经验。近年来，为了从根本上解决我国金融体系长期存在的突出问题，我国明显加快了金融改革和开放步伐，金融发展改革取得了很大的成绩。在所有的历史性成绩中，有两方面内容与金融改革方向密切相关，一个是市场化的方向，即市场在利率和汇率等资金价格形成中起决定性作用；另一个是开放的环

---

① 例如，2014年6月30日，中央政治局会议审议通过《深化财税体制改革总体方案》，改革的目的是，建立现代财政制度，重点是改进预算管理制度、深化税收制度改革、建立事权和支出责任相适应的制度。

② 党的十八届三中全会通过的《关于全面深化改革若干重大问题的决定》提出，经济体制改革的核心问题是处理好政府与市场的关系，使市场在资源配置中起决定性作用和更好地发挥政府作用。如，2019年9月9日召开的中央全面深化改革委员会第十次会议审议通过的《统筹监管金融基础设施工作方案》《国有金融资本出资人职责暂行规定》，从制度供给方面对统筹重要金融基础设施监管、加强国有金融资本管理作出了制度安排。

境，即金融双向开放带来的贸易、货币和竞争环境的全方位改变。

（一）让市场在价格形成中起决定性作用：利率与汇率改革

党的十八大以来，我国确立了"四个全面"战略布局，全面深化改革是其中的动力机制。在深化金融改革的过程中，我国注重将推进改革与补短板、降成本和为实体经济服务等工作紧密结合，不断提高金融的普惠性和金融结构的适应性。其中，一个重要内容是，让市场在资源配置中起决定性作用[①]，而要实现这一目标，就要实现资金价格即利率和汇率的市场化，这也是建立市场化机制的必然要求。

1. 稳步推进利率市场化改革

利率是资金的价格，也是金融市场上最重要和最基础的变量指标。利率的波动变化引导着资金的流向和流量，发挥着配置资金资源的基础性作用，从而也就成为货币当局传统意义上最重要的货币政策工具之一。利率市场化是我国金融领域最核心的改革之一，各方历来高度重视。从1993年党的十四届三中全会提出利率市场化改革设想以来，我国的利率市场化进程一直稳步推进。1996年取消同业拆借利率上限管理，标志着我国利率市场化改革正式开始。[②]

近年来，围绕"放得开、形得成、调得了"，我国稳步推进利率市场化改革在多方面取得了重要进展[③]。2003年，党的十六届三中全会明确了我国利率市场化改革的目标[④]。从2004年10月开始，金融机构存贷款利率市场

---

① 1993年11月14日，党的十四届三中全会通过的《关于建立社会主义市场经济体制若干问题的决定》提出，要使市场在国家宏观调控下对资源配置起基础性作用。2013年11月，党的十八届三中全会通过的《关于全面深化改革若干重大问题的决定》提出，"使市场在资源配置中起决定性作用"。从"基础性作用"到"决定性作用"表述的演变经历了20年，表明了人们对市场机制和作用的认识在深化，而背后也折射出了多少人漫长而曲折的艰辛探索。

② 长期以来，我国利率市场化的总体思路是，先贷款后存款、先大额后小额、先外币后本币。在此过程中，人民银行采取了逐步提高利率浮动幅度的方法，此举既可以形成稳定的市场预期，也留给市场主体充足的时间调整和完善自主定价机制，取得了良好的效果。

③ 2019年4月25日，人民银行副行长刘国强在国务院新闻办公室国务院政策例行吹风会上答记者问。

④ 2003年，党的十六届三中全会通过的《关于完善社会主义市场经济体制若干问题的决定》提出了利率市场化改革的目标。

化进程加快，在首先放开银行间拆借市场利率、债券回购和现券交易利率的基础上，又放开了贷款利率上限。2007年初，上海银行间同业拆放利率（SHIBOR）正式开始运行，为金融市场提供了各类短期金融产品的定价基准。2010年10月，新一轮存贷款基准利率确定方式改革启动，存贷款基准利率逐步向0.05%整数倍归整。2012年6月，又对存贷款利率浮动区间进行调整，允许存款利率上浮[①]，并放宽贷款利率浮动区间[②]，同年7月，又进一步调整贷款利率浮动区间，贷款利率下限由基准利率0.8倍调整为0.7倍。

2013年以来，我国利率市场化改革进程开始进入一个新阶段。2013年7月，我国全面放开了金融机构贷款利率管制，取消了贷款利率下限，由金融机构根据商业原则确定贷款利率水平。2014年11月，进一步调整存款利率浮动区间，上限由基准利率1.1倍调整为1.2倍，并简并存贷款基准利率期限档次。2015年3月，进一步扩大了存款利率浮动区间，上限由基准利率1.2倍调整为1.3倍；5月起，扩大存款利率浮动区间[③]，并放开了小额外币存款利率浮动区间上限；8月，放开一年期以上定期存款利率上限，并于10月24日起不再对商业银行和农村合作金融机构等设置存款利率上限。至此，我国利率管制基本取消，标志着我国利率市场化改革进入了一个更高阶段。

进入新时代，推进我国利率市场化的核心要求在于，要建立健全并形成与市场相适应的利率形成和调控机制，具体包括三方面内容。一是从数量型调控为主向价格型调控为主转变。二是构建利率走廊，增强市场化利率的调控能力。具体而言，就是以督促金融机构提高自主定价能力为重点，加强中央银行利率调控和传导机制建设，做好统计监测、强化行业自律及监督管理，不断构建和完善市场化的利率形成、调控和传导机制，真正实现使市场机制在利率形成和资源配置中发挥决定性作用。三是实现市场利率与贷款基准利率（LPR）"两轨变一轨"。

---

[①] 存款利率浮动区间基准利率的（0，1）倍调整为（0，1.1）。

[②] 贷款利率下限由基准利率的0.9倍调整为0.8倍，个人住房贷款利率浮动区间下限仍为基准利率的0.7倍。

[③] 存款利率浮动区间上限由基准利率的1.3倍调整为1.5倍，金融机构可在上限范围内自主确定对客户的存款利率水平。

按照上述路线图，2019年8月17日，人民银行正式发布公告，宣布改革完善贷款市场报价利率（LPR）形成机制，旨在以市场化手段打破贷款利率隐性下限，推动降低贷款实际利率。8月20日上午9:30，人民银行授权全国银行间同业拆借中心首次发布了新的LPR[①]，标志着LPR形成机制改革正式揭幕。新的LPR主要变化体现为：一是报价方式改为按照公开市场操作利率加点形成；二是在原有的1年期一个期限品种基础上，增加5年期以上期限品种，为银行发放住房抵押贷款等长期贷款的利率定价提供参考，也便于未来存量长期浮动利率贷款合同定价基准向LPR转换的平稳过渡；三是报价行范围代表性增强，在原有的10家全国性银行基础上增加城商行、农商行、外资银行和民营银行各2家，扩大到18家；四是报价频率由原来的每日报价改为每月报价一次。

改革后，LPR带动贷款实际利率下行效果明显。2019年12月新发放企业贷款加权平均利率为5.12%，较LPR改革前的7月下降0.2个百分点，为2017年第二季度以来最低点，降幅明显超过同期LPR降幅，反映LPR改革增强金融机构自主定价能力、提高贷款市场竞争性、促进贷款利率下行的功能正在发挥作用。2020年2月20日，LPR报价1年期和5年期均出现下调，分别下调10个和5个基点，这既体现了LPR利率与MLF利率的联动性，显示了央行特殊时期的调控导向，也将在短期内带动企业贷款利率更大幅度下行。

2. 完善人民币汇率形成机制

保持人民币汇率在合理均衡水平上基本稳定，是我国货币政策目标"保持币值稳定"的内涵要求之一[②]。近年来，人民银行按照主动性、可控性、渐进性原则，不断完善人民币汇率形成机制，增强人民币汇率弹性，保持人民币汇率在合理均衡水平上的基本稳定。

1994年，随着我国外汇体制改革的扎实推进，人民银行开始开展外汇

---

① 根据人民银行答记者问，新的LPR由各报价行于每月20日（遇节假日顺延）以0.05个百分点为步长，向全国银行间同业拆借中心提交报价，全国银行间同业拆借中心按去掉最高和最低报价后算术平均，向0.05%的整数倍就近取整计算得出LPR，于当日9时30分公布，公众可在全国银行间同业拆借中心和人民银行网站查询。

② 2003年修订的《中国人民银行法》规定，货币政策的目标是，"保持货币币值稳定，并以此促进经济增长"。

市场公开市场业务，但随后爆发的亚洲金融危机一度放缓了我国汇率体制改革。2003年，中共十六届三中全会提出要"完善人民币汇率形成机制"，为重启汇率市场化改革奠定了政策基调。此后，我国一直强调人民币汇率应该参考一篮子货币，并于2005年7月21日正式启动了人民币汇率形成机制改革，开始实行以市场供求为基础、参考一篮子货币进行调节、有管理的浮动汇率制度。

2006年1月，人民银行进一步完善银行间即期外汇市场，改进人民币汇率中间价形成方式，在银行间即期市场引入询价交易方式（OTC方式），同时保留撮合方式，交易主体既可选择以集中授信、集中竞价的方式交易，也可以选择以双边授信、双边清算方式进行询价交易，同时在银行间外汇市场引入做市商制度，为市场提供流动性，市场力量在汇率形成机制中的作用大幅增强。2007年5月，银行间即期外汇市场人民币兑美元交易价浮动幅度由千分之三扩大至千分之五[①]。

2008年至2010年，为应对国际金融危机冲击，人民币汇率波动收窄。2012年4月16日起，浮动幅度又由千分之五进一步扩大到百分之一[②]。2014年3月，再次由百分之一扩大到百分之二，人民币汇率弹性进一步增强，并在此后基本退出了对外汇市场的常态干预。

自2015年8月开始，人民银行进一步完善人民币兑美元汇率中间价报价机制，做市商在每日银行间外汇市场开盘前，参考上日银行间外汇市场收盘汇率，综合考虑外汇供求情况以及国际主要货币汇率变化，向外汇交易中心提供中间价报价，以反映市场供求变化。2015年12月，发布了三大人民币汇率指数[③]，强调要加大参考一篮子货币的力度，使参考一篮子货币更加透明、规

---

① 即每日银行间即期外汇市场人民币兑美元的交易价可在外汇交易中心对外公布的当日人民币兑美元中间价上下千分之五幅度内浮动。

② 即每日银行间即期外汇市场人民币兑美元的交易价可在外汇交易中心对外公布的当日人民币兑美元中间价上下百分之一幅度内浮动，外汇指定银行为客户提供当日美元最高现汇卖出价与最低现汇买入价之差不得超过当日汇率中间价的幅度由1%扩大至2%。

③ 是指2015年12月11日发布的CFETS人民币汇率指数和参考BIS的人民币汇率指数、参考SDR货币篮子的人民币汇率指数，上述指数由中国外汇交易中心暨全国银行间同业拆借中心（CFETS）发布。

则和可预期。2016年2月，正式明确了"中间价＋一篮子货币汇率变化"的中间价形成机制。2017年5月以来，又在中间价报价模型中引入逆周期因子。

至此，我国基本形成了"收盘汇率＋一篮子货币汇率变化"的人民币兑美元汇率中间价形成机制。在该机制下，人民币汇率在保持对一篮子货币基本稳定的同时，对美元的双向浮动弹性有所增强，更好地发挥了宏观经济稳定器和调节器的作用。

（二）我国金融开放新格局

我国改革开放四十二年历程表明，一国经济的国际竞争力只能在双向开放中实现[1]，改革开放是主动防范化解系统性风险的历史经验和未来抉择。全国第五次金融工作会议也提出，要积极稳妥推动金融业对外开放，合理安排开放顺序，加快建立完善有利于保护金融消费者权益、增强金融有序竞争、防范金融风险的机制。可以说，金融开放既是我国改革开放四十二年历史成绩的经验总结，同时也是推进我国经济不断向前的动力源泉。

1. 我国金融业改革开放的"三驾马车"

我国改革开放四十二年的实践，也是我国金融业对外开放不断扩大、汇率趋向均衡、资本管制逐步减少的过程。通常，人民币汇率合理化的程度和资本管制减少的程度是衡量金融业对外开放程度的主要标尺，而扩大金融业对外开放也会进一步促进汇率改革和资本管制的减少（人民银行，2017）。我们将上述三者称为我国金融改革开放的"三驾马车"。

"三驾马车"共同发展、协调推进、相互配合，是我国经济快速健康增长和金融发展的宝贵经验。回头来看，实际上，我国金融业对外开放的进程始终伴随着外汇管制的逐步减少和汇率走向合理化，虽然"在此过程中三者的进度未必完全一致，但方向是相同的，同时也会相互促进"[2]。"三驾马车"之间协同推进，推动我国经济实现了全方位的对外开放。

---

① 经济开放度的衡量指标为，进出口与GDP之比。
② 朱隽等：《人民币加入SDR之路》，中国金融出版社，2017，第57页。

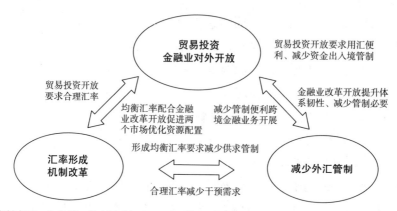

资料来源：朱隽等：《人民币加入SDR之路》，中国金融出版社，2017。

图7-2 我国经济改革开放的"三驾马车"

拉长历史的视角，2001年12月11日我国正式加入世界贸易组织（WTO），自此中国金融业对外开放进入了加速阶段[①]。与此同时，我国金融市场双向开放也在积极推进之中。2002年以来，在我国资本项目尚未完全放开的情况下，为推进金融市场开放，我国采取了一系列过渡性的制度安排，如推出合格境外机构投资者（QFII）、合格境内机构投资者（QDII）制度，2011年又推出人民币合格境外机构投资者（RQFII）制度，为境内外投资者跨境证券投资提供了渠道。近几年，我国积极推进沪港通、深港通、沪伦通[②]等境内外金融市场互联互通机制建设，开辟了境内外投资者跨境证券投资的新渠道。

2018年6月，我国进一步完善QFII和RQFII制度，取消了合格境外机构投资者（QFII）资金汇出20%的比例限制；取消了QFII和RQFII本金锁定期要求；允许QFII和RQFII开展外汇套期保值，对冲境内投资汇率风险；优化了额度管理流程。2019年9月，我国决定全面取消QFII和RQFII投资额度限制，我

---

① 2001年11月10日，在卡塔尔首都多哈举行的世界贸易组织第四届部长级会议以全体协商一致的方式，审议并通过中国加入世界贸易组织的决定。12月11日，中国正式成为世界贸易组织成员，这标志着中国对外开放进入了新的阶段。

② 2014年11月17日，上海与香港股票交易市场互联互通机制"沪港通"正式启动。2016年12月、2017年7月，又相继启动了"深港通""债券通"。

国金融市场对外开放进一步扩大。

2019年10月以来，又进一步便利境外机构投资者投资银行间债券市场，取消RQFII和QFII额度和试点区域限制，整合入市渠道。

经过多年的改革开放，我国金融机构运营更加稳健，金融市场基础设施更趋完善，金融体系的韧性和应对危机能力大幅提升，为成功应对2008年危机打下了坚实的基础。2008年国际金融危机以来，我国金融体系总体稳健，银行机构保持了较强的盈利能力，外汇储备保持合理增长，外汇市场形成了人民币强劲的升值预期，这些对进一步推进我国金融改革提供了良好的基础条件。

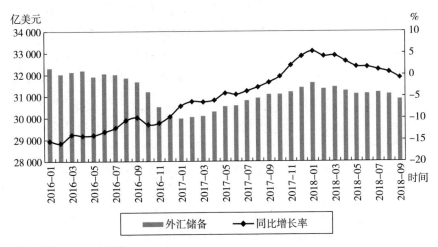

数据来源：中国人民银行。

**图7-3 2016年以来我国外汇储备及增长率**

2018年，时值我国改革开放四十周年之际，习近平总书记在4月召开的博鳌亚洲论坛年会开幕式讲话中郑重承诺，中国开放的大门不会关闭，只会越开越大，并宣布了四方面扩大开放的重大举措，包括大幅度放宽市场准入、创造更有吸引力的投资环境、加强知识产权保护、主动扩大进口[①]。按照上述精神，中国人民银行行长易纲宣布了进一步扩大金融业对外开放的具

---

① 2018年4月10日习近平总书记在博鳌亚洲论坛2018年年会开幕式主旨演讲。

体措施，对11项具体措施给出了时间表①。目前，绝大部分措施已经落地，极少数尚未落地开放措施的修法程序也已到最后阶段，相关申请的受理工作也已经开始，外资金融机构进入中国市场取得了明显进展②。

2019年7月，按照"宜快不宜慢、宜早不宜迟"的原则，我国在深入研究评估的基础上又进一步推出11条金融业对外开放措施，包括允许外资机构在华开展信用评级业务时，可以对银行间债券市场和交易所债券市场的所有种类债券评级；鼓励境外金融机构参与设立、投资入股商业银行理财子公司；允许境外金融机构投资设立、参股养老金管理公司；允许境外金融机构与中资银行或保险公司的子公司设立由外方控股的理财公司；支持外资全资设立或参股货币经纪公司；人身险外资股比限制从51%提高至100%的过渡期，由原定的2021年提前到2020年；取消境内保险公司合计持有保险资产管理公司的股份不得低于75%的规定，允许境外投资者持有股份超过25%；放宽外资保险公司准入条件，取消30年经营年限要求；将原定于2021年取消证券公司、基金管理公司和期货公司外资股比限制的时点提前到2020年；允许外资机构获得银行间债券市场A类主承销牌照；进一步便利境外机构投资银行间债券市场。

未来，我国将遵循"准入前国民待遇+负面清单原则"，推动金融业对

---

① 内容包括：1.取消银行和金融资产管理公司的外资持股比例限制，内外资一视同仁；允许外国银行同时在我国境内设立分行和子行。2.将证券公司、基金管理公司、期货公司、人身险公司的外资持股比例上限放宽至51%，三年后不再设限。3.不再要求合资证券公司境内股东至少有一家是证券公司。4.进一步完善内地与香港股票市场互联互通机制，从2018年5月1日起把互联互通每日额度扩大四倍，沪股通每日额度从30亿元调整为520亿元人民币，港股通每日额度从105亿调整为420亿元人民币。5.允许符合条件的外国投资者来华经营保险代理业务和保险公估业务。6.放开外资保险经纪公司经营范围，与中资机构一致。在2018年底前，还将推出以下措施：1.鼓励在信托、金融租赁、汽车金融、货币经纪、消费金融等银行业金融领域引入外资。2.对商业银行新发起的金融资产投资公司和理财公司的外资持股比例不设上限。3.大幅度扩大外资银行业务范围。4.不再对合资证券公司业务范围单独设限，内外资一致。5.全面取消外资保险公司设立前需开设2年代表处的要求。

② 例如，瑞士银行对瑞银证券的持股比例提升至51%，实现绝对控股；安联（中国）保险获准筹建，成为我国首家外资保险控股公司；美国标普公司获准进入我国信用评级市场；美国运通公司在我国境内发起设立合资公司，筹备银行卡清算机构的申请已经审查通过。金融市场开放方面，2018年6月，我国A股正式纳入MSCI指数；2018年9月，富时罗素宣布将A股纳入其指数体系（纳入一项新兴市场指数，但尚未纳入它的主要指数）；2019年4月，彭博社巴克莱全球综合债券指数确认将中国债券纳入。

外开放与汇率形成机制和资本项目可兑换进程相互配合、共同推进，在开放的同时，重视防范金融风险，使金融监管能力与金融开放度相匹配[1]。

2. 人民币不断走向国际化

全球货币史表明，一国货币使用的广度和深度，既深刻反映着一国经济发展的国际化程度，也同时会成为影响一国金融监管模式选择的重要因素之一。近年来，我国抓住2008年危机带来的历史性机遇，积极稳妥推进人民币国际化，取得了历史性进展，为金融监管改革提供了良好的金融条件。

2009年7月以来，人民银行与有关部门一道，遵循"低调务实有效推动，尊重顺应市场需求，循序渐进风险可控"的原则，逐步建立起人民币跨境使用的政策框架和管理机制，逐步形成了人民币"出得去、回得来"的良性循环机制。在遵循渐进、可控原则的前提下，允许境内机构以人民币进行对外直接投资，境外投资者以人民币到境内开展直接投资和投资境内金融机构；允许跨国企业开展跨境人民币资金集中运营业务；允许并扩大境外机构进入银行间债券市场投资，开展人民币合格境外机构投资者（RQFII）、人民币合格境内机构投资者（RQDII）试点[2]，支持境外机构在境内银行间债券市场发行人民币债券。

2012年12月以来，我国陆续在深圳前海、江苏昆山、上海自贸区[3]等开展了境外人民币借款、跨国企业集团人民币资金池等跨境人民币业务试点。至2016年，跨境人民币收付金额合计达9.85万亿元，占同期本外币跨境收付金额的比重为25.2%，人民币连续六年成为中国第二大跨境收付货币[4]。

3. 设立人民币业务清算行

2003年起，我国即开始积极推动确立授权人民币业务清算行[5]。实践表

---

① 参见2018年4月11日，易纲行长在亚洲博鳌论坛年会的讲话。

② 截至2018年5月底，我们已给予18个试点国家（地区）RQFII额度，2018年5月又给予日本2 000亿元额度，这已成为境外机构参与中国金融市场的有效渠道。

③ 2013年8月17日，国务院正式批准设立中国（上海）自由贸易试验区。截至2018年11月，自贸试验区试点由上海逐步扩大至广东、天津、福建、辽宁、浙江、河南、湖北、重庆、四川、陕西、海南等地。

④ 数据来源：《"十三五"现代金融体系规划》。

⑤ 人民币业务清算行应具有丰富的清算经验、拥有完备的网络和熟悉中国与所在地金融管理政策法规。

明，人民币业务清算行的设立，有利于扩大人民币在国际贸易与投资中的运用，提升人民币在国际贸易结算、资产储备、投资清算中的比重和分量，增强人民币在国际货币体系中的话语权，并最终会推动人民币国际化。截至2019年1月底，我国在世界各地共确定了25家人民币业务清算行，其中24家中资银行、1家外资银行，覆盖了全球主要国际金融中心。

表7-3 人民银行授权设立的人民币业务清算行（部分）

| 序号 | 名称 | 所在国或地区 | 设立时间 |
|---|---|---|---|
| 1 | 中国银行（香港）有限公司 | 中国香港 | 2003年12月授权<br>2011年11月续任 |
| 2 | 中国银行澳门分行 | 中国澳门 | 2004年授权<br>2007年9月续任 |
| 3 | 中国银行台北分行 | 中国台湾 | 2012年12月 |
| 4 | 工商银行新加坡分行 | 新加坡 | 2013年2月 |
| 5 | 建设银行（伦敦）有限公司 | 英国伦敦 | 2014年6月 |
| 6 | 中国银行法兰克福分行 | 德国法兰克福 | 2014年6月 |
| 7 | 交通银行首尔分行 | 韩国首尔 | 2014年7月 |
| 8 | 中国银行巴黎分行 | 法国巴黎 | 2014年9月 |
| 9 | 工商银行卢森堡分行 | 卢森堡 | 2014年9月 |
| 10 | 工商银行多哈分行 | 卡塔尔多哈 | 2014年11月 |
| 11 | 中国银行悉尼分行 | 澳大利亚悉尼 | 2014年11月 |
| 12 | 工商银行（加拿大）有限公司 | 加拿大多伦多 | 2014年11月 |
| 13 | 中国银行（马来西亚）有限公司 | 马来西亚吉隆坡 | 2015年1月 |
| 14 | 工商银行（泰国）有限公司 | 泰国曼谷 | 2015年1月 |
| 15 | 建设银行智利分行 | 智利 | 2015年5月 |
| 16 | 匈牙利中国银行 | 匈牙利 | 2015年6月 |
| 17 | 中国银行约翰内斯堡分行 | 南非约翰内斯堡 | 2015年7月 |
| 18 | 赞比亚中国银行 | 赞比亚 | 2015年9月 |
| 19 | 工商银行（阿根廷）有限公司 | 阿根廷 | 2015年9月 |
| 20 | 中国银行纽约分行 | 美国纽约 | 2016年9月 |
| 21 | 工商银行（莫斯科）有限公司 | 俄罗斯 | 2016年9月 |
| 22 | 美国摩根大通银行（J.P.Morgan Chase Bank, N.A.） | 美国 | 2018年2月 |

资料来源：著者整理。

### 4.人民币加入SDR货币篮子

很大程度上，特别提款权（SDR）是化解布雷顿森林体系下不断加深的美元危机的创作之举①，是美国推出的试图破解特里芬难题的官方解决方法。2015年，在IMF五年一轮特别提款权（SDR）货币篮子评估②开启之际，我国提出了人民币加入SDR货币篮子的申请。2015年8月，IMF完成了人民币加入SDR货币篮子的部分技术性评估工作。此后，我国进一步完善人民币国际使用的基础设施，加快推进利率汇率市场化和资本项目可兑换，积极推动人民币加入SDR货币篮子相关工作开展。2016年10月1日，人民币正式被纳入SDR货币篮子，标志着人民币国际化迈上一个新的台阶。

人民币入篮后，SDR货币篮子包括了美元、欧元、人民币、日元和英镑五种货币，其权重分别为41.73%、30.9%、10.92%、8.33%、8.09%。人民币加入SDR货币篮子，有利于扩大SDR的代表性，推动国际货币体系改革，有利于促进人民币国际化，提升人民币在国际金融市场和国际储备货币中的地位③，推动境内金融市场改革开放。

2016年4月开始，人民银行同时发布了以美元和SDR作为报告货币的外汇储备数据。此举，有助于降低主要国家汇率经常大幅波动引发的估值变动，更为客观地反映外汇储备的综合价值，也有助于增强SDR作为记账单位的作用。另外，为扩大SDR使用，我国也在积极发展SDR计值的资本市场，研究在国内发行SDR计值债券。

---

① 保罗·沃尔克在其著作《坚定不移》中提到，"创建一种新的国际储备资产，以补充并最终替代黄金，从而减轻美元的压力，这将是解决特里芬难题的官方解决方法"。

② IMF评审一国货币加入SDR货币篮子有两个标准，一个是货币背后的货物贸易和服务贸易量，另一个是货币的自由使用程度。据《改革开放四十年大事记》一书，2013年，我国成为世界第一贸易大国，货物进出口总额为4.16万亿美元，其中出口额2.21万亿美元，进口额1.95万亿美元。

③ IMF 2019年3月29日发布的官方外汇储备货币构成季度数据显示，截至2018年第四季度，各经济体央行持有的外汇储备中，人民币资产占比升至1.89%，约合2 027.9亿美元，超过澳元（1.62%）和加元（1.84%），创IMF自2016年10月报告人民币储备资产以来的最高水平。

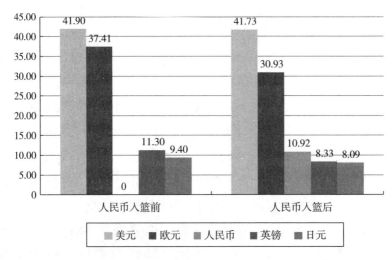

图7-4　IMF特别提款权（SDR）货币篮子：人民币入篮前后

## 四、全球诸多不确定性因素是总约束

2008年金融危机迄今已十二年，但对全球经济的影响仍在持续。当前，世界经济复苏仍存在诸多不稳定、不确定因素，一些国家宏观政策调整变数较大，新兴经济体面临着新的挑战和困难，全球经济增长的动力结构在发达国家和新兴经济体之间转换，金融市场面临重估和调整。金融危机的剩余效应，叠加2020年初爆发的新冠肺炎疫情对全球经济带来的冲击，在很长一段时间内将会继续限制消费支出和信贷行为，削弱经济增长动力，从而也成为制约和影响我国金融监管改革最大的外部因素。

（一）欧美政策调整风险溢出是最大的不确定性因素

2008年金融危机以来，为稳定市场，满足金融市场流动性需求，刺激经济复苏，美国先后实行了四轮量化宽松货币政策（QE）[①]。近几年，随着美

---

　① 2008年危机以来为应对危机，美联储资产负债表急剧扩张，从2007年末的9 151.29亿美元增长到2013年末的4.024149万亿美元，增长了3.4倍。第一轮为2008年11月至2010年3月，购买机构债和MBS，规模1.7万亿美元；第二轮为2010年11月至2011年6月，购买国债，规模为6 000亿美元；第三轮于2012年9月至11月，每月购买400亿美元MBS，并将所持到期机构债和机构MBS到期本金收入再次投资于机构MBS，扭转操作继续；第四轮于2012年12月推出，美元购买450亿美元国债，替代扭转操作，加上第三轮每月的400亿美元额度，每月国债购买量达850亿美元。

国经济形势逐步向好，经济增长率高于全球GDP平均增长率，失业率也回归到6%警戒线以下，消费价格指数（CPI）、生产价格指数（PPI）走势平稳，这些因素综合起来促使美国决定退出QE。2014年10月，美国联邦公开市场委员会（FOMC）[①]宣布于10月末停止资产购买计划，这意味着实施六年的QE结束。此后，美联储开始了减持所持有政府支持证券的努力。[②]

在当前美元占主导的国际金融体系中，美国的货币政策是全球金融周期的重要推动力之一（Bruno、Shin，2015；Miranda-Agrippino，2015），也是市场风险偏好总体趋势的一个重要决定因素。在这个大前提下，美国退出QE不确定性影响的逻辑链条是，美元是全球重要的融资货币，美国货币政策变化会立即影响全球资金流动；浮动汇率制度下，美国采取扩张性货币政策会使国内利率下降、资本流出与本币贬值，国际市场均衡利率随之下降，全球资产价格抬高；但当美国宣布退出QE时，加息预期就会增强，上述过程将会发生逆转，并导致全球经济变量发生一系列改变。

特别是，随着美元及美债收益率冲高，新兴市场国家遭遇的打击往往表现为一个明显的恶性循环，即本币贬值→美债收益率上扬→美元走强→本国外汇储备承压[③]。这一恶性循环的机理过程是，美元计价债务的再融资成

---

① 联邦公开市场委员会（The Federal Open Market Committee，FOMC），隶属联邦储备系统，主要任务是决定美国货币政策，通过货币政策的调控来达到经济增长与物价稳定两者间的平衡。FOMC由十二名成员组成，包括联邦储备委员会全部七名成员、纽约联邦储备银行行长，其他四个名额由另外11个联邦储备银行行长轮流担任。该委员会设一名主席（通常由联邦储备委员会主席担任），一名副主席（通常由纽约联邦储备银行行长担任）。另外其他所有的联邦储备银行行长都可以参加联邦公开市场委员会的讨论会议，但没有投票权。FOMC最主要工作是利用公开市场操作（主要货币政策之一），一定程度上影响市场上货币的储量。另外，它还负责决定货币总量的增长范围（新投入市场的货币数量），并对联邦储备银行在外汇市场上的活动进行指导。FOMC每年召开8次例会，2月和7月会议重点分析货币信贷总量的增长情况，预测实际国民生产总值、通货膨胀、就业率等指标的变化区间，在其他6次会议中对长期的货币信贷目标进行回顾。

② 据美国《纽约时报》网站2019年3月20日报道，为在大衰退之后刺激经济，美联储积累了价值4.5万亿美元的国债和抵押贷款支持证券。随着经济复苏，美联储一直在缓慢减持这些资产。但进入2019年，随着美国经济增长放缓可能性增大，美联储表现出了结束减持的迹象。此举将使得美联储资产负债表上的美国国债数量超出分析人士一直以来的预期，但也使得财政部门在经济状况恶化时拥有更大的应对空间。

③ 据IMF数据，截至2017年底，全球外汇储备有11.42万亿美元，多数为新兴市场国家持有。全球外汇储备中有一大部分是以美债的形式持有，而美元汇率与全球外汇储备之间是一种反向关系。

本上升，打击新兴市场货币，引发资本外流，促使新兴经济体央行抛售美债以进行干预，而这又让美债收益率及美元进一步上扬。随着美元利息不断上调，新兴市场国家与美国的利差进一步收窄，货币政策空间也会受到挤压。

2015年12月16日，美联储正式启动危机后的加息周期。至2018年12月19日，美联储已是启动加息周期三年以来第九次加息。尽管此次加息周期是否结束还存在很大变数，但目前来看，美元加息以及由此带来的外溢效应至少会产生四个方面的影响。

第一，利率上升，导致国际资本从新兴国家大规模流出，进而影响该国经济发展。尤其是那些经常项目赤字缺口较大、债务总额占比较高的国家，对国际资本的依赖更加严重，将面临更大的资本逆流风险。第二，全球汇率市场波动加剧。美国货币政策除影响美元融资外，如Bernanke（2017）所述，还是影响市场情绪的一个重要因素，进而影响资本流动。退出QE会使得美国国内资产的吸引力上升，在短期内增强国际资本回流的力量，导致全球汇率市场波动。这种情况下，那些受发达国家宽松货币政策溢出效应影响较大国家的汇率波动较大，更易出现货币贬值风险。第三，大宗商品价格下跌风险加大。退出QE会降低国际资本流动，大宗商品价格面临的下跌风险增大，投资者偏好将从黄金等避险资产转移到实体经济，商品期货价格也会逐渐向生产成本收敛。第四，主权融资成本增加，增大了一些国家主权债务问题恶化的可能性。尤其是那些与美国利率高度相关的国家，美联储退出QE会引起国债收益率迅速增长，国家主权融资成本上升，从而进一步抑制经济增长，削弱了偿债能力。

表7-4　2015年以来美联储的加息周期

| 时间 | 内容 | 备注 |
|---|---|---|
| 2015年12月16日 | 加息25个基点，联邦基金利率区间上调至0.25%~0.5% | 近10年来首次加息，上次加息还是在2006年6月 |
| 2016年12月14日 | 加息25个基点，联邦基金利率区间上调至0.5%~0.75% | — |
| 2017年3月15日 | 加息25个基点，联邦基金利率区间上调0.75%~1% | — |
| 2017年6月14日 | 加息25个基点，联邦基金利率区间上调至1%~1.25% | — |

续表

| 时间 | 内容 | 备注 |
|---|---|---|
| 2017年12月13日 | 加息25个基点，联邦基金利率区间上调至1.25%~1.5% | — |
| 2018年3月22日 | 加息25个基点，联邦基金利率区间上调至1.50%~1.75% | 根据美联储决议声明，将在4月提高资产负债表缩减力度，以便与利率正常化计划保持一致 |
| 2018年6月14日 | 加息25个基点，联邦基金利率区间上调至1.75%~2% | — |
| 2018年9月27日 | 加息25个基点，联邦基金利率区间上调至2%~2.25% | 金融危机以来首次将利率提升至2%上方，声明中有关"货币政策立场仍然宽松"的语句被整体删除 |
| 2018年12月19日 | 加息25个基点，联邦基金利率区间上调至2.25%~2.5% | 这是1994年以来，美联储首次在残酷的市场情况下收紧政策 |

资料来源：著者整理。

另外，2015年以来欧洲央行推出的扩大版量化宽松政策①，其效果也具有很大的不确定性。一方面，流动性泛滥和低利率环境可能会掩盖一些国家的真实竞争力，宽松的货币政策也不能代替经济增长的结构性改革。另一方面，一旦欧洲央行政策的外溢效应和不确定性与我国经济下行压力叠加，会对我国的进出口、资本流动和经济运行产生很大的负面影响。

然而，形势大于人。2019年以来，全球经济在缓慢复苏中深度徘徊，各国日趋严重的保守主义倾向尤其是美国讹诈式的贸易保护政策给全球经济增长带来了很大不确定性。面对这种严峻局面，一些国家的政策发生了急剧反转，各国央行开启了新一轮宽松政策周期，美国先后于7月31日、9月18日下调基准利率25个基点，结束了2015年以来的加息周期，欧洲央行于9月12日宣布下调存款利率10个基点至-0.5%，并维持主要再融资利率不变（0%）、

---

① 主要内容是，再融资操作（MRO）利率、边际贷款便利利率和存款便利利率分别继续维持在0.05%、0.3%和-0.2%的水平；调整未来6次定向长期再融资操作（TLTRO）的定价，对在2015年3月至2016年6月期间即将开展的其余6次定向长期再融资操作（TLTRO），其利率不再采用2014年9月和12月使用的再融资操作（MRO）利率加上10个基点，而改为采用当时的再融资操作（MRO）利率；启动扩大版资产购买计划，在购买资产支持证券和担保债券的现有资产购买计划的基础上，从2015年3月起在二级市场增加购买欧元区成员国中央政府、机构及欧盟机构所发行的投资级欧元债券，月度购债总额为600亿欧元，购债期限至少至2016年9月，或直至欧洲央行看到通货膨胀路径出现了持续调整至与中期内低于但接近2%的通胀目标相一致的迹象。

边际借贷利率不变（0.25%），此外全球其他20多家央行也先后步入降息通道。宽松货币政策在为市场提供充足流动性的同时，也会推高资产价格、吹大风险泡沫，进而损害2008年国际金融危机以来全球监管治理的成果。不仅如此，当前全球经济增长动力不足，根本性的结构性改革推进不力，宽松货币政策能否转化为经济增长的有效动力尚存在很大不确定性。

（二）各国经济金融周期错位导致政策周期相悖

在高度全球化的背景下，由于商品和要素自由流动，各国的经济走势，包括经济增长、物价、利率等，一定存在着高度的同步变化性。基于此，那些在全球体系中居于中心地位国家的宏观经济政策，一定会对世界各国的经济产生即时且巨大的外溢影响。各国经济之间高度的相关性，使得新兴市场经济体和发展中国家与发达经济体之间拥有大致一致的经济周期，从而也使得这些国家与主要经济体之间宏观政策也保持着相似的周期性。然而，这种情况自2008年金融危机后开始出现了转变。

本轮危机源于发达国家，发达国家受的冲击比新兴市场国家严重，于是有人提出了"脱钩论"，即新兴市场国家与发达国家在危机的周期性上开始不一致了（周小川，2011）。尽管新兴市场国家并不愿意接受"脱钩论"，但实际上2012年以来二者的经济走势确实出现了高度的非同步性，即便是发达经济体和新兴市场国家内部也存在着一定程度的步调错乱。

通常，经济周期的非同步性，必然导致各国政策的非同步性。较为典型的，例如，当美、英国家推行了若干轮量化宽松货币政策（QE）后准备退出时，欧洲、日本的量化宽松却不断加码。2013年12月，美国宣布正式启动退出QE，并于2014年10月宣布结束资产购买计划（LASPs），正式结束长达六年的QE。2015年12月16日，美联储宣布将联邦基金利率上调25个基点，这是美联储近10年来首次加息。中国则自2015年10月以来保持利率不变，主要通过下调存款准备金率引导资金流向。

而与此同时，2014年9月，欧洲央行却宣布降息，并酝酿于2015年推出欧洲版的全面量化宽松，以抗击通货紧缩和实体经济的低迷。2019年9月12日，欧洲央行又宣布重启QE，即资产购买计划（APP），从11月1日起每月购债200亿欧元。政策周期"错位"，不仅使政策当局难以在其内部达到预期的宏观目标，更会在国际上触发"以邻为壑"的恶性竞争，形成"零和"甚至"负和"博弈。因为，一国为刺激本国经济发展，突然改变政策方向，就极可能给那些没有采取相应措施但与之经济高度关联国家带来很大的冲击。

表7-5　长期再融资操作（LTRO）发展变化各个阶段的主要情况

| | 1999~2008.9 | 2008.10~2011.11 | 2011.12~2012 |
|---|---|---|---|
| 年均操作次数 | 13 | 34 | N/A |
| 年均操作数额（亿欧元） | 3 142 | 16 567 | 5 475 |
| 利率决定情况 | 竞争性投标决定设定最低投标利率 | 固定利率，全额分配 | 固定利率，全额分配 |
| 借款期限 | 一般为3个月 | 一般为3个月，但也出现期限为1个月、6个月、1年的操作 | 除原有期限外，新推出期限为3年的操作 |
| 抵押品标准 | A-以上资产 | BBB-以上资产 | 信贷资产可作为合格抵押品 |

注：长期再融资操作（Long-term Refinancing Operations，LTROs）属于2008年全球金融危机以来欧洲央行推出的非常规货币政策操作。2011年12月21日，欧央行首次3年期长期再融资操作向523家金融机构提供4 891.9亿欧元，被认为是欧版新量化宽松政策。

资料来源：著者整理。

经济周期错位并导致政策周期相悖，自然会导致各国宏观经济变量出现差异（李扬，2014）。各国宏观经济变量差异的长期化和无序化，也为国际投机资本创造出了从事"息差交易"（Carry Trade）的合适温床。这样，国际游资大规模跨境流动并引发国际金融市场动荡，定然成为今后一段时期各国要认真面对的不利外部因素。

时至今日，危机爆发十二周年之际，发达经济体与新兴经济体由于处在不同的发展阶段，二者之间的经济周期非同步性进一步显现。2018年以来，美联储完成了自2015年以来的第九次加息和2019年的第四次加息，并上调了对美国经济的预期，欧洲央行则仍然维持三大利率[1]不变，日本央行则宣布将每月4 500亿日元的购债规模降至4 300亿日元。如此全方位的政策周期错位，显然会带来诸如息差交易、汇率波动、国际资本大进大出等国际金融市

---

① 是指欧洲央行再融资利率、隔夜存款利率和隔夜贷款利率。

场的动荡，为我国资本市场和经济增长带来很大的不确定性，也必将对我国金融监管改革和健全宏观审慎政策治理架构的进展和节奏产生深远影响。

表7-6  全球流动性泛滥：M₂/GDP的国际比较

单位：%

| | 美国 | 日本 | 英国 | 欧元区 | 全球 | 中国 |
|---|---|---|---|---|---|---|
| 2001年 | 71.0 | 200.8 | 109.3 | 64.5 | 103.8 | 142.8 |
| 2005年 | 71.9 | 206.6 | 127.3 | 74.1 | 92.6 | 159.5 |
| 2006年 | 74.0 | 204.0 | 137.4 | 77.1 | 93.9 | 157.5 |
| 2007年 | 79.2 | 202.8 | 150.4 | 80.4 | 95.5 | 149.3 |
| 2008年 | 84.3 | 209.1 | 166.6 | 85.3 | 99.6 | 148.7 |
| 2012年 | 87.8 | 241.3 | 153.0 | 92.5 | 110.1 | 180.3 |
| 2013年 | 88.4 | 247.8 | 150.9 | 93.6 | 110.6 | 185.9 |
| 2014年 | 89.6 | 251.3 | 141.0 | 96.0 | 112.9 | 190.7 |
| 2015年 | — | — | — | — | — | 202.1 |
| 2016年 | — | — | — | — | — | 208.3 |
| 2017年 | — | — | — | — | — | 202.8 |

资料来源：陆磊，"金融风险防控和改革"，2017年5月8日在人民银行党校春季培训班课件。

（三）全球经济不确定性上升

2008年危机爆发至今，全球经济复苏依然乏力，各国经济复苏并不均衡，全球治理体系弊端依然突出，各国经济增长分化以及由此带来的政策分化依然严重，全球范围内政治与政策不确定性上升，对全球金融稳定特别是新兴市场经济体经济增长构成了新的威胁。

1.逆全球化趋势和"连锁危机"特征明显

从危机以来的全球经济整体走势来看，当前，全球化出现了一些非典型特征，全球发展不均衡不公平加剧，金融领域出现了"蝴蝶效应"等系统性风险隐患，"公地效应"（Tragedy of the commons）①使得私人决定与集体决

---

① 1968年英国加勒特·哈丁教授在其*Tragedy of the commons*一文中首先提出了"公地效应"理论模型，常用来形容分析公共物品、公用资源的过度使用而造成的资源枯竭、公共物品破坏和浪费等问题。

定之间、市场与国家之间的冲突越来越激烈（Lan Goldin，2018），如美国的占领华尔街、法国的黄马夹等，这一切为危机后全球经济恢复增长带来了很大不确定性。

回顾危机以来全球经济"在线修复"的过程，目前有两个特征较为明显，一是逆全球化趋势有加剧倾向，二是金融危机自身周期性的"连锁危机"特征比较明显。

逆全球化方面，发达经济体贸易保护主义倾向日益强烈[①]，多边贸易规则面临严峻挑战，妨碍了全球经济和贸易增长，阻碍了资本流动，损伤了市场信心，并波及新兴市场经济体。随着美国等国家"内顾型"保护政策进一步深入，不断强化的贸易投资保护措施，都会再次引发新兴市场经济体的资本流出，损害经济增长。特别是，美国总统特朗普（Donald Trump）上台以来坚持"美国优先"，频繁挥舞"贸易大棒"，挑战多边贸易规则，不断挑起与其他国家和地区的贸易战，不仅与七国集团（G7）贸易伙伴频发贸易争端，更是对中国祭起关税制裁武器，频频提高贸易要价，制造经济政治压力，为全球经济增长抹上了阴影。

而与此同时，在全球经济自我修复的过程中，世界范围内的"连锁危机"也不断加剧。除了在危机阶段性演变中的周期性因素外，"欧美国家再工业化在全球化条件下面临不少困难，主导新兴产业确立有较大不确定性，社会利益关系调整要承受很大阵痛，结构性失业、老龄化问题长期存在，制度变革完善面临政治、社会和观念阻力，都会成为长期困扰西方国家的结构性因素，欧美国家可能在相当长时间难以走出低迷"。[②]据统计，2008年危机以来，由于危机的巨大破坏，过去十一年全球平均经济增长率低于危机前的年均平均水平，属于中速恢复，2018年全球经济增长3.7%，这是危机以来

---

[①] 早在2011年7月，全球贸易警讯组织（the Global Trade Alert，GTA）公布的报告显示，各国政府对抗贸易保护主义的决心正在弱化，贸易保护主义情绪在各国间不断升温。2010年以来，463项贸易政策措施被各国采用，其中194项贸易保护主义措施已颁布实施，G20成员国政府出台的占80%。中国的外贸商业利益受到多达91项措施的冲击，金砖四国遭到116例类似措施的影响，德国53例、美国61例。转引自刘鹤主编《两次全球大危机的比较研究》84页。

[②] 刘鹤主编，《两次全球大危机的比较研究》，中国经济出版社，33页。

全球经济增长的最高点①。种种不确定因素之下，危机的链条大大拉长，国际金融危机无序化、长期化趋势更加明显。对此，刘鹤在其主编的《两次全球大危机的比较研究》一书中有过生动描述，他写道，"危机的发展有特定的拓展模式，在它完成自我延伸的逻辑之前，不可轻言经济复苏"。

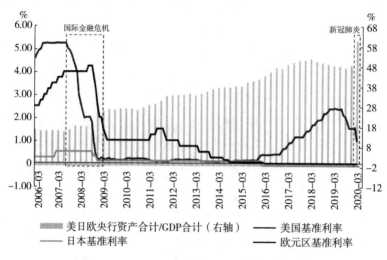

图7-5　近年来欧美主要国家利率变化走势

2. 中美贸易摩擦成为我国经济发展面临的首要外部风险

近年来，在危机冲击、全球贸易格局变化、发达经济与新兴市场经济体实力此消彼长等因素的综合作用下，长期以来支撑中美经贸互补关系的"压舱石"逐渐消失，中美经贸关系正处于交叉的十字路口。

一方面，随着中国资本的积累和企业家的成长，中国企业的竞争力上升，外企的生存空间受到挤压，中国与美国的优势互补关系正在减弱。尤其是随着中国科技实力的增长，美国在高科技领域的优势也不断缩窄。另一方面，随着近年来两国经贸摩擦的增多，虽然中美两国高层也就经贸关系进行了频繁的对话，但却罕有实质性成果。特朗普上台后也试图以对话的形式解决一些中美关系问题，包括与我国领导人进行了两次直接的对话，但"百日计划"等成果都

① 朱民，"在达沃斯看世界｜2019年达沃斯手札"，2019年1月，《财经》。

不令人满意。经过一段时期的拉锯，特朗普政府意识到传统的对话方式并不奏效，于是决定采用更非常规的方式来解决问题，为美国企业在中国争取更多的商业机会，但此举也进一步加剧了中美关系的裂痕和冲突。

2018年7月以来，中美贸易摩擦进入了实质性阶段。7月，美国宣布对818个类别、价值340亿美元的中国商品加征25%的关税。作为反制措施，中国同日决定对同等规模的美国进口商品加征25%的关税。8月，美国又决定对总额160亿美元的中国进口商品加征25%的关税，中国立即采取了对等的回应措施。9月，美国又进一步宣布对2 000亿美元的中国商品加征10%的关税，并宣称如果达不成协议则将于年底关税进一步提高至25%，中国则决定对原产于美国的5 207个税目、约600亿美元商品加征10%或5%的关税。

2018年10月以来，中美贸易摩擦进入一个新的阶段。2018年11月，中美两国元首在阿根廷会晤达成重要共识，决定留出90天空档期（90-day Truce），2019年3月1日前暂停对2 000亿美元进口商品加征25%关税，并重启贸易磋商。2019年以来，中美分别在北京和华盛顿举行了多轮经贸谈判（截至5月底共11轮），暂时在一些重要的结构性问题上，如技术转让、知识产权保护、货币、农产品进口等方面达成了多份谅解备忘录①，这些都似乎预示着中美贸易谈判将取得乐观的结果。

然而，5月以来，随着特朗普出乎意料地指责中国违反协议，宣布从5月10日起对价值2 000亿美元的中国商品征收关税从10%提高到25%，并将中国华为公司列入"实体名单"②，中美贸易战的形势风云突变。中国随之进行了反制，对价值600亿美元的美国产品加征关税。进入9月，中美贸易战进入白热化状态，美国再次启动了针对3 000亿美元中国商品的新一轮惩罚性关税，并单方面宣布将中国纳入"汇率操纵国"，中国随后进行了反制。尽管

---

① 具体可见，2019年2月24日特朗普关于中美贸易谈判结束后的讲话。

② "实体清单"是美国商务部借维护国家安全的名义，对外国实体实施制裁的工具，又被称为限制外国实体出口的贸易"黑名单"，被列入清单的企业将难以与美国企业继续进行外贸合作。截至2020年7月，已有包括华为，哈尔滨工业大学等40多家中国实体被列入清单。

10月10日至11日中美第十三轮磋商取得了实质性进展①，朝达成最终协议方向迈进了一步，但中美经贸前景走向仍然扑朔迷离。

表7-7 美国对中国"301"项下关税清单

| | 发布日期 | 生效日期 | 金额 | 加征税率 |
|---|---|---|---|---|
| 第一批清单 | 18年4月3日初步清单，6月15日最终清单 | 18年7月6日 | 340亿美元 | 25% |
| 第二批清单 | 18年4月3日初步清单，6月15日调整清单，8月7日最终清单 | 18年8月23日 | 160亿美元 | 25% |
| 第三批清单 | 18年7月10日初步清单，9月18日最终清单 | 18年9月24日 | 2000亿美元 | 最初为10%，19年5月10日调高至25% |
| 第四批清单 | 19年5月13日初步清单，19年8月13日最终清单 | 19年9月1日 | 1120亿美元 | 15% |
| 第五批清单 | | 19年12月15日 | 1600亿美元 | 暂停加征 |

资料来源：美国贸易代表办公室（USTR）。

透过中美贸易争端的迷雾，我们必须要看得更长远一些，并从战略上给予高度重视。综合判断，中美贸易争端，既有贸易不平衡问题，也有结构性问题，但从根源上看，贸易赤字是表象，根本问题还是在于结构性问题②，包括市场准入、强制技术转让、知识产权保护、不正当竞争、网络盗窃、美国在华企业必须有中国股东等③。因为，即便中美贸易不平衡得到了单方面化解（如一方减少出口或增加进口），这种不平衡也会转移到美国与其他国

① 根据人民网2019年10月12日新闻通报，双方在农业、知识产权保护、汇率、金融服务、扩大贸易合作、技术转让、争端解决等领域取得了实质性进展，并讨论了后续磋商安排。

② 邵宇、陈达飞（2019）认为，所谓的"结构性"，是相对于宏观总量而言的，它是一个微观，或者是中观层面的词汇，既可能体现在结果上，比如贸易结构的失衡，也可能体现在程序上，比如由歧视性规则、不公平竞争的政策而导致的权益的不对称。第一个层面是贸易结构问题，即中国对美国长期保持了大规模的贸易顺差，其中主要是商品贸易顺差。第二个层面是不公平的关税壁垒、非关税壁垒以及各项产业政策、歧视性规则获取国际竞争力，这也是美国和WTO提倡的"竞争中性"的内涵。具体参见邵宇、陈达飞："美方谈判声明逻辑：何为'结构性'问题"，载于FT中文网，2019年2月13日。

③ 一个例子，据Martin Feldstein, "There is No Sino-American Trade War", Jan29, 2019, Project Syndicate，"美国贸易代表估计，中国对美国企业的技术盗窃导致美国经济每年2 250亿~6 000亿美元的损失，美国联邦调查局（FBI）也将中国的技术偷窃（Cyber theft）视为对美国国家安全最大的威胁"。

家的，而这根本无助于减轻中美之间贸易总量的不平衡①。

中美贸易之争，表面上是贸易问题之争，实质上是科技之争、发展战略之争。当前不断升级的中美贸易摩擦已然成为影响我国经济发展和金融改革的最大不确定性因素。美国对中国全方位的遏制意图明显，并呈战略化和长期化趋势，如拉拢欧盟、日本等联手遏制我国向产业链、价值链高端发展，意在阻碍我国产业转型升级和现代化发展进程，必将对我国发展和安全构成重大挑战，还可能使我国国内深层次矛盾和问题趋于显性化。

对中美争端的走向，著者认为，短期内，迫于国内经济政治压力和国际形势变化，中美双方可能会达成一定的让步性协议②。但从中长期看，中美几十年的传统"亲密"关系已经结束，单边获利将让位于双向竞争，未来更多的将是常态化的战略竞争和战术争斗，对此我们要有清晰的认识和长远的心理准备。

然而，现代社会互联互通，各国利益难以根本切割，国际秩序尽管偶尔失序但依然牢牢打上了大国主导的烙印。作为当今世界最重要的经济体，中美难言脱钩，二者对于这个世界而言太过重要而"难舍难分"。因此在更长的时期，中美两国关系必将在有意疏远和彼此需要中挣扎徘徊。但无论怎样，往日的风平浪静已然难寻，以经贸科技之争为核心内容的战略竞争将成常态。正如基辛格在其著作《论中国》中所论述的，"美国和中国之所以认为彼此需要，是因为两国都太大，不可能被他人主导；太特殊，不可能被转化；太相互依赖，承受不起彼此孤立"。

3. 全球金融监管政策调整走向的不确定性加大

本轮危机以来，主要发达经济体在对危机教训深入反思的基础上，积极推进金融监管改革，核心是提高金融监管标准、扩大金融监管范围、全面加强金融监管力度，美国《多德—弗兰克法案》、英国《2012年金融服务法案》、欧

---

① 从总量上看，美国从中国的进口额约为5 500亿美元，截至2019年9月加征关税对象总价值已达到约3 600亿美元，如果算上将推迟生效的涉及智能手机等价值1 600亿美元商品的新关税，美国从中国进口的几乎所有商品都将被加征关税。另外，中国从美国的进口额每年约1 500亿美元，目前中国已对其中一大半加征关税，今后还会以加征关税来对抗。

② 美东时间2020年1月15日，中美双方在美国华盛顿签署《中华人民共和国和美利坚合众国政府经济贸易》协议，这是中美第一阶段经贸协议。

盟《金融工具市场指令（MiFID II）》等均是典型代表。但矛盾总是会表现出多面性，相关政策在提升金融体系稳健性的同时，也因强化监管阻碍了金融发展和金融服务实体经济而招致了不同程度的批评和反弹，乃至有形无形中引发了普遍的"监管疲劳"，监管的副作用也使得隐性监管成本和风险外溢加大。

2017年6月，美国众议院通过了大幅反转《多德—弗兰克法案》的《为投资者、消费者和企业家创造希望与机会的金融法案》（*Financial Creating Hope and Opportunity for Investors*，*Consumers and Entrepreneurs Act*，CHOICE）①，目的是放松或削减监管以帮助推动经济增长，并承诺不再使用纳税人资金救助"大而不能倒"金融机构。同期，美财政部出台了首份金融监管核心原则报告，呼吁放松银行监管要求。此外，美国的税收改革和监管放松等政策也存在较大不确定性，风险溢价和波动性可能大幅上升，财政不平衡将扩大，不仅会危及金融稳定，并可能对新兴市场经济体产生较大的外溢效应。更让人担心的是，特朗普政府放松金融监管还将可能导致各国间的金融市场分割和非均衡竞争，损害危机以来好不容易取得的金融稳定成果。

值得注意的是，2020年开年以来，为应对新冠肺炎疫情的冲击，美英等国纷纷调整金融监管和宏观审慎政策，如美联储支持资本金充足银行降低资本金以放贷，英国金融政策委员会（FPC）决定放松逆周期资本缓冲规定，即从1%下调至0%，维持12个月不变。这些政策短期内可能会提振信心，但也会加大银行风险的不确定性，尤其是疫情的走势最根本取决于公共卫生政策等对于疫情防控的有效性，而不在于金融监管的一时松与紧。

## 第四节　问题导向：我国金融监管体制改革的主要考量

坚持问题导向，是危机以来各国加强金融监管改革的主要方法论。近几

---

① 该法案由众议院金融服务委员会主席、共和党人Jeb Hensarling提出，内容包括：撤销沃尔克规则，废除"生前遗嘱"计划，提高应急准备金计提，不再为华尔街从业人员奖金设限，不再要求管理资产规模达3万亿美元的退休账户理财顾问以客户的最佳利益行事，对美国消费者金融保护局（CFPB）进行调整修正等。

年，随着我国经济进入"新常态"，我国金融风险与金融监管之间的矛盾日渐显性化，频繁显露的局部风险特别是2015年以来的资本市场剧烈波动、互联网金融乱象及债市风波等均反复表明，我国金融监管存在着不适应金融发展的体制性弊端。当前，加强金融监管改革，强化宏观审慎管理，首要的是明晰问题的根源。

## 一、我国金融监管存在着体制性缺陷

20世纪90年代以来，在风险暴露与监管升级的"拉锯战"中，我国逐渐形成了"一行三会"的监管格局。1993年召开的党的十四届三中全会《关于建立社会主义市场经济体制若干问题的决定》提出"银行业与证券业实行分业管理"后，我国在国家层面成立了证券委和证监会，后来证券委的发行审核功能合并进了证监会。1998年，又专门成立了保监会，对保险业进行监管。2002年，借鉴英国模式和国际上一些国家的普遍做法，我国成立了银监会，负责银行业的监督管理。至此，我国金融"一行三会"分业监管体制正式确立，银监会、证监会、保监会三家专业性监管机构的目标责任得到了相对明确。

应该看到，一段时期以来，这种分业监管的体制框架适应了我国以银行业为主业的金融发展实际，在防范金融风险、规范金融发展和做大做强金融业方面发挥了不可替代的作用。但近年来，随着我国金融混业经营趋势的不断加快，新技术推动下的金融创新日新月异，在繁荣金融市场的同时也使得金融乱象丛生，金融风险的复杂性、交叉性和传染性大大增强。分业监管格局显然已经无法很好地适应金融业这一系列新的深刻变化，亟须做出调整和改变。

（一）分业监管与综合经营之间的矛盾是弊端根源

就监管与发展的关系而言，金融监管滞后于金融发展是常态。当前，我国金融监管与金融发展之间的不适应突出地表现为"动"与"静"之间的不匹配，也即金融创新的"动"多变且复杂，而监管的"静"少变而滞后。动与静之间的不匹配体现到金融监管方面就是，分业监管与混业经营之间的信息缺口不断扩大，监管重复与监管真空并存，监管不对称性与不平衡性问题突出，监管低效、无效乃至失效不同程度地存在或出现。

正如人们所看到的，分业经营和分业监管模式（sectoral model）[1]是20世纪30年代"大萧条"（Great Depression）的产物，而目前在我国金融发展的新阶段，这种监管体制带来的风险下降和安全性上升已远远不能覆盖效率的损失和竞争力的下降。近年来，我国金融业发展明显加快，综合经营趋势明显，监管环境发生了很大变化，对现行的分业监管体制带来了重大挑战。

金融创新的快速发展凸显了我国金融监管的不对称和不平衡，集中表现为，不同地区、不同类型金融机构和产品面临着不同的监管规则和标准，即便不同类型的金融机构从事同类业务，也可能因为监管机构不同，所面对的监管标准也宽紧不一。这种不对称和不平衡，我们又将之概括为"两严两松"，即对传统金融机构和传统产品监管严，而对类银行金融机构和场外金融产品监管松；对银行证券保险等单个行业、单个机构盯得严，而对影子银行等非银行金融中介的交叉性和传染性关注松。这样一来，一严一松之间，监管的不平衡必然导致金融风险的不平衡，而风险往往就是在监管最不平衡的地方聚积和爆发的。

面对这种局面，对金融监管栅栏进行简单修修补补可能短期内有效，但却不能从根本上有效防范系统性风险，关键还是要健全金融监管框架，强化宏观审慎管理，加强监管统筹协调。

（二）分业监管已无法适应我国系统性风险的新变化

现代金融的发展已经使得系统性风险常态化和复杂化，这一点在本次危机中已经得到了反复印证。通常，宽松的监管环境在促进金融创新快速发展的同时，也变相鼓励了潜在风险的生成、传染和蔓延。近年来，在互联网技术的推动下，我国原本就已明显的金融混业趋势加速推进，传统意义上的银行、证券、保险、信托等金融业态已不再仅仅固守原有领地，而是通过产品、组织、制度等创新不断拓展业务范围和盈利边界，形成了"你中有我、我中有你"的混业交叉经营模式，并且表现出了跨业多、范围广、结构复杂、交易频率高、跨境流动快等显著特点。

---

[1] 传统意义上，分业经营遵循分业监管的模式，通过设立三个不同的监管机构来分别监管三个不同的金融行业：即银行、证券和保险。在各自领域，各监管部门通常既负责微观审慎监管，又负责具体行为监管。微观审慎监管着重关注金融机构的安全性和稳健性，而行为监管则侧重于监管机构经营的透明度以及是否公平对待消费者和投资者。

但与此同时，作为硬币的另一面，一种业务模式的背后往往闪现着资金流动和风险变化的影子，业务、行为和产品的交叉性必然伴随着资金在不同行业、市场和产品之间的流动，也必然推动着金融风险在不同行业、金融市场间的快速传递和相互影响。尤其是，互联网技术在促进金融创新的同时也加速了风险的聚集，风险的复杂性使得系统性风险的聚集、形成乃至蔓延成为常态，系统重要性金融机构（SIFIs）自身"大而不能倒"的特性更是直接关乎金融系统的稳定性。一些传统金融机构大规模拓展非传统金融产品和业务，规避监管，也成为系统性风险的另一类来源。

透过复杂的现象看本质，当前我国金融监管最大的问题在于，主观上忽视或忽略了系统性风险的防范，而客观上又无力或难以应对系统性风险所带来的冲击。一方面，由专业监管部门负责各自行业的监管，基本完全基于微观审慎的角度，着眼点侧重于单个金融机构的稳定与健康，而非整个金融系统的宏观关联性。同时以机构监管为主兼顾功能监管的监管思路、方法和规则，也可能及时发现和防范单个机构问题，但却难以识别和化解系统性风险，尤其是难以解决"大而不能倒"的问题。

另一方面，传统货币政策往往具有宏观属性，更多着眼于保证整个经济层面的健康发展，结构性目标非其所长。这样一来，处于微观审慎与货币政策"中间地带"的系统性风险就处于"监管无力管、宏观管不上"的状况。加之，传统意义上的人民银行金融稳定职能和再贷款机制又因为存在着风险监测能力不足、信息收集受限、救助能力局限和监管边界狭窄等问题，在应对系统性风险时也显得力不从心。

这方面的例子有很多，近的如，我国2015年的股市异常波动发生后，人们从各方面进行了反思，得出了许多有价值的结论。其中最为重要的是，目前我国金融领域的系统性风险聚集和冲击已远远超出了单个部门的掌控范围，专业监管部门缺乏应对和处置系统性风险的动机和手段，而人民银行金融稳定职能和最后贷款人则更多地被限制在危机的事后处置阶段，缺乏对风险和危机提前介入、提前预判的职权和能力，这种状况亟须改变。

既然系统性风险已经显性化、常态化，识别、防范和化解系统性风险也已成为监管当局不得不面对的选择，那么，现有监管模式所存在的防范系统性风险无力无效的状况就必须做出改变。

（三）"监管"与"发展"的角色冲突

危机的教训告诉我们，金融业具有很强的外部性，防范金融风险不能仅靠行业自律，还必须有功能完备、切实有效的外部监管。改革开放四十二年来，尽管我国金融业已经建立起了比较完备的监管体系，但在监管机构职能定位方面，却始终存在着身份认知冲突的问题。长期看，监管与发展是相统一的，即加强监管以保证金融体系稳定高效运行，方能有效地服务实体经济。但短期内，监管与发展却可能出现政策倾向的不一致和目标冲突，从而也会出现监管者以发展为重，监管激励不足的问题（徐忠，2018）。

长期以来，受计划经济思维影响，我国监管部门习惯于将自己视为行业主管部门，监管目标与发展目标混同，监管定位一直在姓"监"与姓"业"之间摇摆，尤其近几年还出现了监管姓"保"、姓"银"的强烈冲动。在这种冲动的驱使之下，金融监管机构往往具有强烈的"地盘意识"，将做大做强行业视为自身的重要职责。

实践表明，不同监管机构如果都围绕着行业发展做文章，难免会忙于比拼政策"便利"，而疏于严格监管。虽然很多金融创新产品本质是一致的，在功能相同金融产品业务交叉领域出现监管竞争，这原本不一定是坏事（徐忠，2018），但是在"重发展、轻监管"的强烈倾向下，在对同类金融产品缺乏统一规制的前提下进行监管竞争，很容易演变成为竞相降低监管标准的局面，最终导致"劣币驱逐良币"，极大地损害监管有效性和金融稳定。

因此，当金融监管与行业发展被捆绑在同一辆"战车"上时，监管当局往往就会过度考虑行业放松监管的呼声，且当限制风险偏好的监管政策遭遇行业反弹，有时甚至是激烈反对时，当局往往就会选择搁置、延缓政策实施或降低监管标准。例如，2017年，"一行三会"联合制定的资产管理产品新规征求意见时，来自行业内尤其是监管者的不同声音音量不小，有的甚至认为这些政策若严格执行，可能会引起"处置风险的风险"，俨然成为资管产品发行者和销售者的"代言人"。从这个角度来看，我们提出全面加强金融监管，也是推动监管机构摆脱身份定位扭曲、分离发展和监管职能的过程，旨在使之在化解风险的同时全面回归监管职责。

（四）"管理企业"与"完善治理"的对立冲突

从监管与治理的关系看，金融监管并不等于公司治理，金融监管也绝不能代替公司治理。金融监管是外因，公司治理是内因，金融监管只有转化为公司治理的动力机制方能发挥积极作用，同时良好的公司治理也只有与有效的金融监管相适应才能发挥最大的协同效应。

实际上，二者的区别和联系早已成为常识，《G20/OECD公司治理原则》[①]等也早就对二者的关系进行了明确定位，认为金融监管应"为金融机构建立完善稳健的公司治理架构提供指导，定期评估公司治理政策、措施和执行情况，并要求金融机构对实质性缺陷等采取有效措施和手段"。

但从我国的实践来看，我国分业监管机构很多时候行使的是行业主管部门的职能，着眼点往往是如何"管企业"，而不是考虑如何完善企业的公司治理。近年来，我国金融监管部门在机构准入和风险处置过程中，频繁派人出任被监管机构高管，导致监管部门和被监管机构人事关系复杂，既影响监管的独立性，又干扰了金融机构正常的人事制度改革。同时，监管部门还制度化地派员列席金融机构股东大会、董事会和监事会等内部会议并发表意见，影响了董事、监事履职，干涉了金融机构的自主经营。更有甚者，监管部门与股东单位管理界限不清，使得金融机构同一事项要面临多个"婆婆"不一致的要求，导致金融机构无所适从，甚至使一些监管要求流于形式（徐忠，2018）。

（五）分业监管带来的多重割裂

在"铁路警察、各管一段"的分业监管框架下，我国的金融监管模式存在着明显的漏洞和失效问题，集中表现为监管重叠与监管真空并存、监管套利与监管割据并发，尤其缺乏对系统性风险的整体评估、协调与应对。

1.分业监管造成市场分割，严重影响资源配置效率

以债券市场为例，长期以来，我国债券市场监管呈"五龙治水"状况，即发展改革委主管企业债的审批发行，财政部负责国债和地方债的审批发行，人民银行主管银行间债券市场，发行环节主要通过银行间交易商协会来

---

① 《OECD公司治理原则》于1999年制定，2004年曾经修订，是全球公司治理的基准，也是金融稳定理事会采用的促进金融系统稳健的核心标准。2008年危机后，经合组织（OECD）对金融危机成因中的公司治理因素进行了深入探讨，并对《OECD公司治理原则（2004）》进行了重新修订。2015年9月，二十国集团（G20）正式签署发布了《G20/OECD公司治理原则》。

管理注册发行的中期票据、短期融资券等产品，证监会负责公司债审批发行，银监会负责审批和监管金融债。

显然，我国债券市场的发行方式和监管主体都不相同，存在着严重的市场割裂，给市场参与主体带来诸多不便，并造成了严重的监管资源浪费。2018年以来，尽管人民银行、证监会、发展改革委等建立了统一的债券市场执法机制①，进一步加强了债券市场执法，银行间债券市场和交易所债券市场基础设施互联互通也已于2020年7月启动，然而上述市场分割状况依然存在，相信短期内也难以有大的改观。

2. 监管专业性严重不足

现在回头看，无论是当年证监会、保监会的成立，还是银行监管职能从人民银行分离，我国历次金融监管体制改革的主要出发点，一定程度上都旨在提高监管的专业性。但实际上，从现代金融发展的特点来看，在金融业不发达、业态单一和开放不足阶段，分业监管的确发挥了"专业的事由专业的人做"的优势。但随着金融混业经营趋势的加快，金融深化②带来的业态多元、风险交织和外向型等特性大大增强。到这个阶段，分业监管体制人为造成的监管人员知识体系与专业技能的割裂就显得格外醒目，并且成为阻碍监管专业性和有效性提高的最大拖累。

一段时间以来，面对我国金融市场和金融机构跨界跨业跨市场等交叉性行为以及由此引发的风险变化，分业监管当局往往只见树木不见森林，乃至盲人摸象，复合型监管人才的缺乏更使"穿透式监管"几无可能。而与之形成鲜明对比的是，金融机构和金融市场人员已对分业监管重心和运作模式了如指掌，能够在不同行业之间套取资金，左右逢源，进行监管套利（徐忠，2018）。因此，痛定思痛，无论是引发2015年股灾的场外配资业务，还是导

---

① 2018年11月23日，人民银行、证监会、发展改革委印发了《关于进一步加强债券市场执法工作的意见》，建立了统一的债券市场执法机制，即由证监会依法对银行间债券市场、交易所债券市场违法行为开展统一的执法工作，人民银行、证监会和发展改革委继续按现行职责分工做好债券市场行政监管。

② 反映金融深化的指标有很多，金融相关性是最核心的一个，其反映的是金融资产余额/GDP的比率。

致2015年险灾和2016年债灾的各类资管计划，背后原因都与之紧密相关。[①]

3. 分业监管造成体制内金融压抑，进而引发体制外更为扭曲的混业经营爆发性增长

实践证明，分业监管体制具有浓厚的地盘意识，"铁路警察，各管一段"式的监管带来的后果不仅是监管割据，更有可能是以邻为壑，乃至人为制造出监管漏洞，将金融风险引向其他部门，而整体金融风险非但没有得到控制，甚至有所恶化。在我国，由于政治、法律、社会等方面的因素，分业监管部门往往更趋于保守，过于强调管辖领地内的风险底线，而限制甚至扼杀正常的金融创新活动。这样一来，最为常见的情况就是，合理的社会融资需求被逼到体制之外，体制外混业经营被无视乃至放任爆发式增长。

表面上，非正规金融风险在体制内管住了，但实际上金融风险在体制外快速滋生且不受监管。更为糟糕的是，一旦爆发风险，分业监管部门又以管辖半径为由，相互推诿而唯恐避之不及（徐忠，2018）。

## 二、我国金融稳定框架不健全

20世纪90年代亚洲金融危机后，我国逐渐建立起了相对完善的金融稳定框架，并在破风险难题、为改革托底、为发展开路等方面发挥了积极作用。2008年危机以来，在"大危机"和"新常态"的交织叠加下，我国金融风险显性化特征日益明显，金融监管滞后和金融治理不完善的问题日渐明显。

（一）维护金融稳定的法律基础薄弱

长期以来，在"重发展、轻风险"的惯性思维主导下，我国金融稳定框架处于一种"无法可依、层级不足、分散零碎"的状况，其中最为紧迫和最为突出的问题，体现为维护金融稳定所赖以生存的法治基础薄弱。

整体上，我国现阶段的金融法律体系是与分业监管相适应的一种体

---

① 目前，共识性的观点是，2015年以来的股灾以及股票市场与债券、外汇和房地产市场联动，线上线下跨行业跨市场交叉性金融产品风险频发，HOMS系统为代表的场外配置、e租宝、泛亚等问题现象，对"一行三会"监管体制带来了挑战。

系①。目前，我国尚没有一部法律规范对维护金融稳定的主体、目标、职责、权限、机制设计等做出系统且明确的界定和安排，对金融风险防范和应对的表述也散落于不同的规章制度之中。更为致命的是，我国金融稳定所赖以作用的很多法律制度已远远滞后于金融业发展实际和金融监管需要。

如《中国人民银行法》是我国金融稳定框架有效运行最重要的制度基础，但现行法律于2003年修订，距今已近17年时间。在此期间，我国金融业发生了翻天覆地的变化，特别是2008年金融危机以来，国际金融治理体系和金融监管环境发生了深刻变化，中央银行传统货币政策框架转型、加强宏观审慎管理已成为新趋势，我国金融新业态、新风险和新乱象更是不断涌现，这些都对我国金融稳定框架提出了很大挑战。

于是，就出现了这样一幅奇特的景象，一方面，危机推动下中央银行维护金融稳定的角色不断强化，主导宏观审慎政策的方向逐步明确；而另一方面，我国金融稳定赖以支撑的法律制度却表现出明显的滞后性，尤其缺少对中央银行防范系统性风险、加强宏观审慎管理措施的补充跟进。多种因素叠加，使得我国中央银行成为维护金融稳定的"短腿巨人"。

中国特色社会主义进入新时代，我国经济金融形势发生了重大变化，各方面对人民银行的角色职能有了更多新的认识和期望。近年来，随着我国经济进入高质量发展阶段，围绕全面建成小康社会战略目标，防范化解重大风险也已成为三大攻坚战的首要任务。在此过程中，切实维护我国金融稳定，防范金融风险，是各项金融工作的重中之重，而首要的是要健全完善金融稳定职能赖以运行的法律基础。

种种期望之下，近年来我国将防范金融风险放在更加重要的位置，健全完善金融稳定制度基础的方向日渐明晰。党的十九大提出要健全货币政策和宏观审慎政策"双支柱"调控框架。新一轮中央和国家机构改革，还对银行业、保险业监管体制和拟定重要法律法规、监管制度制定职能等做出了全面部署。随着这些部署和要求落地，必然要求我们及时调整修订相关法律法

---

① 2011年3月14日，十一届全国人大四次会议批准的全国人大常委会工作报告宣布：以宪法为统帅，以宪法相关法、民法商法等多个法律部门的法律为主干，由法律、行政法规、地方性法规等多个层次的法律规范构成的中国特色社会主义法律体系已经形成。

规，更好地体现金融发展改革的新需求和新趋势。

（二）"中央银行救助悖论"特征明显

长期以来，受经济发展阶段和程度所限，我国金融业发展明显滞后于欧美发达经济体，甚至滞后于一些新兴市场经济体。通常，有何种发展程度的金融业，就必然有着与之相适应的金融监管水平。在我国分业监管体制下，尽管《中国人民银行法》赋予了人民银行维护金融稳定的职能，但分业监管实际上导致了金融风险识别与应对职能的分散化和零碎化，加之"一行三会"①之间的协调机制难言规范化和制度化，协调成本很高，没有真正形成维护金融稳定的合力，客观上也造成监管缺位、监管重叠等现象。

当前，我国金融稳定框架"双重割裂"特征较为明显。第一，中央银行金融稳定职能与手段割裂。中央银行具有维护金融稳定的法定职能，但却不参与日常监管，派出机构也难以真正参与到地方金融监管活动之中。金融稳定功能往往被简化成救助的"付款箱"，权责不对称导致救助处置耗时低效且滋生道德风险。第二，风险处置职责与责任割裂。主要是，中央金融管理部门与地方政府风险处置职能划分不清晰、权责不对等，人民银行等被动承担了大量不该承担的风险处置职责，道德风险很大。

不仅如此，在"双重割裂"格局下，人们还不断强化了"中央银行救助悖论"的特征和认识，也即在经济运行的正常时期，各个方面都十分强调金融市场的有效性和中央银行的独立性，想要约束中央银行的监管能力，并限制中央银行的灵活性；而当经济出现了问题，发生了危机需要救助时，却又要求中央银行出来主动维护金融稳定，但此时却也发现中央银行处于救助能力不够、手段不足和有心无力的多难境地，这可称为"中央银行救助悖论"（马新彬，2016）。

近年来，我国"中央银行救助悖论"特征不断强化，其影响也日渐明显。例如，法律法规层面，没有正式确立和界定宏观审慎管理与微观审慎监管之间的分工合作关系，阻碍了人民银行与专业监管机构之间建立有效的监

---

① 2018年3月，十三届全国人大一次会议审议通过了《中央和国家机构改革方案》，将银监会和保监会合并成立中国银行保险业监督委员会，不再保留银监会和保监会。至此，2018年3月之前运行近15年之久的"一行三会"监管体制正式转变为"一行两会"格局。

管协作和信息共享机制。又如，中央与地方维护金融稳定、处置金融风险方面的职责权限模糊不清，人民银行承担了许多不该承担的风险处置任务和职责，地方政府金融风险的监测与处置积极性不高，道德风险突出。再如，作为宏观调控和金融管理部门，人民银行与其他部委、地方政府之间有些工作相互交叉，有些工作又存在空白。人民银行尽管具备诸多主导宏观审慎政策实施的优势和能力，但却不具备相应的金融监管权和危机处置权，制定和实施宏观审慎政策均需依赖于其他部门的支持和配合。

一直以来，我国的"中央银行救助悖论"特征不同程度地存在着。既然经济出现了危机总需要中央银行出面救助，金融体系也需要中央银行维护金融稳定，那么就需要研究解决中央银行救助能力不足和受限的问题，努力从根本上打破"中央银行救助悖论"。当前，首要的是努力改变"既要马儿跑、又要马儿不吃草"的两难或多难状况，方向是加强金融监管改革，建立完善我国宏观审慎政策治理架构，明确架构主体及责任，强化政策协调和监管协调，实现金融良好治理和风险防控的全覆盖。

（三）单纯的"顶层协调"难以真正解决监管分割问题

在我国分业监管格局下，各层级机构或多或少都掌握一定的宏观审慎工具，但政策目标、工具手段、职能范围等却又存在着差异乃至冲突。原有"一行三会"之间尽管也建立了信息共享和政策协调机制，但这种协调更多的是临时性非正式安排。

事实表明，松散的议事协调机制往往是低效或无效的，很难及时识别和应对跨行业、跨市场的系统性风险。2013年，国务院批复建立了人民银行牵头的金融监管协调部际联席会议制度，应该说也发挥了一定的积极作用。但实践证明，部际联席会议制度只是一项协调议事安排，并不具备实质上的系统性风险防范、处置权力和能力，其专业性和权威性明显不足，更称不上为宏观审慎职责的承担者和实施者。

从国外经验看，危机前主要经济体也设立了类似的顶层协调议事机制，如英国的"三方委员会"①。然而，这些机制应对金融风险的惨痛教训告诉

---

① 英国在本轮金融危机前，采取"三龙治水"的监管体制，也曾在财政部、英格兰银行与金融服务局（FSA）之间建立了"三方委员会"作为顶层协调机制，试图加强信息沟通与协调。

我们，如果只实现单纯的顶层协调，根本无法解决现行体制下分业监管的种种弊端，金融风险防控仍然无力无效（徐忠，2018）。更有甚者，这种顶层协调安排还由于缺乏牵头责任部门，对各监管主体约束力不足，缺少有效的争端解决以及外部监督机制等问题，在运作中难以真正解决金融监管与发展中的实际问题，甚至还会出现利益冲突外部化现象。此中原因，沃尔克在其著作《坚定不移》中提到，"每一个监管机构都有自己的管辖范围和政治优先事项"。

（四）我国风险处置机制存在内在缺陷

一段时期以来，我国"集中力量办大事"的风险处置机制在处置问题机构、化解金融风险方面发挥了很大作用[1]。但随着我国金融市场化程度不断提高，金融业态多元化和金融风险复杂化加剧，处置机制的内在缺陷逐渐暴露。

目前，我国金融风险处置机制的缺陷集中体现为"一个矛盾"，即行政化处置方式与金融风险市场化传染模式之间的突出矛盾，又表现为"一事一议"的个案处置方式与风险集中化交叉化趋势的不匹配。也即针对某家问题银行或证券公司实行个案处理，不仅具有较大的随意性，也易引发道德风险，更为严重的是难以适应越来越严重的系统性风险冲击和溢出效应。

具体来看，这种不匹配又主要表现在如下几个方面：其一，监管职责与处置目标不一致，缺乏及时启动处置的内在动力。在缺乏足够激励和问责情况下，出现风险后监管部门通常希望推迟处置时间，这样往往容易错过最佳处置时机。其二，处置缺乏系统性，没有可以预知的一般规则和处理流程，相关方的责任和处理原则缺乏制度化的规定，处置的行政化色彩浓厚，随意

---

[1] 总结我国风险处置的经验，1997年至2001年，采取撤销、解散、关闭、破产等办法，对427家高风险金融机构实施了市场退出；通过更名、合并重组、商业银行购并、组建城市商业银行、撤销等方式，处置城市信用社2 481家；全面开展信托业整顿，信托公司数量由239家减少到几十家；清理、撤并农村合作基金会2万多家。2003年至2007年，处置德隆系风险，关闭撤销了一批高风险金融机构；对南方证券等31家高风险证券公司实施了关闭或破产；采取撤销和停业整顿方式，处置了28家高风险中小银行业机构；处置16家历史遗留问信托投资公司等高风险机构。广义上的处置包括，国有商业银行股份制改革，剥离、重组和上市；农村信用社改革，发行央行票据置换不良资产，花钱买机制。转引自陆磊，"金融风险防控和改革"，在2017年5月8日人民银行党校春季培训班课件。

性和操作弹性较大。其三，处置主体分散，没有一家机构有能力和手段对系统性风险防范负总责。各监管部门往往自建救助机制，处置政策分散化、碎片化，既违背了投资者风险自担的基本原则，不利于打破刚性兑付，在风险暴露时又难以真正实现"自救"，最终不得不依赖中央银行的最后贷款人。其四，缺乏系统的风险评估工具与手段。表现为，风险评估体系不完善，处置机制不健全，"有评估、无处置，有风险、难处置"往往成为常态，"风险评估有效，而危机处置无力"的问题突出。其五，前瞻性不足，缺乏制度化、法治化的处置制度，临时性应对化解风险易导致巨大的金融或财政成本，也会造成较高的效率损失。其六，缺乏专业化的处置平台，风险处置的市场化程度不高，处置效率低下。问题机构"僵而不死、死而不葬"现象普遍，资产"冰棍效应"日增（徐忠，2018），清算费用和损失日益扩大。其七，缺乏正向激励约束机制，易引发金融体系道德风险。由于监管部门不承担处置成本，处置成本主要由中央银行和监管部门承担，导致市场约束弱化，容易鼓励或诱发金融机构的恶意经营行为。其八，风险处置权力与责任不匹配，事前事中与事后权责不一致，导致监管机构严重的激励扭曲，有权无责往往导致权力滥用，有责无权又使得监管目标无法实现。

如果承担最后贷款人救助之责的人民银行以及作为风险处置平台的存款保险安排，一旦与事前事中日常监管分离，那么不仅危机救助和风险处置会因为信息不对称而缺乏效率[1]，还会因日常监管者不完全承担救助成本而逆向激励道德风险。

（五）金融稳定再贷款机制先天不足

金融稳定再贷款安排是我国传统的金融风险处置措施，也是人民银行最后贷款人职责的重要体现。20世纪末和21世纪初，在我国处置问题金融机构和不良资产的过程中，金融稳定再贷款机制发挥了重要作用。但是近年来，随着我国金融安全网的不断健全，金融风险处置逐渐迈上了法制化、规范化和市场化的道路，而与此同时，该机制也日益暴露出一些内在缺陷，越来越不适应新时代金融风险处置和防范需求。

---

[1] 这里一个典型的例子是，1998年被关闭的海南发展银行至今还没有完成破产清算程序，长期处于停滞状态。转引自《两次全球大危机的比较研究》160页注释，中国经济出版社。

第一，救助条件过松。从发放范围看，包括了关闭地方金融机构时个人存款兑付、关闭和托管证券公司时偿付保证金和个人债务等多种形式的再贷款。再贷款发放范围过大、救助边界不够清晰，增大了金融机构的道德风险。

第二，利率水平过低。一般来说，实施惩罚性利率是最后贷款人的原则之一，这一点在常态化的危机时期尤显重要。但从我国实践来看，人民银行再贷款利率不但不具惩罚性，反而很多时候成为一种政策性优惠，大多执行人民银行对金融机构的贷款利率，只有对逾期紧急贷款才执行再贷款罚息利率。过低的利率易引致更多的再贷款需求和对中央银行资金的过度依赖，造成资源浪费。

第三，利率期限过长。中央银行再贷款救助旨在解决金融机构暂时性的流动性不足，维护金融体系稳定。但一直以来，我国再贷款存在着期限过长的问题。如为支持国有大型商业银行股份制改革，人民银行对国有商业银行三次不良资产剥离的再贷款期限普遍为5年，关闭地方金融机构时部分再贷款期限长达10年以上，且多次展期，结果导致最后贷款人失去了应有的约束作用，有形无形中增大了救助资金风险。

第四，救助成本过高。国际经验表明，为防止最后贷款人救助可能产生的道德风险，救助实施过程中往往需要对金融机构的管理层进行必要的约束，如附加报酬限制、更换管理层等惩罚性措施。但从我国的实践看，再贷款救助惩罚性约束明显不足。更有甚者，一些濒临倒闭的中小金融机构为保证股东和管理层的利益最大化，往往通过强调金融的整体稳定性来倒逼中央银行实施救助，从而加大了中央银行救助成本，影响了救助资金安全。

### 三、永恒的金融乱象

马克·吐温曾说，历史不会重复，但却总会惊人地相似。这一点用在金融危机方面也尤为贴切。从人类整个历史发展来看，代际遗忘（Generation Ignorance）的客观存在，使人们总是会忘记曾经的历史教训和痛苦经历，而却难以抑制狂热的投机冲动和冒险行为，从而使得金融危机反复发生。在社会需求和科技革新的推动下，金融市场主体的创新行为是永恒的，创新背后的风险变化也具有永恒特征，只有在监狱和坟墓方能寻觅到确定性的踪影（Friedman，1953），监管跟随与监管滞后也往往成为一种常态。在一系列逻辑推动之下，金融乱象也成为常态。

从根源上讲，金融秩序混乱的来源大致有两个方面：第一类，由改革引起，主要表现为，要么改革方向出现颠覆性错误，引致严重后果；要么改革方向正确，但是改革的后续措施和政策规则没有及时跟上，造成监管真空，并导致金融混乱。第二类，由金融创新引起的混乱，尤其是那些以创新名义行诈骗之实的金融创新，由于监管规则人为割裂或存在滞后效应，风险管理跟不上风险的复杂变化，从而客观上放任金融乱象多发频发。回头看，近年来我国金融业暴露出的金融风险，从原因上讲不外乎上述两类因素或者兼而有之。

从金融发展的周期来看，金融治理体系和治理能力滞后于金融创新和金融结构调整具有客观必然性。例如，2010年迭次兴起的影子银行、伞形信托、场外配资、互联网金融，都充分表明我国金融稳定机制落后于现代金融市场发展，监管当局的信息量、信息处理能力、判断水平和应对速度均低于市场创新主体（陆磊，2016）。另外，金融机构的同质性也会加剧顺周期性，引起金融市场共振和羊群效应，助推金融风险蔓延，并对金融监管带来很大挑战（Fabrizio Saccomanni，2015）。

一段时期以来，我国金融业发展的一个突出特点是，量上有规模，但质上低层次。从量上来看，近年来，我国金融业快速发展，金融机构种类齐全、数量众多，金融管理水平不断提高，金融资产规模屡创新高，先后有多家银行和保险机构入选全球系统重要性金融机构（G-SIFIs）[①]。但从质的方面看，我国金融市场机制作用的灵活度空间还比较有限，金融抑制仍然较为严重，隐性担保依然存在，道德风险比较突出。特别是，近年来，我国金融

---

[①] 2019年11月，FSB公布了2019年全球系统重要性银行（G-SIBs）名单共30家，将入选的银行分为5档，对应不同的附加资本要求（1~5档分别为1.0%、1.5%、2.0%、2.5%、3.5%），其中第一档包括18家银行机构，我国农业银行、建设银行在列；第二档包括9家银行机构，我国中国银行、工商银行在列；第三档包括2家银行机构，花旗、汇丰；第四档包括1家银行，摩根大通；第五档为最高档，机构空缺。2013年7月，IAIS首次公布了全球系统重要性保险机构（G-SIIs）名单。2017年以来，FSB和IAIS决定暂不公布当年的G-SIIs名单，对于G-SIIs的政策措施继续实施，参见FSB, Review of the list of global systemically important insurers（G-SIIs），21 November 2017（http://www.fsb.org/2017/11/review-of-the-list-of-global-systemically-important-insurers-g-siis/）。

业跨界经营迅猛发展，"金融三乱"①卷土重来，金融乱象丛生，风险高发频发。种种乱象一定程度上反映出当前我国推进金融监管体制改革的紧迫性。

当然，正如美国历史上的"大稳定"（The Great Stability）并不代表一种新常态。我国当前的金融风险和金融乱象，尽管具有某种必然性，但也并非是必然出现的周期性现象，而归根结底很大程度上还是因为我们的渐进性改革不彻底、不到位所致。因而，解决目前的突出问题，最终还是要通过健全监管体制，深化改革来实现。

按照归口管理的思路，我们认为，对于由改革伴生出的金融乱象，应通过改革的办法来解决，建立健全监管体系，完善宏观审慎管理制度，加强政策协调，健全政策规则，补齐监管短板；对于所谓"金融创新"引发的金融乱象，要坚持标本兼治思路，疏堵结合，加大风险治理，坚决打击违法违规行为，整顿金融市场秩序，同时通过完善制度规则，引导金融创新适度、规范发展。

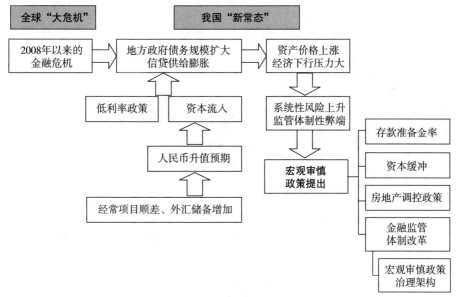

**图7-6 我国宏观审慎政策治理架构提出的逻辑**

---

① 金融三乱是指乱集资、乱批设金融机构和乱办金融业务，最早于20世纪80年代出现，2008年金融危机后尤其是近几年又有不同程度的显现。另外，银监会于2017年7月也提出要整治"三乱"现象，但指的是乱搞同业、乱加杠杆、乱做表外业务等市场乱象。

# 第五节　目标导向：我国改革的"伴生性"渐进思路

党的十九大对我国深化金融体制改革进行了全面部署，提出了"健全金融监管体系，守住不发生系统性金融风险的底线"的任务要求。十九届三中全会开启了新一轮中央和国家机构改革，将金融监管改革引向了深入。当前，加强监管、防范风险是我国金融工作的主基调，防控重大风险位居我国全面建成小康社会三大攻坚战之首。在一系列条件约束下，按照高质量发展要求，我们将目光转向了改革方案的顶层设计，研究提出了健全我国宏观审慎政策治理架构的"伴生性"渐进思路，并认为该思路是当前条件下较为合适的路径选择。

## 一、改革的方法论与认识论

回顾我国改革开放四十二年之路，我们能够从中得到许多启示，而或许最为重要的是，改革是认识论与实践论的结合体，改革在认识与实践的循环往复中螺旋上升，需要在实践中不断形成认识、达成共识、集聚动力。当前，这仍然是我们推动改革最根本的方法论。

（一）方法论：问题导向、目标导向与稳中求进

在改革的方法上[①]，我们一以贯之地认为，坚持从问题导向到目标导向是当前合乎逻辑的方法论。同时在此过程中，也要牢牢把握稳中求进。

所谓从问题导向到目标导向，即在于：存在什么问题，就解决什么问题；哪里有问题，就针对哪里改进；问题有多少，就投入多大的力气去解决，避免过犹不及；同时围绕问题确定目标，针对目标确定计划，根据计划分解目标。从实践看，2008年危机之后，主要经济体基于对危机教训的深刻

---

① 吴晓灵（2017）认为，金融监管体制设置应遵循如下原则：区分货币事务与金融事务；确立央行的核心地位；监管成本最小化；注重消费者保护；中央、地方双层金融监管体制。来源于吴晓灵在2017年6月人民银行党校授课课件"中国金融改革顶层设计"。

反思，纷纷改革金融监管体制，主流做法包括设立顶层协调机构、强化中央银行金融监管职能、加强业务条线跨部门统筹协调、统筹集中使用监管资源等。可以认为，这些做法均是问题导向到目标导向方法论的鲜明体现，也为我国金融监管改革提供了鲜活的经验参考。

所谓稳中求进，与实践第一的观点一脉相承，符合辩证唯物论的知行统一观①，既是我国治国理政的重要原则，也是建立我国宏观审慎政策治理架构应秉持的基本方法。长期以来，我国金融改革坚持正确的策略和方法，坚持稳中求进，坚持底线思维，一步一个脚印向前迈进，取得了显著的成就。鉴于此，著者认为，在现有条件约束和基础支撑下，统筹我国金融改革"稳"与"进"的因素，是探索当前我国宏观审慎政策治理架构方向、思路、模式的适宜选择。目前来看，我国设立国务院金融稳定发展委员会，也正是旨在避免机构整合体制震动的前提下，增强金融监管协调权威性有效性、强化金融监管统一性穿透性的重大措施，体现了"统筹"的思路。

当前，我国"新兴市场+转轨国家"的发展特征依然较为明显，这对我国金融改革而言既是一种有利基础，同时也是一种条件约束。著者认为，系统性的风险，需要系统性的应对和改革策略。在打好防范化解重大风险攻坚战、维护金融稳定的"总过程"中，尤其需要树立系统性思维和全局化观念，统筹政策合力，宏观审慎政策要把住风险防范的"总关口"，货币政策要守住风险防范的"总闸门"，微观审慎监管要负起单个风险事件的"总责任"。

（二）认识论："一三五"框架

1. 一个总体认识

所谓的"一"，即在当前形势下，应坚持"一个总体性认识"，也即随着我国经济步入"新常态"，高质量发展和建立现代经济体系是我们做好各项金融工作的"总要求"，推进金融改革也必须围绕全面建成小康社会和建成社会主义现代化国家总目标展开。特别是，推进供给侧结构性改革成为我

---

① 毛泽东《实践论》中提出，"实践、认识、再实践、再认识，这种形式，循环往复以至无穷，而实践和认识之每一循环的内容，都比较地进到了高一级的程度"，"这就是辩证唯物论的全部认识论，这就是辩证唯物论的知行统一观"。

国经济的主线，防范化解重大风险成为金融工作的首要任务之后，高质量发展要求也就相应成为推动我国金融改革最主要的目标要求。当前，我国社会主要矛盾发生了显著变化，我国金融业"不成熟的混业、滞后的分业"发展阶段特征明显，金融创新不是过快，而是相对滞后；不是过多过度，而是相对不足，这些都已成为推动我国宏观审慎政策框架建立的主要约束条件。

2."三个结合"的关系

所谓的"三"，即在改革过程中，要处理好"三个结合"的关系。第一，短期与长期相结合。短期进行的改革和措施要有利于长期的金融发展目标，有利于金融风险防范，有利于经济结构战略性调整和产业优化升级，避免引发更多的矛盾和风险。不能为了短期的目标而不顾长期的改革发展任务，着眼现代金融发展的改革措施也要适时跟上；同时，也不能只看长远目标而忽视了短期任务的优序摆布，要将当前任务与短期目标以及长远目标有序衔接起来。第二，发展与改革相结合。金融发展政策要符合金融改革目标要求，也要通过改革举措来落实，同时改革举措要以发展为导向。当前，既要善于通过金融体制改革为发展提供动力，也要努力通过推动发展为改革营造良好的条件氛围。在此过程中，尤其要防止把目标任务当手段，为了实现特定目标而改革，为了改革而改革。第三，国内与国际相结合。尽管危机后的一段时期内，逆全球化和保护主义风向普遍抬头，但长期来看并未改变全球经济融合发展的大趋势。全球化大背景下，我国经济与世界经济相互依存度只会越来越高。因此，推动金融监管改革既要借鉴国际成熟经验和一般性规律，也要立足我国经济发展实际；既要考虑国内因素，也要统筹国际标准，将二者很好地整合到一起。

3."五个"必须

所谓的"五"，即在"总体性认识"下，无论采取哪种方案、以何种方式构建我国的宏观审慎政策治理架构，都必须坚持一些基本的方向性要求，这里将之概括为"五个必须"。其一，必须突出并体现宏观审慎政策职能的重要性，将防范化解金融风险放在更加重要的位置；其二，必须统筹货币政策和宏观审慎政策双支柱调控框架，发挥人民银行在防范系统性风险、维护金融稳定中的牵头抓总作用；其三，必须加强监管协调的有力、有效性，加强业务管理与监管资源整合，充实国务院金融稳定发展委员会及其办公室职责，克服单纯的顶层协调"协而不调、调而无力"和风险防范无力无效；其四，必须统筹宏观审慎与微观审慎监管，既防止监管重复，也要避免监管套利，实现金融风险防范全覆盖；其五，必须立足当前风险问题，又着眼我国金融业长远发展，坚持建立适应综合经营发展趋势的现代金融监管体制方向，体现功能监管、行为监管理念，逐步解决分业监管与混业经营的内在矛盾。

## 二、"伴生性"渐进思路与构想

按照自上而下与自下而上相结合的方法论和视角[①]，综合考虑我国金融发展的阶段性特征和风险防范实际情况，我们研究提出，"伴生性"渐进思路是目前构建我国宏观审慎政策治理架构的最佳路径。

（一）准确把握"伴生性"渐进思路的内涵

所谓"伴生性"渐进思路，即为避免金融体制根本性改革的巨大阻碍、较大震动和不确定性，伴生于我国全面建成小康社会和全面建成社会主义现代化强国战略目标，在坚持分业监管框架的前提下，健全完善以"一委一行两会"为主体的金融监管架构，不断充实国务院金融稳定发展委员会职责，进一步强化人民银行宏观审慎管理职能，努力提高金融监管的有效性和协调性。

"伴生性"渐进思路下，可以认为，健全完善和充实金融委的架构、职责是弥补监管漏洞、强化监管协调的关键一步。当前，可行的思路是，路径上应摆布好短中期目标的衔接，步骤上应按照轻重缓急的原则安排好各项任务的优先次序，机构设计上应考虑现有制度机制的延续性，先立后破、有破有立、破立结合。

"伴生性"渐进思路下，我们认为，推动改革的路径和方向应包括：第

---

① 桥水公司创始人达利欧在其著作《原则》中认为，人在尝试理解任何东西如经济、市场、天气等时，都可以从两种视角出发：一是自上而下，努力寻找这些东西背后唯一驱动法则或规律；二是自下而上，研究每种具体情况及背后的法则或规律。同时，他认为，自上而下地观察事物，是在宏观普适法则背景下理解我们自身和现实规律的最佳途径，而自下而上地观察每种具体情况，可以看到具体情况与理论是否相符，即是否符合我们认为存在的法则。

一，按照宏观审慎的理念和要求，重塑和改造人民银行及审慎监管部门的监管行为和标准，突出人民银行统筹货币政策和宏观审慎政策的牵头抓总作用；第二，立足我国金融发展实际，探索建立功能监管、综合监管和行为监管模式，通过监管创新、制度创新、组织创新、标准创新等，推动进一步健全完善我国金融监管框架；第三，坚持市场化方向，着眼于解决分业监管不适应混业经营发展的监管弊端，逐步建立符合现代金融特点、统筹监管协调、有力有效的现代金融监管框架，牢牢守住不发生系统性金融风险的底线。

（二）"伴生性"渐进思路的逻辑

美国管理学大师德鲁克曾说过一句耐人寻味的名言，即所有的重大创新和改革都会遇到"最后一分钟故障和最后一分钟延误"[①]。因此，就方法论而言，为克服"最后一分钟延误"，抓住重点带动面上工作，不仅是唯物辩证法的要求，也是我们提出"伴生性"渐进思路最主要的出发点。

目前来看，我国金融监管改革无法也难以一步到位，而需要"伴生"于党的十九大提出的经济社会战略目标，服务于我国金融业发展变化趋势，不断调整、优化渐进。鉴于此，我们可以从如下两个方面来理解"伴生性"渐进思路背后的驱动逻辑。

逻辑一，治理是个综合系统，需要系统化的方法。系统性思路的核心就在于要分清问题的主次，摆布好目标的优先次序，稳步推进。2008年危机以来的实践也表明，宏观审慎政策治理架构是一个包含决策、协调、问责、处置等组织关系和法律关系的综合体系。面对这样一个复杂的体系，通过短期运动式的改革难以实现所有目标，更不可能毕其功于一役，而需要在防控重大风险、高质量发展和全面建成小康社会等战略目标的约束下，摆布好中长期的目标任务。

逻辑二，社会发展目标决定改革目标，并决定了改革的路径和方式选择。未来30多年我国社会的奋斗目标，即全面建成小康社会和全面建成社会主义现代化强国目标已经确定，这为进一步推进和深化我国金融改革提出了总要求。我们认为，当前的改革任务都必须"伴生"和服务于我国社会发展

---

① 德鲁克，《卓有成效的管理者》，2009年，机械工业出版社。

的总目标。未来的一段时期，要通过健全货币政策与宏观审慎政策"双支柱"调控框架，完善宏观审慎政策治理架构，为实现我国经济社会发展战略目标至少争取15年至20年的宝贵时间。

（三）短中长期目标任务摆布

"伴生性"渐进思路下，短期内，应紧紧围绕打好防范化解重大风险攻坚战的任务目标，按照高质量发展要求，修订完善金融监管法律制度，不断调整充实和完善金融委领导下的监管协调机制，发挥人民银行在系统性金融风险防控中的牵头抓总作用，切实解决信息割裂、政策协调不足、监管交叉和监管真空问题。

中期来看，应以强化宏观审慎管理效能为目标，进一步健全货币政策和宏观审慎政策"双支柱"调控框架；合理切割和划分货币政策和宏观审慎等在风险防控体系中的职能边界，建立宏观审慎政策与货币政策等协同配合机制；夯实金融监管的法律基础和制度基础，合理设计并建立权威有效专业的危机处置制度和退出机制；建立宏观审慎政策工具体系，提高宏观审慎政策实施的针对性、有效性和科学性。

长期来看，通过深层次结构性改革提升金融市场弹性和韧性，这是推动我国金融发展、防范金融风险、维护金融安全的根本途径。其中，最主要的是，按照现代金融发展规律和监管要求，着眼我国金融业态发展长远趋势，深化金融供给侧结构性改革，建立起与我国金融混业经营和综合经营模式相适应的现代金融监管框架。

（四）"五性"原则

渐进性，就是要循序渐进，在保持经济增长、结构调整、金融市场稳定的前提下，先易后难，分阶段实施，同时与汇率、利率市场化等其他改革内容相衔接。

实效性，就是要讲求效果，改革要切实围绕促进经济增长、结构调整和金融发展目标展开，符合我国金融发展实际，并能有效防范系统性金融风险、维护我国金融稳定。

全面性，体现为过程和结果的全方位要求，就是要总体设计，既要充分借鉴国外经验、遵循国际标准，又要考虑我国经济金融的发展阶段和发展特征。同时，注重借鉴国际标准和要求，在推进改革中避免只顾及一方而忽视另一方，将"单兵突进"与"整体推进"结合起来。

均衡性，就是要统筹兼顾，突出宏观审慎政策防范系统性风险、维护金融稳定职能定位的同时，平衡好宏观审慎与货币政策、财政政策等的职能边界，考虑"制度非中性"①因素，防止目标冲突；同时将构建宏观审慎政策框架纳入整个经济体制改革尤其是金融改革的整体布局中，做好衔接和相互配套。

前瞻性，就是要在吸收借鉴国际研究和实践经验的基础上，着眼于国际金融体系改革、未来金融监管发展趋势和我国金融发展改革长远规划，体现灵活性和兼容性。

（五）充实金融委职责的几点考虑

1.金融委设立的逻辑

习近平总书记在第五次全国金融工作会议上提出，"加强金融监管必须集中统一、协调配合，不能各唱各的调"，同时强调"协调机制不能搞成清谈馆，必须干实事，能够解决问题"。鉴于此，著者认为，我国设立国务院金融稳定发展委员会，根本的逻辑就在于"统筹"二字，旨在促进金融体系法律法规和规则制度的完整和统一，并加强监管协调，消除监管空白。深入分析背后的原因，上述逻辑的触发因素又恰恰集中体现为两点，一是分业监管体制下的监管职能分割和割裂，二是监管不协调、重复监管和监管真空与金融风险复杂化、交叉化之间的矛盾冲突。

在现代金融监管框架下，货币政策因其整体性属性而作用于无差异的市场主体，结构性调控作用相对不足，微观审慎针对准入持牌机构实施监管，宏观审慎则意在"抓大放小"，以系统重要性机构和顺周期为目标，总体上三者有着相对清晰且明确的目标和政策边界。但是，随着金融混业经营趋势的不断加强，一旦金融机构跨界、跨市场、跨部门金融活动成为常态，金融创新就会不断突破既有政策的监管边界。在此情况下，相对固定的权责划分和监管割裂使得单个部门、单个政策难以对交叉性金融活动或非金融活动进行有效监管。此时，就要求在不同的政策主体之间进行更高层面的协调，推

---

① 制度非中性指，同一制度对不同主体意味着不同的事情。在同一制度下，不同的人或群体所获得的利益往往有差异，那些从既定制度获得利益较大的群体会竭力维护或争取制度的稳定或出台。制度非中性是经济社会的常见现象。

动形成信息的纵向、横向交流反馈，加强监管协调，补齐监管短板，形成监管合力，堵塞监管漏洞。

从国际经验看，2008年危机后，美国设立了金融稳定监督委员会（FSOC），加强了美联储、财政部、联邦存款保险公司（FDIC）等的协调；英国设立了金融政策委员会（FPC），并将货币政策、宏观审慎管理和审慎监管均纳入中央银行框架，建立了"超级央行"，这些做法都体现了统筹监管的内在要求。我国设立金融委，将强化监管协调与强化人民银行宏观审慎职责结合起来，也体现了这一逻辑要求。

目前，总体来看，金融委及其领导下的金融管理部门，实质上构成了维护我国金融稳定的总体框架安排，也与我们构想的"伴生性"宏观审慎政策治理架构高度契合。长远计，金融委设立后，最根本和最紧迫的问题，就是要回答在我国"一委一行两会"监管框架下，如何体现中央银行在宏观审慎管理中的牵头抓总作用，如何合理划分货币政策、宏观审慎和微观审慎监管的职能边界，如何更加有效地加强监管协调、堵塞监管漏洞。本质上，上述方面又可以最终归结为一点，即如何统筹多方目标，健全完善我国宏观审慎政策治理架构。

**2. 充实金融委职责的动因与方向**

目前，大量的实践和研究均表明，如果只实现单纯的顶层协调，实际上无法解决现行金融监管体制下分业监管不适应综合经营的根本矛盾，而且金融风险防控依然无力、无效（徐忠，2018）。从监管协调的国内外经验看，我国曾经建立了金融监管协调联席机制和应对危机小组等议事机构，危机前主要经济体如英国也设立了类似的顶层协调议事机制，但这些做法及其效果却都无一例外反复印证了单纯顶层协调难以真正解决问题的尴尬事实。

实际上，也正是针对顶层协调无力无效的弊端，着眼于强化顶层协调的职权责任，一些学者提出了一些颇具特色的观点，为我国的改革提供了有益的借鉴。如谢平（2017）认为，应在"一行三会"基础之上，建立有实权的金融稳定委员会，而核心是明确责任追究机制，切实提升金融监管的权威性和有效性。实施方式上，在"一行三会"格局不变情况下，金融委可以通过建立货币政策委员会、金融稳定委员会和金融政策委员会三个工作委员会的协调机制来开展工作（黄益平，2018），这实际上就涉及了金融委框架内的治理架构设置问题。还有的观点更进一步，主张应借鉴国际组织和跨国企业"矩阵式管理"①经验来充实金融委，提高宏观审慎管理的目标性、协作性、操作性和灵活性，并提出了矩阵式管理框架的方向。

通过比较，我们认为，目前各方面的观点和建议各有其出发点，矩阵式管理做法的益处显而易见，金融委统筹监管协调的方向也已明确。当前，在我国"一委一行两会"监管架构下，要实现改革目标，不仅需要有业务条线上的实质整合，更主要的是深化金融供给侧结构性改革，不断充实金融委及其办公室职责，才能使金融委发挥比金融监管协调联席机制和应对危机小组等议事机构更有效的作用。

## 三、"一体多翼"治理架构设置

国务院金融稳定发展委员会的设立，标志着我国朝着健全宏观审慎政策治理架构方向迈出了重要一步。"伴生性"渐进思路下，为充分发挥金融委及其办公室领导下的监管协调和金融稳定职能，我们进一步充实提出了"一体多翼"的改革构想。

（一）"一体"：金融委+办公室+专门委员会（工作组）

1.金融委及其办公室

作为党的十九大后首个新机构，金融委是国务院统筹协调金融稳定和改革发展重大问题的议事协调机构，是加强金融系统监管、促进金融业健康发展、保障金融安全的重要制度性安排，在我国"一委一行两会"金融监管框架中居于核心地位。

目前，金融委的主要职责已经明确②，办公室设在人民银行，承担金融

---

① 矩阵式管理是国际大型机构内部管理的重要探索，比如投资银行就是既有部门线又有区域线，由此构成矩阵式管理架构。

② 参见2017年11月8日国务院金融稳定发展委员会第一次全会新闻稿。主要包括：落实中央、国务院关于金融工作的决策部署；审议金融业改革发展重大规划；统筹金融改革发展与监管，协调货币政策、宏观审慎与金融监管相关事项，统筹协调金融监管重大事项，协调金融政策与相关财政政策、产业政策；分析研判国际国内金融形势，做好金融风险应对，研究系统性风险防范处置和维护金融稳定重大政策；认定金融控股公司等金融集团、系统重要性金融机构（SIFIs），指定两类机构和跨市场跨业态跨区域金融产品、金融新业态新产品的主监管部门；指导地方金融改革发展与监管，对金融管理部门和地方政府进行业务监督和履职问责等。

委日常工作①。为保证职责履行的独立性和有效性，金融委办公室的设置方式，可以采取在人民银行内部设立单独的专职机构方式，办公室主任、副主任由人民银行行长、副行长担任，抑或未来在人民银行行领导序列中增设一名副行长级专职副主任，专门负责管理、协调和指导金融委组成部门、各专业委员会和专门工作组等落实金融委议定的各项政策决策，并通过定期例会、监督检查等方式协调政策执行，同时负责对中央金融管理部门和地方政府履行金融风险防范职责实施问责等。

同时，按照全国"一盘棋"的思路，金融委及其办公室在地方履行职能也应有相应的制度安排。目前，有两种方案，一是在人民银行设立相应的职能机构，或挂靠某一独立部门。二是在地方政府层面成立相应的协调部门机制，由人民银行牵头，银保监局、证监局、地方金融监督管理局等组成。二者互为补充，形成纵横结合的矩阵模式。值得注意的是，上述构想已基本成为现实，紧紧围绕"协调"二字做文章。

2. 专业委员会与专门工作组

为提高决策的专业性、科学性和有效性，参照美国等做法，可以考虑在金融委下设置若干专业委员会，由"一行两会"、财政部门、发展改革部门和金融市场专业人士、学术界专家等组成，如标准制定委员会、政策协调委员会、问责监督委员会、处置安排委员会、咨询技术委员会等②。设置专业委员会的主要出发点是，金融监管协调具有很强的业务交叉性、复杂性，仅仅依靠部门之间、领导之间传统的分管协管远远不够，而需要成立专门的委员会加强协调，动员多种力量、多种资源共同把监管工作做好。

另外，为保证宏观审慎职责履行的专业性，还需要在金融委办公室下

---

① 职责可以界定为：为金融委提供日常组织服务，执行金融委决策部署，督促议定事项执行落实，对金融管理部门和地方政策履职金融管理职责情况进行考核，督促监管问责执行，加强成员单位之间沟通交流和协调，组织开展有关重大事项调查、研究和论证等。

② 专业委员会的主要职责可以设定为，负责为金融委制定金融业发展改革规划和重大决策部署提供技术咨询支持；研究制定宏观审慎监管标准、政策和规定；协调货币政策、财政政策、产业政策和审慎监管，履行跨境协调职责；研究跨部门、跨行业、跨领域系统性风险处置问题；对金融风险信息进行综合研究判断，提出处置意见；通过定期发布宏观审慎政策报告、系统性风险报告及风险预警等实现与金融市场的良好沟通；对中央金融管理部门和地方政府履行金融监管和防范风险职责情况进行问责等。

设若干专门工作组，由"一行两会"、财政等部门内部职能机构和金融市场专业人士、学术界专家等组成，为金融委和各专门委员会提供决策和工作支持，如风险识别工作组、政策执行工作组、危机救助工作组、政策协调工作组等。专门工作组主要负责微观层面的技术工具研发、风险信息识别、风险处置措施执行和具体事务的协调等①。

表7-8　美国金融稳定监督委员会（FSOC）专业委员会设置

| 委员会 | 职能目标 |
|---|---|
| 数据委员会 | 支持和协助FSOC处理与数据有关职责，协助FSOC识别风险，应对金融稳定风险，促进市场自律 |
| 金融市场设施和支付结算清算活动委员会 | 协助和承担FSOC履行《多德—弗兰克法案》规定的有关金融市场设施和支付、清算等活动的责任 |
| 非银行金融机构认定委员会 | 协助和承担FSOC履行《多德—弗兰克法案》113条规定的"考虑、做出、重审关于非银行金融机构由美联储理事会监管，并将受制于更高审慎监管标准的决定"的职责 |
| 监督和处置委员会 | 协助和承担FSOC履行《多德—弗兰克法案》规定的"识别出可能对美国金融稳定造成风险的监管空白"的职责 |
| 系统性风险委员会 | 协助和承担FSOC履行《多德—弗兰克法案》规定的"识别美国金融系统风险并应对其潜在威胁"的职责 |

资料来源：著者根据美国FED、FSOC等网站信息整理。

（二）"多翼"：中央银行+财政发展改革部门+审慎监管机构+地方政府

在金融委及其办公室"一体"化领导架构下，人民银行、财政部、发展改革委等宏观调控部门与银保监会、证监会、地方政府金融管理部门等一道构成了我国宏观审慎政策治理架构的"多翼"。

"一翼"为人民银行，主要职责包括制定和执行货币政策，牵头建立宏观审慎政策框架，负责健全货币政策和宏观审慎政策"双支柱"调控框架，

---

① 具体职责可以细分为：健全风险监测预警和早期干预机制，完善金融风险处置预案；制定具体领域宏观审慎政策制度标准，开发宏观审慎工具；研究开发系统性风险监测指标、监测方法、分析方法和信息传导体系；研究开发宏观审慎工具，建立完善风险处置和不良机构有序处置机制，完善区域金融安全网；研究系统性风险识别和监测方法模型，建立系统性风险预警指标体系；开展金融风险监测、评估、压力测试，履行金融风险识别、防范、预警和处置职责；推进逆周期资本要求、系统重要性金融机构（SIFIs）资本附加、差别准备金动态调整等监管要求等。

承担系统性金融风险防范和处置职责，维护我国金融稳定，守住不发生系统性金融风险底线等。[①]

"一翼"为财政部门和发展改革部门，负责制定财政政策、产业政策并与货币政策和宏观审慎政策协调，与人民银行共同实施宏观调控，在金融委统一领导下，按照职责分工，参与金融风险处置和救助，共同防控重大金融风险。

"一翼"为审慎监管、行为监管部门，包括银保监会、证监会，负责对银行业、保险业实施统一监管，负责对证券（含股票和债券）一、二级市场监管，主要侧重于从机构和市场层面实施微观审慎监管，从机构监管到行为监管统一把控[②]，职责定位侧重于机构、人员、业务和产品的审批和备案，重在对市场主体和市场行为的监管，防范和化解金融风险，保护金融消费者合法权益，维护金融稳定。

"一翼"为地方政府金融管理部门。在坚持金融管理主要是中央事权的前提下，按照中央统一规则、地方实施监管和谁审批、谁监管、谁担责，以及中央对地方金融监管纠偏问责的总体要求，赋予地方政府相关金融监管职责和权力，明确其定位，强化属地金融风险的防范管理职责[③]，及对属地

① 2019年2月2日，《中国人民银行职能配置、内设机构和人员编制规定》在机构编制网正式公布，确定了人民银行十八项职能。

② 各类机构监管具有不同的原则，对于银行机构，因其创造货币和强外部性，监管重点是机构的稳健经营，保证安全性、流动性和盈利性，资本充足率是核心；证券公司（投资银行）是直接融资的平台，信息的全面真实披露、承销证券的合理定价是核心，监管重点是诚实守信，防止虚假信息、操纵市场和内幕交易；保险公司的原理在于，大数法则下的经济补偿，核心是费率核定，寿险重在补偿能力监管（偿二代），保险资金投资是为了更好地经济补偿，不能本末倒置；资产管理公司和信托公司，特点是受人之托、忠人之事，资产管理注重货币、金融资产，信托公司注重实物资产管理，二者的监管核心是忠诚守信。

③ 第五次全国金融工作会结束后，国务院发布了"23号文"，首次明确了地方金融监管的对象是"7+4"，即小额贷款公司、融资担保公司、区域性股权市场、典当行、融资租赁公司、商业保理公司、地方资产管理公司等7类机构和辖区内投资公司、开展互助合作的农民专业合作社、社会公众众筹机构和地方各类交易所4类机构。此后，山东、江苏、深圳等地金融发展服务办公室陆续加挂"金融监督管理局"的牌子，但这些做法也存在扩权的嫌疑，不利于中央"一盘棋"统筹金融监管。2018年以来，随着各省机构改革方案获批落地，各省、市、自治区纷纷将原地方金融工作办公室职责以及地方商务厅的典当行、融资租赁公司、商业保理公司的监管职责等进行整合，组建地方金融监督管理局，作为省级政府直属机构。

金融机构、非金融机构监管和风险处置责任，避免地方发展冲动带来的道德风险。

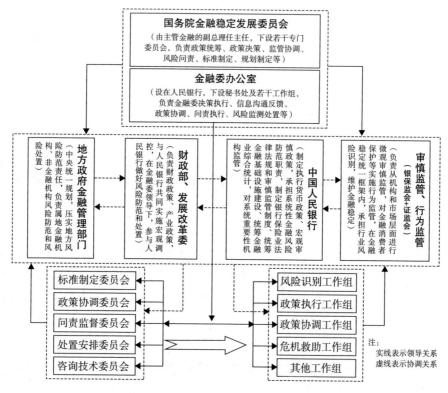

图7-7 我国金融委领导下"一体多翼"治理架构构想

从领导和报告关系看，"一体"是"多翼"的组织者和领导者，"多翼"统一在金融委及其办公室领导下履行系统性风险防范职责。"多翼"与"一体"之间建立清晰明确的问责机制、报告机制、信息发布机制和工作协调机制。同时，"多翼"之间建立多层次的协调机制和信息交流机制，避免宏观审慎政策的多头管理和信号冲突。

至此，按照上述构想，我们就构建了我国"一体多翼"的宏观审慎政策治理架构。在该架构下，金融委及其办公室负责统一协调部署；人民银行统筹货币政策和宏观审慎政策，对系统性金融风险防范处置牵头抓总，并负责银行业和保险业重要法律法规制度起草和审慎监管制度规则设计，牵头加强金融机构尤其是监管机构之间的协调配合；银保监会和证监会负责实施微观审慎监管和行为监管；地方层面，中央统一规划、压实地方责任，组建地方金融监督管理局，强化地方政府属地金融风险管理职责，同时人民银行分支机构牵头建立地方层面的金融监管协作机制。

另外，在上述架构内，考虑到金融委办公室设在人民银行，金融委的职责履行必然会与货币政策产生诸多交集，因而有必要合理划分金融委及其办公室与货币政策之间的职责、权力和义务，实现二者的协同配合，保证货币政策的独立性。主要思路，一是保持现有货币政策报告路径和制定执行机制不变，有关宏观调控和货币政策的议题主要由货币政策委员会研究讨论；二是金融委及其办公室更多地专注金融稳定发展的议题，重点统筹制定金融业发展规划，识别监测并统筹防范系统性金融风险，加强政策协调、统一监管规制，实施监督问责；三是货币政策、金融政策①、产业政策等在明确职责分工基础上，保持信息沟通的及时性和有效性。

## 四、搭建金融委统筹领导下治理架构的"四梁八柱"

国际金融监管改革同质化的实践表明，宏观审慎政策治理架构是一个包括目标、职责和机制等多元要素的综合体系。这些要素构成了宏观审慎政策治理架构的"四梁八柱"。

### （一）"二元"目标

政策目标的确定是宏观审慎政策治理架构有效运转之基础，也是政策实施之锚。离开了特定的目标，宏观审慎政策各成员也就失去了共同行动之动力和方向。当前，我国金融委领导下的"一委一行两会"监管框架确定后，一段时间内，防范化解重大风险尤其是金融风险是各方共同的目标，这一点已经确定无疑。围绕这一根本目标，著者认为，将我国宏观审慎政策目标设定为发展目标和效率目标两个维度较为适宜。

---

① 包括宏观审慎政策、信贷政策、金融市场政策、危机管理和风险处置政策以及金融发展规划等。

发展目标是金融监管框架内各成员行为之最大公约数，其内涵在于，通过建立运转有效的治理架构，加强金融监管力量，优化金融管理职能，健全金融监管体系，增强监管的协调性和有效性，降低金融体系不稳定性和脆弱性，维护国家金融安全，促进我国经济健康平稳运行和高质量发展。效率目标，即围绕金融稳定和金融发展核心目标，在监管资源投入最小化与政策实施效能最大化之间寻找动态平衡，实现宏观审慎各方成本与收益的激励相容。

（二）分层决策方式

"一委一行两会"金融监管框架下，待金融委各专业委员会、工作组有序落地后，需要从法律和制度两个层面建立形成制度化、规范化的工作流程和决策方式。具体来看，包括四个层次的要求。

第一个层次，金融委负责召集成员会议，定期不定期对金融重大改革规划和制度制定进行部署，对系统性风险和宏观审慎政策实施进行决策，对维护金融稳定和防范重大风险进行部署。第二个层次，人民银行牵头的金融委办公室建立日常工作机制，会同金融监管部门和地方金融管理部门进行风险监测和识别，定期召开分析会议，研究风险情况，及时向金融委报告，并提出宏观审慎政策措施和防范建议。第三个层次，金融委各专业委员会和工作组在既定职能框架内，严格按照工作规则开展工作，将议定事项经委员会表决同意后报金融委审批实施。第四个层次，金融监管部门、宏观调控机构和地方政府金融议事协调机构在金融委领导下，按照确定的职能边界和职责分工，落实各项决策要求，履行风险防控职责，推动政策执行。

（三）权责设置

经验表明，对宏观审慎政策治理架构中的角色、职责和权力进行明确界定和划分，对于确保政策及时有效制定和实施十分关键。目前，除了常规性职权外，如信息获取权、系统重要性金融机构（SIFIs）认定权、监管标准制定权以及监管范围确定权等，鉴于金融风险来源、影响和冲击的复杂多变性，需要考虑针对风险状况和危机程度，授予金融委一定的特殊职权或临时性职权，确保其职权相当、权责匹配，强化其维护金融稳定的责任和能力。

例如，有权在特殊时期要求监管机构在一定时限对某种监管行为做出解释或改正，或直接对某种金融市场风险采取措施。危机紧急时期，有权直接对系统重要性金融机构（SIFIs）采取处置措施。

（四）多层次协调机制

2008年全球金融危机以来，各国金融监管协调的重点转向了"克服危机、争取复苏、实现强劲可持续平衡增长"，在此情况下，包括货币、财政和监管方面的宏观政策工作的协调性要求大幅提升。然而，也必须承认，在我国"一委一行两会"金融监管架构下，"一行"与"两会"之间依然存在着较大的协调难题，货币政策、宏观审慎和微观审慎监管三者之间的割裂也依然存在，财政政策与货币政策等在防控风险、促进增长、调整结构等方面的职责划分和作用发挥仍存在诸多争论。

2018年6月以来，我国相关部门发生的所谓财政与货币政策之争①，尽管很大程度上属于研究人员的学术探讨，但却也从侧面反映出了二者职能定位的偏差和协调不足。2020年以来，围绕"财政赤字货币化"和现代货币理论（MMT）的激烈交锋，更是反映了不同政策部门之间的立场和认识差异。因此，当前如何统筹货币政策、宏观审慎与微观审慎，如何平衡中央银行与审慎监管部门之间的监管冲突，尤其是将起草银行业、保险业重大法律法规草案和审慎监管基本制度职责划入人民银行后，如何保证监管法律法规和制度贴近市场、科学有效等，这些问题的解决将直接关系到我国金融监管改革的成败效果，亟须通过机构设置和制度安排作出明确回应。

值得关注的是，2018年3月26日，中央决定由银保监会主席兼任人民银行党委书记、副行长，由此形成了人民银行行长负责央行全面工作、党委书记负责党委职责范围内的工作、副行长协助行长工作的特殊人事架构。应该说，这一人事制度安排颇具创新性，是中国特色的制度设计，凸显了党的领导优势，有助于统筹货币政策、宏观审慎政策与微观审慎监管，能够最大程度地避免监管套利和政策叠加。

在特定时期，这一创造性制度安排着眼于打好防范化解重大风险攻坚战任务目标，在保持稳定的前提下，旨在保证各项改革措施平稳有序落地。然而，也要看到，上述做法只是从形式上解决了我国金融监管协调不畅的问

---

① 具体可见，马新彬，2018年7月27日财新博客"货币财政之争二三事"，财新网。

题。我们认为，要真正发挥金融委的统筹协调领导作用，还需要在治理框架内不断充实完善实质性的形式和内容①。

具体而言，一是构建发展规划、财政、金融等政策协调和工作协同机制，增强货币政策、宏观审慎政策、金融监管政策的协调性。二是加强人民银行与专业监管部门信息交流和共享，促进宏观审慎与微观审慎信息的常规性交换。三是构建人民银行与专业监管部门、地方政府共同参与、共担责任的系统性风险和突发事件联合应对和协同处置机制，促进职责清晰划分基础上的共防共治。四是鉴于国家间的政策冲突和监管冲突不是例外而是常态，东道国与母国监管当局的沟通问题也日益突出，因而亟须建立专门的跨境协调机制，强化跨境风险处置和政策协调。

（五）信息共享机制

通常，宏观审慎政策治理架构有效运转取决于能否克服两方面的挑战，一是能否及时准确识别系统性影响的冲击来源，二是能否及时有效找到危机的可能传播渠道②。危机后的实践表明，克服上述两方面挑战的关键在于，持续提高监管信息的获取能力，解决风险数据缺口。

目前来看，我国金融委及其办公室以加强监管协调、防范系统性风险为己任，但如果连基本的监管数据和风险信息都拿不到，或者只能获取分散的、碎片化的信息，那么识别和防范系统性风险根本只能是"水中捞月"。因此，在推动机构改革落地过程中，在制度设计之初就要把打通信息通道、推动信息互通互联作为优先任务。

具体摆布上，既要求在决策透明度和政策信息公开性方面进行强化，也要实现决策报告的程序化和各成员之间信息交流共享的制度化，更主要的是要有利于与金融市场参与者的交流互动。中短期内，为推动风险预警和信息共享，首要的是要夯实数据信息统计基础，尤其是人民银行要发挥统筹金融

---

① 协调的内容可以涉及广义的政策立场、监管冲突、政策工具、风险认识、危机处置等各个方面。

② 一般认为，金融危机的影响有两种传导渠道（Blanchard、Summers，2018），一种是金融中介因损失资本而减少贷款，进而抑制经济活动；另一种是过度负债加上资本价值下跌导致消费者和企业减少消费和投资。目前，人们仍未弄清楚哪个渠道更容易扩散风险，也许上述两个渠道都很重要，只是在危机的不同阶段，其重要性相对不同，但何时以及从哪方面干预，仍没有确定的答案。

业综合统计的优势，制定统一的金融业综合统计基础标准和工作机制，尽快推进国家金融基础数据库建设；建立适用于各监管领域的金融统计标准和信息采集规范，形成一套完整系统化的风险评估指标和风险评估模型，建立起能够全面反映经济金融体系系统性风险的预警机制，监测可能集中于系统性风险中的关键信息。

（六）有力有效的问责机制

理论上，监管问责的出发点是，基于监管失误对监管者施加惩戒，强化监管激励，避免当局不作为或乱作为。我国"一委一行两会"的监管框架确立后，为加强履职监督，提高履职效率，防范履职风险，尤其需要对各部门履行金融管理和风险防范职责情况进行责任追究。

目前，为提高问责效能，著者研究认为，按照"统一负责、分级分层"的原则建立考核问责体系，统一问责程序、问责方式和问责标准，这是当前建立问责机制的最佳思路。

具体实施上，由金融委及其办公室负责建立统一的问责制度和考评规则体系，对金融管理部门和地方政府进行业务监督和履职问责，负责作出全国性、重大性问责结论，并对问责实施情况进行监督评估。"一行两会"、发展改革、财政和地方政府分级实施业务考核和履职问责，负责建立本级、属地和对下问责机制，按程序实施问责，并有义务向金融委办公室报告问责情况。

为保证问责效果，监管问责必须有力、有效，也要体现一定弹性，并与党的问责条例、党政领导干部问责规定及监察法律法规等实现良好衔接和功能区分，还要与激励机制互相兼容、合理互补。

## 五、"优先序"任务

待我国"一委一行两会"监管框架安全落地后，要按照轻重缓急原则，推动配套工作有序开展。

任务一：完善监管规则乃当务之急

一段时期以来，我国建立了与分业经营、分业监管格局相适应的金融法律法规体系。但近年来，随着我国金融混业综合经营趋势的不断加快，金融业态的结构和模式发生了很大变化，风险传染和冲击也表现出了与以往完全不同的复杂特征，即"奈特不确定性"①。为应对上述挑战，党的十九大将防范化解重大风险列为我国决胜全面小康社会三大攻坚战之首，也建立形成了"一委一行两会"的监管架构。在此情况下，如果我们的法律制度不及时作出相应调整，那么不仅会导致市场主体无所适从，而且一定会导致更多的法律漏洞和监管真空，从而加大风险隐患。

从另一角度来看，我国当前的金融乱象实际上也反映出了我国金融监管不协调和监管规则存在漏洞的客观事实。一段时间以来，我国金融监管的"牙齿"不够锋利，金融监管整体上宽、松、软，这一点已为诸多教训所证明。缘其理，背后的原因很大程度上在于我国的监管法律制度滞后或不健全，如处罚标准过低，脱离了金融业交易金额巨大的实际，无法起到应有的监管震慑作用；又如，面对金融市场近年来不断冒出的所谓创新，明知可能违规，也判断存在风险隐患，但却没有足够的法律制度依据进行有效管理和处置；再如，有的法律规定过于原则，自由裁量权过大，规则透明度不足，容易导致市场主体无所适从，难以形成稳定的预期。

国际经验表明，一个健全的金融监管规则体系，应该形成明确的行为准则，引导市场主体事先就调整好自身行为，对违法行为形成足够的震慑力，对守法行为给予切实的保护，这就是规则的预期效应。因此，随着我国机构改革稳步落地，在健全我国宏观审慎政策治理架构过程中，着手研究并及时推动相关法律法规的废立释改尤为迫切。

"伴生性"渐进思路下，综合考虑各方面条件因素，著者认为，制定完善我国金融监管规则体系的总体方向是，按照急用先行和轻重缓急的原则，通过废除、修改、补充和制定等方式，分层次分步骤对现行金融监管法律、法规和规章等进行调整、完善、细化和整合，逐步形成与"一委一行两会"金融监管架构相适应的法律体系。

第一层次，制定或修改法律法规。当前立法工作的重点是，推进《中国

---

① 现代金融体系具有极大的网络外部性（network externalities），金融机构难以足够了解其交易对手，更不用说了解交易对手的交易对手，在这种环境的传染效应下，传统风险被转化成一种不可度量的"奈特不确定性"（Jorion，2009）。

人民银行法》修订[①]，主要方向是，落实“三个统筹”要求，落实拟定金融业重大法律法规草案、制定审慎监管基本制度的职责，体现宏观审慎管理要求；明确人民银行承担金融委办公室职责和权限，突出人民银行统筹货币政策和宏观审慎政策“双支柱”调控框架抓总作用等。同时，结合机构改革方案，统筹推动《商业银行法》[②]《银行业监督管理法》[③]《保险法》[④]等重要立法修订，从法律层面确立“一委一行两会”的监管格局。另外，针对当前防范化解金融风险的重点任务，还要按照急用先行的原则推动制定或修改重点行政法规。

第二层次，制定和修改金融部门规章。关键是及时、全面梳理、修改或废止与“一委一行两会”金融监管架构和主要金融法律不符或滞后的规章。在此过程中，考虑到金融市场业务和监管行为的连续性，为防止机构改革期间法律规章衔接不及时导致的监管空档，可以考虑设定一定的新旧规章实施过渡期，合理引导市场行为和市场预期。目前的重点包括加快弥补监管制度短板[⑤]，完善宏观审慎管理和系统性金融风险防范各项制度，出台金融控股公司监督管理规则，制定完善系统重要性金融机构（SIFIs）监管指导意见相关实施细则，推动金融机构资管业务平稳转型，推进互联网金融长效监管制度建设等。

第三层次，做好金融领域规范性文件和管理制度的废立释改。鉴于法律法规和部门规章修订客观存在着一定的时滞性，因此在法律规章空档期仍需

---

① 1995年3月18日八届全国人大第三次会议通过，2003年12月27日十届全国人大常委会六次会议修正。

② 1995年5月10日八届全国人大常委会第十三次会议通过，2013年12月27日十届全国人大常委会六次会议第一次修正，2015年8月29日十二届全国人大常委会十六次会议第二次修正。

③ 2003年12月27日十届全国人大常委会第六次会议通过，2006年10月31日十届全国人大常委会第二十四次会议修正。

④ 1995年6月30日八届全国人大常委会十四次会议通过，2002年10月28日九届全国人大常委会三十次会议修正，2009年2月28日十一届全国人大常委会七次会议修正，2014年8月31日十二届全国人大常委会修正，2015年4月24日十二届全国人大常委会十四次会议修正。

⑤ 如尽快修订《非法金融机构和非法金融业务活动取缔办法》，使之与处置非法集资条例合并出台；推动出台《非存款类放贷组织条例》；研究修订《存款保险条例》，建立金融机构有序处置法律框架；推动拟订地方金融监管条例。

要按照"从旧""有效"原则继续发挥作用。待新修订法律法规落地后，可以分批次、有规划地做好规范性文件和管理制度的清理、修改和废止工作，及时制定完善新制度，扎紧风险防控的"篱笆墙"。

任务二：夯实政策信息基础乃重要保证

经验表明，宏观审慎政策有效实施之难不在于无策可施，而在于信息割裂、协调不畅。同时，大部分情况下，信息共享往往也不是技术问题，而更多是法律政策和制度安排问题。当前，金融委统一领导的监管框架下，需要优先做好金融监管数据和信息交流共享方面的制度安排。

其一，构建数据集成和共享平台，加快建设国家金融基础数据库，确保全覆盖式系统性金融风险监测，包括搭建运用统一的信息平台报送各类数据和信息，使用统一的信息平台查找信息分析数据等。其二，探索大数据技术运用，建设更为全面的数据源和信息库，为系统性金融风险预警提供高质量的数据基础。其三，持续开展相关基础研究，确保监测动态有效。主要方向是研究跨部门跨市场风险传导路径，探索风险传导评估方法和标准化的金融统计，将风险传导导致的系统性风险纳入监测体系；持续研究创新型金融机构和创新型业务，探索对此类机构和业务的统计监测方法，及时对监测系统进行动态补充和更新，确保监测体系发展不滞后于市场和风险的演变。

任务三：完善宏观审慎工具乃重要基础

鉴于宏观审慎政策本身具有跨界跨业跨市场的显著特征，所以宏观审慎当局自身实际上并不掌握太多的工具，加之工具的建立和使用需要经过较长时间的讨论、辩论乃至博弈方能取得共识，因而宏观审慎工具的推出运用是个漫长复杂的过程。但危机和风险防范的紧迫性，又要求宏观审慎当局在系统脆弱性暴露之前就要建好工具箱和"弹药库"。这样一来，迫切要求宏观审慎当局持续加强工具箱的研究，保持工具箱的开放性和动态性，并根据风险状况和危机发展及时调整与搭配。

就宏观审慎工具的来源而言，目前有两种思路可供参考：其一是调整微观审慎工具指标，在微观审慎指标体系中引入宏观审慎意义的监管指标，为微观审慎工具赋予宏观审慎的视角和用途；其二是在运用微观审慎指标加强单体机构监管的同时，也注重着眼于从宏观审慎视角对某一类机构或一个区域机构进行风险分析。

表7-9　微观审慎和宏观审慎工具重合情况：实践中的一些例子

| 工具 | 微观审慎 | 宏观审慎 |
|---|---|---|
| 对单个机构的最低资本要求 | √ | |
| 风险加权资本 | √ | √ |
| 支柱Ⅱ项下资本要求 | √ | √ |
| 逆周期资本缓冲 | | √ |
| 资本留存缓冲 | √ | |
| 系统性附加资本 | | √ |
| 动态拨备 | √ | √ |
| 杠杆率 | √ | √ |
| 大额敞口限额 | √ | √ |
| 贷款价值比 | √ | √ |
| 债务收入比 | √ | √ |
| 外汇限制 | √ | √ |
| 流动性要求 | √ | √ |
| 风险管理标准 | √ | |
| 执照发放标准 | √ | |

资料来源：IMF（2013a）。

**任务四：健全系统性金融风险防范处置体系乃长久之计**

第五次全国金融工作会议确立了我国系统性金融风险防控的主要任务，即要健全风险监测预警和早期干预机制，筑牢市场准入、早期干预和处置退出三道防线，健全金融风险责任担当机制，坚决守住不发生系统性金融风险的底线。

按照上述要求，推动我国金融监管改革一个重要内容就在于，建立起事前事中事后全链条、多环节的风险监测处置体系。围绕这一目标，中长期有四个方面的任务，主要包括：一是构建功能完善的风险监测框架，能够对金融体系整体稳定健康状况进行充分、全面评估，能够对跨市场跨业态跨区域金融风险识别、预警和处置。二是构建风险监测分析模型，选取适合我国金融市场的风险监测指标，合成我国金融风险监测的量化指标。三是建立衔接有序的系统性金融风险监测程序，明确监测部门职责分工，完善监测机制。

四是健全风险处置机制，建立权威专业高效的金融机构风险处置框架，明确风险处置手段、方式和程序，明确损失分担和救助机制，压实金融机构主体责任，压实人民银行、财政部门、银保监会、证监会监管责任。

# 第八章

# 多重挑战下的宏观审慎

2008年全球金融危机以来，国际统一性的实践和差异化的探索聚焦于监管技术层面的改进，在汇聚各方共识的同时，也形成了诸多分歧，并积累了一些亟待破解的难题。然而，一切认识都具有时代局限性，只有进化永存（达利欧，2018）。当前，实践推动着认识不断向前，金融风险的永续变化，混业经营的不断深入，金融科技的迭代更次等，这些都不断挑战着宏观审慎的适应性。新的时代，面对大分歧与大挑战，如果人们仅仅停留在技术层面的分析，已不足以从根本上认识和解决一系列现实问题，而需要以更加变革的思维和更加开放的胸襟，从制度层面推动宏观审慎不断走向未来。

# 第一节　关于宏观审慎的误区与分歧

作为一种危机后方登堂入室的"新鲜"事物，宏观审慎政策在形成一系列共识的同时，也沉淀了一些流行的认识误区。总结和廓清误区，是为了达成更高的共识，避免"上无道揆，下无法守"[①]带来的知行错位。

## 一、多重认识误区

误区之一：宏观审慎政策等同于维护金融稳定

鉴于宏观审慎因危机而生，并以防控系统性金融风险为主要目标，同时考虑到其在维护金融稳定中的积极作用，因而很多人很容易将宏观审慎政策与维护金融稳定等同起来，认为宏观审慎因金融不稳定而起，同时加强宏观审慎管理就能很好地维护金融稳定。著者认为，这种认识实质上割裂了宏观审慎与其他政策的内在联系。

一方面，尽管宏观审慎政策以识别防范系统性金融风险为目标，是维护金融稳定的重要手段，但宏观审慎政策并非维护金融稳定的唯一手段，实际上单凭宏观审慎政策也无法从根本上保证金融稳定目标的实现。事实表明，有效的宏观审慎政策是维护金融稳定的必要条件而非充分条件（IMF，2011b）。另一方面，金融稳定作为金融运行的一种动态状态，是金融体系处于稳定状态的综合反映，维持这种状态是所有经济金融政策的共同责任。各类政策从不同角度发力，形成了维护金融稳定互为补充、相互协同的政策框架。

从政策的目标层级来看，防范系统性金融风险是宏观审慎政策的主要目标，但却并不一定也是其他政策的首要目标，如货币政策以价格稳定为主要目标，财政政策以总需求管理为主要目标[②]，审慎监管以单个金融机构的稳健运

---

① 《孟子·离娄》中提到，"上无道揆也，下无法守也，朝不信道，工不信度，君子犯义，小人犯刑，国之所存者幸也"。

② Mervyn A. King（2013）认为，零利率下限下，货币政策和财政政策之间不存在明显的区别。

行为主要目标。因此，在维护金融稳定时，宏观审慎政策并不能完全替代其他经济政策，各种政策更多是互补和协调关系，而不是非此即彼的替代关系。

误区之二：宏观审慎政策等同于危机救助

既然维护金融稳定离不开相关部门的救助，而宏观审慎政策框架又包含着进行救助的内容，于是很多人自然将宏观审慎政策与危机救助等同起来，并认为宏观审慎的主要职责就是危机救助。沿着上述逻辑，可以有两点结论，其一是建立了宏观审慎政策框架，就不需要其他政策承担危机救助之责；其二是建立了宏观审慎政策框架，就能够对危机进行有效救助。

就危机应对本身的属性和要求而言，金融危机又分为危机管理和危机处置两个阶段，不同阶段对不同的政策措施要求不同，需要货币政策、宏观审慎政策等均做出有效响应[①]。通常，危机救助是"一揽子"经济金融政策的组合，而不是某一类独立的经济政策。在该政策组合中，微观审慎着眼于单个机构的稳健，中央银行承担最后贷款人角色，存款保险机构承担问题机构处置之责，财政部门负责提供注资和财政担保，宏观审慎政策负责建立退出和处置机制，每种政策均从不同立场和视角为实现救助目标而努力。

由此可见，危机救助的艺术是平衡的艺术，即要在系统性金融风险防范与危机救助两方面进行有效平衡，危机救助需要利益相关经济金融管理部门紧密协作，这是救助问题的关键和精髓所在。

表8-1 2008年金融危机欧美主要国家金融救助平台比较

| 国别 | 救助平台 | 职能 | 规模 | 资金来源 | 隶属机构 | 挂靠机构 |
|---|---|---|---|---|---|---|
| 美国 | FST | 政府注资 | 不详 | 不详 | 财政部 | — |
| | PPIF | 购买问题资产 | 1万亿美元 | 不详 | 财政部 | — |
| 英国 | UKFI | 政府注资 | 370亿英镑 | 国债 | 财政部 | — |
| 德国 | SoFFin | 融资担保注资和购买资产 | 5 000亿欧元 | 国债 | 财政部 | 央行 |

[①] 国际货币基金组织在2013年广泛讨论了宏观审慎政策的目标和规模及其与微观审慎政策、危机管理和解决危机的政策之间的关系。

续表

| 国别 | 救助平台 | 职能 | 规模 | 资金来源 | 隶属机构 | 挂靠机构 |
|------|----------|------|------|----------|----------|----------|
| 法国 | SPPE | 政府注资 | 400亿欧元 | SPPE发债国家担保 | 经济、工业和就业部 | — |
|      | SFEF | 提供银行信贷资金 | 2 650亿欧元 | SFEF发债国家担保 | 经济、工业和就业部 | 央行 |
| 西班牙 | FAAF | 购买银行优质资产提供银行信贷资金 | 500亿欧元 | 国债 | 经济和财政部 | — |

　　注：①FST：Financial Stability Trust, PPIF：Public-private Investment Fund,源于美国2009年2月推出的问题资产救助计划（TARP）。

　　②Soffin：由德国央行下属金融市场稳定局（FMSG）管理，FMSG是一个新兴机构，设在德国央行，但独立于央行，由财政部监督。

　　资料来源：中投公司和www.financialstability.gov。

　　误区之三：宏观审慎政策应消除金融风险的发生

　　这种认识的逻辑在于，既然宏观审慎政策着眼于防范整个金融系统的风险，而系统性金融风险暴露又极易引发金融危机并会对实体经济产生巨大冲击，因此宏观审慎就应尽可能消除金融风险的积聚和传染，以免对经济形成冲击。就金融风险存在的本义而言，这一观点存在较大的认识偏差。

　　一方面，金融风险是金融活动的内在属性。随着现代经济和金融虚拟化程度的加深，金融风险的广泛存在是现代金融体系的重要特征之一。通常意义上，金融风险的存在具有客观普遍性，发生又具有较大不确定性，影响也具有很大的传染性。从此意义上讲，金融风险是中性的概念，本身并不存在"好风险"与"坏风险"之分。金融以管理和经营风险为生存要义，资产在时间和风险两个维度进行配置，风险是金融市场发挥资源配置作用、进行合理定价的内在机制，缺乏风险的金融市场并不能称为一个良性健康的市场。从这个角度讲，包括宏观审慎在内的所有政策措施都旨在防范和降低风险，但却不会也不可能完全消除风险。退一步而言，在不发生系统性金融风险的前提下，局部或偶尔暴露一些金融风险，实际上对于金融体系的健康运行和培育理性的市场参与者都有好处。对此，我们应有清醒认识。

　　另一方面，宏观审慎政策也不是万能良药，不能解决所有风险问题。金融稳定是个多维度、多层面的立体型，其本身的状态取决于可持续的增长环境、良性的经济金融关系、完善的金融市场体系、有效的金融机构治理以及监管能力等一系列约束条件。就此来看，宏观审慎政策并非要消除风险，而是着眼于在风险与发展之间寻求一种良性平衡。

误区之四：宏观审慎政策应防范所有系统性金融风险

这种认识认为，既然宏观审慎政策以防范和降低系统性金融风险为核心目标，那么就应将所有的系统性金融风险纳入政策的目标函数。这种认识实际上混淆了系统性风险的不同来源和原因。

危机以来的实践表明，不是所有的系统性金融风险都与宏观审慎密切相关，实际上系统性金融风险的内涵远远大于宏观审慎政策目标所关注的范围。就风险的来源，系统性金融风险可以由多种原因导致，不是每种风险都与宏观审慎有紧密的联系，从而也就不能把所有风险都纳入宏观审慎政策篮子。

目前，从来源划分，典型的系统性金融风险有四类，一是财政性问题引起的系统性金融风险。如果财政赤字过大、政府债务总额过高，但又必须承担较高的政府支出，这样就会陷入财政紧缩与刺激经济的两难，此时可能会引发破产风险，进而引发系统性金融风险。在这方面，发生于2013年前后的欧洲主权债务危机就是典型代表。二是经济结构严重失衡所导致的国际收支危机。实践表明，国际收支失衡可能导致危机，且大都体现在实体经济。三是道德风险问题引发的系统性金融风险。如"大而不能倒"既有宏观审慎的因素，也有非宏观审慎的原因。宏观审慎对大的金融机构会有更大压力，但是也不能完全解决道德风险问题。四是通货膨胀危机引发的系统性金融风险。虽然通货膨胀也是周期性问题，但却不是宏观审慎政策所关注的最典型内容。

总而言之，系统性金融风险的发生有多种可能性，宏观审慎政策不能解决所有的风险问题。如果将宏观审慎与系统性金融风险简单画上等号，那样就不仅容易造成政策工具与目标的错配，难以对症下药，更严重的是导致盲人摸象，延误风险的应对和防范时机，造成救助资源的严重浪费。

## 二、分歧与争论

分歧一：是否应该由中央银行承担宏观审慎政策职能？

宏观审慎政策实施，包含着由谁来决策、谁来实施以及如何协调和评估政策等一系列丰富内容。现在看来，危机以来，围绕宏观审慎政策实施主体产生的争论，实质上是由中央银行还是其他部门来承担宏观审慎职责之争。

目前，在宏观审慎政策治理模式选择上，各方对于中央银行所应扮演的角色基本上形成了一致性观点，但具体到是否应由中央银行承担宏观审慎职责以及以何种方式承担则仍存在着较大分歧。可以从政策实施各方角色的重要性程度出发，围绕中央银行与其他机构两个主体来进行多维划分和梳理。

第一种，"中央银行主体论"，即从中央银行的独立性、自身优势和职责等方面进行阐述，认为中央银行具有承担宏观审慎职责的天然优势。其一，由于中央银行在应对金融稳定时具有行动和信息上的优势，同时天然承担着最后贷款人的职能，因此也应当具有宏观审慎政策的实施权（Blinder，2010）。Blanchard等（2010）认为，中央银行承担宏观审慎政策职责，具有监测宏观经济运行的优势，有利于其成为宏观审慎政策的执行者，并可避免在金融危机期间由于不同监管主体之间协调困难而导致的一系列问题。也正基于这些认识，在调查的基础上，IMF（2013）也持"中央银行应该在宏观审慎政策框架中发挥重要作用"的立场，并呼吁各国在实践中予以落实。其二，危机后，货币政策逐渐从狭义的价格稳定目标转向了包括金融稳定在内的广义目标，因而由中央银行承担宏观审慎职责，能够使得原本外化的宏观审慎与货币政策之间的协调内化，从而减少政策冲突。其三，在大多数国家，中央银行承担着维护金融稳定的职能，而这一职能恰恰又是宏观审慎的主要目标，二者高度重合。价格稳定和金融稳定是一个硬币的两面，两者都受到信贷条件的显著影响，而且都会对经济增长和就业产生作用，因此必须加以统筹以减弱信贷的周期波动。实践表明，相互协调的最佳方式即由一家机构实施两种职能，而该机构最好是中央银行（White，2010）。其四，中央银行自身的独立性，决定了如果由其承担宏观审慎职责，能够一定程度上确保该项政策的独立性，从而能够最大限度地降低宏观审慎政策实施受干扰的程度。

第二种，"其他主体论"，即反对直接由中央银行承担宏观审慎政策职责，而主张在现有监管体系基础上，设立专门的机构行使之。该认识的出发点在于，鉴于中央银行以价格稳定为主要目标，而宏观审慎旨在维护整个金融体系稳定，两类目标存在着较大差异，因此中央银行同时负责货币政策和宏观审慎不仅会带来二者目标和操作的冲突，导致两类政策互相干扰，而且会损害政策的独立性。

这种认识，实质上是传统分业监管（Sectoral Model）认识的延续。传统金融监管政策框架认为，货币政策与监管职能的结合会导致利益冲突，中央银行对金融机构的监管会影响其货币政策实施，并且货币政策无法有效应对金融不稳定（Borio and White，2004）。2008年危机以来，上述认识得以延续，并主要体现在对中央银行实施宏观审慎政策所持有的怀疑态度方面。如认为中央银行的逆周期操作会加剧经济波动（Agur and Demertzis，2009）；或认为宏观审慎职责和权力集中在单一机构易导致利益冲突，因此应由独立机构来协调中央银行、监管机构和金融机构等共同执行（Karmel，2009），以应对系统性风险。

第三种，"集中化模式"，即主张由中央银行统筹货币政策、宏观审慎和微观审慎监管，实现三者的内部协调，实现系统性风险和个体风险的全覆盖。该主张的主要出发点在于，集中化的模式能够将审慎监管与宏观审慎两种职责之间的协调在最大范围内统一化和正式化（Malcolm Edey，2012）。危机后，英国打造以英格兰银行为核心的"超级央行"，将货币政策与金融监管统筹于央行之下，就是集中化模式的典型代表。

目前，主张中央银行在宏观审慎政策中发挥主导作用的观点已是主流，而且较为一致性的认识是，既然希望中央银行担负起金融稳定的职责，发生了危机又要求央行进行救助，同时价格稳定与金融稳定目标也出现了融合的趋势，那么赋予央行宏观审慎职责就是势之必然。

从危机后的经验来看，各国之所以普遍转向"超级央行"模式，主要是由于中央银行能够站在整体全局的角度看待金融风险，而不是局限于某个行业发展层面，并且在应对系统性危机冲击、维护金融系统稳定方面能够统筹兼顾指挥全局。当前，我国提出健全货币政策和宏观审慎政策"双支柱"调控框架，最主要的出发点，就是要将货币政策稳定物价与宏观审慎防范系统性风险的作用更好地结合起来，并更好地发挥人民银行的统筹作用。

分歧二：跨境协调"形式"大于"内容"？

跨境协调的本质在于，政策立场协调一致基础上的行动和标准的统一，是形式与内容相统一的矛盾体。目前，尽管学界和政策制定者对政策跨境协调的优点进行了广泛的讨论，但跨境协调在学术研究上仍然几乎是个未知的领域（Csajbók、Király，2010），在实践中较大范围的跨境协调也并不多见，成熟、制度化的跨境协调机制更是仍处于探索之中（李扬，2015）。跨境协调形式与内容之间的缺口如此之大，个中原因值得探究。

一方面，危机以来，各国普遍认识到，缺乏政策协调不仅无法独善其身，反而会深陷泥潭，尤其是金融一体化程度较高的经济体，宏观审慎政策会受到一系列跨境因素的影响（IMF，2013；Caruana，2016），如本国政策对他国政策的溢出效应以及各国政策松紧失衡所带来的金融业务转移等。尤其是，在高度一体化的全球经济时代，合作不可避免，各国有必要考虑自身行动对其他经济体的影响，以及其他经济体的反应对自身的影响（BIS，2014）。因而，跨国溢出效应的客观存在和日趋强烈，必然要求宏观审慎当局在实现国内目标时考虑对他国的影响，争取将这种外部影响降到最小（IMF，2014）。

另一方面，当前情况下，跨境协调更多地表现为观念的交流和原则的沟通，呈现出形式大于内容的状态。各国政策冲击溢出效应客观存在，使得宏观审慎政策跨境协调不得已而为之，但溢出效应的复杂性又使这种跨境协调变得十分困难（BIS，2018）。短期内，各方仍难以实现完全的政策协调，因为通过国际合作解决溢出效应往往会与国内政策相矛盾，维护国际金融稳定也可能会在中短期内与国内经济发展目标相悖，各国往往难以割舍本国利益。

某种程度上，正是由于各国当局难以放弃政策独立性和裁量权，才使得危机以来G20峰会倡议的很多政策在诸多技术细节上难以达成一致。例如，各方对于存款保险进行公平定价早已成共识，但就如何进行定价却无一致行动；加强全球系统重要性金融机构（G-SIFIs）监管也早已成共识，但具体到跨国监管协调却又存在严重分歧，发达经济体与新兴市场国家之间甚至存在着强烈的信息不对称和彼此不信任。

目前，关于宏观审慎政策跨境溢出效应及其影响的研究和实践仍在深入进行之中（Buch and Goldberg，2016）。全球一系列不确定因素，如欧美陆续退出量化宽松政策（QE）、美国加息周期结束后的走向、特朗普政府放松金融监管政策,以及全球"政策疲劳症"越发明显等,加之2020年新冠疫情冲击以及美欧一系列应急性宽松政策的外溢效应,均给全球经济增长带来了很大的不确定性,也必然为政策跨境协调增添了无穷变数。面对此境,如何破解跨境协调"形式"大于"内容"矛盾,如何推动跨境协调取得实质性进展,以及是否有必要重构国际及区域协调机制等,都仍然是个需要深入思考的问题。

分歧三:国际规则"舶来就用"还是"吸收转化"?

一般来说,国际监管规则在各国均面临着一个"落地生根"的问题。从长期看,金融监管规则的趋同化是必然趋势,但趋同的路径却存在较大差异。在此过程中,需要解决好"变与不变""绝对与相对"的问题。

目前,摆在我们面前一个冰冷的现实是,现行的金融监管规则和原则主要还是由发达经济体制定或主要体现其意志,新兴市场国家由于自身软实力不足,往往没有或无法真正参与到国际监管规则制定之中。例如,巴塞尔委员会(BCBS)提出的国内系统重要性银行(D-SIBs)监管框架(BCBS,2012),FSB提出的全球系统重要性银行(G-SIBs)总损失吸收能力(TLAC)充足性要求(FSB,2015)等,背后闪现的几乎完全是发达经济体的身影。因此,当发达经济体主导的国际规则推出后,新兴市场国家就面临着规则适用的被动选择难题,并由此产生了"直接搬用"还是"有选择吸收"的问题。德勤(2018)的调查表明,目前亚太地区许多企业一直在努力了解和解决《欧盟金融工具市场指令》(MiFID II)如何适用于自身发展的问题,也即如何真正落地。另外,欧盟《银行业恢复与处置指令》(*Bank Recovery and Resolution Directive*,BRRD)、《国际财务报告准则(第9号)》(IFRS9)、2017年底修订完成的《巴塞尔协议III》等,实际上也都面临着如何因地制宜实施并落地生根的问题。

实践表明,国际监管规则在落地的过程中,很容易产生水土不服的问题。为克服这一难题,各国在实施金融稳定理事会(FSB)、巴塞尔委员会(BCBS)等所主导制定的监管规则过程中,往往会对规则进行改良,使之本土化。然而,改良后的规则也会出现差异性,在实施中依然可能存在着松紧程度不一、适用范围有异的问题。很多时候,这种情况不仅加大了跨国金融机构在不同国家经营的合规成本,也使得各国的监管规则差异性更大。这些多变的情况表明，国际监管规则在本地化过程中始终面临着调整优化的问题，这对当局的协调性和适应性提出了更高要求。

分歧四：宏观审慎政策是"一种措施"还是"独立政策"？

目前，各方对于宏观审慎政策是属于一种独立的政策，还只是引入了系统性视角监管政策的延伸，仍然存在着诸多争论。关于宏观审慎政策定位的争论，既涉及各方对于宏观审慎的认识问题，实质上也反映了人们对于宏观审慎与微观审慎、货币政策职能划分的认识分歧。分歧双方可以称为"措施论"与"政策论"之争。

"措施论"认为，宏观审慎只是微观审慎监管框架引入系统性分析视角和针对系统性风险的工具措施（CGFS，2010），宏观审慎政策本身并不具备完整的理论和政策体系，而更多是多种危机应对措施的组合，其本身的理论和实践均有待深入和检验，自身的效果也存在着很大不确定性。

"政策论"认为，宏观审慎是一种与货币政策、财政政策并行独立的政策选项，三者相对独立、又互为补充（IMF，2013a），一并构成了宏观经济调控框架（BIS，2011b）。由于货币政策本身所具有的整体性特征，难以解决结构性失衡和风险，财政政策存在着明显的时滞且受政治影响较大，所以就应发挥宏观审慎政策的系统性和逆周期调节作用（Blanchard等，2013a）。也正鉴于此种认识的差异，各国金融体制改革在方向和方式选择上也相应表现出了很大差别性。

分歧五：宏观审慎政策溢出效应"单向度"还是"多向度"？

所谓宏观审慎政策溢出（Spillovers）是指，宏观审慎工具在实施并发挥作用过程中，会产生超出该工具本身目标、范围和作用边界的政策效应，这种效应不仅会抵消该工具的固有作用，而且会给其他目标带来不确定性影响。

传统观点认为，政策的跨境溢出是单向的，即发达经济体政策对其他国家尤其是对发展中国家的外溢效应是常态，而发展中国家对发达经济体的政策外溢则相对较小，甚至可以忽略。在较长一段时期，这种单向度的政策外溢一度成为各方共识。

但近年来，尤其是2008年金融危机以后，政策的溢出效应出现了"单向度"向"多向度"的转变，并且出现了政策溢出效应的"双向循环"和"溢出对流"①。这种溢出效应的"多向度"特征，既表现为政策之间的互相影响，也体现为跨境目标的冲击；既体现为发达经济体对发展中国家的政策溢出，也体现为发展中国家对发达经济体的反向冲击。

对此，我们应该全面看待。一方面，就宏观审慎工具本身而言，其溢出效应存在两面性，即针对国内目标的工具可能会对境外机构产生影响，针对境外目标的工具也可能会对境内市场产生冲击。另一方面，从跨境维度，溢出效应不仅表现为发达经济体对新兴经济体的政策溢出，而且表现为后者对前者的溢出。尤其是，危机以来发达经济体实施的量化宽松货币政策（QE），在产生巨大流动性溢出的同时，又出现了政策调整引发的"回流效应"。

这种"多向度"溢出效应的客观存在，不仅会削弱宏观审慎工具的固有效力，造成政策实施的效果漏损（Policy's Leakage），而且会给政策实施带来较大的不确定性，尤其需要积极应对。

# 第二节 多重挑战：十一个热点问题

## 一、金融监管改革如何体现金融业综合经营要求

目前，我国已经确立了"一委一行两会"的金融监管架构，明确了中央银行统筹货币政策和宏观审慎政策的"双支柱"调控框架，形成了银保监会、证监会负责微观审慎监管和行为监管的监管模式，也明确了人民银行制定银行业、保险业法律法规草案和审慎监管基本制度的职责。上述安排体现了金融发展与监管职能的相对分离，一定程度上实现了货币政策与宏观审慎政策的融合、审慎监管与行为监管的融合，也意在强化监管的统筹协调，弥补监管交叉和监管真空。

---

① "对流"（convection）是一种物理现象，是指流体内部由于各部分温度不同而造成的相对流动，即气体或液体通过自身各部分的宏观流动实现热量传递的过程。这里借用这一词汇来表示政策溢出效应的双向性、复杂性和不对称性。

应该说，上述监管架构在因地制宜的基础上往综合监管方向迈出了重要一步，但能否适应我国金融发展的实际情况却仍有待于验证，在实施中也还必须面对一些新的问题和挑战。例如，"三会"合并为"两会"后，能否真正有效解决监管交叉和监管真空问题？监管规则的制定与执行分开，有助于增强监管执行的独立性，还是有可能导致监管规则制定与执行脱节？中央统一规则、压实地方政府属地风险防范职责，能否真正有效防止权责不等和道德风险？另外，随着经济形势的瞬息万变和金融市场的快速变化，监管政策的制定亦要求基于对市场的深刻了解和认识，因此拟订银行业、保险业重要法律法规草案和审慎监管基本制度职责划入人民银行之后，如何持续提升中央银行制定审慎规则的专业性，这也是一个重大挑战。

从长远看，金融监管改革最大的挑战在于，如何更好、前瞻性地适应金融综合经营和混业经营的发展趋势，其背后的逻辑本质又在于金融制度如何更好地适应技术变革带来的市场变化，如何更好地适应金融创新驱动下的经济转型升级。研究表明，综合经营和混业经营既是经济全球化发展的必然趋势，是规模经济和范围经济的内在要求，也是金融自由化、市场化发展的必然要求（徐忠，2018），其内在动力源于科技进步，是顺应历史发展潮流的必然选择，是科技促进金融体系不断从量变到质变的时代产物，又包括服务实体经济的发展需求和提升金融业竞争力等多方面的要求。

实际上，自20世纪八九十年代以来，英美等国金融市场相继实现了从分业经营向混业经营的转变，无一例外都带来了监管制度的巨大变革。欧美百年金融发展史更是表明，金融监管变革的背后无一例外都闪现着重大技术变革的影子。例如，1999年美国的《金融服务现代化法案》，开启了金融混业经营之路，其背后闪现的是互联网、IT技术等新一轮技术变革周期下的"新经济"影子。再往前看，19世纪70年代以来，主要经济体经历了由重大技术变革周期推动的两次完整的经济长周期[①]，随着技术推动增长的空间和效力

---

① 刘鹤等主编的《两次全球大危机的比较研究》一书中，将两次完整的经济长周期划分为：第一次从19世纪70年代到第二次世界大战结束，第二次从第二次世界大战结束到现在，两次经济长周期由繁荣转向萧条的标志是20世纪20年代初主要国家整体完成工业化和2001年IT泡沫破灭后，之后经济又运行了10年左右，危机爆发。

不断弱化，在经济长周期由盛转衰而又兴起的接力过程中，各国的金融监管也呈现出了跌宕起伏的适应性状态。

各国的实践也说明，2008年金融危机以来的监管改革，无一例外都是考虑如何在混业下建立由中央银行主导的、统筹审慎监管和行为监管的综合监管框架。改革的表象是机构调整并立，但本质上无一例外都是金融经营模式深刻调整变化的结果。

事实上，金融危机后，各国也并不否定金融业的融合创新，而是更多地从如何解决监管失败的角度构建防范系统性风险、有效管理系统重要性金融机构（SIFIs）的新框架（范一飞，2016）。目前，已有相当部分国家已经对分业监管模式进行了改革。国际清算银行（BIS）金融稳定研究院（FSI，2018）调查表明，2008年以来被调查的79个国家和地区有11个已经调整了监管模式，并且实行分业监管的国家和地区已从危机前的46个下降为39个[①]。

立足于制度设计和制度变迁，如何在稳定与效率间求得平衡，如何构建一个稳健且自负盈亏的金融体系，一直以来都是金融制度尤其是金融稳定制度变迁的核心命题（陆磊，2016）。在技术长周期的推动下，金融发展呈现出一种螺旋渐进上升的动态过程，金融监管也必然在渐进中不断完成自我的优化升级。渐进的过程需要探索、总结，有时还需要根据实际情况对改革目标和措施进行优化调整。

目前来看，随着"大资管"时代的到来以及监管的不断强化，我国金融机构业务融合必将不断深入，混业经营的趋势也将不断深化，这些都必然对金融监管提出越来越高的变革要求。尤其在综合化监管方向和趋势下，从分业到综合，监管难度将呈指数级别上升[②]（人民银行，2018），从而也必然对当局的监管能力和监管水平提出更高要求。

既然在技术进步和市场配置资源功能优化的推动下，金融业混业经营的发展趋势不可逆转，那么我们需要做的，最关键就在于金融监管制度框架设

---

① 国际清算银行金融稳定研究院（FSI）Daniel Calvo等论文，"Financial Supervisory Architecture：What has changed after the crisis？"。

② 假定金融行业分为银证保三种业态，若采取分业经营和分业监管，则复杂程度可记为三，如果改为综合经营和综合监管，则理论上复杂程度上升为三的三次方。

计能否跟得上金融体系的时代发展步伐（徐忠，2018）。照此标准，以更长的视角来看，当前我们所推进的金融监管架构的变革只是宏观审慎政策治理架构的一小步，最关键的还是监管原则和理念的更新，最根本的要求在于对金融体系风险全局性的判断、把握和管理。

随着我国金融业综合经营的进一步深入，为适应这一趋势要求，在渐进的金融监管改革中，要求不断进行试点、观察、总结，从机构监管转向功能监管、审慎监管和行为监管，不断迈向综合监管方向，逐步建立起符合现代金融特点、统筹协调、有力有效的现代金融监管框架。

## 二、金融监管改革如何体现宏观审慎要求

2008年全球金融危机后，宏观审慎政策作为顶层设计而被引入金融稳定制度体系，这是一次方法论上的革命。当前，作为一种应对危机的政策响应，是否有利于完善宏观审慎政策框架，已成为各国研究推进金融监管体制改革十分重要的出发点和视角。尽管如此，也必须看到，在弥补原有监管漏洞的同时，落实宏观审慎要求也必然会对现有监管格局带来很大冲击，并对加强金融监管体制改革提出了挑战。

危机以来的研究和实践均表明，宏观审慎是金融监管体制改革的重要原因和出发点，这涉及如何认识宏观审慎，以及新的金融监管体制如何更好地体现并执行好宏观审慎政策，这些都与当前金融体系中出现的许多问题密切相关（周小川，2016）。从实践来看，宏观审慎在各国金融体制改革中已有了不同程度的体现，而且宏观审慎职责应以什么方式与现有监管机构和做法联系起来，如何与特定的监管传统和体制融合对接，这在不同国家有不同的选择和处理方法。国际清算银行（BIS）金融稳定研究院（FSI，2018）的调查表明，被调查的79个国家和地区中45个已经对金融稳定监管模式进行了改革，其中21个成立了专门的宏观审慎委员会、14个成立了金融稳定协调委员会、19个成立了专门的金融稳定部门。

当前，我国"一委一行两会"的金融监管架构已经确立，在此框架下统筹货币政策、微观审慎监管和财政政策，防范系统性风险，很多不同环节必然也会涉及宏观审慎。宏观审慎政策以系统性风险的监测分析和防范处置为主要目标，完善的宏观审慎政策框架一个显著的特征就是能够平衡、协调系

统性风险防范中各方政策和市场力量，在统一的政策框架下实现金融稳定目标，既避免单个部门或单项政策的超调效应，即在缓解某个领域风险的同时又制造其他风险，化解已有不确定因素的同时又制造了新的不确定因素，也要防止在加强金融监管的同时又制造了新的监管真空。

长远来看，创新发展是金融业的内在需求，而风险管理则是金融业的永恒主题。只要存在金融体系的内在创新需求，则必然为金融体系注入了新的不稳定性，当不稳定性积累到一定程度，势必引发金融危机。当面对金融危机的冲击，必然要求金融监管不断升级，这就是金融发展往复循环、不断强化的逻辑。面对此种情况，如果金融监管仅仅进行应激性和后视性的讨论已经远远不够，仅仅进行局部修正和即兴调整也已不能从根本上应对危机，而更主要的是要使金融监管框架更具前瞻性和包容性，适应经济结构转型升级的大趋势。

金融监管与宏观审慎如何互相更好地适应的话题，实质上为我们提出了这样一个问题，即什么是未来金融体系的最佳监管框架（Goodhart，2010），以及宏观审慎如何帮助建立这一框架并与之良好兼容？按照这一问题的宏大逻辑和要求，金融委及其办公室协调领导下的"一委一行两会"金融监管架构就只是我国朝着建立综合监管框架迈出的第一步。

可以预见，未来随着我国金融混业经营趋势的不断深入，当前的金融监管架构必然会再次进一步调整优化，而永恒不变的则始终是如何更好地发挥宏观审慎管理、微观审慎监管、货币政策维护金融稳定的合力，如何更好地统筹系统重要性金融机构（SIFIs）、重要金融基础设施和金融业综合统计，如何更有效地加强金融监管的协调性和有效性。

### 三、货币政策与宏观审慎能够很好协调吗[①]

2008年全球金融大危机（the Global Financial Crisis）引发了一系列连锁反应。在危机后漫长而曲折的修复过程中，全球经济进入了一个需要勇气方能面对的"新世界"（New World）。这个新世界充满变化，并且在不确定中孕

---

① 发表在2019年第1期《中国改革》杂志。

育着多种变革。在所有的变革之中，中央银行角色职能的改变（Goodhart，2010）和宏观审慎的迅速崛起尤为引人注目。也正是在此过程中，传统货币政策框架的转型及其与宏观审慎的协调渐成"显学"，受到了越来越多的关注。

（一）转型与协调：一个话题＋两个问题

2008年以来，随着危机应对过程的不断深入和监管问题的不断暴露，在各方相互指责的游戏中，如何改进和提高监管当局尤其是中央银行的救助能力成为各方讨论的热门话题。如此背景下，2009年英国女王伊丽莎白二世访问伦敦政治经济学院时的简单一问（simple question），"为什么没有人能够预见到此次危机"（Why no one see it coming）（Turner，2013）便使得该话题颇具蕴义。

目前，围绕这一话题，有两方面的问题需要明确。第一，既然中央银行传统货币政策框架受到了质疑，一些人也开始反思传统货币政策以通货膨胀为核心目标的不足和缺陷，那么，在此情况下，中央银行通货膨胀目标制还能持续运行多久？如果原有框架无法很好地适应危机以来金融风险的新变化，那么又转向哪里？第二，既然危机以来金融稳定被摆在更加突出的位置，宏观审慎的引入和崛起又是必然之事，其与货币政策的交叉影响也只会日益深入，那么，在防范金融风险的动态过程中，宏观审慎能否与货币政策实现良好协调？如果不能，二者的职责边界如何划分？

对于第一个问题，传统观点认为，尽管货币政策的目标有"单一"与"多元"之分，但仍以价格稳定为核心，同时认为价格稳定等于金融稳定，实现了价格稳定目标也就维护了金融稳定。但本次危机对上述观点提出了广泛质疑，人们越来越多地意识到制定货币政策时关注金融稳定的重要性（BIS，2009；Vinals，2010），并趋向于强调价格稳定不等于金融稳定，由此产生了传统货币政策往"哪里去"的问题。不仅如此，危机的实践还表明，当金融系统失衡累积到一定程度，金融开始变得不稳定，此时货币政策往往很难发挥应有的作用，价格稳定也很大程度上只是一厢情愿。这样一来，传统货币政策框架通胀目标制的转型就是势之必行。

对于第二个问题，实质上涉及宏观审慎的职能定位以及金融稳定目标下其与货币政策的职能划分。当前，对于该问题的认识是，尽管货币政策在抑制风险成长方面的作用不能忽视，但目前有一点已经明确，那就是，货币政策的作用范围太过广泛，不能有效而低成本地处理个别部门的泡沫或金融风险问题，同时货币政策工具也不是处理和应对金融失衡和风险的最好工具（Olivier Blanchard，2013）。既然货币政策在应对金融稳定问题时无法做到精准定位，更难以发挥结构性调节作用，那么就需要寻找"第三条道路"来进行弥补。在这种情况下，于是，人们将兴趣转向了更具系统整体性和跨界特征的宏观审慎。实践上，危机以来，宏观审慎被用来更多地关注跨周期（Through the Cycle）和跨市场风险波动问题，以增强金融体系抗击负面冲击的稳健性。并且在整个动态过程中，宏观审慎与货币政策的协调问题都是最重要的内容之一。

（二）货币政策转型：两条主线+两个方向

从历史来看，在一个相当长时期，宏观经济学经典模型如IS-LM模型就将金融系统排除在外，此时关于中央银行货币政策目标及工具的主流认知是，中央银行及其货币政策工具应以稳定通货膨胀为首要目标（Taylor，1993），反对将资产价格和金融稳定纳入货币政策目标体系（Bernanke and Gertler，2001），以及只要以通货膨胀目标为主就已经足以兼顾金融稳定（Issing，2003；Schioppa，2003）等。

在上述认知的主导下，在2008年全球金融危机之前的30多年间，中央银行货币政策的制定和操作都貌似完美，并形成了较为完善的货币政策框架。在此框架下，中央银行的目标是清晰单一的，即通过制定执行货币政策，以实现长期物价稳定[1]；政策实施是标准化的，即赋予央行操作独立性，通过调节短期利率[2]实现政府设定的通胀目标，避免产出和就业等实际变量的过度波动。在此框架下，最优货币政策被看作一种选择，即如何最优地操控短期内产出水平和通胀稳定之间的交替关系，以确保长期目标的实现。

1.传统货币政策框架及其逻辑

传统货币政策框架下，中央银行只有一个目标，即通货膨胀；只有一种工具，即短期政策利率。

---

[1] 传统框架下，2%的通胀目标成为普遍接受的"价格稳定"的定义。

[2] 传统框架下，认为市场自身无法设定正确的短期利率。

第一，"可控性"，即认为，只要工具和目标一样多，经济系统就是可控的，因为"单一干预"胜过许多，它对经济的扭曲最少，可以避免"米德冲突"（Meada Conflict）等问题，并且在这种情况下，货币政策调控的最好方式就是，由央行一家机构去负责一个目标和一个工具。

第二，"稳定性"，即认为，在实施货币政策时，良性稳定的通胀预期是一笔巨大的资产（Janet L. Yellen，2013），尤其是当货币当局运用货币政策改进一个健康的经济时，良性稳定的通胀预期有助于保持低的通胀水平，并使其稳定；危机发生后，稳定的预期也有助于当局避免过度的通货紧缩。

第三，"简便性"，即认为，中央银行的目标尽管多元，但在很大程度上是相互重叠的，如认为只要中央银行能实现低通货膨胀目标，就可以推动经济增长和充分就业，因而多目标可以合一，而且单一目标简单易行，便于操作。因此，自然的结论是，中央银行应该且只需对通货膨胀目标负责，这样更有利于让公众理解政策目标，更有助于与公众沟通和引导预期。

实践上，尽管此时各国央行不是完全一致地依靠单一政策目标，但是大多数央行均采取了"通胀目标制"框架，也即给予了通胀目标的优先性[①]。一些没有明确选择通货膨胀目标制的国家如美国[②]，实际上也把维持一定的低通货膨胀目标[③]作为中央银行的最主要职责。从运行来看，单一目标制在一段时期内效果很好，为货币政策框架赢得了极大信誉，被认为是发达经济体保持长期低通胀、高增长"大缓和"（Great Moderation）的重要原因之一。

然而，一场大危机改变了一切。危机挑战了人们对货币政策目标的理

---

① 转引自美联储前主席耶伦在2013年IMF"重新思考宏观经济政策Ⅱ"发言，根据一个权威报告，大约有27个国家实施的是完全盯紧通胀的货币政策管理体制，尽管美国不在此列，但美联储也包括了弹性通胀目标制的大部分关键特征：长期内保持较低的稳定通胀水平，可预期的货币政策，以及清晰透明的交流。

② 美联储设定2%的通胀目标，包含了通货膨胀的成本和避免通货紧缩的收益二者之间的权衡。1996年7月，时任美联储主席格林斯潘在联储政策会议上，建议将通胀目标设在0~1%，但遭到耶伦的反对，理由是通胀目标区间设定在0~1%，距离零通胀太近。通胀率在0左右，如果发生经济衰退，在面对有效利率下限约束的情况下，通过降低实际利率来刺激经济的空间十分有限。因此，她主张应将通胀目标设定在稍高的水平。最终，耶伦的意见占据上风，美联储将通胀目标设为2%。

③ 从各国实践看，中央银行通常将通胀目标设定在2%左右。

解，同时也暴露了它的局限性（Mervyn A.King，2013），并反映出传统货币政策框架本身的不完整性。其中，最为根本的是，危机期间及其后的宏观经济发展引发了人们对于通胀与产出之间关系这一老问题的新争论，并对传统货币政策框架产生了直接影响。于是，货币政策框架的转型话题由此而生。

2. 传统货币政策框架反思："两条主线"

危机以来，金融稳定成为各国金融监管部门的头等大事。在金融失衡的"在线修复"过程中，人们逐渐意识到，很多时候，通货膨胀可能是稳定的，产出可能处于潜在水平，但是事情可能仍然很不对头，看上去平静的宏观经济表面之下，可能隐藏着高度非线性的金融失衡，并且这种失衡经过漫长渐进的累积会突然爆发，具有巨大的破坏性。然而，传统货币政策操作对此却无能为力。在这种情况下，为更好地理解危机以来变化了的新情况，我们就需要一个全新的政策视角。目前，对于传统货币政策框架的反思，主要围绕两条主线展开。

一条主线是对通货膨胀目标制本身进行再审视，其中又包括通货膨胀目标制本身的有效性以及单一目标制能否有效兼顾其他目标两方面内容。对于前者，目前，收敛性的认识是，通货膨胀目标制的观点通常建立在一些假设基础之上，如假设货币政策的传导机制是有效的，政策利率能够有效传导到长期利率等，但在实际经济运行中，这些假设并不完全符合现实。如"金融脱媒"使传统货币政策传导作用机制发生了很大变化，货币政策传导又往往存在时滞，商业银行在面临危机时所考虑的目标诉求也与政策当局不一致，严重的信息不对称更是会扭曲政策意图等。从实际调控效果来看，过去十年的大部分时间里，美国通货膨胀率都没有达到美联储设定的2%的目标，而是在低于2%的水平下运行，这也说明通胀目标制下的实际调控效果有限。对于后者，危机表明，中央银行秉持通货膨胀目标制，将多元目标尤其是金融稳定目标排斥在目标函数之外，也并不意味着就能很好地实现经济增长和充分就业等目标。随着系统性金融风险来源、变化和影响的复杂化和多元化，越来越多的人认识到，单纯的价格稳定并不足以保证整个金融体系的稳定性，而没有金融体系的稳定也就根本谈不上价格稳定乃至经济增长。

另一条主线是对货币政策在维护金融稳定方面的局限进行再审视。目前来看，这种局限主要体现为：第一，货币政策具有典型的整体性和全局性特征，自身的有效性边界较为清晰①，大部分情况下作用于无差别的市场主体，结构性调节功能非其所长。张晓慧（2018）也认为，货币政策毕竟还是总量政策，即便是结构性货币政策工具也会产生总量效应，过多使用结构性工具也会与货币政策在总量上的把控产生矛盾②。实践更是表明，尽管适当调整货币政策有助于减少金融稳定风险隐患，但货币政策对于高杠杆率和期限转换等金融脆弱性的影响，并不像金融监管那么直接，从而也并不为市场所熟悉和接受。第二，利率不是应对金融风险和金融失衡的良好工具，通过调整利率来促进金融稳定也往往会增加通货膨胀和就业的波动性。同时，利率工具作用范围太过宽广，提高利率可能会降低信贷增速，减少过度承担风险的行为，但同时也会加重债务人的偿债负担，进而导致破产风险上升。第三，货币政策难以实时、准确地判断资产泡沫或不健康信贷增长的性质和来源。一方面，泡沫本身就很难被准确无误地适时识别；另一方面，能否通过货币政策实现金融稳定，不仅取决于能否及时识别泡沫，还在于是否具有前瞻性地在泡沫破灭前果断采取应对措施的能力。第四，通过大幅度调整货币政策以应对金融稳定风险，往往面临着极大的阻力，也会导致一系列政治经济学问题。在货币政策制定过程中，加大对金融稳定风险的关注度确有必要，但就宏观经济运行而言将带来极为高昂的潜在成本。

另外，还有人对传统货币政策所赖以实施的泰勒规则（Taylor，1993）③进行了反思。传统货币政策框架认为，货币政策本身之所以不强调资产价格，主要是因为在泰勒规则下能够很好地实现风险承担。但现代金融市场的运行却表明，利率并不会一直沿着泰勒规则所确定的范围和轨迹变动，偏离方为常态。尤其在金融危机时刻，利率的大幅波动更是经常出现，金融稳定

---

① 在传统观念中，货币政策是总量调控型政策，其对结构性问题的解决能力有限，这也就是所谓的货币政策的有效性边界。

② 张晓慧，"三十而立，四十不惑——从存款准备金变迁看央行货币调控演进"，《中国金融》，2018年第23期。

③ 参见钱小安，《货币政策规则》，265页，商务印书馆，2002年。随着利率市场化，越来越多的中央银行开始重视对市场利率进行调控，泰勒规则就是根据产出的相对变化和通货膨胀的相对变化而调整利率的操作方法。泰勒规则又称利率规则，该规则表明，中央银行的短期利率工具应依经济状态而进行调整。

问题日益显性化。为弥补泰勒规则的不足，危机以来各方面更加强调政策的前瞻性调节，前瞻性指引（Forward Guidance）等新的货币政策规则被更多地提出并运用。在这种情况下，货币政策规则的调整和具有前瞻性调控特征的宏观审慎被提上了日程。

3．"两条主线"逻辑之下的"两个方向"

货币政策反思的"两条主线"，实质上揭示了危机以来中央银行与金融稳定框架下的两方面突出问题。按照问题导向的方法论，针对存在的问题，我们可以探讨性地提出两种改进的方向。

按照第一条主线的逻辑，既然单一目标的有效性不足，且难以适应金融稳定的需要，那么就需要对传统货币政策框架进行调整。目前，相应的药方可称之为"存量改进法"，即将金融因素引入传统宏观经济模型，宏观经济政策更加考虑金融周期的波动影响，并推动传统货币政策框架转型[1]。在此方面，一个重要的趋势性方向是，传统的价格稳定等于金融稳定理念开始动摇，货币政策由单一目标、单一工具向多元目标、多元工具转变，由以狭义的价格稳定为核心目标向包括金融稳定在内的广义价格稳定目标转变，不仅关注价格稳定，而且更多地开始将资产价格和金融稳定[2]也纳入目标范畴，并且更加强调与宏观审慎政策的协调配合。目前，此方面的话题已成为大多数人的共识，唯一不确定的是，在制定货币政策的时候，中央银行该在何种程度上考虑金融稳定风险。

按照第二条主线的逻辑，既然货币政策自身的缺陷使其在维护金融稳定时心有余而力不足，那么，维护金融稳定就不应也不能成为制定货币政策的核心内容，而需要从根本上重新思考新的政策视角和方法（Michael Woodford，2013）。目前，相应的药方可称为"增量引入法"，即引入新的政策视角——宏观审慎，来弥补货币政策维护金融稳定的先天不足，并且在这个动态调整的过程中，着力解决货币政策与宏观审慎的职能划分与协调配合问题。在此方面，一个重要的趋势性方向是，货币政策主要着眼于币值稳定，是应对金融稳

---

[1] 金融市场和金融创新的快速发展使得 $M_2$ 等数量型指标的有效性下降，而利率在调节资金总供求中的作用更加明显，这对加快推进货币政策调控框架转型提出了更高要求。

[2] 以杠杆的测度、信贷总量和资产价格为代表。

定风险的"最后防线"（Bank of England，2013）[1]，宏观审慎政策则以金融稳定为己任，并且在此基础上，货币政策在实现稳定物价目标的同时，要尽可能兼顾金融稳定，并体现与宏观审慎政策的互补与融合。

此外，既然利率偏离泰勒规则设定的区间是常态，那么就需要对原有货币政策规则进行调整，或者采取其他货币政策规则。目前，可能的方向，如，或者维持通货膨胀目标制，但提高通胀目标值，如部分美联储官员提出了"可调整通胀目标区间"（an inflation range with an adjustable inflation target）作为替代方案（Rosengren, 2018; William Dudley, 2018）；或者实行价格水平目标制；或者实行名义GDP目标制，将名义GDP增长率或名义GDP水平作为目标等。

（三）货币政策与宏观审慎协调：几个重要问题

危机以来的实践表明，发挥宏观审慎政策维护金融稳定的作用，核心命题是处理好宏观审慎政策与货币政策的关系（Blanchard等，2013），推动二者的协调与配合。从目前的情况看，宏观审慎尚处于动态探索之中，其本身存在的与其他政策之间的协调搭配，以及宏观审慎政策框架内中央银行与其他政策当局职能划分的"二元问题"仍待进一步研究解决。

第一个问题：二者协调之必要

金融危机为"罕见"事件，渐进累积、突然爆发，如果缺乏良好的政策储备，那么没有哪个部门能够以一己之力很好地应对，而是需要通过综合运用货币、财政、宏观审慎和审慎监管政策加以治理（Blanchard、Summers，2018）。从现有研究来看，以"逆风向而行"为主要特点的货币政策与宏观审慎政策的协调配合正越来越多地被认同（Trichet，2009）。

一方面，逆周期的宏观审慎政策有助于维护金融稳定，并减少产出的波动性，尤其是逆周期的资本充足率监管要求可以使中央银行通过小幅度的利率调整来实现物价稳定目标（Diaye，2009）。也正如此，IMF前首席经济学家Blanchard（2011）认为，宏观审慎政策是对货币政策传统工具的补充，能够发挥利率等总量手段所难以起到的功能。尤其是，如果二者的政策目标有偏差，该种情况下协调问题就会比较严重，这时如果让宏观审慎政策先行，

---

① Bank of England（2013）.Monetary Policy Trade-offs and Forward Guidance，August 2013.

或者在金融脆弱性恶化速度不快时，使宏观审慎政策的调整频率低于货币政策，这样有助于减轻协调问题的影响程度（De Paoli and Paustian，2017）[1]。

另一方面，虽然宏观审慎政策被认为是危机以来解决金融失衡或不稳定等问题的首要选项，但实践表明，仅有宏观审慎是远远不够的，货币政策在防范系统性风险中也要发挥支持性作用。因为，仅仅依靠宏观审慎政策来解决时间维度的金融不稳定会使政策实施成本过高，并导致不堪重负的情形（Borio和Drehmann，2009）。因此，宏观审慎政策只有与货币政策配合才能取得审慎监管绩效（Angelini等，2010），才能减缓金融加速器的作用和进程，并且如果二者未能紧密配合，两者将可能发生冲突。国际清算银行（BIS）在2018年发布的《宏观审慎政策框架、实施及与其他政策的关系》报告中曾提出，宏观审慎政策和货币政策朝着相同的方向发展可能会更有效,如在逆周期货币政策环境下，宏观审慎政策会更有效地抑制信贷周期，但当宏观审慎政策和货币政策操作方向不一致乃至相反时，二者在实施中将可能面临很大的政策协调挑战。

第二个问题：二者协调之逻辑

逻辑一，货币政策用于实现金融稳定目标存在着一定局限，因而并非防范化解金融风险的主要力量。在系统性风险显性化的今天，抛开财政政策、微观审慎监管和宏观审慎等其他政策的作用，而单论中央银行货币政策维护金融稳定的问题，是非常危险的。同样道理，抛开其他政策的作用，而单论宏观审慎对于金融稳定的责任，也面临类似境地。因为，面对系统性风险和金融不稳定的严峻局面，中央银行不是唯一的决策者，宏观审慎或许是主要力量但却不是唯一力量。此种情况下，如果抛开其他政策，而大谈特谈中央银行维护金融稳定目标，那样不仅会导致货币政策的时间不一致性，而且其他政策的多向偏差和博弈也会使得货币政策最终走向无效。从而，这就为货币政策与宏观审慎的协调提出了内在的逻辑需求。

逻辑二，货币政策与宏观审慎政策有着共同的政策属性，二者彼此存在着较多配合的空间。目前，比较明确的是，货币政策与宏观审慎政策都是具

---

[1] De Paoli, B.,& Paustian, M（2017）. Coordinating Monetary and Macroprudential Policies. Journal of Money, Credit and Banking,49（2-3）,319-349.

有宏观性、全局性的调控政策。由于金融稳定是宏观审慎政策和货币政策二者共同的目标，因此在宏观审慎政策框架设计之中，一个非常关键的问题就是如何实现二者的配合。就政策特征而言，由于货币政策对信贷增长、资产价格波动和风险承担有较强的影响，而这些方面也正是金融稳定风险的重要来源，因而从这个层面来看，加强宏观审慎政策与货币政策的协调对于维护金融稳定很有必要。

逻辑三，货币政策与宏观审慎有着明显差别，分属不同的政策范畴，相互配合却并不意味着彼此替代。当前，实现二者良好配合的前提是，准确认识和界定二者的职能边界和功能区分。当然，区分是为了更好地协调和求同。目前，一种划分思路是货币政策主要针对整体经济和总量问题，保持经济稳定增长和物价水平基本稳定，宏观审慎政策则直接和集中作用于金融体系，着力减缓因金融体系顺周期波动和跨市场风险传染所导致的系统性金融风险[①]。

第三个问题：二者协调之原则

在金融稳定框架内，货币政策与宏观审慎可以围绕金融稳定目标实现政策搭配，但配合方式应取决于当时的经济条件（Angeloni和Faia，2009），而且在搭配的方式和程度上在特定的经济条件下可以有多种选择。目前，围绕协调的方式和内容，在大量研究和实践的基础上，各方形成了一些共识性的认识[②]。

原则一，宏观审慎政策要为货币政策营造稳定的金融环境，即监管者有必要致力于实施宏观审慎政策以增强金融体系的稳健性，从而使货币政策将目标专注于物价稳定和充分就业而非金融稳定。实现这一路径的关键举措之一在于，充分实现向全面执行巴塞尔协议Ⅲ[③]（BCBS，2017）的转型（耶

---

① 周小川，"守住不发生系统性金融风险的底线"，《党的十九大报告辅导读本》，人民出版社，107页。

② 参见2014年7月，美联储主席珍妮特·耶伦在康德苏中央银行讲座 "货币政策与金融稳定"上的演讲。

③ 巴塞尔协议Ⅲ的内容包括：新的流动性标准；提升系统重要性金融机构的审慎标准；基于风险的资本要求；杠杆比例要求以及对那些过度依赖短期批发融资的企业施以更为严格的审慎缓冲要求；扩大监管范围以涵盖所有的系统重要性金融机构；针对系统重要性金融机构建立有效的跨境解决机制；采取一系列措施来限制银行业和系统重要性金融机构以外行业的杠杆水平，诸如要求证券融资交易实施最低保证金等。

伦，2014）。该原则的实质是，主张两种政策各守其位而不越位，通过履行各自的政策边界以实现相互补位。

原则二，政策制定者必须全面监测金融体系的风险变化，并对宏观审慎工具干预这些风险变化的效果有清醒认识，持务实态度，同时也应对宏观审慎工具的局限性有充分认识。另外，鉴于政策效果的不确定性[①]，当局还需要适时对货币政策进行调整，从而限制风险的扩散，以维护金融稳定。该原则的实质是，在应对金融风险的过程中，宏观审慎与货币政策各有所长，在发挥所长的同时，也要注意补其所短。

原则三，货币政策应透明化，并明确对金融风险的态度。在制定货币政策的过程中，如果公众能够了解决策者是如何权衡风险，那么两类政策在应对金融稳定风险上将更加有效。目前，尚没有一个简单的准则能够清楚地阐述货币政策是如何基于金融稳定前景的变化而做出调整的，因此决策者们应该加强与公众的沟通交流，清晰地阐述他们对金融体系稳定性的看法，以及这些看法如何影响货币政策立场等。

第四个问题：二者协调之方向

理论上讲，如果两种政策运行良好，即通过货币政策和宏观审慎政策实现了经济增长和金融稳定，那么按照各得其所的原则，将宏观经济稳定的任务交给货币当局，而将金融稳定的任务则可以交给宏观审慎当局。在配合上，如果货币政策立场的改变导致风险的过度承担或降低，宏观审慎工具应做出相应调整；如果宏观审慎政策环境趋紧从而导致总需求下降，此时货币政策也应进行相应对冲。尤其是当宏观审慎工具不能发挥作用时，货币政策必须考虑金融稳定，而当货币政策对个别国家的周期波动无能为力时，宏观审慎工具也不得不被用于总需求管理（IMF，2012c）。

但在实践中，货币政策与宏观审慎政策并非如人们所认为的那样天然具有融合性和协同性，二者也并不会自动实现良好的配合。目前，两种政策工具的配合运作远谈不上完美。不仅如此，研究早已表明，货币政策与宏观审慎政策还存在着政策目标、政策工具、调节方式和作用范围等多方面差别，

---

① 从长期来看，随着危机的缓解和政策效应的显现，宏观审慎政策实施之初的负面效应会减弱或被抵消（BIS，2010；IMF，2013d）。

如货币政策影响风险承担行为，而宏观审慎工具则影响总需求，二者不加区分和协调会带来目标冲突、政策扭曲和问责弱化等一些不良后果。实际上，目前，二者能否实现协同、如何协同，操作上如何搭配、以何种方式搭配，实施上有无冲突、如何避免冲突等方面问题并无明确答案，亟须廓清。

对此，解决的方向和思路是，通过一定的机制设计和制度安排，努力促进二者的配合与协调。目前来看，可能的方式主要有两种，一种是"集中化"模式，即将货币政策职责与金融稳定职责同时赋予一家机构，实现协调的内部化；另一种是"分散化"模式，即保持既有监管格局不变，但通过建立强有力的政策机制加强外部协调。

在危机的早期阶段，人们"对于如何或者是否应将金融稳定和宏观稳定统一纳入央行的职责范围，远没有共识"（Olivier Blanchard，2013）[①]。但近几年随着实践和认识的不断深入，"集中化"模式日渐被人们所接受。认识上，许多观点如李波等（2016）认为，货币政策与宏观审慎政策同具宏观属性，目标也都作用于金融稳定，因而二者能够实现良好配合和协调。政策上，越来越多的国家主张将货币政策和宏观审慎政策职责都放在中央银行内部，以实现二者协调。一些国家如英国等将货币政策与宏观审慎政策放在一起，由中央银行统筹实施。

尽管如此，我们也必须看到，由中央银行统筹货币政策与宏观审慎政策实际上还是没有完全解决政策冲突的问题（BIS，2018）。因为，宏观审慎政策与货币政策如何协同往往涉及较为复杂的问题。大部分情况下，两种政策往往趋向于守好自己的职责边界，却难以同时兼顾他方目标。目前，越来越多的迹象表明，将宏观审慎政策和货币政策统一置于中央银行这个大旗之下，会对央行的独立性提出挑战。因为，让央行独立设定政策利率是一回事，但让其设定贷款价值比（LTV）和债务收入比（DTI）上限又是另一回事，这就要求给予央行不同程度的独立性（Olivier Blanchard，2013）。

为解决"集中化"模式下二者的冲突问题，国际上，大多数央行通过设

---

[①] Olivier Blanchard，"重新思考宏观政策"，在2013年4月国际货币基金组织召开的"重新思考宏观政策Ⅱ"会议上的讲演，载于《我们学到了什么：次贷危机后的宏观经济政策》，2017年1月，人民大学出版社。

立不同的委员会分别进行货币政策和宏观审慎政策决策，以保证政策的独立性、科学性和有效性。代表性的如，英国在"双峰监管"模式基础上，将货币政策、宏观审慎和微观审慎监管均统一到英格兰银行框架内，建立超级央行，并通过设立货币政策委员会（MPC）、金融政策委员会（FPC）等来保证二者既有区分又互相协调的良性关系。

（四）我国"双支柱"调控框架有关问题浅析

我国明确提出要健全货币政策和宏观审慎政策的"双支柱"调控框架，这是对危机以来国内诸多争议、认识和探索的集大成。然而，即便如此，我国"双支柱"调控框架下，实际上也面临着协调什么、如何协调等诸多待解难题。

在危机以来的一段时期，我国宏观审慎管理职能的履行实际上呈分散化交叉状态。在央行内部由不同的职能部门分别负责宏观审慎，如宏观审慎评估（MPA）主要由货币政策部门负责，系统重要性问题主要由稳定部门牵头①，金融市场部门则负责金融基础设施和房地产金融方面的宏观审慎调控，外汇领域的宏观审慎管理则由外汇局及央行相关部门实施，而各金融监管部门也或多或少地承担着宏观审慎管理职责。这种分散化的状况不利于宏观审慎政策的统一实施，也必然会给货币政策与宏观审慎之间的协调制造额外的成本和障碍。

未来，随着我国"双支柱"调控框架运行进入实质阶段，可以预见，我们需要面对和解决的问题定然不少。第一，货币政策目标与宏观审慎政策目标可能会出现交叉和重叠，乃至冲突，如何进行合理有效切割是个难题。第二，做出一种政策选择，往往会对其他政策选项带来某种程度的"挤占"和"倾轧"，"双支柱"框架下，央行身兼货币政策和宏观审慎职能，如何保证宏观审慎政策独立性是个难题。第三，宏观审慎尽管主要着眼于金融稳定，但宏观审慎目标与金融稳定目标并不能简单对等，二者并不完全一致，准确理解二者的关系是个难题。第四，宏观审慎政策目标可能难以测度，中间目标也可能变得更加多维，如信贷增长、杠杆、资产价格增长等。

---

① 2019年5月宏观审慎管理局成立，内设系统重要性金融机构处，正式承担起原来由稳定局临时负责的系统重要性金融机构监管职责。

种种难题，亟须通过机构改革、职能调整等集中化方式来打破。但是，无论怎样，在此过程中，我们始终应秉持的出发点是，既要最大化地体现危机以来宏观审慎的新变化，也必须在更大程度上适应"双支柱"调控框架既有划分又注重协调的内在要求。同时，在"双支柱"框架内，努力实现"货币的归货币、宏审的归宏审"；在框架外，则要保证金融委及其办公室领导下的集中、统筹和协调。

（五）不确定的未来：宏观经济政策"破、立"的两种可能趋势

随着危机后全球经济复苏不平衡加剧，各国进入了一个要么团结起来重建一个新框架，要么对原有政策修修补补而危机过后又问题丛生的艰难境地。当前，传统货币政策框架转型已是共识，金融稳定对于宏观审慎也成为避之不过的份内之责。在这种情况下，货币政策与宏观审慎的协调划分以及新的风险形势下宏观经济政策框架也都面临着何去何从的困惑。

1. 一个命题、两个问题

未来，无论是传统货币政策框架的转型，还是宏观审慎政策框架的建立，乃至二者的协调与区分，本质上均指向了同一个命题，即宏观经济政策框架的"破""立"之争。

著者认为，在"破"与"立"的争辩中，首要的是要明确两个问题：第一，传统货币政策框架转型是推倒重来，还只是一种"扬弃"？第二，宏观审慎政策是"第三条"道路，还只是一种补充？这两个问题的回答，既涉及二者职能划分与协调，也归根结底关系到危机以来宏观经济政策框架的未来趋势。

对于传统货币政策框架的"扬弃"问题，目前可以明确的是，危机后，人们提出传统货币政策转型，本质上并不意味着完全否定货币政策在稳定物价、稳定金融方面的作用，也并不意味着要完全摒弃中央银行通货膨胀目标制。因为，无论在本次危机前的"大缓和"（Great Moderation）时期，还是危机期间乃至危机后的恢复阶段，货币政策事实上都发挥着无可替代的作用。例如，目前一种声音认为，危机前美联储和其他中央银行在保证通胀稳定性方面积累的良好信誉，已经构成了中央银行的一种优势，这不能随意抛弃（Michael Woodford，2013）。这样来看，传统货币政策框架的转型就更多的是一种调适和优化，即在新的金融风险形势下，如何通过货币政策目标、

工具和机制的组合设计，更好地平衡价格稳定与金融稳定的关系。

对于宏观审慎的未来走向问题，尽管我们一时难有定论，但却可以从历史的印迹中寻找一些启发。阅读历史，我们会发现，在20世纪40年代，货币政策的处境与当前宏观审慎政策的走向惊人相似（Andrew Haldane，2013）。70年前，人们对于什么是最优货币政策框架的关键原则仍有很大的不确定性，包括合适的目标是什么？有哪些工具？治理和问责架构如何？等等均不明确。现在回头看，自那以后，即使不能说上述问题已经完全解决，但至少已经被较好地整合到了货币政策框架之中（Andrew Haldane，2013）。因此，与半个世纪前的货币政策一样，在发展一种条理分明、可实际操作的宏观审慎政策框架上，学界、业界和政策界都扮演着重要的角色[1]。而毫无疑问，这将是一个缓慢的试错性演化过程。因此，当前尤其重要的是，在此过程完成之前，我们应保持积极乐观。

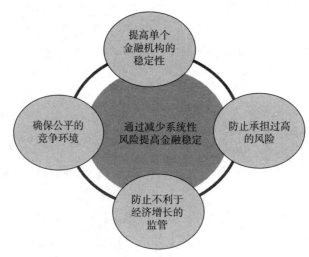

资料来源：德国联邦财政部（2019）。

**图8-1　金融市场监管相互依赖的目标**

---

[1] Andrew Haldane，"形成中的宏观审慎政策"，在2013年4月国际货币基金组织召开的"重新思考宏观政策Ⅱ"会议上的讲演，载于《我们学到了什么：次贷危机后的宏观经济政策》，2017年1月，人民大学出版社。

2. 两种可能的趋势

目前为止，很多改革还只是边缘修补，而那些从根本上解决问题的结构性改革还有待深入。未来，围绕着传统货币政策框架转型与宏观审慎政策框架的建立，有两种可能的趋势。

一种是悲观的结果，即甘做"补锅匠"，对原有框架进行修修补补。可能的结果是，危机过后，货币政策回到传统框架，仍然坚持通货膨胀目标制；而对于宏观审慎，因其难以运用或存在较大不确定性，或者政治成本太高而被限制使用。此种结果下，宏观审慎政策也被仅仅定位为货币政策和财政政策等宏观经济政策的一种补充，而难谈"第三条"道路。

另一种是乐观的结果，即勇为"改革者"，在"扬弃""破立"中确立新的宏观经济政策框架。可能的结果是，传统货币政策框架向更平衡的"多目标"转型，宏观审慎政策走向与货币、财政并行的"第三条"道路，同时中央银行统筹货币政策和宏观审慎，并与财政政策工具一道，履行好广泛的宏观经济和金融稳定职责。

面向未来，我们站在一个更高的起点。在此起点上，我们既不能做自我欺骗式的乌托邦幻想，也不能做杞人忧天式的悲观预言①。当此之时，尽管我们没有魔法师的水晶球，不能确定无疑地预知未来，但我们至少可以在对现实问题和既有政策惯例进行一个冷静再评价之后，保留那些行之有效的，抛弃那些不合时宜的。无论怎样，我们都可以肯定地说，经过一场深刻的危机革命，宏观经济调控政策再也回不到当初的原点，而只会在总结经验、不断探索的螺旋上升中建立起全新的框架。

### 四、如何明晰宏观审慎与财政政策的关系

传统上，货币政策与财政政策有着清晰的职责定位和边界划分，其背后有着相对较为成熟的理论沉淀和实践积累②。而与之相比，宏观审慎与财政政策之间的关系划分则远未形成清晰的认识和主张。2008年危机以来，在危

---

① 斯塔夫里阿诺斯，《全球通史》第7版13页，北京大学出版社，2017年第14版。

② 根据马斯格雷夫的财政理论，政府职能主要有三项，即资源配置、收入再分配和稳定经济。

机应对过程中，各方逐渐提出和强化了宏观审慎与财政政策之间职责划分的话题。目前，对二者关系的认识更多地集中于危机事后救助中的功能划分，而对于如何在事前事中实现二者的协调配合则认识不一。

就危机管理功能的角度来看，宏观审慎和财政政策同属于危机管理"一揽子"经济金融政策范畴。在这个组合之中，宏观审慎、货币政策和财政政策均扮演着重要角色，且有着相对明晰的功能划分①。宏观审慎通过建立退出和处置机制，事前做好预案和安排，事后推动稳健退出；中央银行承担最后贷款人职能，通过实施货币政策，在紧急状况下为金融市场和问题机构提供流动性支持；财政政策则在必要情况下提供注资和财政担保。

通常，由于财政空间有限，加之在决策程序、政策手段和救助规模等方面货币当局较财政等其他部门具有明显的优势，因而在金融市场出现动荡时，中央银行就往往被市场参与者寄予厚望，实践也多次印证了这一点。本次危机中，为应对危机的巨大冲击，各国普遍运用了宏观审慎、非常规货币政策和财政政策等，尤其将中央银行最后贷款人职能发挥得淋漓尽致。据统计，由于预算上限约束，财政政策空间有限，2008年危机以来美、英和欧盟累计注入了超过1万亿美元公共资金来救助金融体系，对于稳定金融市场发挥了不可替代的作用。

从危机救助的阶段来看，宏观审慎管理是一种事前预防性措施，主要对系统性风险进行监测、识别并采取预防性措施进行缓释和降低。财政政策则被视为化解系统性金融风险的最后手段之一，当风险发展到一定程度濒临金融危机爆发，此时就需要财政措施登场，通过救助措施来控制风险，如利用财政性措施对金融机构出现的风险进行处置，通过注资、补贴等方式化解风险等。因此，宏观审慎政策的"事前预防"与财政政策的"事后挽救"是化解系统性金融风险的两个重要环节，缺一不可。

---

① 宏观审慎政策作为金融危机后监管体系引入的系统性风险防范改革措施，被理论界归于"事前干预政策"的范畴，而传统的财政刺激政策或货币刺激政策则属于"事后干预政策"的范畴。2008年危机前，占据主导地位的是"事后干预"理论，被称为"格林斯潘原则"，这些理论认为处置危机的最佳时机在事后，而非事前，因为事前干预手段通常反应迟钝，而且效果不确定，或者成本太高，持上述观点的研究包括Greenspan（2002、2001）、Blinder和Reis（2005）等。

从政策属性划分，宏观审慎政策与财政政策分属于不同的政策框架，前者着眼于金融稳定目标，后者则长于优化资源配置、调节收入分配、促进经济发展和增长职能①。从本次危机来看，二者具有不同的政策目标和政策工具，但也存在着税收措施的交集，尤其在系统性风险防范目标上，又紧密联系，互动性很强。

金融的跨期交易属性，决定了人们必须在风险管理中博取未来，而金融风险的积累、发生、爆发具有必然性，这又决定了危机发生是一个概率事件，而危机救助则决定了道德风险是个必然事件（陆磊，2016）。这样一来，无论风险发生的必然性，还是危机救助的必要性，均对宏观审慎和财政政策提出了更高的要求，也将二者紧紧联系在一起。实践也进一步表明，宏观审慎政策的有效实施和发挥作用，离不开财政承诺和财政支持。例如，在动用公共资金进行危机救助方面，英国财政部是法律授权的唯一决策机构，危机时财政部有权向英格兰银行下达指令对单家银行或市场提供流动性支持，同时公共资金运用也必须经过财政部同意。

除了上述功能划分上的认识，近几年各方还逐步认识到了宏观审慎政策与财政政策之间的冲突性。研究发现，2008年危机以来，那些加强宏观审慎管理的国家，财政政策立场往往较为宽松，这可能弱化宏观审慎措施的整体效果（BIS，2018）。同时，财政政策对货币政策的过度依赖，加之强化政策协调的主张，也往往使得非常规货币政策退出更加困难，这也一定程度上损害了货币政策的自主性（Powell，2014）。因此，在化解系统性风险时，财政政策不应也不能成为主导政策，以避免滋生金融机构的过度冒险和道德风险。

2008年金融危机期间，货币政策以其"即兴创作"式的非常规手段和果断行动为各国赢得了时间。在危机中，尽管财政政策被认为太过于敷衍（Joseph E. Stiglitz，2013）。但危机进入"下半场"后，经济复苏和增长任务开始成为各国的优先任务，此时结构性改革更加重要，而以总量调控为主

---

① 传统上认为，财政具有三大目标，即分配、稳定和增长，财政政策应同时应对这三大目标。

要特征的货币政策不善于此[①]，于是财政政策的潜在力量重新受到关注。

未来，随着各国宏观审慎政策治理架构的逐渐完善，宏观审慎政策将在逆周期管理和风险缓释调节中发挥越来越多的作用，宏观审慎与财政政策之间的交集也会越来越多。在此情况下，在宏观调控和危机管理框架内，宏观审慎政策与财政政策有无进一步配合的空间？如果有，那么究竟该如何实现二者的有效配合？二者在进一步的政策操作和工具运用上有无冲突、如何搭配、影响几何？如何提高两类政策组合运用的审慎性、灵活性和科学性？如何更好地发挥各自优势，形成调控合力？这一系列问题都必将不断挑战政策当局的认知能力。

## 五、逆周期调节如何判断和调节周期[②]

宏观调控的基本方法论是逆周期。由于周期性问题涉及如何识别、判断趋势以及如何调节趋势等内容，因而实际上也是个更长视角上的预期管理问题。宏观审慎以逆周期调节为主要特征，因此判断和调节周期是其有效运行之前提。鉴于此，加强宏观审慎管理，引导和管理预期，周期性问题都是我们需要认真面对的核心命题。

（一）"登堂入室"的金融周期问题

一直以来，周期波动研究一直是宏观经济学的主题，其内容最主要的是经济周期。从狭义角度，周期关注的是短期波动，强调"周期就是趋势"，也正为此，凯恩斯认为，短期才重要，长期"我们都是死人"。而此时，对于长周期的探讨并未成为主流，真正关注长周期研究的是经济史学（李扬，2015）。同时，危机前较长一段时期，理论界和政策当局均将经济周期视为主要的研究内容和政策因素，更加注重以增长为主线、将增长与周期的互动放在一个统一的框架中加以研究，并在结构性改革中更加突出经济增长波动

---

[①] 由于缺乏深刻的结构性改革，非常规货币政策边际作用有限，促进产出的长期效果并不理想（Borio and Zabia，2016）。

[②] 本部分内容发表于著者的财新网博客，题为"宏观审慎如何判断和调节周期"，2018年10月。

的长周期背景①。在上述所有过程中，金融周期并不是一个引人关注的因素。

但实际上，金融周期问题受经济学家关注由来已久，且早于经济周期，最初可以追溯到亚当·斯密，他在研究高利贷上限过程中曾讨论过信贷配给问题。此后，李嘉图、凯恩斯、哈耶克、熊彼特、弗里德曼等一大批经济学家，均曾不同程度地讨论过金融周期问题。但受实际经济周期理论等主流经济学理论影响，"二战"后的大部分时期内，金融周期理论并不受人重视，政策当局也往往忽略金融周期。金融周期只是或多或少地得到明斯基（1974）等非主流经济学家的讨论。

进入20世纪80年代，Bernanke和Gertler（1989）开创性地提出了"金融加速器"理论，对货币和金融"中性论"②进行了批判，揭示了金融市场对宏观经济影响和波动的内在机理，并由此引发了各方对金融周期因素的讨论和关注。但此后，关于金融周期的讨论又一度沉寂。

2008年全球金融危机的爆发使得金融周期理论获得广泛关注，人们开始更多地从金融周期角度审视当前的全球经济形势。危机后，各方开始全面反思传统的经济学理论，并更多地在宏观经济模型中考虑金融因素，金融周期因素在政策当局决策中的重要性也越来越突出，"明斯基时刻"（Minsky's Moment）这一理论也重获新生。近年来，随着各国经济周期不同步造成的政策周期错位加剧，各方也开始有意识地对经济周期与金融周期做更多的比较。

（二）"两种"周期之辩

经济运行的实践表明，经济周期与金融周期存在着紧密联系，只要

---

① 凯恩斯本人在其著作《通论》中反复强调，他的经济理论只是用于分析短期现象，是讨论如何克服短期内的有效需求不足问题。后来，在哈罗德和多马等人的工作中，凯恩斯的分析框架被扩展来分析长期经济增长问题。20世纪50年代，索洛等人建立的新古典增长模型突破了哈罗德—多马模型的局限，强调人力资本积累和技术进步等因素对长期经济增长的重要性，而20世纪80年代保罗·罗默等人的内生增长模型更是进一步把技术进步内生化。新经济增长理论与新制度经济学合流后，制度或规则在技术进步和经济增长中的关键性作用逐渐被人们所认识。经济学家越来越意识到，短期宏观管理固然非常重要，但决定一个国家生活水平和社会福利的关键因素却是如何解决长期增长中存在的问题，提高长期增长的能力。

② 在主流凯恩斯主义货币经济学模型中，"没有考虑金融中介，从而导致货币、信贷和银行无法发挥有意义的作用"（Mervyn A.King，2012）。

有经济周期，必有滞后性金融周期，资产负债表危机具有必然性（陆磊，2016）①。不仅如此，各类周期概念还存在着显著的差异，给政策调节带来了很大困扰，因而有必要加以区分。

按照经典经济学教科书的定义，经济周期的驱动力包括资本投资、技术创新、战争等多种动因，代表性判断指标包括GDP增长、CPI等。然而，与经济周期不同，目前各方并无一个关于金融周期的统一定义，但也不乏经典论述。如Borio（2012a、2013）认为，广义上，"金融周期"是指，一方面，风险感知和风险承受能力之间自我强化的交互作用；另一方面，金融约束可能导致严重的金融危机和宏观经济混乱，也被称为金融体系的顺周期。伦敦商学院教授Hélène Rey（2013）将金融周期定义为总体资本流动、信用增长、风险资产价格和杠杆率之间的联动，与主要国家的货币环境和风险偏好变化、市场不确定性相关，驱动力来自银行信用和房地产等，代表性判断指标是银行信用和房地产价格等。BIS（2014a）也认为，价值与风险认知之间、风险承受与融资约束之间自我强化的相互作用，表现出来就是金融的繁荣与衰退轮回。

目前，随着危机应对进入下半场，人们对金融周期的认识进一步深化。代表性的如，BIS（2017）在其年报中就多次强调金融周期风险是当前较为紧迫的问题，并提出了监测金融周期的两大关键早期预警指标，即信贷占GDP比重缺口②（Credit-to-GDP Gap）和债务偿还比率（Debt Service Ratio，DSR），其中前者主要用于提示时间跨度更长的长期风险，而后者主要用于提示一年内的短期风险。

不仅如此，在研究的基础上，人们还总结提出了金融周期的一些鲜明特征：其一，金融周期跨度比商业周期更长，或者说金融周期并不频繁。如研究认为，在G7国家中，传统的商业周期长度通常为1~8年，其衰退一般不超过一年，而金融周期的长度往往为15~20年（Drehmann，2012），其衰退期通常持续数年。周期长度的差异意味着金融周期可以跨越多个商业周期。

---

① 陆磊等. 流动性、一般均衡与金融稳定的"不可能三角"[J]. 金融研究，2016（1）.

② 私人部门信贷占GDP比重与长期趋势水平的偏离程度。

其二，金融周期的振幅和长度具有制度依赖性（Borio，2012a），且随着宏观经济金融环境和政策框架调整而变化。其三，金融危机往往紧跟着金融繁荣的鼎盛时期，而金融周期的峰值也往往与金融危机最严重时刻相一致。其四，金融周期有助于识别金融危机。危机表明，由于金融周期与金融危机之间存在密切关系，因而可以通过信贷GDP比率缺口等反映金融周期的领先指标，测量金融危机的累积风险（Borio、Drehmann，2009）。其五，信贷和资产价格的共同行为能够最为简洁地表征金融周期（Borio，2012a）。

（三）为何关注金融周期

著者研究认为，宏观审慎之所以关注周期尤其是金融周期，根本逻辑在于周期性行为是引发系统性风险的重要原因之一，而防范系统性风险又是宏观审慎的优先目标所在。这样一来，金融周期就与宏观审慎政策紧密联系在一起。

对此，当前的共识是，宏观审慎政策必须考虑金融周期因素并将其纳入政策框架之内。BIS货币和经济部主任Claudio Borio在《金融周期和宏观经济：我们学到了什么？》一文中写道，金融周期对于宏观政策的影响至关重要，只有充分了解金融周期才能理解经济波动并积极应对挑战，因为金融周期约束着货币政策独立性，需要货币政策、财政政策和宏观审慎政策的有机结合。这一论述堪为经典之论，一语道破了金融周期与宏观审慎的联系性。

从理论角度看，金融周期在宏观经济理论中也是不可或缺的，"没有金融周期的宏观经济学就像没有王子的《哈姆雷特》"[1]（Borio，2013）。如果政策框架中系统地考虑金融周期，那么进行政策评估会更为便利，货币政策、财政政策、审慎政策都应通过建立缓冲，以更审慎的方式回应金融繁荣；也要通过缓冲，以不太强势和偏执的方式来应对金融衰退（Caruana，2012）。

（四）如何判断和调节周期

逆周期性是宏观审慎政策的重要特性，因此能否及时识别和度量经济

---

① Claudio Borio，"宏观审慎政策和金融周期：一些程式化的事实和政策建议"，载《我们学到了什么？次贷危机后的宏观经济政策》，人民大学出版社，2017年1月。

金融的周期性就是宏观审慎工具发挥作用的重要前提。宏观审慎发挥逆周期调节作用，目标旨在解决顺周期问题。但解决问题的前提又在于，政策当局要能够准确地判断周期，因为即使有逆周期工具，如果不知道周期状态，就不知道怎么用或者无法做到精准。例如，对于资本留存缓冲（Capital Conservation Buffer）和逆周期资本缓冲（CcyB）来说，监管主体对于经济金融形势的判断已经成为这两项宏观审慎工具运用不可回避的首要难题。在经济向好的情况下调高资本要求，为危机做好储备；在经济状况差的条件下动用资本缓冲，来吸收损失。因而，如何精确地把握周期，将是二者成功运用之关键。

此外，判断周期，必然还涉及金融风险状况的分析判断，因为风险的生成传染和爆发蔓延决定了周期所处的阶段，也必然影响到宏观审慎政策的出手时机和退出节奏。金融风险来源的多元化和复杂性，又进一步决定了各国经济金融周期的非同步性，这又会加剧各国政策周期的异化。

实践表明，全面、准确监测和评估系统性风险是个全球性难题。目前，尽管国际上形成了一些分析系统性风险状况、判断经济金融周期的经验方法，但由于各国的金融发展模式不同，风险形成的机制也不尽相同，因而仅仅照搬国际市场和发达国家的经验是远远不够的。例如，压力测试被证明是个有效的早期周期预警装置。但在最坏的情况下，它却可能误导政策制定者，使人们获得一种错误的安全感。考虑到这种因素，我们就需要结合测试对象的实际情况和风险状况，灵活设计压力情景，并全面客观看待和运用压力测试结果。

总体而言，判断周期，一方面需要有深厚的宏观经济分析基础，另一方面需要一定的思维独立性，如何建立一套科学、动态、前瞻、灵活的定量指标体系和风险模型，并运用该模型全面准确判断金融风险状况，这些都将是宏观审慎当局不得不面对的挑战。

（五）宏观审慎如何进行逆周期管理

实践表明，金融周期对宏观审慎政策及其他问题有重要影响。危机以来，各方普遍主张宏观审慎政策要重视经济中的周期性金融行为，也提出了应对之策，如实施逆周期资本要求，以弱化金融和经济周期，以及在经济较好时期建立资本缓冲等。同时，在应对金融周期的影响时，鉴于传统货币政策和财政政策本身均存在着一定局限性，也会产生不受欢迎的溢出效应（Spillover Effects），因而就需要通盘考虑"宏观审慎、货币政策和汇率"，尤其着重发挥宏观审慎政策的逆周期调节作用。

按照上述逻辑，目前逆周期调节的基本思路是，在金融繁荣期（危机前）建立缓冲，从而能够在金融崩溃期得以运用，维护金融体系的稳定；危机发生后，金融崩溃导致了严重的资产负债表衰退[①]，政策当局需要优先解决资产负债表修复问题，防止存量问题演变成持续而严重的流量问题。实际上，正如Caruana（2012）所认为，在整个金融周期内，政策当局都应该使用宏观审慎和微观审慎工具，如逆周期资本缓冲、金融机构杠杆率要求等，以建立有效的系统性缓冲。同时，在金融周期不同阶段，也都应采取不同的货币政策和财政政策组合。

当然，在发挥宏观审慎政策逆周期调节作用的同时，我们也必须认识到，金融周期极其复杂，准确判断周期难度很大。我们不能过于高估宏观审慎政策的有效性（Borio，2011；Caruana，2012a），仅仅依靠宏观审慎来消除金融周期，其他政策也要积极发力。

（六）未完的话题

长期以来，中央银行在判断周期、进行逆周期调节方面积累了丰富的经验。同时，鉴于中央银行的工作大部分都具有综合性，因而在逆周期判断和调节方面也具有相当的专业、信息和制度优势。因此，由人民银行统筹货币政策与宏观审慎政策，健全"双支柱"调控框架，在理论上可行，在操作上合意。目前，此点已成共识。然而，当前问题的焦点已经后移，也即货币政策与宏观审慎政策协调配合成为各方关注的重点。

总之，归结起来，金融周期与宏观审慎的关系问题，实际上包含着如何认识、判断金融周期以及如何解释周期原因并合理应对两方面的问题。通常，认识到金融周期是问题的一方面，而对周期背后的原因进行解释却又是问题的另一方面。但目前来看，上述两方面问题的衔接尚待探讨，各方对于

---

[①] 辜朝明的"资产负债表衰退"理论认为，经济衰退的原因在于货币需求方，是由于危机爆发后多数企业变得资不抵债，于是便将经营目标从"利润最大化"转换为"负债最小化"，减少负债融资的同时，努力偿还债务以修复资产负债表，从而导致经济收缩。

周期性行为原因的认识和解释也仍在深入。

退一步讲，如果我们对于金融内生的脆弱性如何形成以及如何发展演变没有一个全面性的理论认识，而仅仅承认或意识到宏观经济状况会影响金融表现，那么我们就将仍然只会关注危机的个别方面，而必然缺乏对危机的系统性全面把握。

由此观之，周期问题，关乎趋势判断，关乎稳预期，关乎稳政策，是宏观审慎当局需要面对和解决的重大命题。而对于稳预期[①]，我们认为，当务之急在于稳政策，关键在于将就业、金融、外贸、外资和投资等领域出台的政策，快速扎实地落实到位，以政策稳预期，以改革强预期。

## 六、如何破解宏观审慎政策有效性评估难题

政策的有效性评估和成本收益衡量向来是个经济学难题，这一点对于2008年危机后方登堂入室的宏观审慎政策来说尤为突出。研究表明，宏观审慎政策可能会受制于迟缓的政策行动，从而使得政策的收益充满不确定性，但成本却显而易见（Knight，2006；IMF，2011a）。因此，为尽可能克服政策实施的不确定性，在成本与收益之间求得平衡，组织开展政策有效性评估就十分关键。实践也表明，宏观审慎政策有效性的评估对于政策的调整及是否出台后续措施十分重要（CGFS，2012；ESRB，2014；IMF，2014）。

但另一方面，从跨期角度，目前许多国家的宏观审慎政策尚未经过整个金融周期的检验，因而无论是政策实施存在的问题，还是针对政策实施所做的实证分析均是不完全的（廖珉，2016）。并且，从全球范围来看，宏观审慎工具箱的有效性也有待长时间的实践检验，政策措施的成本收益往往也很难量化，政策福利模型分析仍有待于探索（CGFS，2016）。这一切就表明，宏观审慎政策有效性评估绝非易事，需要我们全面客观地看待。

目前来看，宏观审慎政策有效性评估之难，主要体现在系统性风险判断和宏观审慎政策实施两个方面。首先，系统性风险识别方面，目前系统性风

---

① 2018年7月31日，中央政治局召开会议，提出了"六稳"即"稳就业、稳金融、稳外贸、稳外资、稳投资、稳预期"。2018年12月召开的中央经济工作会议，再次强调"六稳"的重要性。

险来源区域化与风险影响全球化之间存在着较大的不对称。主要表现为，风险往往来源于某一区域或某一国家乃至某一市场，但却会通过贸易和资本流动等渠道在他国、他市场传染或蔓延，而尤为致命的是风险的这种全球影响往往很难评估，使得以风险为目标的宏观审慎政策有效性也难以量化分析。

令人尴尬的是，迄今为止，各国对于系统性风险的识别监测在研究和实践层面均仍处于起步探索阶段，不仅尚无统一、公认的风险监测和评估方法或模型，即便进行评估分析也多限于某一国家或某一工具[①]，而缺乏全球化视角评估。如果系统性风险识别本身都难以进行，那么建立在有效评估基础上的政策调整和工具校准也就无从谈起。

其次，宏观审慎政策实施方面，目前突出的问题是，人们不仅对于宏观审慎政策可能的溢出效应和不良影响难以评估，而且对于宏观审慎工具的传导机制和作用边界也并不明确。举例来说，例如，资本类工具，如系统重要性金融机构（SIFIs）资本附加，可以通过增强机构的自我修复能力和抗风险能力来降低金融危机发生的可能性（BCBS，2010；BIS，2015）。但一些研究也表明，短期内资本类工具会对信贷增长产生负面冲击，长期的冲击效果则较为有限（Dagher and others，2016）。又如，一些研究表明，提高准备金要求有助于降低信贷增长（IMF，2013a；Lim and others，2011），但也有研究认为，该项措施并无显著影响或影响不大（Kuttner and Shim，2013；Bruno and others，2015）。另外，还有研究表明，宏观审慎政策可以限制，但却不能消除由过低利率导致的房地产价格上涨，同时增加系统重要性金融机构（SIFIs）资本金要求，也可能会导致监管套利，并弱化风险管理效果（John V.Duca，2017）。

总之，金融乱象是金融发展永恒的伴生物，近年来在多种因素推动下金融危机发生的频率也呈上升趋势，这给以逆周期为特征的宏观审慎政策实施

---

[①] 如2011年，英格兰银行发布的《宏观审慎政策工具（讨论稿）》提出了一系列系统性风险监测指标，包括数量型指标，如信贷/GDP偏离度、杠杆率等；价格型指标，如股票、公司债和房地产等资产价格、实际利率水平等；综合性和基于模型的指标，如欧央行开发的"系统风险诊断（SRD）"指标、英格兰银行开发的系统性机构风险评估模型（RAMSI）以及压力测试等。此外，市场和微观监管信息有助于识别系统性风险。

提出了有效性评估的紧迫问题。而同时，金融体系本身的复杂性，加之宏观审慎政策跨部门特性，也都为政策评估增加了许多不确定性。

### 七、如何克服宏观审慎政策实施差异化难题

很多时候，宏观审慎政策实施往往面对着一个错综复杂、差异性较大的市场体系，这种差异体现在经济发展程度、政策水平、金融机构经营战略以及系统重要性等诸多方面。既然金融市场的差异性客观存在，在此情况下，宏观审慎政策就面临着"一刀切"还是采取差异化方式实施的选择难题。目前来看，这是一个事关宏观审慎政策实施成本与收益的重要问题。

鉴于宏观审慎政策在2008年危机应对中有着良好的表现，国内外许多研究从实证分析角度也得出了宏观审慎工具有效的结论，于是很多人就会从整体印象上认为宏观审慎政策是有效的。但实际上，上述结论也并不尽然成立。单就实施效果来说，宏观审慎政策尽管在2008年危机应对中有着出色表现，也却并不能完全证明其对于系统性风险的充分有效性。

从另一层面来讲，宏观审慎尽管不是一个新事物，但作为本次危机以来广泛运用的应对措施，本身的理论和实践均有待深入，其本身的效果也存在着较大不确定性。因而，尽管某类工具的有效性或许已成共识，但整体有效性却仍有待进一步验证。

从全球来看，一个国家往往多年才发生一次大的金融危机，因此检验宏观审慎政策效果的历史信息很不充分。不仅如此，尽管宏观审慎政策框架已经基本形成，但各方对于宏观审慎政策属于结构性政策还是整体性政策又或者是二者兼而有之的认识仍不统一。

这就表明，第一，人们对于宏观审慎政策有效与否并无十足把握，且仍有待金融周期的检验；第二，人们对于如何实施宏观审慎政策也并不十分明确，很多情况下往往面临着整体性与结构化目标的斟酌。

然而，客观存在的市场差异性又要求宏观审慎政策尽可能做到因地制宜，并区分不同的市场状况和风险的不同来源精细化实施。如，金融稳定理事会（FSB）制定了一系列系统重要性金融机构（SIFIs）认定和监管标准，但各国经济规模和金融发展程度的差异性较大，不可能全盘搬用这些标准。因为，如果不顾地区、行业和市场差异而"一刀切"地实施这些政策，就可

能在某些地区或对某些金融机构造成预期外的负面效应。

从全球范围来看，系统性风险在发达经济体和新兴市场国家呈现出不同的表现形式，在研究和使用宏观审慎工具时，其内容必然也各不相同，有效性也自然有异。某类工具在一国有效，并不代表在所有国家都有效。目前，宏观审慎政策是否将风险从一个监管程度较高领域挤到低监管领域，以及是否客观上鼓励了金融创新、导致了监管规避的泛化等，这些问题仍处于争议和讨论之中。

### 八、如何降低政策实施的"非预期效果"

宏观调控的本质在于预期管理。但在很多时候，在多方面不确定因素的约束下，宏观审慎政策实施也易出现超政策预期外的效果，即政策超调。目前来看，导致政策非预期效果的因素有如下几个方面。

第一方面，监管套利带来的政策漏损。宏观审慎政策发挥预期效果的前提是，市场主体能够形成广泛的共识，且能够将政策要求内化为自身的经营管理措施，不断提高风险管控能力。但监管套利是金融监管的伴生物，以收益最大化为目标的市场主体不会自发执行宏观审慎政策要求，而往往为了实现超额收益，总会通过金融创新或其他途径绕开监管或与监管博弈。当这种监管套利成为一种普遍的行为模式时，就会极大地削弱宏观审慎政策实施的效果，从而导致政策漏损的"非预期效果"。

第二方面，政策实施带来的"挤出效应"。加强宏观审慎管理会使得政策在限制传统金融机构经营行为的同时，却又将原本由这些机构提供的金融供给挤出到影子银行等非金融机构，也使跨国金融机构业务收缩和信贷投放转移，这样一来，不仅会带来"金融萧条"，最主要这种转移还可能带来风险传染和交叉，从而可能酝酿更大的风险。结果是，宏观审慎政策在降低某一风险的同时，却又制造了另一种风险，形成了政策的"非预期效果"。

第三方面，全球范围的"政策疲劳"弱化了政策效果。2008年危机后全球金融进入强监管时期，在经过长达数十多年密集的后危机规则制定过程后，全球范围已经不同程度滋生出"政策疲劳"情绪（德勤，2018）。通常，"政策疲劳"往往带来政策实施的惰性和不作为，《巴塞尔协议Ⅲ》（BCBS，2017）改革内容最终达成一致一波三折的过程以及国际性监管机制落地实施时间轴的不断推后，便已充分说明了这一点。美国特朗普政府强烈的"去监管化"欲望，更是表明"监管疲劳"情绪绝非心血来潮和一时冲动。

第四方面，市场预期会削弱政策效果。经济学传统观点认为，理性"经济人"假设的存在，使人们能够预期市场的变化，也使政策当局的政策措施往往可以预料，因而也是低效或无效的。但也有另一种观点认为，理性预期并不完全成立，信息不对称和"羊群效应"（Herd behavior）才是市场的常态，金融危机的爆发更是表明市场参与者很多情况下是"非理性"的。但无论持何种观点，有一点可以确定，那就是市场参与者的预期始终存在。金融的跨期交易性质决定了预期的永恒存在性，而预期又决定了乐观与悲观在金融资产持有和交易中的不稳定性，从而使得金融市场的涨跌波动必然发生。

由此可见，人们的预期不仅存在，而且越来越成为影响金融市场变化和风险传染的重要因素，因而自然也就成为政策制定和实施所关注的主要内容。也正因此，危机后，各国日益意识到合理引导预期对于减少政策漏损和降低政策不确定的重要性。实践中，许多国家采取了"前瞻性指引"（Forward Guidance）方法，通过设定一定的预期指标或阈值来引导市场预期。如2013年8月7日，英格兰银行首次正式推出"前瞻性货币政策指引"，并设定了三种终结前瞻性指引的情况[①]。另外，一些国家还运用了事前分析工具来管理预期，如秘鲁、西班牙、乌拉圭等国的动态储备要求（IMF，2014a）。尽管如此，总体来看，目前各方尚无很好的办法来解决宏观审慎政策的非预期效果，关于宏观审慎工具的传导机制也有待进一步研究。

## 九、如何解决"大而不能倒"的认定难题

2008年金融危机以来，时间维度的顺周期性和空间维度的关联性成为国际社会改进金融监管的两个最主要方向。其中，空间维度方面，重点是解决系统重要性金融机构（SIFIs）"大而不能倒"以及"倒了怎么办"的问题，

---

① 2013年8月7日，英格兰银行宣布将维持当前0.5%超低基准利率和量化宽松政策，直至英国失业率降至7%以下。英格兰银行行长马克·卡尼提出，物价稳定仍是英国央行货币政策的主要目标，如果出现三种情况，央行将终结上述前瞻性指引，即未来18个至24个月内，英国通胀率不能回落至2.5%左右；中期通胀率预期出现恶化，未能回落至目标值2%附近；金融市场稳定因超低利率水平而受到威胁。

而其中首要的任务又是如何判断一家金融机构是否具有系统重要性。目前，围绕该方面的问题，各方进行了深刻反思，并进行了有针对性的深入探索。

（一）系统重要性认定：危机以来的实践与共识

2009年，IMF、金融稳定理事会（FSB）和国际清算银行（BIS）共同制定了《系统重要性金融机构、市场和工具评估指引：初步考虑》，首次提出了从规模、关联性和可替代性方面来评估金融机构的系统重要性。2011年7月，巴塞尔委员会（BCBS）从系统重要性银行（G-SIBs）对整个金融体系的影响和地位入手，提出了5大类评估指标、12项具体指标，包括全球活跃性（20%）、规模（20%）、关联性（20%）、可替代性（20%）和复杂性（20%）等[1]，并确定了以定量指标评估为基础、辅以定性判断的评估标准。同年7月，美国金融稳定监督委员会（FSOC）发布了关于系统重要性金融市场设施的认定标准及程序[2]，2012年又发布了系统重要性非银行金融机构（Non-bank Financial Institutions，NBFIs）[3]评估方法，设定了规模、关联性、可替代性、杠杆率、流动性风险和期限错配、监管现状等六大类定量指标、29项具体指标，也采取了定量指标和定性判断相结合并辅以监管判断的评估方法。2013年7月，国际保险监督官协会（IAIS）发布了全球系统重要性保险机构（G-SIIs）评估方法和政策措施，设定了规模（5%）、全球活跃度（5%）、关联性（40%）、非传统保险业务/传统保险业务（45%）、可替代性（5%）5项评估指标，还提出了保险金融稳定评估法（IFS）[4]，辅之以附

① 括号百分数为该指标所占权重，下同。参见FSB，Policy Measures to Address Systemically Important Financial Institutions, 4 November 2011（http://www.fsb.org/2011/11/r-111104bb/）。

② 目前，已有8家金融市场设施被认定为具有系统重要性，分别是支付清算公司、CLS银行国际、芝加哥商品交易所、存款信托公司、固定收益清算公司、ICE衍生品清算公司、国家证券清算公司、期权清算公司。

③ 目前，已有4家非银行金融公司被认定为需要接受严格的统一监管，分别是美国国际集团、通用电气资本公司、保德信金融集团、大都会人寿保险公司。

④ 目前，IAIS的监管规则主要体现为：一是保险核心原则（Insurance Core Principles，ICPs）；二是国际活跃保险机构监管的共同框架（Common Framework for the Supervision of International Active Insurance Groups，ComFrame）；三是保险部门系统性风险评估和缓释整体框架（holistic framework for the assessment and mitigation of systemic risk in the insurance sector），核心是着眼于所有部门风险监测和管理的活跃度法（Activities-Based Approach），该框架将于2019年最终确定，2020年实施。

加的定量和定性评估来判断和确认①。后来，BCBS和IAIS等对评估方法又进行了更新，但基本的评估框架保持了稳定。

从各方面的探索来看，目前各方对于系统重要性机构的评估标准已有基本共识，且体现出了很强的趋同性，规模、关联性和复杂性等都是基本的指标，为各国的实践提供了可供参照的标准。

（二）"大而不能倒"机构：并非"一认了之"

尽管有共识，但从各国的实践来看，系统重要性机构的评估和认定也绝非易事，实际上各方面也都依然存在着这样那样的看法。通常，对于机构而言，对于能否被认定为具有系统重要性，这里往往有两种心理：一方面，如果被划入系统重要性机构，表明了自身的重要地位，这当然很好；但另一方面，如果被认定为系统重要性机构，也将必然要面临更高的资本要求和更严格的监管，还要承担更多的责任和义务，而相比之下它的资本回报率就可能偏低，并且为预防可能出现的清盘处置还必然需要更多的储备（周小川，2011），这又将直接影响机构的盈利能力和市场竞争能力。

还有其他声音认为，系统重要性金融机构（SIFIs）的认定，一定程度上是给这些机构加上了政府背书，相当于在市场竞争中由政府代替投资者做出了价值判断，因而这种认定不仅存在较大争议，而且还可能会产生很大的道德风险。如，宾夕法尼亚大学教授David A.Skeel Jr认为，系统重要性机构的身份定位加强了大型机构对监管当局的影响和绑架，并使大型机构比其他金融机构更具有竞争优势。

各方面的复杂因素综合到一起，就使得系统重要性机构的评估认定绝非轻而易举，也并非"一认了之"，更不能搞"一刀切"，而应持十分谨慎的态度。从国际经验来看，美国金融稳定监督委员会（FSOC）负有认定系统重要性非银行金融机构（NBFIs）和系统重要性金融市场设施的职责，近年来不断完善认定程序和认定标准，加强认定机构统一监管，尤其是对于已认定机构和金融市场设施不是"一认了之"，而是还进行认定后的再评估。如果

---

① 2013年7月，IAIS连同各国一道识别公布了9家全球系统重要性保险机构（G-SIIs）名单，采取的方法就是IAIS提出的评估方法。参见FSB, FSB identifines G-SIIs and the Policy Measures that will Apply to Them, 18 July 2013（http://www.fsb.org/pbulications/r-130718.htm）。

某家机构被摘除了系统重要性金融机构（SIFIs）的帽子，那么相应的监管标准也会放松，这也体现了"大而不能倒"机构认定的动态管理要求。

（三）全面看待我国系统重要性机构的认定难题

借鉴国际标准对我国系统重要性机构进行评估认定，在此过程中，我们会发现，这里也存在着评估标准落地过程中的"水土不服"问题。例如，如果仅仅从规模的角度选择，我国当前的系统重要性机构固然较多。但从关联性的角度来看，特别是从活跃性和可替代性角度考察，我国系统重要性机构的评估认定又会面临着标准制定和界限划分的难题。

从整体来看，目前各方对于我国国有大型商业银行具有系统重要性这个认识分歧不大，但如何在诸多股份制银行尤其是城商行、县域机构中选择认定系统重要性机构就存在很大争议。因为，这不仅面临着分界线划分和标准制定的难题，而且还要考虑很多主客观方面因素的影响。例如，从局部来看，考虑到我国经济发展的区域性不平衡特征较为明显，同样体量、规模和类型的机构在中西部地区可能具有系统重要性，而放到东部地区就可能不是。不仅如此，同一地区或同一省市的金融机构也存在规模大小、复杂与否、可替代性强弱等差别区分，这些都将成为认定我国系统重要性金融机构需要考虑的因素。

既然系统重要性金融机构出现了风险问题影响巨大，国际上也有可供借鉴执行的评估标准，另外打好防范化解重大风险首要的任务也需要我们防范金融风险，那么评估认定并加强我国系统重要性金融机构（SIFIs）监管就是势之必然。当前，当务之急是按照分类管理的原则，管好存量，控制增量，研究制定我国系统重要性金融机构（SIFIs）评估管理办法[①]。在此过程中，尤其需要处理好国际标准与国内要求适应与对接的关系，评估认定的标准既要体现统一化、标准化和规范化，也应有一定的灵活性和适应性。

---

[①] 2018年11月27日，人民银行、银保监会、证监会印发了《关于完善系统重要性金融机构监管的指导意见》，对系统重要性金融机构的定义、机构范围、完善监管的主要途径和监管机制、监管责任等进行了明确，对系统重要性金融机构的评估与识别流程和要求进行了界定，并提出了系统重要性金融机构的特别监管要求、审慎监管要求、特别处置机制等。这将是我国加强系统重要性金融机构的纲领性文件。2019年11月，人民银行牵头发布了《系统重要性银行评估办法》，面向社会征求意见，这标志着完善我国系统重要性银行监管框架迈出了关键一步。

## 十、如何合理把控危机触发条件及其引发的道德风险

2008年危机的应对过程表明，国际金融危机中的触发问题非常重要，也十分敏感。之所以如此，因为危机如同泡沫，而"泡沫的特性在于其最终会被刺破，然后像孩子们玩的气球一样，空气会迅速泄出"[1]，从而对经济产生很大的冲击和危害。因而，准确把握和认识风险爆发的触发条件，不仅涉及问题机构危机状况的诊断，而且对于政策当局及时介入并采取救助干预措施尤为关键。

总结过去的经验，目前，金融危机的触发条件有以下几个。第一个触发条件是金融机构自身爆发流动性危机，从而引发金融危机。如2008年9月15日，雷曼兄弟破产，立即引发连锁反应，并掀起了国际金融危机海啸，包括美国国际集团（AIG）、摩根士丹利和欧洲一些重要金融机构等均出现了很大的风险。这些事件体现出，系统重要性机构一旦出现风险就具有很大的传染性和破坏性，并会引发很大的危机。

第二个触发条件是监管处罚。监管当局如果对机构的处罚或判决信息一旦披露，就会引发负面影响，机构的声誉、市值、评级等都会连锁下降，资产大幅贬值缩水，从而导致资金不足和流动性问题。此时，即便该机构通过拆借、短期理财、短期融资券和再滚动融资等筹集资金支持，但金融市场因为信用萎缩而引发的"流动性霜降"使市场悲观情绪已经蔓延，机构不仅无资可融，而且最终可能会触发危机。面对此种情况，金融机构要么收缩业务，要么寻找新的注资、重构所有权架构，严重情况下还需要政府救助介入。

第三个触发条件是金融机构非自救型的办法，这也可能引发危机。金融机构自身情况恶化到一定程度，就需要采取一些非自救的办法，如行政接管、托管、国有化、有组织进行改组、重组等，而这些办法反而又会加剧市场不信任情绪进一步蔓延，导致问题机构资产价值进一步下降，危机加重，并形成恶性循环。

---

[1] 金德尔伯格和阿利伯，《疯狂、惊恐和崩溃——金融危机史》（第六版），2014年，中国金融出版社。

实践表明，无论是哪种情况的触发，问题机构能够完全自救的可能性很小，发生了问题对金融稳定的冲击也是必然，从而宏观审慎当局在处置问题机构的某些环节上就很可能卷入其中。在此过程中，尤其需要防止道德风险。

从问题机构救助的整个链条看，这种道德风险来源于两个方面，一个是，当局的处罚问题。有时候，宏观审慎当局可能在某个阶段已经看到问题，但为了维护金融稳定而并没有进行处罚，也没有向金融市场披露，从而在一定程度上蒙蔽了金融市场参与者、投资者。通常，很多情况下，任何形式的处罚不到位往往都是一种纵容。因此，如果当局知道有一些监管宽容做法是错的，只是为了短期目标不得已而为之，那么短期过后这种做法改还是不改？不改存在什么样的道德风险？该披露的没有披露，之后披露还是不披露？披露后会对金融体系产生什么样的不良影响？等等。另一个是，如果发生了危机，宏观审慎当局介入处置，究竟怎么帮，用谁的钱，钱怎么分担，怎么还？这些问题的处理也会滋生出很大的道德风险。

面对种种触发危机的可能情况，宏观审慎当局需要审慎分析危机的触发条件，判断干预的合适时机，相机抉择，提前介入，尤其要避免救助和处罚导致的道德风险，防止引发"处置风险的风险"。

## 十一、"去监管化"是否必然弱化宏观审慎管理

在危机爆发十一周年之际，"去监管化"一度超越"强监管和防风险"等主流声音而成为各方关注的热词。当前，以美国为代表的"去监管化"趋势引发广泛关注，绝非偶然，其背后有着深刻的理念和现实逻辑。

### （一）"宽监管"回潮

一方面，危机过去十一年，全球经济仍未强劲复苏，各国经济复苏不平衡加剧，引发了市场各方对金融改革举措的失望情绪。不仅如此，全球金融监管改革在重塑金融体系稳健的同时，也在一定程度上造成了金融机构运营成本的上升。如长期的负利率导致银行盈利下降，严格的监管和更高的资本金要求限制了银行业务创新等，这些均限制了金融业的发展，由此使松绑金融监管的呼声再次兴起。

另一方面，2008年金融危机以来，尽管全球化趋势并未发生根本性的颠

覆，但逆全球化趋势却始终存在，一段时期还一度占据上风。各国民粹主义和自顾情绪盛行，表现在金融领域的保护主义措施主要是提高本国金融服务准入门槛，强化境外金融机构监管，同时适当放松本国金融监管，以获得比较优势。

除了上述两方面因素外，危机以来全球金融体系韧性增强，金融机构稳健性提高，防范金融风险的迫切性有所下降，这些也都是放松监管的原因之一。综合各方面因素，可以认为，这股"去监管化"之风，根本上是危机以来逆全球化趋势在金融领域的集中反映。

（二）美国"去监管化"的逻辑

美国是全球"去监管化"的急先锋，我们可以通过美国的例子来判断当前"去监管化"的趋势和方向。实际上，作为美国加强金融监管最主要的成果，《多德—弗兰克法案》自制定实施以来一直备受各方质疑，并成为"去监管化"的主要标靶。如美国财政部长姆努钦在上任之前就认为，该法案最大的问题在于过于复杂，限制了银行信贷。哈佛大学肯尼迪学院Marshall Lux和Robert Greene等也认为[1]，法案实施以来，美国社区银行负担的合规成本上升，小银行数量不断减少。另外，还有研究表明，法案对经济造成了深远影响，并将导致美国在2016—2025年GDP减少8 950亿美元[2]。

综合各方观点，我们可以将美国"去监管化"最主要的理由归纳为如下几个方面。一是监管过于严苛，遏制了金融业的创新和活力，不利于经济的增长；二是过高的资本要求不利于银行从市场筹资补充资本，市场流动性承压；三是削弱银行放贷能力，在实体经济低迷的情况下，对实体经济的支持作用有所下降；四是提高了银行的合规成本，代理银行业务不断萎缩，抑制了普惠金融的发展等。

从历史经验来看，美国历次"加强监管"与"放松监管"之间的循环往复，监管的"放""收"轮回，初衷和逻辑无一例外都根本在于主动调整、主动适应，进行蜕变，提升美国金融业的全球竞争力。如20世纪80年代初放

---

[1] 参见哈佛大学肯尼迪学院Marshall Lux, Robert Greene, "The state and Fate of Community Banking"。

[2] 参见Douglas Holtz-Eakin The Growth Consequences of Dodd-Frank。

松监管，旨在防范金融脱媒和打破利率管制，却止步于储贷危机的爆发；90年代中期取消跨州经营和分业经营限制，却止步于2002年"安然事件"；2004年放松衍生品监管，又止步于2008年金融危机[①]。

（三）"去监管化"并不意味着"去宏观审慎化"

当前，面对美国掀起的"去监管化"浪潮，有些人不禁要问，来势迅猛的"去监管化"是否意味着要完全否定危机以来宏观审慎的主张？宏观审慎当局应如何看待这股"去监管化"之风？对此，著者认为，去监管化并不意味着去宏观审慎化，也并不意味着完全推翻危机以来的监管努力。

实际上，从整个金融发展史来看，监管当局与市场之间的博弈始终是金融发展的一条逻辑主线，从未停止过。金融体制改革不可能一帆风顺，而必须经历漫长、渐进的改革历程。金融危机每隔一段时期就会出现一次，与之伴随的是加强监管和放松监管的循环往复。根据Laeven和Valencia（2008）的定义和统计，自1970年至2006年，全球共发生了124次系统性银行危机，208次货币危机及63次主权债务危机[②]。也正因如此，美国金融监管专家伊曼纽尔·N.鲁萨基斯（Roussakis）曾说过，金融监管的发展"与其说是源于政府对银行健康发展的期望，倒不如说是源于金融危机所致"[③]。

从历史的故纸堆中寻找经验，我们会发现，美国金融监管发展史几乎就是一个"危机—加强监管—经济复苏—放松监管"的循环史。美国最早的金融管制历史可以追溯到20世纪30年代，起点是1929年美国股灾以及被称为"大萧条"的严重经济衰退[④]。事后发现，这期间存在着销售容易导致金融机构违约的金融产品或者利用暴跌机会故意卖空等行为。鉴于此，1933年《格拉斯—斯蒂格尔法》（*Glass Steagall Act*）（即《1933年银行法》）禁止商业银行经手股票买卖等证券业务。但后来，该禁令分阶段被解除，尤

---

① 参见钟震、梁少锋和吕君临，"美国金融去监管化新政对我国的影响及对策分析"，《经济体制改革》，2018年1月。

② 转引自沈建光、肖红，《次贷危机与主要金融危机比较》，载《金融危机》，2008年第12期，第10页。

③ 伊曼纽尔·N.鲁萨基斯，《金融自由化与商业银行管理》，中国物价出版社，1989年。

④ 日本《读卖新闻》2018年8月17日文章"雷曼危机已经过去了吗"，作者有光裕。

其是1999年克林顿政府时期通过的颠覆性的《格拉姆—利奇—布莱利法》（GLBA），时隔66年再次允许商业银行重新开展股票、债券、证券交易等投行业务，推动了金融市场高度繁荣，带来了衍生品交易蓬勃发展，但却又最终引发了2008年全球金融危机。

从宏观审慎提出发展的脉络来看，本次危机以来，宏观审慎备受各方关注并成为危机应对措施的集大成者，背后有着深厚的逻辑必然。目前，宏观审慎理念主张已经深入人心，并且在传统货币政策框架转型、中央银行角色转变、金融稳定目标再强化以及金融治理体系优化等多个方面、多个领域都有不同程度的体现。因此，本轮"去监管化"是个别放松，最多可称之为局部优化，而不会也不可能对宏观审慎政策框架进行彻底否定或颠覆。在去监管化的方向上，目前各方普遍的主张是，简化繁杂的金融监管法规，弱化监管执行标准，放松银行监管，降低银行经营成本，为实体经济和就业提供支撑，同时限制监管机构权力。

表8-2　20世纪80年代以来美国放松监管部分法案

| 法案名称 | 时间 | 主要内容 |
|---|---|---|
| 储蓄机构取消管制和货币控制法案 | 1980 | 取消贷款利率上限，分阶段取消存款利率上限，放宽储蓄机构的业务范围，允许在全国范围内开展可转让提款通知书（NOW）和自动提款业务账户。 |
| 储蓄机构法 | 1982 | 允许存款机构提供货币市场账户，不受"Q条款"利率上限和储备金限制。 |
| 税务改革法案（Tax Reform Act） | 1986 | 大幅度降低边际税率，资本有效配置扫清了主要障碍。 |
| 里格—尼尔州际银行及银行效率法 | 1994 | 明确一家银行持股公司可以收购任何一个州的银行，银行可以在其注册地外的州直接开设分行。 |
| 金融服务现代化法案 | 1999 | 废除了1933年《格拉斯—斯蒂格尔法》，允许混业经营。 |
| 商品期货现代化法案 | 2000 | 解除了对期货市场、信用违约互换交易的监管，大大刺激了金融产品的创新。 |

资料来源：著者整理。

（四）全面客观认识"去监管化"

历次危机的鲜活教训反复表明，正是西方国家长期奉行的"盎格鲁—撒克逊"模式的监管实践，使得监管部门跟不上金融创新步伐，金融体系的风险逐步激化，最终为危机的爆发埋下了隐患。现在，我们不能好了伤疤忘了疼，经济复苏刚有起色或者金融风险防范刚有进展就大张旗鼓地提倡什么"去监管化"。对于这股"去监管化"之风，我们必须全面客观认识。

第一，全球经济复苏尚未企稳，货币持续宽松的负面效应逐渐显现，不能为了眼前利益而损害长期的经济稳定和健康。在《多德—弗兰克法案》实施过程中，美国政府、监管机构投入了巨大的人力物力，全盘废除将导致巨额"沉没成本"，并使金融体系承担剧烈冲击，影响当前的经济复苏。从金融机构角度，经过近十年的调整优化，各大银行已经基本适应了当前的监管规则，如果再次进行大规模的监管调整，不仅会带来新的业务调整和适应性阵痛，还会增加新的不确定性。

第二，放松监管有助于刺激实体经济，但长期看可能会诱发新一轮危机。随着美联储加息[①]、美元升值，全球资本加速向美国回流，这都会引发资本市场过热，推高资产价格，加剧市场波动性和脆弱性。2020年开年以来新冠肺炎疫情的全球蔓延，更是加剧了全球金融市场波动性，给世界经济增长带来很大不确定性。然而，由于危机以来货币政策、财政政策进一步发挥作用的空间受限，各国金融体系抵御重大冲击的能力和手段已经捉襟见肘，此时如果大幅放松监管，就会反而使得重大金融风险爆发、传播的可能性大大提高。

第三，新技术推动下的金融业态演变必然要求金融监管与时俱进。金融监管本身具有滞后性，监管部门应密切关注金融创新动向，适时升级监管标准。近年来，金融科技迅猛发展，在促进普惠金融、提升金融运营效率的同时，也催生了网络安全等诸多新的问题和风险。如何在早期识别相关风险、积极干预的同时，又能有效发挥金融科技在经济增长中的促进作用，是监管机构需要面对的一大挑战。这要求监管机构与时俱进、顺势而变，加强、优化或调整监管，而不是一放了之。

目前，"去监管化"尽管并未成为全球潮流，但影响不可小视。同时，尽管逆全球化不断发生，但却并没有从根本上改变各国经济互相依赖、金融

---

① 2019年以来，随着美国经济增长走弱，美国意外地结束了2015年以来的加息周期，先后于2019年7月31日、9月18日、10月31日分别降息25个基点，将联邦基准利率保持在1.5%~1.75%。2020年以来，为积极应对新冠疫情对经济的冲击，美联储先后于3月3日、3月16日连续两次分别降低联邦基准利率50个基点和100个基点，直接降至0~0.25%。

交叉联系的状况。金融监管涉及各国之间的密切合作，而不单单是某一个国家的事务。金融危机以来，各方密切合作，共同加强金融监管，金融体系的稳健性得以提升，最新的国际金融监管标准都建立在国际社会共识的基础上。此时，如果美国在加强金融监管的道路上开始转向，必然会对已有国际准则的实施和未来规则的制定造成重大影响。各国监管当局可能迫于国内金融机构压力，竞相放松金融监管，降低金融体系稳健性，阻碍全球金融监管合作进程。从全球来看，去监管化的"单边主义"将有损公平竞争原则，可能引发监管套利，美国金融机构可能因此获得更大的比较优势，从而有损公平竞争原则，并进而引发金融保护主义。

我国与美国经济增长状况和金融周期等存在较大差异，面临的问题也不尽相同。面对这股"去监管化"趋势，考虑到放松金融监管可能对我国带来巨大的溢出效应，我们需要准确研判美国政策的走势及影响，充分认识到我国金融监管存在的问题，完善宏观审慎政策框架，厘清监管机构职能，不断提高金融体系的韧性，严守不发生系统性风险的底线。

# 第三节　金融科技与宏观审慎：融合还是挑战

近年来，利用科技创新和技术进步所带来的机遇并管理相关风险一直是金融监管的重点之一。目前，围绕金融科技（FinTech），各方关注的焦点是，金融科技技术和金融科技公司将对金融监管产生何种冲击和影响？监管当局应如何认识和面对金融科技风险？如何防止技术滥用？以及何时、何种程度将科技金融纳入监管范围？等等。这些问题，涉及整个金融体系的稳定，因而也必然是宏观审慎所关注的目标。

## 一、金融科技与系统性金融风险：如何运用监管平衡术[①]

一直以来，利用科技创新和技术进步所带来的机遇并管理相关风险始终

---

① 本部分内容发表在2019年《中国改革》第5期。

是金融发展与金融监管的永恒主题，并由此衍生出了金融科技（FinTech）与金融监管的适应性问题。目前，围绕FinTech，各方关注的焦点是，FinTech将对金融市场和金融监管产生何种冲击、监管当局应如何认识和看待FinTech风险、如何防止技术滥用，以及何时、何种程度将其纳入监管范围等。

（一）金融与科技：相互融合的四种方式

近年来，以移动支付、大数据（Big Data）、云计算等为代表的新技术快速发展，与危机后的金融"新常态"深度融合，形成了金融科技（FinTech）的强劲浪潮。2016年，金融稳定理事会（FSB）在各方研究的基础上对FinTech进行了定义，首次将其应用领域归结为支付清算、融资、市场基础设施、投资管理和保险5个方面。目前，随着实践的深入，各方已然形成了FinTech的收敛性观点，即泛指通过技术手段推动金融创新，所形成的对金融市场、金融机构及金融服务产生重大影响的业务模式、技术应用以及流程和产品（FSB，2017）[1]。

目前，FinTech的快速发展深刻地改变着金融市场的格局，这一点已是定论。近几年，在供需两方多种因素的驱动下，FinTech的发展趋势更加明朗，与传统金融机构的融合竞争关系更加引人注目，投资模式更加集中，金融科技企业在各国大量涌现，FinTech在支付服务、信贷业务、财富管理等各个方面都取得了巨大成功。尤其是FinTech的快速发展，大大降低了新兴科技公司进入金融领域的门槛，促其与传统金融机构全面竞争，极大地提升了金融服务的覆盖面和质量，推动金融数字化程度不断提高。

据美国财政部一份报告，2010年至2017年第三季度，美国金融服务业新成立超过3 330家技术型企业，其中40%专注于银行和资本市场[2]。另外，IMF（2017）的调查也表明，2010—2016年，全球FinTech总投资额从90亿美元飙升至250亿美元，其中风险投资额从8亿美元上升至136亿美元。同时2008年危机后，金融科技公司的股票表现也远胜其他行业，市值增长近4倍之多[3]。

---

① 2017年，金融稳定理事会（FSB）发布的《金融科技对金融稳定的影响》报告。

② 美国财政部2018年7月发布的《创造经济机会的金融体系：非银金融机构、金融科技和创新》报告。

③ 数据来源：IMF, FinTech and Financial services:Initial Considerations, June 19, 2017。

表8-3  金融科技（FinTech）的分类

| | 类别 | 内容 |
|---|---|---|
| 1 | 支付结算 | 移动或互联网支付、电子货币等 |
| 2 | 存贷款与资本筹集 | 众筹、P2P借贷、电子货币等 |
| 3 | 投资管理 | 智能投顾、智能合约、电子交易等 |
| 4 | 市场设施 | 分布式账本、大数据、云计算等 |
| 5 | 保险科技 | P2P保险、物联网、机器学习、人工智能 |

资料来源：FSB，《金融科技对金融稳定的影响：各国当局应关注的监管问题》，2017年6月。

目前，从实践来看，科技与金融相互融合的方式不外乎四种：一种是科技公司直接从事金融业务，主动开辟金融领地，形成"科技+金融∈科技"模式，功能属性依然以科技为主；一种是科技公司为传统金融机构提供金融服务，形成"金融+科技∈金融"模式；一种是科技公司与传统金融机构开展战略合作、优势互补，形成"科技∪金融"模式，彼此相互融合却保持独立；一种是传统金融机构主动适应和拥抱科技，以科技手段改造传统金融，形成"金融+科技>金融"模式。无论采取何种方式，在FinTech与金融服务互相结合的过程中，二者彼此融合，塑造了强大的应用场景，形成了互相促进而又彼此挑战的紧密关系。

一方面，科技的快速发展应用为金融机构提供了转型升级的强大动力。例如，日益先进的算法能在几十亿条交易数据基础上解析和挖掘消费者的交易特征和行为模式，预测后续行为，并模仿人类行为进行自动化决策。移动设备和互联网技术的发展，使得消费者通过移动便携设备享受金融服务，或是通过第三方应用程序进入金融服务界面，促进P2P及企业直接融资业务，并推动普惠金融发展。又如，以机器人投资顾问服务为代表的智能投顾技术，通过结构化调查问卷收集和分析客户信息、风险偏好，然后根据算法为投资者提供一系列自动化服务。另外，分布式记账技术能从根本上改变支付清算网络、证券交割系统以及后台服务功能，大幅削减成本，实现无须通过金融中介的"企业对企业"（B2B）贷款交易。

另一方面，金融部门主动贴近科技创新，通过积极应用最新科技来重塑金融模式、改进服务质量。有的通过机器学习（machine learning）软件分析金融市场交易商行为，并进行市场投资分析；有的使用云计算技术，通过强大的算力以最快的速度调度内部资源解决客户需求，并从海量数据中获取信息；有的利用大数据和机器学习对客户进行信用评分，利用分布式账本技术（DLT）进行客户尽职调查；有的运用近场通信（NFC）技术移动钱包，进一步改善客户支付体验，降低交易成本；还有的通过标准化的云外包服务，以大规模、高度自动化的方式向更多客户提供服务。另外，以指纹识别为代表的生物认证技术，也已广泛应用于用户安全认证和移动支付领域。

（二）FinTech发展的本质特征与供需逻辑

自金融成为独立行业以来，技术进步就始终是金融业转型升级的主要推手。实际上，金融与科技的互动与结合从来就没有停止过，只不过而今尤盛。当我们拉长历史的视角，就会发现，金融创新与科技发展之间始终存在着一条若即若离而又密切关联的逻辑主线，而其根本的属性即在于生产关系与生产力的互动关系。

第一，FinTech的本质：政治经济学的视角

科技的发展向来是金融发展的主要推动力之一，二者的互动关系也是经济增长史上最让人津津乐道的话题。目前，有观点认为，人类社会过去的三次工业革命和正在进行的第四次工业革命，背后有四次金融创新的浪潮支撑，而这些创新背后又都或多或少闪现着科技发展的影子。

第一次工业革命靠商业银行制度的创新来支持实现，大资本支持大工业，背后是资本与动力机器的紧密结合。第二次工业革命是依靠中央银行制度的创新来实现，中央银行制度解决了金融系统特别是商业银行创新后实践中出现的重大流动性风险等问题，各种新技术、新发明与金融寡头互相捆绑推动人类进入"电气时代"。第三次工业革命依靠投资银行制度的创新，资本市场的发展、行业的并购整合与新一代科技革命和信息技术创新互相交融，推动实体经济保持着非凡活力。第四次工业革命以新信息革命为代表，人工智能（AI）、机器人技术、物联网等与金融创新互相融合，可能将会对传统经济发展模式和市场结构产生颠覆性效应。

按照传统金融中介理论，金融机构产生和发展的当然逻辑在于，能够最大化地克服市场的不完备性，即减少信息不对称、降低交易成本。按照这一逻辑，金融中介的市场竞争力主要体现为规模经济效应所带来的成本递减、品牌价值、公众信任和网络外部性。显而易见，FinTech的快速发展正契合了

这一轨迹，其发生发展的合理性也即在于，能够通过技术创新克服信息不对称和成本过高等市场缺陷，并对传统金融机构形成强烈的"挤压效应"，促其改进服务效率和质量。

从政治经济学的视角，FinTech发展的本质在于，科技与金融互相融合，能够形成推动金融业变革的强大解构力和生产力，并进而成为促进经济增长最为活跃的撬动因素。这样一来，科技创新就不仅仅改变着金融机构的业务流程、管理方式和盈利模式，对监管行为形成强大的重塑力量，而且必将对传统金融业生产关系如客户关系、监管关系等带来深刻变革。

总之，当前无论我们怎样看待FinTech，总体性的认识和判断都应该是，FinTech的本质还是金融，它没有脱离金融的功能属性和风险属性；FinTech无论怎么发展、发展到何种程度，都不可能从根本上改变金融的本质属性和功能，而只会变革和重塑金融的发展模式和结构。

第二，FinTech的驱动因素：供需两侧的逻辑

供给侧方面，FinTech的驱动因素主要体现为技术创新和监管变革两大力量。其中，技术创新和进步是FinTech发展的根本性驱动因素。表现为，大数据（Big Data）、人工智能（AI）和机器学习（machine learning）等技术在金融服务中广泛应用，一定程度上克服了信息不对称，大幅降低了金融服务成本，催生了多种全新的业务模式。如应用程序接口技术（API）的广泛使用，使不同软件之间能够直接交换数据，提高了金融服务质量，尤其是提高了支付效率，进一步细化了金融服务；移动银行和智能手机的普及，大大提高了金融服务的便利程度；云计算则具有规模经济、灵活性、高运营效率和低成本等优势，推动金融机构客户关系管理、人力资源、财务管理等领域发生了质的飞跃。另外，2008年危机以来，全球金融监管不断强化，在有效防范风险的同时，也使得传统金融机构合规成本上升，这些企业被迫缩减"高风险"业务规模，从而给金融科技企业变相带来了发展之机。

需求侧方面，FinTech的发展很好地弥补了传统金融机构的"服务短板"（unmet customer needs），降低了金融服务的前期投资成本，提高了金融服务的可得性，很大程度上缓解了消费者的"需求饥渴症"。因为，在传统金融模式下，技术局限往往导致金融服务未能完全细分，相对垄断的市场结构也使得消费者无法享受到最优的金融服务，监管一定程度上还造成了人为的

金融市场分割。近年来，随着高性能手机、平板电脑等设备的广泛普及，消费者对金融服务便利性、便捷性和友好度的需求不断提高，而金融科技企业恰恰在这些方面具有得天独厚的优势。如低利率环境下，金融科技企业的产品凭借收益率更高、佣金更低、灵活性更强等特点，吸引了一批追求高回报的投资者，投资者将其视为多样化投资组合的另一选择。近年来，年轻用户群体对金融科技偏好不断增长，俨然成为FinTech最大的信赖群。

（三）效率与风险的权衡：宏观审慎的视角

当前，在金融与科技快速融合的过程中，人们越来越多地认识到，二者之间的关系绝不仅仅只是配合与适应的加减，而是蕴含着创新、效率与风险等意义复杂的辩证之理。FinTech在满足各方需求的同时，也必然会对现有金融模式和监管框架带来方方面面的影响。对此，我们必须清醒认识并一分为二地看待，既要看到其中所蕴含的机遇，也要看到其本身所隐藏的风险。一方面，在FinTech推动下，新的商业模式不断涌现，为各类市场主体带来了良好的发展机遇。金融科技公司运用互联网和信息技术，提升了服务的效率，降低了服务成本，在增加金融业竞争和创新活力中发挥了重要作用。但硬币的另一面是，FinTech在改变人们习惯、提高运行效率的同时，也必然带来新的风险，尤其是FinTech活动通常游离于监管范畴之外，长期积累很可能孕育着潜在的系统性风险，挑战着金融监管的底线，迫使人们必须在效率与安全之间作出权衡。

1. FinTech与系统性风险：时间与空间维度

2008年全球金融危机以来，系统性金融风险及防范成为各方关注的焦点，并成为宏观审慎提出的逻辑起点。目前，较为明确的是，系统性金融风险的产生、蔓延有其内在条件，其中复杂性、集中度、关联性和交叉性等均是重要方面。如果仔细观察FinTech本身的属性，我们就会发现，FinTech风险具有系统性风险的大部分特征，即时间维度的顺周期性和空间维度的交叉关联性，具体又包含着多方面要求。

时间维度方面，FinTech尚未经过完整的经济周期检验，可能存在风险低估、错误定价等潜在风险，导致相关风险在金融体系之间传递，从而产生"羊群效应"，增强金融体系的顺周期性，进而削弱金融体系的韧性。同时，新兴技术与金融业加速融合，提高了金融交易的速度和总量，越来越多的交易机构高度依赖自动化交易，明显提升了不同资产价格之间的相关性，加大了市场的整体波动。目前，大多数金融机构采用同质化计量方法和模型，相似的风险管理策略可能会导致市场风险外部性，强化顺周期性。

例如，智能投顾（Robo-advisors）通过算法和模型，更精确地把握市场动态，提供合理的投资建议。然而，实践也表明，目前大部分智能投顾几乎基于某几个较为成功的算法模型，从而在大部分时间里可能会自动生成类似的建议和交易，甚至将资金都聚集在特定的池子里。这种运行方式可能会带来某种聚集行为，导致市场中"同买同卖、同涨同跌"现象集中，进一步加剧金融体系的脆弱性。当市场看似平滑时，会导致市场估值过高；而当情绪转向时，市场又会出现波动。极端情况下，系统的脆弱性和风险均会显著增加。

空间维度方面，FinTech发展加速了金融机构与非金融机构之间产品业务和经营行为的复杂性和关联性，强化了机构不可替代性和系统重要性属性。首先，在FinTech发展过程中，金融科技企业与市场基础设施的融合程度不断加深，金融体系复杂性日益提升。尤其随着跨界金融服务日益丰富，不同业务之间相互关联、渗透，导致金融风险错综复杂，传染性加剧。金融科技公司常常利用技术优势抢占市场，并将用户数据在不同产品条线混用。而实践表明，通过技术手段实现的经营模式整合往往使金融风险更具隐蔽性，跨产品、跨市场风险传染不断强化。其次，在数据提供、物理连接、云服务等方面，金融机构和金融科技公司对于第三方科技服务供应商的依赖越来越高，风险的溢出效应显著增加。而在第三方服务商市场高度集中的情况下，单家公司的操作失灵、网络事件或倒闭就将扰乱整个金融体系，"过度依赖而不能倒"问题突出，并可能酿成全球系统性金融风险。再次，在FinTech冲击下，金融市场机构之间的网络互联性增强，新技术可能导致全球系统的关键节点风险集中度提高，而广泛采用某些算法和科技解决方案也可能增加网络攻击的漏洞以及全球系统关键点上的集中性风险。最后，在一些国家和地区，科技巨头公司（BigTech）已经建立了强大的网络，收集了支付结算、信贷、保险、财富管理等方面大量的数据并运用于多种商业服务，不但加剧了与传统金融机构之间的竞争，而且对当前的市场结构产生了一系列冲击效应，所带来的"大而不能倒"问题日益突出。例如，近年来，线上货币市场基金（online money market funds，MMFs）发展迅速，形成了新的集中度，可能会带来系统性风险。

表8-4 科技巨头（BigTech）提供金融服务情况

| | 支付服务 | 短期信贷业务 | 活期存款业务 | 资产管理业务 | 保险业务 |
|---|---|---|---|---|---|
| 阿里巴巴 | 支付宝（中国最大移动支付平台） | 网商银行（为农村、中小企业、网上商户提供融资） | 通过网商银行提供 | 余额宝（全球最大货币市场基金） | 持有国泰产险60%股份，成立众安保险公司 |
| 腾讯 | 财付通（中国第二大移动支付平台） | 微众银行（个人小微贷款） | 通过微众银行提供 | 持有发行共同基金牌照 | 可提供网上寿险、产险业务 |
| 百度 | 百度钱包（与支付宝合作） | 百信银行（金融产品和小额贷款） | 通过百信银行提供 | N/A | 与安联保险集团、高瓴资本成立了保险合资企业 |
| 谷歌 | 谷歌支付（对现有银行卡网络补充） | 与美国P2P平台Lending Club合作 | N/A | N/A | 建立网络保险平台Google Compare（discontinued） |
| 亚马逊 | 亚马逊支付（对现有银行卡网络补充） | 通过亚马逊信贷进行融资，为商户提供信贷 | 寻求与银行合作，正在协商 | N/A | 与JP摩根等合作开展健康保险业务 |
| 脸书 | Messenger Pay（对现有银行卡网络补充） | 与加拿大投资服务商Clearbanc合作 | N/A | N/A | N/A |
| 苹果 | 苹果支付（对现有银行卡网络补充） | N/A | N/A | N/A | 在网络保险折扣（cyber insurance discounts）方面与安联保险合作 |
| 三星 | 三星智付（对现有银行卡网络补充） | N/A | N/A | N/A | N/A |
| 微软 | 微软支付（对现有银行卡网络补充） | N/A | N/A | N/A | N/A |
| 沃达丰 | M-Pesa（在东非和印度地区有3 200万活跃用户） | 通过M-Shwari提供 | 通过M-Shwari提供 | N/A | N/A |
| 魅可多 | Mercado Pago（在8个拉美国家提供服务） | Mercado Crédito（为零售业和中小企业提供小额贷款） | N/A | 2018年开展试运营（Pilots ongoing） | 2018年开展试运营（Pilots ongoing） |

资料来源：FSB，FinTech and market structure in financial services，14 February 2019.

2. FinTech如何"解构"传统监管

其一，"弱监管化"趋势加剧。FinTech发展使得金融交易更加快捷、成本更低，资金提供方往往主观上希望绕开现有银行体系，直接对接资金需求方，完成资金的体外循环，从而客观上导致金融交易"脱离"现有监管体制的情况愈加严重。例如，分布式账本技术（DLT）采用"去中心化"的记账方式，可能会对传统集中清算系统（Centralized Payment System）和监管模式造成冲击。又如，种类繁多的数字货币（Digital Currency）降低了货币当局的调控能力，如果中央银行不能主导虚拟货币的发行、账户设立、交易清算和信用创造，那么央行的宏观调控能力和效率必将大打折扣。

其二，制造新的监管套利。跨境条件下，FinTech以信息技术为载体跨国界跨地区开展业务活动，但由于各国FinTech监管理念、模式和具体措施客观上存在较大差异，从而必然形成监管的"洼地效应"，使得FinTech活动向监管薄弱国家和地区转移，监管套利由此而生。不仅如此，FinTech的快速发展使得一些所谓的金融创新已远远超越了原有审慎监管的范畴，监管触角难以覆盖新的业态，客观上也为监管套利提供了土壤。

其三，放大监管缺口。科技创新的迅速发展推动金融行业数字化程度越来越高，使得传统那种事后、手动、基于传统结构性数据的监管方式已远远不能满足FinTech新业态的监管需求。"动静""快慢"之间监管缺口不断放大，监管滞后成为必然。为改变这种不利局面，全球范围内的监管科技（RegTech）浪潮由此而兴，且愈演愈烈，俨然对原有监管架构、行为和理念带来重大变革。

其四，形成新的监管真空。目前，全球范围内，金融科技公司从事金融活动往往面临着较银行等金融机构较宽松的监管环境。"监管宽容"之下，快速发展的FinTech创新客观上放大了监管缺口，加之监管滞后是常态，使得大量基于FinTech的金融服务游离于监管半径之外，长此以往可能引发新的风险。尤其在大数据、云计算、P2P借贷、股权众筹、数字金融和人工智能服务等领域，许多第三方供应商可能会逃避监管，最终形成破坏金融稳定的不确定因素。

（四）FinTech监管的实践理性

目前，显而易见的是，大多数监管政策制定于FinTech兴起之前，

FinTech的快速发展客观上也放大了监管缺口，多重因素叠加必然导致监管空白，使得一些所谓的FinTech创新处于"法外之地"。此情此景之下，监管当局亟须转变监管惯性，加强FinTech对于金融业务模式和风险变化影响的持续评估监控（BCBS，2019），准确判断其对监管的冲击和影响。事实上，国际社会已经意识到了FinTech影响的双面性，一些国家也普遍加强了监督管理，以趋利避害。

1. 各国监管的实践理性

早在FinTech兴起之初，IMF、FSB、BCBS等就纷纷成立专门工作组，跟踪研究"金融科技创新"的发展演进、风险变化和监管应对等问题，旨在探索改进监管体系，完善监管政策[①]。如FSB通过脆弱性评估委员会（SCAV）设立金融创新网络（FIN）工作组，用于跟踪评估FinTech的最新进展，研究支付创新等金融科技形态对金融市场乃至经济运行的影响[②]。目前，IMF和FSB等也已为各国监管当局评估FinTech风险提供了一个较为完整的监管框架，并提出了防范FinTech风险的相关建议和后续行动计划。

与此同时，各国的监管实践也表现出了不同的特点。美国很早就开展了针对FinTech的监管，并率先明确了监管方向、重点和方式。方向上，提出了完善FinTech监管框架"三原则"，即把鼓励创新放在更重要位置，切实提高监管框架的有效性；监管框架本身应具有足够的灵活性，适应不同规模和业务结构的非银行金融机构监管需要，在鼓励创新与防范风险之间取得平衡；监管与现有联邦、州双层监管体制相适应，但联邦层面监管机构应发挥主导作用。重点上，更强调数据安全和消费者保护，为此设立了全国性的数据安全和漏洞通告标准，并开发出更多安全的数据共享方法。同时，着力简化监管体制[③]，探索为金融服务公司发放金融牌照的模式及路径，完善银行与第

---

① 如2019年2月，FSB发布了《金融科技发展及对金融稳定的潜在影响评估报告》（*FSB Report Assesses FinTech developments potential financial stability implication*），2017年9月BCBS发布了《金融科技的发展对银行和银行监管部门的影响》报告，2016年IMF发布了《虚拟货币及其扩展：初步思考》等。

② 2018年3月，FIN工作组会议暨金融科技研讨会审议了FIN起草的《金融科技与金融服务市场机构：市场发展及其对金融稳定的影响》和《企业及监管机构对合规科技和监管科技的应用：市场发展及其对金融稳定的影响》。

③ 主要是简化州级监管部门对金融科技公司的业务审批体系。

三方服务公司合作的业务监管框架，鼓励创新的同时有效防范风险。方式上，针对业务特性，采用功能性监管，即不论FinTech以何种形态出现，紧紧抓住其金融本质，把FinTech所涉及的金融业务按照其功能纳入监管体系，如对于网络借贷平台Lending Club的P2P业务，由于涉及资产证券化，因此将部分业务纳于证券交易委员会（SEC）监督。

英国是全球FinTech发展最为迅速的国家之一[①]，其所采取的监管措施也为各国所仿效。英国金融行为监管局（FCA）依据《2000年金融服务市场法案》承担对FinTech创新的监管，主要思路是平衡创新与风险的关系，适度监管。实践上，2015年率先推出了"监管沙箱"（Regulatory Sandbox）机制，在满足一定安全标准的情况下[②]，允许金融科技企业申请有限牌照，在限定的条件和场景中开展相关创新业务。经过一段时期的成长运行，再由监管部门对其风险状况和影响进行测试评估，并根据评估结果确定是否进一步授予牌照[③]。后来，新加坡、澳大利亚等先后推出了不同版本的"沙箱"制度，但基本沿袭了英国模式。值得注意的是，"监管沙箱"并非一种针对新技术的监管安排，并不能取代FinTech创新进入金融服务市场后应该受到的监管制度和监管措施。

另外，还有一些国家，如澳大利亚对金融科技公司实行许可证豁免制度，规定符合条件的金融科技公司在向澳大利亚证券投资委员会（ASIC）备案后，无须持有金融服务或信贷许可证即可测试特定业务。人民银行也于2017年成立了FinTech委员会，负责对涉及FinTech的重要事项进行调查研

---

① 据英国金融科技国家报告，截至2019年5月英国有超过1 600家金融科技公司，金融科技普及率为42%，远高于全球33%的平均水平；2018年英国金融科技公司获得投资额达33亿美元、占欧洲总投资额68%。

② 以英国金融行为局（FCA）监管沙箱为例，一是要求所有参与者建立退出计划，确保可以随时终止测试，并且对参与消费者的伤害最小；二是涉及汇款和使用数字货币的公司需要为所涉及的资金提供全面担保；三是参与者若引入新技术或应用现有技术，FCA将进行技术和网络韧性审查，以限制参与者在市场上小规模地应用这些技术，同时确保风险可控；四是在沙箱测试产品，参与者将获得限制形式的FCA授权；五是FCA为参与者提供了一些工具，以帮助解决因测试活动而未来采取执法行动的风险。

③ 基于监管沙箱的试点经验，监管部门可以获取更充分的信息来进一步决定是否允许技术创新进入金融服务市场，以及是否需要放松或调整相关监管规定等。

究、沟通协商并提出意见建议①，加强了金融科技的创新和监管。

2. 实践之上的监管共识与差异

目前，在实践的基础上，各方面基本上形成了加强FinTech监管的共识，并体现在四个方面，这里可以概括为"四性"。一是穿透性，即监管着眼于眼花缭乱的FinTech所支撑的金融服务和金融活动，紧紧抓住实质性风险，定期评估FinTech对金融稳定的影响。二是适度性，即监管并非"一刀切"地禁止FinTech应用，而是以更加包容、友好的态度待之，营造良好的监管环境，在一定条件下允许其创新发展和运用。三是可控性，即在一个可控的环境里，监管部门观察新技术应用及其对业务和市场的影响及潜在风险，并根据观察结果制定相应解决措施，分类分层实施监管。四是协调性，即着重强化FinTech跨境监管的国际合作和协调，促进公平竞争，防止监管套利，并推动FinTech在全球范围内应用。

实际上，在强化FinTech监管的过程中，不仅仅只有共识，还有更多的监管差异以不同方式呈现出来。例如，作为矛盾最主要的当事方，各国金融监管部门和中央银行的关注点就并非完全趋同，而是表现出了明显的差别性。具体而言，专业性监管部门通常集中关注FinTech提供金融服务的可信度、安全性和稳定性，侧重于FinTech的发展问题；中央银行则往往重点关注FinTech潜在的系统性风险及对金融稳定的影响，关切其对中央银行传统货币政策框架及运行的冲击，侧重于FinTech的风险问题。近期，Facebook推出的Libra数字货币计划引发了各方尤其是各国央行的广泛关注，背后的考量正是这种差别性的体现。

（五）确定的现在：如何运用监管平衡术

当前，FinTech的浪潮汹涌澎湃，已日益成为解构传统金融行业和金融监管的重要力量，但却也俨然成为系统性金融风险的潜在爆发点。事实上，FinTech并不会消除风险，甚至不会显著降低风险，而每一轮科技创新实际上还会扩大金融风险。因而，在准确认识FinTech发展两面性的过程中，我们必

---

① 主要职责是：编制金融科技战略规划，推进和研究制定金融科技政策指南，组织开展金融科技相关研究，组织建立应急联动工作机制，协调解决金融科技重大问题等。

将面对一个"确定而又不确定性"的未来。确定的是,科技与金融紧密结合的根本出发点在于更好地服务于金融,而在FinTech快速发展的过程中,其自身也正在产生解构和重建金融服务的巨大力量,并必将对金融发展产生巨大的影响。不确定的是,FinTech对金融体系和金融稳定这种显而易见的冲击和影响,将会把金融发展和金融监管引向何方。

1.若干确定性判断

判断一:在FinTech与传统金融的竞合关系中,互补合作是主基调。FinTech公司一般缺乏低成本资金和大量客户基础,对传统金融机构尚不能构成实质性竞争威胁,而二者密切合作则可使FinTech公司依靠传统金融机构的客户基础进行小规模运营,并规避相关金融监管,同时传统金融机构也可从创新性技术中获益,提升竞争力和服务质量。不仅如此,在金融机构传统领地之内,FinTech公司通常还会发掘出全新的细分市场,如P2P借贷平台、众筹平台和跨境支付平台等,提高金融服务的普惠性,从而又会给传统金融机构带来强大的竞争压力,促使其简化服务程序、提高服务效率。

判断二:FinTech对金融稳定的影响程度尚不确定。目前,可以肯定的是,FinTech的发展正在改变着当前的金融体系结构,FinTech产品也已对金融机构的传统商业模式形成了巨大挑战,并以多样化的方式对金融稳定产生着差异化的影响。尽管FinTech产品规模相对较小,目前对金融稳定的影响总体不大,但随着科技巨头(BigTech)的深入参与,这种情况可能会迅速改变。BigTech拥有庞大和稳定的客户网络以及较高的认可度和信誉度,从而可以利用强大的金融地位和低成本融资在金融服务领域快速扩张,尤其是在支付结算、借贷、保险等领域的网络效应已经显现。尤其是,BigTech的参与往往不会带来竞争,但却会改变金融服务市场的集中度和组成结构,由此带来的"大而不能倒"问题不容忽视。如支付宝(Alipay)和财付通(Tenpay)两个产品就占据中国整个移动支付市场94%的份额[①],"大而不能倒"特征明显。另外,FinTech对传统金融机构所形成的竞争压力可能还会导致金融机构过度放松风控标准,从而相应承担更多的风险。

---

① FSB,FinTech and market structure in financial services, 14 February 2019.

判断三：FinTech对金融业的影响是温和式的改进还是颠覆式的变革，这一点尚无确定性答案。目前，可以肯定的是，FinTech正在或将对传统金融机构和金融基础设施进行部分替代，尤其在支付结算、存贷款、风险管理和投资咨询领域的应用已达到前所未有的程度。然而，这种改进是对现有金融模式的升级换代，还是将会对金融发展所依赖的基础性制度产生根本性变革，这一点尚不明确。从更本质的意义上来说，人造的资源就意味着这一资源的性质、质量和数量往往取决于其被制造的环境，尤其是相关的制度安排（许成钢，2018）。就此意义而言，以数据信息为核心原料的FinTech不仅受制度约束，更取决于制度创新。当前，FinTech的迅速发展，不断拉大或放大着与传统监管的缺口，监管制度供给不足日益显性化，金融监管如何适应FinTech新业态和新变化存在较大不确定性。从这个角度看，FinTech与监管彼此适应就是个漫长而复杂的过程，未来的走向充满不确定性。

2. 走向未来的FinTech监管

宏观审慎以系统性风险为目标，危机后各方对于引发系统性风险的主要因素实际上也都给予了密切关注。因此，面对新技术的快速发展及其所引发的金融格局的深刻变化和风险的极大不确定性，宏观审慎当局自然就面临着何去何从的选择问题。但既然FinTech是系统性风险的潜在触发因素，对传统监管的挑战也客观存在，那么宏观审慎当局也就无法回避这一挑战，势必需要做出应对和调整。目前，如何有效监管FinTech活动是一个正在探索中的问题，各方面也基本形成了强化监管的共识。着眼未来，主要的监管方向至少应体现如下三方面要求。

第一，填补监管空白，防止监管套利，提高监管的适应性。当前，FinTech的快速发展导致部分金融供给由传统金融机构转移至互联网，这部分金融活动如果长期游离于监管之外，对金融稳定的影响存在着较大不确定性。同时，基于FinTech的金融活动具有鲜明的跨市场、跨行业特征，已经超越了传统金融监管的视角和范畴，而这也正是系统性风险的重要来源。上述多方面因素叠加共振，给金融监管带来了前所未有的挑战。应对之策在于，一方面，按照"存量+增量"的思路，坚持金融业务持牌经营，化解存量风险、规范增量准入，发挥微观审慎监管和宏观审慎管理的合力，隔离风险传导，防止因交叉传染所引发的系统性风险。另一方面，亟须更新监管规则、升级监管模式，调整监管重心、拓展监管领域，采取穿透原则加强对FinTech活动本质的监管，及时发现和捕捉"漏网之鱼"。

第二，保持FinTech监管标准的统一性。目前，FinTech风险可跨界跨业跨境传播已是普遍现象，而危机以来各国在重塑监管体系过程中所建立的监管框架、措施以及所持态度存在明显差异性也是事实。为促进公平竞争，防范FinTech迅速发展所带来的跨境风险，统一监管标准尤为关键。主要思路是，一方面，按照"同类业务、同样标准"，对金融科技公司金融业务适用与传统金融机构相同的标准，避免监管套利。另一方面，随着市场结构的变化，需重设许可制度，以便在适当的时候将FinTech等新型服务提供商纳入监管，加强对其实际活动的监管和适度规范。

第三，秉持包容、适度和友好的监管态度，平衡好FinTech创新与风险成本之间的关系。鉴于FinTech创新所具有的高度不确定性，如何在鼓励创新与防范风险之间走好监管的钢丝绳不仅是个技术性问题，更是关乎金融安全与稳定的政策立场问题。应按照问题导向和目标导向的方法论，及时调整监管视角，积极利用科技手段提升监管能力，确保监管能力的韧性和强度。近年来，一些国家推出的"监管沙箱"①，很好地体现了监管的宽容、友好态度，是平衡推动创新、维护金融稳定和保护消费者利益的一种良好方式。

对我国而言，当前围绕打好防范化解重大风险攻坚战任务目标，我国建立健全了以国务院金融稳定发展委员会为核心的"一委一行两会"监管架构，旨在加强金融监管协调，提高监管能力和水平，牢牢守住不发生系统性风险的底线。在此过程中，尤其要注意加强FinTech等可能引起风险变化因素的管理、引导和运用。目前来看，相关机构和制度安排确定之后，当务之急就是研究制定符合我国实际的FinTech监管政策框架。

在此框架下，一要摸清家底，细化FinTech监管内容分类，明确监管原则，制定针对性监管措施，弥补现行法律法规监管空白；二要完善中央和地方监管分工，以业务属性确定监管要求和监管职责，加强监管协调，避免重

---

① 监管沙箱并非一种针对新技术的监管安排，不能取代金融科技创新进入金融服务市场后应该受到的监管制度和监管措施。

复监管和监管盲区；三要改进监管理念和方式，推动审慎监管和行为监管并行互补，探索综合监管、穿透监管和非现场监管等多种方式，实现监管的全覆盖，加强有效监管；四要加强FinTech监管跨境协调，参与国际层面的治理与法规框架制定，发出"中国声音"，提出"中国方案"，推进FinTech监管国际治理。

## 二、中央银行与数字货币："中心化"还是"去中心化"

当下，信息化、数字化革命对全球经济社会产生了深远影响，也对各国货币发行带来了较大冲击。一段时期以来，各类数字货币（Digital Currencies）层出不穷，一度有超过600种数字货币在流通（CPMI，2015）[1]，其发展引发了传统支付方式的广泛变革，也对中央银行货币发行和货币政策带来了新的机遇和挑战。面对种种变革，全球主要央行对数字货币的态度也从最初的高度警惕、风险预警，逐步转变为积极开展相关技术和理论研究。尤其随着人们对数字货币功能属性和风险认识的不断深化，各方对于数字货币的关注焦点，已从比特币等去"中心化"数字货币[2]渐渐转移至中央银行发行的数字货币。

（一）话题的由来

目前来看，各方围绕中央银行与数字货币关系的讨论，实质上可以归结为，要不要继续坚持货币发行与运行的"中央银行—商业银行机构"二元体系的问题，也即是"中心化"还是"去中心化"的选择问题。如果回答否，则意味着"去中心化"，比特币（Bitcoin）等民间数字货币即为典型代表，它们不要中央银行；如果回答是，那么结论就是由中央银行来发行和管理数字货币，数字货币的发行、流通和交易都应当遵守传统货币与数字货币一体化的思路，实施同样原则的管理（周小川，2016）。某种程度上，上述问题的回答，实际上涉及中央银行未来在数字货币发行管理中的角色定位。

---

① 2015年11月，国际清算银行支付和市场基础设施委员会（CPMI）发布了《数字货币》的报告。

② 比特币的创新之处在于它所使用的技术，即"分布式账本（Distributed Ledger）"技术，更准确地，该技术叫作"分布式虚拟清算和资产登记体系"。

数字货币的冲击和挑战无法回避，因而中央银行不仅面临着"管与不管"的选择，也存在着是否应该走到前台发行法定数字货币，维护自身的货币发行权以及净化金融环境的抉择。实际上，中央银行的角色职责天然也决定了对此责无旁贷。因为数字货币对经济金融的影响是多方位的，发展到一定阶段可能会产生持续性的不确定影响，对此中央银行必须担负起管理和引导职责。如果中央银行不及时启动数字货币的研发，而任由形形色色的民间数字货币自由发展，任由各种支付工具无限侵蚀法定货币的使用范围，那么，就可能倒逼法定货币运行系统被动进行调整，最终将会对传统政策框架和调控机制产生难以估量的影响和冲击。

（二）"怎么看"与"怎么办"

理解中央银行与数字货币的关系，最终实际上也关乎要解决"怎么看"和"怎么办"两方面的问题。

"怎么看"方面，主要是中央银行如何认识数字货币的风险和影响。目前，民间各类数字货币名目繁多，大多都绕开中央银行实行"去中心化"，这不仅削弱了中央银行货币发行的权威性和稳健性，影响货币政策有效传导和实施，也对金融稳定带来了一定影响。从宏观角度看，数字货币的影响是多方面的。

例如，如果数字货币替代法定货币，可能降低货币政策的有效性，减少货币当局铸币税收入，并可能导致银行信贷业务与支付业务的分离。又如，数字货币的普遍应用，可能会导致支付行为在一定程度上"脱媒"，从而对传统支付服务造成很大冲击。另外，数字货币和货币数字化的发展，使支付成为金融的命门，支付体系成为关乎金融安全的重要基础设施，数字货币所依赖的基础设施提供者一旦破产，也会给数字货币用户造成很大损失。2014年2月，全球最大的比特币交易平台日本Mt.Gox的倒闭就曾造成了大量用户的资金损失，并引起了比特币市场的价格波动。

这样看来，数字货币涉及的不仅仅是支付体系的效率问题，而是远超出这一范畴的更广泛的经济问题（Ben Broadbent，2016）[①]，这也是数字货币

---

[①] 英格兰银行副行长Ben Broadbent（2016）在伦敦政治经济学院"中央银行与数字货币"的演讲。

被英格兰银行列入重点研究课题的原因所在。BIS总经理卡斯滕斯（Agustín Carstens，2018）在歌德大学一次演讲中，曾对数字货币对金融稳定的冲击进行了很好的概括，他认为数字货币会对中央银行传统货币信誉带来冲击，层出不穷的数字货币也存在较大贬值风险，同时数字货币依托的比特币交易所等基础设施的安全性也存在不足。这些认识为我们回答"怎么看"的问题提供了宽广的视角。

"怎么办"方面，目前主流的声音均主张央行应顺势而为，承担起数字货币的监管职责来，有的甚至主张由央行直接发行数字货币。例如，BIS总经理卡斯滕斯（Agustín Carstens，2018）认为，虽然当前数字货币规模相对较小，但潜在风险冲击不可忽视，央行及其他监管机构需要先发制人，加强数字货币监管，如防止银行渠道为数字货币相关违规行为提供支持，对数字货币交易场所实施与传统交易平台相同的监管标准等。Michael Bordo和Andrew Levin（2017）从中央银行应对危机的角度提出，2008年危机后，新常态下全球利率水平明显降低，这对传统货币政策实施造成更严峻、更持久的约束。这种情况下，若不发行法定数字货币，当再次面临经济衰退或危机时，中央银行可能缺乏有效的政策工具[1]。

实际上，目前许多金融机构已经在发行数字货币的路上渐行渐远，并且步伐不断加快。例如，已经有很多机构通过分布式账本技术（DLT）或其他金融科技创新，积极开发了新的支付系统，并将新技术应用到金融产品风险管理之中。面对此情此景，如果中央银行依然无动于衷，不主动研发法定数字货币，这些私人部门的支付往来就会很容易形成垄断，久而久之必然增大监管难度。

由此看来，中央银行加强数字货币监管或者直接发行数字货币就不是一道选择题，而是必答题。同时，数字货币技术上的"去中心化"也并不意味着管理上的"去中心化"，尤其是作为主权货币发行者的中央银行更难以置身于外。

---

[1] 报告题为"Central Bank Digital Currency and the Future of Monetary Policy"。

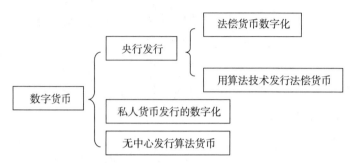

资料来源：吴晓灵，"中国金融改革顶层设计"，在人民银行党校2017年春季干部培训班课件，2017年6月7日。

**图8-2　数字货币的划分**

从监管实践来看，目前各国对于数字货币的监管已经作出了积极回应，并且形成了三种模式，包括欧日的参考货币发行监管模式、中国香港和台湾地区的参考银行业监管模式，以及美国的参考货币服务业监管模式[①]。我国也很早就注意到数字货币对中央银行货币政策执行和金融稳定的影响，从2015年起，人民银行等监管当局多次就比特币等数字货币存在的风险进行提示，并在这些电子货币价格大幅波动、投机炒作风险凸显的时候对若干交易平台开展了现场检查，有效防范了风险蔓延冲击。

（三）中央银行发行数字货币：需要探讨的几个问题

目前，归结起来，中央银行发行数字货币的一个根本性问题是，市场个体、政府部门和中央银行在金融中介以及整个经济中应扮演何种角色。当前，按照"监管与发行并重"的思路，我们需要考虑的最主要问题包括，如果由中央银行来发行法定数字货币，有何优势？如何发行？有何影响？等等。

---

① 欧盟、日本央行认为数字货币是基于信用经营，在某种程度上类似吸收存款，因此侧重于对数字货币发行机构进行审慎监管，相关政策包括欧盟的《电子货币指引》《电子机构货币指引》和《支付服务指引》，英国的《电子货币管理条例》，日本的《预付式证票规制法》。中国香港、台湾地区等一些地区将数字货币视为储蓄性的银行业务，允许且只允许商业银行或存款公司发行数字货币，相关政策包括香港的《多用途预付卡发行申请指引》、台湾地区的《银行发行现金预付卡许可及管理办法》等。美国将数字货币视为非储蓄性的货币服务业务，同时允许金融机构和非金融机构参与，侧重于产品和服务的监管，监管政策包括《统一货币服务法》《电子货币划拨法》等。

对于央行的优势问题，研究表明，中央银行发行数字货币有着多方面的优势，也会对内内外外产生诸多良性影响。如IMF（2016）认为，中央银行数字货币（Central Bank Digital Currencies，CBDC）至少会有四方面的优势，即对于消费者保护更有法律保障、对于货币价值更有保障、对于货币供给和货币流通的控制力更有保障，以及能够为央行提供新的货币政策工具等。

对于如何发行的问题，目前尽管并无一致性成熟方案，但各方面也提出了一些颇具借鉴价值的思路。如英格兰银行（2018）的研究认为，中央银行发行数字货币需要对该货币进行准确定位，一般来说，需要考虑可获得性、是否付息、是否与央行其他负债等价交换（Trades at Par）、基于代币还是账户，以及是否加密等问题。周小川（2016）在一次专访中也提出，从宏观上讲，央行发行数字货币需要对现有货币政策调控、货币的供给和创造机制、货币政策传导渠道等作出充分考虑。

目前，总体来看，无论中央银行数字货币（CBDC）呈现何种设计特征、采用何种发行模式，在发行的框架和原则上，都需要充分考虑如下问题：一是对支付结算的影响，如可能会降低支付系统中流动性和信用风险的集中度（Dyson和Hodgson，2016），也可能会提高结算效率和强化风险管理（CPMI，2017a）；二是对货币政策传导机制、实施机制和市场利率的影响；三是对银行业务模式、金融中介和金融市场的影响；四是对金融稳定的影响，如引入中央银行数字货币（CBDC），可能会降低银行的盈利能力，银行为谋取盈利，可能通过风险较高的贷款业务来抵消较高的融资成本，从而损害金融系统安全；五是跨境和全球影响，如涉及套利、地下交易和一系列跨境法律问题，也可能改变全球流动性和安全资产供给，并产生较强的外部性；六是对商业银行和中央银行资产负债表的影响，对中央银行铸币税收入[①]的影响等[②]。

---

① 在现行双层银行体系中，发行货币的收入部分归商业银行，称为"广义铸币税"。中央银行数字货币（CBDC）的设计特性将决定广义铸币税如何在中央银行和商业银行之间分配。如果CBDC成为有吸引力的资产，铸币税可能会从商业银行转移至中央银行，因为商业银行存款会逐渐被CBDC所替代。

② BIS, Committee on Payments and Market Infrastructures, "Central bank digital currencies", March 2018.

进一步来说，若要全面理解央行发行数字货币的影响，还很有必要对中央银行发行数字货币的方式选择做出区分。具体来说，如果由中央银行直接发行数字货币，其对经济的影响取决于中央银行数字货币（CBDC）的具体设计形式，特别是其与商业银行存款的竞争程度。

第一，中央银行发行数字货币的账户与商业银行的账户越相似，商业银行的存款流失就会越明显。第二，如果中央银行数字货币（CBDC）仅仅是为了替代实物现金，那么其主要效果是使零售支付系统变得更有效率，而对宏观经济的影响可能不会很大。第三，如果中央银行数字货币（CBDC）不仅仅替代现金，而是与商业银行存款产生竞争的话，其就会对经济产生更多实质性影响。这种情况下，央行发行数字货币则代表了金融体系向"狭义银行"体系[①]转向。此时，中央银行发行数字货币不仅仅关乎货币交易的安全性和成本问题，而且成为一项涉及宏观审慎的金融政策，甚至有可能对现代金融体系的基础结构产生重要影响（Ben Broadbent，2016）。

从我国的情况看，我国央行于2015年即开展了法定数字货币的研发工作，开发建设了法定数字货币原型系统，并应用分布式架构（DLT）、区块链等创新技术，摸索了法定数字货币发行和流通体系，用扎实的行动对数字货币的监管做出了积极回应。未来，随着数字货币技术的日渐成熟，数字货币与金融稳定之间矛盾共生的话题必将不会太少。

### 三、宏观审慎如何更好地拥抱监管科技（RegTech）

近年来，随着新技术的不断涌现，金融市场在危机后的深度调整和"在线修复"中逐渐产生了对新技术的双重需求，一方面，金融机构有积极运用科技手段降低合规成本的强烈需要；另一方面，监管当局也有运用科技手段提高监管能力的内在冲动，两方面因素叠加，构成了推动监管科技（RegTech）产生发展的内在逻辑。

---

① 即资产与负债具有一样流动性的体系。从金融史看，狭义银行由来已久，如大萧条时期，芝加哥大学一些经济学家提出结束"部分准备金"制度，实行全额准备金的"芝加哥计划"就是一种思路。

（一）监管科技（RegTech）的双重逻辑

目前，各方对于监管科技（RegTech）的认识已经相对成熟，收敛性的认识是，监管科技（RegTech）是金融科技（FinTech）的一部分，目标上，主要关注如何运用科技技术更有效地满足监管要求，特点上，主要体现为"三性"特征明显（Delotte，2016），即敏捷性，能对错综复杂的数据组进行快速分解和组合；速度性，能及时生成报告与解决方案；集成性，即共享多个监管数据结构，并对多项监管规定的众多要求形成统一的合规标准[①]。

从监管科技（RegTech）产生的技术逻辑来看，一项新技术的产生，最大的驱动力在于，该项技术具有能够很好地满足现实需要的巨大优势。目前来看，监管科技（RegTech）最大的优势就在于，能实现纸质报告流程的数字化，减少监管的人力支出，集中化满足监管要求，从而降低合规成本，同时能帮助金融机构无缝对接监管政策，及时自测与核查经营行为，完成风险的主动识别与控制（Delotte，2016）。

实践也表明，监管科技（RegTech）的发展，不仅能使金融机构更好地满足监管要求，还能帮助监管机构提升监管质量和效率，从而促进金融科技的发展，让更多、更好的技术广泛应用，如人工智能（AI）和机器学习能够弥补"充分了解你的客户"（KYC，know your customer）成本高、费时耗力且效率不高的不足。另外，监管科技（RegTech）在金融体系中的应用，还有助于增强金融稳定，提高金融监管和系统性风险监测的效率，确保市场的透明度和有序性。

从监管的逻辑来看，监管科技（RegTech）的迅速发展是金融市场对危机后金融监管改革的一种被动响应和积极调整。现在回头来看，2008年危机以来，全球金融进入强监管周期，各国和国际组织发布了一系列监管措施，这些监管规则在加强监管、防范风险、促进经济复苏的同时，也必然增加了金融机构的合规成本。同时，国际统一性和标准化监管标准在落地的过程中，也会因不同经济体本身的差异性而使得监管标准差异普遍存在，这必然也会增加金融机构的跨国经营合规成本。这方面的例子有很多，如据澳新银行（2017）一份

---

[①] Delotte, RegTech is the new FinTech, 2016.

报告，2014年美国最大的6家银行在应对各类监管规则方面支出了700亿美元；2016年JP Morgan合规部门雇员达到4.3万人，是2011年的近2倍①。

于是，面对监管的强约束，对金融机构而言，监管科技（RegTech）就很好地契合了自身降低成本的要求，有助于自身寻找高效、低成本满足监管规定之道，进而提高业务管理的规范性。例如，目前一种通行的做法是，金融机构通过新技术，采取对接和系统嵌套等方式，将规章制度、监管政策和合规要求转化成数字协议，以自动化方式减少人工干预，以标准化方式减少理解歧义，从而实现了有效降低合规成本、提升合规效率的目标。

（二）监管科技（RegTech）能够改进监管效率吗

对监管当局来说，金融市场的深度调整、金融新业态的快速发展以及二者的相互叠加使得监管滞后成为常态，同时新技术的变革也使得传统监管手段难以应对金融科技（FinTech）快速发展带来的新变化和新风险。此外，金融新业态以前所未有的速度增长，监管机构也亟须建立起一个既不妨碍创新，同时又防范风险的监管新框架。

实际上，近年来，各国监管当局已经意识到运用监管科技提高监管效率、缩小监管缺口的极端重要性。在新技术的推动下，供需等多种因素交互叠加，各国在监管科技领域的投入倍增，全球监管科技取得了飞速发展。金融科技咨询公司FinTech Global发布的一项调查显示，伦敦是全球监管科技发展最为迅速的城市，2012年至2016年共有39家监管科技公司获得融资，位居全球城市之首。另根据赛讯（Celent）②的统计，2015年美国金融机构在监管科技方面的投资为500亿美元，预计2019年将增至720亿美元③。

从技术层面来说，监管机构通过监管科技（RegTech），能够极大地改进监管效率。一是能够通过运用大数据、云计算、人工智能（AI）等技术，提升监管数据的收集、整合、共享的实时性，有效发现违规操作，提升风险识别的准确性和风险防范的有效性；二是能够采用基于风险的监管方式，充

---

① Chai Akmeemana, RegTech: creating value, not disruption, ANA report, 5 May, 2017.

② 赛讯（Celent）是一家研究和咨询机构，主要关注信息科学技术在全球金融服务业中的应用，协助金融机构利用技术手段完善现有的业务流程或制定新的经营策略。

③ Anna Irrera, Regtech startups see more business in Trump era, Reuters, Dec 22, 2016.

分利用直接获取的金融数据，更有效地监管各类金融市场参与者，因为直接获取监管数据信息避免了以往监管者完全依赖被监管机构提供的局限，从而极大地降低了"监管俘获"风险；三是一定程度上能够促进微观审慎监管、宏观审慎政策以及货币政策的执行和协调程度，使得政策当局能够更好地根据金融市场的变化，确定新的监管规则，提高监管水平和效率。

从实践看，目前监管科技（RegTech）已经得到了广泛应用，并且为监管当局提供了诸多可供选择的技术场景。如大数据（Big Data）以动态、实时、互动的方式，通过金融大数据对金融系统内的行为和潜在风险进行系统性和前瞻性的监管，使以属地、业务、机构等为导向的监管逐步弱化，转而更多地针对数据及数据背后所代表的行为；同时大数据在有效的分析和呈现工具帮助下，监管当局不仅能够迅速监测识别已经或正在发生的风险事件，更重要的是可以预测即将发生的风险，从而提高政策当局应对风险的能力。

又如，机器学习（Machine Learning）等基于人工智能（AI）和其他自动化分析的技术，为金融机构和监管当局利用数据满足合规要求和实施宏观审慎管理提供了巨大的可能性。目前，部分欧洲投资公司已借助自然语言处理程序（Natural Language Processing，NLP）和机器学习工具，将监管规定转译为通用语言，纳入其综合风险和报告系统，旨在评估遵守欧盟金融工具市场法规（Markets in Financial Instruments Directive，MiFIDⅡ）、可转让证券集合投资计划法规（UCITS Directive）、另类投资基金经理法规（AIFMD）等监管要求，节省了金融机构大量内部解释并执行监管法规成本。

再如，区块链技术（Blockchain）通过透明的设计，为宏观审慎当局提供了直接、即时和完全透明的监管信息，由于所有交易都记录在分布式总账上，宏观审慎当局可以进行全面、安全、精确、不可逆和永久的监管跟踪，进而能够更好地分析系统性风险，提高现场检查和非现场检查的效率。还有，如新加密技术（New Cryptographic Technology）的应用使得信息能够在金融机构内部、金融机构、客户、宏观审慎当局之间更加安全、快速、高效地共享，并能够提高金融机构向监管部门披露信息的效率。

另外，法人机构识别编码（LEI）等通用语义标准的发展便利了金融机构数据源管理，应用程序接口（API）和云计算等技术的运用加强了机构间互联互通，提升了风险管理能力，同时也有助于及时发现违规行为，加强对金融科技行为的监管。

（三）监管科技（RegTech）的挑战：不确定的未来

回顾历史，技术革命总能够为人类带来惊喜和意外，技术的进步也总会带来理念、模式和行为方式等的深刻变革。从这个意义上来说，监管科技（RegTech）就不应仅仅被看作一种满足监管要求的工具，它极有可能引发监管模式和理念的深刻变革（Douglas etc，2017）。

当然，退一步来说，目前，监管科技（RegTech）究竟能够对金融监管产生多大影响，这仍然存在很大不确定性。这种不确定，部分源于监管科技（RegTech）自身，更主要还在于监管当局应用监管科技（RegTech）依然存在着一些亟待解决的障碍。

数据标准化方面，数据是监管科技（RegTech）中的核心要素，一切监管科技（RegTech）的解决方案基本都围绕数据展开。目前，虽然已有一些有关数据的标准协议，如LEI/UPI/OTI和ISO 200022标准等，但不同国家和机构在数据定义和标准设定上的差异始终存在。不仅如此，技术变化日新月异，也使得数据的标准和定义处在急剧变化之中。常见的情况是，在不同国家开展业务的金融机构风险数据往往难以兼容。在此情况下，开发覆盖多国的监管解决方案往往面对很大困难。

数字化监管方面，实现数字化监管目标，首要的任务是研发建立数字化监管系统。因为实现数字化监管的前提是，相关的监管政策、规定和合规性要求能实现"机器可读"，同时监管机构能为金融机构提供各种监管应用程序接口，并通过统一的协议来交换数据、生成报告。从技术上讲，数字化监管系统以大数据、云计算为技术基础，通过接入金融机构数据端口直接采集风险数据，最终完成动态监管。可以设想，数字监管系统的开发运行，必将改变目前"人工报数"的被动监管和事后监管格局，同时随着数据实现实时更新，数据采集汇总时间更短，监管有效性也将会显著提高。

数据共享方面，尽管危机以来各方面解决监管数据缺口、推动数据共享的努力获得了很大进展，但目前数据割裂现象在各国依然普遍存在，并且随着各国不断加剧的"监管内顾"倾向反而强化。实践表明，在保护数据安全的条件下实现数据共享，是实施数字监管的重要前提。换句话来说，尽管数据保护与数据有效使用之间有着相对的平衡，但消除数据安全使用和共享数据的法律障碍应是当前监管层的优先议题。因为，很多时候，信息共享不仅仅只是个技术问题，更是一个政治问题和社会问题。

目前，尽管认识上各方观点精彩纷呈，但实践上监管科技（RegTech）市场仍处于起步阶段，也还没有形成广泛接受的方案。实践表明，监管活动是一种实践理性，监管科技（RegTech）也具有较强的市场针对性。因此，任何监管科技（RegTech）解决方案都不是监管当局的"自拉自唱"，而需要来自金融机构、产品开发者和监管机构的通力协作，更需要建立起监管者、政府、金融机构、金融科技（FinTech）和监管科技（RegTech）初创企业之间的良性互动机制，以提高市场对监管的理解，减少监管执行的博弈成本。

## 四、人工智能（AI）与金融监管：融合还是替代

近年来，人工智能（Articial Intelligence，AI）和机器学习（Machine Learning）等新技术快速应用于金融行业，给金融机构和监管部门带来了深刻的变革，也从微观和宏观等多个层面对金融领域产生了一系列深远影响。面对此情此景，越来越多的人开始关心和思考人工智能（AI）对金融监管的影响问题，并试图从多个角度进行分析和探讨。

目前，围绕人工智能（AI）与金融监管的关系有两种突出声音。一种认为，人工智能（AI）是现有监管的良好补充，能够弥补现有监管手段、技术之不足，极大地改进和提升监管能力；另一种认为，人工智能（AI）将会对现有监管模式产生颠覆性影响，极端情况下甚至将可能会替代之。尽管两种声音差异较大，但却均指出了人工智能（AI）与金融监管互相融合、密切关联而又互相挑战的现实趋势。

根据FSB（2018）的研究，人工智能（AI）是对人类智能的研究、模拟、延伸和扩展，是一门运用计算机研究不同类型、来源、质量的数据，并从中提取有价值信息的学科。从驱动因素来看，人工智能（AI）在金融业的应用由供需两方面因素共同推动。

供给方面，新技术使得金融机构运行效率显著提高，提升了计算能力，降低了硬件和数据存储成本，使大数据分析成为可能，实现了人工智

能（AI）算法与市场直接交互等。需求方面，金融机构更有动力使用人工智能（AI）拓展业务，因为这样可以降低成本、提高风险管理能力和市场竞争力，获得更多的竞争优势。在强烈的供需因素驱动下，为更好地满足数据报送、最佳执行交易和反洗钱等合规要求，更有效地满足审慎性监管、数据报告、交易执行优化、反洗钱（Anti Money Laundering，AML）等需求，金融机构更有动力重视自动化程序以及包括人工智能（AI）在内的分析工具运用。

从实际情况看，目前人工智能（AI）与金融监管已经更多地表现出了相互融合的趋势。一方面，危机后一系列新监管规定对金融机构数据报送规模和频次均提出了更高要求，海量且复杂的数据信息也强烈要求监管当局提升分析判断能力。实践表明，人工智能（AI）恰恰能够应用于自动化的数据比对分析，改善数据分析质量，提高宏观审慎管理能力；机器学习则能够对错误数据、空白字段和其他数据质量问题实施更高效的额外检查，提高数据质量，降低报送成本，实现更有效的宏观审慎管理。

另一方面，中央银行和监管当局可以通过人工智能（AI）研究分析货币政策和金融政策的影响，并预测失业率、GDP、工业生产等情况。例如，将机器学习与自然语言处理工具（NLP）相结合，可识别系统性风险和风险传播渠道，并监测和预测金融市场、流动性风险、资金压力、房价和失业率等变化趋势。另外，人工智能（AI）和机器学习还能够显著提升信息处理效率，缓解信息不对称问题，增加金融与其他行业的交互性，进而形成"规模经济"，维护金融稳定。

"事物矛盾的法则，即对立统一的法则是自然和社会的根本法则。"[1]新兴技术在提高效率、带来便捷的同时，也必然伴生着不确定的风险。按照这个方法逻辑要求，我们需要全面辩证看待人工智能（AI）与金融监管的关系，既要看到二者互相融合发展的一面，也要看到二者之间矛盾的另一面。

目前，人工智能（AI）有助于提升金融监管、风险管理、合规和系统性风险监测的效率，为监管当局和金融机构减轻监管负担，这一点已是共识。人工智能（AI）在金融行业的广泛应用，将促使监管当局考虑技术进步

---

① 参见毛泽东：《矛盾论》"七 结论"，1947年。

因素，重新评估现行的监管框架，并完善监管措施。但与此同时，人工智能（AI）对金融稳定的影响同样不能忽视。尤其是在危机后全球经济复苏不平衡、贸易保护加剧的情况下，新技术与新业态互相融合，在促进金融发展的同时，也催生了一些新的风险问题。

潜在风险一，容易产生风险共振，引发系统性风险。时间维度，顺周期方面，如在信用评分等多个金融领域，过多应用同类别的人工智能（AI）和机器学习技术，很可能放大关联风险（Correlated Risk）并影响金融稳定。尤其随着机器学习技术在交易策略中逐渐普及，如果使用人工智能（AI）进行高频交易，市场参与者可能同时大规模地采取相似交易策略，这就很容易形成同向叠加，导致"羊群效应"（herd behavior），并放大金融冲击，造成市场波动，带来潜在的市场脆弱性。空间维度上，关联性方面，人工智能（AI）可能会以无法预期的方式，增加金融市场间、金融机构之间的连通性。特别是，随着人工智能（AI）在金融机构的广泛应用，宏观经济和金融市场价格的相关性逐渐增强。这种情况下，如果金融机构均依赖于相同的数据源以及相同的算法策略，金融体系连通性越增强，极端市场环境下风险扩散和传染就越快。这将意味着风险的失控。

潜在风险二，强化了"大而不能倒"的属性特征。人工智能（AI）可能会改变金融市场集中度，并强化部分金融业务的重要性，同时大数据的获取能力决定了机构的系统重要性地位，若其能够利用数据实现规模效应，则必然会增强市场竞争力，进一步巩固机构的重要性，系统重要性随之上升。此外，由于研发新技术需要大量的资金支持，这也导致新技术越发集中在少数能够负担高昂研发费用的大机构之手，这同样也强化了系统重要性。

潜在风险三，金融基础设施崩溃风险。随着人工智能（AI）的深入应用，金融服务业可能对少数第三方技术开发商和服务提供商形成强烈依赖，如目前四大云服务提供商①占据全球云计算市场60%的市场份额，当这些第三方机构遭遇恶性风险事件时，就很可能导致大量金融机构经营中断，从而威胁全球金融稳定。

---

① 亚马逊、微软、IBM和Google。

　　总之，无论实践如何发展，我们都将面临一个无法回避的现实问题，那就是，如果在监管科技（RegTech）应用上，监管部门落后于私人部门，规避监管或监管套利就会必然大量产生。既然人工智能（AI）与金融监管之间的联系客观存在，同时在新技术革命趋势的推动下，新技术因素对于金融稳定的影响不确定性很大，我们就必须认真谨慎地加以应对和权衡。

# 参考文献

[1] 奥利弗·布兰查德、乔瓦尼·德·拉里恰、保罗·毛罗：《对宏观经济政策的再反思》，新金融，2013（6）。

[2] 巴曙松、金玲玲等：《巴塞尔资本协议Ⅲ——基于金融机构的视角》，中国人民大学出版社，2014年1月。

[3] 白川方明."宏观审慎监管与金融稳定"，《中国金融》，2010（4）。

[4] 陈雨露、马勇."构建中国的金融失衡指数方法及在宏观审慎中的应用"，《中国人民大学学报》，2013（1）。

[5] D.艾克曼、A.霍尔丹、M.亨特施威格、S.卡帕蒂亚."反思金融稳定"，《比较》，2008年第1期（总94期），原文参见http://www.bankofengland.co.uk/speech/2017/rethink-financial-stability。

[6] 河合正弘、波默里诺."防范金融危机：宏观审慎监管与最低国际标准"，《新金融》，2010（4）。

[7] 何德旭、吴伯磊、谢晨."系统性风险与宏观审慎监管：理论框架及相关建议"，《中国社会科学研究生院学报》，2010（6）。

[8] 亨利·保尔森：《峭壁边缘——拯救世界金融之路》，中信出版社，2010。

[9] 黄益平."中国金融监管可以考虑'双峰'模式"，在2018年中国经济50人论坛上发言。

[10] 弗雷德里克·S.米什金：《货币金融学》，中国人民大学出版社，2013年6月。

[11] 国务院."本届政府成立以来主要金融政策和金融改革"，中国政府网，2014年12月18日。

[12] 辜朝明（Richard C. Koo）：《大衰退：宏观经济学的圣杯》，东方出版社，2016年。

[13] 蒋中一：《动态最优化基础》，商务印书馆，2003年8月。

[14] 金德尔伯格（Kindleberger）、阿利伯（Aliber）：《疯狂、惊恐和崩溃：金融危机史（第六版）》，中国金融出版社，2014。

[15] 刘鹤：《两次全球大危机的比较研究》，中国经济出版社，2013年。

[16] 刘士余、周学东等：《美国金融监管改革概论——〈多德—弗兰克华尔街改革与消费者保护法案〉导读》，中国金融出版社，2011年8月。

[17] 李波主编：《构建货币政策和宏观审慎政策双支柱调控框架》，中国金融出版社，2018年1月。

[18] 李波：《以完善宏观审慎政策框架为核心，推进新一轮金融监管体制改革》，金融四十人论坛（CF40）课题，2016年2月。

[19] 刘元春."新常态孕育经济转型发展的重要机遇"，《求是》，2015（1）。

[20] 陆磊."信息结构、利益集团与公共政策：当前金融监管制度选择中的理论问题"，《经济研究》，2000（12）。

[21] 陆磊."非均衡博弈：央行的微观独立性与最优金融稳定政策"，《经济研究》，2005（8）。

[22] 陆磊."全球化、通货紧缩和金融稳定：货币政策的新挑战"，《金融研究》，2018（1）。

[23] 陆磊."中国金融改革的逻辑和思路"，《经济导刊》，2014（1）。

[24] 陆磊."政策转型与反馈机制——当前的方法论框架"，《甘肃金融》，2015（2）。

[25] 陆磊."存款保险制度：国家金融稳定的基石"，《中国经济信息》，2014（24）。

[26] 陆磊."在改革开放中建设金融强国"，《人民日报》，2015年10月14日。

[27] 陆磊等."流动性、一般均衡与金融稳定的'不可能三角'"，《金融研究》，2016（1）。

[28] 陆磊."面向新时代的金融体系构建与金融开放"，《清华金融评论》，2018（6）。

[29] 陆磊."在开放中变革、融合与创新的金融体系——40年中国金融改革开放的基本经验"，《清华金融评论》，2019（12）。

[30] 拉斯·特维德：《逃不开的经济周期》，中信出版社，2017。

[31] 毛泽东."实践论"，《毛泽东文选》，人民出版社。

[32] 曼瑟尔·奥尔森：《集体行动的逻辑》，格致出版社、上海三联书店、上海人民出版社，2014年。

[33] 米歇尔·渥克（Michele Wucker）：《灰犀牛：如何应对大概率危机》，中信出版社，2017年。

[34] 美国金融与经济危机起因调查委员会：《金融危机调查报告》（*Financial Crisis Inquiry Report*），社会科学文献出版社，2013年3月。

[35] 马新彬."本次危机主要国家应对措施的比较与分析：危机回顾、理论依据、历史经验、效果评估及对中国的启示"，人民银行沈阳分行2010年重点研究课题，2010年7月。

[36] 马新彬."2010年世界经济分析与2011年形势展望"，《东北金融》，2010（1）。

[37] 马新彬."内部审计质量评估：内涵、演进、框架及我国央行的实践"，《中国内部审计》，2014（6）。

[38] 马新彬."宏观审慎政策治理框架的进展"，《中国金融》，2014（17）。

[39] 马新彬."我国宏观审慎政策治理框架"，《中国金融》，2015（2）。

[40] 马新彬."最优宏观审慎政策框架研究：响应时间与政策路径"，《上海金融》，2015（1）。

[41] 马新彬."中央银行内审部门风险导向审计模式研究"，《审计研究》，2015（6）。

[42] 马新彬."宏观审慎政策协调机制"，《中国金融》，2016（1）。

[43] 马新彬."中央银行与监管：危机以来的变化及选择"，《金融纵横》，2016（8）。

[44] 马新彬."宏观审慎政策认识误区"，《中国金融》，2017（11）。

[45] 马新彬."宏观审慎政策：危机以来的共识与分歧"，《金融纵横》，2017（6）。

[46] 马新彬."宏观审慎政策：危机以来的共识及问题"，《金融市场研究》，2017（4）。

[47] 马新彬."货币政策与宏观审慎政策能够很好协调吗"，《中国改革》，2019（1）。

[48] 马新彬."'退而求其次'的宏观审慎"，《金融市场研究》，2019（1）。

[49] 马新彬．"如何防范'大而不能倒'风险？——系统重要性金融机构监管框架梳理"，《金融市场研究》，2019（11）。

[50] 马新彬."金融科技（FinTech）监管平衡术"，《中国改革》，2019（5）。

[51] 乔治·阿克洛夫、奥利弗·布兰查德、戴维·罗默、约瑟夫·斯蒂格利茨等：《我们学到了什么？次贷危机后的宏观经济政策》，中国人民大学出版社，2017年1月。

[52] 钱小安：《货币政策规则》，商务印书馆，2002年。

[53] 乔安妮·凯勒曼、雅各布·德汗、费姆克·德弗里斯：《21世纪金融监管》，中信出版集团，2016年1月。

[54] 阮健弘：《金融统计创新与发展》，中国金融出版社，2018年1月。

[55] 瑞·达利欧（Ray Dalio）：《原则》，中信出版集团，2018年1月。

[56] 斯塔夫里阿诺斯：《全球通史（第7版）》，北京大学出版社，2017年第14版。

[57] 沈建光、肖红，《次贷危机与主要金融危机比较》，载于《金融危机》，2008年第12期。

[58] 盛松成.“一个全面反映金融与经济关系的总量指标”，《中国金融》，2013年22期。

[59] 唐纳德·科恩（Donald Kohn）.“英美宏观审慎体系比较：对中国的启示”，在“清华五道口全球金融论坛：改革—发展新征程”上的演讲，2014年5月10~12日。

[60] 王国刚、胡滨：《宏观审慎监管理论及实践研究》，中国社会科学出版社，2013年12月。

[61] 王兆星，“严格实施审慎监管，有效防范金融风险”，《金融研究》，2000年第11期。

[62] 王兆星.“我国微观与宏观审慎监管变革”，《中国金融》，2015年第5期。

[63] 王兆星：《后危机时代中国金融监管改革探索》，中国金融出版社，2015。

[64] 王晋斌、于春海.“中国利率市场化改革的可能路径”，《金融研究》，2007（12）。

[65] 王国刚、胡滨：《宏观审慎监管理论及实践研究》，中国社会科学出版社，2013年12月。

[66] 吴晓灵.“发挥中央银行在宏观审慎管理中的主导作用”，在2011年5月20日陆家嘴论坛上的发言。

[67] 吴晓灵.“次贷危机引发的金融稳定思考”，2007年12月，人民银行学术讲座讲义。

[68] 汪勇、马新彬、周俊仰.“货币政策与异质性企业杠杆率——基于纵向产业结构的视角”，《金融研究》，2018（5）。

[69] 谢平、邹传伟.“金融危机后有关金融监管的理论综述”，《金融研究》，2012（2）。

[70] 谢平、邹传伟：《银行宏观审慎监管的理论基础研究》，中国金融出版社，2013年5月。

[71] 谢平、杨硕.“中国金融监管改革的十二个热点问题”，《新金融评论》，2017年第4期。

[72] 徐忠.“以矩阵式管理充实金融委是最优方案”，财新网站，2018年2月9日。

[73] 徐忠. "当前金融乱象与改革的紧迫性",财新网站,2018年2月11日。

[74] 徐忠. "全球金融危机十年:反思与启示",财新网站,2018年2月12日。

[75] 徐忠. "中央银行的角色和责任",在"2017陆家嘴论坛"上的发言,2017年6月21日。

[76] 易丹辉:《时间序列分析:理论与应用》,中国人民大学出版社,2013年6月。

[77] 姚余栋等. "通胀预期管理和货币政策——基于'新共识'宏观经济模型的分析",《经济研究》,2013(6)。

[78] 姚余栋等. "中国金融市场通胀预期——基于利率期限结构的量度",《金融研究》,2011(6)。

[79] 扬·克莱格尔(Jan Kregel). "明斯基和动态宏观审慎监管",《比较》,2008年第1期(总94期),原载于PSL Quarterly Review, vol.67n.269(2014),第217-238页。

[80] 朱民等:《改变未来的金融危机》,中国金融出版社,2009年。

[81] 何璋:《国际金融》,中国金融出版社,2006年。

[82] 张涛:《宏观审慎政策:亚洲视角》,中国金融出版社,2011年。

[83] 张健华、贾彦东. "宏观审慎政策的理论与实践进展",《金融研究》,2012(1)。

[84] 张承惠、陈道富等:《我国金融监管架构重构研究》,中国发展出版社,2016年10月。

[85] 张晓慧. "三十而立,四十不惑——从存款准备金变迁看央行货币调控演进",《中国金融》,2018年第23期。

[86] 张晓慧. "从中央银行政策框架的演变看构建宏观审慎性政策体系",《中国金融》,2012(12)。

[87] 张晓慧. "新常态下的货币政策",《中国金融》,2015(2)。

[88] 周小川. "关于改变宏观和微观顺周期的进一步探讨",人民银行网站,2009年3月26日。

[89] 周小川. "建立更加完善的金融宏观审慎管理制度框架",《中国金融》,2011年。

[90] 周小川. "金融政策对金融危机的响应——宏观审慎政策框架的形成背景、内在逻辑和主要内容",《金融研究》,2011(1)。

[91] 周小川:《国际金融危机:观察、分析与应对》,中国金融出版社,2012年。

[92] 周小川:《系统性的体制转变——改革开放进程中的研究与探索》,中国金融出版社,2009年4月。

[93] 周小川.“守住不发生系统性金融风险的底线”,《党的十九大报告辅导读本》,人民出版社,2017。

[94] 周学东.“我国国有企业产权改革最优路径研究”,《武汉大学博士学位论文》,2013年10月。

[95] 周学东.“中国大型国有商业银行十年改革绩效评价研究”,《上海金融》,2014(5)。

[96] 周学东.“我国存款保险制度的实践与思考”,《中国金融》,2018(22)。

[97] 周学东等.“预算软约束、融资溢价与杠杆率——供给侧结构性改革的微观机理与经济效应研究”,《经济研究》,2017(10)。

[98] 周学东.“宏观审慎评估体系实施的认识”,《中国金融》,2017(11)。

[99] 周学东等.“地方债务管理与融资规范研究”,《金融研究》,2014(10)。

[100] 周学东.“辩证看待融资难融资贵”,《中国金融》,2014(11)。

[101] 周学东.“地方债风险化解与市政债试点”,《中国金融》,2014(2)。

[102] 周学东.“民间资本发起设立民营银行的思考”,《中国金融》,2013(19)。

[103] 周诚君等.“人民币升值是影响中国出口的主要因素吗——理论与实证研究”,《金融研究》,2014(11)。

[104] 周诚君.“中国货币供给的内生性与货币政策分析”,《南京大学学报》(哲学、人文科学、社会科学版),2002(1)。

[105] 赵净、王宇哲、张明等.“开放经济体面临的三类系统性风险:文献综述”,社科院世经政所网站,2014年6月9日。

[106] 郑新立.“新常态是新认识新概括,不是一个筐”,《人民日报》,2015年1月18日。

[107] 中共中央党史和文献研究院:《改革开放四十年大事记》,人民出版社,2018年12月。

[108] 中国人民银行:《中国金融稳定报告(2010年至2017年)》,中国金融出版社,2010至2017年。

[109] 中国人民银行:《中国货币政策执行报告》(2010年至2018年),中国金融出版社。

[110] 中国人民银行国际司:《人民币加入SDR之路》,中国金融出版社,2017年9月。

[111] 中国银监会:《有效银行监管核心原则(2012)》,中国金融出版社,2012年10月。

[112] Arregui, Nicolas, Jaromir Benes, Ivo Krznar, Srobona Mitra, and Andre Oliveira Santos (2013a). Evaluating the Net Benefits of Macroprudential Policy: A Cookbook, forthcoming (Washington: International Monetary Fund).

[113] Ambrogio Ceas−Bianchi and Alessandro Rebucci (2015). Does Easing Monetary Policy

Increase Financial Instability?, IMF Working Paper, WP/15/139.

[114] Angelini, P, S Neri and F Panetta (2010). Monetary and Macroprudential Policies, mimeo, Bank of Italy.

[115] Anton Korinek and Damiano Sandri (2015). Capital Controls or Macroprudential Regulation?, IMF Working Paper, WP/15/218.

[116] Aizenman, Y., Binici, M., and Gambacorta, L. (2017). Macroprudential policy and bank risk. BIS Working Papers, forthcoming.

[117] Bart Van Liebergen (2017). Machine Learning: A Revolution in Risk Management and Compliance?IIF, 2017.

[118] Bank of England (2013). Monetary Policy Trade-offs and Forward Guidance. August 2013.

[119] Bank of England (2009). The role of Macroprudential Policy. Bank of England Discussion Paper, 2009.

[120] Bank of England (2011a). Macroprudential policy: buiding financial stability institutions, speech given by Paul Tucker, Deputy Goveror, Financial Stability, member of the Monetray policy Committee and member of the interim Financial policy Committee, Bank of England, at the 20th Annual Hyman P. Minsky Conference, New York, Thuisday 14 April 2011.

[121] Bank of England (2011b). Instruments of Macroprudential Policy, A Discussion Paper, December 2011.

[122] Bank of England (2011c). Financial Stability Report, December.

[123] Bank of England (2011d). Financial Stability Report, June.

[124] BCBS (2010a). An assessment of the long-term economic impact of stronger capital and liquidity requirements, Basel.

[125] BCBS (2010b). Guidance for national authorities operating the countercyclical capital buffer, Basel.

[126] BCBS (2010c). Calibrating regulatory minimum capital requirements and capital buffers: a top-down approach, Basel.

[127] BCBS (2010d). Basel III: international framework for liquidity risk measurement, standards and monitoring, Basel.

[128] BCBS (2011a). Basel III: A global regulatory framework for more resilient banking systems, Dec2010, revised June2011.

[129] BCBS (2011b). Global systemically important banks: assessment methodology and the additional loss absorbency requirement, Basel.

[130] BCBS(2012a). Core Principles for Effective Banking Supervision, September 2012.

[131] BCBS (2012b). Models and tools for macroprudential analysis, Working Paper No21, Revised–May 2012.

[132] BCBS (2013). Regulatory consistency assessment programme (RCAP)–Analysis of risk–weighted assets for market risk.

[133] BCBS (2015a). Implementtion of Basel Standards: A report tp G20 Leaders on implementation of the Basel Ⅲ regulatory reforms, November 2015.

[134] BCBS (2015b). Finalising Post–crisis Refoems: an Update : A report to G20 Leaders, November 2015.

[135] Bean, C. (2009). The Great Moderation, the Great Panic and the Great Contraction, Schumpeter Lecture delivered at the Annual Congress of the European Economic Association, Barcelona, 25 August.

[136] Bernanke, B (2008a). Financial Regulation and Financial Stability, Speech at the Federal Deposit Insurance Corporation's Forum on Mortgage Lending for Low and Moderate Income Households, Arlington, July8, 2008.

[137] Bernanke, B (2008b). Reducing Systemic Risk, Speech at the Federal Reserve Bank of Kansas City's Annual Economic Symposium, Jackson Hole , August 22, 2008.

[138] Bernanke, B (2010). Monetary Policy and the Housing Bubble, Speech at the Annual Meeting of the American Economic Association, Atalata, 3 January 2010.

[139] Bernanke, B (2011). Implementing a macroprudential approach to supervision and regulation, speech given at the 47th Annual Conference on Bank Structure and Competition, Chicago, May.

[140] Bernanke, B and Mark Gertler (2001). Should Central Banks Respond to Movements in Asset Prices? American Economic Review, Vol. 91, pp. 253–257.

[141] Bernanke, B., Gertler, M. and S. Gilchrist (1999). The financial accelerator in a quantitative business cycle framework, in J. Taylor and M. Woodford (eds. ), Handbook of Macroecnomics, North Holland, p. 1341–1393.

[142] Bernanke, B and V Reinhart (2004). Conducting monetary policy at very low short–term interest rates, Amerrican Economic Review, Papers and Proceedingd, 94 (2)，pp. 85–90.

[143] Blanchard, O, Ariccia, G., Mauro，P(2010). Rethinking Macroeconomic Policy. IMF Staff Position Notes，SPN/10/03，12 February，2010.

[144] Blanchard, O, Giovanni Dell, Ariccia, Paolo Mauro (2013a). Rethinking Macro Policy Ⅱ: Getting Granular, prepared Olivier Blanchard, Giovanni Dell, Ariccia, Paolo Mauro, IMF Staff Discussion Note, April, 2013.

[145] ]Blanchard, O, (2013b). Rethinking Macro Policy Ⅱ: First Steps and Early Lessons, April16−17, 2013.

[146] Blanchard, O, and Lawrence Summers (2018). Rethinking Stabilization Policy: Evolution or Revolution，2018.

[147] Bianchi, J, E G Mendoza (2015). Optimal time−consistent macroprudential policy, BIS Working Paper, no516.

[148] Bin Wang and Tao Sun (2013). How Effective are Macroprudential Policies in China?, IMF Working paper, WP/2013/75.

[149] BIS (1986). Recent innovations in international banking, Report prepared by a Study Group established by the central banks of the Group of Ten countries, Basel, April (Cross Report).

[150] BIS (2008). Addressing financial system procyclicality: a possible framework, Note for the FSF Working Group on Market and Institutional Resilience, September.

[151] BIS (2009). International Framework for Liquidity Risk Measurement, Standards and Monitoring, Bank for International Settlementd, Basel, December.

[152] BIS (2010). Group of Central Bank Governors and Heads of Supervision reinforces Basel Committee reform package, BIS press release, 11 January 2010.

[153] BIS (2010). An assessment of the long−term economic impact of stronger capital and liquirements, August.

[154] BIS (2011). Macroprudential Regulation and Policy, Proceedings of a joint conference orgnised by the BIS and the Bank of Korea in Seoul on 17−18 January 2011, BIS Paper No 60, December 2011.

[155] BIS (2011). Central bank governance and financial stability, May (Ingves report).

[156] BIS (2014a). The transmission of unconventional monetary policy to the emerging markets, BIS Papers No78, August 2014.

[157] BIS (2014). The Role of Central Banks in Macroeconomic and Financial Stability, BIS Paper No 76, February 2014.

[158] BIS (2015). Cross−border Financial Linkages: Challenges for Monetary Policy and Financial Stability, BIS Paper No82, October 2015.

[159] BIS (2016a). Towards a "new normal" in financial markets?, BIS Papers No84, May 2016.

[160] BIS (2016b). Macroprudential Policy, Ajoint CBRT/BIS/IMF conference on "Macroprudential policy: effectives and implementation challenges" which was held in Istanbul, Turkey, on 26−27 October 2015, BIS Paper No 86, September 2016.

[161] BIS (2016c). The role of central banks in macroecnomic and financial stability, BIS Papers No76, February 2016.

[162] BIS(2017). Macroprudential Frameworks, Implementation and Relationship With other Policies, BIS Papers No94, December 2017.

[163] BIS−CPSS−IOSCO (2012). Principles for Financial Market Infrastructures, April.

[164] Blinder, Alan (2013). After the Music Stopped: The Financial Crisis, The Response, and the Work Ahead, (The Nork: The Penguin Press).

[165] Basso, H and J Costail (2016). Macroprudential theory: ad−vances and challenges, Banco de Espana Occasional Paper, 1604.

[166] Boar, C., Gambacorta, L., Lombardo, G., and Pereira da Silva, L. (2017). Finance and macroecnomic performance. Is there a role for macroprudential policies?Mimeo, BIS.

[167] Borichgrevink, H, S Ellingsrud, and F Hansen (2014). Macroprudential Regulational−what, Why and How, Norges Bank: Staff Memo, (13), 1−15.

[168] Borio, C and A Crockett (2000). In Search of Anchors for Financial and Monetary Stability, Greek Economic Review, Autumn.

[169] Borio, C and Shim (2007). What can (macro−)prudential Policy do to Support Monetary Policy?, BIS Working Papers，2007.

[170] Borio, C (2003). Towards a macroprudential framework for financial supervision and regulation? BIS Working Paper, no 128.

[171] Borio, C (2014). The Financial Cycle and Macroeconomics: What have we learnt?, Journal of Banking & Finance, 2014.

[172] Borio, C (2014). Monetary Policy and Financial Stability: What Role in Prevention and Recovery, BIS Working Papers No440, January 2014.

[173] Borio, C (2009). Implementing the Macroprudential Approach to Financial Regulation and Supervision, Banque de France, Financial Stability Review 13, the Future of Financial

Regulation, September.

[174] Borio, C and Ilhyok Shin (2007). What can (macaro)Prudential Policy Do to Support Monetary Policy? BIS Working Paper 242.

[175] Borio, C (2011). Implementing a macroprudential framework: blending boldness and realism, Capitalism and Society, Vol. 6, Issue 1, Article1.

[176] Borio, C and Drehmann, M (2009a). Assessing the risk of banking crises-revisited, BIS Quarterly Review, March, pages29-46.

[177] Borio, C and Drehmann, M (2009b). Towards an operational framework for financial stability: fuzzy measurement and its consequences, BIS Working Paper, no 284, June.

[178] Borio, C W English and A Filardo (2003). A tale of two perspectives: old or new challenges for monetaru polcy? BIS Working Paper No. 13, September.

[179] Borio, C, Drehmann, M, Gambacorta, L, Jiménez, G and Trucharte, C (2010a). Countercyclical capital buffers: exploring options, BIS Working Paper no . 317.

[180] Borio, C and Lowe, P (2002). Asset prices, financial and monetary stability: exploring the nexus, BIS Working Paper no. 114.

[181] Borio, C and Lowe, P (2002). Assessing the risk of banking crises, BIS Quarterly Review, December, pp. 43-54.

[182] Borio, C and Lowe, P (2004). Securing sustainable price stability: should credit come back from the wilderness?, BIS Working Paper no. 157.

[183] Borio, C, C Furfine and P Lowe (2001). Procyclicality of the financial system and financial stability: issues and policy options, In Marrying the macro-and micro-prudential dimensions of financial stability, BIS Paper, no1, March, pp1-57.

[184] Borio, C and Lowe, P (2002).

[185] Borio, C, and W White (2004). Whither monetary and financial stability? The implications of evolving polcy regimes, BIS Working Paper, no147, February 2004.

[186] Borio, C and H. Zhu (2008). Capital regulation, risk-taking and monetary policy: a missing link in the transmission mechanism? BIS Working Ppaper No. 268.

[187] Brunnermeier, M (2009). Deciphering the liquidity and credit crunch 2007-2009, Journal of Economic Perspectives, Fall, pages 77-100.

[188] Brunnermeier, Markus, Andrew Croket, Charles Goodhart, Avinash D. Persaud and Hyun Shin (2009). The Fundamental Priciples of Financial Regulation, Geneva Reports on the

World Economy, 11, CEPR.

[189] Brunnermeier, M and I Schnabel (2015). Bubbles and Central Banks: Historical Perspectives, Discussion Paper DP10528, CEPR.

[190] Board of Governors of the Federal Reserve System (2014). Annual Performance Plan 2014, May 2014.

[191] BjÖrn Richter, Moritz Schularick and Ilhyock Shim (2018). The Macroeconomic Effects of Macroprudential Policy, BIS Working Papers, No740, August 2018.

[192] Caruana, Jaime (2005). Monetary Policy, Financial Stability, and Asset Prices, Documento Ocasional No. 0507, Bank of Spain.

[193] Caruana, Jaime (2010a). Macroprudential policy：what we have learnes and where we are going，speech at Second Financial Stability Conference of the International Journal of Central Banking, Bank of Spain, Madrid，17 June 2010.

[194] Caruana, Jaime (2010b). Basel Ⅲ: towards a safer financial system, Speech at the 3rd Santander International Banking Conference, Madrid, 15 September 2010.

[195] Caruana, Jaime (2010c). Macroprudential polcy: working towards a new consensus. Remarks at the high-level meeting on "The Emerging Framework for Financial Regulation and Monetary Policy" jointly organized by the BIS's Financial Stability Institute and the IMF Institute, Washington DC, 23 April.

[196] Carmichael, Jeff (2012). Implementing Twin Peaks: Lessons from Australia, mimeo.

[197] Catte, P, P Cova, P Pagano and I Visco (2010). The role of macroprudential policies in the global crisis, Bank of Italy Occasional Papers No. 69, July.

[198] Cerutti, E, S Claseeens, M Laeven (2015). The use and effectiveness of macroprudential policies: new evidence, IMF Working Paper, WP/15/61.

[199] 88]Chan-Lau, J A (2010)，Balance Sheet Network Analysis of Too-Connected-Fail in Global and Domestic Banking Systems, IMF Working Paper.

[200] CGFS (2010a). The role of margin requirements and haircuts in procyclicality, CGFS Publications no. 36, March.

[201] CGFS (2010b). Macroprudential Instruments and Frameworks: A Stocktaking of Issues and Experiences, CGFS Papers 38 (Basel: Bank for International Settlements).

[202] CGFS (2010b). Strengthening repo clearing and settlement arrangements.

[203] CGFS (2011). The macroprudential implications of alternative configurations for access to

central counterparties in OTC derivatives markets, CGFS Publications no. 46.

[204] CGFS (2012). Operationalising the Selection and Application of Macroprudential Instruments, December, (Basel: BIS).

[205] CGFS (2016a). Experiences with the ex ante appraisal of macroprudential instruments. CGFS Paper, No56.

[206] CGFS (2016b). Objective-setting and communication of macroprudential policies. CGFS Papers, No57.

[207] Chai Akmeemana (2017). RegTech: creating value, not disruption, ANA report, 5 May, 2017.

[208] Cheng Hoon Lim, Rishi Ramchand, Hong Wang and Xiaoyong Wu (2013). Institutional Arrangements for Macroprudential Policy In Asia, IMF Working paper, WP/13/165.

[209] Cheng Hoon Lim, Ivo Krznar, Fabian Lipinsky, Akira Otani and Xiaoyong Wu (2013). The Macroprudential Framework: policy responsiveness and Institutional Arrangements, IMF Working paper, WP/2013/166.

[210] Cheng Hoon Lim, comprising Rina Bhattacharya, Francesco Columba, Alejo Costa, Akira Otani, and Xiaoyang Wu (2011). Macroprudential Policy: An Organizing Framework Background Paper, Prepared by the Monetary and Capital Markets Department, March 14, 2011.

[211] Crowe, Chris W., Giovanni Dell' Ariccia, Deniz Igan, and Pau Rabanal (2011). How to Deal with Real Estate Booms: Lessons from Country Experiences , IMF Working Paper, No. 11/91.

[212] Christine Cumming (2011). Macroprudential Policy Framework, BIS Paper No 60, December 2011.

[213] Chrisn McDonald (2015). When is Macroprudential Policy Effective?, BIS Working Paper No 496, March 2015.

[214] Christian Noyer (2010). Monetray policy and macroprudential policy, speech by Mr Christian Noyer, Goveror og the Bank of France and Chairman of the Board of Directors of the Bank for international Ssttlements, at the conference on "The future of Monrtary Policy", Rome, 1 October 2010.

[215] Claessens, Stijin(2014). An Overview of Macroprudential Policy Tools, Annual Review of Financial Economics, foethcoming, 2015.

[216] Claessens, Stijin, Douglas D. Evanoff, George G. Kaufman, and Laura Kodres (2011). Macroprudential regulatory pocicies: The New Road to Financial Stability. (Eds), World Scientific Studies in International Economics, Pte. Ltd, New Jersey.

[217] Claessens, Stijin, Zoltan Pozsar, Lev Ratnovski, and Manmohan Singh(2012). Shadow Banking Economics and Policy, IMF Staff Discussion Note, SDN/12/12.

[218] Claessens, Stijin, Swati Ghosh and Roxana Mihet(2013). Macroprudential Policies to Mitigate Financial System Vulnerabilities, Journal of International Money and Finance, Vol. 39, pp. 153-185.

[219] Claessens, Stijin, and M. Ayhan Kose(2014). Financial Crises: Explanations, Types, and Implications, in Stijn Claessens, M. Ayhan Kose, Luc Laeven, and Fabián Valencia (Eds), Financial Crises: Causes, Consequences, and Policy Responses, IMF, Washington, D. C. (also IMF Working Paper, 13/28).

[220] Claessens, Stijin, M, Ayhan Kose and Marco Terrones (2010). The global financial cisis: How similar?How different?How costly?, Journal of Asian Economics21, pp. 247-246.

[221] Clement, P (2010). The term macroprudential: origins and evolution, BIS Quarterly Review, March.

[222] Crockeet, A. (2000). Marrying the Micro- and Macroprudential Dimensions of Financial Stability. BIS Speeches, Bank for International Settlements, Badel, September 21. http: // www. bis. org/review/r000922b. pdf.

[223] Committee of Payments and Settlement System and the Technical Committee of the International Organization of Securities Commissions, 2012, Priciples for Financial Market Infrastructures, April, (Basel: Bank of Internationl Settlements).

[224] CPSS (2007). New Developments in Clearing and Settlement Arrangements for OTC Derivatives, BIS, March.

[225] Cúrdia, V and M Woodford (2009). conventional and Unconventional Monetary Policy, Federal Reserve Bank of New York Staff Reports No. 404, November.

[226] Dassatti Camors, Cecilia and Jose-Luis Peydro (2014). Macroprudential and Monetary Policy: Loan-Level Evidence from Reserve Requirements, mimeo, Universitat Pompeu Fabra, Spain.

[227] David · Aikman, Andrew G Haldane, Marc Hinterschweige, Sujit Kapadia (2017). Rethink Financial Stability, https: //www. bankofengland. co. uk/speech/2017/rethink

financial stability.

[228] De Bandt, O and Hartmann, P (2000)，Systemic Risk: A Survey, ECB Working Paper No. 35.

[229] Delotte (2016). RegTech is the new FinTech, 2016.

[230] De Paoli, B., & Paustian, M (2017). Coordinating Monetary and Macroprudential Policies. Journal of Money, Credit and Banking, 2017, 49 (2-3), 319-349.

[231] De Nicolò, Gianni, Giovanni Favara, and Lev Ratnovski (2012). Externalities and Macroprudential Policy. IMF Staff Discussion Notes, No. 12/05.

[232] De Nicoló, M, G Favara and L Ratnovski (2012). Externalities and Macroprudential polcy, IMF.

[233] Dell' Ariccia, Giovanni, Deniz Igan, Luc Laeven, Hui Tong (with Bas Bakkler and Jerome Vandenbussche) (2012). Policies for Macrofinancial Stabilitu: How to Deal with Credit Booms, IMF Staff Discussion Note 12/05.

[234] Drehmann, M, C Borio, K Tsatsaronis (2011). Anchoring countercuclical capital buffers: the role of credit aggregates, international Journal of Central Banking 27, 189-240.

[235] Drehmann, M, K Tsatsaronis (2014). The credit-to-GDP gap and countercuclical capital buffers: questions and answers, BIS Quarterly Review, March.

[236] Elöd Takáts and Judit Temesvary (2017). Can Macroprudential Measures Make Cross-border Leaning More Resilient?, BIS Working Papers No683, December 2017.

[237] Elliott, D, G Feldberg and A Andreas Lehnert (2013). The History of Cyclical Macroprudential Policy in the United States, Finance and Economics Discussion Series, Divisions of Research & Statistics and Monetary Affairs.

[238] Erlend Walter Nier (2009). Financial Stability Frameworks and the Role of Central Banks Lessons from the Crisis, IMF Working paper , WP/09/70.

[239] Erlend Walter Nier, Jacek Osinski, Luis I. Jacome, and Pamela Madrid (2011a). Towords Effective Macroprudential Policy Frameworks: An Assessment of Stylized Institutional Models, IMF Working paper , WP/2011/250.

[240] Erlend Walter Nier, Jacek Osinski, Luis I. Jacome, and Pamela Madrid (2011b). Institutional Models for Macroprudential Policy, IMF Staff Discussion Note SDN/11/18，November1, 2011.

[241] Eichengreen, Barry (2010). From Great Depression to Great Creadit Crisis: Similarities,

Differences and Lessons, Economic Policy, 62.

[242] Emmanuel Farhi, Iván Werning (2011). A Theory of Macroprudential Policies in the Presence of Nominal Rigidities, NBER Working Paper 19313, Audust 2013.

[243] Farhi, E, and I Wering (2013). A theory of macroprudential policies in the presence of norminal rigidities, Discussion paper, NBER.

[244] FCA (2015). Call for Input: Supporting the Development and Adoption of RegTech, Novement, 2015.

[245] Fratzscher, M., Lo Duca, M., and Straub, R. (2014). ECB Unconventional Monetary Policy Actions: Market Impact, International Spillovers and Transmission Channels.

[246] FSA (2008). The FSA's Supervisory Enhancement Programme, in Response to the Internal Audit Report on the Supervision of Northern Rock, March26, 2008.

[247] FSA (2009a). The Turner Review: a regulatory response the global banking crsis, March.

[248] FSA (2009b). A Regulatory Response to the Global Banking Crisis, The Turner Review, March, 2009.

[249] FSB (2009). Progress since the Pittsburgh Summit in Implementing the G20 Recommendations for Strengthening Financial Stability, Report of the Financial Stability Board to G20 Finance Ministers and Governors, November.

[250] FSB (2011a). Policy measures to address systemically important financial institutions.

[251] FSB (2011b). OTC derivatives market reforms, Progress report on Implementation.

[252] FSB (2011c). Shadow banking: strengthening oversight and regulation, Recommendations of the Financial Stability Board.

[253] FSB (2011d). Thematic review on risk disclosure practices: peer review report, March.

[254] FSB (2011e). Key Attributes of Effective Resolution Regimes for Financial Institutions, October.

[255] FSB (2012). Strengthening the Oversight and Regulation of Shadow Banking, Progress Report to G20 Ministers and Governors, April 16.

[256] FSB (2013). Report to G20 Leaders on financial regulatory reform progress, and Overview of Progress in the Implementation of the G20 Recommendations for Strengthening Financial Stability, September5, 2013.

[257] FSB (2013a). Progress and Steps Toward Ending "Too-Big-To-Fail (TBTF)", Report to the G20, September2, 2013.

[258] FSB (2013b). Sixth Progress Report on OTC Derivatives Reform Implementation, September2, 2103.

[259] FSB (2018a). Articial Intelligence and Machine Learning in Financial Services: Market Developments and Financial Stability Impolications, 2018.

[260] FSB (2018b). Release of IAIS proposed holistic framework for the assessment and mitigation of systemic risk in the insurance sector and implications for the identification of G-SIIs and for G-SII policy measures, 14 November 2018.

[261] FSB (2014). Supervisory Intensity and Effectiveness: Progress Report on Enhanced Supervision, 7 April 2014.

[262] FSB (2015). Thematic Review on Supervisory Frameworks and Approaches for SIBs, peer Review Report, 26 May 2015.

[263] FSB (2016). Implementtation and Effects of the G20 Financial Regulatory Reform, 31 August 2016 2nd Annual Report.

[264] FSB, BCBS (2010). Assessing the macroprudential impact of the transition to stronger capital and liquidity requirements.

[265] FSB-IMF (2013). Fourth Progress Report on Data Gap Initiative, Washington, D. C., September.

[266] FSB-IMF-BIS (2011a). Macroprudential Policy Tools and Frameworks, Progress Report to G20, 27 October 2011.

[267] FSB-IMF-BIS (2011b). Macroprudential Policy Tools and Frameworks, Update to G20 Finance Ministers and Central Bank Governors, 14 February 2011.

[268] FSF (2009). Principles for Sound Compensation Practices, April2, 2009.

[269] FSI (2018a). Financial Supervisory Architecture what has changed after the crisis?, FSI Insights on policy implementation No8, April 2018.

[270] FSI (2018b). The Basel Framework in 100 Juridictions: Implementation Status and Proportionality Practices, FSI Insights on policy implementation No11, November 2018.

[271] Fisher, Richard W. (2013). Ending "Too Big to Fail": A Proposal Reform Before it's Shadoe Banking, Progress Reprtt to G20 Ministers and Governors, April 16.

[272] Fullenkamp, Connel, and Sunil Sharma (2012). Good Financial Regulation-Changing the Process is Crucial, (London, U. K. : International Center for Financial Regulation). http: // ssrn. com/abstract=2044217.

[273] Gabriele Galati and Richhild Moessner (2011). Macroprudential policy—a literature review, BIS Working Papers , No 337 February 2011.

[274] Geoff Bascand (2015). Central Bank Performance, Financial Management and Institutional Design, Speech by Mr Geoff Bascand, Deputy Governor and Head of Operations of the Reserve Bank of New Zealand to National Asset—Liability Management Europe Conference, London, 12 March 2015.

[275] Goodhart, C, and Schoenmaker, Dirk (1995). Should the Functions of Monetary Policy and Banking Supervision Be Separated?, Oxford Economic Papers, New Series, Vol. 47 (October), pp. 539—560.

[276] Goodhart, C A E (2004). Some New Directions for Financial Stability?, The Per Jacobsson Lecture, Zürich, Switzerland, 27 June.

[277] Goodhart, C (2008). Central bank's Function to Maintain Financial Stability: An Uncompleted Task, Vox Research, June24.

[278] Goodhart, C (2010). The Changing Role of Central Banks, BIS Working Papers No326, 25 November 2010.

[279] Goodhart, C (2011). The Macroprudential Authority: Powers, Scope and Accountability, OECD Journal: Financial Market Trends, Vol. 2, pp. 1—26.

[280] Goodhart, C (2010). The role of macroprudential supervision, Paper presented at the Federal Reserve Bank of Atlanta, 2010 Financial Markets Conference, May.

[281] Goodhart, C, Carolina Osorio, and Dimitrios P. Tsomocos (2009). Analysis of Monetary Policy and Financial Stability: A New Paradigm, CESifo Working Paper No. 2885.

[282] Goodhart, C, Anil. K. Kashyap, Dimitrios P. Tsomocos, and, AlexandrosP. Vardoulakis (2013). An Integrated Framework for Analyzing Multiple Financial Regulators, International Journal of Central Banking, Vol. 9, NO. 1, pp. 109—144.

[283] Goodhart, C, U Peiris, D Tsomocos and A Vardoulakis (2010). Dividend restrictions as macroprudential regulation, VoxEu. 18 February 2010 (http: //www. voxeu. org/index. php?q=node/4631).

[284] Goodhart, C, U Peiris, D Tsomocos and A Vardoulakis (2010). On Divident Restrictions and the Collapse of the Interbank Market, Annals of Finance, forthcoming.

[285] Goodhart, C and D. Schoenmaker (1995). Should the Function of Monetary Policy and Banking Supervision be Separated? Oxford Econ. Papers Vol47, p. 539—560.

[286] Goodhart, C., Surinand, P. and D. Tsomocos (2005). A risk assessment model for banks, Annuals of Finance1 (2)，p. 197–224.

[287] Goodhart, C., Surinand, P. and D. Tsomocos (2006). A model to analyze financial fragility, Economic Journal 27 (1), p. 107–142.

[288] G30 (1998). Banking Supervision and Financial Stability, by Andrew Crockett, 1998.

[289] G30 (2008). Lessons Learned from the 2008 Financial Crisis, by Eugene A. Ludwig, 2008.

[290] G30 (2009). Financial Reform: A Framework for Financial Stability.

[291] G30 (2008). The Structure of Financial Supervision: Approaches and Challenges in a Global Marketplace.

[292] G20 (2010). the G20 Seoul Summit Declaration, the Seoul Summit, 12 november, 2010.

[293] G30 (2010). Ehancing Financial Stability and Resilience: Macroprudential Policy, Tools, and Systems for the Future, 2010 October.

[294] G30 (2011a). Macroprudential Policy: Addressing the Things We Don't Know, by Alastair Clark and Andrew Large, 2011.

[295] G30 (2011b). Regulatory Reforms and Remaining Challenges, by Mark Carney, Paul Tucker et al. 2011.

[296] G30 (2011c). The 2008 Financial Crisis and Its aftermanth: Addressing the Next DEBT Challenge, by Thomas A. Russo and Aaron J. Katzel, 2011.

[297] G30(2013). A New Paradigm: Financial Institution Boards and Supervisors, October 2013.

[298] G30 (2015). "Fundamentals of Central Banking : Lessons from the Crisis", October 2015.

[299] G30. Financial Stability Governance Today: A Job Half Done: Ongoing Questions for Policymakers, Andrew Large, Occasional Paper 92.

[300] Haldane, Andrew G. (2012b). The Dog and the Frisbee, speech at the Federal Reserve Bank of Kansas City's Jackon Hole Conference, August31, (London: Bank of England).

[301] Haldane, A. G. (2009). Rethinking the financial network. Speech at the Financial Student Association, Amsterdam, 28 April 2009.

[302] Hannoun, H (2010). Towards a global financial stability framework, Speech at the 45th SEACEN Governors' Conference, Siem Reap province, Cambodia, 26–27 February 2010.

[303] Hanson, S, A Kashyap and J Stein (2010). A Macroprudential Approach to Financial Regulation, Forthcoming in The Journal of Economic Perspectives.

[304] Hoening, Thomas (2011). Do SIFIs have a future, Speech an Pew Financial Project and

NYC Stern School of Business seminar on "Dodd−Frank One Year On", June27, Washington, D. C., (Kanasas: Federal Reserve Bank of Kansas City).

[305] Hyman P. Minsky (1982). The Financial−Instability Hypothesis: Caitalist Processes and the Behavior of the Economy, in Financial Crises: Theory, History, and Policy, ed. Charles Kindleberger and Jean−Pierre Laffargue (Cambridge University Press, 1982).

[306] Jeanne, O. (2014). Macroprudential policies in a global perspective. Technical report, National Bureau of Economic Research.

[307] Ignazio Visco (2011). Key issues for the success of macroprudential, BIS paper NO 60, 2011.

[308] IIF (2016). RegTech in Finnancial Services: Technology Solutions for Compliance and Reporting, March, 2016.

[309] IIF (2015). RegTech: Exploring Solution for Regulatory Challenges, October, 2015.

[310] IMF (2009). Financial Soundness Indicators, IMF.

[311] IMF (2009). Global Financial Stability Report, Assessing the Systemic Implications of Financial Linkages, Chapter2, April.

[312] IMF (2010a). Central Banking Lessons from the Crisis (Washington).

[313] IMF (2010b). Detecting Systemic Risk, Global Financial Stability Report. April 2010.

[314] IMF (2011a). Macroprudential Framework, IMF Policy Paper. March 2011.

[315] IMF(2011b). Macroprudential Policy: An Organizing Framework—Background Paper (Washington: IMF, March).

[316] IMF(2011b). Macroprudential Policy: An Organizing Framework, Prepared by the Monetary and Capitail Markets Department In consultation with Research and other departments, March 14, 2011.

[317] IMF (2011c). Towards Operationlizing Macroprudential Policies: When to Act? Global Financial Stability Report, Chapter 3 (Washington).

[318] IMF (2011d). "Lessons from the European Financial Stability Exercise" (Washington).

[319] IMF (2011e). Global Financial Stabiliy Report, April.

[320] IMF (2012a). Policies for Macroprudential Stability: How to Deal Credit Booms, IMF Staff Discussion Note 12/06 (Washington: IMF, June).

[321] IMF (2012b). The Interaction of Monetary and Macroprudential Policies, IMF Board Paper.

[322] IMF (2012c). The Interaction of Monetary and Macroprudential Policies: Background Papers, IMF Board Paper.

[323] IMF (2012d). Macroprudential Stress Testing—Principles and Practices.

[324] IMF (2012e). The Key Attributes of Effective Resolution Regimes for Financial Institutions—Progress to Date and Next Steps.

[325] IMF (2013a). Key Aspects of Macroprudential Policy, IMF Policy Paper, June. http://www. imf. org/external/np/pp/eng/2013/061013b. pdf.

[326] IMF (2013b). Key Aspects of Macroprudential Policy — Background Paper, IMF Policy Paper, June. http: //www. imf. org/external/np/pp/eng/2013/061013c. pdf.

[327] IMF (2013c). Rules, Discretion, and Macroprudential Policy, IMF Working Paper, WP/13/65, March 2013.

[328] IMF (2013d). Systemic Risk Monitoring Toolkit—A User Guide, IMF Working Paper, July 2013.

[329] IMF (2013e). SysMo—A Practical Approach to Systemic Risk Monitoring, IMF Working Paper 13/168.

[330] IMF (2013f). Macroprudential and Microprudential Policies: Toward Cohabitation, IMF Staff Discussion Note June 2013, Prepared by Jacek Osiñski, Katharine, Seal, and Lex Hoogduin.

[331] IMF (2014). How Big is the Implicit Subsidy Given to Too—Important—To—Fail Banks? Chapter3 in forthcoming Global Financial Stability Report.

[332] IMF (2014a). Staff Guidance Note on macroprudential policy.

[333] IMF (2014b). Staff Guidance Note on macroprudential policy—detailed guidance on instruments.

[334] IMF—BIS—FSB (2009). Guidance to Assess the Systemic Importance Financial Institutions, Markets and Instruments: Initial Considerations, Report to the G20 Finance Ministers and Central Bank Governors, October, 2009.

[335] IMF—FSB—BIS (2016). Elements of Effective Macroprudential Policies: lessons from international experience, 31 August 2016.

[336] Itai Agur and Sunil Sharma (2013). Rules, Discretion, and Macro—Prudential Policy, March 2013, IMF Working Paper, WP/13/65.

[337] Itai Agur and Maria Demertzis (2015). Will Macroprudential Policy Counteract Monetary Policy's Effects on Financial Stability?, IMF Working Paper, WP/15/283.

[338] Javier Bianchi and Enrique G. Mendoza (2015). Opitional Time—Consistent

Macroprudential Policy, BIS Working Paper No 516, October 2015.

[339] Jorion (2009) . Risk Management Lessons from Credit Crisis，European Financial Management.

[340] Jose Berrospide, Ricardo Correa, Linda Goldberd, Friederike Niepmann (2016). Internatioal Banking and Cross-border Effecticts of Regulation Lessons From the United States, NBER Working Paper 22645, September 2016.

[341] Juan Pablo Medina and Jorge Roldós (2014). Monetary and Macroprudential Policies to Manage Capital Flows, IMF Working Paper, WP/14/30.

[342] Katsurako Sonoda and Nao Sudo (2016). Is Macroprudential Policy Instrument Blunt, BIS Working Paper No 536, January 2016.

[343] Kerstin af Jochnick (2013). Monetary policy and macroprudential policy, Speech by Ms Kerstin af Jochnick, First Deputy Governor of the Sveriges Riksbank, an a meeting at Länsförsäkringar AB, Stockholm, 25 January 2013.

[344] King, Mervyn (2008). Banking and the Bank of England, Speech to the British Bankers' Association, London, June10, 2008.

[345] King, Mervyn (2012). Twenty Years of Inflation Targeting, Stamo Memorial Lecture, London School of Economics, London, October 2012.

[346] Kindleberger, CP (1978). Manias, panics and crashes: a history of financial crises, New York, Basic Books, revised and enlarged, 1989, 3rd ed. 1996.

[347] Kris James Mitchener Matthew Jaremski (2014). The Evolutipn of Bank Supervision: Evidence From U. S. States, NBER Working Paper20603, October 2014.

[348] Kohn, D (2009). Policy challenges for the Fedral Reserve, Speech an the Kellogg Distinguished Lecture Series, Kellogg School of Management, Northwestern University, Evanston, Illinois, 16 November 2009 (http: //www. bis. org/review/r091117e. pdf).

[349] Kowalik, Michal (2011). Countercyclical Capital Regulation: Should Bank Regulators Use Rules or Discretion?, Federal Reserve Bank of Kansas City Economic Review, Second Quarter2011, pp. 63-84.

[350] Laeven, L and F Valencia (2012). Systemic banking crises database: an update, IMF Working Paper 12/163.

[351] Lars E. O. Svensson (2014). Forward Guidance, NBER Working 20796, December, 2014.

[352] Leonardo Gambacorta and Andrés Murcia (2017). The impact of macroprudential policies

and their interaction with monetary policy: an empirical ananlysis using credit registry data, BIS Working Paper No 636 May 2017.

[353] Levine, P, and Lima, D. (2015). Policy mandates for macroprudential and policies in a new Keynesian framework. ECB Working Paper Series, 1784.

[354] Libertucci, M and M Quagliariello (2010). Rules vs discretion macroprudential policies, VoxEu, 24 February (http: //www. voxeu. org/index. php?=node/4670).

[355] Lo, A (2009). The Feasibility of Systemic Risk Measurements, written testimony for the House Financial Services Committee on Systemic Risk Regulation, October.

[356] Longmei Zhang and Edda Zoli (2014). Leaning Against the Wind: Macroprudentia Policy in Asia, IMF Working Paper, WP/14/22.

[357] Lim, C. F. Columba, A. Costa, P. Kongsamut，A. Otani, M. Saiyid, T. Wezel, and X. Wu (2011). Macroprudential Policy: What Instruments and How to Use Them? Lessons from Country Experiences，IMF Working Paper 2011/238.

[358] Lim, C H, F Columba, A Costa, P Kongsamut, A Otani, X. Wu (2013). The macroprudential framework, policy responsiveness and institutional arrangements, IMF Working Paper, WP/13/166.

[359] McCauley, R (2009). Macroprudential policy in emerging markets, Paper presented at the Central Bank of Nigeria's 50th Anniversary International Conference on "Central banking, financial system stanility and growth"，Abuja, 4−9 may.

[360] Michael D. Bordo, Pierre L. Siklos (2015). Central Bank Credibility Before and After the Crisis, NBER Working Paper 21710, November 2015.

[361] Min Liao, Tao Sun, and Jinfan Zhang (2016). China's Financial Interlinkages and Implications For Inter−Agency Coordination, IMF Working Paper, WP/16/181.

[362] Min, Liao (2012). The Framework to Monitor and Assess the Systemic Risk−China's Practice, www. imf. org/external/np/seminars/eng/2012/macroprudential.

[363] Minsky, H (1986). Stabililizing an unstable ecnomy, New Haven, Conn. : Yale University Press.

[364] Minsky, F (2008). How should we repond to asset price bubbles?, speech an the Wharton Financial Institutions Centre and Oliver Wyman Institute's Annual Financial Risk Roundtable, Philadelphia, Pennsylvania, May, 15, 2008.

[365] Mugur Isărescu (2016). Recent Developments in Central Bank Governance, BIS Central

Bankers' Speeches, at the "Central Bank and Supervisory Governance" conference, organized by the National Bank of the Netherlands, Amsterdam, 12 February 2016.

[366] Nicolas Arregui, Jaromir Benes，Ivo Krznar, Srobona Mitra，and Andre Oliveire Santos (2013). Evaluating the Net Benefits of Macroprudential Policy: A Cookbook, IMF Working paper , WP/2013/167.

[367] Nicolas Blancher, Srobona Mitra, Hanan Morsy, Akira Otani, Tiago Severo, and Laura Va;derrama (2013). Systemic Risk Monitoring( "SysMo" )Toolkit—A User Guide, IMF Working paper , WP/2013/168.

[368] N' Diaye, Papa M' B. P. (2009). Countercyclical Macro Prudential Policies in a Supporting Role to Monetary Policy, IMF Working Paper No. 09/257.

[369] Nier, Erlend W. (2009). Financial Stability Frameworks and the Role of Central Banks: Lessons from the Crisis, IMF Working Paper 09/70.

[370] Nier, Erlend W. (2011). Macroprudential Policy—Taxonomy and Challenges, National Institute Economic Review, April. Available at http://papers. ssrn. com/so13/papers. cfm?abstract_id=1904627.

[371] Nier, Erlend W, Jacek Osiñski, Luis I. Jácome, and Pamela Madrid (2011a). Institutional Models for Macroprudential Policy, IMF Working Paper.

[372] Nier, Erlend W, Jacek Osiñski, Luis I. Jácome, and Pamela Madrid (2011b). Towards Effective Macroprudential Policy Frameworks: An Assessment of Stylized Institutional Models, IMF Working Paper 11/250.

[373] Nier, Erlend W., and Thierry Tressel (2011). The European Systemic Risk Board: Effectiveness of Macroprudential Oversight in Europe, in: Euro Area Policies, Selected Issues.

[374] Nier, E., Yang, J., Yorulmazer, T. and Alentorn, A. (2008). Network Models and Financial Stanility, Bank of England Working Paper No. 346. W., and Thierry Tressel (2011).

[375] ötker—Robe, Inci, Aditya Narain, Anna Ilyina and Jay Surti (2011). The Too—Important—to—Fail Conundrum: Impossible to Ignore and Difficult to Resolve, IMF Staff Discussion Note SDN/11/12, May27.

[376] Osiñski, Jacek, KatharineSeal, and Lex Hoogduin (2013). Macroprudential and Microprudential Policies: Towards Cohabitation, IMF Staff Discussion Note 13/05.

[377] Palek, J. and Schwanebeck, B. (2015). Optimal monetary and macroprudential policy in a

currency union. Technical report, Joint Discussion Paper Series in Economics.

[378] Philippe Andrade, Gaetano Gaballo, Eric Mengus and Benoit Mojon (2018). "Forward Guidance and Heterogeneous Beliefs", BIS Working Paper No750, October 2018.

[379] Pierre−Richard Agénor, Enisse Kharroubi, Leonardo Gambacorta, Giovanni Lombardo and Luiz Pereira da Silva (2017). The international diemensions of macroprudential policies, BIS Working Papers No 643, June 2017.

[380] Paul Tucker (2011). Macroprudential Policy: Building Financial Stability Institutions, Speech at the 20th Annual Hyman P. Minsky Conference, New York, Thursday 14 April 2011.

[381] Rajan, Raghuram (2009). Too Systemic to Fail: Consequences, Causes, and Porential Remedies, US Senate Banking Committee Hearings, May6.

[382] Reinhart, Carmen and Kenneth Rogoff, 2009, This Time is Different: Eight Centuries of Financial Folly (Princeton, New Jersey: Princeton University Press).

[383] Rey, H. (2013). Dilemma Not Trilemma: The Global Financial Cycle and Monetary Policy Independence. In Jackson Hole Ecomomic Symposium.

[384] Robert C. Merton (1995). A Functional Perspective of Financial Insermediation, Financial Management, Vol. 24, No. 2, Silver Anniversary Commemoration(Summer, 1995), pp. 23−41.

[385] Sahay, R., Cihák, M., Papa N'Diaye, A., Barajas, R. B., Ayala, D., Gao, Y., Kyobe, A., Nguyen, L., Saborowski, C., Svirydzenka, K., and Yousefi, S. R. (2015). Rethinking financial deepening: Stability and growth in emerging markets. IMF Staff Discussion Note.

[386] Sebastian Krug, Matthias Lengnick and Hans−Werner Wohltmann (2015). The impact of Basel Ⅲ on financial stability: an agent−based credit network approach, Quantitative Finance, 13 Mar 2015.

[387] Shin, H (2009). Financial intermediation and the post−cisis financial system, paper presented an the 8th Annual Conference, June.

[388] Shin, H (2010). Macroprudential and the central bank, speech at the Seminai of the Securities Analytics Association of Japan in Tokyo, December.

[389] Shin, H (2010). Macroprudential policies beyond Basel Ⅲ, mimeo, Princeton University, November.

[390] Siregar, Reza (2011). Macroprudential Approaches to Banking Regulation: Perspectives of Selected Asian Central Banks, ADBI Working Paper No. 325, November, (Tokyo: ADB Institute).

[391] Stein，J C (2010). Monetary policy as financial-stability regulation, Working Paper, Harvard University (http: //www. economics. harvard. edu/faculty/stein/files/MonetaryPol icyAsRegulation-8-2-10. pdf).

[392] Stiji Claessens, Swati R. Ghosh, and Roxana Mihet (2014). Macro-Prudential Policies to Mitigate Financial System Vulnerabilities，IMF Working Paper , WP/2014/155.

[393] Stiji Claessens (2014). An Overview of Macroprudential Policy Tools, IMF Working Paper, WP/14/214.

[394] Tamim Bayoumi, Giovanni Dell'Ariccia, Karl Habermeier, Tommaso Mancini-Griffoli, Fabián Valencia, and an IMF Staff Team (2014). Monetary Policy in the New Normal, IMF Staff Discussion Note, SDN/14/3, April 2014.

[395] Taylor, J (2009). The financial crisis and the policy responses: an empirical analysis of what went wrong, NBER Working Papers, no14631.

[396] Taylor, Michael W (2012). Regulatory Reform after the Financial Crisis: Twin Peaks Revisited, mimeo.

[397] Tinbergen, J. (1952). On the Theory of Economic Policy. North-Holland, Amsterdam.

[398] Tucker, P (2009). The Debate on Financial System Resilience: Macroprudential Instruments, Speech at Barclays Annual Lecture in London, 22 October (http://www. bankofengland. co. uk/publications/speeches/2009/speech407. pdf).

[399] Turner, A (2009). The Turner Review—A Regulatory Response the Global Banking Crisis, FSA, March.

[400] Turner, A (2010). What do banks do, what should they do, and what public policies are needs to ensure best results for the real economy?. Speech at Cass Business School, London, 17 March 2010.

[401] Turner, A (2011a). Reforming finance: are we being radical enough?, Clare Distinguished Lecture in Economics and Public Policy, February.

[402] Turner, A (2011b). Debt and deleveraging: long-term and short-term challenges, Presidential Lecture, Centre for Financial Studies.

[403] Tucker, Paul (2011). Macroprudential Policy: Building Financial Stability Institutions, speech given at the 20th Annual Hyman Minsky Conference, New York, April 14.

[404] Tumpel-Gugerell, G. (2009). The road less traveled: exploring the nexus of macroprudential

and monetary policy, Speech at the conference "Learning from the financial crisis: financial stability, macroeconomic policy and international institutions" Rome, 12 November 2009 (http: //www. bis. org/review/r091116e. pdf).

[405] Turner, P (2000). Procyclicality of regulatory ratios?, Center for Economic Policy Analysis Working Paper No. 13.

[406] Turner, P (2009). Currency mismatches and liquidity risk: diagnosis and reform, Paper presented at the EBRD High level workshop on Local currency lending and capital market development in emerging Europe and central Asian. London, 3 December 2009.

[407] Turner, P (2010). Macroprudential Policies and the Cycle, in The Financial Stability Board: An Effective Fourth Pillar of Global Economic Goverance?, S Griffith-Jones, E Helleinter and N Woods (eds), Special Report, The Centre for International Governance Innovation, P. 43-48.

[408] Ueda, Kenichi and Beatrice Weder di Mauro, 2012, Quantifying Structural Subsidy Values for Systemically Important Financial Institutions, IMF Working Paper 12/128.

[409] Vandenbussche, Jérôme, Ursula Vogel, and Enrica Detragiache (2012). Macroprudential Policies and Housing Prices—A New Database and Empirical Evidence for Central, Eastern, and Southeastern Europe, IMF Working Paper 12/303.

[410] Viñals, José, Jonathan Fiechter, Ceyla Pazarbasioglu, Laura Kodres, Aditya Narain, and Marina Moretti (2010). Shaping the New Financial Syetem, Staff Position Note, 10/15, IMF.

[411] White, William (2006). Procyclicality in the Financial System: Do We Need a New MacroFinancial Stabilization Framework?BIS Working Paper 193.

[412] White, William (2008). Past Financial Crises, the Current Financial Turmoil and the Need for a New Macrofinancial Stability Framework, Speech at the LSE, Financial Markets Group, and Deutsche Bank Conference on "the Structure of Regulation: Lessons from the Crisis of 2007", London (March3).

[413] World Bank (2013). Global Financial Development Report, Rethinking the Role the State in Finance.

[414] Woodford, M (2003). Interest and Prices: Foundations of a Theory of Monetary Policy. Princeton U. P., Princeton, NJ.

[415] Yellen, J (2011). Pursuing financial stability at the Financial reserve, speech at the Fourteenth Annual International Banking Conference, Federal Reserve Bank of Chicago, 11 Novermber.

[416] Janet L. Yellen (2014). Monetary Policy and Financial Stability, at the 2014 Michel Camdessus Central Banking Lecture INF Washington, D. C., July 2, 2014.

# 主要名词及英文缩写

| 简称 | 全称 | 中文名称 |
|---|---|---|
| ADIs | Authorised Deposit-taking Institutions | 持牌存款机构 |
| APRA | Australian Prudential Regulation Authority | 澳大利亚审慎监管局 |
| BaFin | Bundesanstalt fur Finanzdienstleistungsaufsicht | 德国联邦金融监管局 |
| BCBS | Basel Committee on Banking Supervision | 巴塞尔银行监管委员会 |
| BCPs | Basel Core Principles | 巴塞尔核心原则 |
| BRRD | Bank Recovery and Resolution Directive | 银行恢复和处置指令 |
| BIS | Bank for International Settlements | 国际清算银行 |
| BoE | Bank of England | 英格兰银行 |
| CBRC | China Banking Regulatory Commission | 中国银监会 |
| CBDC | Central Bank Digital Currency | 中央银行数字货币 |
| CBS | Central Bank Bills Swap | 央行票据互换工具 |
| CCB | Countercyclical Capital Buffer | 逆周期资本要求 |
| CCPs | Central Counterparties | 中央对手方 |
| CDOs | Collateralized Debt Obligations | 担保债务凭证 |
| CDS | Credit Default Swap | 信用违约互换 |
| CEBS | Committee of European Banking Supervisor | 欧洲银行业监管委员会 |
| CMG | Crisis Management Group | 危机管理小组 |
| CRD | Capital Requirements Directive | 资本要求指令 |
| CRR | Capital Requirements Regulation | 资本要求监管 |

续表

| 简称 | 全称 | 中文名称 |
|------|------|---------|
| CGFS | Committee of the Global Financial System | 全球金融体系委员会 |
| CRAs | Credit Rating Agencies | 信用评级机构 |
| CRD IV | Capital Requirement Directive IV | 欧洲资本要求指令IV |
| CRR | Capital Requirement Regulation | 欧洲资本要求法 |
| CSRC | China Securities Regulatory Commission | 中国证监会 |
| CPMI | Committee on Payments and Market Infrastructures | 支付和市场基础设施委员会 |
| DFA | Dodd-Frank Wall Street Reform and Consumer Protection Act of 2010 | 多德—弗兰克法案 |
| DNB | De Nederlandsche Bank | 荷兰银行 |
| EBA | European Banking Authority | 欧洲银行业监管局 |
| ECB | European Central Bank | 欧洲中央银行 |
| EFSF | European Financial Stability Facility | 欧洲金融稳定工具 |
| EFSM | European Financial Stability Mechanism | 欧洲金融稳定机制 |
| EIOPA | European Insurance and Occupational Pensions Authority | 欧洲保险和职业养老金监管局 |
| EMEAP | Executives' Meeting of East Asia-Pacific Central Banks | 东亚及太平洋中央银行行长会议组织 |
| ESFS | European System of Financial Supervisors | 欧洲金融监管体系 |
| ESCB | European System of Central Banks | 欧洲中央银行体系 |
| ESM | European Stability Mechanism | 欧洲稳定机制 |
| ESMA | European Securities Markets Authority | 欧洲证券市场监管局 |
| ESRB | European Systemic Risk Board | 欧洲系统性风险委员会 |
| FASB | Financial Accounting Standards Board | 美国财务会计标准委员会 |
| FATF | Financial Task Force on Money Laundering | 反洗钱金融行动特别工作组 |
| FCA | Financial Conduct Authority | 金融行为局 |
| FDIC | Federal Deposit Insurance Corporation | 美国联邦存款保险公司 |
| FOMC | Federal Open Market Committee | 美国联邦公开市场委员会 |
| FSA | Fiancial Services Authority | 英国金融服务局 |
| FSAP | Financial Sector Assessment Program | 金融部门评估规划 |
| FSOC | Financial Stability Oversight Council | 美国金融稳定监督委员会 |
| FPC | Financial Policy Committee | 英国金融政策委员会 |

| 简称 | 全称 | 中文名称 |
|---|---|---|
| FSB | Financial Stability Board | 金融稳定理事会 |
| FSF | Financial Stability Forum | 金融稳定论坛 |
| FVA | Fair Value Accounting | 公允价值 |
| G30 | Group of Thirty | 三十人小组 |
| G20 | Group of Twenty | 二十国集团 |
| G-SIBs | Global systemically important bank | 全球系统重要性银行 |
| IADI | International Association of Deposit Insurers | 国际存款保险机构协会 |
| IAIS | International Association of Insurance Supervisors | 国际保险监督官协会 |
| IASB | International Accounting Standards Board | 国际会计准则理事会 |
| IFRS | International Financial Reporting Standards | 国际财务报告准则 |
| IIF | Institute of International Finance | 国际金融协会 |
| IMF | International Monetary Fund | 国际货币基金组织 |
| IOSCO | International Organization of Securities Commissions | 国际证监会组织 |
| IOPS | International Orgnisation of Pension Supervisors | 国际养老金监督官协会 |
| LCP | Liquidity Coverage Ratio | 流动性覆盖率 |
| LEI ROC | Legal Entity Identifier Regulatory Oversight Committee | 全球法人机构识别编码监管委员会 |
| LIBOR | London Interbank Offered Rate | 伦敦银行间同业拆借利率 |
| LTROs | Long-term Refinancing Operations | 长期再融资操作 |
| MAS | Monetary Authority of Singapore | 新加坡金融管理局 |
| MaPP | Macroprudential Policy | 宏观审慎政策 |
| MiPP | Microprudential Policy | 微观审慎政策 |
| MLF | Mediun-term Lending Facility | 中期常备便利 |
| MoF | Ministary of Finance | 财政部 |
| MOU | Memorandum of Understanding | 备忘录 |
| NSFR | Net Stable Funding Ratio | 净稳定资金比例 |
| RBA | Reserve Bank of Australia | 澳大利亚储备银行 |
| RQFII | RMB Qualified Foreign Institutional Investors | 人民币合格境外机构投资者 |
| RRP | Recovery and resolution planning | 恢复和处置计划 |

续表

| 简称 | 全称 | 中文名称 |
|---|---|---|
| OFR | Office of Financial Reserch | 美国金融研究办公室 |
| OTC | Over-the-counter | 场外交易 |
| QFII | Qualified Foreign Institutonal Investors | 合格境外机构投资者 |
| SAC | Securities Association of China | 中国证券协会 |
| SEC | Securities and Exchanges Commission | 证券和期货监管委员会 |
| SLF | Standing Lending Facility | 短期常备便利 |
| SIFIs | Systemcally Inportant Fiancial Institutions | 系统重要性金融机构 |
| SIV | Structured Investment Vehicle | 结构化投资机构 |
| SRB | Single Resolution Board | 单一处置机构 |
| SRF | Single Resolution Fund | 单一处置基金 |
| SRM | Single Resolution Mechanism | 单一处置机制 |
| SRR | Special Resolution Regime | 特殊处置机制 |
| SMEs | Small and Medium-sized Enterprises | 中小企业 |
| TARP | Troubled Asset Relief Program | 问题资产处置计划 |
| TBTF | Too Big to Fail | 大而不能倒 |
| TLAC | Total Loss-absorbing Capacity | 总损失吸收能力 |
| PBoC | People's Bank of China | 中国人民银行 |
| RRR | Ratio of Reserve Requirement | 存款准备金率 |
| PRA | Prudential Regulation Aothority | 英国审慎监管局 |
| PSL | Pleged Supplementary Lending | 抵押贷款补充工具 |
| Wft | Dutch Financial Supervision Act | 荷兰金融监管法 |

# 后 记

改完最后一稿，已近寅时，放下手中的笔，看着窗外略微发白的天际，内心淡然。

古人说，德有余者，其艺必精。本书源于我对2008年全球金融危机一些问题的观察与思考。早于2017年4月完成初稿，最初只是作为参考资料，置于案头。后经师友多次鞭促，加之危机以来不断涌现的新变化和新趋势，遂决定再改后与人共享。虽非奇文，但却可以与人疑义相析，一来作为笔耕的总结，二来希望可为他人探究宏观审慎提供些靶向。

而同时，此书也是我"求学"之路的见证和记载。2016年3月，为提高专业能力，我选择进入人民银行金融研究所博士后流动站继续"求学"之旅。既然进了站，就不能吃闲饭，需要珍惜宝贵时光，思考些有价值的问题，为改革贡献些力量。在与师友同门的多次讨论中，我深深感到，宏观审慎是个极富弹性和内涵的主题，也是未来金融监管改革与金融稳定无法回避的话题。而或许更为重要的是，如何将宏观审慎体现到我国金融发展改革之中，是今后一段时期每人都需要深入思考的问题，对此我自然也责无旁贷。

然而，写书绝非易事，一路走来，经常有万箭穿心之感。尤其面对纷繁复杂的风险变化，苦思解决之道而不得时，难免迷茫、困惑，乃至退却。写文章是集锦功夫，着力全在平日。面对大量零散、浩繁的观点文献，从只言片语中提炼观点逻辑并不轻松，需把冷板凳坐穿，而后方豁然开朗。

虽说立德、立功、立言是古今儒人"出世入世"之不变追求和情怀。然而，我无此奢念，唯希望将自己所思所想，表达出来，与人交流。幸好，一路走过，有师友陪伴和领导提点，并不孤单。很多时候，书成最后的著者只我一人，但背后实际上却离不开多人的悉心帮助和启发。

陆磊博士，我研究的引路人，望之俨然、即之也温、听其言也厉，他对我的帮助和启发是多方面的。他多次就书稿框架、内容和方向提出了有价值的建议。可以说，书中的诸多思路、观点、提法直接或间接源于与他的讨论。无论是"不要总是追逐热点，否则你的书会越来越厚""不要僵化，不要预设结论"的提醒，还是"以2008年金融危机为起点去写，危机前后划断""宏观审慎政策的实践既要体现统一性，也要突出差别化"的建议，亦或是"在每章前面，加一部分文献和观点综述，摸清现状才能有针对性提出问题和方向""最后一部分做些高瞻研究，如金融科技、监管科技"的建议，亦或是"宏观审慎就是退而求其次，抓大放小"的论断，开阔了我的写作视野，丰富了我的写作思路。另外，他"多读些历史和哲学""努力提高专业能力"的建议也让我更多地去思索方法和方向问题。感谢他在百忙之中，为本书作序。

感谢周学东博士，在与他就一些问题的交流中，我明白了"多用案例说话，学会解剖麻雀"的重要性，也让我体会到了何为"大处着眼"、何为"小处着手"。他总是对我身上存在的问题直言不讳，提出的意见和建议，让我受益良多。

在姚余栋博士的影响下，我开始更多地关注金融科技、互联网金融等新趋势、新力量，他开阔的视野和开放的心态，为我思考问题打开了多扇窗户。

周文教授，我人民大学求学时的老师，她的敬业、善良、包容给予了我不断求索的精神力量。

感谢我的领导和同事，在与他们平日的交流中，我获得了许多真知灼见。很难想象，离开了他们的鼓励、支持和包容，会有这本书。当然，如果没有中国金融出版社王雪珂敬业又专业的编辑工作，这本书也不会顺利出版，她总是以耐心面对我的挑剔。

我的家人，始终是我写作的最大动力。我把第一份感谢留给我的父母，两头老黄牛，耕种黄河边，勤苦、朴实、坚持，他们在我身上刻下了浓厚的乡土气。我的妻女，她们时常抱怨我太爱看书、经常熬夜，不但华发早生，而且"迂腐"少趣。对此，我也是心有歉意。记得有段时间，下班后回家，每当夜幕，万物寂然，方有闲暇审视文字、雕琢章句。几次沉思中，突然感觉身边有人，回头看，见小女哑着奶瓶偎依在后。"怎么不睡觉？"，我问，

"我要看爸爸写字"，她说。"太晚了，不能任性，去睡吧"，我故作严厉。"写不完，你们同事会批评你么？"，小女认真的问。听之，我顿时哑然，失笑之余，只能安慰三岁半的她，"不会的，只有爸爸自己会责怪自己，去睡吧"，她点点头，假装懂了，但也赖着不走。"我要看爸爸写字，我也要写字"，一边嘟囔着，一边攀上我膝头。此刻，我颇多无奈，只好抱起她，哄着睡去后，溜出卧室，继续与电脑为伴。而今想来，幕幕皆情，心有怜焉。

拉长历史的视角，本书的写作只是一个新的开端。金融发展的周期律表明，不确定是金融发展的常态，也正是在极大的不确定中，金融创新和金融监管在彼此交锋中赢得了各自的位置。美国著名经济学家熊彼特曾说，"发展是一个突出的现象，它在流动的渠道中自发地、非联系地变化，是均衡的扰动，它永远地改变和取代着先前存在的均衡状态"。未来，在科技革命、产业革命和制度变革的三角循环中，金融必将继续在发展、创新与风险的螺旋中寻求平衡。因而，需要书写的故事有很多很多。

身处百年未有之大变局，世界进入动荡变革期，新一轮科技革命和产业革命深入发展。新的发展格局下，我国金融发展改革必将步入一个更加符合经济实际、更加注重创新、更加寻求公平的新阶段，需要思考和解决的问题定然不少。身处此境，读书行路，本非两事，我辈唯有以责任自持，以勤耕自守。

人生如此，夫复何求！

**2020年10月31日于北京金融街**